lonely planet

Sri Lanka

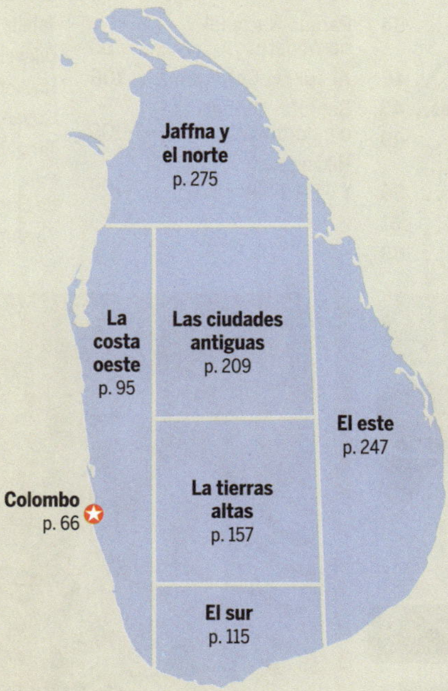

EDICIÓN ESCRITA Y DOCUMENTADA POR

Anirban Mahapatra, Ryan Ver Berkmoes,
Bradley Mayhew, Iain Stewart

PUESTA A PUNTO

EN RUTA

'EGG HOPPER' P. 42

POLONNARUWA P. 222

ISURUMUNIYA VIHARA P. 237, ANURADHAPURA

Sumario

Bienvenidos a Sri Lanka

Playas, ruinas atemporales, gente hospitalaria, montones de elefantes, buenas olas, precios asequibles, comida sabrosa y su té hacen irresistible a Sri Lanka.

Un país por descubrir

Podría decirse que Sri Lanka ha estado como escondida del mundo. Muchos viajeros la han sobrevolado de camino a otros destinos, y años de incertidumbre la han dejado fuera de muchos itinerarios.

Sin embargo, eso es cosa del pasado: Sri Lanka está en pleno desarrollo. Enclavada entre partes más transitadas de la India y el sureste asiático, la historia, cultura y belleza natural del país le dan un atractivo innegable. Es, en definitiva, ese destino aún por visitar que no hay que perderse.

Tanto en tan poco espacio

Hay pocos sitios de este tamaño que tengan tantos lugares declarados Patrimonio Mundial por la Unesco (ocho). Sus más de 2000 años de cultura pueden desvelarse en sus legendarios yacimientos de templos, algunos resguardados en cuevas o encaramados en imponentes picos, o en sus evocadoras fortalezas coloniales, desde Galle a Trincomalee, de factura más reciente.

Por toda la isla, eso que se mueve en la oscuridad podría ser un elefante de camino a su poza favorita, y en los tranquilos parques nacionales es posible toparse, de repente, con leopardos, búfalos de agua, muchas aves y todo un aluvión de primates.

Pluvisilvas y playas

Quien se canse del clima tropical de la costa y las tierras bajas, puede ir a las verdísimas montañas, escondite de encantos más discretos. Exuberantes plantaciones de té y cumbres frondosas seducen tanto a senderistas como a quienes prefieren verlas desde el asiento del tren. Luego están las playas, unos verdaderos paraísos de arena, blanquísima y a menudo virgen, que ribetean toda la isla, también con la posibilidad de practicar surf y submarinismo en enclaves de talla mundial pero sin el gentío de otros lugares. Por si fuera poco, siempre se estará cerca de algún sitio por descubrir.

Todo fácil

Las distancias son tan cortas que, por la mañana, se puede ver la sagrada morada del árbol más antiguo del mundo jamás plantado por el hombre (en Anuradhapura) y, por la tarde, anonadarse ante cientos de elefantes (en Minneriya). O bien descubrir una playa preciosa, meditar en un templo, pasear por una aldea o maravillarse ante las aves y flores. O pasear entre joyas coloniales en Colombo y enfrentarse a unas olas de órdago. Sri Lanka es espectacular, asequible y, todavía, un destino no muy concurrido.

Por qué me encanta Sri Lanka

Por Ryan Ver Berkmoes, escritor

Mi fascinación por Sri Lanka empezó cuando, de niño, leí *El gran bazar del ferrocarril: el tren a través de Asia*, de Paul Theroux, y jamás olvidé su asombro por las interminables contradicciones de la isla. En el 2004 estuve en el oeste y el sur de la isla durante las semanas posteriores al tsunami, y quedé impactado por los testimonios de los supervivientes. Desde entonces, no he dejado de admirar la capacidad de sus gentes para sobreponerse a los desastres, las guerras y demás adversidades. Y aún no doy crédito ante la belleza y las numerosas maravillas que atesora esta pequeña nación isleña, que parece mucho más grande de lo que es.

Para más información sobre los autores, véase p. 369.

Arriba: pesca tradicional, Galle (p. 116).

Sri Lanka

0
50 km
80°E
81°E
82°E
9°N
8°N
ALTITUD
2000m
1500m
1000m
500m
250m
0
Jaffna
Llena de atractivos, cultura tamil e islas remotas (p. 277)
Nilaveli
Playas de primera sin descubrir (p. 272)
Sigiriya
Una imponente roca rodeada de jardines (p. 216)
Polonnaruwa
Edificios y monumentos milenarios (p. 222)
Anuradhapura
Increíble herencia cultural y religiosa (p. 231)
Point Pedro
Karaitivu
Estrecho de Palk
Nainativu
Velanai
Jaffna
Laguna de Jaffna
Neduntivu
Pooneryn
Bahía de Palk
Kilinochchi
INDIA
Rameswaram
Norte de Iranaitivu
Sur de Iranaitivu
UTURU PALATA
Mullaittivu
BAHÍA DE BENGALA
Talaimannar
Isla de Mannar
Mankulam
Laguna Kokkilai
Golfo de Mannar
Vavuniya
Nilaveli
Trincomalee
Foul Point
Mutur
Medawachchiya
Bahía de Portugal
Parque Nacional de Wilpattu
Mihintale
Yan Oya
Anuradhapura
UTURUMEDA PALATA
Laguna Ullackalie
Parque Nacional de Somawathiya Chaitiya
Kalpitiya
Reserva Natural de Tirikonamadu
Laguna Uppar
Reserva Natural de Minneriya-Giritale
Parque Nacional de las Llanuras Aluviales
Puttalam
Habarana
Sigiriya
Polonnaruwa

Kandy
La capital cultural
de la isla (p. 159)
Colombo
Encanto colonial y un
comercio fascinante (p. 66)
Pico de Adán
Precioso peregrinaje
histórico (p. 178)
Beruwela
Centro del rejuvenecimiento
ayurveda (p. 109)
Galle
Imprescindible fuerte histórico
y comida fantástica (p. 116)
Mirissa
Excursiones para avistar
ballenas azules (p. 137)
Tangalla
Grandes playas de
todo tipo (p. 144)
Parque Nacional de Bundala
Uno de los grandes destinos
ornitológicos del país (p. 148)
Parque Nacional de Uda Walawe
Búfalos, cocodrilos
y elefantes (p. 202)
Bahía de Arugam
Paraíso del
surf (p. 250)
Haputale
Excelente base para visitar
las plantaciones de té (p. 191)
Ella
Un tren a través del
territorio del té (p. 194)
Llanuras de Horton
Páramos salvajes
y ventosos (p. 188)
OCÉANO ÍNDICO
7°N
6°N
WAYAMBA PALATA
NEGENAHIRA PALATA
MADHYAMA PALATA
UVA PALATA
BASNAHIRA PALATA
SABARAGAMUWA PALATA
DAKUNU PALATA
Dambulla
Padeniya
Kurunegala
Matale
Polgahawela
Kandy
Negombo
Ja-Ela
Gampaha
COLOMBO
Mt Lavinia
Kotalawala
Kitulgala
Avissawella
Nuwara Eliya
Badulla
Ella
Bandarawela
Haputale
Wellawaya
Monaragala
Belihul Oya
Ratnapura
Pelmadulla
Beruwela
Aluthgama
Bentota
Induruwa
Hikkaduwa
Galle
Unawatuna
Weligama
Mirissa
Matara
Akuressa
Deniyaya
Embilipitiya
Tangalla
Angunakolapelessa
Tissamaharama
Kataragama
Kirinda
Okanda
Panama
Pottuvil
Akkaraipattu
Ampara
Maha Oya
Batticaloa
Parque Nacional de Wasgomuwa
Parque Nacional de Maduru Oya
Cordillera Knuckles (1863m)
Reserva Natural del Pico
Maduru Oya
Maha Oya
Parque Nacional de Gal Oya
Pidurutalagala (Monte Pedro) (2524m)
Parque Nacional de las Llanuras de Horton
Totapola (2357m)
Pico de Adán (Sri Pada) (2243m)
Kirigalpotta (2395m)
Parque Nacional de Kumana
Reserva Natural Estricta de Yala
Parque Nacional de Uda Walawe
Reserva Forestal de Sinharaja
Bosque conservacionista de Kottawa
Parque Nacional de Bundala

Las 20 mejores experiencias

Playas impresionantes

1 Las hay de muchos tipos: largas y doradas, con suaves arenas blancas, ventosas y batidas por las olas, y kilométricas e inmaculadas. Desde las más tranquilas a las más fiesteras, las hermosas playas de Sri Lanka están a la altura de su reputación. Las de Tangalla (p. 144; imagen abajo), además de auténticas y seductoras, pueden verse en una excursión de un día.

Viajar en tren

2 A veces no hay manera de conseguir un asiento en el lento tren a Ella (p. 194; imagen dcha.), se puede estar de pie en un excelente reservado con vistas al tapiz de té. Fuera resaltan los coloridos saris de seda de las colectoras tamiles. Dentro, seguramente se recibirá tímidas sonrisas de bienvenida. En las estaciones, los vendedores pregonan sus mercancías, como los buñuelos de maíz y guindilla envueltos en viejas hojas de libreta. ¿Comerse uno ante el discurrir de semejante paisaje? Sublime.

STEVEN GREAVES / GETTY IMAGES ©

3

4

Parque Nacional de Uda Walawe

3 Esta enorme y verde sabana que abraza el embalse de Uda Walawe (p. 202) recuerda mucho a África oriental. Hay manadas de búfalos (domesticados incl.), sambares, cocodrilos, infinidad de aves y no pocos elefantes (de hecho, centenares). Sin exagerar, en lo que a paquidermos se refiere, Uda Walawe es igual, o incluso mejor, que muchos de los parques nacionales más famosos de África oriental.

Anuradhapura histórica

4 Los vestigios del legado cultural y religioso ceilandés se aglutinan en 3 km^2 (p. 231), en cuyo centro se halla uno de los árboles más antiguos del mundo, el Sri Maha Bodhi, de más de 2000 años y permanentemente cuidado: increíble. Los campos circundantes de monasterios semiderruidos y enormes *dagobas (stupas)* dan fe del papel de la ciudad como sede gubernamental de Sri Lanka durante 1000 años. Atravesar semejante pasado en bicicleta embriaga y emociona a un tiempo. Isurumuniya Vihara (p. 237)

5

6

La imponente roca de Sigiriya

5 Los ondulantes jardines al pie de Sigiriya (p. 216) son un reclamo de por sí, con estanques y riachuelos artificiales que riegan sus plantas acuáticas: un plácido idilio en mitad de la sofocante campiña. Pero al levantar la vista, una mole de 370 m de altura irrumpe en el paisaje. Sigiriya, moldeada con arte y coronada por ruinas, es un imponente misterio que un maravilloso museo intenta diseccionar. Se sudará la gota gorda para llegar a lo alto, pero vale la pena.

Parque Nacional de Bundala

6 Este parque (p. 148) suele pasar desapercibido, pues casi todo el mundo va al cercano Parque Nacional de Yala, al este. Pero con sus enormes y titilantes humedales en los que resuena el trino de los pájaros, perdérselo es un gran error. Bundala posee una belleza con la que otros parques solo pueden soñar y es uno de los mejores ecosistemas de avifauna del país. A quien le parezca que las garzas y las garcetas son poquita cosa, seguro que no pensará lo mismo de los cocodrilos y las manadas de elefantes.

Peregrinaje al pico de Adán

7 Durante más de un milenio, los peregrinos han subido fatigosamente a la luz de las velas al pico de Adán (Sri Pada; p. 178) para estar sobre la huella de Buda, respirar el aire allí donde Adán pisó la Tierra por primera vez y ver el lugar donde las mariposas acuden a morir. Hoy, los turistas se suman a los muchos creyentes locales que suben de noche para estar arriba al alba y asistir a la salida del sol entre un mar de montañas; esta mágica sensación aún cautiva tanto como seguramente le pasó al mismísimo Adán.

Kandy, capital cultural

8 Kandy (p. 159), capital cultural de la isla, alberga el templo del Diente de Buda (imagen abajo), que, como bien dice su nombre, contiene un diente del propio Buda. Para los cingaleses, es el lugar más sagrado de la isla, pero para los visitantes, Kandy es mucho más: un agradable casco antiguo, un bonito lago central, un puñado de museos y, en sus inmediaciones, un hermoso jardín botánico. Quien necesite la bendición de los dioses podrá visitar fascinantes templos antiguos.

TRAVEL LANDSCAPES / SHUTTERSTOCK ©

I FOKS / SHUTTERSTOCK ©

THOMAS WYNESS / SHUTTERSTOCK ©

POZNYAKOV / SHUTTERSTOCK ©

La ineludible fortaleza de Galle

9 El hombre y la naturaleza unieron esfuerzos para producir esta obra de arte arquitectónica (p. 117). Los neerlandeses trazaron calles y edificios, los cingaleses les añadieron color y estilo, y la naturaleza hizo el resto: revestirla de una capa aterciopelada de vegetación tropical, humedad y aire salino. El resultado es un encantador casco antiguo con decenas de galerías de arte, tiendas singulares, cafés-*boutique* y alojamientos, algunos de ellos espléndidos. Para los turistas es, sin duda, el gran reclamo urbano del país.

Surf en la bahía de Arugam

10 El largo rompiente de derechas del extremo sur de la bahía de Arugam (p. 250), el corazón de la creciente escena surfera de Sri Lanka, está considerado el mejor del país. De abril a septiembre los surfistas son habituales, aunque hasta noviembre hay algún día bueno para intentarlo. Pero el ambiente se prolonga todo el año, con locales de alquiler y de reparación, además de cantidad de garitos baratos y distendidos para dormir o tomar cervezas, o ambas cosas. Quien quiera más tranquilidad, hay más rompientes cerca, arriba y abajo por la costa.

Sentirse sanado: ayurveda

11 Quien empiece a sentir el peso de los siglos, quizás agradezca una sauna ayurvédica (p. 109). El ayurveda es una práctica ancestral y sus devotos aseguran obtener enormes beneficios. Para procurar equilibrio al cuerpo y al alma se sirve de plantas medicinales, especias, aceites y demás. Hay personas que ingresan en clínicas para someterse a diferentes regímenes, mientras que a otras les basta con una tarde de mimos en un *spa* de lujo. En la costa oeste, en los alrededores de Beruwela, la oferta es abrumadora.

WWSOO1 / SHUTTERSTOCK ©

BONCHAN / SHUTTERSTOCK ©

PHILIPYB STUDIO / SHUTTERSTOCK ©

Playas desconocidas

12 Las soberbias playas del este y el norte de Sri Lanka empiezan a seducir a los viajeros en detrimento de las, más famosas, del oeste y el sur. Para empezar, nada como Nilaveli (p. 272; imagen arriba), al norte del emergente centro turístico de Uppuveli, una idílica y larguísima playa de arena blanca abrazada por palmeras y libre de cafés, pensiones y gentío. Para disfrutar de este edén, basta con desviarse de la solitaria carretera del litoral por cualquier camino de tierra.

Espectáculo sensorial

13 La rica diversidad epicúrea del país asalta los sentidos en cualquier gran mercado. Un cocinero ceilandés puede pasar horas mientras tuesta y muele especias, y pica, corta y trocea otros alimentos. A veces, un arroz con curri, sencillo de entrada, se traduce en decenas de platillos laboriosamente preparados, cada uno de una exquisitez puntualmente fuerte. Se pueden degustar espléndidos arroces y curris por toda Sri Lanka; p. ej., en el maravilloso Spoon's Cafe de Galle (p. 125).

Llanuras de Horton y el Fin del Mundo

14 Barridas por el viento en la región montañosa de Sri Lanka, las desgarradoras llanuras de Horton (p. 188) son una visión sorprendente en un país tropical, al igual que la escarcha, que brinda una fresca y placentera excursión al alba (hay que abrigarse un poco). Y cuando se sale de la neblina de estos desolados páramos aparece, de repente, el Fin del Mundo y vistas de la mitad de la isla, o eso parece.

Avistamiento de ballenas en Mirissa

15 En su día la gente visitaba las playas del sur de Sri Lanka para holgazanear bajo las palmeras y, quizá, salir en barco para sumergirse y ver de cerca algunos pececitos. Pero de pronto alguien se percató de que el océano también era el hogar del mayor ser vivo del planeta, la ballena azul (por no hablar de los cachalotes, de tamaño similar). Así, hoy, cada mañana (en temporada), zarpan barcos desde Mirissa (p. 139) tras la pista de estas criaturas únicas.

Visita a una plantación de té

16 No hace tanto, la región montañosa de Sri Lanka podía definirse como un escarpado conjunto tapizado de selva. Pero con la llegada de los británicos, siempre ávidos de una taza de té, se taló toda la selva y la zona se convirtió en una gigantesca plantación de té. Hoy, visitar las instalaciones de la Dambatenne Tea Factory (p. 190), levantada por Lipton cerca de Haputale, y ver cómo se elabora el té más famoso del mundo es algo fascinante.

15

ARIADNE VAN ZANDBERGEN / GETTY IMAGES ©

16

PAWPIXEL.COM / SHUTTERSTOCK ©

THOMAS WYNESS / SHUTTERSTOCK ©

PETER STUCKINGS / GETTY IMAGES ©

Jaffna y las islas

17 En Jaffna (p. 277) todo parece distinto, en particular el idioma: el tamil se habla muy rápido y ofrece un cambio abismal al cingalés. Con la cocina pasa lo mismo, pues se emplean especias únicas y, en temporada, aparecen los mangos. Destacan el mastodóntico fuerte colonial, los arbolados barrios residenciales y las ruinas de un reino perdido. Se recomienda subir a un destartalado ferri y visitar isla cercanas, como Neduntivu, ideal para perderse en este aire de fin del mundo. Naga Pooshani Amman Kovil (p. 292), Nainativu

Legado colonial

18 Aunque los británicos se marcharon en 1948, su legado pervive en buena parte de la burocracia del país. El centro de Colombo lo ocupa su fuerte (p. 68), construcción colonial, que, junto con sus calles arboladas y el Museo Nacional, evoca los tiempos del Imperio británico. El legado colonial neerlandés y portugués también está presente, y no solo en el reputado Hospital Neerlandés de Colombo, también en las antiguas fortalezas. T-Lounge by Dilmah (p. 86)

Ruinas de Polonnaruwa

19 Laboriosamente tallados y dispuestos alrededor de un enorme cuadrángulo de césped cual enormes piezas de ajedrez, los edificios y monumentos de Polonnaruwa (p. 222) ofrecen una fascinante mirada al que hace miles de años fue el centro del reino. Hay prácticas placas informativas, pero quizá el conjunto resulte demasiado extraordinario para fijarse en ellas. El mejor momento del día para ver las ruinas es al alba y al atardecer, cuando los rayos de luz tiñen el recinto de un rosado resplandor.

HEADSPINPHOTO / SHUTTERSTOCK ©

De compras por Colombo

20 Hay que dejarse arrastrar por su vorágine comercial. En los mercados de Pettah (p. 92), rebosantes de mercancías y caos, los vendedores obligarán al viajero a ladearse mientras una carretilla le pisa los talones; constituye una experiencia sensorial fascinante. Para algo más sereno y sofisticado, en la capital hay cada vez más tiendas elegantes y centros comerciales, amén de barrios encantadores como el de Cinnamon Gardens. Mercado de la Federación de Trabajadores Autónomos (p. 70)

EFESENKO / SHUTTERSTOCK ©

Lo esencial

Para más información, véase 'Guía práctica' (p. 327)

Moneda
Rupia de Sri Lanka (LKR).

Idiomas
Cingalés, tamil e inglés.

Visados
Los visados de tránsito son gratis y tienen una validez de 48 h; los de 30 días cuestan 25-100 US$, según la nacionalidad, y han de solicitarse con antelación a través de www.eta.gov.lk.

Dinero
Hay cajeros automáticos en ciudades y poblaciones grandes. Algunos hoteles de precio medio y todos los de precio alto aceptan tarjetas de crédito.

Teléfonos móviles
Se venden económicas tarjetas SIM locales para terminales liberados.

Hora local
GMT/UTC más 5½ h.

Cuándo ir

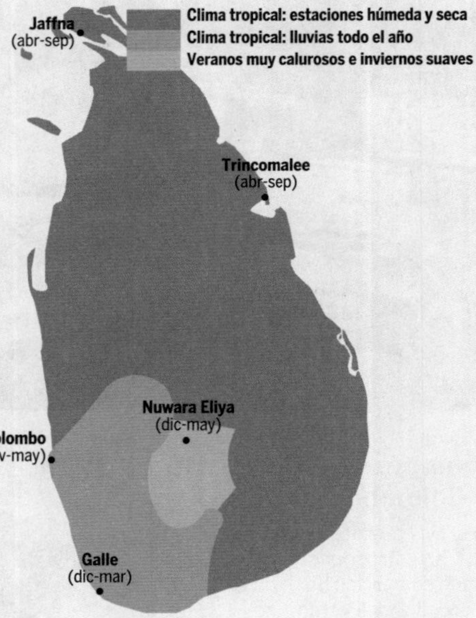

Temporada alta (dic-mar)
- La época más concurrida (y seca) para visitar las tierras altas y las playas del oeste y el sur.
- Camas muy solicitadas y precios por las nubes.
- El monzón Maha (oct-ene) remoja el este, el norte y las ciudades antiguas.

Temporada media (abr y sep-nov)
- Abril y septiembre son los mejores meses, con buen tiempo.
- Durante el Año Nuevo cingalés, a mediados de abril, se atestan los transportes.
- Buena época para viajar por libre.

Temporada baja (may-ago)
- El monzón Yala (may-ago) lleva la lluvia a las costas sur y oeste, y a las tierras altas.
- Mejora el tiempo en el norte y el este.
- Precios más bajos en todo el país.

Webs

Lonely Planet (www.lonelyplanet.es) Información del destino, reservas de hotel, foro de viajeros y demás.

Ceylon Today (www.ceylontoday.lk) Noticias, deportes, ocio y tarifas de cambio actualizadas.

Yamu (www.yamu.lk) Excelentes reseñas de restaurantes, listado de lugares de interés y más.

Hiru News (www.hirunews.lk) Excelente portal de noticias.

Meteo (www.meteo.gov.lk) Predicciones meteorológicas de todo el país.

The Man in Seat 61 (https://seat61.com/SriLanka.htm) Inspiradora información sobre los viajes en tren por el país.

Teléfonos útiles

Cada región tiene un prefijo de zona de tres dígitos seguido del teléfono del abonado (6 o 7 números); los números móviles empiezan por ☎07 o ☎08 y tienen hasta 12 dígitos.

Prefijo del país	☎94
Prefijo internacional	☎00
Urgencias	☎118/119

Tipos de cambio

Argentina	1 ARS	8,77 LKR
Chile	10 CLP	2,42 LKR
Colombia	100 COP	5,07 LKR
EE UU	1 US$	153 LKR
México	10 MXN	80,2 LKR
Zona euro	1€	180 LKR

Divisas actualizadas, en www.xe.com.

Presupuesto diario

Económico: hasta 6000 LKR

- Pensión sencilla: 2000-3500 LKR
- Arroz con curri: 150-350 LKR
- Billetes de autobús: hasta 300 LKR/día

Precio medio: de 6000 a 20 000 LKR

- Habitación doble buena: 3500-9000 LKR
- Comer en un hotel/restaurante: 1000-3000 LKR
- Alquiler de bicicleta, trayectos en tren y en automóvil con conductor: 3000 LKR/día

Precio alto: desde 20 000 LKR

- Hotel de categoría: desde 9000 LKR
- Comidas en restaurantes caros: desde 3000 LKR
- Alquiler de un automóvil con conductor: desde 9000 LKR/día

Horario comercial

Salvo en las zonas turísticas, casi todos los sitios cierran los domingos.

Bares Cierran sobre las 24.00; la última copa se sirve a las 23.00.

Restaurantes y cafés 7.00-21.00 a diario; más tarde en zonas turísticas.

Tiendas 10.00-19.00 (lu-vi), 10.00-15.00 (sa)

Tiendas y servicios orientados a turistas 9.00-20.00

Llegada a Sri Lanka

Aeropuerto internacional Bandaranaike (Colombo) Está 30 km al norte de Colombo y es uno de los más importantes del país. Un taxi de prepago desde el aeropuerto cuesta 2600-3500 LKR, según el destino; ir a Fort por la autopista de peaje lleva 30 min-1 h. Los servicios de recogida que ofrecen (previa solicitud) los hoteles de Colombo cuestan por 3000-5000 LKR. Los autobuses climatizados que van a la estación central por la autopista de peaje cuestan 150 LKR (aprox. 1 h).

Cómo desplazarse

Autobús Es el principal medio de transporte del país. Llegan a casi todas las poblaciones, son económicos y suelen ir abarrotados. Pocas líneas tienen aire acondicionado. Los privados son más cómodos que los gubernamentales.

Automóvil Muchos viajeros alquilan uno con chófer para parte o toda la visita, pues ofrece máxima flexibilidad y resultan muy prácticos. Asimismo, los conductores, además de solícitos, suelen conocer bien la región.

Tren El ferrocarril pasa por las localidades importantes y es más cómodo que los autobuses (excepto 3ª clase). Hay rutas célebres por su paisaje, como la de Haputale a Ella y la de Colombo a Galle.

Para más información sobre **cómo desplazarse,** véase p. 335.

La primera vez

Para más información, véase 'Guía práctica' (p. 327)

Importante

- Comprobar que el pasaporte no caduca, como mínimo, hasta seis meses después de la llegada a Sri Lanka.
- Informarse de las vacunas necesarias.
- Contratar un buen seguro de viaje.
- Confirmar las restricciones de equipaje de la compañía aérea.
- Informar del viaje a la entidad emisora de las tarjetas de crédito/débito.
- Tramitar el visado en línea una semana antes de partir.

Qué llevar

- Buenos tapones para los oídos.
- Repelente de mosquitos eficaz (un bien raro en Sri Lanka).
- Protección solar (también difícil de encontrar).
- Tampones (casi imposibles de conseguir fuera de Colombo).
- Cargadores extra para el móvil (escasos en zonas remotas).

Consejos para el viaje

- Explorar las playas: sobre todo las del norte y el este.
- Tomar cualquier carretera que enfile hacia la costa.
- Usar los trenes: son más cómodos que los autobuses y permiten disfrutar del paisaje y de una variopinta compañía.
- Visitar mercados: es necesario para apreciar la riqueza del país, conocer su gente y vibrar con su frenesí.
- Comer con los lugareños: en los concurridos 'hoteles' (cafés) del centro y en los aledaños de las terminales de autobuses sirven arroz con curri picante de verdad, no para turistas.
- Consultar el calendario: las noches de *poya* (luna llena) se celebran en todo el país.

Qué vestir

Se puede ir casi siempre en pantalón corto y camiseta, pero los bañadores tipo *slip* y los bikinis solo están bien vistos en las playas turísticas. Hay que llevar algo para cubrirse hombros y brazos, y una camisa de manga larga, *sarong* o pantalones ligeros, a la hora de visitar los templos; las sandalias también son prácticas. Va bien tener alguna prenda elegante para ir a los restaurantes más sofisticados de Colombo.

Dónde dormir

Pensiones Las de gestión familiar, que están por doquier, ofrecen buena relación calidad-precio y permiten conocer a lugareños.

Albergues Orientados a mochileros, cada vez son más frecuentes.

Hoteles De modestos a ostentosos y desde apartados hasta en primera línea de playa.

Resorts Los mejores, de lujo, están en las costas oeste y sur, y en los parques nacionales.

'Spas' ayurvédicos Muchos ofrecen alojamiento.

Villas en alquiler Lujosas, algunas con playa privada.

Economía local

Aunque la economía de Sri Lanka crece a buen ritmo, la gente aún debe trabajar mucho para sobrevivir. Los sueldos, comparados con Occidente, son bajos.

- Salario mínimo en las plantaciones: 730 LKR/día.
- Salario mínimo de camarero/personal de hotel: 10 000 LKR/mes.
- Oficial militar: 7400 US$/año.

Regateo

Salvo en los comercios de precio fijo, siempre hay que regatear. Por regla general, hay que ofrecer la mitad de lo indicado y, luego, el vendedor se acercará a algo intermedio para, al final, sumar algo por encima de la mitad ofrecida. Se ha de imponer el sentido común y no discutir por menos del equivalente a 1 €.

Propinas

Aunque las cuentas de los restaurantes, bares y alojamiento ya incluyan el 10% por el servicio, esta cantidad suele ir directamente al bolsillo del propietario y no al trabajador.

Restaurantes y bares 10%, en efectivo, a camareros, al margen del servicio de mesa.

Conductores El 10% del total.

Servicio de habitaciones Hasta 100 LKR/día.

Mozos/botones 50 LKR/bulto.

Cuidadores de calzado en templos 30 LKR.

Guías Varía mucho; lo mejor es acordar la tarifa antes de arrancar.

CURIOSO / SHUTTERSTOCK ©

Templo del Diente de Buda (p. 160).

Protocolo

Sri Lanka es un destino que no plantea mayores dificultades; basta con recordar algunos aspectos importantes.

Calzado en templos Descalzarse y quitarse la gorra antes de entrar a un templo. No hay inconveniente en ir en calcetines (aconsejable para evitar quemarse con el suelo abrasador).

Ropa Cubrirse hombros, brazos y piernas en los templos, de acuerdo con las indicaciones.

Estatuas de Buda Jamás posar al lado o delante de una: se considera una ofensa.

Imágenes de Buda Mostrar un tatuaje o ropa con imágenes de Buda puede desembocar en la detención y, a la postre, en la deportación del viajero.

Fotografía Pedir permiso antes de fotografiar a la gente. Hay quienes piden dinero a cambio, como los pescadores sobre pilotes en Koggala.

Ropa de playa No se puede tomar el sol desnudo ni en toples en la playa.

Recato No están bien vistas las muestras de afecto en público.

Uso de la mano izquierda Se la considera impura. Hay que usar ambas o solo la derecha.

Idioma

Muchos ceilandeses saben inglés, pero agradecen que el viajero se esfuerce en hablar su idioma.

Lo nuevo

Grandes proyectos, Colombo

Colombo Port City (p. 81), un añadido de 269 Ha junto a la zona de Fort y Galle Face Green, albergará sedes financieras, pisos y mucho más. Por su parte, Cinnamon Life (p. 81), un impresionante proyecto integrado por un centro comercial y un complejo residencial, empieza a cobrar forma cerca de Slave Island.

Edificios restaurados, Colombo

Tras la restauración de otros reclamos coloniales como el Hospital Neerlandés, le ha llegado el turno al Arcade Independence Square, un centro psiquiátrico de la década de 1800 transformado en un glamuroso centro comercial (p. 91).

Nuevos hoteles, Colombo

Por toda la capital surgen hoteles para todos los bolsillos. Un buen ejemplo es el Cinnamon Red (p. 83), flamante y alto hotel de precio medio con un popular bar de azotea. Ya deberían funcionar los lujosos Grand Hyatt Colombo (p. 80) y Shangri-La Hotel (p. 80).

Ruta ferroviaria Colombo-Jaffna

Tras la puesta a punto de las vías, el tren vuelve a enlazar Colombo con Jaffna, un paisajístico trayecto de entre 8 y 10 h.

Nuevas carreteras en Jaffna

No solo se regenera la capital del norte, sino también sus infraestructuras, con carreteras nuevas o mejoradas, lo que unido a una considerable relajación de las medidas de seguridad, ha propiciado abrir al turismo tanto las islas (p. 291) como la costa del noreste (p. 289).

Hospital Neerlandés, fortaleza de Galle

Otrora dedicada a alojar oficiales coloniales convalecientes, esta extraordinaria estructura ha recuperado todo su esplendor y hoy acoge algunos de los mejores cafés y restaurantes de Galle (p. 120).

Mejoras en la playa de Unawatuna

La parte oriental de esta maravillosa bahía, ocupada hasta hace poco por un horripilante malecón, ha renacido como una ancha playa de arena (p. 127).

Nuevos hoteles en Ella

Tras la apertura de una legión de vistosos hoteles y pensiones, Ella ofrece la mejor selección de alojamiento de las tierras altas (p. 199).

Nuevos resorts y actividades en Kalpitiya

Ya hay más de media docena de campamentos de *kitesurf* en la península y, en Alankuda, algunos resorts de categoría, entre ellos dos de los más sofisticados del país (p. 103).

Nuevos hoteles económicos en Anuradhapura

En la ciudad antigua han abierto decenas de pequeñas pensiones familiares, lo que significa que ahora es uno de los mejores lugares económicos de la isla (p. 238).

La popularidad de Pidurangala

Esta roca ha pasado de ser un enclave secreto a un destino mochilero imprescindible. Al atardecer, se llena por sus sensacionales vistas sobre Sigiriya (p. 220).

Más recomendaciones y reseñas en **lonelyplanet.es/asia/srilanka.**

En busca de...

Playas

El contorno blanco que exhibe Sri Lanka desde el espacio se debe a que la isla está ribeteada de playas. Y, ciertamente, es difícil ir por la costa mucho rato sin toparse con alguna paradisíaca, muchas de ellas casi desiertas.

Thalpe Agradable paréntesis a las multitudes, con un puñado de pensiones confortables y un ambiente distendido (p. 133).

Playa de Marakolliya S Despampanante, aunque nadar no siempre es seguro (p. 145).

Playa de Rekawa Larga y ventosa, esta playa atrae a las tortugas y a la gente que gusta de la soledad y la espectacularidad (p. 145).

Bahía de Arugam Clásico enclave surfista y para todo aquel a quien le guste la tranquilidad y el buen rollo (p. 250).

Uppuveli y Nilaveli Playas paradisíacas en un idílico rincón del este muy poco explotado. (pp. 270 y 272)

Costa noreste Casi todas las playas del extremo norte son lugares aislados; solo para exploradores y soñadores (p. 289).

Deportes acuáticos

El submarinismo crece en Sri Lanka a un ritmo similar al del surf. Por todo el litoral hay excelentes enclaves, en su mayoría apenas visitados, ideales para disfrutar del mar. La costa oeste, al sur de Colombo, ha sido y es el epicentro del submarinismo, pero hay más zonas, y mejores, como el sur y el este, cada vez más protagonistas. El surf también es muy popular en el sur y el este del país.

Bahía de Arugam Preciosa franja de arena en forma de medialuna, con pensiones a escasos 10 min de los rompientes (p. 250).

Bar Reef Arrecifes casi inmaculados donde juguetean los delfines (p. 103).

Arrecifes Great Basses El acceso difícil y las condiciones volubles no hacen sino añadir mística al mejor enclave submarinista del país (p. 152).

Parque Nacional de la Isla Pigeon Arrecife de coral a poca profundidad, con abundante vida marina, muy indicado tanto para el buceo con tubo como de profundidad (p. 273).

Weligama Población sureña fiel a los códigos surferos, perfecta para iniciarse o sencillamente pasar el rato (p. 136).

Batticaloa A diferencia de la zona de rocas sumergidas, el HMS *Hermes*, un pecio de la II Guerra Mundial, solo es apto para submarinistas avezados (p. 262).

Paseos

El calor es sofocante de día, y hasta puede llover, pero abundan las excursiones para descubrir la belleza natural del país, su riqueza cultural y sus antiguos monumentos.

Colombo Los atascos son habituales en las calles principales, pero en otras vías reinan los árboles y un encanto refinado (p. 66).

Polonnaruwa Sus ruinas están repartidas por un exuberante recinto que cautiva a los más aventureros (p. 222).

Pico de Adán Para unirse a centenares de peregrinos tras los pasos de Buda (p. 179).

Cordillera Knuckles Muy húmeda y tupida, este es un lugar maravilloso para el senderismo (p. 176).

Galle Tras descubrir los incontables recovecos de la fortaleza, lo suyo es alargar el paseo por la bahía hasta la fantasía tropical de Jungle Beach (p. 116).

Jaffna Su casco antiguo aglutina edificios coloniales, la fortaleza más interesante del país y calles arboladas (p. 277).

Templos budistas

Los templos de esta isla atesoran más de 2000 años de patrimonio religioso, y si se coincide con un festival, ya es lo más.

Templo de Gangaramaya De los muchos templos destacados de Colombo, este acoge las celebraciones Vesak más llamativas (p. 72).

Templos rupestres de Mulkirigala Una red de cuevas custodia este precioso y apenas visitado templo (p. 148).

Templo del Diente de Buda El corazón y el alma del budismo ceilandés custodia un diente de Buda (p. 160).

Sri Maha Bodhi El árbol vivo (y documentado) más antiguo del mundo es el principal reclamo del sagrado lugar de Anuradhapura (p. 233).

Mihintale Para llegar a este mítico templo cimero hay que salvar sus 1843 legendarios escalones (p. 241).

Templo de Nagadipa Cuenta la leyenda que Buda visitó este sencillo templo situado en una isla pequeña del extremo norte del país (p. 292).

Fauna y flora

Aunque la isla sea pequeña, sus animales son grandes, sobre todo las manadas de elefantes asiáticos que habitan fuera y dentro de los parques nacionales, pero también hay leopardos y búfalos de agua, entre otras criaturas.

CEZARY WOJTKOWSKI / SHUTTERSTOCK ©

ANGELO CORDESCHI / SHUTTERSTOCK ©

Arriba: templo de Gangaramaya (p. 72), Colombo.
Abajo: mercado principal de pescado (p. 97), Negombo.

Parque Nacional de Uda Walawe Muy apropiado para quienes desean ver elefantes en estado salvaje (p. 202).

Parque Nacional de Minneriya Sus más de 400 paquidermos conforman un espectáculo formidable (p. 230).

Pottuvil Los safaris por la laguna acercan al visitante hasta los elefantes, varanos y cocodrilos (p. 255).

Parque Nacional de Yala Mucha gente y buenos safaris para ver leopardos (p. 153).

Parque Nacional de Kumana Este remoto parque, infinitamente menos abarrotado que el de Yala, es rico también en leopardos, elefantes y aves (p. 258).

De compras

Extremadamente fértil, no es extraño que muchos de los mejores productos del país provengan de la tierra. A los imprescindibles té y especias, cada vez se suman más artesanías y artículos de diseño.

Colombo Elegantes *boutiques* de diseño, galerías y muchos mercados que venden de todo (p. 90).

Negombo Población de belleza decadente, con un ajetreado centro urbano y un frente marítimo alineado por tiendas de recuerdos (p. 97).

Galle El despliegue de galerías elegantes, *boutiques* de diseñadores independientes y pintorescas tiendas de cachivaches convierte a Galle en un imprescindible (p. 126).

Tierras altas En las plantaciones y las fábricas se venden tés excelentes, algunos difíciles de encontrar (p. 157).

Ayurveda

Este antiguo sistema medicinal y terapéutico fue diseñado para sanar y rejuvenecer. En Sri Lanka se utiliza para curar mil y una dolencias y atrae a muchos visitantes; algunos se alojan en clínicas y *spas* durante semanas.

Siddhalepa Ayurveda *Spa* auténtico con un completo abanico de tratamientos sin salir de la capital (p. 75).

Sanctuary Spa Ideal para recobrar el equilibrio interior tras una dura jornada de surf en Unawatuna (p. 128).

Jetwing Ayurveda Pavilions En Negombo, con pabellones y salas (p. 101).

Barberyn Reef Ayurveda Resort El yoga y la meditación no faltan en este centro de bienestar integral de Beruwela (p. 109).

Heritance Ayurveda Maha Gedara Retiro en la costa oeste con tratamientos de calidad (p. 109).

Lugares patrimoniales

El pequeño Sri Lanka tiene nada menos que ocho lugares Patrimonio Mundial por la Unesco.

Fortaleza de Galle Este fuerte neerlandés conforma un bello marco urbano perfecto para un paseo al ocaso (p. 117).

Kandy La ciudad real y los templos son el corazón de la cultura ceilandesa (p. 159).

Reserva Forestal de Sinharaja Uno de los últimos remanentes de tupida pluvisilva montañosa del país y el sueño de cualquier aficionado a las aves (p. 204).

Dambulla Los templos rupestres y sus pinturas son obras de arte (p. 212).

Sigiriya El monasterio rupestre que, a ojos de muchos, parece un fuerte o un templo (p. 216).

Polonnaruwa Capital medieval con vestigios antiguos (p. 222).

Anuradhapura Lo sagrado y lo secular se dan cita en un extenso recinto que abarca siglos de historia (p. 231).

Tierras altas centrales La Reserva Natural del Pico Sri Pada, las llanuras de Horton y la cordillera Knuckles atesoran una extraordinaria biodiversidad (p. 157).

Arquitectura colonial

Los neerlandeses, los portugueses y los británicos dejaron su impronta en Sri Lanka.

Fortaleza de Colombo El Hospital Neerlandés es solo una de las muchas joyas coloniales de Fort (p. 68).

Cinnamon Gardens, Colombo El Museo Nacional fue en su día un recinto británico de elegantes mansiones (p. 73).

Fortaleza de Galle El pasado revive al pasear por sus murallas al atardecer (p. 117).

Nuwara Eliya Hospedarse en alguno de sus señoriales hoteles antiguos revive el ambiente del Raj (p. 181).

Jaffna Admirar iglesias de la época portuguesa, un fuerte y elegantes viviendas en calles arboladas (p. 277).

Batticaloa El barrio de Puliyanthivu ofrece joyas coloniales y un fuerte (p. 260).

Mes a mes

PROPUESTAS DESTACADAS

Duruthu Perahera Enero

Maha Sivarathri Marzo

Aurudu (Año Nuevo) Abril

Vesak Poya Mayo

Kandy Esala Perahera Agosto

Enero

Temporada turística alta. Muchas poblaciones celebran eventos señalados como el respetado festival literario de Galle.

Duruthu Perahera

Esta procesión conmemora la primera de las tres visitas de Buda a Sri Lanka. Se celebra el día de *poya* (luna llena) en la Kelaniya Raja Maha Vihara de Colombo, y es la segunda en importancia después de la enorme *perahera* de Kandy. (p. 80).

Thai Pongal

A mediados de enero, esta fiesta hinduista de la cosecha de invierno rinde homenaje a Surya, dios del sol. Es importante para los tamiles de Sri Lanka y el sur de la India. El *pongal,* un dulce para la ocasión a base de arroz, frutos secos y especias, está de infarto.

Febrero

El flujo de turistas se mantiene gracias a los europeos hartos del invierno. Es un mes movidito para los ceilandeses, con una importante fiesta nacional.

Día de la Independencia

El 4 de febrero se celebra la independencia del país (1948) con fiestas, desfiles, fuegos artificiales, torneos deportivos y demás por todo el territorio. En Colombo, una procesión de vehículos lleva a los políticos de un evento a otro.

Navam Perahera

Es una de las *peraheras* más grandes y vistosas del país; la primera fue en 1979. Se celebra el día de *poya* de febrero: sale del templo de Gangaramaya y pasa por el parque Viharamahadevi y el lago Beira en Colombo.

Marzo

Mes importante para muchos budistas ceilandeses, que asisten al Maha Sivarathri en las ciudades antiguas y en lugares de la costa oeste donde son mayoría.

Maha Sivarathri

Este festival hinduista (fin feb-ppios mar) conmemora la boda de Shiva con Parvati con una vigilia que dura toda la noche y más. Es el día más importante para los shivaístas, que son la mayoría de los hinduistas de Sri Lanka.

Abril

Aunque son solo el 6% de la población, las versiones secularizadas de las fiestas cristianas son muy populares. En los centros comerciales hay hasta conejitos de Pascua.

Aurudu (Año Nuevo)

La víspera y el día de Año Nuevo (13 y 14 abr, respectivamente) son fiestas laicas. Entre el año saliente y el entrante hay un "período neutral" (Nonagathe) de

Arriba: *poya* (p. 28), Unawatuna.
Abajo: festival Deepawali (p. 28), Colombo.

unas horas en que cesa toda actividad. En los días previos y posteriores, los autobuses y trenes van abarrotados, pues todo el mundo viaja a su tierra de origen.

Mayo

El monzón Yala sopla durante cinco meses (aprox.) y trae lluvias intensas desde el océano Índico que empapan las tierras altas y la costa suroeste.

Vesak Poya

Dos jornadas festivas para celebrar el nacimiento, iluminación y muerte de Buda. El punto culminante es el encendido de farolillos de papel y la colocación de farolillos fuera de todos los hogares, tiendas y templos budistas. Colombo de noche es un derroche de color.

Junio

Los budistas ceilandeses apenas se han recuperado del Vesak cuando otra gran celebración religiosa asoma.

Poson Poya

La noche de luna llena *(poya)* del Poson celebra el día que Mahinda trajo el budismo a Sri Lanka. En Anuradhapura hay fiestas en los templos más famosos, mientras que en la cercana Mihintale miles de peregrinos vestidos de blanco se enfrentan a los extenuantes 1843 peldaños que llevan el templo más alto del país.

Julio

Los vendedores de bombillas hacen su agosto cuando los budistas se preparan para el Esala Perahera, que empieza a finales de mes. Las luces adquieren especial importancia durante las festividades de Kandy.

Vel

Se celebra en Colombo y Jaffna. En la capital, la carroza dorada de Murugan (Skanda), el dios de la guerra, se porta con toda la pompa de Pettah a Bambalapitiya. En Jaffna, el festival Nallur Kandaswamy Kovil dura 25 días.

Kataragama

Otra importante festividad hinduista tiene lugar en Kataragama, donde los devotos consuman toda suerte de ritos masoquistas. Recuerda la victoria del dios de la guerra Skanda, de seis caras y 12 brazos, sobre los demonios.

Agosto

Destaca el de Kandy, pero el Esala Perahera se celebra en todo el país. En muchos festejos aparecen bailarines y artistas con zancos, entre otros habilidosos participantes.

Kandy Esala Perahera

la festividad más espectacular y prominente de Sri Lanka marca el clímax de 10 días y 10 noches de festejos durante el mes de Esala. Esta procesión, que empieza a finales de julio, rinde homenaje a la reliquia del diente de Kandy.

Festival de Nallur

El Nallur Kandaswamy Kovil de Jaffna es el centro de un enorme festival hinduista que se alarga 25 días de julio y agosto; culmina el 24, con procesiones de carrozas y espantosas demostraciones de automutilación a cargo de devotos extasiados.

'POYA'

Cada día de *poya* (luna llena) es festivo y los autobuses, trenes y alojamientos se llenan, especialmente si cae en viernes o lunes. En dicha jornada está prohibido vender alcohol, y algunos locales cierran.

Los días de *poya* no siempre coinciden con los días de luna llena de los calendarios occidentales. Como el momento de la oración debía coincidir con el exacto de la luna llena, quizá este caiga un día antes o después del indicado en los calendarios lunares.

Octubre

Es el mes del misterio meteorológico, pues cae entre los dos monzones. Puede llover en cualquier momento. Son los últimos días de la temporada de surf en la costa oeste.

Deepawali

La fiesta hinduista de las luces se celebra a finales de octubre o principios de noviembre. Miles de parpadeantes lámparas de aceite solemnizan el triunfo del bien sobre el mal y el regreso de Rama tras su exilio.

Diciembre

Maha, el segundo monzón anual de Sri Lanka, riega abundantemente el noreste de la isla. Mejor descartar ir la playa de Jaffna.

Pico de Adán

Es la temporada de peregrinaje, cuando gente de todos los credos (y algún turista despistado) sube al pico de Adán cerca de Ella. Empieza en diciembre y se alarga hasta mediados de abril. Se sale poco después de medianoche para estar arriba a la salida del sol.

Unduvap Poya

Este día de luna llena se homenajea a Sangamitta, que trajo un esqueje del sagrado árbol de Bodhi, en la India, a Anuradhapura en el año 288. De él creció el Sri Maha Bodhi, que es el árbol plantado por el hombre más antiguo aún vivo del planeta. Las ceremonias atraen a miles de ceilandeses, vestidos con sus mejores galas.

Navidad

Fuera de las comunidades cristianas (la mayoría en Colombo), este día ha pasado a convertirse en una popular fiesta secularizada. Por todo el país pueden verse imitaciones de las tradiciones occidentales, desde Papás Noel con extrañas máscaras hasta árboles de Navidad artificiales.

Itinerarios

1 SEMANA Sri Lanka esencial

Este compacto recorrido pasa por una selección de los imprescindibles del país.

Se sale de **Colombo,** donde se visitan los mercados y el revitalizado barrio de Fort. Después, por la costa, se va al sur hasta la asombrosa **Galle,** en tren, con lo que se evitan las congestionadas carreteras del litoral oeste y las aburridas poblaciones que hay en el camino.

En Galle se puede ir a la playa (en el desierto litoral de la región de **Tangalla** las hay preciosas) o enfilar hacia el **Parque Nacional de Uda Walawe,** en el interior, con decenas de elefantes y muchos animales más. Una sinuosa carretera lleva hasta el corazón de las tierras altas, donde aguarda **Ella,** una población con un divertido ambiente viajero, ideal para pasar unos días.

Se recomienda realizar uno de los trayectos en tren más bonitos del mundo hasta la localidad patrimonial de **Nuwara Eliya,** de la época colonial británica, que es como un túnel del tiempo. Se visitan las plantaciones de té y se para en la icónica **Kandy,** llena de templos y jardines, desde donde es fácil volver a Colombo o ir al aeropuerto.

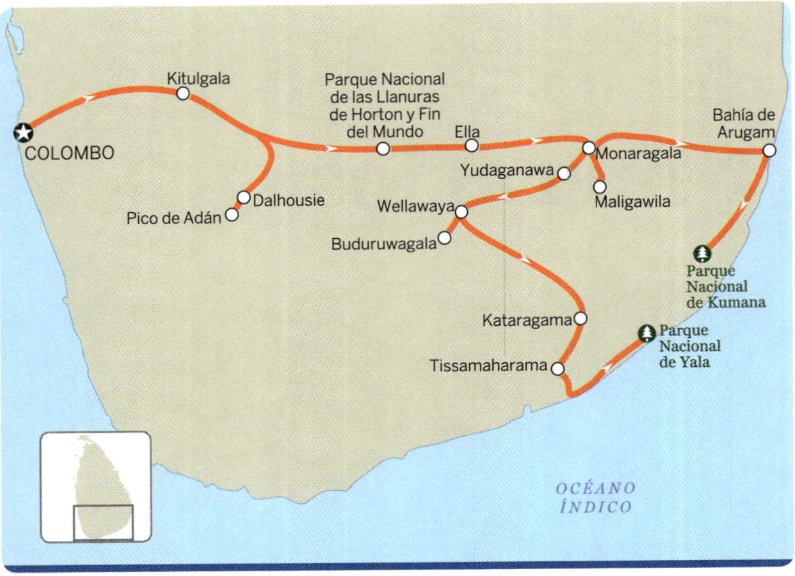

2 SEMANAS

Sur y naturaleza

Pese a su reducido tamaño, Sri Lanka disfruta de hermosos espacios naturales, entre ellos, picos y valles tropicales, parques nacionales y el rosario de playas de la costa sur.

Desde **Colombo** se va al este, a **Kitulgala,** ideal para practicar *rafting* por el Kelaniya Ganga, senderismo por la selva y ver aves. Quizá los cinéfilos reconozcan los paisajes de *El puente sobre el río Kwai*. Luego se sigue hasta la brumosa región del **pico de Adán (Sri Pada);** la subida a esta montaña sagrada es una ruta de peregrinación, con **Dalhousie** como punto de partida tradicional. Unos días en la zona pasan rápido entre aromáticos tés y lujosos bungalós de los plantadores, o en pensiones acogedoras. A continuación se enfila al este hasta el **Parque Nacional de las Llanuras de Horton,** donde se encuentra el **Fin del Mundo,** un sendero circular de 9,5 km que conduce a un impresionante mirador, con cascadas de camino. Después se conduce hasta una de las joyas de las tierras altas: **Ella,** un pueblo con senderos, vistas maravillosas y pensiones con algunas de las comidas caseras más sabrosas de la isla. Se prosigue hasta **Monaragala,** una entrada discreta al este del país, y a **Yudaganawa,** uno de sus más evocadores yacimientos budistas. Cerca, en **Maligawila** hay un Buda erguido (11 m de altura) milenario.

En la costa aguarda la siempre popular **bahía de Arugam,** con su ambiente surfista y excelente marisco, perfecta para pasar un día o más, tumbado en la hamaca de una pensión frente a la playa. Es buena idea ir en barco a la cercana laguna Pottuvil. Se explora el poco visitado **Parque Nacional de Kumana,** para luego, tierra adentro y vía Monaragala, ir hasta **Wellawaya** y desviarse hasta **Buduruwagala,** donde está el Buda erguido más alto del país.

Se baja de Wellawaya a las llanuras costeras de **Kataragama,** la meta de la Pada Yatra, una peregrinación que parte de la otra punta de la isla. Cerca, **Tissamaharama** disfruta de una preciosa localización lacustre, además de ser una práctica base para los popularísimos safaris al **Parque Nacional de Yala,** con elefantes, leopardos y demás animales icónicos de Sri Lanka.

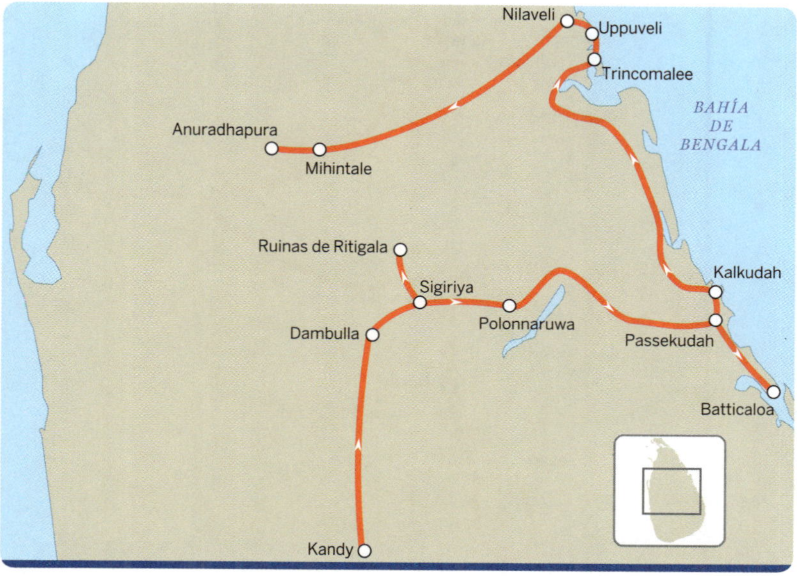

2 SEMANAS El centro cultural

Este circuito recorre el poco habitado centro de Sri Lanka, el corazón cultural del país. Se verán templos y poblaciones antiguas, además de preciosos parajes naturales que han inspirado a generaciones de ceilandeses.

Un buen inicio es **Kandy,** de marco lacustre y capital del último reino cingalés hasta principios del s. XIX. Luego, se va al norte hasta **Dambulla,** con su batería de santuarios rupestres decorados con vivos murales budistas. A un corto paseo está **Sigiriya,** un afloramiento rocoso de 200 m de altura que en su día fue un monasterio, y, al noroeste, la Reserva Natural Estricta de Ritigala, en cuya fronda se esconde uno de los yacimientos más misteriosos del país: las **ruinas de Ritigala,** en su día un enorme palacio.

Más al este, la antigua capital real de **Polonnaruwa** conserva un estimulante conjunto de esculturas budistas y ruinas monacales casi milenarias. Se continúa al este hasta la costa y las playas de **Passekudah** y **Kalkudah.** La primera es una ancha y larga franja de hermosa arena sin hollar, y la segunda forma parte de un nuevo y enorme complejo de resorts. Se bordea la costa hacia el sur hasta **Batticaloa,** un puerto histórico con un fuerte neerlandés y uno de los puntos de inmersión más legendarios de Sri Lanka justo delante de la costa: el HMS *Hermes,* un portaaviones británico hundido en la II Guerra Mundial.

De camino al norte se pasa por reservas naturales y playas desiertas hasta llegar al idílico puerto natural de **Trincomalee,** con siglos de agitada historia, como acredita su fuerte, con el templo de Kandasamy en su interior. Más al norte, el pueblo playero de **Uppuveli** tiene un animado ambiente de viajeros y la cautivadora playa de **Nilaveli.** Finalmente toca adentrarse en el corazón del país, a través de una pronunciada ascensión hasta **Minitale,** con un pasado histórico budista que se remonta al s. III a.C. Más al oeste, a 13 km, **Anuradhapura** es un extenso territorio de templos, ruinas y demás que conforma uno de los principales reclamos del sureste asiático, perfecto para recorrer a pie o en bicicleta.

1 SEMANA

El norte emergente

Durante muchos años zona prohibida, los visitantes ya pueden disfrutar de la belleza, las playas y la cultura del norte del país, bien conectado con carreteras y tren hasta Jaffna.

La ruta comienza en **Kalpitiya.** Las playas están bien, pero el *kitesurf* y la observación de delfines son espectaculares. Hay que acercarse al **Parque Nacional de Wilpattu,** al norte, donde habitan leopardos y otros mamíferos. A continuación se explora otra bella lengua de Sri Lanka que se adentra en el mar: **Mannar** es una isla que parece hacer autostop para ir al subcontinente. Entre baobabs africanos, el remoto **Talaimannar** mira al puente de Adán, una cadena de arrecifes e islotes que forman casi una pasarela terrestre con la India. Hasta que la guerra interrumpió el servicio en la década de 1990, este era el punto de donde zarpaban los transbordadores ferroviarios a la India.

Se retoma el rumbo hacia la península de Jaffna. En tierra firme y cerca de la costa, al este del pueblo de Mannar y pasada la histórica carretera elevada, el imponente **Thirukketeeswaram Kovil** es uno de los *pancha ishwaram,* los cinco templos erigidos en honor a Shiva en Sri Lanka para que este protegiera la isla de los desastres naturales. Luego se cruza la isla hasta **Mullaittivu,** un pueblo que quedó aislado durante los años de la guerra; de aquella época quedan muchos vestigios, como el Sea Tiger Shipyard, el astillero donde los LTTE intentaron construir submarinos.

A continuación se enfila al oeste por la A35 y se tuerce al por la A9 hacia el **paso del Elefante,** con su belleza y monumentos conmemorativos de la guerra. Se continúa hasta **Jaffna,** donde la cultura tamil se despliega en forma de templos que merece, y mucho, la pena visitar. Hay que pasear por la fortaleza colonial y la zona del mercado, con buenos restaurantes. Después se va al norte hacia **Keerimalai Spring,** un lugar sagrado con baños legendarios. Cerca está el Naguleswaram Shiva Kovil, del s. VI a.C. El siguiente destino hacia el este es **Point Pedro,** con la playa de Munai, de arena blanca. Cerca de Jaffna hay islas de belleza minimalista, incluida **Nainativu**, una mota de arena con templos budistas e hinduistas, y **Neduntivu (Delft),** un lugar donde deambulan los ponis salvajes.

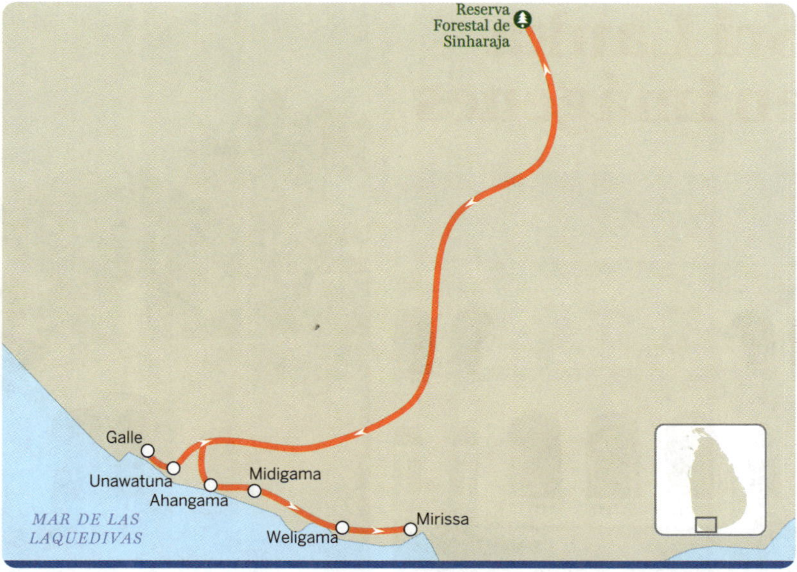

1 SEMANA

Escapada al sur

Esta rápida excursión hará entrar en calor incluso al visitante más friolero llegado de cualquier gélido invierno.

La escapada empieza en **Galle:** fundada por los portugueses en el s. XVI, es una de las ciudades coloniales fortificadas mejor conservadas del sureste asiático. Se recorren las murallas al atardecer y se disfruta de sus muchos cafés situados en edificios antiguos, algunos rehabilitados y otros, en un estado de encantadora decrepitud. La ciudad también tiene fama por su oferta gastronómica, y los bares de algunos hoteles son perfectos para tomar un cóctel en un ambiente refinado.

Se va a la playa en la cercana **Unawatuna,** con su cautivadora medialuna de arena, cafés costeros y unas aguas intensamente azules. La impresionante pagoda de la Paz de Rumassala y la bonita playa de Jungle quedan 15 min al oeste de Unawatuna.

Ahora es el momento de sacar al Tarzán que se lleva dentro (muchas películas sobre el personaje se rodaron en Sri Lanka) en la **Reserva Forestal de Sinharaja,** la última gran pluvisilva que queda en la isla, reconocida por la Unesco. La única manera de moverse por la reserva es a pie, pero hay excelentes guardabosques y guías independientes que conocen al dedillo sus resbaladizos senderos y abundante fauna y flora.

De vuelta en la costa sur, los aficionados al surf encontrarán clases, alquiler de tablas y salidas baratas en **Ahangama** y **Midigama.**

Otra corta excursión al este es **Weligama,** con resorts de playa y un pueblo de pescadores con mercados fascinantes; el lugar también reúne buenas condiciones para practicar surf, especialmente para principiantes.

No lejos, **Mirissa** es la joya arenosa del sur, con pensiones ocultas entre palmeras. El puerto de Mirissa, al otro lado de la península, enfrente del extremo oeste de la playa, está siempre atestado de barcos, y la actividad principal del lugar es la observación de ballenas. La excursión termina bajo el sol en esta playa de ensueño.

Sri Lanka en imágenes

1

ATTILA JANDI / SHUTTERSTOCK ©

1. Museo Nacional (p. 73), Colombo 2. Fuerte neerlandés (p. 296), pueblo de Mannar 3. Fortaleza de Galle (p. 117) 4. Buzón, Galle (p. 116).

3

PAUL KENNEDY / GETTY IMAGES ©

El pasado colonial

El patrimonio colonial de Sri Lanka se remonta a más de 500 años. Los ejemplos más antiguos son las fortificaciones portuguesas, si bien la mayoría se encuentra en ruinas o son reconstrucciones de la época neerlandesa. Junto con los edificios portugueses y neerlandeses, el legado británico está presente por todo el país.

Portugueses

Los vestigios portugueses de los ss. XVI y XVII jalonan toda la costa. Islitas como Velanai y poblaciones como Jaffna, Galle y Tricomallee conservan los restos de defensas en su tiempo importantes. Muchas, como la fortaleza de Mannar (p. 296), están en pleno desmoronamiento o directamente en ruinas, mientras que el enclave portugués de Colombo, que tenía numerosas iglesias y conventos, fue destruido por los neerlandeses en 1655-1656.

Neerlandeses

El legado neerlandés más imponente, reconocido por la Unesco, es la fortaleza de Galle (p. 117), una ciudad amurallada repleta de mansiones señoriales y edificios administrativos, un elegante hospital y altas almenas. Colombo posee también vestigios notables de aquella época, como la iglesia de Wolvendaal (p. 70) y la residencia del gobernador (p. 69), del s. XVII y hoy Museo del Período Neerlandés. En el resto del país, en Matara perviven notables construcciones, además de canales en las costas oeste y este.

Británicos

Los edificios de la época británica están por todas partes, desde las monumentales fábricas de té y los elegantes bungalós de las plantaciones de las tierras altas hasta el neoclásico Museo Nacional (p. 73) y faros como el del Dondra Head (p. 142). Para conocer la "Pequeña Inglaterra" hay que ir a Nuwara Eliya, con nobles hoteles revestidos de piedra como el Hill Club (p. 185) y jardines victorianos. Por su parte, los buzones y las cabinas telefónicas de color rojo que salpican las vías públicas del país son otros recuerdos cotidianos del dominio de Londres.

Imágenes del sur

PAUL PRESCOTT / SHUTTERSTOCK ©

1. Unawatuna (p. 127)
La recuperación de esta ancha playa de arena ha atraído a muchos viajeros hasta sus aguas azules.

2. Fort de Galle (p. 117)
El colorido fuerte es una obra de arte arquitectónica.

3. Parque Nacional de Bundala (p. 148)
El canto de las aves invade este humedal, un clásico destino ornitológico en Sri Lanka.

4. Mirissa (p. 137)
El puerto de Mirissa siempre está lleno de barcos.

THOMAS WYNESS / SHUTTERSTOCK ©

SAIKO3P / SHUTTERSTOCK ©

Imágenes de las tierras altas

1. Parque Nacional de las Llanuras de Horton (p. 188)
La abundante fauna de este parque nacional incluye al raro lagarto verde de labio gris *(Calotes nigrilabis)*.

2. Ella (p. 194)
A pocos kilómetros de esta población, el puente de los Nueve Arcos es un lugar muy fotogénico.

3. Parque Nacional de Uda Walawe (p. 202)
Cientos de elefantes deambulan por este parque nacional, uno de los mejores lugares del país para ver paquidermos.

4. Pico de Adán (p. 178)
Vale la pena acompañar a los peregrinos en su caminata hasta la cima de este pináculo de roca para ver la luz del alba.

3

ANTON GVOZDIKOV / SHUTTERSTOCK ©

Puesta a punto

Comer y beber como un local

Con su combinación de sabores complejos, ingredientes frescos y una herencia culinaria que mezcla influencias autóctonas, Sri Lanka bien podría ser la isla de las Especias original. Salir a comer es fantástico, ya sea un arroz con curri en un puesto callejero como marisco junto a la playa. También se encontrará cocina occidental y de otros países asiáticos (China, Tailandia y Japón) en los resorts.

Fruta todo el año

La existencia de semejante variedad de frutas hay que buscarla en la heterogénea topografía del país.

Todo el año

Muchas frutas, incluidas bananas (con más de 20 variedades), papayas y piñas, están disponibles en cualquier momento del año.

Abril-junio

Los primeros mangos aparecen en abril en el norte: los de Karuthakolamban (o Jaffna) proceden de las partes de secano de la isla y su jugosa carne dorada los hace especialmente apreciados. Por su parte, los rambutanes (fruta de piel peluda y roja, de peculiar aspecto y sabor similar al lichi) están en su mejor punto en junio, cuando es fácil verlos amontonados en pirámides en puestos junto a las calzadas.

Julio-septiembre

Es la temporada del durián, esa enorme fruta amarilla con pinchos que se detesta o se ama, y que huele tan mal que hasta se ha prohibido llevar en el metro de Singapur y no aparece en los bufés de desayuno. En esta época también se recogen los mangostanes, una fruta de piel púrpura y delicado sabor que, debido a los problemas para transportarla, lo mejor es disfrutarla en el trópico.

Experiencia gastronómicas

Del mar

- **Elita Restaurant** (p. 126) Vistas del faro y marisco de primera.
- **Bu Ba** (p. 88) Mesas con velas en plena playa de Mt Lavinia.
- **Cool Spot** (p. 114) Establecimiento familiar donde tomar una excelente mariscada.
- **Coconut Palm Beach Seafood Restaurant** (p. 143) Pescado y marisco fresquísimos junto a las olas.

Sabores intensos

- **Sanctuary at Tissawewa** (p. 239) Cocina refinada en la antigua residencia de un gobernador británico.
- **Nihonbashi Honten** (p. 87) Una de las experiencias gastronómicas más intensas de Colombo la ofrece este japonés.
- **Bedspace Kitchen** (p. 132) Local ajardinado con una cocina muy actual y de altísimos vuelos.
- **Fort Printers** (p. 123) En un lugar histórico de Galle, su carta moderna e imaginativa es un diálogo entre Oriente y Occidente.
- **Matey Hut** (p. 195) Sabores auténticos en una cabaña en las colinas.

Espacios espectaculares

➡ **Hill Club** (p. 185) Comedor de estilo victoriano con una carta británica y salas de billar.

➡ **Sharon Inn** (p. 166) Vistas de las montañas de Kandy y especiada cocina local.

➡ **Church Street Social** (p. 125) Para cenar en el porche o en el comedor, ambos de impresionante regusto colonial.

Elegancia colonial

➡ **Governor's Restaurant** (p. 89), **Colombo** Hotel-restaurante perfecto para el almuerzo dominical.

➡ **Margosa** (p. 282), **Jaffna** Esta mansión del s. XIX aporta un marco sublime a una comida memorable.

➡ **Empire Café** (p. 168), **Kandy** Local famoso desde siempre, en un edificio colonial con gran personalidad.

➡ **Royal Dutch Cafe** (p. 125), **Galle** Elegante edificio de columnas, ideal para tomar un buen té o café, o comer.

Cafés estilosos

➡ **Old Railway Cafe** (p. 126), **Galle** Vale la penar salir extramuros de Fort para ir a este café.

➡ **Dutch Bank Cafe** (p. 269), **Trincomalee** Fabulosos tentempiés y comidas en un edificio colonial rehabilitado encarado al puerto.

➡ **Dambulla Heritage Resthouse Restaurant** (p. 215), **Dambulla** Para recargar las pilas con un café después de visitar las cuevas.

➡ **Queens Art Cafe** (p. 132), **Unawatuna** Sugerente establecimiento a la sombra, en una calle que desemboca en la playa, para tomar un bocado y/o beber algo.

➡ **Barefoot Garden Cafe** (p. 87), **Colombo** Elegante café con patio en la galería Barefoot.

La hora del té

➡ **High Tea at the Grand** (p. 187), **Nuwara Eliya** En plan merienda, con sándwiches de pepino, exquisitos pasteles y una amplia selección de tés.

➡ **T-Lounge** (p. 86), **Colombo** Un marco evocador para una taza de té en un edificio emblemático.

➡ **Mlesna Tea Centre** (p. 194), **Bandarawela** Aplaudida tetería en pleno reino del té.

Exquisiteces baratas

➡ **Kotthu** Especie de hamburguesa picante en pan *roti* con verduras y carne o huevos. La que sirven en el Hotel De Pilawoos (p. 89), en Colombo, está buenísima.

➡ **Paratha** Un pan sin levadura hecho en un hornillo. Los del Mangos (p. 283), en Jaffna, son excelentes.

➡ **Vadai** Término genérico para un buñuelo en forma de rosco, normalmente de lentejas.

➡ **Roti de coco** Panecillo tostado que se vende en la calle y que los locales comen con guindilla y sal.

➡ **Samosa** Tentempié omnipresente, generalmente a base de verduras picantes cocinadas.

ARROZ CON CURRI

El plato nacional, el arroz con curri ceilandés, es una compleja y elaborada batería de platillos de verduras (también de carne y pescado) que se acompaña de arroz. Los *chutneys* y el *sambol* (un condimento elaborado a base de diversos ingredientes molidos con guindilla) le aportan picor y sabor, y normalmente también hay *poppadoms*.

En casi todos los curris ceilandeses se utiliza leche de coco y una mezcla de especias: guindilla, cúrcuma, canela, cardamomo, cilantro, *rampe* (hojas de *pandanus*), hojas de curri, mostaza y tamarindo. El pescado deshidratado es igualmente habitual en los platos de temporada.

De ruta por el país, seguramente se parará en alguno de los típicos restaurantes locales para tomar un arroz con curri. A veces, los mejores se sirven en sencillos establecimientos familiares de carretera, con una selección de 5 a 10 platillos (principalmente vegetarianos, con alguna opción de carne o pescado).

Muchos restaurantes solo sirven arroz con curri al mediodía. Las pensiones también lo preparan para cenar si se encarga a primera hora de la mañana.

Clases de cocina

En Sri Lanka no hay muchos sitios, pero, ante el creciente interés, sin duda la oferta irá a más.

- **Clases de cocina de la Matey Hut** (p. 195), **Ella**
- **Mamas Galle Fort Cafe** (p. 125), **Galle**
- **Sonjas Health Food Restaurant** (p. 129), **Unawatuna.**
- **Clases de cocina del Rawana Holiday Resort** (p. 195), **Ella**

Especialidades de Sri Lanka

El arroz, básico en la cocina ceilandesa, es parte del plato nacional (arroz y curri), y la harina de arroz se utiliza para elaborar algunos platos únicos. Muchos ceilandeses son vegetarianos, por lo que resulta fácil encontrar comidas con una variedad de verduras apabullante. El coco se añade a casi todos los platos. Los *devilled dishes* ("platos endiablados") son recetas con carne o pescado guisados en una salsa picante y agridulce con cebolla y pimientos.

Arroz

Hoppers Tortitas cóncavas (también llamadas *appa* o *appam*) de harina de arroz, leche de coco y *toddy;* si llevan huevo se convierten en una *egg hopper.* Se le suele añadir *sambol* para realzar el sabor.

Dosas *(thosai)* Tortitas finas como papel de fumar hechas con masa de arroz y normalmente rellenas con verduras especiadas.

Kola kanda Unas gachas nutritivas a base de arroz, coco, verduras de hoja y hierbas.

Arroz y curri El plato nacional se sirve con una selección de platillos de verduras, carne o pescado especiados.

Biryanis Fragante arroz *basmati* cocinado con mucha cúrcuma, ajo y cardamomo, a menudo con dados de pollo o cordero.

Platos de verduras

Mallung Esta ensalada, que recuerda un poco al *tabulé,* mezcla verduras de hoja de la zona (como el *kale*), coco troceado y cebolla.

Curri con fruta de guanábano La carnosidad de la fruta más grande del mundo combina la mar de bien con las sabrosas salsas de curri.

Panes

Aunque hay bastantes panaderías, algunas decepcionan.

Roti Pan grueso sin levadura que se hace en un hornillo y se sirve con un relleno dulce o salado.

Kotthu *Roti* troceado y frito con verduras y/o huevo, queso o carne en un hornillo. Se puede probar en el Hotel De Pilawoos (p. 89), en Colombo.

Uttapam Tortita gruesa, una especialidad tamil, que se prepara con cebolla, guindillas, pimientos y verduras.

Marisco

Cangrejo de Jaffna Se prepara de muchas maneras, pero en el norte el tamarindo y el coco aportan un sabor especial a este plato único.

Ambulthiyal Este curri de pescado es una especialidad del sur, que se elabora con *goraka,* una fruta que le da un toque ácido.

Condimentos

Pol sambol Tiras de coco, zumo de lima, cebolla roja, guindilla y especias.

Lunu miris Cebolla roja, sal, guindilla en polvo, zumo de lima y pescado seco.

Postres y dulces

Wattalappam (*vattalappam* en tamil) Un pudin de leche de coco y huevo con panela y cardamomo.

Pittu Pastelitos cilíndricos de harina y coco, cocinados al vapor en un recipiente de bambú.

Curd Nata agria que sabe a yogur natural; se sirve con melaza de *kitul* (un tipo de palma).

Pani pol Pequeña tortita con una dulce cobertura de canela y panela con una pizca de cardamomo.

Bolo fiado Pastel de capas, al parecer, de origen portugués.

Helado Se encuentra con facilidad; hay dos heladerías en Galle.

PHOTOGRAPHYFIRM / SHUTTERSTOCK ©

RHONDA GUTENBERG / GETTY IMAGES ©

Arriba: *dosa* (tortita finísima de harina de arroz y lentejas).

Abajo: desayuno ceilandés.

Comer en Sri Lanka

Cuándo comer

Los ceilandeses comen tres veces al día, siempre diferente.

Desayuno Se desayuna al salir el sol, principalmente *hoppers* y fruta, acompañado de té con leche; en las ciudades también se toma café. En los hoteles y pensiones frecuentados por turistas, casi siempre hay desayuno occidental.

Almuerzo Se toma entre 12.00 y 14.30. El arroz con curri, la comida de Sri Lanka por excelencia, es lo más típico; según el sitio, puede ser un banquete o un sencillo tentempié.

Cena Se cena entre 19.00 y 21.00. Si no apetece un curri picante, hay marisco y pescado poco especiados, y el arroz frito también es suave.

Dónde comer

En comparación con el resto de los países asiáticos, Sri Lanka es bastante atípica, pues la mayoría de los ceilandeses prefiere comer en casa. En muchas localidades hay muy pocos restaurantes, excepto en los complejos de playa y la capital.

Alojamiento Los hoteles sirven desayuno y cena, en las pensiones hay que encargarlos. Los hoteles más grandes suelen ofrecer bufés al mediodía y por la noche.

Hoteles ¿Cuándo un hotel no es un hotel? Pues cuando está en Sri Lanka. El tema se complica cuando a los restaurantes se les llama "hotel". Suelen estar en localidades grandes y ciudades, tener una imagen destartalada y vender tentempiés y bebidas en la parte delantera (hay mesas en la de atrás). El arroz con curri es un básico al mediodía; para cenar, son habituales el *kotthu* el arroz y los fideos.

Restaurantes En Colombo, en los complejos de playa y en las ciudades turísticas hay restaurantes, desde mexicanos hasta *gourmet*.

Panaderías Venden lo que allí llaman *short eats* (picoteo), básicamente rollitos de carne, croquetas de carne y verduras (hamburguesas según ellos), pastelitos y *vadai*. En algunos establecimientos, se coloca en la mesa un plato variado y solo se paga por lo que se come. Muchas panaderías (y algunos restaurantes) también ofrecen un *lunch packet* (paquete de almuerzo), es decir, un poco de arroz y un par de raciones pequeñas de curri.

Bebidas

En un clima tan sofocante, es importante (si no vital) refrescarse regularmente.

Té y café

La principal bebida caliente autóctona es el té, servido con leche y muy azucarado. Los que no sean golosos deberían insistir en reducir las cucharadas de azúcar.

El café es más habitual en Colombo y las zonas turísticas. Hay pocas máquinas de café exprés, en las zonas más remotas se sirve café instantáneo.

Refrescos

El zumo de lima es excelente. Pídase con soda, pero con la sal o el azúcar aparte; de lo contrario, podría resultar muy dulzón. En los restaurantes hinduistas y confiterías se recomienda probar el *lassi* (bebida de yogur). La cerveza de jengibre es un viejo refresco británico pero con chispa (Elephant o Lion son buenas marcas). El zumo de *thambili* (coco rey), en su propia corteza, se vende por doquier en los puestos callejeros.

Cerveza

Lion Lager, fabricada en la zona, es una cerveza vigorizante y refrescante que se vende en todas partes. Lion produce además una negra muy buena (llamada también Sinha Stout) con sabor a café y chocolate, y un 8,8% de alcohol. Three Coins y Anchor son rubias locales menos deliciosas. También se encuentran versiones fabricadas con licencia de marcas internacionales como Carlsberg o Heineken.

Solo en Colombo es fácil conseguir cerveza artesana.

'Toddy' y 'arrack'

El *toddy* es una bebida elaborada con savia de palmera. Tiene un sabor intenso y recuerda un poco a la sidra. Las hay de tres tipos: de cocotero, de palmera *kitul* y de *borassus*. Hay chiringuitos de *toddy* por todo el país, si bien son territorio mayoritariamente masculino. El *arrack* es un *toddy* fermentado (algo) refinado. Sube rápido a la cabeza y es muy resacoso. Combina bien con el el *ginger ale*.

STEFANO EMBER / SHUTTERSTOCK ©

Las ciudades antiguas

Bendecida con una de las colecciones de arte y arquitectura budista más impresionantes de Asia, esta embriagadora región tiene hasta cuatro lugares reconocidos por la Unesco como Patrimonio Mundial. Monumentales 'dagobas' ('stupas'), palacios en ruinas, elegantes frescos y magistrales esculturas y tallas conforman los monumentos más destacados de Sri Lanka. Es un placer recorrer las ciudades antiguas: una zona, en esencia, rural, cuyos principales yacimientos están rodeados de una paisajística campiña de secano, abrazada a su vez por parques nacionales.

Incluye

- Anuradhapura
- Polonnaruwa
- Sigiriya
- Dambulla

Arriba detalle de la Vatadage (p. 224), Polonnaruwa.

1

Las ciudades antiguas

Anuradhapura

Mastodóntica representación de una civilización temprana (p. 231). Las tres colosales *stupas* que caracterizan este soberbio yacimiento se cuentan entre los monumentos más grandes de la Antigüedad, solo superadas por las pirámides de Gizeh, en Egipto.

Fundada en el s. IV a.C., Anuradhapura fue el epicentro de la civilización budista de la isla durante unos 1300 años, una ciudad de imponentes monasterios y palacios surtidos por un ingenioso sistema de riego y enormes embalses. Para los ceilandeses es un importante destino de peregrinaje, pues alberga el Sri Maha Bodhi (el sagrado árbol de Bodhi).

Este increíble legado de estructuras civiles y religiosas se extiende por un enorme terreno dividido en cuatro grandes zonas. Destacan el recinto del monasterio de madera de Abhayagiri (en el que vivían 5000 monjes), la Ciudadela y las ruinas de su palacio, y la *stupa* de Jetavanarama.

Polonnaruwa

Célebre por sus historiadas tallas, esculturas y templos, Polonnaruwa (p. 222) fue la capital de la isla entre los ss. XI y XIII, un período corto pero glorioso, que vio cómo prosperaron el arte y la arquitectura budistas.

El recinto sagrado del Cuadrángulo contenía muchas de las estructuras más impresionantes de Polonnaruwa, entre ellas la Vatadage y su famosa piedra de la luna. En el templo de Lankatilaka puede verse un Buda decapitado; no hay que perderse el espectáculo artístico que constituye el Gal Vihara, cénit de la talla en piedra cingalesa.

Sigiriya

El abrumador yacimiento de Sigiriya (p. 216) floreció brevemente en el s. V d.C.

CEZARY WOJTKOWSKI / SHUTTERSTOCK ©

NILA NEWSOM / SHUTTERSTOCK ©

1. Vatadage (p. 224), Polonnaruwa.
2. Templos rupestres de Dambulla (p. 212).
3. Abhayagiri Dagoba (p. 235), Anuradhapura.

EFESENKO / SHUTTERSTOCK ©

bajo el reinado de Kassapa, quien mandó construir su palacio en lo alto de una roca prácticamente inaccesible. Durante el ascenso se verán las zarpas grabadas de un mastodóntico león, la pared del Espejo (repleta de inscripciones antiguas) y varios

LAS CIUIDADES ANTIGUAS DE SRI LANKA

Anuradhapura (p. 231) Enorme recinto budista antiguo profundamente espiritual.

Polonnaruwa (p. 222) Famosa por sus recargados monumentos, templos y budas tallados.

Sigiriya (p. 216) Imponente roca coronada por un palacio y engalanada con murales extraordinarios.

Dambulla (p. 212) Maravillosos templos rupestres que albergan murales y estatuas budistas.

Ridi Vihara (p. 245) Remoto enclave premiado con magnífico arte budista.

Mihintale (p. 241) Cuna del budismo en Sri Lanka.

Aluvihara (p. 211) Extraordinaria colección de arte en roca, cerca de Matale.

Ritigala (p. 230) Otrora, un enorme complejo monástico.

Zarpas del león (p. 218), Sigiriya.

frescos sublimes. A los pies de la roca hay mucho más que explorar: jardines de piedras, jardines acuáticos y un impresionante museo sobre el yacimiento.

Dambulla

A medio camino durante el ascenso a una colina aparece un magistral conjunto de estatuas y murales budistas en el recinto rupestre de Dambulla (p. 212), cuyas primeras creaciones se remontan al s. I a.C., aunque con el paso de los siglos la realeza aportaría su granito de arena, entre otros los reyes de Kandy. El despliegue artístico es increíble y el estado de las pinturas y las esculturas, magnífico. Desde la cima las vistas se dilatan hasta el gran templo rupestre de Sigiriya.

Costa de Sri Lanka.

Puesta a punto

Playas y actividades

Sri Lanka está bendecida con playas sensacionales, desde baluartes del surf hasta resguardadas caletas de arena. En ellas puede practicarse submarinismo y salir a ver de ballenas, entre otras actividades, o simplemente disfrutarlas en posición horizontal.

Lo mejor para...

Submarinismo y buceo con tubo

La isla Pigeon tiene aguas cristalinas, arrecifes, peces multicolores y submarinismo y buceo para novatos y expertos.

Observación de ballenas

Se pueden ver por toda la costa, pero Mirissa es el mejor lugar para avistar ballenas azules, que pasan por el Dondra Head.

Exploraciones

Las islas de Jaffna ofrecen una diversidad de playas de arena y calas remotas, perfectas para recorrer en ciclomotor o bicicleta.

Capricho

La playa de Bentota cuenta con una oferta única de maravillosos hoteles-*boutique*.

Soledad

La playa de Talalla está totalmente vacía y es absolutamente divina... de momento.

Cuándo ir

Sri Lanka es un destino de playa todo el año. Cuando llueve en el este, suele hacer sol en el oeste, y viceversa.

➡ La temporada alta coincide con el monzón del noreste, de diciembre a marzo. Esta época es la mejor en las playas del oeste y del sur, donde luce el sol. En cambio, en la costa este suele llover y muchos hoteles cierran.

➡ Entre mayo y septiembre es cuando el monzón del suroeste azota esa parte de la isla; en esta época se recomienda ir a la costa este, que, al estar a la sombra pluviométrica de las tierras altas, es un edén al sol.

➡ Pero las estaciones no se rigen por una verdad absoluta: incluso en pleno monzón del suroeste a menudo luce el sol por la mañana en las playas de la costa oeste, antes de las tormentas vespertinas.

➡ El norte de la isla suele ser mucho más seco, por lo que se puede ir en cualquier momento.

Playas

Para muchos, toda Sri Lanka es una playa.

➡ La costa oeste es la más urbanizada, con muchos complejos y turistas de grupos organizados, pero no hay que descartarla porque es de las mejores del país.

➡ Con impresionantes playas y una oferta de alojamiento y actividades, no sorprende que la costa sur sea la más popular para los viajeros independientes. Sin embargo, con el incremento de la edificación cada vez llegan más turistas en viaje organizado.

➡ La guerra y los disturbios mantuvieron vedado el este del país a la mayoría de los viajeros, pero ahora la paz ha abierto al turismo un litoral plagado de fabulosas playas. Aunque los hoteles surgen como setas, el este sigue mucho menos urbanizado que el oeste o el sur.

➡ En el norte estar solo en la playa es más un hecho que una posibilidad. Hay pocos complejos turísticos y esa devoción de los extranjeros por el sol todavía no se entiende.

Baño seguro

Cada año mueren personas ahogadas en las playas de Sri Lanka. Si no se es un buen nadador o surfista, es fácil pasar por alto algunas amenazas muy reales. Por suerte, no todas las playas del país son peligrosas: Unawatuna, Passekudah y Uppuveli se cuentan entre las más tranquilas y seguras para bañarse, perfectas para los niños. Pero ojo, porque otro problema es la escasez de vigilantes o socorristas. Deben seguirse las siguientes reglas:

➡ No pasar de donde el agua ya cubra del todo si no se es un buen nadador.

➡ No quedarse en el agua si se está cansado.

➡ Nunca hay que nadar bajo los efectos del alcohol o las drogas.

➡ No quitar el ojo de los niños.

➡ Estar atento a las corrientes de resaca. El agua que traen las olas a la playa la vuelve a absorber el mar en forma de corriente capaz de arrastrar a una persona. Cuando el mar está movido, las corrientes pueden parecer zonas calmadas desde fuera.

➡ De quedarse atrapado en una corriente de resaca, hay que cruzarla a nado hacia los rompientes. Las corrientes suelen ser menos fuertes allí y el oleaje empujará al bañista hacia la costa. Jamás hay que nadar a contracorriente. Si la corriente fuera demasiado fuerte, hay que mantenerse a flote y levantar el brazo para pedir auxilio. La resaca al final pierde fuerza; hay que mantener la calma.

➡ Ser precavidos donde haya oleaje.

➡ Tener cuidado con el coral; rozarlo puede ser doloroso y fatal para el coral. Siempre hay que preguntar si en la zona hay coral.

➡ Nunca hay que tirarse de cabeza al agua.

Costumbres playeras

En líneas generales, los ceilandeses son gente despreocupada y tolerante, y en las costas del sur y oeste están muy acostumbrados a los turistas extranjeros y a sus escuetos bañadores. Pero la situación es diferente en casi todo el norte y el este: las mujeres en bañador, aunque sea modesto y de una sola pieza, pueden atraer miradas no deseadas. Incluso en zonas de vacaciones hoy muy populares, como la bahía de Arugam y las playas del norte de Trincomalee, la atención puede ser excesiva (se han dado caso de abusos sexuales). En estas playas y especialmente en lugares más remotos, las mujeres no deberían ir solas y bañarse en camiseta y pantalón corto.

Incluso en las playas más populosas del sur y el oeste hay recordar que la mayoría de los ceilandeses son muy conservadores. El toples está muy mal visto. Pocas ceilandesas se atreverían a usar bikini, así que aunque es improbable que alguien llame la atención por llevar esta prenda en una playa turística, se corre el riesgo de escandalizar, y más todavía si la viajera se pasea ligera de ropa por el lugar.

La mayoría de los resorts tienen piscinas donde se puede tomar el sol.

Las mejores playas

Estas son, a juicio de estos autores, las mejores playas del país:

➡ **Talalla** Una medialuna casi perfecta de arena blanca respaldada por el bosque y casi sin construcciones.

➡ **Hiriketiya** Esta calita sureña con forma de herradura lo tiene todo: rompientes, zonas de baño resguardadas y ambiente tropical.

➡ **Tangalla** Con tranquilas ensenadas tropicales e inacabables extensiones de arena blanca, Tangalla fascina a todos.

MATT MUNRO / LONELY PLANET ©

Tangalla (p. 145).

➡ **Mirissa** Idílica y animada playa de la costa sur, y la mejor base para la observación de ballenas.

➡ **Uppuveli** La favorita de la costa este para muchos viajeros.

➡ **Bahía de Arugam** Uno de los mejores enclaves de surf del país y la playa más urbanizada de la costa este.

➡ **Bentota** Una franja de arena dorada casi vacía y bordeada de hoteles-*boutique*.

Surf

En Sri Lanka se puede practicar surf todo el año, aunque las olas no son tan buenas como en las cercanas Maldivas e Indonesia. El país se visita más por la cultura, el clima y la facilidad de moverse.

En la costa este hay buenas olas de abril a octubre. En las costas oeste y sur las condiciones son óptimas de noviembre a abril, y más al principio y al final de este período, aunque es en enero y febrero cuando acuden los surfistas. Sin embargo, en esta época las olas pueden estar menos

Rafting en aguas bravas en el Kelaniya Ganga, Kitulgala (p. 177).

limpias y los vientos del este pueden afectar algunos puntos.

Sri Lanka es maravillosa para aprender surf o para surfistas de nivel intermedio que quieran surcar su primer rompiente sobre arrecife. Por otro lado, muchos enclaves próximos al litoral son fácilmente accesibles, detalle que convierte a Sri Lanka en un destino ideal para surfistas que vayan acompañados por alguien que no haga surf. Se alquilan tablas (aprox. 1200-1500 LKR/día) y, en la mayoría de las poblaciones playeras, se ofrecen clases de surf (desde 2500 LKR).

Los mejores enclaves de surf

- **Midigama** (p. 134) El mejor punto de la costa sur, con una suave ola de pico de izquierda, un rompiente de playa cercano casi constante, y otro corto y potente de arrecife por la derecha, que ofrece la única ola de Sri Lanka frecuentemente hueca.
- **Bahía de Arugam** (p. 250) En esta bahía de la costa este rompe la ola más conocida de Sri Lanka. La mejor época para surfear esta larga ola de pico de derecha es de abril a octubre.
- **Weligama** (p. 136) En la costa sur, este lugar parce hecho a medida para aprender a surfear; hasta han abierto algunas escuelas.
- **Hikkaduwa** (p. 111) Los arrecifes de la costa oeste son unos viejos conocidos, aunque más por la tranquilidad que por la calidad de las olas.

'Rafting' en aguas bravas, kayak y paseos en bote

No hace falta quedarse en una playa para disfrutar de los deportes acuáticos. Desde lo alto de las montañas los ríos se precipitan y crean unas condiciones memorables para el *rafting*.

La mejor zona para hacer *rafting* en aguas bravas se encuentra hoy cerca de Kitulgala, donde se puede remar por suaves meandros (aprox. 30 US$/persona) o, en el caso de los más experimentados, acometer descensos emocionantes por rápidos de clase IV a V. Es probable, sin embargo, que pronto la construcción de nuevas presas reste emoción a esta actividad.

Action Lanka (p. 79) es el principal operador de *rafting* del país y organiza expediciones desde su base en Colombo; precios desde 65 US$.

Se puede practicar kayak en muchos puntos de la costa, como las lagunas que rodean Tangalla. Las excursiones en barco o catamarán para visitas turísticas, observación de aves y pesca se ofrecen en Negombo, Bentota y muchos otros destinos de playa de las costas este y sur.

'Windsurf' y 'kitesurf'

Sri Lanka no es conocida por estos deportes, pero eso no quiere decir que no existan. Negombo cuenta con una buena escuela de *kitesurf* (p. 98) que ofrece cursos (3 días 359 €) y salidas costa abajo. Más al norte, Kalpitiya ha ganado fama como una de las mejores zonas para el *kitesurf* del sureste asiático, con muchos lugares donde alquilar tablas y también escuelas, como Sri Lanka Kite (p. 104).

Más al sur, Bentota despunta como centro de *windsurf* con dos empresas ya consolidadas: Sunshine Water Sports Center (p. 106) y Diyakawa Water Sports (p. 106). Es un buen lugar para aprender; los cursos de *windsurf* cuestan 150 US$.

Observación de ballenas y delfines

Sri Lanka es un destino de fama mundial para avistar ballenas. El mayor reclamo es la ballena azul, la mayor de las criaturas vivas. Mirissa (p. 138) es el mejor lugar para organizar salidas. En la costa este, Uppuveli y Nilaveli ofrecen más tranquilidad pero menos garantías de verlas. Por el noroeste, la zona de Kalpitiya es otra buena base frecuentada por delfines, junto con, aunque menos probables, cachalotes y rorcuales de Bryde.

En todos estos lugares se pueden contratar circuitos en barco. Un operador excelente es **Eco Team Sri Lanka** (plano p. 76; ☎011-583 0833; www.srilankaecotourism.com; 20/63 Fairfield Gardens), que ofrece circuitos de observación de ballenas y delfines en las costas sur y oeste. La temporada de las ballenas (y delfines) frente a la costa sur y Kalpitiya va de diciembre a abril, y en la costa este, de mayo a octubre.

Submarinismo y buceo con tubo

En Sri Lanka se puede hacer el pez de mil maneras. Las condiciones del mar, sin embargo, no son las ideales para el submarinismo, porque la visibilidad es limitada y las grandes olas dificultan el buceo tanto de superficie como de profundidad.

Hay escuelas de submarinismo por toda la costa (excepto en el extremo norte). El país es más para ver peces que de arrecifes, con la excepción de algunos pecios. En las aguas costeras abundan las especies tropicales del océano Índico, como peces ángel, mariposa y cirujano, y escorpenas. También se pasean tiburones de punta blanca y negra, aunque hace falta suerte para toparse con ellos.

En la costa oeste, la mejor época suele ser de noviembre a abril, mientras que en la este, de abril a septiembre, si bien en ningún momento la visibilidad es asombrosa.

Las tiendas de submarinismo de los principales complejos vacacionales de la costa oeste alquilan y venden equipo, también para buceo con tubo. Los cursos PADI cuestan unos 325-390 US$ y los imparten las siguientes escuelas:

- **Poseidon Diving Station** (p. 111), Hikkaduwa
- **Ocean Lanka Scuba** (p. 104), Kalpitiya
- **Unawatuna Diving Centre** (p. 128), Unawatuna
- **Weligama Bay Dive Center** (p. 136), Weligama
- **Sri Lanka Diving Tours** (p. 262), Batticaloa
- **Poseidon Diving Station** (p. 273), Nilaveli
- **Colombo Divers** (p. 98), Negombo

Consejos de seguridad para el submarinismo

Para disfrutar de una experiencia segura y divertida, antes de embarcarse en una salida de submarinismo, conviene atender las siguientes indicaciones:

- Poseer un certificado vigente de una escuela oficial de submarinismo.
- Asegurarse de que el estado de salud es óptimo.

TORSTEN VELDEN / GETTY IMAGES ©

Arriba: playa de Mirissa (p. 137).

Abajo: inmersión entre tiburones ballena.

LOS MEJORES PUNTOS DE INMERSIÓN

Arrecifes de Great Basses (p. 154) A varios kilómetros de la costa, cerca de Kirinda, estos arrecifes son casi los mejores del país, aptos solo para submarinistas expertos. Se ven peces grandes como rayas águila y tiburones de punta blanca.

Bar Reef (p. 103) Estos arrecifes costeros ofrecen inmaculadas formaciones y peces, además de delfines y ballenas, pero son solo para expertos.

Isla Pigeon (p. 273) Asequibles para los novatos y buenos para los expertos, estos preciosos arrecifes con algo de color frente a la costa de está islita gustan a todo el mundo. Se han documentado unas 300 especies de peces y muchas más de fauna marina. El buceo con tubo también está muy bien.

Unawatuna (p. 128) Aquí todo versa sobre la inmersión a pecios: incluso se hundió un barco solo para que los submarinistas perfeccionaran sus habilidades. Hay varias escuelas y muchas instalaciones, y es ideal para practicantes de cualquier nivel.

Batticaloa (p. 261) Aguas calmadas y exploración del pecio del HMS *Hermes*, un barco de la Armada británica de la II Guerra Mundial.

Negombo (p. 98) A juzgar por su turbidez, la zona no promete mucho, pero estas aguas movidas ocultan unos arrecifes llenos de peces frente la costa.

➡ Informarse sobre las condiciones físicas y medioambientales del lugar de inmersión; p. ej., en una tienda de submarinismo fiable.

➡ Sumergirse solo en los lugares en los que la experiencia propia dicte que se puede hacer. Si se duda, lo mejor es contratar los servicios de un profesor o experto.

Submarinismo responsable

Las siguientes recomendaciones ayudan a conservar el equilibrio ecológico y la belleza de los arrecifes:

➡ No utilizar nunca anclas en los arrecifes ni fondear sobre el coral.

➡ No tocar ni pisar organismos marinos vivos ni arrastrar el equipo por los arrecifes: un pequeño roce basta para dañar los pólipos. Si hay que agarrarse al arrecife, hacerlo solo en roca o coral muerto.

➡ Cuidado con las aletas. Incluso sin contacto, la turbidez provocada por su movimiento cerca del arrecife puede perjudicar a los organismos más delicados. Tampoco hay que levantar nubes de arena, que pueden ahogar los organismos.

➡ Controlar adecuadamente la flotabilidad. Los submarinistas que descienden demasiado rápido y chocan con el arrecife pueden ocasionar graves destrozos en el mismo.

➡ Extremar la prudencia en las cuevas submarinas, y permanecer en su interior el menor tiempo posible, pues las burbujas de aire acumuladas en los techos afectan a muchas especies. Turnarse para explorar el interior de las cuevas pequeñas.

➡ Resistir la tentación de recoger o comprar corales o conchas, y de saquear yacimientos arqueológicos marinos.

➡ Llevarse toda la basura, la propia y la que se encuentre. Los plásticos, en particular, entrañan una seria amenaza para la fauna marina.

➡ No dar de comer a los peces y molestar lo mínimo a la fauna marina.

Puesta a punto

Parques nacionales y safaris

Sri Lanka es uno de los mejores países de Asia para ver fauna; muchos de sus parques nacionales son bastante accesibles y la diversidad de hábitats y especies es extraordinaria. Incluso los menos interesados en el tema se sentirán abrumados ante las manadas de elefantes, ballenas, leopardos, familias de delfines y miles de aves y peces tropicales. El país dispone de una amplia red de parques nacionales, zonas protegidas y safaris para que cada cual saque el máximo partido de semejante espectáculo natural.

Las mejores experiencias con los animales

Oeste, sur y este

El oeste es mejor para la vida marina, aunque en el Parque Nacional de Wilpattu habitan grandes mamíferos y en los humedales de Muthurajawela, una avifauna que entusiasma. La costa sur alberga varias especies de ballenas, delfines y tortugas, mientras que el Parque Nacional de Yala es uno de los mejores lugares de Asia para ver leopardos. Por el este hay parques nacionales y aves que prefieren climas más secos.

Las tierras altas

En las montañas hay pluvisilva, páramos y parques de sabana donde habitan todo tipo de animales, desde elefantes hasta aves endémicas de este territorio.

Las ciudades antiguas

En no pocos parques nacionales habitan muchos mamíferos de gran tamaño y hay zonas secas ideales para observar aves. Otras muchas criaturas deambulan por las ciudades en ruinas de la región.

Fauna

Para su modesto tamaño, Sri Lanka posee una fauna increíblemente diversa: 125 especies de mamíferos, 245 de mariposas, 463 de aves, 96 de serpientes y más de 320 de peces tropicales. Algunas son especialmente vulnerables debido a la fragilidad de su hábitat.

Mamíferos

Los hay muy fáciles de ver y otros de lo más esquivo. Cuesta mucho toparse con el depredador rey de Sri Lanka, el solitario leopardo, generalmente nocturno; el carroñero chacal dorado; el peludo oso perezoso; la civeta, un felino cazador emparentado con la comadreja; la mangosta; y el huidizo pangolín indio, cuya coraza de escamas de pelo solapadas se puede erizar.

Pero también hay manadas de primates, muy audibles pero no siempre visibles, que saltan por los árboles entre carcajadas, como los langures, también llamados langures grises de Tarai o langures Hanuman; los endémicos langures de cara púrpura; y los macacos, que se distinguen por ese característico pelo pajizo con la raya en medio. La parsimonia del loris lento rojo engaña, pues su movimiento para atrapar a una presa es rápido como el rayo.

Menos tímidos, aunque según el momento del día, se muestran los majestuosos

LOS MEJORES LUGARES PARA VER AVES

Reserva Forestal de Sinharaja (p. 204) Un pedacito de pluvisilva con 160 especies de aves.

Cordillera Knuckles (p. 176) Los poco conocidos bosques montanos se llenan de aves de altura y del bosque.

Parque Nacional de Bundala (p. 148) Estos humedales son un destino recurrente para ver aves.

Parque Nacional de Kumana (p. 258) Un parque en las tierras bajas con condiciones magníficas y hasta 150 especies.

Marismas de Muthurajawela (p. 99) Excelentes humedales cerca de Colombo.

Laguna Pottuvil (p. 255) Muchas aves limícolas y acuáticas se dan cita en este humedal poco visitado de la costa este.

elefantes, el omnívoro jabalí de colmillos de Sri Lanka, y cérvidos como el grande y melenudo sambar y el chital de motas blancas, más pequeño. La ardilla de las palmeras, de cola tupida y cinco rayas, corretea por los jardines y parques urbanos, en cuyos árboles grandes suelen descansar, a centenares, los zorros voladores de la India (grandes murciélagos frugívoros).

Los grandes mamíferos no solo se ocultan en los bosques y sabanas. Las ballenas azules, los cachalotes y los rorcuales comunes y de Bryde nadan por los corredores migratorios de estas costas. Las aguas de Mirissa y del vecino Dondra Head son quizá los mejores lugares del mundo para ver ballenas azules. En las excursiones para ver ballenas suelen avistarse también varias especies de delfines, como los giradores, habitualmente en gran número.

Aves

El clima tropical, el prolongado aislamiento del continente asiático y la diversidad de hábitats han ayudado al establecimiento de una riquísima avifauna en Sri Lanka. Se han documentado 463 especies, de las cuales 26 son endémicas del país, mientras que otras solo habitan en él y en el sureste de la India. De las 200 especies migratorias, la mayoría de las cuales permanecen en la isla de agosto a abril, las vadeadoras (andarríos, chorlitos, etc.) son las campeonas de la larga distancia, pues viajan desde sus zonas de cría en la tundra ártica.

Los aficionados a las aves pueden contactar con el **Field Ornithology Group of Sri Lanka** (http://fogsl.cmb.ac.lk), afiliado a Birdlife International.

CONSEJOS PARA LOS OBSERVADORES DE AVES

- Visitar varios hábitats (pluvisilva, parques urbanos y masas de agua en las zonas secas) permite conocer mejor la apabullante diversidad de avifauna del país.
- Para salidas, los mejores meses son febrero y marzo. No hay monzones y las aves migratorias siguen en el país.
- Las aves acuáticas se muestran activas durante gran parte del día.
- Aunque es mejor la mañana para ver aves, los atardeceres se llenan del ruido de las bandadas que se preparan para la noche.
- Salir de circuito con un especialista si se quiere ver el máximo de especies endémicas, sobre todo si se va justo de tiempo.

LOS MEJORES LUGARES PARA VER ELEFANTES

Parque Nacional de Uda Walawe (p. 202) Con unos 500 ejemplares durante todo el año, ofrece el avistamiento de elefantes más fiable del país.

Parque Nacional de Minneriya (p. 230) Cada agosto, cientos de elefantes se acercan a este parque en un espectáculo que se conoce como "la Reunión".

Parque Nacional de Kaudulla (p. 230) Hogar de 250 elefantes.

Parque Nacional de Bundala (p. 148) Siempre los hay en este precioso marco acuático.

Parque Nacional de Yala (p. 153) Hay muchísimos, pero, por raro que parezca, cuesta verlos.

GUÍAS DE CAMPO PARA USUARIOS Y LIBROS DE NATURALEZA

Hay infinidad de buenas guías de campo, entre ellas las siguientes:

A Photographic Guide to Mammals of Sri Lanka (Gehan de Silva Wijeyeratne) Este conocidísimo naturalista ceilandés también ha publicado mucho sobre las aves y mariposas de su país, entre otras cosas.

A Selection of the Birds of Sri Lanka (John y Judy Banks) Un libro delgado con buenas ilustraciones, aconsejable para observadores de aves primerizos.

A Field Guide to the Birds of Sri Lanka (John Harrison) Este libro de tapa dura e ilustraciones a todo color es una de las mejores guías de campo que existen.

The Nature of Sri Lanka (L. Nadaraja) Colección de ensayos sobre Sri Lanka, con fotografías extraordinarias, firmados por prestigiosos escritores y ecologistas.

Planificar un safari

Dónde ir

Depende de lo que se quiera ver o del tipo de safari; p. ej., en el extremo sureste del país, el Parque Nacional de Yala es el mejor para ver leopardos, pero también está muy concurrido y hasta puede convertirse en una especie de caravana de microbuses en busca del gran felino. Para verlos con más tranquilidad (aunque no es tan seguro), se recomienda el Parque Nacional de Wilpattu.

Parques nacionales y reservas

Hace más de 2000 años, la realeza prohibió la actividad humana en determinadas zonas. La mayoría de las provincias del antiguo reino de Kandy mantienen aún estas *udawattakelle* (reservas), remansos de paz para los animales y las plantas.

El actual sistema de parques y reservas es, sobre todo, una fusión de territorios tradicionalmente protegidos, reservas creadas por los británicos y zonas recién declaradas, aparte de otras como los corredores de elefantes. Hay más de un centenar vigiladas por el Gobierno (aprox. el 8% de la isla), que se dividen en tres tipos: reservas naturales estrictas (no se permite la entrada de visitantes), parques nacionales (visitas bajo condiciones) y reservas naturales (donde se puede vivir). Sri Lanka también cuenta con las reservas marinas de Bar Reef, al oeste de la península de Kalpitiya, y el Parque Nacional de Hikkaduwa, además de docenas de islas y parajes costeros protegidos.

FUERA DE LA RUTA TURÍSTICA

El 82% del territorio nacional está controlado, de una forma u otra, por el Estado; es decir, sujeto a una legislación inacabable para combatir las actividades destructivas y proteger sus bosques, entre otras zonas sensibles. Hay un total de 63 zonas protegidas, más una larga lista de reservas forestales e incontables humedales con y sin denominación oficial.

Debido a la multitud de visitantes en algunos de los espacios naturales más conocidos, se intenta desviar la atención hacia otros; p. ej., Lunugamvehera (nexo entre los parque nacionales de Yala y Uda Walawe, para permitir a los elefantes moverse libremente entre los dos) como alternativa a Yala, y Wasgomuwa a Gal Oya o Minneriya.

Sri Lanka es firmante de la Convención de Ramsar sobre Humedales, que actualmente reconoce seis zonas en el país, entre ellas el Parque Nacional de Bundala y el Estuario de Madu Ganga (915 km^2) cerca de Balapitiya, 80 km al sur de Colombo por la A2, donde se encuentra uno de los últimos manglares vírgenes del país. También está la Reserva de los Humedales de Anawilundawa, al oeste de la A3 y unos 100 km al norte de Colombo, un conjunto de antiguos embalses artificiales de agua dulce que ahora son un espacio seguro para una impresionante biodiversidad.

Para una lista completa de espacios verdes poco conocidos, contáctese con los departamentos de conservación del Gobierno o consúltese **LOCALternative Sri Lanka** (www.localternative.com).

Cuándo ir

Se puede ver fauna todo el año, pero la mejor época coincide con la temporada alta turística (nov-abr), cuando los grandes parques están abiertos y las condiciones

ANTON GVOZDIKOV / SHUTTERSTOCK ©

Arriba: mono, Kandy (p. 159).

Abajo: elefantes en el Parque Nacional de Uda Walawe (p. 202).

menos húmedas facilitan ver a los animales, pues se concentran en las pozas (sobre todo entre feb y ppios abr). En la temporada del monzón del suroeste (may-oct), hay que ir a los parques próximos a las ciudades antiguas y por el este de la isla.

Cómo reservar

Organizar un safari por los principales parques nacionales y otras zonas protegidas no podría ser más fácil. Los conductores de todoterrenos se suelen concentrar en la localidad más próxima o en la entrada a los mismos; los hoteles también montan safaris. Para poder hacer uno, basta con presentarse la noche antes y acordar precio y lo que se quiere ver.

Hay que tener en cuenta que la visita a los parques más visitados hay que planificarla con tiempo. Un buen operador es Ajith Safari Jeep Tours (p. 151).

LOS MEJORES PARQUES Y RESERVAS NACIONALES

PARQUE	ZONA	CARACTERÍSTICAS	MEJOR ÉPOCA DE VISITA
Parque Nacional de Bundala	62,2 km^2	Laguna costera, aves migratorias, elefantes.	Todo el año
Parque Nacional de Gal Oya	629,4 km^2	Prados, bosques de hoja perenne, ciervos, Senanayake Samudra (lago), elefantes, perezosos, leopardos, búfalos de agua.	Dic-sep
Parque Nacional de las Llanuras de Horton	31,6 km^2	Patrimonio Mundial por la Unesco, bosques montanos, praderas pantanosas, precipicio del Fin del Mundo, sambares.	Dic-mar
Parque Nacional de Kaudulla	66,6 km^2	Lago Kaudulla, bosque de hoja perenne, selva de matorral, praderas, elefantes, leopardos, sambares, gatos pescadores, perezosos.	Ago-dic
Cordillera Knuckles	175 km^2	Patrimonio Mundial por la Unesco, pueblos tradicionales, senderos, cuevas, cascadas, bosque encantado, más de 30 especies de mamíferos.	Dic-may
Parque Nacional de Kumana	356,6 km^2	Pastos, jungla, lagunas, manglar, aves acuáticas.	May-sep
Parque Nacional de Lunugamvehera	235 km^2	Prados, embalse, elefantes.	May-sep
Parque Nacional de Minneriya	88,9 km^2	Lago Minneriya, macacos de Sri Lanka, sambares, elefantes, aves acuáticas.	May-sep
Reserva Forestal de Sinharaja	189 km^2	Patrimonio Mundial por la Unesco, sambares, pluvisilva, leopardos, langures de cara púrpura, muntíaco común, 147 especies de aves registradas.	Ago-sep y ene-mar
Reserva Natural de Sri Pada	224 km^2	Patrimonio Mundial por la Unesco, pico de Adán, senderos.	Dic-may
Parque Nacional de Uda Walawe	308,2 km^2	Pastos, espinar, elefantes, ciervos moteados, búfalos de agua, jabalíes.	Todo el año
Parque Nacional de Wasgomuwa	393,2 km^2	Bosque de hoja perenne, crestas montañosas, llanuras verdes, elefantes, leopardos, perezosos.	Jun-sep
Parque Nacional de Wilpattu	1317 km^2	Bosque seco, matorral, grama salada, leopardos, perezosos, ciervos, cocodrilos.	Ene-mar
Parque Nacional de Yala	141 km^2	Bosque espinoso tropical, lagunas, leopardos, elefantes, perezosos, búfalos de agua, flamencos enanos.	Nov-jul

Puesta a punto

Viajar con niños

Como pasa con el arroz con curri, Sri Lanka despliega un deslumbrante abanico de posibilidades para los pequeños. Pero este no es un país del primer mundo, así que no cabe esperar una Disneylandia, si bien el cariño de los niños despiertan en los ceilandeses compensará cualquier contratiempo.

Sri Lanka para niños

Los ceilandeses sienten una afinidad especial con los pequeños y son unos especialistas en romper el hielo.

A pesar de carecer de lugares como parques de atracciones y similares, Sri Lanka es un destino de lo más acogedor con los niños. Las playas, lugares históricos y parques nacionales con elefantes pueden resultar muy entretenidos. Además, por la falta de instalaciones especiales infantiles, la aventura de explorar y descubrir el país se convertirá en una experiencia familiar compartida.

Con la preparación adecuada y una especial atención a algunos detalles, viajar con niños por Sri Lanka puede ser muy divertido.

Imprescincibles

No hay muchas atracciones exclusivas para los niños en Sri Lanka, pero abundan los lugares que les pueden entusiasmar.

➡ **Uda Walawe** (p. 202) Uno de los mejores parques nacionales para safaris de animales.

➡ **Elephant Transit Home** (p. 203) Centro de rehabilitación bien considerado para elefantes heridos o huérfanos, cerca de Uda Walawe.

➡ **Minneriya** (p. 230) Parque nacional de renombre por sus manadas de elefantes.

Las mejores regiones para ir con niños

El oeste

Hay playas de arena en toda esta costa. Además, los resorts están acondicionados para los niños, de modo que es posible relajarse y, seguramente, levantar uno o dos castillos de arena. Probablemente sea la mejor zona para ir con pequeños.

El sur

Más playas, muchas actividades acuáticas y, al este, elefantes.

Las tierras altas

Casi todas las actividades están enfocadas a los adultos, pero las temperaturas suaves permiten descansar del calor del resto del país. Las plantaciones de té y los trenes regalan un día sin igual.

Las ciudades antiguas

Templos antiguos, fortalezas, ruinas, selvas y elefantes: ¡hola, Indiana Jones!

El este

Salvo en la temporada alta del surf (may-oct), el oleaje en estas bonitas playas suele ser suave. A los niños les encanta bucear con tubo en el Parque Nacional de la Isla Pigeon.

➡ **Parque Nacional de la Isla Pigeon** (p. 273) Los niños disfrutan con el buceo con tubo en esta isla frente a la playa de Nilaveli.

➡ **Criaderos de tortugas** (p. 108) Muy populares, en la costa oeste.

➡ **Unawatuna** (p. 127) Playa segura que no cubre, gracias a los arrecifes costeros.

➡ **Polonnaruwa** (p. 224) Los críos se pueden volver locos en este ancestral yacimiento patrimonial, enorme y peatonal.

➡ **Vehículos de tres ruedas** (p. 338) Omnipresente medio de transporte, ruidoso y único del lugar.

➡ **Trayecto en tren por las tierras altas** (p. 338) A los niños les encantará asomarse por las puertas de los trenes renqueantes (¡y provocar el pasmo a sus padres!).

Planificar el viaje

Alojamiento

➡ Los hoteles y pensiones suelen tener habitaciones triples y familiares, y se pueden pedir camas supletorias.

➡ Las camas para niños escasean.

➡ No cabe esperar "clubes infantiles", tan habituales en los resorts de lujo del primer mundo, ni nada por el estilo.

Qué llevar

➡ Un mosquitero adicional: los hoteles casi nunca lo facilitan si instalan una cama supletoria.

➡ Protector solar y repelente de insectos adecuado: en Sri Lanka no se encuentran.

➡ Algo para entretener a los niños durante los viajes largos al volante, sobre todo vídeos descargados, porque en Sri Lanka las descargas son muy lentas.

➡ Para llevar bebés, una mochila o alguna otra forma de transporte cómoda. Los cochecitos ruedan mal sobre las desiguales o inexistentes aceras del país.

➡ Los asientos infantiles para automóviles son una rareza; hay que llevarlo.

➡ Para información y consejos, véase *Viajar con niños*, de Lonely Planet.

Comer con niños

➡ Los ceilandeses se desviven por complacer a los niños pequeños y melindrosos, y la mayoría de los establecimientos ofrece al menos unos cuantos platos de estilo occidental, aunque los menús infantiles son muy excepcionales.

➡ Para acostumbrar a los niños a la comida ceilandesa, lo mejor es un desayuno de *pittu*. La combinación de coco y arroz les encantará. También se pueden probar las *hoppers* (tortitas cóncavas o en forma de cuenco), sobre todo la variedad *string hopper* (con forma de fideos), o los *roti* rellenos.

➡ Por la abundancia y variedad de fruta fresca, siempre habrá algo que guste.

➡ Las sillas altas en los restaurantes son muy raras.

Otros consejos

➡ Comprar productos de farmacia, comida infantil importada y pañales desechables en los supermercados Cargills Food City y Keells de todo el país.

➡ Los pañales son más pequeños en Sri Lanka.

➡ Se puede dar el pecho en público, no pasa nada, pero es difícil encontrar una sala para cambiar al bebé. De todos modos, los más pequeños van desnudos en público.

➡ Mantenerse alejado de los animales callejeros, ya sean perros, gatos o monos, que pueden transmitir rabia y parásitos.

➡ Llevar tentempiés para los viajes en automóvil o tren por si lo que ofrecen los vendedores ambulantes no es adecuado para los paladares infantiles.

De un vistazo

Colombo

Puestas de sol
Vida urbana
De compras

Colores asombrosos

Construida en alto frente al litoral índico, Colombo está encarada al sol de poniente. Muchos atardeceres empiezan con una explosión de luz magenta y púrpura en el horizonte que se puede compartir con otros turistas en un bar de hotel o con los lugareños junto al agua.

Mercados de Pettah

La primera vez que el viajero vea (o sienta) a un loco con un carro lleno de género en un mercado de Pettah, quizá lamente haber ido; pero pronto descubrirá que tal incidente es parte de ese mágico caos lleno de puestos.

Lujo chic

Desde artesanía hasta té, en Colombo se encuentran artículos y regalos, sobre todo en las calles de Cinnamon Gardens y en las nuevas zonas comerciales.

p. 66

La costa oeste

Playas
Actividades
Alojamiento

Arena para todos

Desde resorts para grupos organizados hasta edenes para *hippies*, las playas de la costa oeste hacen feliz a todo el mundo.

Placeres acuáticos

Montar las olas y sumergirse en los arrecifes de Hikkaduwa, observar aves en los humedales, explorar lugares remotos, ver delfines en el norte, cuidarse en un *spa* y salir de safari en barco por Bentota, todo es posible.

Resorts

Las playas de Bentota acogen hoteles-*boutique*, de los mejores del país. Negombo también tiene buenos alojamientos. Para disfrutar de unas vacaciones con todo incluido.

p. 95

El sur

Playas
Actividades
Fauna

Playas

Las hay con ambiente de viajeros y otras sin nadie a la vista, pero casi todas son impresionantes.

Surf

Probablemente la zona entre Galle y Matara sea la mejor para surfear del sur de Asia. En todas partes los surfistas ya conocen, o deberían conocer, Ahangama, Midigama y Weligama, cada una con su ambiente.

Fauna

Los monos irrumpen en los árboles, las ballenas surcan los mares, los leopardos se escabullen en la noche, las aves cortan los cielos, las tortugas aparecen en la playa y los amantes de los animales sonríen.

p. 115

Las tierras altas

Senderismo
Naturaleza
Gastronomía

Caminatas

Abrirse paso a machetazos por la jungla, tiritar en las altiplanicies, trepar hasta miradores vertiginosos, caminar de puntillas por plantaciones de té y seguir los pasos de los dioses.

Elefantes y demás

Hay una amplia variedad de hábitats naturales: pluvisilvas con aves escandalosas, sabanas verdes gobernadas por elefantes y bosques montañosos tapizados con delicados líquenes y musgos.

Comer en la pensión

La comida en Sri Lanka siempre es un placer, pero en las tierras altas se convierte en un arte, y los mejores platos se degustan en la pensión.

p. 157

Las ciudades antiguas

Monumentos
Templos
Ciclismo

Tesoros ancestrales

El cuadrángulo de Polonnaruwa, el barrio antiguo de Anuradhapura y el monasterio rupestre de Sigiriya son solo algunas de las reliquias listas para la exploración.

Sri Maha Bodhi

Entre las ruinas tomadas por la maleza de Anuradhapura aguarda el Sri Maha Bodhi, un árbol con 2000 años de historia y devoción. Cerca, templos y monumentos aguardan al viajero.

En bicicleta

Los vestigios de las ciudades antiguas están ubicados en grandes parques y reservas. Se puede pedalear por senderos a la sombra de las palmeras, sin un automóvil a la vista. Las pensiones alquilan bicicletas.

p. 209

El este

Playas
Actividades
Naturaleza

Soledad

Casi todas las playas de la costa este siguen intactas, pero incluso las urbanizadas son maravillosas, con palmeras y arena blanca.

Siesta y submarinismo

El este proporciona dosis de actividad para alternar con el sesteo en la playa. Aquí el océano es algo más que un remanso: también ofrece arrecifes y pecios para los buceadores y olas para los surfistas.

Parque Nacional de Kumana

No es tan grande como su vecino Yala, pero también carece de sus aglomeraciones, así que los leopardos, elefantes y aves se pueden disfrutar casi en exclusiva.

p. 247

Jaffna y el norte

Sorpresas
Historia
Litoral

Fuera de ruta

El norte es hoy uno de los mejores lugares de Sri Lanka para deambular sin rumbo. Además, las carreteras facilitan toparse con sorpresas como un puerto abandonado al final de la isla de Mannar.

Templos

Exquisitamente retratados a todo color, los dioses y diosas hinduistas animan las altas y legendarias puertas de los templos de todo el norte.

Islas y litoral

Un interminable litoral abraza la tierra firme, y todavía hay más que descubrir entre las aguas que rodean las carreteras costeras. Y en barco se puede llegar a islas sublimes.

p. 275

En ruta

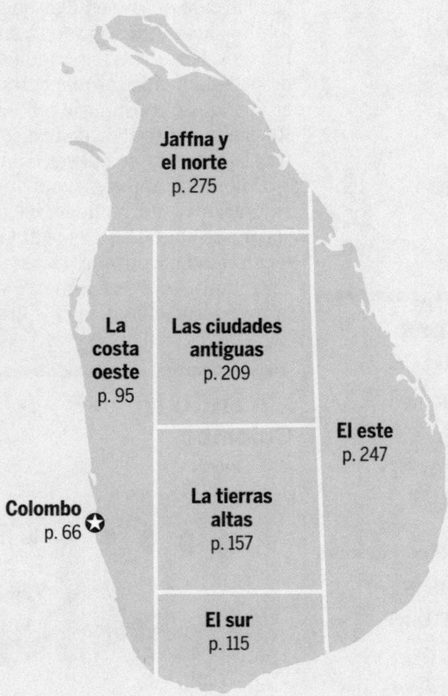
Jaffna y el norte
p. 275
La costa oeste
p. 95
Las ciudades antiguas
p. 209
El este
p. 247
Colombo
p. 66
La tierras altas
p. 157
El sur
p. 115

Colombo

☎011 / 760 000 HAB.

Incluye »

Los mejores restaurantes

- Nihonbashi Honten (p. 87)
- Nana's (p. 86)
- Good Market (p. 87)
- Bu Ba (p. 88)

Los mejores alojamientos

- Cinnamon Red (p. 83)
- Cinnamon Grand Hotel (p. 83)
- Havelock Place Bungalow (p. 84)
- Colombo City Hostel (p. 80)
- YWCA (p. 81)

Por qué ir

Aunque resulte improbable que recupere su apodo decimonónico de "la ciudad jardín de Oriente", Colombo es una parada obligada en Sri Lanka, y no solo de camino a las playas. La capital ceilandesa es un excelente inicio (o final) de cualquier visita a la isla.

El legado de las semillas que plantaron los colonos en Colombo sigue intacto junto a sus bulevares, a menudo sombreados. Fort es un lugar ineludible gracias a la restauración de su emblemática arquitectura colonial, mientras que Pettah es un paraíso consumista rebosante de mercados. Hasta Galle Rd, siempre atestada de tráfico, luce un aire más sofisticado tras la apertura de nuevos complejos hoteleros.

Colombo también tiene su lado cosmopolita, el de los restaurantes eternamente elegantes, galerías y tiendas. Las sorpresas abundan, y es fácil toparse con estupenda comida local, tiendas con mucha personalidad y acogedores cafés. Entretanto, un *boom* inmobiliario sin precedentes sigue con la transformación del perfil urbano de la ciudad.

Cuándo ir

Colombo

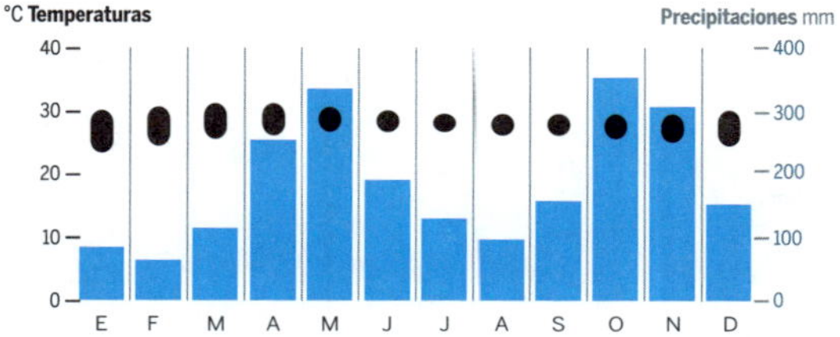

Ene-mar La época menos lluviosa, con brisas nocturnas frescas y más turistas.

May La ciudad se llena de colores, luces y festejos con la celebración religiosa del Vesak.

Dic Aunque los cristianos son minoría, Navidad es popular, con mucha ornamentación típica.

Imprescindible

1 **Fort** (p. 68) Maravillarse ante la restauración de este irresistible barrio centenario.

2 **Pettah** (p. 69) Sumetrgirse en el atemporal desenfreno comercial de sus tiendas, puestos y mercados.

3 **Galle Face Green** (p. 69) Despedir al sol entre familias y enamorados en el jardín frontal de la capital.

4 **Museo Nacional** (p. 73) Ahondar en la historia de Sri Lanka y descubrir sus tesoros.

5 **Ministry of Crab** (p. 86) Regalarse un festín en este restaurante.

6 **Paseo** (p. 75) Recorrer el fascinante casco antiguo de la capital.

7 **Té** (p. 86) Disfrutar de la bebida nacional en un atractivo café como, p. ej., el T-Lounge.

8 **De compras** (p. 90) Explorar tiendas emblemáticas como Barefoot, todo un alarde de belleza y creatividad autóctona.

Historia

En el s. v, Colombo era un puerto marítimo dedicado al comercio entre Asia y Occidente. Durante el s. VIII, los mercaderes árabes se instalaron cerca del puerto y, en 1505, llegaron los portugueses. A mediados del s. XVII, la ciudad fue tomada por los neerlandeses, quienes plantaron canela (hoy la zona de los Cinnamon Gardens [jardines de Canela]), pero se tuvo que esperar hasta la llegada de los británicos para su florecimiento urbano. En 1815 Colombo se convirtió en la capital de Sri Lanka.

Durante la década de 1870, se construyó el rompeolas y se anegaron las ciénagas circundantes para levantar una fortaleza (la actual zona de Fort). Colombo fue pacíficamente devuelta cuando Sri Lanka consiguió la independencia en 1948. En 1982 se construyó un nuevo Parlamento en Sri Jayawardenepura-Kotte, un arrabal de la ciudad.

Los bombardeos sobre Fort durante la guerra civil empujaron a los comerciantes e instituciones a dispersarse por la ciudad. Colombo ha cambiado mucho desde el restablecimiento de la paz: la costa norte y sur están llenas de grúas, el centro vive un auge inmobiliario en forma de rascacielos, y poco a poco pero inexorablemente la ciudad se expande –sin demasiado gusto– hacia el este. Entretanto, China, la India y Oriente Próximo no paran de inyectar ingentes cantidades de dinero.

Puntos de interés

Sin lugares emblemáticos imprescindibles, el verdadero encanto de Colombo reside en sus barrios, que abarcan desde los primeros días de la época colonial hasta la actual eclosión de la ciudad. Se puede empezar en Fort y Pettah, para después seguir hacia el sur.

Fort

Durante la época europea, Fort era, pues eso, un fuerte, rodeado por el mar por dos lados y por un foso por los que daban a tierra firme. Hoy, el lugar ocupa el centro del resurgimiento de Colombo, con señoriales y antiguos edificios coloniales en proceso de regeneración entre un popurrí de construcciones modernas como el **World Trade Center** (plano p. 70; Bank of Ceylon Mawatha).

Es una zona vigilada, pues la cercada Casa Presidencial (plano p. 70) y varios ministerios aún siguen ahí. Tal vez haya que dar algún rodeo, pero se trata de una zona compacta y muy fácil de recorrer a pie; se puede empezar en el faro de Colombo (Old Galle Buck).

Casi todo el puerto, en el lado norte de Fort, está cerrado al público, pero se puede ver de maravilla su ajetreo desde la terracita del último piso del otrora señorial Grand Oriental Hotel (p. 80).

★Hospital Neerlandés EDIFICIO HISTÓRICO
(plano p. 70; Bank of Ceylon Mawatha, Col 1) Este complejo colonial, la pieza central del siempre vibrante Fort, data de principios de la década de 1600. Espléndidamente restaurado, hoy acoge tiendas, cafés y restaurantes gestionados por algunos de los mejores profesionales de la capital. No hay nada como disfrutar de un refresco entre las robustas columnas de sus soportales. Hay un anexo en un edificio británico del s. XIX en la parte de atrás que da a Chatham St.

Faro de Colombo (Old Galle Buck) FARO
(plano p. 70; Marine Dr, Col 1) Para vistas del océano, del creciente puerto comercial y de megaproyectos como la Colombo Port City (p. 81), nada cómo subir a la gran terraza central de este faro de 1954, con varios cañones que apuntan hacia lo que hasta hace poco era mar. Enfrente hay un modesto café.

Torre del reloj PUNTO DE INTERÉS
(plano p. 70; Janadhipathi Mawatha, Col 1) La restaurada torre del reloj, en el cruce de Chatham St y Janadhipathi Mawatha (otrora Queen St), se construyó en 1857 como faro. Siempre está vigilada porque ahora es zona de funcionarios.

Central Point EDIFICIO HISTÓRICO
(plano p. 70; Chatham St, Col 1; museo 8.30-16.00 lu-vi) GRATIS En Chatham St están en restauración varios edificios antiguos, entre ellos la majestuosa sede porticada del Banco Central (1914), conocida como Central Point. El interior es todo un festival de detalles grecorromanos y presenta la araña de luces más alta de Asia. Junto al vestíbulo hay un pequeño museo de la moneda digno de visitarse, aunque solo sea por la muestra sobre por qué cambiar una vaca por pescado era una mala idea, lo que llevó a la invención de la moneda.

Edificios Lloyd's EDIFICIO HISTÓRICO
(plano p. 70; Sir Baron Jayathilaka Mawatha, Col 1) Conjunto de edificios restaurados de extremo refinamiento. Otros ejemplos coloniales no menos grandilocuentes, y en la misma calle, son los Whiteaways, que también aportan

COLOMBO EN...

Un día

Se empieza en los mercados de **Pettah,** conjuntamente con los pequeños templos hinduistas y el Museo del Período Neerlandés. Luego se va hacia Fort (p. 68), al oeste, con visitas a joyas coloniales como el **antiguo Hospital Neerlandés** (p. 68), antes de codearse con los lugareños frente un fogoso curri de cangrejo con arroz en el **Mayura Hotel** (plano p. 70; 46 Sri Kathiresan St, Col 11; principales 200-500 LKR; ⌚12.00-22.00).

Por la tarde se visita el templo budista de Gangaramaya (p. 72) y se deambula hasta el parque Viharamahadevi (p. 74). Al atardecer, se comparte paseo marítimo y comida callejera con las familias autóctonas en **Galle Face Green** (plano p. 76).

Dos días

Se desayuna el típico *idiyappam* mientras se disfruta de las vistas del Índico en el **Curry Pot** (plano p. 76; ☎011-237 0119; www.currypotlk.com; 314/1/A Marine Dr, Col 3; principales 150-400 LKR; ⌚6.30-16.30; 📶), antes de visitar el excelente **Museo Nacional** (p. 73). Después, toca ir de compras, p. ej., por **Paradise Road** (p. 91), los arbolados **Cinnamon Gardens** y **Kollupitiya.** Para cenar, se va a Mt Lavinia y se pide marisco en el **Bu Ba** (p. 88), junto al mar.

su granito en la recuperación del esplendor imperial del antiguo corazón financiero de Sri Lanka.

Tienda principal de Cargills EDIFICIO HISTÓRICO
(plano p. 70; York St, Col 1) Este gigante minorista local tuvo su tienda principal en York St. El ornamentado edificio rojo de 1906, hoy prácticamente vacío, aún conserva cierto empaque en sus largos pórticos y algunos carteles antiguos, como el que reza "Requisitos para el aseo". Pórticos a pie de calle como estos caracterizaban la arquitectónica colonial de Colombo, pues permitían a la gente moverse a resguardo de la lluvia. Dentro hay una tiendecita de Cargills, con mesas, para darse un respiro.

Iglesia de San Pedro IGLESIA
(plano p. 70; Church St, Col 1; ⌚7.00-17.00 ma-do) Se puede llegar por los soportales de la cara norte del Grand Oriental Hotel. Este antiguo salón de fiestas del gobernador neerlandés se transformó en iglesia en 1821. Conserva la estructura de hierro original del techo y un sinnúmero de placas que dan fe de su labor con la gente de mar a lo largo de los años.

Pettah

Justo después de Fort, hacia el interior, el animado bazar de Pettah es uno de los barrios más antiguos e interesantes de Colombo. Es el lugar del país en el que confluye mayor número de etnias y hay grandes edificios religiosos de toda clase de credos, pero también puestos de mercado y tiendas donde parece que se vende de todo.

El movimiento de gente en Pettah puede ser agobiante en horas punta de la mañana y a última hora de la tarde: frenéticos vendedores con carretas cargadas de forma inaudita, veloces *tuk-tuks,* automóviles que intentan pasar por calles demasiado angostas y gente apresurada por doquier. Para que la experiencia no agote de entrada, lo mejor es dar con un lugar apartado del tráfico y a la sombra; p. ej., Wolfendhal Lane, la típica calle secundaria por la que deambular entre tiendas de telas y gente sonriente.

Varias calles del barrio se especializan en mercancías concretas (p. 92).

★**Museo del Período Neerlandés** MUSEO
(plano p. 70; ☎011-244 8466; 95 Prince St, Col 11; adultos/niños 500/300 LKR; ⌚9.00-17.00 ma-sa) En el s. XVII fue la residencia del gobernador neerlandés (en ella, en 1638, el rey Rajasinghe II del reino de Kandy firmó el tratado que abrió Sri Lanka a los neerlandeses), y luego se ha utilizado como seminario conciliar, hospital militar, comisaría de policía y oficina de correos. La mansión tiene un bonito patio ajardinado y rezuma un entrañable aire marchito desde su restauración en 1977. Las muestras incluyen muebles coloniales neerlandeses, entre otros objetos.

★**Antiguo ayuntamiento** EDIFICIO HISTÓRICO
(plano p. 70; Main St, Col 11; ⌚8.00-17.00 lu-sa) GRATIS De 1865, este edificio de la época británica está prácticamente vacío salvo por los

Fort y Pettah

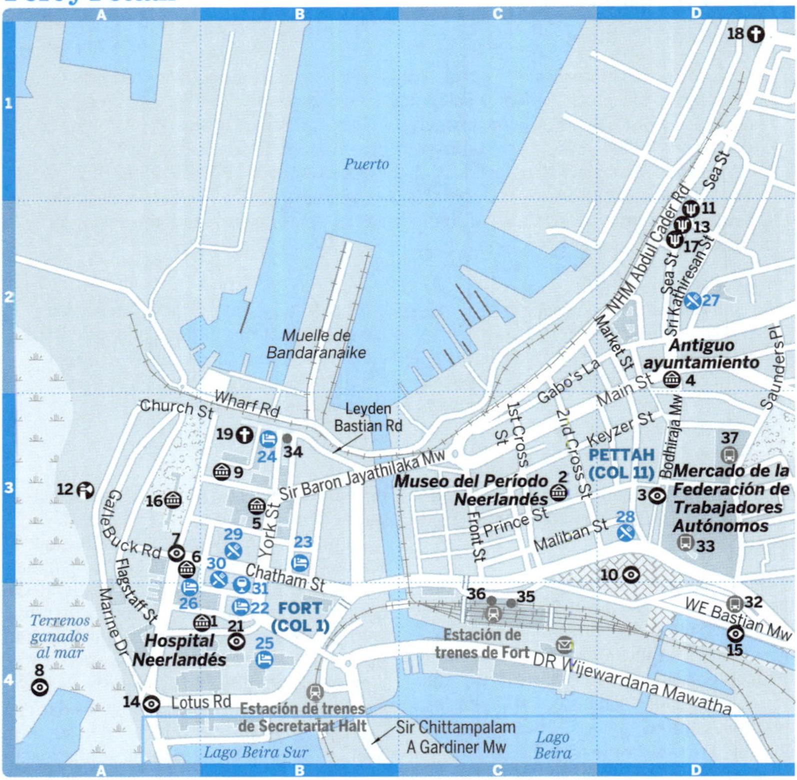

viejos camiones y equipamiento municipal que se exponen en la planta baja. Hay que dejarse conducir por los empleados hasta el piso de arriba por la antigua escalera de caoba (propina 100 LKR) hasta los antiguos y polvorientos despachos de los primeros concejales de la ciudad en 1906, engalanados con algunas figuras de cera.

Iglesia de Wolvendaal IGLESIA
(iglesia calvinista; plano p. 70; Wolvendaal Lane, Col 11; ⌚9.00-16.00) Este templo es el edificio neerlandés más importante de Sri Lanka. Cuando se construyó, en 1749, esta zona de extramuros era una selva. Los europeos confundieron los chacales que merodeaban con lobos y la zona pasó a llamarse Wolvendaal ("valle del lobo", en neerlandés). El edificio tiene forma de cruz griega, con muros de 1,5 m de grosor, aunque su mayor tesoro es el mobiliario neerlandés. Unas muy necesarias reformas comenzaron en el 2017.

★ Mercado de la Federación de Trabajadores Autónomos MERCADO
(plano p. 70; fuera de Olcott Mawatha, Col 11; ⌚7.00-16.00) El frenético comercio de Pettah se concentra aún más en sus mercados. Este, de visita obligada, se extiende por 5th Cross St y es un hervidero de artículos para el hogar intercalados con puestos de frutas y verduras muy bien presentadas, incluidas espectaculares pirámides de limas. Los llamativos juguetes también ponen su nota de color.

Mercado de Manning MERCADO
(plano p. 70; Olcott Mawatha, Col 11; ⌚6.00-14.00) Al este de la estación de trenes de Fort se halla el mercado mayorista ceilandés por excelencia, que, a tenor de su gran variedad de bananas, sin duda haría las delicias de cualquier mono.

Mercado flotante de Pettah ZONA COMERCIAL
(plano p. 70; WE Bastian Mawatha, Col 11; ⌚8.0024.00) Un buen ejemplo de lo rápido

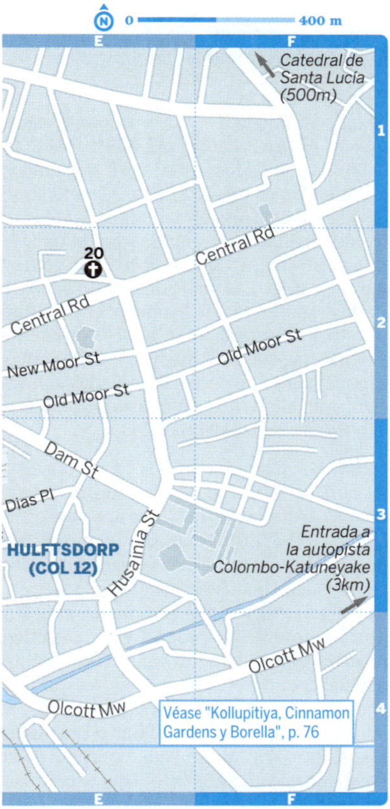

que cambia Colombo es este antiguo canal industrial, hoy renacido como barrio ribereño gracias a la proliferación de cafés discretos, vendedores ambulantes y zonas de relax. Parejas de lugareños pasean de la mano por las pasarelas de madera.

Templos hinduistas de Pettah TEMPLOS

Hay muchos *kovils* (templos hinduistas) en Colombo, en particular en Pettah. En Sea St, la calle de los orfebres, hay tres seguidos: el **Sri Muthu Vinayagar Swamy Kovil** (plano p. 70; Sea St, Col 11), el **Antiguo Kathiresan Kovil** (plano p. 70; Sea St, Col 11; ⏲6.00-18.00) y el **Nuevo Kathiresan Kovil** (plano p. 70; Sea St, Col 11; ⏲6.00-18.00), uno de los más grandes de la capital, de 1830.

Todos están dedicados a Murugan (Skanda), dios de la guerra, y son el punto de partida del Vel, un festival hinduista que se celebra en julio/agosto, cuando se arrastra la enorme carroza del *vel* (tridente) a varios *kovils* en Galle Rd, en Bambalapitiya (Col 4). En las inmediaciones no faltan vendedores de flores y guirnaldas.

Fort y Pettah

Principales puntos de interés

1 Hospital Neerlandés B4
2 Museo del Período Neerlandés C3
3 Mercado de la Federación de Trabajadores Autónomos D3
4 Antiguo ayuntamiento D2

Puntos de interés

5 Tienda principal de Cargills B3
6 Central Point A3
7 Torre del reloj A3
8 Colombo Port City A4
9 Edificios Lloyd's B3
10 Mercado de Manning D3
11 Nuevo Kathiresan Kovil D2
12 Faro de Colomo (Old Galle Buck) A3
13 Nuevo Kathiresan Kovil D2
14 Perchas de los pelícanos A4
15 Mercado flotante de Pettah D4
16 Casa Presidencial A3
17 Sri Muthu Vinayagar Swamy Kovil D2
18 Iglesia de San Antonio D1
19 Iglesia de San Pedro B3
20 Iglesia de Wolvendaal E2
21 World Trade Center B4

Dónde dormir

22 City Rest Fort B4
23 Colombo YMCA B3
24 Grand Oriental Hotel B3
25 Hilton Colombo Hotel B4
26 Steuart A4

Dónde comer

Heladiv Tea Club .... (véase 1)
27 Mayura Hotel D2
Ministry of Crab .... (véase 1)
28 New Palm Leaf Hotel D3
29 Pagoda Tea Room B3
30 T-Lounge by Dilmah B3

Dónde beber y vida nocturna

B52 .... (véase 24)
31 Re.Pub.Lk B4

Transporte

32 Estación de autobuses de Bastian Mawatha D4
33 Estación central de autobuses D3
34 Cinnamon Air B3
35 Consigna de la estación de Colombo Fort C4
36 JF Tours & Travels C4
37 Estación de buses de Saunders Pl D3

Galle Face Green

El porche frontal de Colombo, justo al sur de Fort, es tan popular que ya predomina el marrón (suciedad) sobre el verde (césped). Sin duda se trata de uno de los lugares de esparcimiento favoritos de la ciudad. Ahora también se cierne sobre él la amenaza de los altos hoteles, viviendas y oficinas que ya se construyen al este, lo que impide el paso de la luz del amanecer, unido a la inauguración del enorme Colombo Port City (p. 81), que bloquea el acceso al mar, al oeste.

En el extremo sur de esta zona de césped está el lujoso Galle Face Hotel (p. 83).

Perchas de los pelícanos PUNTO DE INTERÉS
(plano p. 70; Galle Face Green, Col 1) En las farolas y demás puntos estratégicos de esta rotonda se posan enormes pelícanos; ojo al pasar por debajo de ellos.

Slave Island y Union Place

Estos son los barrios más antiguos de Colombo, después del de Pettah. Slave Island (isla de los Esclavos) estuvo en su día rodeado por agua y fue donde los neerlandeses concentraban a los esclavos en la época colonial. Durante la guerra quedó abandonado a su suerte, pero su proximidad a Fort y a Galle Face Green lo han convertido en centro de grandes proyectos, como el enorme Cinnamon Life (p. 81). Pese a los centros comerciales y a la torre Lotus, en construcción, aún quedan calles de personalidad atemporal, pero hay que darse prisa en ir.

A Union Place le pasa algo parecido, pues también está en pleno proceso de transformación, aunque sus estrechas calles aún irradian una vitalidad que apenas ha variado con el paso de los siglos. Lo mejor es empezar por la hilera de marchitas **tiendas coloniales** (plano p. 76; Union Pl, Col 2) de Union Pl, antes de adentrarse en el barrio por **Church St,** al sur, y deambular hacia el oeste. Las tiendecitas venden mercancías de origen incierto y en cada calleja aguarda alguna sorpresa. Luego, hay que abrirse paso hacia el sur hasta llegar a Nawam Mawatha y el lago Beira Sur.

Lago Beira Sur y alrededores

Este lago es una bonita pieza central de la ciudad. Los pelícanos compiten por espacio en el agua con las **barcas-cisne de alquiler** (plano p. 76; Sir James Peiris Mawatha, Col 2; 30 min 150 LKR; 9.00-17.00), muy del gusto de las parejitas que buscan algo de privacidad. Se puede pasear junto al agua con las familias, mientras los peques corretean hacia los columpios y los inmaculados jardines de la islita.

Centro de meditación Seema Malakaya ENCLAVE ESPIRITUAL
(plano p. 76; lago Beira Sur, Col 2; 300 LKR; 6.00-18.00) Es uno de los sitios más fotografiados de Colombo, en una isla frente a la orilla este del lago. Este pequeño pero fascinante centro de meditación, regentado por el templo de Gangaramaya, fue diseñado por Geoffrey Bawa en 1985. Los pabellones (uno lleno de Budas tailandeses de bronce y el otro dispuesto alrededor de una higuera de agua y cuatro imágenes brahmánicas) son aún más espectaculares de noche, iluminados. Los recientes añadidos no terminan de encajar con la poética original del recinto.

Templo de Gangaramaya TEMPLO BUDISTA
(plano p. 76; 011-232 7084; www.gangaramaya.com; Sri Jinaratana Rd, Col 2; donativo museo 100 LKR; 5.30-22.00) Dirigido por uno de los monjes de Sri Lanka más versado en política, Galboda Gnanissara Thera, este ajetreado complejo de templos comprende también una biblioteca, un **museo** y un ecléctico muestrario de obsequios valiosos y dorados, donados por devotos y admiradores durante años, además del solitario y encadenado elefante del templo, *Ganga*. El Gangaramaya es el epicentro del Navam Perahera el día de la *poya* (luna llena) de febrero. Aquí se celebran también los festejos del Vesak más extravagantes de Colombo.

Kollupitiya

Esta larga zona comercial, paralela a la congestionada Galle Rd, está repleta de tiendas de lo más variado (muchos establecimientos antiguos empiezan a dar paso a propuestas más sofisticadas) y hoteles para todos los bolsillos. Es una zona llena de sorpresas que invita a un buen paseo. También hay varios locales populares de tentempiés. Las mejoras en Marine Dr son un presagio de la urbanización costera en ciernes.

Casa de Geoffrey Bawa MUSEO
(Número 11; plano p. 76; 011-433 7335; www.geoffreybawa.com; 11 33rd Lane, Col 3; entrada solo efectivo 1000 LKR; circuitos 10.00, 12.00, 14.00 y 15.30 lu-sa, 10.00 do) La casa donde el célebre arquitecto Bawa vivió de 1960 a 1970 está al final de una plácida callecita. El lugar combina sus dos debilidades: las formas tradicionales locales y la austera paleta arquitectónica

PRINCIPALES BARRIOS DE COLOMBO

Colombo se divide en 15 zonas con diferente código postal, que normalmente se corresponden con barrios específicos. P. ej., a Pettah también se lo llama Colombo 11 (o Col 11) y así. Téngase presente que los números de las calles empiezan de cero al entrar en otro distrito. Por eso hay varios "nº 100 de Galle Rd". Las principales zonas de interés son:

DISTRITO	BARRIO
Col 1	**Fort** El bullicioso centro de la ciudad: restaurado, histórico y elegante
Col 2	**Slave Island** No es precisamente una isla (aunque se utilizara para concentrar a los esclavos en la época colonial neerlandesa); algunas de las zonas históricas más antiguas (y amenazadas) se encuentran aquí, incluida Union Pl; también es el lugar escogido para nuevos megaproyectos.
Col 3	**Kollupitiya** El denso corazón comercial urbano, con infinidad de tiendas, hoteles y negocios en Galle Rd.
Col 4	**Bambalapitiya** Una extensión de Col 3.
Col 5	**Havelock Town** Una ampliación aburguesada de Col 4 por el sur.
Col 6	**Wellawatta** Más desparrame comercial hacia el sur por Galle Rd; tierra adentro, Pamankada es el nuevo enclave elegante.
Col 7	**Cinnamon Gardens** El distrito más sofisticado de Colombo acoge el Museo Nacional, el parque Viharamahadevi, antiguas mansiones coloniales y tiendas y cafés a la última.
Col 8	**Borella** La extensión oriental de Cinnamon Gardens, más tranquila.
Col 11	**Pettah** El casco antiguo al este de Fort, con mercados prósperos.
Col 13	**Kotahena** Junto al puerto, al norte de Pettah; incluye viejos barrios e importantes edificios religiosos.

de blancos. Se ofrecen visitas guiadas (que deberán reservarse con antelación) por sus pequeños jardines e interior, con muebles a medida. Una parte de la casa se utiliza como alojamiento (p. 83).

Iglesia de San Andrés IGLESIA
(plano p. 76; 73 Galle Rd, Col 3) Compacta iglesia de granito, de 1834, ideal para escapar del bullicio de Galle Rd, con un maravilloso interior que rinde tributo a los colonos escoceses que la construyeron. Al escribir estas líneas se ultimaba la restauración de su enjalbegado interior.

Universidad de Colombo UNIVERSIDAD
(Universidad de Sri Lanka; plano p. 76; ☎011-258 1835; www.cmb.ac.lk; Cumaratunga Munidasa Mawatha, Col 3) El campus de 20 Ha de la Universidad de Colombo, que se inauguró como la Escuela de Medicina de Sri Lanka en 1870, está cercado por largas avenidas arboladas flanqueadas por mansiones coloniales, como la Cumaratunga Munidasa Mawatha, junto al lado suroeste del verde campo deportivo. La **villa Saifee** (plano p. 76; Cumaratunga Munidasa Mawatha), construida en 1910 en estilo italianizante barroco, y la cercana **College House** (plano p. 76; Cumaratunga Munidasa Mawatha, Col 3), con torrecillas y de 1912, son la encarnación del refinamiento de aquella época. Hay más de 11 000 estudiantes matriculados.

Cinnamon Gardens

Unos 5 km al sur de Fort y hacia el interior desde Kollupitiya, los "jardines de canela" (hace un siglo el lugar estaba cubierto de plantaciones de canela) son la zona más aburguesada de Colombo, con elegantes calles arboladas, sofisticadas mansiones, embajadas, refinados cafés y tiendas, campos deportivos y algunos museos y galerías.

El níveo **antiguo ayuntamiento** (Casa Blanca; plano p. 76; FR Senanayaka Mawatha, Col 7) de Colombo, de 1928, con su cúpula, da al corazón de la zona, el parque Viharamahadevi. Al sur está el sorprendente teatro Nelum Pokuna Mahinda Rajapaksa (p. 91), inaugurado en el 2011.

★**Museo Nacional** MUSEO
(plano p. 76; ☎011-269 4767; www.museum.gov.lk; Albert Cres, Col 7; adultos/niños 600/300 LKR; ⌚9.00-18.00, último acceso 17.00) A la entrada de la principal institución cultural de Sri Lanka, un gran Buda de piedra del s. XIX recibe al viajero con una enigmática sonrisa. En galerías que se remontan hasta 1877 se encontrará con todo tipo de arte, tallas y estatuas del pasado

de Sri Lanka, así como espadas, rifles y demás parafernalia de la época colonial, reproducciones del s. XIX de cuadros ingleses del país y una colección de máscaras ancestrales de demonios.

★**Parque Viharamahadevi** PARQUE
(plano p. 76; Col 7) El mayor parque de Colombo, llamado Victoria Park en la década de 1950, se rebautizó con el nombre de la madre del rey Dutugemunu. Destaca por sus soberbios árboles que florecen en marzo, abril y principios de mayo. Los elefantes utilizados en ceremonias a veces pasan la noche en el parque y se alimentan con las ramas de las palmeras. Tras esmerados arreglos, ahora luce confortables bancos, senderos, jardines paisajísticos y zonas infantiles, además de algún que otro encantador de serpientes.

De Soysa (Lipton) Circus PUNTO DE INTERÉS
(plano p. 76; Col 7) Los populares grandes almacenes Odel (p. 91) ocupan una esquina de esta transitada rotonda. Delante se alza la **iglesia bautista de Cinnamon Gardens** (plano p. 76; De Soysa [Lipton] Circus, Col 7), de 1877. Al sur de la iglesia está la **mezquita de Dewata-Gaha** (plano p. 76; Alexandra Pl, Col 7), una laberíntica estructura de 1802 que se llena los viernes por la tarde a la hora de la oración. Por su parte, la heterogénea creación de ladrillos rojos y blancos que otrora fue el **Eye Hospital** (plano p. 76; De Soysa [Lipton] Circus, Col 7) hoy alberga el Coroner's Court (patio del Forense), a la espera que lo rehabiliten.

Saskia Fernando Gallery GALERÍA
(plano p. 76; ☎011-742 9010; www.saskiafernandogallery.com; 41 Horton Pl, Col 7; ⏲10.00-18.00) Complejo encalado que expone la obra de algunos de los mejores artistas ceilandeses. Búsquese la enorme escultura de un elefante, creada a partir de viejas piezas mecánicas. La galería se llama como la dueña, hija del experto en diseño local Shanth Fernando, de la famosa Paradise Road.

Lionel Wendt Centre CENTRO DE ARTE
(plano p. 76; ☎011-269 5794; http://lionelwendt.org; 18 Guildford Cres, Col 7; ⏲9.00-13.00 y 14.00-17.00 lu-vi, 10.00-12.00 y 14.00-17.00 sa y do) Vale la pena acercarse hasta este centro cultural, con una programación siempre cambiante.

Salón de la Independencia MONUMENTO
(plano p. 76; Independence Sq, Col 7) Este enorme edificio de piedra, en verdad una gran construcción conmemorativa de la independencia de Sri Lanka respecto de Gran Bretaña en 1948, está vagamente inspirado en la Sala de Audiencias de Kandy. Ahora está en medio del barullo, cerca del flamante y sofisticado centro comercial Arcade Independence Square (p. 91), al sur.

Sur de Colombo

El sur de Kollupitiya y Cinnamon Gardens es más de lo mismo, aunque más contenido. La comercial Galle Rd sigue hacia el sur y atraviesa Bambalapitiya y Wellawatta. Hacia el interior, Havelock Town es una versión más informal de Cinnamon Gardens, con varios hoteles de precio medio. **Pamankada,** con algunas tiendas y cafés interesantes en Stratford Ave, es la parte de esta zona con más ajetreo.

Museo Tradicional del Arte de las Marionetas MUSEO
(☎011-271 4241; www.puppet.lk; Anagarika Dharmapala Mawatha, Col 5; 500 LKR; ⏲9.00-17.00) Los espectáculos de marionetas fueron durante mucho tiempo uno de los pasatiempos tradicionales en las aldeas ceilandesas. Las compañías programaban funciones con tramas complicadas que duraban horas. Este cautivador museo mantiene viva la tradición y expone decenas de títeres (algunos enormes), muchos de ellos sorprendentemente animados aunque estén quietos.

Mt Lavinia

Durante mucho tiempo un complejo vacacional de playa, Mt Lavinia regala un agradecido respiro al ruido y humo de la ciudad, con chiringuitos que invitan a quedarse hasta el atardecer. La **playa** no está mal, aunque algunos ríos del norte evacúan sus turbias aguas en el océano tras las lluvias, y la resaca puede hacer prohibitivo el baño. Está unos 15 min en tren de Fort, en un trayecto muy agradable. Si se va a las playas del sur, no hay razón para detenerse aquí.

Kotahena

Al noreste de Pettah se halla este barrio estrechamente asociado al puerto de Colombo y que conforma el límite occidental de la ciudad. No tiene el ajetreo comercial de Pettah, pero sí muchos edificios y calles antiguos. Sus principales reclamos pueden visitarse fácilmente en taxi o *tuk-tuk*.

Iglesia de San Antonio IGLESIA
(plano p. 70; www.kochchikade.churchlk.com; St Anthony's Mawatha, Col 13; ⏲6.00-18.00) Es uno

de los santuarios más interesantes de Colombo. Por fuera parece la típica iglesia católica portuguesa, pero por dentro el ambiente es indio. Hay larguísimas colas de devotos que ofrecen *puja* (ofrendas o plegarias) a una docena de recargadas estatuas; la del milagrero san Antonio es el centro de devoción de personas de distinto credo.

Catedral de Santa Lucía IGLESIA
(☎011-243 2080; St Lucia's St, Col 13; ⏱5.30-12.00 y 14.00-19.00) Esta enorme catedral de 1881 ocupa el corazón católico del barrio de Kotahena. Es la iglesia más grande de Sri Lanka, con un exterior inspirado en la de San Pedro en Roma, pero un interior sencillo, aunque con capacidad para 5000 devotos.

Norte y noroeste de Colombo

La concurrida y vieja calle comercial que comunica Colombo con Negombo y el norte suele estar congestionada y se encuentra flanqueada por un descuidado batiburrillo de centros comerciales enfocado a la floreciente clase media del país. Durante los primeros kilómetros de la carretera a Kandy todo es bastante monótono, con algún que otro espacio de vegetación exuberante.

Kelaniya Raja Maha Vihara TEMPLO BUDISTA
(☎011-291 1505; www.kelaniyatemple.org; Biyagama Rd, Kelaniya) Se cree que Buda estuvo en el emplazamiento de este templo durante su tercera visita a Sri Lanka. Convenientemente grande y laberíntico, el lugar tiene un pasado de lo más accidentado. El primer templo fue destruido por los invasores hinduistas, restaurado y de nuevo derribado por los portugueses en el s. XVI. Los neerlandeses lo rehabilitaron en el s. XVIII para ganarse el favor de los autóctonos.

Actividades

★**Spa Ceylon** SPA
(plano p. 76; ☎011-233 7111; www.spaceylon.com; 103 Galle Rd; masaje desde 3000 LKR/h; ⏱9.00-21.00) La sucursal más fastuosa de esta lujosa cadena de *spa* ofrece tratamientos ayurvédicos y servicios estándar de *spa* en un marco de lo más chic.

Kemara SPA
(plano p. 76; ☎011-269 6498; www.kemaralife.com; 14 Phillip Gunawardena Mawatha, Col 7; terapias desde 2500 LKR; ⏱10.00-20.00) Tratamientos holísticos y productos de belleza y salud exclusivos, muchos a base de frutas y hierbas. Ofrece numerosas terapias y tratamientos de *spa*.

Siddhalepa Ayurveda SPA
(plano p. 76; ☎011-269 8161; www.siddhalepa.com; 33 Wijerama Mawatha, Col 7; terapias desde 2000 LKR; ⏱7.30-20.00) *Spa* ayurvédico con una completa carta de tratamientos y terapias. Tiene una pequeña sucursal en el vestíbulo de salidas del aeropuerto internacional Bandaranaike: un excelente recurso contra el *jet lag*.

Kanduboda Siyane Meditation Centre MEDITACIÓN
(☎011-240 2306; www.insight-meditation.org; Delgoda-Pugoda Rd, Kanduboda, Delgoda; con donativo) Importante centro de formación meditativa al estilo del difunto Mahasi Sayadaw. El alojamiento y las comidas son gratis, pero se esperan donaciones a cambio. Casi todos los participantes permanecen durante un período formativo de tres semanas, tras el cual pueden quedarse a meditar por libre el tiempo que deseen. Está 25 km al este de Colombo, en Delgoda, accesible con el autobús nº 224 de Pugoda desde la estación central.

Edge DEPORTES DE AVENTURA
(Borderlands; plano p. 82; ☎011-441 0110; www.discoverborderlands.com; 15 Stratford Ave, Col 6; actividades desde 40 US$; ⏱8.30-17.00 lu-vi) Organizado operador que propone todo un abanico de actividades, como barranquismo, senderismo, piragüismo fluvial, kayak marino y mucho más. El nivel es alto y la seguridad, primordial. En su vistosa tienda, de estilo industrial, también venden toda clase de equipamiento para aventuras por cuenta propia.

Circuitos

★**Colombo Walks** PASEOS
(☎077 560 0333; www.colombowalks.com; circuitos adultos/niños desde 4000/1000 LKR; ⏱6.45, 11.00, 16.00) Harold Sandrasagara, auténtico conocedor de la capital, encabeza paseos diarios de 2½-3 h por la zona histórica de Fort y Pettah, en los que comparte valiosos conocimientos inaccesibles de otra manera. Se sale del Hospital Neerlandés e incluye un alto para picar algo; resérvese con antelación.

★**Colombo by Jeep** PASEOS AL VOLANTE
(☎077 733 0900; www.colombobyjeep.com; circuito de 3½ h para 1-4 personas 100 US$) Para ponerse en la piel de las tropas ocupantes, nada como embarcarse en un circuito por Colombo en un todoterreno restaurado de la II Guerra Mundial de la mano de Nishantha Abeysekara, aún más interesante que sus vehículos.

Kollupitiya, Cinnamon Gardens y Borella

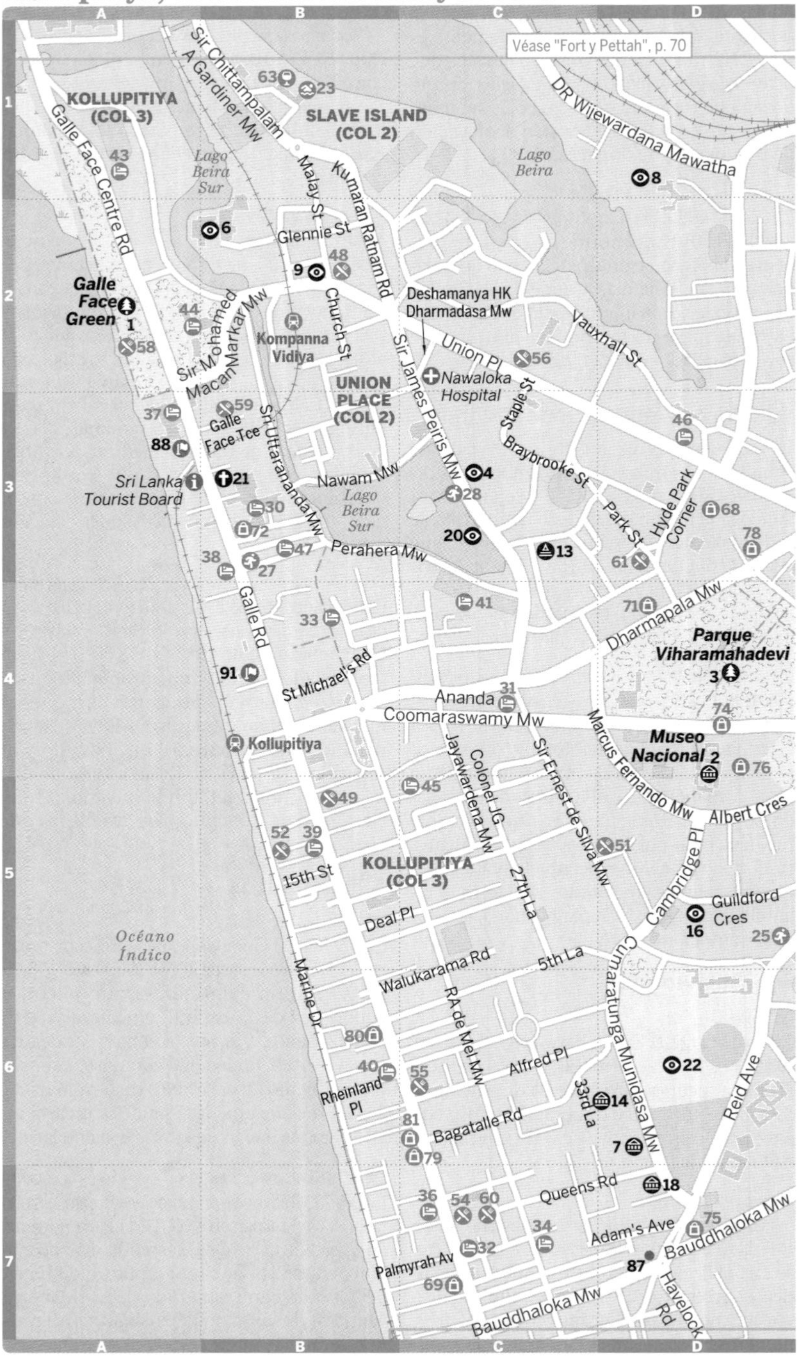

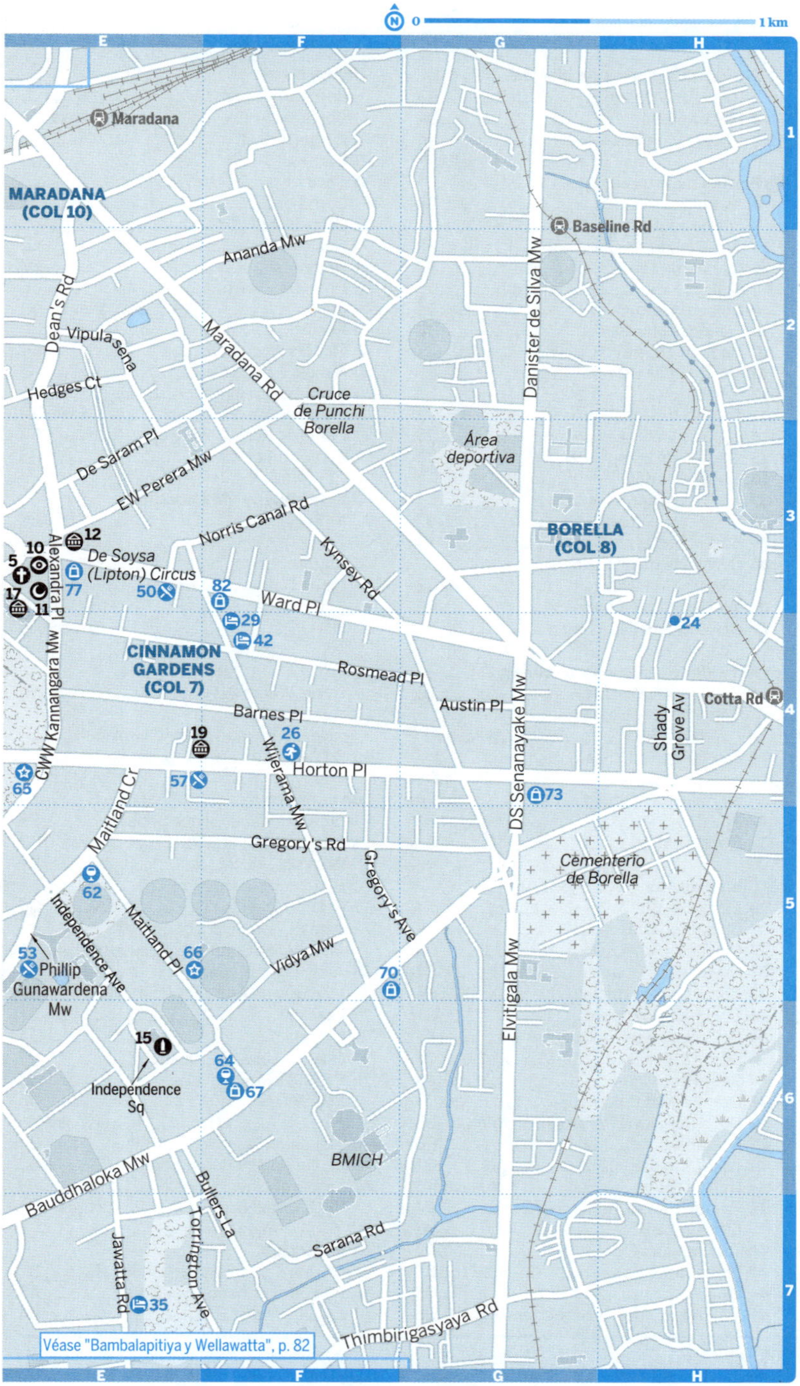
0
1 km
E
F
G
H
1
2
3
4
5
6
7
Maradana
MARADANA (COL 10)
Baseline Rd
Ananda Mw
Dean's Rd
Vipulasena
Maradana Rd
Danister de Silva Mw
Hedges Ct
Cruce de Punchi Borella
Área deportiva
De Saram Pl
EW Perera Mw
Norris Canal Rd
Kynsey Rd
BORELLA (COL 8)
12
10
5
17
11
Alexandra Pl
De Soysa (Lipton) Circus
77
50
82
Ward Pl
29
42
24
CINNAMON GARDENS (COL 7)
Rosmead Pl
CWW Kannangara Mw
Austin Pl
DS Senanayake Mw
Cotta Rd
Barnes Pl
Shady Grove Av
19
26
65
Horton Pl
57
Wijerama Mw
73
Maitland Cr
Gregory's Rd
Gregory's Ave
Cementerio de Borella
62
Independence Ave
Maitland Pl
53
Phillip Gunawardena Mw
66
Vidya Mw
70
Elvitigala Mw
15
Independence Sq
64
67
BMICH
Baudhaloka Mw
Bullers La
Jawatta Rd
Torrington Ave
Sarana Rd
35
Thimbirigasyaya Rd
Véase "Bambalapitiya y Wellawatta", p. 82

Kollupitiya, Cinnamon Gardens y Borella

Principales puntos de interés
1 Galle Face Green ... A2
2 Museo Nacional ... D4
3 Parque Viharamahadevi ... D4

Puntos de interés
4 Altair ... C3
5 Iglesia bautista de Cinnamon Gardens ... E3
6 Cinnamon Life ... B2
7 College House ... D6
8 Colombo Lotus Tower ... D1
9 Tiendas coloniales ... B2
10 De Soysa (Lipton) Circus ... E3
11 Mezquita de Dewata-Gaha ... E3
12 Eye Hospital ... E3
13 Templo de Gangaramaya ... C3
14 Casa de Geoffrey Bawa ... D6
15 Salón de la Independencia ... E6
16 Lionel Wendt Centre ... D5
17 Antiguo ayuntamiento ... E3
18 Villa Saifee ... D7
19 Saskia Fernando Gallery ... E4
20 Centro de meditación Seema Malakaya ... C3
21 Iglesia de San Andrés ... B3
22 Universidad de Colombo ... D6

Actividades, cursos y circuitos
23 Cinnamon Lakeside Hotel ... B1
Colombo City Hostel Walking Tour ... (véase 33)
24 Eco Team Sri Lanka ... H4
25 Kemara ... D5
26 Siddhalepa Ayurveda ... F4
27 Spa Ceylon ... B3
28 Swan Boats ... C3

Dónde dormir
29 Black Cat Bed & Breakfast ... F4
30 Cinnamon Grand Hotel ... B3
31 Cinnamon Red ... C4
32 Clock Inn ... C7
33 Colombo City Hostel ... B4
34 Colombo Courtyard ... C7
35 Colombo Hotel Ceilão Villas ... E7
36 Drift B&B ... C7
37 Galle Face Hotel ... A3
38 Grand Hyatt Colombo ... B3
39 Hotel Renuka & Renuka City Hotel ... B5
40 Ivy Lane ... B6
41 Lake Lodge ... C4
Number 11 ... (véase 14)
42 Paradise Road Tintagel Colombo ... F4
43 Shangri-La Hotel ... A1
44 Taj Samudra ... A2
45 Whitehouse Residences ... C5
46 YWCA ... D3
47 YWCA National Headquarters ... B3

Dónde comer
Barefoot Garden Cafe ... (véase 69)
Boulevard ... (véase 77)
48 Burger's King ... B2
49 Carnival ... B5
50 Coco Veranda Cafe ... E3
51 Commons ... D5
52 Curry Pot ... B5
53 Good Market ... E5
54 Green Cabin ... C7
55 Hotel De Pilawoos ... C6
Keells ... (véase 72)
56 Keells ... C2
57 Milk & Honey Cafe ... E4
58 Nana's ... A2
59 Nihonbashi Honten ... B3
Paradise Road Cafe ... (véase 78)
60 Paradise Road Gallery Cafe ... C7
61 Park Street Mews ... D3

Dónde beber y vida nocturna
62 41 Sugar ... E5
63 7° North ... B1
64 Asylum ... F6
Cloud Cafe ... (véase 34)
Cloud Red ... (véase 31)
Silk ... (véase 62)

Ocio
Lionel Wendt Art Centre ... (véase 16)
65 Teatro Nelum Pokuna Mahinda Rajapaksa ... E4
66 Sri Lanka Cricket ... E5

De compras
67 Arcade Independence Square ... F6
68 Arpico ... D3
69 Barefoot ... C7
70 Buddhist Book Centre ... F5
71 Cotton Collection ... D4
72 Dilmah Tea Shop ... B3
Dilmah Tea Shop ... (véase 77)
73 House of Fashions ... G4
74 Mercado de arte Kala Pola ... D4
75 Laksala ... D7
76 Laksala ... D4
77 Odel ... E3
78 Paradise Road ... D3
79 Plâté ... C6
PR ... (véase 19)
80 Sri Lanka Cashew Corporation ... B6
81 Sri Lanka Tea Board Shop ... C6
82 Tropic of Linen ... F3
Vijitha Yapa Bookshop ... (véase 72)

Información
87 Oficina de visados de la India ... D7
88 Alto comisionado de la India ... A3
91 Embajada de EE UU ... B4

EL LEGADO DE GEOFFREY BAWA

El arquitecto más famoso de Sri Lanka, Geoffrey Bawa (1919-2003), fusionó influencias antiguas y modernas en su obra.

Bawa desarrolló delicadas conexiones entre el interior y el exterior de sus estructuras, a través de patios y senderos. Con frecuencia se trataba de espacios contemplativos, pero también de entramados que permitían intuir los espacios a los que aún no se había accedido. Sus diseños se inspiran en el medio ambiente, y no le importaba que la naturaleza reclamara sus estructuras, al contrario, a veces facilitaba que la selva creciera junto a paredes y tejados.

Aunque a Bawa le obsesionaba la belleza estética, no dejaba de lado la funcionalidad; p. ej., abría y exponía las estructuras al aire y la luz, pero se aseguraba de que estas fueran un refugio para protegerse de las inclemencias del tiempo.

Entre sus trabajos fuera de Colombo está el emblemático Heritance Kandalama Hotel (p. 215), cerca de Dambulla. En la capital, deberían verse:

Gallery Cafe (p. 87) Edificio histórico utilizado como oficina por Bawa y hoy sala de exposiciones de arte y fotografía.

Centro de meditación Seema Malakaya (p. 72) Un valioso espacio en una isla del lago Beira Sur.

Casa de Geoffrey Bawa (p. 72) La antigua casa de Bawa, hoy un museo.

Parlamento de Sri Lanka (www.parliament.lk; Parliament Approach Rd, Kotte) La gran obra maestra de Bawa está en una isla lacustre en Kotte, 11 km al sureste de Fort. Para visitarlo, se requiere una serie de permisos de difícil obtención, tal como se informa en la web.

El itinerario, muy ameno, comprende todas las principales atracciones locales.

★Circuito a pie del Colombo City Hostel PASEO

(plano p. 76; ☎077 485 2650; 177 RA de Mel Mawatha, Col 3; circuitos 3000 LKR; ⊙10.30) El recorrido dura 5 h y el precio (agua y tentempiés incl.), comprende la entrada a los principales puntos de interés así como el transporte a otros lugares más apartados. No se necesita ser huésped del albergue para participar.

★Action Lanka AL AIRE LIBRE

(☎011-450 3448; www.actionlanka.com; 366/3 Rendapola Horagahakanda Lane, Talangama, Koswatta) Salidas de *rafting* en aguas bravas, kayak, submarinismo, ciclismo de montaña, senderismo y demás, tuteladas por guías experimentados instruidos en seguridad y primeros auxilios.

Srilanka Bicycle Trips BICICLETA

(☎011-622 3378; www.srilankabicycletrips.com; circuitos desde 10 500 LKR) Organiza excursiones de ciclismo guiadas de entre 1 y 14 días por todo el país, circuitos temáticos y, si se prefiere, se ocupan de toda la logística para quien prefiera ir por libre. También ofrece una excursión de un día a una plantación de té al sur de Colombo, para pedalear por las verdes colinas.

Colombo City Tour AUTOBÚS

(☎011-281 4700, 077 759 9963; www.colombocitytours.com; circuito adultos/niños desde 25/12 US$) Enseña la ciudad por encima del tráfico en un autobús descubierto de dos pisos. Las explicaciones son en inglés e incluye tentempiés y agua. Hay tres rutas, con salidas a diario, y un circuito nocturno los fines de semana. Resérvese (y confírmense los horarios) con antelación.

Fiestas y celebraciones

En Colombo cada vez hay más citas especiales, del tipo *rallies* callejeros y conciertos al fresco junto al mar.

★Vesak Poya RELIGIOSA

(⊙may) El nacimiento, la iluminación y la muerte de Buda se celebra en toda la ciudad (y el país), pero los festejos en el templo de Gangaramaya y el lago Beira Sur son apoteósicos. Enormes tinglados de luces de colores hacen la competencia a centenares de montajes más pequeños hechos por grupos contrincantes. Hay puestos de *dansala,* con comida y demás, por todas partes.

Vel RELIGIOSA

(⊙jul o ago) Durante el Vel, la carroza dorada de Murugan se lleva desde el *kovil* de Kathiresan hasta otro en Bambalapitiya.

Navam Perahera RELIGIOSA
(⌚ feb) Se celebra durante la *poya* de febrero y la encabezan 50 elefantes; arranca en el templo de Gangaramaya (p. 72) y los festejos se concentran en el parque Viharamahadevi y el lago Beira Sur.

Duruthu Perahera RELIGIOSA
(⌚ene) Tiene lugar en el Kelaniya Raja Maha Vihara (p. 75) en coincidencia con la *poya* de enero.

Colombo Jazz Festival MÚSICA
(www.colombojazzfestival.com; pase diario 5000 LKR; ⌚med feb) El Galle Face Hotel (p. 83) acoge este emergente festival de *jazz* por el que pasan grandes figuras del género.

Dónde dormir

Como casi todo en la capital, la oferta de alojamiento no para de mejorar. Al escribir estas líneas, seguían en obras grandes hoteles como el **Grand Hyatt** (plano p. 76; www.grand.hyatt.com; Galle Rd, Col 3) y el **Shangri-La Hotel** (plano p. 76; www.shangri-la.com; 1 Galle Face Centre Rd, Col 2), mientras que otros estaban de reformas. La oferta se completa con un creciente número de magníficos establecimientos de precio económico y medio.

Entre toda esta savia nueva sobreviven algunos hoteles de toda la vida. En Fort y Galle Rd hay hoteles cochambrosos que apenas han cambiado en décadas.

Fort y Pettah

Al margen de hoteles centenarios que compensan sus carencias con unas tarifas interesantes, Fort aglutina hoteles tipo rascacielos de corte internacional y varias propuestas económicas de nuevo cuño enfocadas a los viajeros.

Colombo YMCA PENSIÓN $
(plano p. 70; ☎011-232 5252; ymcacbo@sltnet.lk; 39 Bristol St, Col 1; dc 1500 LKR, i/d desde 2050/2600 LKR, h con a.a. 5720 LKR; ❄📶) Decrépito, solo debería considerarse si se va muy justo de presupuesto. Tiene dormitorios colectivos solo para hombres y algunas habitaciones individuales y dobles para hombres y mujeres; algunas con baño compartido y ventilador y otras con baño propio y aire acondicionado. Solo hay wifi en el vestíbulo.

City Rest Fort HOTEL $$
(plano p. 70; ☎011-233 9340; http://cityrestfortcolombo.bookings.lk; 46 Hospital St, Col 1; dc/h desde 27/60 US$; ❄📶) Híbrido de albergue y hotel muy bien gestionado, con 73 camas en dormitorios mixtos y divididos por sexos más 17 habitaciones privadas repartidas por un edificio reformado de cuatro plantas estupendamente ubicado, al este del Hospital Neerlandés.

Grand Oriental Hotel HOTEL $$$
(plano p. 70; ☎011-232 0392, 011-232 0391; www.grandoriental.com; 2 York St, Col 1; h 60-120 US$; ❄📶) Frente al puerto, el que hace un siglo fuera el mejor hotel de Colombo aún posee cierto encanto desaliñado y un personal veterano de lo más atento y complaciente. Las habitaciones tienen un aire ajado y genérico; pídase una que dé al tranquilo interior. Es cuestión de tiempo que reciba un lujoso lavado de cara.

Desde el restaurante del 4º piso y la terraza hay vistas del puerto, aunque es mejor para ir a tomar una copa que para comer.

Hilton Colombo Hotel HOTEL $$$
(plano p. 70; ☎011-249 2492; www.hilton.com; 2 Sir Chittampalam A Gardiner Mawatha, Col 2; h desde 150 US$; ❄@📶🏊) Enorme hotel de negocios de la famosa cadena internacional Hilton, rebosante de actividad a todas horas. Tiene 382 habitaciones ejecutivas y estándar, seis restaurantes, un *pub,* un centro de negocios 24 h, un *fitness* completo, bonitos jardines y zona de la piscina.

Steuart HOTEL-BOUTIQUE $$$
(plano p. 70; ☎011-557 5575; www.citrusleisure.com; 45 Hospital Lane; h 90-130 US$; ❄📶) En un edificio colonial restaurado, con partes originales de 1835, este hotel ofrece 50 habitaciones decoradas en tonos blanco y púrpura y rematadas con antiguos escudos de armas escoceses, reflejo de las raíces de sus dueños originales. Las estándar tienen neveras y las superiores (solo un poco más caras), prestaciones extra. La calidad de las vistas es muy dispar.

Kollupitiya

Los mejores grandes hoteles de Colombo (varios aún en obras) están en esta céntrica zona próxima al mar y a la ruidosa Galle Rd. En las calles secundarias hacia el este hay mucha oferta interesante.

★**Colombo City Hostel** ALBERGUE $
(plano p. 76; ☎077 485 2650; www.colombocityhostel.com; 177 RA de Mel Mawatha, Col 3; dc con ventilador/a.a. 1500/1800 LKR, h con ventilador/a.a. 25/30 US$; ⌚recepción 7.00-21.00; ❄📶) El mejor albergue de Colombo tiene un salón/co-

LA METAMORFOSIS DE COLOMBO

Cada mes parece materializarse un nuevo megaproyecto urbanístico en Colombo, que en su conjunto, irremediablemente, ha afectado al perfil urbano de la ciudad. Algunos ejemplos:

Colombo Port City (plano p. 70; www.colomboportcity.lk) Las enormes dragas que se ven frente a la costa de Fort y Galle Face Green anuncian las fases iniciales de este enorme proyecto de 269 Ha de terreno ganado al mar. Se prevé que este flamante y selecto barrio (cuyo verdadero coste multimillonario a cargo de inversores chinos se desconoce) lo integren rascacielos de oficinas, bloques de apartamentos de lujo, canales, zonas recreativas y mucho más. Ya empieza a tapar las vistas del Índico y posiblemente termine por dejar a Fort sin salida al mar. Está inspirado en las famosas Palm Islands de Dubái.

Cinnamon Life (plano p. 76; www.cinnamonlife.com; fuera de Glennie St, Col 2) Cinnamon Group, de capital ceilandés, es el promotor de este enorme proyecto de uso mixto que eclipsará el flanco occidental de Slave Island. Su llamativo diseño moderno incluirá un mastodóntico hotel de lujo, bloques de apartamentos, un rascacielos de oficinas de 30 pisos y un ciclópeo centro comercial.

Colombo Lotus Tower (plano p. 76; DR Wijewardana Mawatha, Col 2) Cuando en el 2018 se culmine la construcción de esta torre de 350 m, su sombra se proyectará sobre Slave Island. Con un remate bulboso similar a la flor de la que toma su nombre, esta imponente edificación contará con un equipo de telecomunicaciones y varias atracciones turísticas, entre ellas una plataforma de observación en lo más alto y un restaurante en la base. Como tantos otros megaproyectos, lo financia China.

Altair (plano p. 76; www.altair.lk; 121A Sir James Peiris Mawatha, Col 2) Otro de los nuevos iconos de Colombo, el Altair es un espectacular edificio de 240 m en forma de A, cuyas terrazas aportan textura a su delicado exterior.

cina/zona de estar en la azotea con fabulosas vistas de la ciudad, que incluyen la cercana Temple Trees, la residencia del primer ministro. Dispone de 33 camas en dormitorios repartidos por tres pisos, a un paso de la acción, aunque en un tranquilo callejón (hay indicaciones). También organizan excelentes circuitos a pie (p. 79) abiertos a cualquier interesado.

Clock Inn HOTEL $

(plano p. 76; ☎011-250 0588; www.clockinn.lk; 457 Galle Rd, Col 3; dc/i/d desde 10/40/45 US$; ❄📶) Una ubicación céntrica y una magnífica relación calidad-precio son las principales bazas de este hotel limpio y bien gestionado, con estilosos dormitorios colectivos de cuatro y seis camas y habitaciones estándar con camas grandes, televisión por cable y baño privado.

★YWCA PENSIÓN $$

(plano p. 76; ☎011-232 4181; www.ywcacolombo.com; 393 Union Pl, Col 2; h con agua fría y ventilador/agua caliente y a.a. 4700/6750 LKR; ❄📶) El mejor de los varios establecimientos económicos que tiene en la ciudad esta famosa asociación es una modesta propuesta de esplendor colonial (incl. un frondoso recinto), en una de las zonas más animadas y populares de Colombo. Las nueve habitaciones privadas son sencillas, pero hay confortables sillas de *rattan* en un plácido porche a la sombra. Por su parte, la sala del desayuno es todo un oasis de serenidad.

Drift B&B B&B $$

(plano p. 76; ☎011-250 5536; www.facebook.com/driftbnb; 646 Galle Rd, Col 3; dc/h desde 15/45 US$; ❄@📶) En un edificio con patio justo detrás de la bulliciosa Galle Rd, esta maravilla para mochileros ofrece 10 habitaciones espaciosas y confortables, dormitorios para cuatro y seis personas, y zonas comunes de líneas limpias y ambiente artístico. Las escaleras son de aúpa, pero hay un montacargas para el equipaje. Desayuno opcional.

YWCA National Headquarters PENSIÓN $$

(plano p. 76; ☎011-232 3498; natywca@sltnet.lk; 7 Rotunda Gardens, Col 3; h por persona con ventilador/a.a. 2500/3000 LKR; ❄@) Tres habitaciones prolijas y sencillas dispuestas en torno a un patio arbolado en una de las zonas más cotizadas de la capital. Es un alojamiento seguro para las viajeras; se aceptan hombres siempre que vayan acompañados de una mujer.

Bambalapitiya y Wellawatta

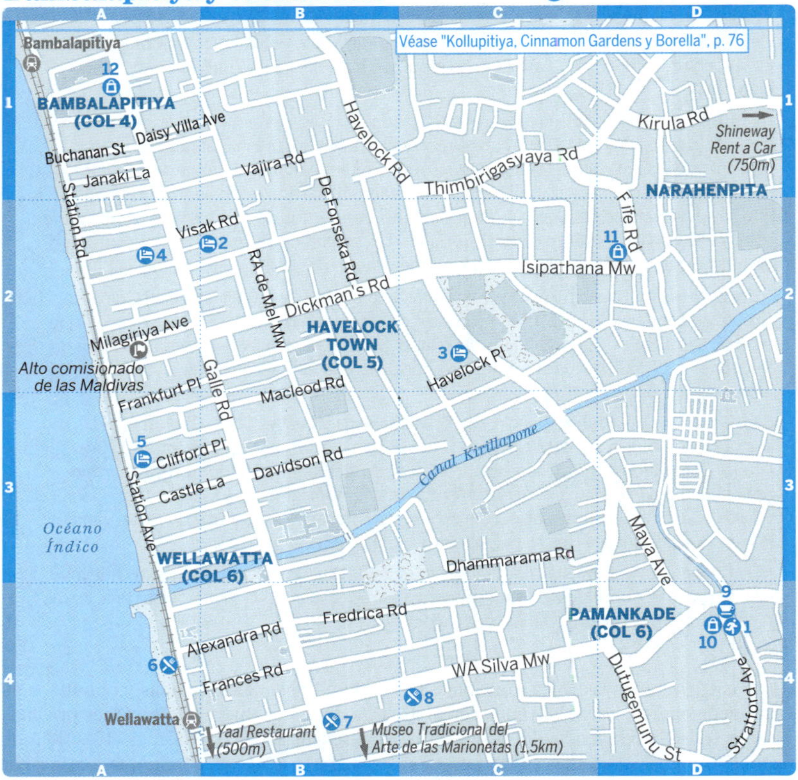

Bambalapitiya y Wellawatta

Actividades, cursos y circuitos
1 Edge D4

Dónde dormir
2 Casa Colombo B2
3 Havelock Place Bungalow C2
4 Hotel Sunshine A2
5 Ozo Colombo A3

Dónde comer
6 Beach Wadiya A4
7 Bombay Sweet Mahal B4
8 Curry Leaves C4

Dónde beber y vida nocturna
9 Kopi Kade D4

De compras
10 Gandhara D4
11 Selyn D2
12 Vijitha Yapa Bookshop A1

Whitehouse Residences PENSIÓN $$
(plano p. 76; ☎077 413 2832; whitehousecolombo@gmail.com; 265/2 RA de Mel Mawatha, Col 3; h desde 45-80 US$; ❄📶) Los viajeros autosuficientes agradecerán las habitaciones grandes y el personal justo de esta pensión situada en una pequeña calle. Algunas tienen balcón y vistas luminosas, en particular la suite del último piso. Todo está como los chorros del oro.

Ivy Lane PENSIÓN $$
(plano p. 76; ☎011-257 5733; www.ivylane.lk; 538 Galle Rd, Col 3; i/d desde 50/55 US$; ❄📶) Auténtico retiro urbano con 15 habitaciones inundadas de luz y una gama cromática clara, muchas

de ellas con balcón. Está en un tranquilo callejón.

★**Cinnamon Red** HOTEL **$$$**
(plano p. 76; ☎011-214 5145; www.cinnamonhotels.com; 59 Ananda Coomaraswamy Mawatha, Col 3; h desde 90 US$; ❄@📶🏊) Muy exitoso desde su apertura, este hotel de 26 plantas, propiedad del omnipresente Cinnamon Group, es el primero de un nuevo concepto de "lujo austero". Las 242 habitaciones son espaciosas, todas con mesas de trabajo y muchas, con unas imponentes vistas.

★**Lake Lodge** PENSIÓN **$$$**
(plano p. 76; ☎011-242 4246; www.taruhotels.com; 20 Alvis Tce, Col 3; h 90-120 US$; ❄📶) Ofrece 13 habitaciones bien equipadas y de estilo minimalista, cerca de casi todas las mejores atracciones de Colombo, además de largos mostradores de cemento ideales para trabajar, terrazas en la azotea con vistas al lago Beira Sur y un servicio excelente.

★**Cinnamon Grand Hotel** HOTEL **$$$**
(plano p. 76; ☎011-243 7437; www.cinnamonhotels.com; 77 Galle Rd, Col 3; h 150-250 US$; ❄@📶🏊) El mejor hotel grande de Colombo es céntrico, perfectamente situado detrás de Galle Rd, y rebosa energía. Sus 501 habitaciones son espaciosas, con mejores vistas conforme más altas. El servicio es estelar.

Incluye un gimnasio, una gran piscina exterior y numerosos restaurantes de nivel.

★**Colombo Courtyard** HOTEL-BOUTIQUE **$$$**
(plano p. 76; ☎011-464 5333; www.colombocourtyard.com; 32 Alfred House Ave, Col 3; h 80-150 US$; ❄📶🏊) Flamante hotelito con todas las prestaciones imaginables: estupendas zonas de trabajo, duchas de efecto lluvia, una cesta con frutas de cortesía y mucho más. Algunas habitaciones dan a la piscina. Toda la propiedad desprende un aire más propio de un sofisticado retiro urbano que de un simple hotel. Además, en la azotea está el Cloud Cafe (p. 90), un popular bar con terraza.

Hotel Renuka & Renuka City Hotel HOTEL **$$$**
(plano p. 76; ☎011-257 3598; www.renukahotel.com; 328 Galle Rd, Col 3; h 65-120 US$; ❄📶🏊) Hotel muy bien gestionado, repartido entre dos edificios. Sus 99 habitaciones, cuidadas y modernas, tienen caja fuerte, nevera y servicio 24 h. Se recomiendan las que no dan a Galle Rd. El personal es encomiable, lo mismo que el restaurante del sótano, el Palmyrah, célebre por su cocina de Jaffna.

> ### ℹ BAÑARSE
> Hay que evitar las aguas contaminadas de Galle Face Green; de otro modo, solo se recomienda darse un chapuzón en Mt Lavinia.
>
> De no tener piscina en el alojamiento (o si apetece cambiar de aires), es buena idea pagar por usar la de algún hotel: muchos permiten acceder a sus instalaciones previo pago una entrada de 1000-2000 LKR. Dos recomendables son el **Cinammon Lakeside Hotel** (plano p. 76; ☎011-249 1000; 115 Sir Chittampalam A Gardiner Mawatha, Col 2; no huéspedes adultos/niños 1500/750 LKR) y el **Mount Lavinia Hotel** (plano p. 85; ☎011-271 5227; 100 Hotel Rd, Mt Lavinia; no huéspedes 1000 LKR).

Taj Samudra HOTEL **$$$**
(plano p. 76; ☎011-244 6622; www.tajhotels.com; 25 Galle Face Centre Rd, Col 3; h 155-250 US$; ❄@📶🏊) Pertenece a una prestigiosa cadena india y cuenta con elegantes zonas comunitarias, un bonito jardín de 4 Ha y varios restaurantes y bares, uno de ellos abierto las 24 h. Las 270 habitaciones presentan una ostentosa estética en tonos rojos; pídase una orientada al oeste para ver la puesta de sol, mejor aún si tiene terraza.

Galle Face Hotel HOTEL HISTÓRICO **$$$**
(plano p. 76; ☎011-254 1010; www.gallefacehotel.com; 2 Galle Rd, Col 3; h 130-250 US$; ❄@📶🏊) La *grande dame* de Colombo da a Galle Face Green por el norte y al mar por el oeste. La majestuosa escalinata es un evocador recuerdo de cuando abrió en 1864. Una exhaustiva reforma ha recuperado su esplendor de antaño, sin renunciar a un equipamiento moderno. También se han actualizado el servicio y los precios.

Number 11 CASA MUSEO **$$$**
(plano p. 76; ☎011-433 7335; www.geoffreybawa.com; 11 33rd Lane; tarifas para 1-4 personas 200-305 US$) En la tentadora casa donde vivió el arquitecto Geoffrey Bawa, que puede recorrerse en una popular visita guiada (p. 72), se alquila una suite con dos dormitorios y sala de estar. El desayuno está incluido en el precio, así como acceso a la galería del 3er piso y a la terraza superior.

Cinnamon Gardens

Las calles arboladas de esta zona ofrecen, como mínimo, cierto encanto refinado.

Black Cat Bed & Breakfast B&B **$$**
(plano p. 76; ☎011-267 5111; www.blackcatcolombo.com; 11 Wijerama Mawatha; h desde 55 US$; ❄📶) Además de ser uno de los mejores cafés de Colombo, tiene cinco habitaciones dobles (cuatro con camas de matrimonio). Como el magnífico café que preparan abajo, la decoración es rica en tonos crema y marrones. Hay un salón compartido y una terraza abierta a la brisa.

Paradise Road Tintagel Colombo HOTEL-BOUTIQUE **$$$**
(plano p. 76; ☎011-460 2060; www.tintagelcolombo.com; 65 Rosmead Pl, Col 7; h incl. desayuno 150-250 US$; ❄@📶🏊) En una vieja mansión con un lúgubre pasado cuando era residencia de políticos locales, este elegante hotel resplandece con su diseño minimalista y obras de arte. Propiedad del emporio del diseño Paradise Road, cada una de sus 10 habitaciones es única, todas con acceso privado y algunas con piscina propia.

Bambalapitiya, Havelock Town y Wellawatta

Al sur del centro se encontrarán algunos establecimientos económicos y, al menos en las calles secundarias, menos ruidosos. La zona cerca del mar cada vez es más prolífica.

Hotel Sunshine HOTEL **$$**
(plano p. 82; ☎011-401 7676; www.hotelsunshine.lk; 5A Shrubbery Gardens, Col 4; con ventilador/a.a.desde 2500/4000 LKR; ❄📶) Espigado hotelito económico rodeado de edificios aún más altos. Sus 24 habitaciones, aunque adustas, están limpias y quedan a un paso del mar; algunas tienen vistas parciales del agua, pero las más baratas solo cuentan con ventilador. Personal eficiente.

★**Havelock Place Bungalow** PENSIÓN **$$$**
(plano p. 82; ☎011-258 5191; www.havelockbungalow.com; 6-8 Havelock Pl, Col 5; h desde 7800 LKR; ❄@📶🏊) Seductora pensión con siete habitaciones de dos tamaños repartidas en sendas casas coloniales. El lujo moderno casa perfectamente con unas antigüedades que, al igual que los suelos de madera, reproducen con acierto el ambiente de época. Está en una calle tranquila y tiene jardines exuberantes y una pequeña piscina, además de un café al aire libre.

Colombo Hotel Ceilão Villas HOTEL-BOUTIQUE **$$$**
(plano p. 76; ☎011-723 5232; www.ceilaovillas.com; 47/1 Jawatta Rd, Col 5; h 60-120 US$; ❄📶🏊) Cerca de Cinnamon Gardens y otros reclamos pero apartado del bullicio de la calle, este sosegado alojamiento ofrece seis estancias encantadoras en una elegante mansión moderna entre la vegetación. Además de la gran piscina del jardín, hay otra más pequeña en la azotea. Sale muy a cuenta pero está muy solicitado.

Casa Colombo HOTEL-BOUTIQUE **$$$**
(plano p. 82; ☎011-452 0130; www.casacolombo.com; 231 Galle Rd, Col 4; h 140-300 US$; ❄📶🏊) Regia mansión bicentenaria al abrigo de una hilera de fachadas en Galle Rd, lo que la convierte en un idílico refugio urbano entre enormes árboles centenarios y con una peculiar piscina rosa. Diseñadas por Lalin Jinasena, las 12 grandes habitaciones de tonalidades coloniales mezclan modernidad y minimalismo con pinceladas moriscas. El servicio de recepción es de lo mejor.

Ozo Colombo HOTEL **$$$**
(plano p. 82; ☎011-255 5570; www.ozohotels.com; 36-38 Clifford Pl, Col 4; h desde 110 US$; ❄@📶🏊) En pleno paseo marítimo, al otro lado desde la playa de Wellawatta y la estación de trenes, se alza este imponente hotel, confortable pero informal, con 158 habitaciones repartidas en 14 pisos. El equipamiento incluye grandes escritorios, toda clase de aparatos modernos y un café en la azotea ideal para tomar un cóctel al atardecer.

Mt Lavinia

Esta es una alternativa más tranquila a Colombo, si no se quiere ir a lejanas y grandes localidades de playa como Negombo. Solo está a 30 min en automóvil de Fort y disfruta de un modesto encanto de playa. Pensadas para lugareños de fin de semana, hay sencillas pensiones en Hotel Rd, además de en De Saram Rd y College Rd. Se aconseja ver un par de ellas antes de decidirse. La estación de trenes de Mt Lavinia queda muy a mano.

Cottage Gardens Bungalows HOTEL **$$**
(plano p. 85; ☎077 794 7804; www.cottagegardenbungalows.com; 42-48 College Ave, Mt Lavinia; h desde 35 US$; ❄📶) Como un trocito de Bali en Mt Lavinia, este complejo ofrece un conjunto de bungalós con amplias terrazas que dan a los jardines. Todo está limpísimo y las

habitaciones tienen camas grandes. La playa queda a escasos 2 min de paseo.

Blue Seas Guest House PENSIÓN **$$**
(plano p. 85; ☎011-271 6298; 9/6 De Saram Rd, Mt Lavinia; h 2500-4600 LKR;) Cinco habitaciones pulcras y espaciosas, algunas con terraza, un gran salón de estar, jardín y un recibimiento especialmente cálido. Las opciones económicas solo tienen ventilador. Está cuesta abajo por un pequeño callejón, a 2 min a pie de la playa.

Tropic Inn PENSIÓN **$$**
(plano p. 85; ☎011-273 8653; www.tropicinn.com; 30 College Ave; dc/i/d desde 10/34/38 US$;) Un personal afable atiende este hotel de cuatro plantas con un patio central y 16 habitaciones prolijas, muchas de ellas con terraza.

Mount Lavinia Hotel HOTEL **$$$**
(plano p. 85; ☎011-271 1711; www.mountlaviniahotel.com; 100 Hotel Rd, Mt Lavinia; h 100-150 US$;) Parte de este señorial hotel de la costa data de 1806, cuando era la residencia del gobernador británico. El ala del gobernador ofrece habitaciones escuetas de decoración colonial, mientras que en el resto impera una estética moderna y las habitaciones tienen balcones. Hay una bonita piscina y una terraza con amplias vistas del océano. La playa queda al norte del hotel. Su almuerzo dominical goza de gran popularidad.

Dónde comer

Colombo cuenta con un buen plantel de restaurantes que va a más, con encomiable comida ceilandesa y de los países vecinos y más allá. Hay cafés elegantes dirigidos a una clientela adinerada y establecimientos de calidad pensados para la floreciente clase media local.

Las webs www.yamu.lk y www.tasty.lk son buenos recursos para estar al tanto del voluble panorama epicúreo local.

Fort y Pettah

Hordas de oficinistas, comerciantes, gente de paso y vecinos frecuentan los excelentes puestos de tentempiés y restaurantes de la zona, la mayoría pensados para el pueblo llano. En el prominente Hospital Neerlandés, en Fort, hay todo un abanico de restaurantes chic y cafés al fresco.

Pagoda Tea Room PANADERÍA **$**
(plano p. 70; ☎011-232 5252; 105 Chatham St, Col 1; principales 200-500 LKR; ⌚9.00-20.00) *Hungry like the wolf?* ("¿Hambriento como un lobo?"); Duran Duran rodó su clásico vídeo para esa canción en este establecimiento de 1884, aunque ya sin monos ni encantadores de serpientes. Su fuerte son los pastelitos económicos, pero también hay arroz con curri.

New Palm Leaf Hotel CEILANDESA **$**
(plano p. 70; ☎077 654 7611; 237 Olcott Mawatha, Col 11; comidas 200-330 LKR; ⌚6.00-22.00) Como en cualquier sitio de Sri Lanka, aquí "hotel" significa "casa de comidas sencillas". Al cruzar la transitada calle desde la estación de

Mt Lavinia

Mt Lavinia

Fort, cerca del frenesí mercantil de Pettah, se puede parar un momento para tomar un té y unas pastas o un curri de los que pican. Hablan inglés y todo se prepara, también, para llevar.

★T-Lounge by Dilmah CAFÉ $$
(plano p. 70; ☎011-244 7168; www.dilmaht-lounge.com; Dutch Sq, 18 Chatham St, Col 1; principales 500-900 LKR; ⏰8.00-22.30; 📶) Este local, del mejor productor de té de Sri Lanka, Dilmah, está en un anejo del antiguo Hospital Neerlandés. El interior hace justicia a su exterior colonial restaurado. Las paredes están revestidas de libros sobre Sri Lanka y té, y la carta, de un buen surtido de tentempiés tales como crepes, sándwiches y postres, además de cócteles.

Heladiv Tea Club CAFÉ $$
(plano p. 70; ☎011-575 3377; www.heladivteaclub.com; antiguo Hospital Neerlandés, Col 1; principales 500-1200 LKR; ⏰9.00-24.00; 📶) Tapas, picoteo picante, hamburguesas, ensaladas y mucho más aguarda en este local informal que figura entre los mejores para darse un respiro en Fort, con terraza. También ofrece una gran variedad de tés selectos (muy recomendable el té helado de melocotón) y cócteles.

★Ministry of Crab PESCADO Y MARISCO $$$
(plano p. 70; ☎011-234 2722; www.ministryofcrab.com; antiguo Hospital Neerlandés, Col 1; principales 2000-8000 LKR; ⏰18.00-23.00 lu-vi, 12.00-23.00 sa y do) Los cangrejos son la principal fuente de ingresos de la industria pesquera de Sri Lanka, aunque la mayoría se exportan. Este refinado establecimiento (quizá el mejor de Colombo) subsana la pérdida con una oda a este crustáceo en múltiples variaciones: con chiles al estilo singapurense o con especias locales hasta con sal y pimienta, sublime. Lo regentan dos antiguos capitanes de la selección nacional de críquet y a los fogones está el famoso chef Dharshan Munidasa.

Cenar dos personas puede costar tranquilamente 15 000 LKR (bebidas incl.), pero será una comida memorable; un cangrejo de tamaño intermedio para uno sale por 6600 LKR. Reserva imprescindible.

Kollupitiya, Slave Island y Union Place

Los eternos favoritos están en Galle Rd. Hay que enfilar hacia el este para restaurantes y cafés en calles más tranquilas, a menudo arboladas.

★Nana's COMIDA CALLEJERA $
(plano p. 76; Galle Face Green, Col 3; ⏰17.00-22.00) Es uno de los mejores vendedores de Galle Face Green, una verdadera leyenda que triunfa con sus carnes a la parrilla y platos de arroz. Basta con sentarse en un taburete de plástico y prepararse para disfrutar de una comida recién preparada aderezada con los rayos del sol al atardecer o las estrellas del firmamento. No hay que confundirlo con las muchas imitaciones que incluyen "Nana's" en su nombre: el original (y el mejor) está enfrente de la entrada principal del Hotel Taj Samudra.

Burger's King HAMBURGUESERÍA $
(plano p. 76; ☎011-230 4504; www.burgerskingsl.com; esq. Malay St y Union Pl, Col 2; principales 200-250 LKR; ⏰8.00-23.00) Esta institución de Sale Island no tiene nada que ver con la insulsa cadena internacional homónima. Los risueños camareros despachan hasta 15 tipos de deliciosas hamburguesas (ternera, pollo, langostinos y verduras), brochetas y patatas fritas.

Green Cabin CEILANDESA $
(plano p. 76; ☎011-258 8811; 453 Galle Rd, Col 3; comidas 200-450 LKR; ⏰7.30-23.30) Institución local famosa por sus delicias horneadas y su asequible abanico de arroces con curri, todo ello servido en un frondoso espacio. El bufé vegetariano de mediodía (300 LKR) sale muy a cuenta (bordan el curri de mango).

Carnival HELADERÍA $
(plano p. 76; ☎011-257 6265; 263 Galle Rd, Col 3; cucurucho 100 LKR; ⏰10.00-23.00) Al Carnival no se va por el helado (con más hielo que leche), sino por su marco atemporal, que no ha cambiado en décadas.

Keells SUPERMERCADO $
(plano p. 76; 199 Union Pl, Col 2; ⏰8.00-22.30) Cadena de supermercados de estilo occidental muy popular por su sección de importación, unida, en el caso de esta sucursal, a una buena oferta de platos preparados. Hay otro en **Crescat Boulevard** (plano p. 76; 89 Galle Rd, Col 3; ⏰8.00-22.30).

Park Street Mews CAFÉ $$
(plano p. 76; ☎011-230 0133; www.parkstreetmewsrestaurantcolombo.com; 50/1 Park St, Col 2; principales 500-2200 LKR; ⏰10.00-23.00; 📶) Así llamado por la elegante callecita llena de tiendas y restaurantes sofisticados, este café alardea de un ambiente moderno, con cojines en el suelo de cemento. Para comer, las hamburguesas y las ensaladas conviven con los

platos asiáticos. A los más fiesteros les sentará de maravilla el "zumo del día después".

★**Nihonbashi Honten** JAPONESA $$$

(plano p. 76; ☎011-232 3847; www.nihonbashi.lk; 11 Galle Face Tce; principales desde 1200 LKR; ⏲12.00-14.30 y 18.00-22.30) Disfrutar del mejor restaurante japonés de Colombo tiene un precio, pero el *sushi,* el *donburi* y la ternera de Kobe que sirven son de lo mejor de Asia. El interior es deslumbrante, como el servicio, intachable. En el indispensable Yakitori Garden sirven sake y cócteles entre bambusales.

Barefoot Garden Cafe CAFÉ $$$

(plano p. 76; ☎011-258 9305; www.barefootceylon.com; 704 Galle Rd, Col 3; principales 750-1200 LKR; ⏲10.00-19.00; 📶) En el patio de la galería Barefoot, este café informal pero estiloso ofrece sándwiches, ensaladas y platos del día que suelen incluir especialidades ceilandesas y asiáticas, además de buenos vinos, zumos frescos y postres deliciosos. Los domingos hay concierto de *jazz.*

Paradise Road Gallery Cafe ASIÁTICA $$$

(plano p. 76; ☎011-258 2162; www.paradiseroad.lk; 2 Alfred House Rd, Col 3; principales 500-1500 LKR; ⏲10.00-24.00; 📶) El estrecho bungaló colonial que alberga el Gallery Café de Shanth Fernando solía ser la oficina del arquitecto más famoso de Sri Lanka, Geoffrey Bawa. El comedor está al aire libre, en un acogedor patio, junto a un estanque de agua espejada. Los platos de inspiración ceilandesa ponen énfasis en los ingredientes frescos y atrevidos, pero siempre de sabores limpios. En los postres prima el chocolate.

Los curris de cerdo negro y gambas son populares. También los sabrosos pasteles, que se pueden comer durante todo el día. En la tiendecita venden los inconfundibles artículos de diseño de Paradise Road.

Cinnamon Gardens

En el barrio más elegante de Combo se encontrarán pequeños cafés y los restaurantes más ambiciosos de la ciudad.

★**Good Market** MERCADO $

(plano p. 76; ☎077 020 8642; www.goodmarket.lk; hipódromo de Colombo, Phillip Gunawardena Mawatha, Col 7; ⏲10.00-18.00 sa) 🍃 Este mercado de alimentos de producción artesanal y cultivo ecológico se instala en el aparcamiento noreste del hipódromo de Colombo y reúne a numerosos vendedores de panes, platos preparados, frutas y hortalizas, licuados, tentempiés y mucho más. También hay bonita artesanía y espectáculos en vivo.

COMER BARATO

Para comer bien y por poco dinero, no hay nada mejor que un "paquete de almuerzo" (200 LKR). Se venden entre 11.00 y 14.00 en las esquinas y en puestos repartidos por toda la ciudad y consiste en arroz con curri, normalmente de verduras, con pescado o pollo como extras opcionales. También cabe buscar las tiendas de planta abierta con tentempiés recién hechos.

Milk & Honey Cafe VEGETARIANA $$

(plano p. 76; ☎011-523 4347; 44 Horton Pl, Col 7; comidas 300-800 LKR; ⏲9.00-18.00 lu-sa) En una casa sencilla compartida con una librería infantil, este café tiene una cambiante carta a base de platos frescos como verduras asadas a fuego lento al *pesto* o *focaccia* de champiñones y queso para untar. Nada como disfrutar en su jardincito de un zumo recién preparado.

Commons BISTRÓ $$

(plano p. 76; ☎011-269 4435; 39A Sir Ernest de Silva Mawatha, Col 7; principales 400-1000 LKR; ⏲8.3024.00 do-ju, hasta 2.00 vi y sa; 📶) Triunfa entre los modernos capitalinos y el personal de la embajada rusa (enfrente), que se apoltronan alrededor de mesas bajas para disfrutar de populares desayunos, *roti,* hamburguesas, postres y demás. El sombreado jardín trasero es un buen retiro urbano. Satisfactoria carta infantil.

Boulevard ZONA DE RESTAURACIÓN $$

(plano p. 76; ☎011-462 5800; Odel, 5 Alexandra Pl, Col 7; comidas 200-750 LKR; ⏲10.00-20.00) Enfrente de los populares grandes almacenes Odel, esta acicalada zona de restauración al fresco incluye conocidos puestos de sándwiches, comida india, bocados saludables, *pizzas,* tentempiés varios, helados y hasta cócteles. Las fuentes son el resultado de una reciente reforma.

Coco Veranda Cafe CAFÉ $$

(plano p. 76; ☎011-763 5635; www.cocoveranda.com; 32 Ward Pl, Col 7; principales 500-1000 LKR; ⏲7.00-23.30; 📶) En un edificio pequeño con tiendas de ropa de marca, este café tiene una larga carta de tés, bebidas de café, *frappés* y zumos. También sirven sándwiches y pasta, amén de unos postres de pecado, como el "muerte por chocolate". Los desayunos, sabrosos y a base de ingredientes frescos, son de estilo occidental.

Paradise Road Cafe CAFÉ **$$**
(plano p. 76; ☎011-268 6043; www.paradiseroad.lk; 213 Dharmapala Mawatha, Col 7; principales 350-700 LKR; ⏲10.00-19.00) Elegante propuesta, enclavada en la 2ª planta de su popular tienda de diseño, con bebidas de café, batidos, deliciosas tartas y tés. De los platos principales cabe destacar los sándwiches y la pasta. También sirven para llevar, p. ej., al cercano al parque Viharamahadevi.

Wellawatta

Algunos de los establecimientos locales más populares se encuentran en este barrio del sur, que tiene Galle Rd como su espina dorsal. Búsquese una dosis de modernidad sobre Stratford Ave en Pamankada.

★ **Bombay Sweet Mahal** DULCES **$**
(plano p. 82; ☎011-258 3561; 161 Galle Rd, Col 6; dulces desde 50 LKR; ⏲9.00-20.00) En Galle Rd abundan los vendedores de dulces indios, pero esta diminuta tienda de planta abierta es la mejor. Sus vitrinas son un abanico de dulces de todos los colores. Se pueden comprar por peso para llevar o pedir un buen zumo y sentarse en una mesa de la parte de atrás. El personal conoce bien cada producto.

Yaal Restaurant CEILANDESA **$$**
(☎011-566 1212; Marine Dr, Col 6; principales 400-1000 LKR; ⏲7.00-22.00) La incomparable cocina picante de los tamiles de Jaffna es la protagonista en este restaurante sencillo, pero muy bien llevado, enfrente de la costa. La especialidad es el *odiyal kool*, un famoso plato de Jaffna de verduras y marisco combinados con unas cremosas gachas. El curri de cangrejo también es popular.

Curry Leaves INDIA **$$**
(plano p. 82; ☎011-566 3322; 68 WA Silva Mawatha, Col 6; principales 400-900 LKR; ⏲11.00-15.00 y 17.00-23.00) Popularísimo restaurante con comida del sur de la India. Aparte de las buenas versiones de los clásicos, tiene cangrejo a precios populares. También regentan el bar de deportes contiguo, el Sri Siam, con cerveza barata.

Beach Wadiya PESCADO Y MARISCO **$$$**
(plano p. 82; ☎011-258 8568; www.beachwadiya.com; 2 Station Ave, Col 6; principales 600-1600 LKR; ⏲10.00-23.00) Reputado establecimiento frecuentado desde hace décadas por una fiel clientela. Su ubicación es un sueño tropical; tras cruzar las vías del tren de la costa se entrará en un recinto tapiado de romántica iluminación con velas y, una vez los camareros han recitado lo más fresco de la carta (nunca faltan el cangrejo, las gambas ni la langosta), nada como pedir algo bien fresquito para amenizar la espera. Resérvese unos días antes.

INDISPENSABLE

PUESTAS DE SOL

El Índico regala unos atardeceres tan intensos que cuesta asimilarlos. Mucha gente opta por los bares al aire libre en los alrededores amurallados del Galle Face Hotel, pero es mucho más genuino sumarse al gentío de Galle Face Green (p. 72). Es mejor compartir este momento de belleza natural con otros y acompañado de un tentempié en plena calle. Los cafés de playa de Mt Lavinia también están bien para disfrutar de este momento. Conviene tener en cuenta que el tiempo no es indicativo de la calidad de la puesta de sol; un deprimente día gris puede, de repente, estallar en colores carmesí y púrpura al ocaso.

Mt Lavinia

La playa está ribeteada con cafés que sirven bebidas (una fresca Lion al atardecer cuesta 250-400 LKR), comidas sencillas y marisco. Basta con cruzar las vías del tren, en cualquier punto, y ver lo que se encuentra.

La Voile Blanche CAFÉ **$$**
(plano p. 85; ☎011-456 1111; www.lvb.lk/beach; 26/11 De Saram Rd; principales 600-1000 LKR; ⏲11.00-24.00) Popular establecimiento de color blanco, que descuella entre los destartalados cafés de playa de Mt Lavinia. Bajo siete palmeras seduce con su conjunto de sillas y tumbonas cómodas. A la larga lista de copas se suma una carta con sándwiches, pasta y marisco. Búsquese el café que hay al cruzar las vías, detrás del Mount Breeze Hotel.

★ **Bu Ba** PESCADO Y MARISCO **$$$**
(plano p. 85; ☎011-273 2190; www.bubabeach.com; playa de Mt Lavinia; principales 800-3200 LKR; ⏲8.0024.00) Con mesas a la luz de las velas en plena arena, este *pub* de espíritu marinero es un tesoro escondido. De día hay palmeras con sombra, pero al caer la noche, no hay nada

INDISPENSABLE

HOTEL DE PILAWOOS

Conocido a secas como **Pilawoos** (plano p. 76; ☎077 741 7417; www.pilawoos.lk; 417 Galle Rd; comidas 200-400 LKR; ⏲24 h), este vendedor de tentempiés es famoso por preparar el mejor *kotthu* del lugar. Harinoso, sabroso y muy adictivo, este plato totalmente ceilandés empieza con el espectacular troceo de los *rotis* (preferiblemente del día) con verduras, carnes, queso o con un combinado de todo en una plancha muy caliente para luego servirlo.

El *kotthu* con queso es enormemente popular. Hay quienes lo acompañan de un zumo recién preparado. A las tantas de la madrugada aparecen muchos clientes hambrientos, y para esto es ideal un *kotthu;* por la mañana, se verá a gente de ojos legañosos en busca de la magia fortalecedora que garantiza el *kotthu*.

Este es el primer Pilawoos, el auténtico. Como suele pasar en Sri Lanka, su éxito ha inspirado a decenas de competidores a adoptar algunas versiones con su nombre; es decir, que abundan los Pilawoos de imitación.

como dejarse cautivar por el cielo estrellado. Está unos 50 m al sur de la estación de Mt Lavinia, por las vías.

Governor's Restaurant BUFÉ $$$

(plano p. 85; ☎011-271 1711; www.mountlaviniahotel.com; Mount Lavinia Hotel, 100 Hotel Rd, Mt Lavinia; bufé desde 1900 LKR; ⏲6.30-10.30, 12.30-15.00 y 19.00-22.30) El restaurante principal del Mount Lavinia Hotel ofrece tres turnos de bufé diarios de temática variable, aunque su principal gancho es el almuerzo dominical, que es todo un acontecimiento local, con bandas de *jazz* y *blues* y acceso a la preciosa piscina del hotel. Gusta mucho a los residentes extranjeros. Resérvese una mesa con vistas al mar.

Dónde beber y vida nocturna

Dar con un buen sitio para tomar algo al atardecer es un imprescindible de Colombo (se recomiendan Galle Face Green o Mt Lavinia); si no, en muchos de los mejores cafés también sirven tragos.

La última copa se sirve pronto: oficialmente a las 23.00, aunque muchos sitios la alargan bastante.

La escena de bares es reducida pero empieza a despegar.

★ **Cloud Red** LOUNGE

(plano p. 76; ☎011-214 5175; www.cinnamonhotels.com; Cinnamon Red, 59 Ananda Coomaraswamy Mawatha, Col 3; ⏲17.00-24.00) El bar de la azotea del popular hotel Cinnamon Red brinda unas vistas propias de un 26º piso, pero por una vez las copas (y el picoteo) están a la altura. Se pone a reventar.

41 Sugar LOUNGE

(plano p. 76; ☎011-268 2122; www.sugar.lk; 41 Maitland Crescent, Col 7; ⏲18.00-24.00) Sofisticada coctelería en una azotea con mesas largas que regalan vistas del cambiante perfil urbano y, en el interior, una considerable cantidad de sofás de cuero. Tiene una larga carta de tragos llamativos y tapeo.

Kopi Kade CAFÉ

(plano p. 82; ☎077 055 2233; www.facebook.com/thekopikade; 15/3 Stratford Ave, Col 6; ⏲12.00-20.00 mi y ju, hasta 21.00 vi-do) Su café ecológico de comercio justo (en buena parte tostado en la zona) es motivo suficiente para hacer un alto en este cafecito de Stratford Ave. Las celosías de las impostas, talladas a la vieja usanza, le dan un elegante toque artístico.

Re.Pub.Lk LOUNGE

(plano p. 70; ☎011-744 6654; www.facebook.com/therepublk; 57 Hospital St, Col 1; ⏲17.00-23.00 do-ju, hasta 2.30 vi y sa) Tal vez siga igual la fachada de este bar colonial de 1924, pero por dentro ha renacido como un atractivo y moderno bar tipo *lounge*. La lista de cócteles, amplia y creativa, está apuntalada por tapas variadas. El servicio es genial.

Shore By O BAR

(plano p. 85; ☎011-438 9428; www.facebook.com/TheShoreByO; College Ave, Mount Lavinia; ⏲17.00-23.00 lu y ma, 11.00-23.00 mi-do) El viajero podrá acariciar la arena con los pies en este club de playa con mesas y tumbonas repartidas en dos niveles, piscina infantil y un horno del que salen ricas empanadas.

Asylum LOUNGE

(plano p. 76; ☎011-406 1761; www.asylum.lk; Arcade Independence Sq, 30 Bauddhaloka Mawatha, Col 7;

CASINOS

El juego es legal en Colombo, pero solo para aquellos con un pasaporte extranjero. La mayoría de la clientela es de los países vecinos, y los casinos, pese a adoptar nombres que suenan a los de Las Vegas, son muy modestos, sin vínculos con sus famosos tocayos, aunque algunas grandes agencias compiten para cambiar esto.

⏲11.00-hasta tarde) Nada de dobles sentidos; el "Manicomio" (*asylum*, en inglés) toma su nombre del antiguo uso que recibía el recinto hoy ocupado por un fastuoso centro comercial. En el bar, oscuro y refinado, talentosos mezcladores preparan soberbios cócteles acompañados de un picoteo acorde.

Cloud Cafe COCTELERÍA
(plano p. 76; ☎011-464 5333; www.colombocourtyard.com; Colombo Courtyard, 32 Alfred House Ave, Col 3; ⏲17.00-24.00 do-ju, hasta 1.00 vi y sa) El bar de la azotea del hotel Colombo Courtyard se llena casi todas las noches de una clientela que acude atraída por las vistas y la brisa. Hay buenos cócteles y tentempiés de categoría, *jazz* en directo los viernes y películas clásicas otras noches.

7° North COCTELERÍA
(plano p. 76; ☎011-249 1000; Cinnamon Lakeside Hotel, 115 Sir Chittampalam A Gardiner Mawatha, Col 2; ⏲17.00-1.00) El único motivo para visitar este hotel es su sofisticado y enorme bar con vistas al lago Beira, ideal para disfrutar de certeros cócteles bajo las estrellas.

Silk DISCOTECA
(plano p. 76; ☎071 482 4398; www.sugarcolombo.com/club-silk; 41 Maitland Cres, Col 7; ⏲21.00-2.00 mi y ju, hasta 4.00 vi y sa) Uno de los referentes nocturnos de la ciudad, muy cerca de otras opciones, como el 41 Sugar. El ambiente es convencional y suena desde salsa hasta *house*.

B52 DISCOTECA
(plano p. 70; ☎011-232 0320; www.facebook.com/B52NightclubCMB; Grand Oriental Hotel, 2 York St, Col 1; ⏲21.00-4.00 ju-do) Algo apretada, esta discoteca congrega a una parroquia variopinta de lugareños, marineros y turistas perdidos que se apoderan de la pista de baile hasta las tantas.

☆ Ocio

La oferta noctambula de Colombo no ha crecido a la par que su perfil urbano: hay contadas salas de música y el panorama de clubes sigue en pañales. A los ceilandeses les fascina el críquet.

Sri Lanka Cricket CRÍQUET
(plano p. 76; ☎011-267 9568; www.srilankacricket.lk; 35 Maitland Pl, Col 7; ⏲taquilla 8.30-17.30) El deporte estrella en Sri Lanka es, sin duda, el críquet. Las entradas para los partidos importantes del Sri Lanka Cricket se venden en la taquilla próxima al campo oval. Los grandes encuentros se juegan en el estadio de críquet Premadasa, al noreste del centro.

Teatro Nelum Pokuna Mahinda Rajapaksa TEATRO
(plano p. 76; ☎011-266 9019; www.lotuspond.lk; Ananda Coomaraswamy Mawatha, Col 7) Vistoso espacio en una codiciada ubicación al sur del parque Viharamahadevi. Su asombroso diseño se inspira en el Nelum Pokuna, el estanque de lotos del s. XII de Polonnaruwa. Programa importantes producciones.

Lionel Wendt Art Centre CENTRO CULTURAL
(plano p. 76; ☎011-269 5794; www.lionelwendt.org; 18 Guildford Cres, Col 7; ⏲galería y oficina 9.00-19.00 lu-vi, 10.00-12.00 y 14.00-19.00 sa y do) Su programación cultural incluye teatro y otros espectáculos.

De compras

Los mercados de Colombo, con su cornucopia de productos, son mucho más cautivadores para visitar que para comprar. Por lo demás, Colombo no anda exento de tiendas que obligarán a adquirir una maleta extra, y pronto la oferta se ampliará con multimillonarios centros comerciales. Hay té por todas partes.

★ **Barefoot** ARTESANÍA, LIBROS
(plano p. 76; ☎011-258 9305; www.barefootceylon.com; 704 Galle Rd, Col 3; ⏲10.00-19.00 lu-sa, 11.00-17.00 do) En una vieja villa, la aplaudida tienda de la diseñadora Barbara Sansoni es popular por sus alegres tejidos hechos en telar manual, que adoptan la forma de colchas, cojines, servilletas y demás artículos del hogar. También hay cuadernos, pantallas de lámpara y álbumes forrados de tela, así como una gran selección (nada barata) de ropa sencilla pero vistosa. En el patio hay un coqueto café (p. 87).

Dentro de la tienda hay una librería con una cuidada selección de autores locales, las obras completas de Michael Ondaatje y mucho más.

★ **Plâté** MENAJE

(plano p. 76; ☎011-250 3366; www.platelimited.com; 580 Galle Rd; ⏲10.00-19.00) Antigüedades, fotografías del ayer, arte, libros y mucho más en un sereno marco revestido de madera. También hay un atareado estudio fotográfico.

Arcade Independence Square CENTRO COMERCIAL

(plano p. 76; ☎078 556 1315; www.arcadeindependencesquare.com; 30 Bauddhaloka Mawatha, Col 7; ⏲7.00-23.00) Otro emblema colonial magistralmente recuperado. En este caso, un extenso centro psiquiátrico transformado en un opulento centro comercial. Abundan las cadenas internacionales exclusivas y hay una buena zona de restauración. El jardín ofrece un respiro entre compra y compra. Su nuevo nombre deriva del salón de la independencia (p. 74), al norte.

Selyn MENAJE

(plano p. 82; ☎011-259 5151; www.selyn.lk; 102 Fife Rd, Col 5; ⏲10.00-19.00 lu-sa, hasta 18.00 do) Alegre y estilosa, su principal activo son los artículos de comercio justo hechos en telares artesanales de la región; también venden toda clase de artículos de menaje; solo trabajan con fabricantes patrios.

Odel GRANDES ALMACENES

(plano p. 76; ☎011-462 5800; www.odel.lk; 5 Alexandra Pl, Col 7; ⏲10.00-19.00) Ostentoso laberinto comercial con marcas internacionales y primeras firmas locales. Desde moda a menaje, cosmética y objetos de regalo, la selección de Odel es de primera. Siempre está hasta la bandera, también por la atractiva zona de restauración Boulevard (p. 87), en la parte delantera.

Dilmah Tea Shop TÉ

(plano p. 76; www.dilmahtea.com; Odel, 5 Alexandra Pl, Col 7; ⏲9.00-19.00) La marca de té líder en la isla cuenta con sus propia cadena de tiendas, muy refinadas, incluida esta, en el ostentoso Odel, y otra en el **Crescat Boulevard** (plano p. 76; Crescat Boulevard, 89 Galle Rd, Col 3; ⏲9.00-19.00).

Vijitha Yapa Bookshop LIBROS

(plano p. 82; ☎011-259 6960; www.vijithayapa.com; Unity Plaza, Galle Rd, Col 4; ⏲9.30-18.00 lu-vi, hasta 19.00 sa, 10.00-18.00 do) Completa colección de novelas nacionales e internacionales, revistas y obras ilustradas sobre Sri Lanka. Hay otra tienda en el **Crescat Boulevard** (plano p. 76; ☎011-551 0100; Crescat Boulevard, 89 Galle Rd, Col 3).

Paradise Road MENAJE

(plano p. 76; ☎011-268 6043; www.paradiseroad.lk; 213 Dharmapala Mawatha, Col 7; ⏲10.00-19.00) Siempre abarrotada, en la tienda del famoso diseñador Shanth Fernando se encontrarán, además de piezas de colección coloniales y ceilandesas, una gran selección de menaje para el hogar y artículos de diseño originales. En la tienda contigua al Paradise Road Gallery Cafe (p. 87) venden pequeños obsequios.

House of Fashions ROPA

(plano p. 76; ☎011-215 4555; www.houseoffashions.lk; 101 DS Senanayake Mawatha, Col 7; ⏲10.00-17.00 lu, hasta 20.00 ma-do) Más sofisticado que antes, este legendario centro comercial *outlet* aún tiene precios de telas y prendas invencibles, además de su propia línea.

Tropic of Linen ROPA

(plano p. 76; ☎011-267 2972; www.tropicoflinen.com; 1 Wijerama Mawatha; ⏲10.00-19.00) Ideal para renovar el armario con prendas alegres de aire tropical, muchas de ellas de lino, pero también de algodón.

Cotton Collection ROPA

(plano p. 76; ☎011-230 7005; www.cotton-collection.com; 143 Dharmapala Mawatha, Col 7; ⏲10.00-19.00) Gran establecimiento de dos plantas con ropa informal de calidad para hombre y mujer, en un recinto junto a una transitada calle.

PR ROPA

(plano p. 76; ☎011-269 9921; www.pr.lk; 41 Horton Pl, Col 7; ⏲10.00-18.00) La división de moda de la corporación de diseño Paradise Road la lleva Annika Fernando y está en la galería epónima de su hermana Saskia Fernando. Todas las prendas son de diseñadores ceilandeses e indios.

Mercado de arte Kala Pola MERCADO

(plano p. 76; Ananda Coomaraswamy Mawatha, Col 7; ⏲8.00-12.00) Los domingos por la mañana la amplia avenida Ananda Coomaraswamy Mawatha, al sur del parque Viharamahadevi, ofrece un colorido despliegue artístico, fruto del mercado primigenio, un multitudinario evento anual que se celebra el tercer domingo de enero.

Sri Lanka Cashew Corporation COMIDA

(plano p. 76; ☎011-257 5119; 518 Galle Rd, Col 3; ⏲8.30-18.00 lu-sa) Los portugueses llevaron los anacardos a Sri Lanka desde Brasil en el s. XVI. Sin duda se adaptaron la mar de bien a la zona, pues ahora son uno de los principales productos de exportación. Está tiendecita

CALLES COMERCIALES DE PETTAH

Los puestos de mercado y tiendas de Pettah venden prácticamente de todo. Al adentrarse en el frenesí comercial de este barrio histórico, es fácil percatarse de la especialización de muchas calles:

1st Cross St esq. Bankshall St Flores de plástico.

2nd Cross St esq. Bankshall St Encajes y cintas.

2nd Cross St Joyas.

3rd Cross St Flores de plástico y guirnaldas, en su extremo sur.

4th Cross St Herramientas, patatas y ajos

Gabo's Lane esq. 5th Cross St Medicina ayurvédica.

está llena de anacardos de exagerado tamaño y calidad sin parangón.

Arpico COMIDA Y BEBIDAS
(plano p. 76; ☎011-473 4725; 62 Hyde Park Corner, Col 2; ⌚9.00-22.00) Enorme tienda ampliamente surtida, que vende de todo: artículos de importación, cosméticos, protector solar, fármacos, artículos de viaje (p. ej., adaptadores) y muchísimo más. Hay un buen café, ideal para hacer la lista de la compra.

Sri Lanka Tea Board Shop TÉ
(plano p. 76; ☎011-258 7814; 574 Galle Rd, Col 3; ⌚9.00-19.00 lu-sa) Grande pero sin alardes, en esta providencial tienda se pueden comprar muchas de las marcas de té de Sri Lanka más difíciles de encontrar, así como otras más habituales (como Mackwoods) y toda clase de artículos afines.

Gandhara MENAJE
(plano p. 82; ☎011-259 6329; www.gandharacrafts.com; 28 Stratford Ave, Col 6; ⌚10.00-19.00) Elegante tienda de diseño en el tramo moderno de Stratford Ave que vende de todo, desde velas hasta mesitas bajas, con artículos de regalo de temporada y un buen surtido de libros sobre arte ceilandés de por medio.

Laksala ARTE Y ARTESANÍA
(plano p. 76; ☎011-258 0579; 215 Bauddhaloka Mawatha, Col 7; ⌚9.00-21.00) Cadena estatal de tiendas de arte y artesanía donde surtirse de asequibles elefantes tallados, artesanía bien acabada y joyas y prendas de vestir elaboradas a mano. Tiene una sucursal en el **Museo Nacional** (plano p. 76; ☎011-269 8263; Museo Nacional, Nelum Pokuna Rd, Col 7; ⌚9.00-21.00), que cuenta, además, con un buen café.

Buddhist Book Centre LIBROS
(plano p. 76; ☎011-268 9786; 380 Bauddhaloka Mawatha, Col 7; ⌚10.00-18.00) Un montón de títulos sobre budismo, casi una tercera parte de ellos en inglés.

ℹ Información

PELIGROS Y ADVERTENCIAS

Colombo es una ciudad muy segura según parámetros internacionales. Aunque son raros los ataques con violencia a los turistas, cabe tomar las precauciones habituales.

Las mujeres en solitario deberían ir con mucho ojo al tomar taxis y vehículos de tres ruedas de noche; y si, como pasa a veces, el taxi aparece con dos hombres en el interior, es mejor llamar a otro.

➡ Colombo tiene su porcentaje de cazaclientes y estafadores. Quizá se acerque alguien que, tras entablar conversación, pida un donativo para una escuela para ciegos o algo por el estilo; estas personas son siempre timadores. También conviene evitar los guías y circuitos "especiales" que se ofrecen en la calle.

URGENCIAS

Ambulancia y bomberos	☎110, ☎011-242 2222
Ambulancias privadas de Medi-Calls	☎011-255 6605
Policía	☎119, ☎011-243 3333
Policía turística	☎1912, ☎011-242 1052

ACCESO A INTERNET

Muchos cafés y la mayoría de los hoteles ofrecen wifi. La red de telefonía móvil es LTE.

MEDIOS DE COMUNICACIÓN

Los periódicos en inglés, *Daily Mirror*, *Daily News* e *Island*, incluyen noticias locales y la cartelera.

Tienen buenas webs:

Ceylon Today (www.ceylontoday.lk) Noticias, deportes y espectáculos.

Daily Mirror (www.dailymirror.lk) El periódico con la mejor web.

Yamu (www.yamu.lk) Buena fuente para eventos, salir a comer, lugares de interés y demás.

ASISTENCIA MÉDICA

Evítense los hospitales gubernamentales, como el Colombo General. El **Nawaloka Hospital** (plano p. 76; ☎011-557 7111; www.nawaloka.com;

AUTOBUSES DE LARGO RECORRIDO DESDE COLOMBO

DESTINO	ESTACIÓN DE SALIDA	PRECIO (LKR)	DURACIÓN (H)
Anuradhapura	Saunders Pl	350-500	6
Galle	Bastian Mawatha	150-550	1½-3¼
Hikkaduwa	Bastian Mawatha	130-245	3
Jaffna	Saunders Pl	700-1300	8-10
Kandy	Bastian Mawatha	155-240	3-4
Kataragama	Bastian Mawatha	260-860	6-8½
Kurunegala	Saunders Pl	120-240	3½
Matara	Bastian Mawatha	200-510	2½-5
Negombo	Saunders Pl	60-120	1-2
Nuwara Eliya	Bastian Mawatha	240-480	6
Polonnaruwa	Saunders Pl	265	6
Tangalla	Bastian Mawatha	160-860	3-6
Trincomalee	Saunders Pl	450	7

23 Deshamanya HK Dharmadasa Mawatha, Col 2) es un reputado centro privado con médicos angloparlantes.

DINERO

Hay bancos y cajeros automáticos por doquier, y oficinas de cambio en el vestíbulo de llegadas del aeropuerto internacional Bandaranaike, en Fort y por Galle Rd.

CORREOS

Sri Lanka Post (plano p. 70; ☎011 232 6203; DR Wijewardana Mawatha, Col 1; ⏰7.00-18.00) Con oficinas en toda la ciudad.

INFORMACIÓN TURÍSTICA

Sri Lanka Tourist Board (SLTB; plano p. 76; ☎011-243 7059; www.srilanka.travel; 80 Galle Rd, Col 3; ⏰7.00-21.00) La oficina nacional de turismo dispensa mapas/planos y buenos folletos, además de atender consultas.

ℹ Cómo llegar y salir

AVIÓN

Aunque el **aeropuerto internacional Bandaranaike** (CMB; ☎011-226 4444; www.airport.lk; Katunayake) está en Katunayake, 30 km al norte de la ciudad, figura como Colombo (CMB) en la información de las aerolíneas. Si se llega en avión (sobre todo a última hora de la noche), se recomienda hospedarse cerca del aeropuerto (en Negombo o directamente en la ciudad) y a la mañana siguiente continuar viaje en automóvil, tren o autobús hacia otros puntos del país.

AUTOBÚS

Las estaciones de Colombo son caóticas, pero ofrecen servicios a cualquier destino. La ciudad tiene tres terminales principales de autobuses, todas al este de la estación de trenes de Fort, en los lindes sur de Pettah. Los de largo recorrido salen de **Bastian Mawatha** (plano p. 70; Olcott Mawatha) y **Saunders Pl** (plano p. 70; Saunders Pl). En la **estación central de autobuses** (plano p. 70; Olcott Mawatha) operan los servicios de cercanías.

De los barrios residenciales del sur también salen autobuses rápidos rumbo a Galle por la Southern Expressway.

TREN

La emblemática estación principal de trenes, **Colombo Fort** (Olcott Mawatha), es muy céntrica. Los trenes en tránsito paran solo 2 o 3 min.

JF Tours & Travels (plano p. 70; ☎011-244 0048; www.jftours.com; estación de trenes de Fort; ⏰9.00-17.00) tiene una oficina en la parte delantera de la estación de Colombo Fort; su solícito personal conoce al dedillo el transporte para moverse por la ciudad y viajar al resto del país. Pruébese, si no, en el mostrador de información de la estación. El **servicio de consigna** (plano p. 70; estación de trenes de Colombo; por bulto y día 100 LKR; ⏰5.30-21.30) está al fondo a la izquierda según se entra en la estación.

ℹ Cómo desplazarse

Como casi cualquier gran urbe, Colombo a veces queda paralizada por el tráfico entre semana. Por suerte, la ciudad está bastante esparcida, pero aun así, más allá del medio de transporte elegido, conviene ir siempre con tiempo de sobra. Consejo: para ver lo máximo posible de Colombo en poco tiempo, mejor elegir los fines de semana. Los autobuses son un galimatías y suelen ir abarrotados. En cambio, hay servicios de taxis bastante económicos.

TRENES DE LARGO RECORRIDO DESDE COLOMBO

DESTINO	PRECIO (LKR)	DURACIÓN (H)	FRECUENCIA (DIARIA)
Anuradhapura	280-900	5	5
Batticaloa	480-1250	9	2
Galle	100-180	2¼-3½	7-9
Jaffna	320-1100	6-8	4
Kandy	180-500	2½-3	9-11
Trincomalee	305-1250	8	2

A/DESDE EL AEROPUERTO

La **autopista Colombo-Katunayake** permite ahorrar mucho tiempo de viaje entre el aeropuerto internacional Bandaranaike y la ciudad. Desde el puente de Kelani, 4 km al noreste de Fort, se puede llegar al aeropuerto en 30 min, aunque hay que contar con tiempo de sobra, por las habituales congestiones del centro. Evítese la antigua carretera Colombo-Negombo, pues se pueden llegar a tardar hasta 2 h.

Autobús Los rápidos del aeropuerto que van por la autopista operan las 24 h desde la estación central de autobuses, tardan unos 45 min y cuestan 150 LKR. En el aeropuerto están en el aparcamiento del extremo izquierdo de la terminal, al salir del vestíbulo de llegadas.

Automóvil Muchos hoteles de la zona de Colombo pueden poner un automóvil a disposición del viajero en el aeropuerto por 3000-5000 LKR. Los hoteles de lugares lejanos como Galle, entre otros, suelen organizar el transporte desde el aeropuerto. Los conductores salen al encuentro del viajero en la zona de llegadas del aeropuerto.

Taxi Se puede solicitar uno para ir a Colombo (o a cualquier otro punto de la isla) en los mostradores del vestíbulo de llegadas, o bien tomar, sin más, alguno de los que aguardan delante de la terminal. La carrera cuesta entre 2600 y 3500 LKR, según el destino en la capital. Conviene especificar que se quiere ir por la autopista y pagar las 300 LKR del peaje.

AUTOBÚS

Lo mejor para saber qué autobús tomar es preguntar en las paradas. El nº 100 es uno de los que van por Galle Rd desde Fort o Pettah. El billete cuesta entre 10 y 50 LKR, según la distancia. Pasan con frecuencia; en la parte delantera del autobús suele figurar el destino en inglés.

TAXI

La mayoría llevan taxímetro, pero, normalmente, desconectado (conviene acordar el precio antes de partir). Un taxi de la estación de trenes de Fort al Galle Face Hotel (poco más de 2 km) debería rondar las 300 LKR, y a Mt Lavinia, unas 1400 LKR.

Los tele-taxis son populares y económicos, y tardan 5-20 min en llegar. Entre las compañías fiables están:

Ace Cabs (☎011-281 8818; www.acecabs.lk)

Kangaroo Cabs (☎011-258 8588; www.2588588.com) Presta servicio en pequeños utilitarios que se mueven ágilmente entre el tráfico.

En Colombo también opera Uber, de confianza y barato. PickMe, una versión local de vehículo compartido, cuenta con aplicación propia.

VEHÍCULOS DE TRES RUEDAS

Los *tuk-tuks* o *tri-shaws* están por todas partes. Un trayecto en este tipo de vehículo resulta del todo imprescindible aunque el viajero se moje si llueve y vea muy poca cosa desde los estrechos asientos traseros. Los conductores se meten temerariamente entre enormes autobuses, una experiencia estimulante o aterradora, según para quien.

Ahora muchos de estos vehículos utilizan taxímetro, los más económicos, sin duda. Evítense los vehículos sin taxímetro o, cuando menos, acuérdese la tarifa de antemano.

Desde Fort, se pagarán 300 LKR hasta Cinnamon Gardens, 600 LKR a Bambalapitiya y 1000 LKR a Mt Lavinia. Evítense los que están aparcados porque cobran más; hay que pararlos en la calle.

TREN

Se puede utilizar para ir a los barrios residenciales con estaciones en Galle Rd (Kollupitiya, Bambalapitiya, Wellawatta, Dehiwala y Mt Lavinia); además, la línea discurre por el litoral. Los horarios figuran con claridad en las estaciones, aunque los servicios pasan con frecuencia. Si se sube en la estación de Fort, hay que comprobar que el tren pare en todas las estaciones o se puede acabar en Galle. Los billetes cuestan casi lo mismo que los de autobús.

La costa oeste

Incluye »

Los mejores restaurantes

- Lords Restaurant (p. 101)
- Home Grown Rice & Curry Restaurant (p. 113)
- Petit Restaurant (p. 101)
- Spaghetti & Co (p. 114)

Los mejores alojamientos

- Ging Oya Lodge (p. 102)
- Shangri-Lanka Villa (p. 107)
- Saman Villas (p. 109)
- Camellia Dwellings (p. 112)

Por qué ir

No hace falta estar mucho tiempo en la costa oeste de Sri Lanka para percatarse de sus múltiples personalidades. Al norte de la capital está Negombo, alegre población playera coronada con unos chapiteles que, gracias a su proximidad al aeropuerto, figura en el itinerario de casi todos los visitantes al país. Más al norte, en cambio, se entra en una región poco visitada en la que, en principio, solo se ven cocoteros y relucientes lagunas pobladas de delfines.

Al sur del caos de Colombo se despliega un mundo que oscila entre los diablos bailarines de la cultura tradicional de Ambalangoda, los hoteles-*boutique* y las arenas doradas de Bentota, y la ciudad de Hikkaduwa, siempre animada por los mochileros.

Con independencia de qué parte se elija, una estancia en cualquiera de estas playas será el principio o el final perfecto de la visita a Sri Lanka.

Cuándo ir

Negombo

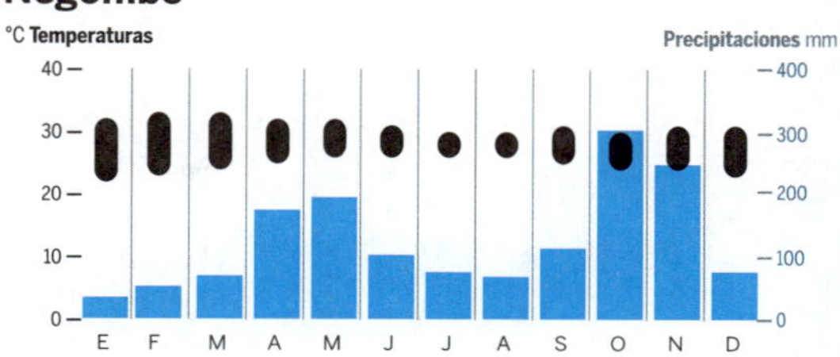

Ene Los delfines retozan por el día en la bahía de los Neerlandeses y los mochileros se divierten en Hikkaduwa.

Mar-abr Celebración de la Pascua cristiana en Negombo y Talawila.

Nov El mes ideal para quienes prefieran las playas (casi) sin turistas.

Imprescindible

1. **Kalpitiya** (p. 103) Otear el horizonte en busca de delfines y aprender *kitesurf* en aguas de lagunas protegidas.
2. **Negombo** (p. 97) Pasear por la playa tras un largo vuelo a esta ciudad costera.
3. **Bentota** (p. 107) Sentir cómo disminuye el estrés bajo las palmeras en uno de los hoteles-*boutique* de la zona.
4. **Marismas de Muthurajawela** (p. 99) Avistar garzas y garcetas durante un safari de observación de aves por estas marismas.
5. **Parque Nacional de Wilpattu** (p. 105) Escudriñar la maleza en busca de leopardos y ciervos moteados con un safari en todoterreno.
6. **Brief Garden** (p. 106) Disfrutar de la horticultura en la antigua casa de Bevis Barwa, cerca de Bentota.
7. **Hikkaduwa** (p. 109) Brindar a la puesta de sol tras una dura jornada de buceo y surf en esta ciudad mochilera.

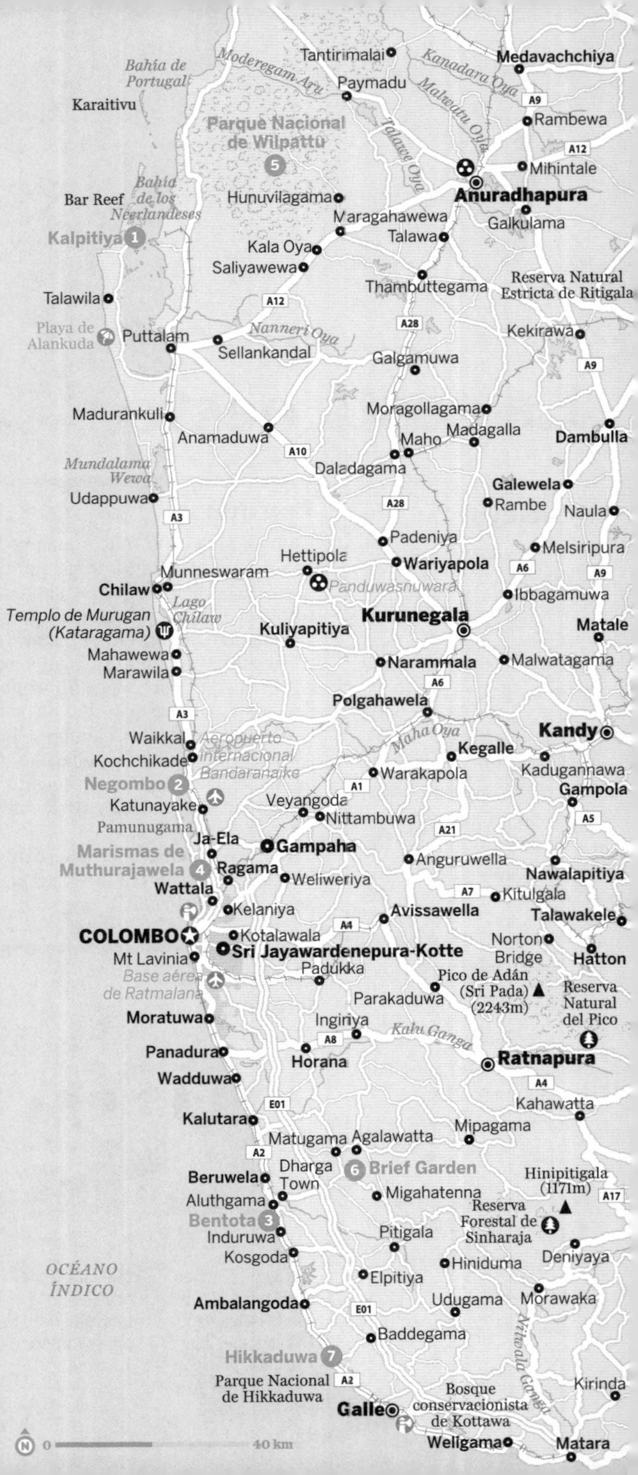

AL NORTE DE COLOMBO

Los que salen de Colombo suelen mirar al sur, pero quienes tengan tiempo y curiosidad, o deseen tomar el camino a Anuradhapura con calma, pueden optar por la A3, que avanza hacia el norte por unos graciosos canales neerlandeses, junto a playas de arena y a través de cocoteros y bosques llenos de vida.

Por el momento, aparte de Negombo, por su cercanía al aeropuerto internacional Bandaranaike, gran parte de esta región continúa inexplorada por los turistas, salvo los surfistas que acuden a Kalpitiya. Pero los cambios se aceleran en la península de Kalpitiya, donde no paran de surgir resorts y ya está en marcha un ambicioso proyecto para transformar su punta norte y adecuarla al selecto turismo de playa que predomina en la vecinas Maldivas.

Negombo

☎031 / 141 000 HAB.

A solo 10 km del aeropuerto internacional Bandaranaike, Negombo es una ciudad playera con hoteles y restaurantes para todos los bolsillos, con una población acogedora, un interesante barrio antiguo y una playa aceptable (y un poco contaminada), todo lo cual la convierte en un lugar mejor que Colombo para habituarse a Sri Lanka.

Los neerlandeses arrebataron la ciudad a los portugueses en 1640, la perdieron y la recuperaron en 1644. Luego, los británicos se harían con ella en 1796 sin apenas lucha. Negombo fue una de las principales fuentes de canela en tiempos de los neerlandeses, y aún quedan vestigios de la dominación europea.

El animado centro urbano se encuentra al oeste de las estaciones de autobús y de trenes. Sin embargo, la mayoría de los alojamientos bordea la calle principal que va hacia el norte desde el centro, que enlaza con la franja de hoteles de la playa unos 2 km al norte de la ciudad.

Puntos de interés

Negombo se halla sembrada de iglesias; fueron tantos los lugareños convertidos al catolicismo que la ciudad es conocida como la "Pequeña Roma".

Playa de Negombo PLAYA
(plano p. 100) Aunque no puede competir con muchas playas ceilandesas, la de Negombo, que se extiende hacia el norte de la ciudad junto a la zona de hoteles antes de desdibujarse en una lejanía de palmeras, es agradable e invita a dar un paseo al atardecer. El agua presenta un característico color marrón debido a las escorrentías del estuario y la contaminación, pero ya no está tan mal como para disuadir del baño.

En general, los turistas extranjeros pueden acceder a la playa frente a casi todos los hoteles grandes, aunque no sean huéspedes; pero si se busca más autenticidad (y bullicio), lo suyo es unirse a la población local en la zona conocida como **Negombo Beach Park** (plano p. 100).

Mercado principal de pescado MERCADO
(plano p. 98) Cada día, los pescadores sacan sus *oruvas* (canoas) y salen a buscar el pescado que tanta fama da a Negombo. Verlos entrar en la laguna al volver es un espectáculo, como la subasta del mismo (en la playa) y su venta (en el mercado próximo al fuerte).

No toda la pesca se hace en mar abierto: Negombo está en el extremo norte de una laguna famosa por sus langostas, cangrejos y gambas. Al otro lado del puente de la laguna hay un segundo **mercado de pescado** (plano p. 98). Quien consiga levantarse a las 6.00 podrá ver allí barcos de pesca mucho más grandes que regresan con sus capturas.

Canal Hamilton CANAL
(plano p. 98) Los neerlandeses demostraron en esta zona su pasión por los canales como en ningún otro lugar del país. Al sur, llegan hasta Colombo y al norte, hasta Puttalam, con un total de 120 km. En varios hoteles de Negombo se puede alquilar una bicicleta para pasear por los senderos ribereños, con vistas pintorescas y pueblos pequeños.

Fuerte neerlandés RUINAS
(plano p. 98) Junto al mar, cerca de la desembocadura de la laguna, están las ruinas del antiguo fuerte neerlandés, fechado en la puerta de entrada en 1678. Aquí se extiende también un césped comunal, la **Esplanade**, donde se celebran partidos de críquet. Como el recinto del fuerte está hoy ocupado por una cárcel, la única manera de echar un vistazo dentro es cometer algún delito grave, y habría que estar muy interesado en la arquitectura neerlandesa antigua para llegar a tales extremos.

Templo de Angurukaramulla TEMPLO BUDISTA
(Temple Rd) Al este del centro, vale la pena acercarse a este templo por su Buda recli-

Negombo (ciudad)

nado de 6 m; la carrera en *tuk-tuk* cuesta unas 200 LKR.

Iglesia de Santa María IGLESIA
(plano p. 98; Main St) En el corazón de la ciudad, el techo de esta iglesia de color rosa pálido está decorado con pinturas de santos.

Actividades y cursos

Si esta es la primera parada en Sri Lanka, en los hoteles pueden conseguir guías y conductores para viajar por todo el país.

Colombo Divers SUBMARINISMO
(plano p. 100; ☎077 736 7776; www.colombodivers.com; Porutota Rd, Ethukala) Las aguas de Negombo son mucho mejores para el submarinismo de lo que cabría imaginar, y esta reputada agencia lleva a más de 40 puntos de inmersión en los arrecifes. Una inmersión con dos botellas cuesta 75 US$. Los novatos pueden optar por un día de iniciación al submarinismo (100 US$) o por un curso completo PADI en aguas abiertas (450 US$). Contáctese con Sherick Fernando.

Serendib Watersports Paradise SUBMARINISMO
(plano p. 100; ☎077 738 5505; Pearl Guesthouse, 13 Porutota Rd) La Pearl Guesthouse puede poner en contacto con esta veterana agencia de submarinismo, que cobra 380 € por un curso PADI en aguas abiertas.

Kite Centre Negombo KITESURF
(plano p. 100; ☎031-492 7744; Pearl Guesthouse, 13 Porutota Rd) Quien quiera deslizarse por la superficie del océano cual pez volador puede apuntarse, a través de la Pearl Guesthouse, a los cursos de *kitesurf* impartidos por surfistas experimentados que utilizan un equipo aceptable. Un curso de tres días cuesta 359 €; 1 h con un profesor, 49 €. Los surfistas con experiencia pueden alquilar equipo.

★Ceylon Adventure Tours DEPORTES DE AVENTURA
(☎077 717 3007; www.ceylonadventuretours.com; 189/10A, Lewis Place, Negombo) Circuitos en motocicleta y automóvil con guías expertos, además de excursiones con acampada y senderismo. También alquilan bicicletas y *tuk-tuks* para ir por libre.

Lucky Tours OBSERVACIÓN DE AVES
(plano p. 100; ☎077 357 8487; lucky-tour55@hotmail.com; 146 Lewis Pl) Circuitos de observación de aves por la zona de Negombo, incluido uno de media jornada (1/2 personas 5000/7000 LKR, transporte incl.) a las marismas de Muthurajawela (p. 99).

Dónde dormir

La oferta de alojamiento es enorme, incluidas estancias en casas particulares, y para todos los bolsillos. Como mucha gente pasa aquí su primera o última noche en el país, conviene reservar con tiempo los establecimientos más conocidos. En general, cuanto más cerca del centro, menos cuidado esta en alojamiento.

Jeero's Guest House PENSIÓN $
(plano p. 100; ☎031-223 4210, 077 616 1619; 239 Lewis Pl; h 3000-4000 LKR) Con celosías en los marcos de las ventanas, muebles confortablemente gastados y balcones acariciados por la brisa, este es un alojamiento agradable y a

MERECE LA PENA

MARISMAS DE MUTHURAJAWELA

Las **marismas de Muthurajawela** ("campo supremo de perlas") son un humedal poco conocido en el extremo sur de la laguna de Negombo, donde viven unas 75 especies de aves, como garzas imperiales, cormoranes y martines pescadores, además de cocodrilos, monos e incluso algunas nutrias, muy raras de ver.

Esta zona fue una rica cuenca arrocera hasta que los portugueses construyeron un canal que inundó los campos con agua de mar. Con el paso de los siglos, la naturaleza convirtió Muthurajawela en el mayor humedal salino de Sri Lanka.

El **centro de visitantes de Muthurajawela** (☎011-403 0150; www.muthurajawelavisitorcentre.org; circuito en barco por persona 1200 LKR; ⌚7.00-18.00) está en el extremo sur de la carretera que recorre buena parte de Pamunugama (la franja de tierra entre el golfo y la laguna que se extiende desde los barrios norteños de Colombo hasta Negombo), junto al canal Hamilton. Aquí pueden verse algunas piezas de exposición apolilladas y un vídeo de 24 min sobre la fauna del humedal; pero lo más interesante, sobre todo para los observadores de aves, es que organiza circuitos de 90 min en barco por el lugar. Es mejor reservar por teléfono los fines de semana y festivos. Parte de los beneficios se destina a programas de protección medioambiental.

buen precio, con solo cuatro habitaciones en lo alto de una casa familiar a cierta distancia de la playa. Pídase una habitación con vistas al mar.

Villa Rodrigo PENSIÓN **$$**

(plano p. 100; ☎077 590 6277; www.villa-rodrigo-lk.book.direct; 38/3 Peter Mendis Rd, Cemetery 2nd Lane, Kudapaduwa; d/ste 28/40 US$; ❄📶) Las tres habitaciones con aire acondicionado en lo alto de esta vivienda familiar son modernas y están impecables, aun cuando las tarifas se sitúan en la franja alta de la categoría económica. Está a 5 min a pie de la playa, en una tranquila calle residencial. El hijo del propietario, Christian, lo controla todo con eficacia y puede conseguir que su padre, que es pescador, lleve al huésped a pescar en la laguna.

En la planta baja hay unas cuantas habitaciones más baratas con ventilador (d 15 US$), que suelen anunciarse en línea como "Rodrigo Lite".

Angel Inn PENSIÓN **$$**

(plano p. 100; ☎031-223 6187; www.angelinnlk.com; 189/17 Lewis Pl; h 5000; ❄📶) Una de las mejores pensiones económicas de Negombo. Las habitaciones no dan al mar, pero la playa queda a solo 40 m y por todo lo demás la relación calidad-precio es excelente, con estancias limpísimas en torno a un pequeño patio ajardinado.

Blue Water Boutique Hotel HOTEL **$$**

(plano p. 100; ☎031-223 7233; info@bluewaterboutiquehotels.com; 281/1 Lewis Place; i/d incl. desayuno 80/89 US$; ❄📶) Este moderno hotel, con habitaciones espaciosas y elegantemente minimalistas no recibe mucha luz natural, pero hay una terraza con mesas y los huéspedes pueden utilizar la piscina del vecino Paradise Beach Hotel. El desayuno se sirve en la azotea, donde el sol cae a plomo.

Holiday Fashion Inn PENSIÓN **$$**

(plano p. 100; ☎031-223 7550; www.holidayfashioninn.bookings.lk; 109 Cemetery Rd; h incl. desayuno 50 US$, ste 90 US$; ❄📶) Estilosa pensión de ambiente familiar a poca distancia de la calle principal. Las habitaciones son amplias, están impecables y cuentan con cocinas auxiliares (sin fogones).

Ice Bear Guest House PENSIÓN **$$**

(plano p. 100; ☎071 423 7755; www.icebearhotel.com; 95 Lewis Pl; i 26-39 LKR, d 48-81 LKR; ❄📶) Una casa tradicional con mucho color y ambiente "suizo" (como anuncia el cartel, aunque se podría añadir "un poco excéntrico") sirve de marco a este "hotel-*boutique* económico" con hamacas, tumbonas y habitaciones variadas (las más, de cara al mar) con camas floreadas y detalles hogareños. En el café sirven exquisiteces como *muesli* casero, mientras la música clásica flota en el aire a través de las palmeras. Previa reserva, sirven una cena especial de cinco platos por 1800 LKR.

Pearl PENSIÓN **$$**

(plano p. 100; ☎031-492 7744; www.pearl-negombo.com; 13 Porutota Rd; i/d incl. desayuno 39/52 LKR; ❄📶) Esta pequeña pensión regentada por alemanes junto a la playa quizá no llame la

Negombo (zona de playa)

Negombo (zona de playa)

Puntos de interés
1 Playa de Negombo A3
2 Negombo Beach Park A4

Actividades, cursos y circuitos
3 Colombo Divers B1
Kite Centre Negombo .... (véase 13)
4 Lucky Tours A7
Serendib Watersports Paradise .... (véase 13)

Dónde dormir
5 Angel Inn A6
6 Blue Water Boutique Hotel A6
7 Holiday Fashion Inn A5
8 Hotel Silver Sands A6
9 Ice Bear Guest House A7
10 Jeero's Guest House A6
11 Jetwing Ayurveda Pavilions A4
12 Jetwing Beach B2
13 Pearl A4
14 Villa Araliya B1
15 Villa Rodrigo B7

Dónde comer
16 Dolce Vita A3
17 Lords Restaurant B3
18 Petit Restaurant B1
19 Tusker Restaurant A5

Dónde beber y vida nocturna
20 Rodeo Pub A3

atención, pero reúne todas las comodidades modernas, además de muchas tumbonas y un buen restaurante. Las seis habitaciones, todas inmaculadas, lucen pinturas modernas, y las de las esquinas dan al mar. Ideal para los amantes de los deportes acuáticos, pues en ella tienen su sede un par de reputadas agencias de submarinismo y *kitesurf*.

Hotel Silver Sands HOTEL **$$**
(plano p. 100; ☎031-222 2880; www.silversandsnegombo.com; 229 Lewis Pl; h con ventilador 2500-3800 LKR, con a.a. 4900 LKR; ❄📶) Excelente hotel económico frente a la playa, con arquerías de estilo árabe y habitaciones azulejadas con balcón o terraza, y mosquiteras enormes. Solo hay wifi en el vestíbulo.

Jetwing Beach RESORT **$$$**
(plano p. 100; ☎031-227 3500; www.jetwinghotels.com; Porutota Rd; i/d incl. desayuno 270/290 US$; ❄@📶≋) Con su imponente entrada y techos altos, este lugar parece un templo de lujo minimalista. Las habitaciones son suntuosas, con balcones que se abren al mar y baños

acristalados con cabinas de duchas y bañeras circulares para dos personas. El complejo de las piscinas se ilumina por la noche con antorchas. Pura magia.

Cuentan con un naturalista que se muestra encantado de responder a cualquier pregunta sobre aves o insectos. Los descuentos en línea bajan el precio de una doble hasta 180 US$.

Jetwing Ayurveda Pavilions RESORT AYURVEDA **$$$**
(plano p. 100; ☎031-227 6719; www.jetwinghotels.com; Porutota Rd, Ethukala; i/d incl. desayuno 65/80 US$, villa 105-160 US$;) Amplias villas privadas con excelente relación calidad-precio y mobiliario justo pero lujoso. Lo que más llama la atención son los baños: darse un chapuzón con alguien especial en una de las bañeras al aire libre, cubiertas de pétalos de flores, es tan romántico como suena.

Para disfrutar de los tratamientos ayurvédicos no se necesita estar alojado en el hotel, con precios desde 35 US$.

Villa Araliya HOTEL-BOUTIQUE **$$$**
(plano p. 100; ☎071 272 8504, 031-227 7650; www.villaaraliya-negombo.com; 154/10 Porutota Rd; h con ventilador 60 US$, con a.a. 80-120 US$;) Habitaciones modernas y distintas, la mayoría con paredes de ladrillo visto y muebles de madera oscura, pero todas comodísimas, con camas con columnas, techos altos y tentadores baños. La piscina, cristalina, invita a echar unos largos antes del desayuno, que está incluido en el precio.

Con juguetes, cunas y sillas altas, además de una localización en una tranquila calle a tan solo 5 min de la playa, es una buena opción para las familias. También es suya la espaciosa villa con tres dormitorios que hay al otro lado de la calle.

Dónde comer

Por la carretera principal, junto a la playa, hay numerosos restaurantes y cafés de dudosa calidad, con algunas opciones más interesantes intercaladas.

Petit Restaurant CEILANDESA, PESCADO Y MARISCO **$$**
(plano p. 100; ☎077 628 7682; 100/7 Porutota Rd; principales 750 LKR; ⌚11.00-22.00) Este pequeño restaurante familiar, cuya entrada está llena de macetas, ofrece una carta que recoge el grueso de los clásicos ceilandeses, pero sobre todo pescado y marisco, además de platos más originales como la "fiesta de gambas" (gambas con una cobertura de coco rallado).

Tiene mucho éxito, así que conviene reservar. El servicio es algo lento.

Dolce Vita ITALIANA **$$**
(plano p. 100; ☎031-227 4968; 27 Porutota Rd; principales 700-1100 LKR; ⌚9.00-22.00 ma-do) Este café-restaurante de propiedad italiana junto a la playa es el típico lugar donde es fácil pasarse medio día a la sombra, entre cafés de verdad, *pizzas*, ensaladas *caprese* y helados caseros, además de pescado y marisco de la zona.

★ **Lords Restaurant** DE FUSIÓN **$$$**
(plano p. 100; ☎077 285 3190; www.lordsrestaurant.net; 80B Porutota Rd, Ethukala; platos 900-1500 LKR; ⌚13.30-23.30) La cocina más creativa de Negombo, con platos que son un híbrido de sabores occidentales y orientales. Martin, el propietario británico, es una rareza entre los extranjeros que poseen restaurantes en la zona, ya que trabaja simultáneamente en la sala y en la cocina, para que nada falle. Es el único sitio de la ciudad donde merece la pena echar la casa por la ventana; se aceptan tarjetas de crédito.

Son muy recomendables los curris tailandeses y ceilandeses, sobre todo el de gambas, coco y *arak*, y también es un magnífico lugar para tomar unos cócteles (¡fantástico el mojito de mango y maracuyá!), con *happy hour* por la tarde y por la noche. El menú del almuerzo (2 platos 950 LKR) es una ganga. En la página web informan de la música en directo.

Tusker Restaurant PESCADO Y MARISCO **$$$**
(plano p. 100; ☎031-222 6999; 83 Ethukala Rd; principales 1000-2500 LKR; ⌚11.00-14.00 y 18.00-22.30) Decorado con colmillos de elefante, este es uno de los restaurantes más peripuestos de la ciudad. La carta es muy variada, pero su punto fuerte es el pescado y el marisco.

Dónde beber y vida nocturna

Casi todo el mundo bebe en los bares de los hoteles, si bien cada día hay más alternativas, sobre todo en la parte norte de la calle principal.

Ice Bear Century Cafe CAFÉ
(plano p. 98; ☎031-223 8097; 25 Main St; ⌚9.00-18.00) En una casa colonial de color melocotón perfectamente restaurada, este remanso de paz en el corazón de Negombo ofrece un toque de distinción, toda clase de cafés cei-

landeses (270 LKR), montones de pasteles caseros y, para el almuerzo, platos del día como sopa de pescado o un contundente estofado suabo (principales 540-840 LKR).

Rodeo Pub PUB

(plano p. 100; ☎031-227 4713; 35 Porutota Rd; ⊙10.00-1.00) Bar cubierto de pintadas muy frecuentado por extranjeros residentes y turistas, con música en directo los martes, DJ las demás noches y una larga carta de cócteles con nombres bien sugerentes, además de platos occidentales y ceilandeses de lo más diverso (600-1000 LKR).

Información

Hay un par de cajeros automáticos en la principal calle turística. La mayoría de las oficinas de los bancos está en la ciudad propiamente dicha.

Bank of Ceylon (plano p. 98; Broadway; ⊙8.30-15.00 lu-vi, hasta 13.00 sa y do) Cambia moneda en el centro de la ciudad.

HSBC (Colombo Rd; ⊙9.00-15.00 lu-vi) Uno de los bancos que cambian divisas, con un cajero automático 24 h que acepta tarjetas extranjeras.

Oficina de correos (plano p. 98; Main St; ⊙7.00-20.00 lu-sa) En el centro de la ciudad.

Policía turística (plano p. 100; ☎031-227 5555; Porutota Rd, Ethukala; ⊙24 h) En el extremo norte de la calle de los hoteles; útil para una emergencia.

Cómo llegar y salir

Entre la **estación de autobuses de Negombo** (plano p. 98) y Saunders Pl, en Colombo, circulan servicios exprés estatales y privados (normal/con a. a. 57/100 LKR, 2 h, cada 20 min). Un autobús más rápido con aire acondicionado discurre por la nueva carretera principal (120 LKR, 1 h) hasta las 20.00. Los domingos a última hora los domingueros vuelven a la capital y se forman largas colas en la estación de autobuses.

Hay nueve trenes diarios a Colombo (2ª/3ª clase 70/40 LKR, 2 h), pero son más lentos y menos frecuentes que los autobuses.

Hacia Kandy salen cuatro autobuses diarios hasta las 15.30 (150 LKR); el viaje dura unas 3 h.

El autobús nº 240 al aeropuerto internacional Bandaranaike (24 LKR, 40 min) sale de la estación de autobuses cada 15 min entre 6.00 y 19.00. Un *tuk-tuk* cuesta unas 500 LKR desde el centro de Negombo o 900 LKR desde Lewis Pl. En taxi sale por el doble.

Desde el aeropuerto, se puede buscar un taxi en una oficina fuera de la terminal o tomar un *tuk-tuk* en la carretera principal. Los hoteles también facilitan traslados. El viaje dura unos 20-30 min.

Cómo desplazarse

Para ir de la estación de autobuses a Lewis Pl o Porutota Rd, tómese un autobús con destino a Kochchikade o un *tuk-tuk* (300 LKR).

Waikkal

☎031

La zona de Waikkal y el suburbio vecino de Kammalaa, unos 10 km al norte de Negombo por la A3, es una alternativa mucho más tranquila a los bares y tiendas para turistas de Negombo. Otra gran ventaja del lugar es que las cercanas playas son largas, doradas y en general están bastante limpias, en comparación con Negombo.

Aunque hay varios hoteles de todo incluido, también se encuentran alojamientos excelentes que, por su ambiente mucho más íntimo, son preferibles para los viajeros independientes. Los restaurantes se limitan a los establecimientos de la A3, a 3 km de la playa hacia el interior. La mayoría de los turistas come en sus hoteles.

Dónde dormir y comer

★**Ging Oya Lodge** HOTEL $$

(☎031-227 7822; www.gingoya.com; Kammala North; i/d incl. desayuno 50/57 LKR; ❄@📶🏊) Los dueños de este retiro son artistas belgas que se inspiraron en los *lodges* de safaris africanos, con un ambiente rústico pero lujoso. Ofrece siete casitas espaciosas con filigranas en las ventanas, camas con dosel y baños casi diáfanos, más una piscina fantástica, pájaros y mariposas por todas partes, y una paz y tranquilidad absolutas. Es de esos sitios de los que solo se habla a los mejores amigos.

Las cenas de tres platos (11 €) que prepara el dueño, Leo, se sirven en un comedor abierto por los lados y con música clásica de fondo. La playa queda a 1 km por un camino a la sombra, accesible a pie o en bicicleta (se facilitan en el hotel), o incluso en kayak (gratis). Se puede llegar al hotel en un autobús desde Chilaw hasta Kammala o en tren desde Negombo o Colombo hasta Bolawatta; en ambos casos queda a 3 km en *tuk-tuk* (200 LKR). Ofrecen traslados al aeropuerto por 200 LKR.

Ranweli Holiday Village RESORT $$$

(☎031-227 7359; www.ranweli.com; Waikkal; i/d incl. pensión completa desde 225/250 US$; ❄@📶🏊) En la costa, cerca de Waikkal, este resort está muy bien situado junto a la playa (siempre que no desagrade el ambiente de turismo organizado), con 90 habitaciones y comidas tipo bufé. Se organizan circuitos en barco para ver aves y el hotel ha recibido docenas de reconocimientos por su vocación ecologista. La suave remada en batea por el canal que lo separa de tierra firme rezuma romanticismo. Los precios en línea suelen bajar hasta los 135 US$.

Cómo llegar y salir

Los autobuses entre Negombo y Chilaw, con servicios frecuentes, pueden dejar en Waikkal, desde donde media una corta carrera en *tuk-tuk* hasta los resorts de la playa. Mucha gente llega a Waikkal en taxi o en un automóvil alquilado con conductor.

De Negombo a Kalpitiya

Aunque la A3 discurre cerca de la costa, apenas se ve el mar porque discurre entre unos atractivos pero interminables cocotales.

Más o menos a medio camino, el pueblo pesquero de **Chilaw** exala catolicismo, con numerosas imágenes de santos y cardenales en el centro. Unos 7 km al sur de Chilaw se puede visitar el **templo de Murugan (Kataragama)** (A3 Hwy; ⏲amanecer-anochecer), un santuario hinduista con enormes estatuas de Visnú y Hanuman. **Munneswaram,** 5 km al este de Chilaw, es sede de otro lugar de peregrinación hinduista; de los tres santuarios, el del centro está dedicado a Shiva.

El pueblecito de **Udappuwa,** 12 km al norte de Chilaw, acoge un caótico mercado de pescado matinal y tiene un importante templo hinduista con un gran *gorpum*. Aquí y en Munneswaram se celebra una fiesta en la que los fieles caminan sobre las brasas. Los autobuses pasan con frecuencia por la A3, pero quizá haya que cambiar en Chilaw.

Península de Kalpitiya

Los delfines y el *kitesurf* son lo que atrae a la gente hasta esta península, relativamente poco urbanizada. Es fácil ver bancos de cientos de delfines que juguetean frente a la costa, y se organizan salidas para verlos de cerca. Por su parte, los que quieran saltar por entre las olas como los delfines tienen en Kalpitiya, con sus vientos casi constantes, uno de los mejores destinos de *kitesurf* del sur de Asia.

Además de deportes acuáticos, la mayoría de los hoteles organiza safaris por el Parque Nacional de Wilpattu, pero el viaje por carretera es bastante largo y se pierde la salida del sol, que es la mejor hora para ver animales.

Puntos de interés y actividades

En **Talawila,** a medio camino de subida por la península, hay una iglesia católica dedicada a santa Ana junto al mar. Construida con pilares de madero de Indias, la iglesia atrae a miles de peregrinos en marzo y julio, cuando se celebran grandes fiestas en honor a la santa, con enormes procesiones, ceremonias de curación espiritual y una feria.

Las dos playas principales son la de Kalpitiya y la de Alankuda, algo más al sur.

Observación de delfines y ballenas

Los safaris en barco para ver grandes grupos de delfines giradores –a centenares– se organizan casi todas las mañanas entre noviembre y marzo, cuando la probabilidad de avistarlos (e incluso ballenas) es de un 80%. Los cachalotes y rorcuales de Bryde suelen aparecer entre diciembre y mediados de abril.

Cada hotel organiza sus salidas, por lo que conviene informarse de la calidad de las mismas. Los precios parten de 40 US$/persona, incluida la tasa de 9 US$ para la conservación de la fauna.

'Kitesurf'

La laguna y la playa de Kalpitiya reúnen las mejores condiciones para el *kitesurf* del sur de Asia, por lo que cada vez son más populares, con excelentes campamentos de *kitesurf* donde se puede alquilar el equipo.

Un curso de 9 h (2-3 días), que cuesta unos 300 US$ para grupo de tres o 380 US$ con clases particulares, incluido el alquiler del equipo, debería bastar para poder surfear a solas. Los mejores centros trabajan con radios bidireccionales que ayudan a aprender más rápido. Las clases se imparten en la laguna protegida, fuera de la playa de Kalpitiya. Sri Lanka Kite (p. 104) está a orillas de la laguna; otros campamentos como el Kitesurfing Lanka (p. 104) están a 20 min al volante.

Durante el monzón de mayo a octubre soplan los mejores vientos, aunque el mar puede estar encrespado. El resto del año las mejores condiciones suelen darse por la tarde.

Buceo con tubo y submarinismo

Frente a la costa hay unos arrecifes espectaculares, llenos de peces grandes. El mejor lugar de inmersión en la zona (y, según dicen, del país) es el Bar Reef, a varios kilómetros del extremo noroeste de la península. Casi

CAMBIOS EN KALPITIYA

Se avecinan cambios en la península de Kalpitiya. El Gobierno, con miras a expandir la industria turística en la isla, proyecta convertir esta península norteña y su rosario de islas en uno de los destinos preferentes de Sri Lanka para el turismo de sol y playa. El plan prevé la construcción de enormes resorts, un aeropuerto para vuelos nacionales, campos de golf, safaris en lanchas rápidas, etc.

A los ecologistas les preocupa sobremanera el impacto que este proyecto pueda tener en las poblaciones de delfines, cachalotes y dugongos de la bahía de los Neerlandeses (Dutch Bay), y mucha gente de la zona está furiosa por la prohibición de la pesca en algunas zonas y por las corruptelas del propio proyecto (el Ministerio de Fomento admitió que se habían falsificado escrituras). Hasta ahora las construcciones son escasas, pero es probable que las cosas cambien pronto.

todos los hoteles organizan salidas de buceo con tubo y submarinismo, con inmersiones que cuestan 60-85 US$.

Playa de Alankuda PLAYA
Alankuda es la playa más concurrida de la península y la mejor si no se va a practicar *kitesurf*. Si se obvian las gigantescas turbinas eólicas que se extienden por toda la playa, la enorme central eléctrica de carbón y su embarcadero largo y feo, la playa es preciosa.

Playa de Kalpitiya PLAYA
Como mejor se llega a esta larga lengua de arena en el extremo norte de la península es a través de la laguna de Kalpitiya. La playa es muy bonita, pero las instalaciones son escasas y los fuertes vientos impiden disfrutar de tumbarse en la arena.

Kalpitiya Discover Diving SUBMARINISMO
(☎077 003 0033; www.kalpitiyadiving.lk) Es la escuela de submarinismo más próxima a los resorts de la playa de Alankuda. Una inmersión con dos botellas cuesta 85 US$, y también organizan salidas al Bar Reef.

Ocean Lanka Scuba SUBMARINISMO
(☎071 0822 231; www.oceanlankainfo.com; Kudawa) La escuela de submarinismo más cercana a las escuelas de *kitesurf* de la playa de Kalpitiya.

Dónde dormir y comer

La construcción de hoteles se ha disparado en los dos últimos años, principalmente en dos zonas: la playa de Alankuda, con alojamientos de precio medio y alto, y la de Kalpitiya, con varios campamentos de *kitesurf*.

Algunos resorts de Alankuda quedan debajo mismo de una fila de enormes turbinas eólicas; muy bonitas no son, pero tampoco hacen mucho ruido.

Omeesha Beach Hotel CABAÑAS $$
(☎072 787 8782; www.omeeshabeach-kalpitiya.com; playa de Alankuda; i/d con ventilador 3000/4500 LKR, con a.a. 5000/7000 LKR; ❄📶) Este hotel acogedor, de regencia familiar y con buena relación calidad-precio, mira a una bonita franja de playa. Las habitaciones están un poco destartaladas (las cabañas de madera son las que salen más a cuenta, con baños al aire libre), pero tiene un buen restaurante junto a la arena y tumbonas para los huéspedes. Desayuno incluido.

Sri Lanka Kite RESORT $$
(☎077 252 8567; www.srilankakite.com; Sethawadiya; i/d con baño compartido 50/90 US$, casita desde 80/110 US$; 📶) Cuesta abajo por una confusa maraña de caminos desde el pueblo de Kalpitiya, este establecimiento está orientado claramente a los *kitesurfistas*. Las habitaciones van de tiendas y dormitorios muy sencillos (40 US$/persona) a casitas cómodas y villas de lujo (i/d 155/180 US$). Algunas de sus grandes ventajas son la calidez del personal, la zona del restaurante, que fomenta la camaradería, y su situación encarada a la laguna, con transporte gratis en barco hasta la playa. Los precios son en régimen de pensión completa.

Para llegar, tómese el desvío que hay 1,5 km al sur del pueblo de Kalpitiya hacia el pueblo musulmán de Sethawadiya.

Kitesurfing Lanka RESORT $$
(☎072 190 7894; www.kitesurfinglanka.com; Kandakuliya; tienda por persona 35 LKR, i 60-75 LKR, d 100-115 LKR; 📶) Campamento de *kitesurf* regentado por franceses con opciones muy variadas, desde sencillas tiendas hasta confortables villas con baño. El bar-restaurante estimula la conversación y la playa queda a un corto trecho. Los precios son en régimen de pensión completa.

Para llegar, hay que salir de la carretera a Kalpitiya en Kandakuliya (mojón km 36/37) y seguir 3 km al oeste.

Rosaanne Beach Resort RESORT **$$$**
(☎077 182 5455; www.rosaannebeach.lk; playa de Alankuda; i/d incl. desayuno 70/90 US$; ❄📶🏊) La mejor elección en la playa de Alankuda quizá sea este elegante y acogedor resort con nueve casitas encaladas con techo de paja cobijadas bajo palmeras a 100 m de la playa. El ambiente es a lo Robinson Crusoe, pero con todas las comodidades modernas.

ℹ Cómo llegar y salir

Dos autobuses directos conectan a diario muy temprano Negombo con Kalpitiya (180 LKR, 4 h), pero por lo general es más fácil cambiar en Puttalam o en el cruce de Palavi (mojón km 15), desde donde hay autobuses a Kalpitiya (75 LKR) cada 15 min.

Para los alojamientos en la playa de Alankuda hay que apearse del autobús en Norochcholai y allí tomar un *tuk-tuk* (150 LKR) para cubrir los 3 km restantes. Los autobuses entre Alankuda y Kalpitiya cuestan 50 LKR.

Desde Puttalam salen autobuses frecuentes a Negombo (normal/con a.a. 85/250 LKR) y Colombo (normal/con a.a. 160/320 LKR), a los que se suman los que pasan por fuera de la estación de autobuses de camino a Anuradhapura.

Parque Nacional de Wilpattu

Wilpattu significa “lagos naturales” en cingalés y “diez lagos” en tamil, y eso es lo que se encontrará en el **Parque Nacional de Wilpattu** (☎025-385 5691; www.dwc.gov.lk/library/Np_wilpattu.html; adultos/niños 15/8 US$, cargo por grupo 8 US$, entrada en todoterreno 250 LKR, más tasa del 12%; ⏲6.00-18.30; último acceso 16.30). Además, como el número de visitantes se mantiene bajo incluso en temporada alta, la sensación de zona salvaje es auténtica.

Con sus 1317 km², Wilpattu es el parque nacional más grande del país. Escondidos en la espesura del bosque, se encontrará (cabe esperar) una gran variedad de fauna, como leopardos (es el segundo mejor parque después de Yala para verlos, con 16 ejemplares por cada 100 km²), perezosos, ciervos moteados, jabalíes y cocodrilos. Por su parte, los amantes de la ornitología disfrutarán con la abundancia de aves de bosque seco, acuáticas e incluso costeras.

Recuérdese, no obstante, que por lo espeso del bosque y la naturaleza huidiza de los animales, el avistamiento de la fauna no es aquí tan seguro como en los parques más visitados del país; este es un lugar para los muy aficionados a los safaris.

El parque nacional se visita a través de un safari en todoterreno. Lo más sencillo es organizarlo en el alojamiento, pues así se incluirá también el transporte hasta el parque; pero también se pueden se alquilan todoterrenos de seis plazas cerca de la barrera de la entrada al parque y en la taquilla del mismo. Los precios para un circuito de medio día oscilan entre 4500 y 5500 LKR.

🛏 Dónde dormir y comer

Teal Cottage HOTEL **$$**
(☎077 784 4998; www.wilpattutealcottage.com; cruce de Wilpattu, Pahala Maragahawewa; d 3500-4500 LKR; ❄📶) Este hotel familiar de toda confianza es una base cómoda para visitar Wilpattu, sobre todo porque dispone de todoterrenos propios para los safaris. Se puede elegir entre las siete habitaciones traseras, tranquilas e impolutas, con vistas al lago, o las más próximas a la carretera, un poco más baratas. Está en la carretera principal, 600 m al este del desvío a Wilpattu.

Mahoora Safari Camp LODGE **$$$**
(☎Colombo 011-583 0833; www.mahoora.lk; i 720-920 US$, d 880-1040 US$, todo incl. con pensión completa; 📶) 🍃 Safaris al estilo antiguo, en plan refinado. Mahoora ofrece un campamento de tiendas de lujo en los límites del parque. Cualquiera que sea el tipo de tienda que se elija, cabe esperar el típico confort de safari con encanto, con todoterrenos y guías de calidad. La pensión completa incluye todas las actividades de una noche y dos días.

Es esencial reservar con tiempo pues no solo no se aceptan clientes sin reserva, sino que podrían encontrarse el campamento sin montar.

ℹ Cómo llegar y salir

El desvío al parque por la carretera Puttalam-Anuradhapura (A 12) está 45 km al noreste de Puttalam y 26 km al suroeste de Anuradhapura; desde el cruce hay 7 km hasta la entrada del parque, apenas visible, en el pueblo de Hunuvilagama (500 LKT en *tuk-tuk*).

Por el desvío del parque pasan autobuses frecuentes de camino a Anuradhapura, Puttalam y Colombo, aunque el asiento no está garantizado.

AL SUR DE COLOMBO

Dejar la capital, frenética y bochornosa, para ir al sur siempre es un alivio, pues las calles congestionadas y las nubes de humo dan paso a unas playas de ensueño.

La mayoría de los viajeros independientes se dirige a Hikkaduwa, dedicada al surf, pero la zona de Benota tiene playas más tranquilas y aún más impresionantes, así como unos cuantos hoteles-*boutique* intercalados entre resorts de lujo. Con una escúter, no se tardará en dar con una playa para disfrutarla en privado.

Bentota, Aluthgama e Induruwa

034

La franja de arena dorada de la playa de Bentota, separada de la ruidosa Galle Rd por el lento curso del Bentota Ganga, es un lugar espléndido para divertirse y disfrutar del sol. Aquí hay una interesante mezcla de resorts de gran lujo y establecimientos *boutique* más pequeños pensados para los viajeros independientes. Otros alojamientos de este tipo bordean Aluthgama, una ciudad pequeña en la desembocadura de un brazo del río y a ambos lados de la carretera principal entre Beruwela y Bentota, con un mercado de pescado, tiendas y la estación principal de trenes de la zona. Induruwa en realidad no tiene un centro claro, sino que se extiende a lo largo de la costa.

Puntos de interés

Brief Garden JARDINES

(034-227 4462; 1000 LKR; 8.00-17.00) Estos jardines están a 10 km de Bentota, hacia el interior. Parece una muestra de *El libro de la selva* en pequeño, un lugar precioso para perderse. La casa donde vivió Bevis Bawa, hermano del célebre arquitecto Geoffrey Bawa, alberga una ecléctica colección de arte, desde esculturas homoeróticas hasta un magnífico mural de la vida ceilandesa al estilo de Marc Chagall.

Entre los ilustres visitantes del pasado se cuentan Vivien Leigh y Laurence Olivier, que se alojaron aquí en 1953 durante el rodaje de *La senda de los elefantes*.

Se llega por Mathugama Rd hacia el norte desde Aluthgama y se toma el desvío al noreste hasta el pueblo de Dharga. A partir de ahí se verán carteles amarillos de "Brief"; en cualquier caso, todo el mundo conoce el lugar. No hay transporte público; un *tuk-tuk* cuesta unos 1000 LKR ida y vuelta.

Templo de Galapata Raja TEMPLO BUDISTA

(amanecer-anochecer) GRATIS Situado a unos 3 km de Bentota tierra adentro, en la orilla sur del Bentota Ganga, este inesperado templo del s. XVI sorprende con hermosos murales y una *dagoba* de 2500 años que, al parecer, guarda un colmillo de Kasyapa, el principal discípulo de Buda. Hay que cruzar el puente al sur de Aluthgama y tomar a la izquierda por Elpitiya Rd a lo largo de 1,5 km, y seguir recto 1 km más cuando la carretera principal tuerce a la derecha.

Actividades

La laguna protegida y la desembocadura del Bentota Ganga hacen de esta zona un buen lugar para los deportes acuáticos, con posibilidades de practicar *windsurf*, esquí acuático, *jet-skiing*, pesca de altura y cualquier otra cosa que tenga que ver con el agua. Los operadores independientes **Sunshine Water Sports Center** (034-428 9379; www.srilankawatersports.com; River Ave, Aluthgama; 9.00-anochecer) y **Diyakawa Water Sports** (077 916 5330; ww.srilankawatersports.lk; 10 River Ave, Aluthgama; 8.00-17.30), ambos instalados a orillas del río en Aluthgama, alquilan una gran variedad de equipo e imparten clases de *windsurf* (desde 14 000 LKR) y esquí acuático (5600 LKR). También se ofrecen circuitos de buceo con tubo, piragüismo y cursos de submarinismo.

Las travesías por el Bentota Ganga son un tranquilo y popular pasatiempo vespertino. Los **circuitos** (por grupo 2500-5000 LKR) recorren las enmarañadas caletas e islas del curso bajo del río, pobladas por más de un centenar de especies de aves. La mayoría dura 3 h. Sunshine Water Sports y Diyakawa Water Sports los organiza, y todos los hoteles pueden poner en contacto con operadores.

Dónde dormir y comer

Entre los resorts se intercalan varios hoteles-*boutique* y pensiones con encanto, así como uno o dos alojamientos económicos, muy raros de ver por estos contornos.

La mayoría de los hoteles y pensiones funcionan también como restaurante, con mucho pescado y marisco en las cartas.

Como alternativa al hotel, se puede ir a alguno de los restaurantes de Aluthgama, en general buenos, baratos y animados.

Bentota

La playa de Bentota presenta una adecuada mezcla de resorts lujosísimos y alojamientos con encanto más pequeños, algunos situados hacia el interior, enfocados a viajeros independientes con presupuesto desahogado.

Dedduwa Boat House PENSIÓN **$$**
(077 027 6169, Colombo 011-452 9901; www.jetwinghotels.com; cruce de Dedduwa; i/d incl. desayuno 3000/4000 LKR, casa flotante 250 US$;) Un par de kilómetros al interior se encuentra esta villa escondida entre la exuberante vegetación junto al lago Dedduwa. Las cinco habitaciones están muy cuidadas, con posibilidad de ver aves. La casa flotante es puro lujo.

Hotel Susantha Garden PENSIÓN **$$**
(034-227 5324; www.hotelsusanthagarden.com; Bentota; i/d con ventilador desde 4850/5450 LKR, con a.a. desde 6500/6850 LKR;) Esta pensión con habitaciones coloristas, jardines a la sombra, un personal profesional y fácil acceso al tramo norte de la playa de Bentota, es un buen lugar para aparcar la mochila unos días. Se puede entrar directamente desde el andén de la estación de trenes de Bentota (no de Aluthgama). Las habitaciones *deluxe* son las más tranquilas y las de mejor relación calidad-precio

★ **Shangri-Lanka Villa** HOTEL-BOUTIQUE **$$$**
(034-227 1181; www.shangrilankavilla.com; 23 De Alwis Rd, Bentota; i/d incl. desayuno 110/125 US$;) El apacible entorno rural de esta íntima pensión británico-ceilandesa, 1 km tierra adentro desde la carretera principal y la playa, permite dormirse al arrullo de las cigarras en lugar de los cláxones de los autobuses. Las habitaciones son enormes, con alegres manchas de color, además de lucir bonitos cuadros.

La comida y el servicio están a la altura, y en el centro del jardín hay un estanque inmaculado. Disponible un buen desayuno inglés.

Club Villa HOTEL-BOUTIQUE **$$$**
(034-227 5312; www.club-villa.com; 138/15 Galle Rd, Bentota; i/d incl. desayuno desde 180/220 US$;) ¿Alguien se ha preguntado qué fue de los *hippies* que recorrían Asia en las décadas de 1960 y 1970? Bueno, algunos se apartaron completamente del mundo, y otros regresaron a casa y se convirtieron en los banqueros que ahora invierten en hoteles como esta obra de arte diseñada por Bawa. Desde los muebles antiguos hasta las extáticas estatuas de Shiva y Buda, aquí todo rezuma chic étnico.

Incluso los peces gato gigantes de los numerosos estanques parecen nadar en un estado de indolencia permanente.

Amal Villa HOTEL-BOUTIQUE **$$$**
(077 603 7541; www.amal-villa.com; 135 Galle Rd, Bentota; i/d incl. media pensión 15 000/17 000 LKR;) Maravillosamente cuidado, este hotel se divide en un edificio junto la playa y una villa hacia el interior. Esta última es la preferida de estos autores, con piscina de horizonte infinito y habitaciones de lujo enormes y con balcón que valen las 3000 LKR adicionales que cuestan, si bien la sección de la playa, sin piscina, queda más a resguardo del ruido de la carretera. Entre otros extras, se ofrecen baños de vapor en el *spa* ayurvédico.

Wunderbar Hotel and Restaurant PESCADO Y MARISCO **$$**
(034-227 5908; Galle Rd, Bentota; principales 650-1200 LKR; 8.00-23.00) Agradable hotel con un restaurante tipo cabaña en la 1ª planta, abierto a clientes externos, con terraza, una correcta selección de pescado y marisco, y platos occidentales.

Aluthgama

Con unas cuantas pensiones pequeñas a orillas de la laguna, Aluthgama es una opción magnífica si se quiere estar cerca del transporte público y de los comercios propios de un entorno urbano.

Hotel Hemadan PENSIÓN **$$**
(034-227 5320; www.hotelhemadan.com; 25 River Ave, Aluthgama; i/d desde 6040/6900 LKR;) Acogedora pensión de propiedad danesa con 10 habitaciones limpias, aunque algo ajadas, en un edificio encarado al río. Las vistas del agua son privilegiadas desde el restaurante, el embarcadero y la terraza-cervecería, todos ellos espacios refrescados por la brisa. Las habitaciones son sencillas, con balcón en las más pequeñas y aire acondicionado solo en las de lujo. Está bien si se quiere estar más cerca de la ciudad y los transportes. Ofrece traslados gratis por el río hasta la playa y cunas.

High Rich River View Resort PENSIÓN **$$**
(034-227 4050; www.highrichresort.com; 97 Riverside Rd, Aluthgama; h/ste 6600/8500 LKR;) Las seis habitaciones de este hotel ribereño, con un poco de olor a humedad, tienen camas de madera, mesillas de noche y duchas con

DESOVE DE TORTUGAS

Cinco especies de tortugas marinas desovan en las costas oeste y sur de Sri Lanka. La tortuga verde es la más común, seguida por la golfina y la carey. La tortuga laúd y la tortuga boba son enormes, de hasta 2 m. Durante la que debería ser una larga vida (si no acaban en una red o en un puchero), las tortugas hembra hacen numerosas visitas a la costa sur para poner sus huevos en las mismas arenas donde nacieron. Unas semanas más tarde, cientos de tortuguitas emprenden el peligroso camino de vuelta al agua.

La mayoría de las minúsculas tortugas son engullidas al instante por aves, peces, personas y otros bichos, aparte de que muchas no llegan ni a nacer, ya que los cazadores furtivos de huevos trabajan a destajo para satisfacer la demanda de tortillas de huevos de tortuga. No obstante, los criaderos de tortugas de la costa de Bentota y Kosgoda garantizan que aumenten las posibilidades de supervivencia, pues pagan a los lugareños por los huevos un poco más de lo que obtendrían en el mercado. Los huevos son incubados después en el criadero y, tras una corta estancia en un acuario, las crías son soltadas al amparo de la oscuridad (en estado salvaje, las crías también salen por la noche).

Pero lo cierto es que los criaderos de tortugas pueden estar haciendo más mal que bien. Cuando una cría de tortuga eclosiona, conserva parte de la yema del huevo, que le sirve como fuente de energía para empezar a nadar. Al mantener a las crías en un acuario, aunque sea poco tiempo, no aprovechan este primer sustento. Además, las hembras adultas intentan regresar a la playa donde nacieron para poner allí sus propios huevos: si han nacido en cautividad, puede que no conserven esa "huella magnética" de la playa donde nacieron, por lo que quizá serán incapaces de volver a la orilla a desovar. Si se quiere hacer una verdadera labor de conservación, lo mejor es dejar los huevos en la playa, donde los han puesto, y protegerlos allí. Más información en www.srilankaecotourism.com/turtle_hatchery_threat.htm.

Aunque las ventajas de los criaderos como medio de protección de las tortugas son limitadas, es innegable que estos animales son monísimos y que la visita es entretenida. Raramente dura más de 20 min, pero se ven crías y ejemplares adultos heridos por las redes u otras causas. Muchos grupos ecologistas desaconsejan visitar los criaderos más comerciales de la zona de Bentota.

Kosgoda Sea Turtle Conservation Project (☎091-226 4567; www.kosgodaseaturtle.org; 13A Galle Rd, Mahapalana; 1000 LKR; ⌚8.30-17.30) Por el lado de la playa de Galle Rd, al norte de Kosgoda, este criadero atendido por voluntarios funciona desde hace 18 años. Las instalaciones son muy sencillas.

Kosgoda Turtle Hatchery (Victor Hasselblad Sea Turtle Sanctuary; ☎077-326 2553; 500 LKR; ⌚7.00-18.00) Hay que bajar por un camino desde la A2 en el punto kilómetrico 72/73 para encontrar este criadero situado en un lugar tranquilo de una playa virgen. Aquí vive una tortuga de 50 años y otra albina ciega, que han sobrevivido milagrosamente al hombre (redes) y a la naturaleza (tsunami). Si se llega a las 18.00, se podrá ayudar a la suelta en el mar de crías de tres días (1500 LKR).

agua caliente; pero por lo que se recomienda es por la agradable terraza y el restaurante junto al río.

Induruwa

Induruwa se asienta en el extremo sur de la playa de Bentota, más tranquilo. Un par de resorts de lujo se mezclan con uno o dos alojamientos económicos, ideales para una tranquila escapada playera. En cuanto a restaurantes y tiendas, hay poco para elegir.

Long Beach HOTEL $

(☎034-227 5773; www.longbeachcottageinduruwa.com; 550 Galle Rd, Induruwa; tw 2750 LKR; 📶) Puede que estas cinco habitaciones con ventilador sean sencillas, pero si se quiere un paraíso barato, este establecimiento familiar es la mejor opción, con un umbrío jardín con cocoteros y una maravillosa playa tan cerca que se escuchan las olas desde la cama.

Información

Commercial Bank (339 Galle Rd, Aluthgama;

AYURVEDA EN EL PARAÍSO

La zona de Beruwela, al norte de Bentota, cuenta con numerosos resorts ayurvédicos bien considerados, entre ellos varios recomendados en esta guía. **Jetwing Ayurveda Pavilions** (p. 101), en Negombo, es una buena elección al norte de Colombo, mientras que **Aditya Resort** (p. 112) queda al sur de Hikkaduwa.

Saman Villas (☎034-227 5435; www.samanvilla.com; Aturuwella; d desde 625 US$; ❄@🛜≋) No hay palabras para describir la absoluta opulencia de este complejo hotelero. Baste decir que algunas habitaciones tienen piscina privada... ¡dentro del baño!

Temple Tree Resort & Spa (☎034-227 0700; www.templetreeresortandspa.com; 660 Galle Rd, Induruwa; i/d incl. desayuno desde 120/140 US$; ❄🛜≋) Trasplántese un *loft* minimalista a una playa tropical y este será el resultado. Las habitaciones de cemento pulimentado y piedra con paredes pintadas de blanco eléctrico son suntuosas, y las de lujo poseen una bañera de hidromasaje para remojarse con vistas al océano. Todas las habitaciones tienen balcones a las dos piscinas y a una playa sensacional.

Heritance Ayurveda Maha Gedara (☎034-555 5000; www.heritancehotels.com; Beruwela; i/d incl. pensión completa desde 205/320 US$; ❄🛜≋) Solo hay que visitar unos cuantos hoteles ayurvédicos para darse cuenta de que la calidad del alojamiento a menudo se descuida en favor de los tratamientos. Aquí no. En el Heritance no solo los tratamientos son de primera y los médicos excelentes, sino que el hotel en sí, proyectado por Bawa, es un complejo de lujo a cobijo de los franchipanes. Los precios incluyen tratamientos y yoga.

Barberyn Reef Ayurveda Resort (☎034-227 6036; www.barberynresorts.com; Beruwela; i/d incl. pensión completa desde 85/150 LKR, más tratamientos obligatorios de ayurvédicos por persona y día 80 LKR; ❄🛜≋) Uno de los resorts ayurvédicos más prestigiosos del país, con toda clase de tratamientos y médicos de primera. La mayoría de los clientes se queda como mínimo una semana. También se ofrece yoga, meditación, excursiones gratis por la zona y demostraciones de cocina ayurvédica. Las habitaciones más baratas solo tienen ventilador. Está 4 km al norte del centro de Aluthgama.

⌚9.00-15.00 lu-vi) Al norte del río; con cajero automático.

Oficina de correos (Elpitiya Rd; ⌚9.00-17.00 lu-sa) Al este de Bentota.

Oficina de turismo (☎091-393 2157; Galle Rd, Bentota; ⌚8.30-16.30 lu-vi) Frente al Bentota Beach Hotel.

ℹ Cómo llegar y salir

Tanto Beruwela como Bentota están en la línea principal ferroviaria Colombo-Matara, pero a menudo conviene sacar un billete hasta Aluthgama, población intermedia, ya que muchos trenes no paran en estas estaciones menores. Desde Aluthgama hay cinco o seis trenes diarios a Colombo (2ª/3ª clase 110/55 LKR, 1½-2 h) y otros tantos a Hikkaduwa (2ª/3ª clase 70/35 LKR, 1 h). El exprés de las 15.40 al fuerte de Colombo conecta con un servicio a Kandy (2ª clase 260 LKR). La taquilla está en medio del andén, algo poco frecuente.

Aluthgama es también el mejor lugar para tomar un autobús, aunque no hay ningún problema en bajarse de cualquier servicio que circule por Galle Rd (p. ej., se camino a Induruwa). Hay servicios frecuentes a Colombo (normal/con a.a, 85/150 LKR, 3 h) y Hikkaduwa (normal/con a.a. 57/120 LKR, 1 h) hasta las 17.00.

La forma más sencilla de desplazarse entre los hoteles de Aluthgama, Bentota e Induruwa es en *tuk-tuk*, aunque se puede subir y bajar de cualquier autobús que circule por Galle Rd, la carretera principal que conecta los tres puntos.

Hikkaduwa y alrededores

☎091

Hikkaduwa es una presencia fija en el mapa turístico de Sri Lanka desde la década de 1970, lo que, sin duda, ha dejado su huella. Un rosario de pensiones, tiendas y restaurantes de 1 km de largo flanquea la playa, bastante erosionada en su lado norte. La carretera de Colombo a Galle, con enloquecidos conductores de autobús, discurre por medio de la población, por lo que salir de la pensión puede ser tan peligroso como jugar a la ruleta rusa.

Pero no todo está mal. También hay muchos alojamientos con encanto, una sucesión de tranquilos bares y restaurantes playeros,

Hikkaduwa y alrededores

Hikkaduwa y alrededores

Puntos de interés
1 Gangarama Maha Vihara B2
2 Parque Nacional de Hikkaduwa A2

Actividades, cursos y circuitos
3 Poseidon Diving Station A2

Dónde dormir
4 Blue Ocean Villa A4
5 Camellia Dwellings B1
6 Dewasiri Beach Restaurant & Hotel A4
7 Drifters Hotel B5
8 Hotel Moon Beam A4
9 Hotel Ritas B5
10 Neela's B5

Dónde comer
11 Bookworm B5
12 Cool Spot A3
13 Home Grown Rice & Curry Restaurant A4
14 No 1 Roti Restaurant A4
15 Spaghetti & Co B5

Dónde beber y vida nocturna
16 Coffee Shop A4
17 Sam's Bar A4

buenas escuelas de submarinismo y surf, y muchas excursiones interesantes en *tuk-tuk* o escúter. Desde hace años se habla de una posible carretera de circunvalación, que si llegara a materializarse obraría maravillas en este paraíso perdido.

Puntos de interés

Parque Nacional de Hikkaduwa PARQUE NACIONAL
(adultos/niños 30/15 LKR) Este parque marino se extiende por el extremo norte de la playa y ofrece un modo divertido y sencillo de entrar en contacto con la vida submarina de Sri Lanka. Se puede alquilar equipo para buceo con tubo en varios lugares de los alrededores de la **taquilla** (7.00-18.00) del parque por unas 600 LKR/2 h.

Lago Hikkaduwa LAGO
Este lago, con sus varanos y gran cantidad de aves, es un lugar agradable para una excursión desde la playa. A veces se ofrecen circuitos en barco. En el hotel Kalla Bongo (p. 112), a orillas del lago, alquilan kayaks si se almuerza en su restaurante. Para llegar se toma por Baddegama Rd y, pasados 2 km, se tuerce al norte.

Seenigama Vihara TEMPLO BUDISTA
(amanecer-anochecer) Está unos 2 km al norte de Hikkaduwa, en su propia isla. Es uno de los únicos dos templos del país donde las víctimas de un robo pueden buscar compensación: visitan el templo y compran un aceite especial hecho con guindilla y pimienta, con el que encienden una lámpara en sus casas y recitan un mantra. Antes o después se sabrá quién es el ladrón, y pagará por su delito.

Los barcos a la isla solo salen cuando hace buen tiempo.

Gangarama Maha Vihara TEMPLO BUDISTA
(fuera de Baddegama Rd; ⏲amanecer-anochecer) Interesante templo budista con muchas pinturas de intención didáctica, obra de un solo hombre a lo largo de casi una década. Los monjes se muestran encantados de mostrar el lugar.

Actividades

Para muchos, la visita a Hikkaduwa empieza y termina en la playa. La franja de arena más ancha se extiende hacia el sur desde el Hotel Moon Beach hasta el barrio sureño de Narigama. Casi todas las tumbonas pertenecen a los hoteles, pero lo normal es que se puedan utilizar si se bebe algo o se almuerza en el establecimiento. El paseo por la playa hacia el sur es muy bonito.

Para tomarse un respiro de la playa, lo mejor es alquilar una bicicleta o un escúter y lanzarse por las carreteras secundarias hacia el interior, un mundo rural más tranquilo y completamente distinto.

Submarinismo

La temporada de submarinismo va de noviembre a abril. Los novatos pueden optar por un cursillo de iniciación de un día (50-85 US$) o uno PADI más largo en aguas abiertas (desde 375 US$). Las mejores inmersiones las ofrecen los pecios del *Conch*, un buque cisterna de vapor del s. XIX, y del *The Earl of Shaftesbury*, un velero de cuatro mástiles de 1892.

Existe media docena de escuelas de submarinismo, entre ellas **Poseidon Diving Station** (☎091-227 7294; www.divingsrilanka.com; 304 Galle Rd; ⏲8.00-18.00), con restaurante y alojamiento para los submarinistas. Una inmersión con dos botellas cuesta 75 US$.

Buceo con tubo

En forma de herradura, la playa de Hikkaduwa, en el extremo norte de la calle principal tiene una franja de arrecife coralino a unos 3 m de profundidad; varios sitios alquilan equipo (aprox. 600 LKR/2 h). Hay que mantenerse alerta para no ser arrollados por los barcos con fondo de cristal. También hay gente que vende billetes para el Parque Nacional de Hikkaduwa (p. 110), frente a la costa.

Surf

Las mejores condiciones se dan de noviembre a abril. Las zonas de Wewala y Narigama, con rompientes de arrecife suaves y otro de playa, son perfectas para surfistas principiantes y de nivel medio. Estas olas, combinadas con una vida nocturna relativamente animada, han convertido a Hikkaduwa en el centro de surf más popular de Sri Lanka.

La mayoría de las pensiones y varias tiendas alquilan tablas por unas 400 LKR/h, y también hay lugares que ofrecen clases de surf; pero cuidado, pues algunos 'profesores' de las escuelas más conocidas parecen más interesados en la pose que en enseñar.

Dónde dormir

Prácticamente todos los alojamientos de Hikkaduwa se encuentran en Galle Rd y, en

INDISPENSABLE

MEMORIA DEL TSUNAMI

Dos museos 3,5 km al norte de Hikkaduwa muestran fotografías y artículos de prensa la historia del aquel aciago día del 2004 cuando un gran tsunami asoló Hikkaduwa y Sri Lanka. El **Tsunami Education Centre and Museum** (☎077 731 6664; Galle Rd, Telwatta; con donativo; ⏲8.00-18.00) pretende, principalmente, ilustrar a la población local sobre los maremotos, pero también expone fotografías estremecedoras, algunas de cadáveres. Al norte se encuentra el destartalado **Tsunami Photo Museum** (☎091-390 0884; Galle Rd, Telwatta; con donativo; ⏲8.00-18.30), con más instantáneas que enmudecen a los visitantes.

Al sur de los museos, en Peraliya, se erige un pequeño **monumento** (Galle Rd, Peraliya) en recuerdo de las 35 000 personas que el tsunami se llevó por delante en Sri Lanka, y de los centenares de miles cuyas vidas cambiaron para siempre. Este fue el lugar en el que la gran ola arrastró un tren de cercanías abarrotado de pasajeros, con el resultado de más de 1200 muertos.

Unos cientos de metros más al sur se levanta el **Tsunami Honganji Vihara** (Galle Rd) GRATIS, donde un Buda mira a las olas con las manos en el gesto de *abhaya mudra*, que indica tranquilidad y protección. La estatua es una réplica del Buda de Bamiyan, en Afganistán, destruido por los talibanes en el 2001.

general, son bastante estrechos, con unas pocas habitaciones más caras con vistas al agua; las que dan a la carretera son demasiado ruidosas. La mayoría de los edificios están pegados unos a otros.

Dewasiri Beach Restaurant & Hotel HOTEL $
(091-227 5555; 472 Galle Rd; h con ventilador 2500-4000 LKR, con a.a. 4500 LKR;) Ideal para surfistas de presupuesto justo, este lugar un poco destartalado da al arrecife y ofrece varias habitaciones sencillas pero limpias (con agua fría), las más costosas encaradas a las olas. Pero lo que de verdad lo sitúa por encima de la competencia económica es la agradable familia que lo regenta y la cocina.

★ **Camellia Dwellings** PENSIÓN $$
(071 227 7999; www.camelliadwellings.com; Baddegama Rd; d 30 US$;) Las cinco habitaciones de esta villa de estilo colonial son espaciosas y están muy aseadas, de lo que resulta una excelente relación calidad-precio. Sus puntos a favor son la simpatía del propietario y los empleados y la cercanía de la estación de trenes y la de autobuses, aunque también cabe mencionar el antiguo Morris Minor de la entrada y el desayuno al aire libre en el jardín. Cuando está completo, el propietario suele conseguir habitación por el mismo precio en el cercano Arcadia Resort, una villa igual de buena y con la ventaja de que tiene piscina.

Neela's PENSIÓN $$
(091-438 3166; www.neelasbeachinn.com; 634 Galle Rd; h con ventilador/a.a. desde 30/70 US$;) Acogedor y bien gestionado, el Neela's contenta a todo el mundo. Incluso las habitaciones más baratas están limpísimas y tienen una decoración bonita, mientras que las suites de la planta alta (115 US$), más caras, son muy lujosas. El desayuno al lado de la playa está incluido en la mayoría de las opciones. Si apetece una copa, no hay más que visitar el contiguo Drunken Monkey Bar.

Blue Ocean Villa HOTEL $$
(091-227 7566; blueoceanvilla420@gmail.com; 420 Galle Rd; h con ventilador/a.a. 4000/7000 LKR;) Las habitaciones de la planta alta, bien amuebladas y con aire acondicionado, dan a la playa, mientras que las de los lados son más baratas y oscuras.

Hotel Moon Beam HOTEL $$
(091-505 6800; hotelmoonbeam@hotmail.com; 548/1 Galle Rd; h con ventilador 5500 LKR, con a.a. 6000-7500 LKR;) Buena opción de precio medio con 28 habitaciones impecables, decoradas con cuadros y objetos de madera. El agua sale muy caliente de las duchas y las mejores habitaciones traseras tienen balcón y vistas parciales del mar. Los precios incluyen el desayuno en el restaurante. La ocupación individual de una habitación doble cuesta 1000 LKR menos.

Drifters Hotel HOTEL $$
(091-2275 692, 077 706 7091; www.driftershotel.com; 602 Galle Rd; d con ventilador/a.a. 35/60 US$;) La pequeña pero bien cuidada piscina de este hotel ya justifica el gasto; pero si a ello se añaden unas habitaciones grandes, un buen aspecto y un trozo de playa justo delante, el resultado es una apuesta segura, aun cuando en las zonas de uso común falte espacio. Las triples frente al mar (70 US$) son las más recomendables. No hay que confundirlo con otro hotel de los mismos dueños, aceptable pero de calidad inferior, en el lado de la carretera que da al interior.

Hotel Ritas PENSIÓN $$
(091-227 7496; www.hotelritas.com; Galle Rd; h con ventilador/a.a. incl. desayuno 40/50 US$;) Habitaciones sencillas pero pulcras en la planta baja y otras que miran al mar, más elegantes y con balcón privado en el caso de las mejores (75 US$). El restaurante es bueno y da por atrás a un bonito pedazo de playa con tumbonas.

★ **Aditya Resort** RESORT $$$
(091-226 7708; www.aditya-resort.com; 719/1 Galle Rd, Devenigoda; h incl. desayuno desde 465 US$, ste 995 US$;) Un resort sublime, atestado de estatuas budistas, flores tropicales y un sinfín de antigüedades. Las enormes habitaciones exhiben camas con cabeceros de madera tallada (hay carta de almohadas), y los baños, parcialmente al aire libre, poseen un estanque privado con carpas y una bañera-*jacuzzi*.

Da a una playa vacía, pero la mayoría de los clientes suele preferir relajarse en la piscina o con algún tratamiento de *spa* o ayurvédico. Está 6 km al sur de Hikkaduwa.

★ **Kalla Bongo** HOTEL-BOUTIQUE $$$
(091-438 3234; www.kallabongo.com; Lane 3, Field View, Baddegama Rd; i/d incl. desayuno desde 13 500/14 500 LKR;) Un sereno Buda recibe en este bonito establecimiento regentado por neerlandeses junto al lago, y la sensación de calma continúa por todo el establecimiento. Las habitaciones económicas dan

MERECE LA PENA

LAS MÁSCARAS DEL DIABLO DE AMBALANGODA

Ambalangoda es una localidad obrera completamente eclipsada por la cercana Hikkaduwa como destino turístico. La razón principal para visitarla es escarbar en la oferta de recuerdos ceilandeses y descubrir el significado mágico de las omnipresentes máscaras "del diablo". En los pueblos del interior aún se celebran ocasionalmente auténticas danzas del diablo para ahuyentar a los espíritus que causan las enfermedades. Ambalangoda está 13 km al norte de Hikkaduwa, en la principal ruta de transporte entre Colombo y Hikkaduwa, con autobuses y trenes frecuentes.

Southern Antiques & Reproductions (☎091-225 8640; 32 Galle Rd, Urawatte) Cualquiera con afición al interiorismo disfrutará en esta tienda llena de tesoros. Casi todas las piezas son demasiado pesadas para transportarlas (muchas columnas de madera y madera recuperada incl.), pero es divertido curiosear por las salas, abarrotadas también de tesoros más fáciles de llevar, como máscaras antiguas.

Ariyapala Mask Museum (☎091-225 8373; www.masksariyapalasl.com; 426 Main St; ⌚8.30-17.30) Con dioramas y explicaciones en inglés, este museo es una excelente introducción a las máscaras ceilandesas y sus significados. También vende el cuadernillo *The Ambalangoda Mask Museum*, útil para quien quiera ahondar en el misterioso mundo de la danza *kolam*, la leyenda y el exorcismo, y en las motivaciones psicológicas de las máscaras.

Ariyapala Traditional Masks (☎091-225 4899; 432 Galle Rd; ⌚8.30-17.30) La joya de este pequeño museo instalado en una planta baja es una estatua de tamaño natural de los últimos rey y reina de Kandy. La tienda vende artículos de calidad. Está enfrente del Ariyapala Mask Museum.

a la piscina, mientras que las cinco de lujo (2000 LKR extra) brindan vistas maravillosas del lago. Hay canoas gratis para remar a la puesta del sol.

Asian Jewel HOTEL-BOUTIQUE **$$$**
(☎091-493 1388; www.asian-jewel.com; Lane 3, Field View, Baddegama Rd; h incl. desayuno desde 115 US$; ❄📶🏊) Próximo al lago Hikkaduwa, este pequeño hotel-*boutique* ofrece habitaciones deslumbrantes, una bonita piscina y comida excelente; pero lo que de verdad lo distingue son los empleados, que se desviven por realizar perfectamente su trabajo.

La influencia británica de la carta se extiende a los desayunos y al *fish and chips*. El hotel está 3 km hacia el interior, junto a Baddegama Rd.

Dónde comer y beber

La mayoría de los restaurantes de Hikkaduwa están conectados con hoteles y pensiones, y pocos son memorables. De noche, la playa de Narigama se llena de mesas. Muchos locales están bien solo para beber, y pocos permanecen abiertos pasadas las 23.00.

Nº 1 Roti Restaurant CEILANDESA **$**
(☎091-491 1540; 373 Galle Rd; tentempiés 150-280 LKR; ⌚10.00-21.30) Este local apartado de los restaurantes de playa tiene 60 tipos de *roti* (tortitas dobladas a modo de crepes) que van desde la de pollo al ajillo hasta la de plátano y miel (con dos ya se come) y también batidos y *lassis*.

★ **Home Grown Rice & Curry Restaurant** CEILANDESA **$$**
(☎072 440 7858; 140/A Wewala; curri 500-750 LKR; ⌚8.00-22.00) Este precioso restaurante-jardín, medio enterrado bajo las palmeras, está en una calle secundaria tranquila (al menos en comparación con la principal). La familia que lo regenta es tan encantadora como el lugar y sirven sabrosos curris caseros, sándwiches a la plancha y pescado y marisco a precios razonables (1200 LKR). Solo hay media docena de mesas y es un lugar muy popular, así que conviene llegar pronto o tener reserva.

Bookworm CEILANDESA **$$**
(☎077 622 5039; Galle Rd; curri vegetal/de pescado 700/950 LKR; ⌚18.30-20.30) Establecimiento familiar donde probar algunos de los mejores curris caseros de la ciudad, aunque hay que encargar la cena con un par de horas de antelación. El comedor está en la planta alta; abajo se prestan libros (300 LKR) y alquilan motocicletas (800-1000 LKR).

Spaghetti & Co ITALIANA $$$
(☎077 669 8114; 587/2 Galle Rd; comidas 800-1000 LKR; ⏲18.00-23.00) Los exuberantes jardines que rodean esta villa de estilo colonial casi consiguen ocultar la concurrida Galle Rd, lo que realza el disfrute de sus *pizzas* de masa finísima y cremosos platos de pasta.

Cool Spot PESCADO Y MARISCO $$$
(☎077 233 4900; 327 Galle Rd; principales 600-2300 LKR; ⏲11.00-23.00) En una vieja casa amarilla del extremo norte de la calle, este restaurante familiar de pescado y marisco funciona desde 1972. En el agradable porche se puede echar un vistazo a la pizarra, donde se detallan los platos, en base a las capturas del día, que van desde ensalada de langosta o cangrejo al chile hasta pargo en curri tailandés.

Sam's Bar BAR
(Roger's Garage; ☎077-725 2550; www.hikkaduwasamsbar.com; 403 Galle Rd; ⏲10.00-24.00) Bar amplio y tranquilo con mesas de billar (250 LKR/30 min), pantallas con deportes y comida con buena relación calidad-precio (principales 400-700 LKR). Es la antítesis de un típico bar ceilandés.

Coffee Shop CAFÉ
(536 Galle Rd; ⏲9.00-19.00; wifi) Café italiano de verdad (320 LKR) y fantásticas tartas para recuperar energías después del surf.

Información

Commercial Bank (Galle Rd; ⏲9.00-15.00) Uno de los bancos de la calle principal con cambio de divisas y cajero automático.

Oficina principal de correos (Baddegama Rd; ⏲9.00-17.00 lu-sa) A 5 min a pie de la estación de autobuses, hacia el interior.

Comisaría de policía turística (☎091-227 5554; Galle Rd; ⏲24 h) En el extremo sureste de la zona turística, aunque no todos los agentes hablan inglés.

Cómo llegar y salir

AUTOBÚS

A Hikkaduwa llegan autobuses frecuentes desde Colombo (normal/con a.a. 127/245 LKR, 3 h) y también hay servicios frecuentes a Galle (40-50 LKR, 30 min). Los servicios con destino a Galle o más allá paran al sur de la estación, por la zona de las pensiones. Desde Hikkaduwa, las posibilidades de conseguir asiento aumentan si se parte de la **estación de autobuses** (Galle Rd).

AUTOMÓVIL

Dos carreteras comunican Hikkaduwa con Galle y Colombo. La antigua carretera de Colombo a Galle atraviesa el centro de Hikkaduwa. Al centro de Colombo por esta se tardan al menos 3 h, y al aeropuerto, 4-5 h (quizá menos, según el tráfico). Si se conduce o se toma un taxi hasta Colombo, merece la pena optar por la Southern Expressway, una vía de pago que discurre por el interior, a 15 min de la costa.

TREN

Los servicios por la línea de la costa son bastante frecuentes, pero es difícil conseguir asiento si se sale de Hikkaduwa; hay que evitar los servicios lentos que paran en todas partes. Consúltese en la estación el horario de los trenes exprés. Se puede ir a Colombo (2ª/3ª clase 160/85 LKR, 2-3 h), Galle (2ª/3ª clase 40/20 LKR, 30 min) y a Matara.

Cómo desplazarse

Un *tuk-tuk* desde la estación de trenes o de autobuses a Wewala o Narigama cuesta unas 150 LKR. Un escúter da mucha libertad para explorar las playas desiertas, templos y lugares de interés de Hikkaduwa. **International Travels** (Galle Rd) es un lugar de confianza para alquilar ciclomotores (800 LKR) y bicicletas todoterreno (1700 LKR).

El sur

Incluye »

Los mejores restaurantes

- Bedspace Kitchen (p. 132)
- Fort Printers (p. 123)
- Jinas Vegetarian and Vegan Restaurant (p. 131)
- Church St Social (p. 125)
- Mango Shade (p. 147)

Los mejores alojamientos

- Blue Turtle (p. 149)
- Fort Bazaar (p. 124)
- Mirissa Hills (p. 138)
- Chill (p. 145)

Por qué ir

El sur, la cara más sofocante y seductora de Sri Lanka, aguarda con su sobrecarga sensitiva: un sinuoso y espectacular litoral de playas blancas sobre un fondo montañoso color esmeralda. Efectivamente, se trata de un verdadero tesoro por descubrir, donde tras cada curva de la carretera costera aparece otra cala más idílica aún. La ciudad amurallada de Galle es la perla cultural del sur, pero también están el extraordinario arte de inspiración budista en cuevas solitarias y el recinto sagrado de Kataragama, epicentro de peregrinación.

Aquello que se busque, se encontrará. Los surfistas regresan cada año en busca de la ola perfecta. Tal vez se vean ballenas azules en la costa y tortugas que reptan por una playa a la luz de la luna. Por su parte, en los parques nacionales los leopardos se mueven como espíritus por la noche y los elefantes barritan en agradecimiento al primer rayo de luz del día.

Cuándo ir

Galle

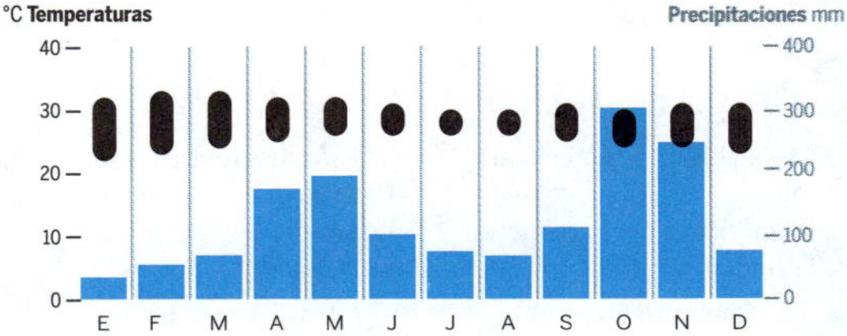

Dic-abr Las ballenas juguetean en el mar, las playas se llenan y todo está abierto.

Jul-ago Los peregrinos se automortifican durante este festival de Kataragama.

Nov El monzón se desvanece, los complejos de playa despiertan y las multitudes aún no han llegado.

Galle

☎091 / 103 600 HAB.

Galle es una preciosidad. Esta ciudad histórica, Patrimonio Mundial por la Unesco, un antiguo puerto comercial de exotismo interminable tocado por la gracia de imponentes edificios coloniales neerlandeses, mezquitas e iglesias antiguas, mansiones señoriales y museos, vale la pena descubrirla a pie. Por sus laberínticas calles se pasará por cafés elegantes, *boutiques* curiosas y hoteles impecablemente restaurados ahora en manos de artistas, escritores, fotógrafos y diseñadores, tanto locales como foráneos.

En 1663 los neerlandeses empezaron a construir el epicentro de Galle, Fort, un barrio amurallado que da al océano por tres de sus lados. Pero Galle no es solo un lugar bonito, y eso es la clave de su encanto. Es cierto que ahora el turismo domina la economía local, pero en esta ciudad única también hay oficinas gubernamentales, juzgados, compañías de exportación, escuelas e institutos.

Galle es un imprescindible del sur de Sri Lanka.

Historia

Algunos historiadores creen que Galle fue la ciudad de Tarshish, donde el rey Salomón obtenía piedras preciosas y especias, aunque son muchos más los que sostienen que las minas estaban en lo que hoy es Jordania. Sea como fuere, Galle tuvo que esperar hasta la llegada de los europeos para conseguir cierta notoriedad. En 1505 una flota portuguesa que se dirigía a las Maldivas perdió el rumbo por el viento y buscó refugio. Al parecer, al escuchar el canto de un gallo (*galo,* en portugués), le dieron su nombre a la localidad. Otra teo-

Imprescindible

1 Galle (p. 116) Pasear por las callejuelas de este lugar único del Patrimonio Mundial.

2 Circuitos para ver ballenas azules (p. 139) Soñar despierto: salir de Mirissa en barco para avistar la mayor criatura viva del mundo.

3 Hiriketiya (p. 143) Dar con la playa perfecta.

4 Handunugoda Tea Estate (p. 134) Conocer el comercio del té blanco en esta célebre plantación.

5 Tangalla (p. 144) Disfrutar de largos paseos por playas vacías.

6 Parque Nacional de Yala (p. 153) Avistar un leopardo o fotografiar un cocodrilo es posible en esta famosa reserva.

7 Weligama (p. 136) Aprender surf en una localidad frecuentada por mochileros.

8 Parque Nacional de Bundala (p. 148) Distinguir flamencos, ibis y águilas entre los humedales.

9 Tissamaharama (p. 149) Asistir a la aparición de la niebla en el Tissa Wewa bajo el velo rosa del atardecer.

ría algo menos dudosa es que el nombre proviene de la palabra cingalesa *gala* (roca).

En 1589, durante una de sus periódicas riñas con el reino de Kandy, los portugueses construyeron un pequeño fuerte, al que llamaron Santa Cruz. Más adelante lo ampliaron con baluartes y murallas, pero los neerlandeses, que tomaron Galle en 1640, destruyeron casi todo rastro de la presencia lusa. Tras la construcción del nuevo recinto amurallado (Fort) en el s. XVII, Galle pasó a ser el principal puerto de Sri Lanka y una importante escala para barcos y cargueros que viajaban entre Europa y Asia, lo que duraría más de 200 años. Pero cuando Galle pasó a manos británicas en 1796, Colombo empezó a consolidarse como el gran puerto comercial de la isla. La construcción del rompeolas en el puerto de Colombo a finales del s. XIX acabó de sellar el estatus de Galle como amarre secundario, aunque aún fondean algunos yates y buques de carga.

Puntos de interés

En Fort hay 400 casas históricas, iglesias, mezquitas, templos y antiguos edificios comerciales y gubernamentales. Galle depara una experiencia para saborear, sentir, tocar y regodearse en sus sorpresas. Tampoco hay que perderse la ciudad nueva, llena de tiendas y mercados interesantes.

Una numerosa comunidad musulmana vive y trabaja en Fort, especialmente en el extremo sur de la ciudad amurallada. Algunas tiendas cierran 2 h los viernes al mediodía para orar.

Murallas de Fort

A medida que se esfuma el bochorno del día, es un placer dar la vuelta entera (1-2 h) a Fort por lo alto de la muralla. A esa hora del día se compartirá el paseo con muchos residentes, incluidas parejitas de enamorados e infinidad de niños que se lanzan a aguas seguras o juegan a críquet.

Se distinguen claramente los tramos de muralla construidos por los portugueses de los de los holandeses: los últimos levantaron muros mucho más anchos para poder montar los cañones. En la misma muralla, se ven bien los pedacitos de coral mezclados con la piedra y la argamasa.

★ Flag Rock LUGAR HISTÓRICO

(Rampart St) La "roca de la Bandera", en el extremo más meridional de Fort, fue en su día un bastión portugués. Hoy es el lugar más popular para ver la puesta de sol. De día, probablemente se vea a algún local que osa saltar a las aguas desde las rocas. Hay muchos carromatos que venden buena comida, como papaya fresca con polvo de guindilla. Durante el período neerlandés, a los barcos que se aproximaban a la costa se les hacía señales desde el bastión que coronaba la roca para avisarles del peligro de los escollos (de ahí el nombre). Para alertar aún más de este peligro, se disparaban salvas de mosquete desde la cercana isla Pigeon (paloma). Más tarde, los neerlandeses levantaron un faro que solo sobrevive ya en el nombre de la calle próxima.

★ Puerta antigua LUGAR HISTÓRICO

Un escudo de armas exquisitamente trabajado corona esta puerta por su lado exterior. Dentro del blasón se pueden distinguir perfectamente las letras VOC (Verenigde Oostindische Compagnie; Compañía Neerlandesa de las Indias Orientales), labradas en piedra con el año 1669, flanqueadas por dos leones y coronadas por un gallo. Una parte de las fortificaciones también se utilizaba como almacén de especias.

Puerta principal LUGAR HISTÓRICO

(Lighthouse St) La puerta principal de la sección norte de la muralla es un añadido británico de 1873 para controlar el flujo más intenso de tráfico a la ciudad antigua. Esta parte de la muralla, la más fortificada por estar encarada a tierra firme, primero fue levantada por los portugueses con un foso y después ampliada por los neerlandeses, quienes, en 1667, la dividieron con los bastiones de la Estrella, la Luna y el Sol.

Baluarte del Point Utrecht LUGAR HISTÓRICO

(Hospital St) La sección oriental de la muralla termina en este baluarte, cerca del polvorín, que luce una inscripción en neerlandés de 1782. Hoy lo ocupa el **faro** (Hospital St) de Galle.

Playa del faro PLAYA

(fuera de Hospital St) Al este de Fort se extiende una delgada franja de arena que no está muy bien para bañarse porque hay rocas y suele estar sucia.

Dentro de Fort

Casi todos los edificios más antiguos intramuros son de la época neerlandesa. Muchas calles aún llevan el nombre en ese idioma o son traducciones textuales. Además, los

Galle

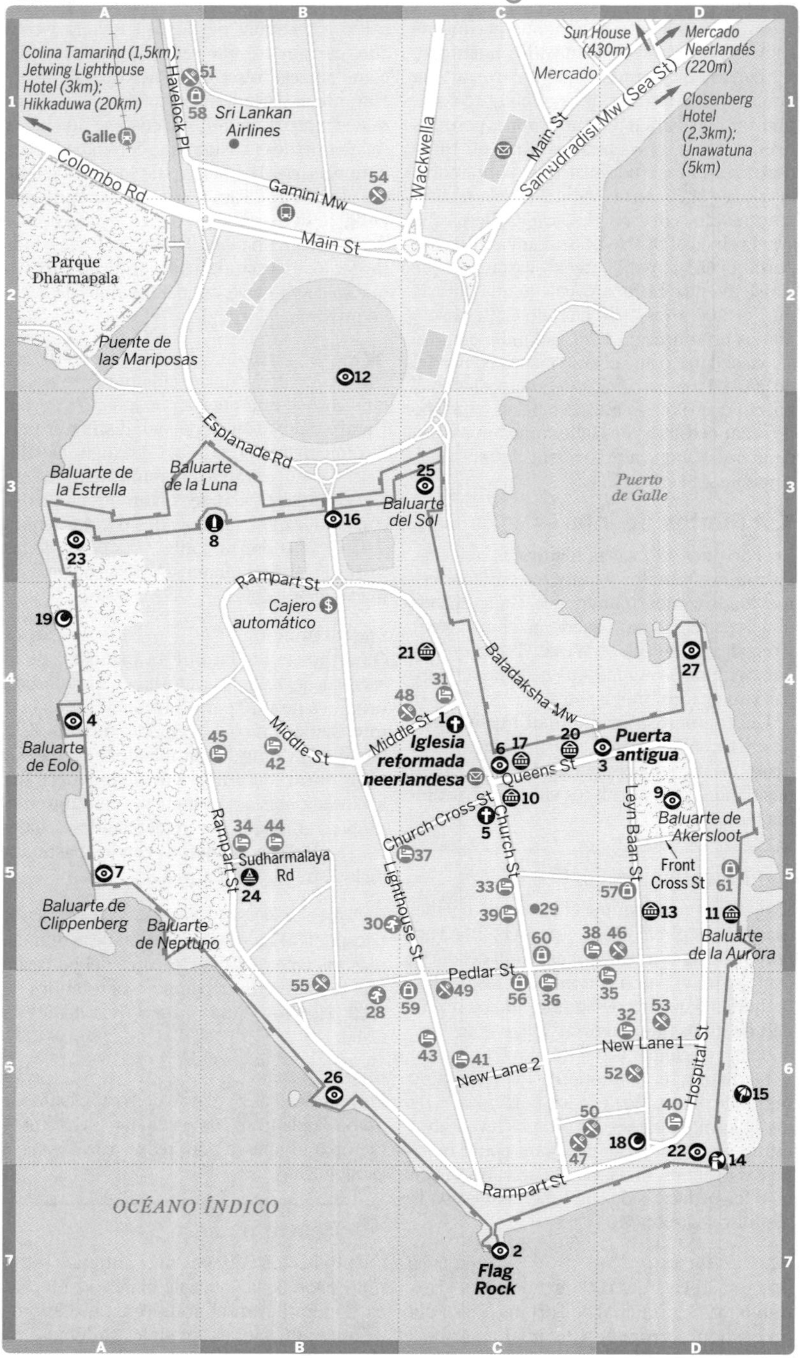
0 200 m
A
B
C
D
1
2
3
4
5
6
7
Colina Tamarind (1,5km); Jetwing Lighthouse Hotel (3km); Hikkaduwa (20km)
Galle
Havelock Pl
51
58
Sri Lankan Airlines
Sun House (430m)
Mercado Neerlandés (220m)
Mercado
Closenberg Hotel (2,3km); Unawatuna (5km)
Main St
Samudradisi Mw (Sea St)
Wackwella
Colombo Rd
Gamini Mw
54
Main St
Parque Dharmapala
Puente de las Mariposas
12
Esplanade Rd
Baluarte de la Estrella
Baluarte de la Luna
25
Baluarte del Sol
Puerto de Galle
23
8
16
Rampart St
Cajero automático
19
21
Baladaksha Mw
27
48
31
4
45
42
Middle St
Middle St
1
Iglesia reformada neerlandesa
6
17
20
3
Puerta antigua
Baluarte de Eolo
Queens St
10
9
Baluarte de Akersloot
Leyn Baan St
Church Cross St
5
Church St
Front Cross St
34
44
Sudharmalaya Rd
Rampart St
37
Lighthouse St
7
24
33
57
61
Baluarte de Clippenberg
Baluarte de Neptuno
39
29
13
11
30
60
38
46
Baluarte de la Aurora
55
28
59
Pedlar St
49
56
36
35
32
53
43
41
New Lane 2
New Lane 1
52
26
Hospital St
15
50
40
47
18
22
14
Rampart St
OCÉANO ÍNDICO
2
Flag Rock

Galle

Principales puntos de interés
1 Iglesia reformada neerlandesa C4
2 Flag Rock C7
3 Puerta antigua D4

Puntos de interés
4 Baluarte de Eolo A4
5 Iglesia anglicana de Todos los Santos . C5
Amangalla .... (véase 31)
6 Campanario C4
7 Baluarte de Clippenberg A5
8 Torre del reloj B3
9 Court Square D5
10 Casa del gobernador neerlandés C5
11 Hospital Neerlandés D5
12 Estadio de críquet de Galle B2
13 Mansión histórica D5
14 Faro D6
15 Playa del faro D6
16 Puerta principal B3
17 Museo Arqueológico Marino C4
18 Mezquita de Meeran D6
19 Tumba del santón musulmán A4
20 Museo Nacional Marítimo C4
21 Museo Nacional C4
22 Baluarte del Point Utrecht D6
23 Baluarte de la Estrella A3
24 Templo de Sudharmalaya B5
25 Baluarte del Sol C3
26 Baluarte de Tritón B6
27 Baluarte Negro D4

Actividades, cursos y circuitos
28 Galle Fort Spa B6
29 Galle Fort Tours C5
Galle Fort Walks .... (véase 53)
30 Spa Sandeshaya B5

Dónde dormir
31 Amangalla C4
32 Antic Guesthouse D6
33 Fort Bazaar C5
34 Fort Dew Guesthouse B5
35 Fort Inn D6
36 Fort Printers C6
37 Fortaleza C5
38 Frangipani Motel C5
39 Galle Fort Hotel C5
40 Light House View Inn D6
41 Mrs ND Wijenayake's Guest House C6
42 New Old Dutch House B4
43 Pedlar's Inn Hostel C6
44 Pilgrim's Hostel B5
45 Seagreen Guest House B4

Dónde comer
46 Cafe Punto D5
Church Street Social .... (véase 33)
47 Dairy King C6
48 Elita Restaurant C4
Fort Printers .... (véase 36)
49 Heritage Cafe C6
50 Mamas Galle Fort Cafe C6
51 Old Railway Cafe A1
52 Royal Dutch Cafe D6
53 Serendipity Arts Cafe D6
54 South Ceylon Bakery B1
55 Spoon's Cafe B6

Dónde beber y vida nocturna
Amangalla .... (véase 31)

De compras
56 Barefoot C6
57 Olanda Antiques D5
58 Old Railway A1
59 Shoba Display Gallery C6
60 Stick No Bills C5
61 Withered Leaves D5

neerlandeses trazaron un complejo sistema de alcantarillado que las mareas limpiaban a diario. Con verdadera eficiencia, después criaban ratas almizcleras en las alcantarillas, que se exportaban por su aceite.

Aquellos que visitaron Galle hace 20 años se llevarán una grata sorpresa: esas calles otrora maltrechas hoy han recuperado su esplendor con pulidos adoquines y se han reformado infinidad de edificios, y las obras continúan.

★Iglesia reformada neerlandesa IGLESIA
(Groote Kerk; esq. Church St y Middle St; ⌚9.00-17.00) Se construyó inicialmente en 1640, pero el actual edificio data de 1752. El suelo está enlosado con lápidas de antiguos cementerios neerlandeses, y también merecen destacarse el órgano y un imponente púlpito de ébano Makassar protegido por un señorial baldaquino hexagonal. El portero explica amablemente el monumento –un poco raro– de madera tallada en recuerdo a un antiguo comandante de Galle, Abraham Samlant; al parecer el diminuto camisón es con el que fue bautizado.

Museo de Arqueología Marina MUSEO
(Church St; adultos/niños 710/355 LKR; ⌚8.00-17.00) Este espacioso museo ocupa un colosal y laberíntico almacén neerlandés de especias de finales del s. XVII. Al principio formaba parte de la puerta principal de Fort y aún hoy está integrado en sus murallas. Se pasa un vídeo introductorio para contextualizar y hay

muestras interactivas que descubren el pasado marítimo local y los muchos naufragios acaecidos en esta costa.

Museo Nacional Marítimo MUSEO

(Queens St; adultos/niños 300/150 LKR; ⏲9.00-16.30 ma-sa) En las antiguas murallas, se recomienda este pequeño museo por su esqueleto de un rorcual de Bryde y por una maqueta que explica bien cómo ocurren los tsunamis. Además hay vetustas muestras que ilustran pretéritas técnicas de pesca y ejemplos de barcos locales.

Hospital Neerlandés EDIFICIO HISTÓRICO

(Hospital St) Tras una exhaustiva restauración, este enorme y emblemático edificio colonial porticado del s. XVIII acoge hoy tiendas de lo más variado y buenos restaurantes. Su tamaño se explica porque el viaje hasta Ceilán y la vida en el trópico demostraron ser muy nocivos para la salud de los europeos, que morían como moscas por culpa de las enfermedades y del calor tropical. Su balconada superior brinda vistas fabulosas de la bahía.

Mansión histórica EDIFICIO HISTÓRICO

(31-39 Leyn Baan St; ⏲9.00-18.00) GRATIS Esta casa de Fort (de la época neerlandesa) parece más un negocio de anticuario que un museo, pues custodia la colección privada de toda una vida de una familia local. Muchas piezas expuestas están en venta; hay infinidad de objetos coloniales, máquinas de escribir antiguas, porcelana de la VOC y joyas. Además se verán artesanos que pulen gemas y tejen encajes; un guía ofrece recorridos.

Amangalla EDIFICIO HISTÓRICO

(10 Church St) El Amangalla se construyó en 1684 para acoger al gobernador y otros oficiales neerlandeses. Más tarde, ya como New Oriental Hotel, era el alojamiento escogido por los pasajeros de 1ª clase de los barcos de P&O que viajaban a/desde Europa en el s. XIX. Durante casi todo el s. XX permaneció en un estado de casi abandono, cuando lo gestionaba la legendaria Nesta Brohier, una distinguida señora que había nacido en la habitación nº 25.

Museo Nacional MUSEO

(☎091-223 2051; Church St; adultos/niños 300/150 LKR; ⏲9.00-17.00 ma-sa) Este museo ocupa un edificio neerlandés de 1686, presumiblemente el más antiguo de Galle. Las exposiciones pecan de pasadas de moda pero incluyen información sobre la elaboración de encajes, máscaras tradicionales y objetos religiosos.

Circuito a pie
Fort histórico

INICIO TORRE DEL RELOJ
FINAL TORRE DEL RELOJ
DISTANCIA 2,75 KM; 3-4 H

Este recorrido atraviesa cuatro siglos de historia. Se recomienda no ceñirse estrictamente al itinerario y perderse un poco por Fort, lleno de sorpresas.

Se empieza en la 1 **torre del reloj,** que, a diferencia de muchas de las que hay por todo el mundo, muestra el tiempo exacto gracias a su precisa maquinaria –británica– (1882). Desde aquí se visita la ciudad nueva, y el estadio de críquet, con su incesante barullo. Se baja por el lado interior de la muralla y se para en la 2 **puerta principal** (p. 117), construida por los británicos. Evítense los *tuk-tuks* y crúcese Lighthouse St, para seguir por la muralla hasta el baluarte del Sol, con sus bonitas vistas del puerto.

Hay que apartarse de la muralla y seguir Church St hasta el corazón de la antigua Galle neerlandesa, donde aguardan los preciosos porches del hotel 3 **Amangalla** (p. 120), para luego cruzar Middle St hasta los confines de la 4 **iglesia reformada neerlandesa** (p. 119). El 5 **campanario** de enfrente, de 1901, tañe para alertar de posibles tsunamis. Se sigue al sur por Church St hasta la 6 **iglesia anglicana de Todos los Santos,** en la esquina de Church Cross St. Construida entre 1868 y 1871, esta recia estructura de piedra no desentonaría en una aldea inglesa. Dejar un donativo en el cepillo es un buen gesto, pues el edificio requiere reformas constantes. Más al sur está la impresionante fachada del hotel 7 **Fort Bazaar** (p. 124), del s. XVII.

Se retrocede un poco para luego girar al este por Queens St. La 8 **casa del gobernador neerlandés,** de 1683, es encomiable. Sobre la puerta figura una losa con la fecha 1683 y el símbolo del gallo de Galle. Ahora se baja por la moderada cuesta para detenerse a admirar ambos lados de la 9 **puerta antigua** (p. 117), y se regresa a la muralla sin parar hasta la esquina noreste de Fort y el 10 **baluarte Negro** (Zwart), al parecer construido por los portugueses, el más antiguo de los de Fort, con tramos de 1580.

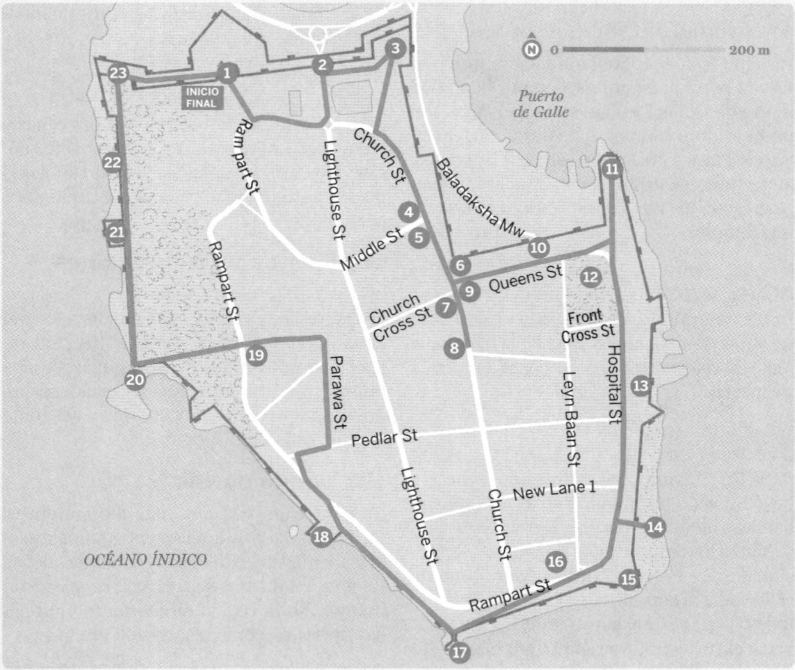

Se baja por la explanada arbolada de 11 **Court Square.** Tal y como indica su nombre, está rodeada por varios juzgados y dependencias relacionadas con ellos. Entre semana se verá a gente inquieta debajo de la enorme higuera de Bengala, a la espera de su turno para entrar. Por Hospital St hacia el sur se llega al 12 **Hospital Neerlandés** (p. 120), en su día lleno de enfermos de peste y hoy ocupado por cafés elegantes. Quizá hasta dé tiempo de darse un baño en la 13 **playa del faro** (p. 117).

En la esquina sureste de Fort no hay que perderse el 15 **faro** (p. 117). Al oeste, en Rampart St, se halla la blanca, reluciente e imponente 14 **mezquita de Meeran,** epicentro de la vigorosa comunidad musulmana de Galle. Al oeste se llega a la 15 **Flag Rock** (p. 117), un buen sitio para divisar todos esos escollos causantes de decenas de naufragios a lo largo de los siglos. Un paseo por las murallas hacia el noroeste conduce hasta el 16 **baluarte de Tritón,** ideal para contemplar el atardecer.

A continuación se baja de la muralla y se va a Pedlar St, flaqueada por cafés, y se toma al norte por Parawa St. Estas dos estrechas manzanas albergan algunas de las antiguas casas coloniales neerlandesas más típicas, incluidas recias columnas y porches con sombra. Se vira el oeste y, en la esquina de Rampart St, se verá el 17 **templo de Sudharmalaya,** con su maciza *dagoba* y un gran Buda reclinado. Si la visita coincide con la luna llena, seguro que se verán todo tipo de ceremonias y muchas lucecitas de colores y velas al caer la noche.

De vuelta a la muralla, se sube al 18 **baluarte de Clippenberg.** Entre el oleaje, normalmente manso, se podrán ver por entre las rocas y la arena tortugas que se alimentan al anochecer. Se recomienda enfilar al norte por la muralla y disfrutar del prado que hasta hace poco pertenecía a la base militar de Galle.

Al norte del 19 **baluarte de Eolo,** búsquese la pequeña 20 **tumba del santón musulmán** Dathini Ziryam, delante de la muralla. En la esquina noroeste de Fort, nada mejor que hacer una pausa en el 21 **baluarte de la Estrella,** con muestras del oscuro pasado de la zona; los neerlandeses dieron a las fortificaciones diversas utilidades, según el momento, entre ellas las de prisión y barracones de esclavos. El circuito se cierra en el punto de partida, la torre del reloj.

Ciudad nueva

Aunque Fort acapare la atención, también vale la pena darse un garbeo por la ciudad nueva de Galle. Las tiendas y mercados son un hervidero todo el día. Por su parte, Havelock Place, cerca de la estación de trenes, atrae interesantes negocios que no pueden permitirse los alquileres siempre al alza de intramuros.

Mercado Neerlandés MERCADO

(Main St; ⏲7.00-18.00) Todo un despliegue de frutas y verduras bajo un tejado de 300 años sostenido por columnas. Está en la transitada Main St, cerca de otros vendedores de comida y especias.

Estadio Internacional de Críquet de Galle ESTADIO

(Main St) El campo de críquet de Galle era hace un siglo un hipódromo donde apostaban los colonos británicos. Desde 1998, aquí se han disputado partidos de críquet internacionales; en el 2010, Muttiah Muralitharan, el legendario lanzador de Sri Lanka, jugó por última vez. Desde el baluarte del Sol las vistas hacia el sur del campo son fabulosas.

Actividades y circuitos

Spa Sandeshaya SPA

(☎071 740 8494; www.spasandeshaya.com; 44 Lighthouse St; ⏲10.00-19.00) *Spa* profesional que cuenta con excelentes masajistas terapéuticos en un impresionante edificio *art-déco*. Un masaje podal y exfoliante cuesta 3500 LKR, y uno de espalda, desde 4000 LKR.

Galle Fort Spa SPA

(☎077 725 2502; www.gallefortspa.com; 63 Pedlar St; masaje por hora desde 5500 LKR; ⏲10.00-18.30 lu-sa) *Spa* de categoría con una buena oferta de terapias (pruébese el masaje de la serenidad) y servicios (impecables manicuras y pedicuras incl.), con productos, bálsamos y lociones de primera.

★ **Galle Fort Walks** PASEOS

(☎077 683 8659; julietcoombe@yahoo.com.au; Serendipity Arts Cafe, 60 Leyn Baan St; circuitos desde 25 US$) La escritora y fotógrafa Juliet Coombe organiza excelentes paseos por Fort, como el Mystical Fort Tour, que indaga en las leyendas y mitos locales, y el Meet the Artists, que permite asistir a un curso de elaboración de máscaras (si se avisa 24 h antes). También ofrece un recorrido nocturno para descubrir las tradiciones y leyendas de la magia negra de la ciudad y fantásticos itinerarios culinarios (comida callejera incl.).

Galle Fort Tours CIRCUITOS

(Church St; circuitos desde 3000 LKR; ⏲9.00-17.00) Algunos conductores de *tuk-tuk* ofrecen circuitos por Galle, pero por Fort es mejor pasear. Esperan cerca del Galle Fort Hotel o la puerta antigua. Estos chicos son todo unos personajes.

Fiestas y celebraciones

Festival Literario de Galle CULTURAL

(www.galleliteraryfestival.com; ⏲ene) Este festival anual, uno de los acontecimientos culturales más importantes de Sri Lanka, reúne a famosos escritores asiáticos y occidentales, que imparten talleres y charlas y asisten a almuerzos y cenas literarios.

Dónde dormir

En Fort cada vez hay más alojamientos, incluidos algunos hoteles patrimoniales sobresalientes, pero la oferta económica flojea. En temporada alta, se aconseja reservar con tiempo. En la región circundante también hay opciones, como resorts con piscina.

Fort

★ **Pilgrim's Hostel** ALBERGUE $

(☎077 698 0257; pilgrimsgalle@yahoo.com; 6 Sudharmalaya Rd; dc 13 US$;) Casi delante del templo budista de Sudharmalaya, este excelente y nuevo albergue propone dos dormitorios colectivos y mixtos de primera, con camas con lámpara de lectura, ventilador, mosquitera y enchufe. El desayuno está incluido y hay un comedor comunitario que está bien para tomarse un té o unas cervezas.

Pedlar's Inn Hostel PENSIÓN $

(☎091-222 7443; www.pedlarsinn.com; 62 Lighthouse St; dc 12-17 US$, h 50-60 US$;) Pensión luminosa y sugerente con habitaciones resultonas con tres o cuatro camas, ventilador y lámparas de lectura y taquillas, más dos privadas con aire acondicionado. Alquilan bicicletas y hay bufé de desayuno.

Mrs ND Wijenayake's Guest House PENSIÓN $

(Beach Haven; ☎091-223 4663; www.beachhavengalle.com; 65 Lighthouse St; h 2500-6000 LKR;) La maravillosa Sra. Wijenayake y su familia llevan desde 1968 al frente de esta cómoda pensión para mochileros. Tiene habitaciones sencillas y limpias con baños compartidos y otras más lujosas con aire acondicionado, todas con mosquiteras. El cofundador de Lonely Planet, Tony Wheeler, alargó su estancia aquí en 1977.

Light House View Inn PENSIÓN **$**
(☎091-223 2056; www.lighthouseviewinn.com; 44 Hospital St; h básica 2500 LKR, h con ventilador/a.a. 3500/7000 LKR; ❄📶) Pensión económica y popular, delante del emblemático faro de Galle. Las habitaciones son menos estimulantes que las vistas (no desde todas), pero pasables; las más económicas comparten baño. La mezquita vecina hace de temprano despertador.

Seagreen Guest House PENSIÓN **$$**
(☎091-224 2754; www.seagreen-guesthouse.com; 19B Rampart St; i/d 45/52 US$; ❄📶) Bonita pensión de elegancia comedida con cinco habitaciones enjalbegadas con coloridas telas indias, detalles decorativos originales y aire acondicionado, algunas de ellas con excelentes vistas del océano. También merecen destacarse los baños, mejores que los de la competencia, y la terraza de la azotea, que regala una estampa sublime del atardecer por encima de la muralla y el Índico. El desayuno se paga aparte.

Frangipani Motel PENSIÓN **$$**
(☎091-222 2324; www.frangipanigallefort.com; 32 Pedlar St; h 45-65 US$; ❄📶) Cómoda pensión de gestión familiar con habitaciones en dos edificios a ambos lados de Pedlar St, de cinco precios diferentes; las más caras tienen dos camas de matrimonio y todas incluyen aire acondicionado, pero solo una posee baño incorporado. El interiorismo roza lo *kitsch* pero hay un bonito jardín delantero y todo está cuidado.

Fort Dew Guesthouse PENSIÓN **$$**
(☎091-222 4365; www.fortdew.com; 31 Rampart St; h desde 5500 LKR; ❄📶) Al lado de las antiguas murallas de la ciudad, en la parte más plácida de Fort, esta pequeña pensión está decorada sencilla pero exquisitamente con paredes blancas y madera oscura, y las habitaciones disfrutan de balcones compartidos con vistas de las murallas y el mar de fondo. Hay un bar y café en la terraza de la azotea.

New Old Dutch House HOTEL **$$**
(☎091-223 2987; www.newolddutchhouse.lk; 21 Middle St; h 44-55 US$; ❄📶) Este hotel (de nombre temporalmente impreciso) tiene habitaciones espaciosas y de buen gusto, con suelos de madera pulida, bonitas camas mullidas, televisión por satélite, nevera y aire acondicionado. Se puede desayunar bajo los chirimoyos del patio.

Fort Inn PENSIÓN **$$**
(☎091-224 8094; rasikafortinn@yahoo.com; 31 Pedlar St; h 3500-5000 LKR; ❄@📶) Un dueño simpático, habitaciones aceptables (desde muy baratas algo estrechas hasta con nevera y aire acondicionado las más caras) y un balcón ideal para ver el bullicio de la calle.

★ **Fort Printers** HOTEL-BOUTIQUE **$$$**
(☎091-224 7977; www.thefortprinters.com; 39 Pedlar St; h 185-190 US$; ❄@📶🏊) En pleno centro de Fort, este imponente edificio de 1825, que antaño acogió una imprenta y después una escuela, hoy está dividido en una sección más antigua con habitaciones muy amplias bajo enormes vigas de madera, y otra con estancias más contemporáneas con un interiorismo impecable. El restaurante de la casa (p. 125) es uno de los mejores de Galle.

★ **Antic Guesthouse** HOTEL-BOUTIQUE **$$$**
(☎077 901 9324; www.antic.lk; 3 New Lane 1; h 60-75 US$; ❄📶) Unos dueños agradables y aficionados al arte, con buen ojo para el diseño, se han esmerado en transformar esta finca histórica en un sugerente alojamiento: iluminación moderna, suelos de tarima y magia

LECTURAS SOBRE GALLE

Los siguientes libros pueden encontrarse en las tiendas de Fort.

- *Galle: As Quiet As Asleep*, de Norah Roberts. Esta veterana bibliotecaria de Galle ofrece una interesante y amena versión de la historia local.
- *Around the Fort in 80 Lives*, de Juliet Coombe y Daisy Perry. Retratos de residentes de Fort que explican historias asombrosas y reveladoras.
- *Drawn to Galle Fort*, de Juliet Coombe. Esta guía exhaustiva incluye paseos temáticos por Fort y suculenta información sobre la ciudad nueva y demás lugares de interés.
- *Galle Fort*, de Mark Thompson y Karl Steinberg. Un circuito compacto y minuciosamente ilustrado por los lugares Patrimonio Mundial de la Unesco.

costera, pero también aire acondicionado, TV de pantalla plana y secadores de pelo, entre otras comodidades modernas. El precio incluye un delicioso desayuno.

★ **Fort Bazaar** HOTEL PATRIMONIAL $$$
(☎077 363 8381; www.teardrop-hotels.com/fortbazaar; 26 Church St; h/ste desde 175/295 US$; ❄@📶) Nueve años de restauración ha transformado esta casa unifamiliar del s. XVII en uno de los hoteles más evocadores de Galle, con 18 grandes habitaciones y suites fabulosas, cada una con su máquina de café exprés, espléndidos baño y acabados en tonos naturales. También aloja el excelente restaurante y bar Church Street Social, una pequeña biblioteca y un *spa*. Aún no hay piscina, pero está prevista su construcción.

Amangalla HOTEL-BOUTIQUE $$$
(☎091-223 3388; www.amanresorts.com; 10 Church St; h desde 500 US$; ❄@📶🏊) Este hotel de la cadena Aman ocupa uno de los edificios más famosos de Fort, colonialmente exuberante. Por los salones del vestíbulo, todos con suelos de teca pulida y muebles de época, se desliza un personal acicalado con obsequiosos cócteles para los clientes, y aunque propone varios tipos de habitaciones, todas son lujosas, con camas con dosel, si bien las menos caras tienden a pequeñas. En su anterior fase como New Oriental Hotel, el edificio acogió a generaciones de viajeros. Aún se pueden recordar aquellos días (y a la familia neerlandesa que lo gestionaba) en la biblioteca o la piscina, dos poderosas razones para salir de la habitación.

Galle Fort Hotel HOTEL-BOUTIQUE $$$
(☎091-223 2870; www.galleforthotel.com; 28 Church St; h/ste desde 310/375 US$; ❄@📶🏊) Tras una renovación premiada por la Unesco, esta antigua casa de un mercader neerlandés del s. XVII se ha convertido en un imponente hotel-*boutique*. Cada habitación es diferente (p. ej., algunas de dos niveles y otras de planta entera), pero sin distracciones como TV, para que el cliente disfrute de la piscina del patio y de la serenidad general del lugar.

Fortaleza HOTEL-BOUTIQUE $$$
(☎091-223 3415; www.fortaleza.lk; 9 Church Cross St; h 125-165 US$; ❄📶) Este fabuloso hotelito, antaño un almacén de especias, ofrece habitaciones de lujo informal, con muebles de aire colonial pero sin pomposidad, y baños espaciosos. Se recomienda la llamada Library Room, con su gran ventana circular.

Alrededores de Galle

Maggie Garden Hostel ALBERGUE $
(☎091-223 2836; www.facebook.com/maggiehostel; 492 Dangedera Mawatha; dc 10 US$, h 30-45 US$; @📶) Este albergue nuevo está 3 km tierra adentro desde Fort, accesible en autobús, triciclo o bicicleta. El edificio colindante es de lo más atractivo y hay un bonito jardín y una cocina a disposición de los clientes. Los precios están bien a juzgar por la calidad de los dormitorios colectivos (mixtos y solo para mujeres) y de las habitaciones privadas, en ambos casos con aire acondicionado.

Tamarind Hill HOTEL-BOUTIQUE $$$
(☎091-222 6568; www.asialeisure.lk; 288 Galle Rd; h/ste desde 160/270 US$; ❄📶🏊) Esta antigua mansión de un almirante británico del s. XIX ahora es un maravilloso hotel-*boutique* con 10 habitaciones de lujo, un servicio intachable y una piscina rodeada de selva. Las habitaciones se reparten por unas largas alas porticadas y están amuebladas con antigüedades, óleos y alfombras orientales. Los clientes pueden moverse libremente por el salón de techos altos, el comedor y el bar. Está 2 km al oeste de la ciudad nueva.

Sun House HOTEL-BOUTIQUE $$$
(☎091-438 0275; www.thesunhouse.com; 18 Upper Dickson Rd; h/ste desde 160/240 US$; ❄📶🏊) Esta refinada y antigua villa, construida en la década de 1860 por un mercader escocés de especias, está en la colina que protege la ciudad nueva. Tiene ocho habitaciones de tamaño distinto, aunque hasta la más pequeña es una joya en cuanto a la decoración. Hay una buena colección de libros para ojear en el salón, un bonito jardín y ricos platos en el restaurante.

Jetwing Lighthouse Hotel RESORT $$$
(☎091-222 3744; www.jetwinghotels.com/jetwinglighthouse; Galle Rd; h desde 220 US$; ❄@📶🏊) Geoffrey Bawa, el mítico arquitecto ceilandés, proyectó algunas zonas de este gran complejo hotelero, 3 km cuesta arriba desde Fort. Las habitaciones y los restaurantes son encomiables, pero su mejor baza es la privilegiada ubicación junto al océano, la playa privada y dos piscinas fabulosas (una de 40 m).

Closenberg Hotel HOTEL HISTÓRICO $$$
(☎091-222 4313; www.closenberghotel.com; 11 Closenberg Rd; h 90-130 US$; ❄@📶🏊) Construido como la residencia de un capitán de barco de P&O en el cénit de la supremacía mercantil británica, este laberíntico hotel corona un

promontorio con vistas al puerto de Galle y Fort (5 min al oeste en *tuk-tuk*). Las habitaciones, aunque cómodas y evocadoras, necesitan una actualización. Hay una bonita piscina de horizonte infinito.

Dónde comer

Como la ciudad se acuesta pronto, se recomienda cenar antes de las 21.00. Conviene saber que en muchos sitios no se sirve alcohol (ni siquiera cerveza).

Fort

Dentro de Fort están los mejores sitios para comer, sobre todo por el marco. Pero hay que tener en cuenta que pocos lugares tienen aire acondicionado, de modo que, para una cita romántica, mejor optar por la cena.

Dairy King POSTRES $
(☎091-222 5583; 69A Church St; dulces desde 250 LKR; ⏱11.00-22.00) En el veterano mostrador de la familia King aún sirven los mejores helados de Galle; el de anacardo crujiente y el de maracuyá están buenísimos; también venden tartas muy sabrosas.

★ **Spoon's Cafe** CEILANDESA $$
(☎077 938 3340; 100 Pedlar St; comidas desde 450 LKR; ⏱11.00-21.00) En este minúsculo café (solo cuatro mesas) sirven genuino arroz con curri al estilo de Galle, que no tiene parangón. El chef Shamil Roshan Careem pertenece a una de las familias con más solera de Fort y prepara recetas tradicionales familiares. De postre, el "Silk Route Toffee" (*toffee* de la ruta de la Seda) es adictivo.

★ **Royal Dutch Cafe** CAFÉ $$
(☎077 177 4949; 72 Leyn Baan St; comidas 550-850 LKR; ⏱8.00-19.00; 📶) El letrero reza "Relax Zone", y qué mejor que sentarse con el dueño del café, Fazal Badurdeen, y disfrutar de su millón de anécdotas. Pero también hay infinidad de tés y cafés, de canela a cardamomo o jengibre, y una reducida carta de curris y buenas tortitas de banana para desayunar.

Dentro solo hay cuatro mesas, pero la terraza porticada es una ventana a la vida exterior.

Mamas Galle Fort Cafe CEILANDESA $$
(☎091-223 5214; 67 Church St; principales 450-750 LKR; ⏱11.00-21.00) Malini Perera y sus hijas hace décadas que atienden a viajeros deseosos de un buen curri, aunque los precios han subido. El desayuno, occidental u oriental (con *hoppers*), es generoso y delicioso. En sus **clases de cocina** (30 US$) se visita el mercado de la ciudad nueva.

Serendipity Arts Cafe INTERNACIONAL $$
(☎091-224 6815; 65 Leyn Baan St; comidas 500-900 LKR; ⏱8.00-21.00; 📶) Este café bohemio propone una carta de fusión que incluye sándwiches occidentales y curris orientales, zumos y batidos elaborados al instante, canastitas *(hoppers)* con beicon y huevos, y café americano. El lugar es muy informal, con un bonito patio, y objetos decorativos originales.

Heritage Cafe INTERNACIONAL $$
(☎091-224 6668; 53 Lighthouse St; comidas 500-950 LKR; ⏱8.00-22.00; 📶) Hay de todo: sándwiches, pasta, filetes y, claro, curris. Se puede comer al sol en la terraza, dentro, bajo los ventiladores, o en el patio ajardinado. Otra opción es tomar solo un zumo fresco, un batido o un café con hielo, particularmente recomendable durante esos días tan calurosos de Galle.

Cafe Punto CEILANDESA $$
(42 Pedlar St; comidas 500-800 LKR; ⏱11.00-21.00) Los elogios que recibe su arroz con curri son mucho más grandes que su estrecho comedor. También sirven deliciosos platos de arroz frito y de fideos al estilo chino, y un aceptable *fish and chips,* además de *lassis,* zumos y coco natural a buenos precios.

★ **Fort Printers** INTERNACIONAL $$$
(☎091-224 7977; www.thefortprinters.com; 39 Pedlar St; comidas 1000-1800 LKR; 📶) Este restaurante de hotel es ideal para una comida inolvidable. Propone una carta concisa con pescado y marisco frescos y productos de cultivo ecológico de proximidad. Los platos de inspiración mediterránea (p. ej., pata de cabrito a fuego lento) están especialmente ricos, aunque el tradicional arroz con curri ceilandés no se queda atrás. Se puede comer en el patio trasero a la sombra de franchipanes o en el imponente comedor.

★ **Church Street Social** INTERNACIONAL $$$
(☎077 007 2597; www.teardrop-hotels.com; Fort Bazaar Hotel, 26 Church St; comidas 1200-3500 LKR; ⏱7.00-22.00; 📶) Este sofisticado restaurante de hotel es la escapada perfecta a las sofocantes calles de Galle. La comida es estupenda, servida en comedores formales que aúnan estilo colonial e iluminación contemporánea, y variada, con opciones como sándwiches, flautas y hamburguesas, entrantes como *sashimi* de atún y principales como tayín de cordero o solomillo de cerdo.

Elita Restaurant PESCADO Y MARISCO $$$
(☎077 242 3442; www.facebook.com/elita.restaurant; 34 Middle St; comidas 650-2000 LKR; ⏰8.00-23.00) En los 13 años que Krishantha Suranjith pasó en Bélgica aprendió muchos trucos de cómo preparar el marisco, como lo demuestra en su restaurante, con unas vistas maravillosas del faro y del puerto, ya sea en una mesa delantera o en el coqueto comedor de arriba.

Ciudad Nueva

South Ceylon Bakery CEILANDESA $
(☎091-223 4500; 6 Gamini Mawatha; tentempiés 100-300 LKR; ⏰8.30-21.00) Enfrente de la estación de autobuses, este lugar para almorzar, con su irresistible plantel de comidas ligeras dulces y saladas y exquisitos curris, es el local más auténtico de la ciudad nueva.

★ **Old Railway Cafe** CAFÉ $$
(☎077 626 3400; www.theoldrailwaycafe.wordpress.com; 42 Havelock Pl; principales 600-900 LKR; ⏰10.00-18.00 lu-sa; 📶) Justo al otro lado del canal desde la susodicha estación, este moderno café en un 1er piso desprende un ambiente bohemio con sus muebles desparejados pero con mucha gracia. La irresistible carta incluye sopas, ensaladas y principales creativos, tales como la hamburguesa de pollo con costra de pesto y acompañada con ensalada de repollo, además de café exprés y zumos naturales. Después de comer, se puede curiosear en la tienda de ropa, joyas y bolsos de la planta baja.

Dónde beber y vida nocturna

Galle no es famosa por su vida nocturna, pero algún sitio hay para tomarse una copa tranquila.

Amangalla COCTELERÍA
(☎091-223 3388; www.aman.com/resorts/amangalla; 10 Church St; ⏰11.00-23.00; 📶) Para soñar despierto mientras se toma un exquisito combinado (cócteles sin/con alcohol 800/1200 LKR) o un buen vino en el emblemático hotel de Galle. El marco, sea en la elegante veranda delantera o en el señorial *lounge* Zaal, es, en una palabra, impresionante.

De compras

La historia de Galle convierte a la ciudad en un lugar natural para comprar antigüedades. Pero es que, además, también hay cada vez más tiendas de diseñadores y *boutiques* de categoría. En la ciudad nueva, muchos comercios cierran los domingos.

★ **Withered Leaves** TÉ
(☎077 225 0621; www.witheredleaves.com; Hospital Neerlandés, Hospital Rd) Tienda especializada en tés con una increíble amalgama de variedades: verdes, blancos, de Ceilán, mixtos y de una sola finca. Los vendedores saben mucho y no agobian en absoluto.

★ **Stick No Bills** ARTE
(☎091-224 2504; www.sticknobillsonline.com; 35 Church St; ⏰8.00-20.00) Exquisitas reproducciones de pósteres (3000 LKR) y postales (350 LKR) de Sri Lanka. Muchas de las imágenes *vintage* de aerolíneas reflejan una Ceilán de ensueño. Los carteles de películas clásicas tampoco tienen desperdicio.

★ **Shoba Display Gallery** ARTE Y ARTESANÍA
(☎091-222 4351; www.shobafashion.org; 67A Pedlar St; ⏰7.30-22.00) 🍃 Aquí se hacen preciosos encajes. La tienda enseña artesanías en declive a mujeres locales y les garantiza un precio justo por su trabajo. Aunque no se compre nada, se aconseja entrar para ver cómo trabajan, o apuntarse a un curso para aprender a confeccionarlos (2000 LKR), o para trabajar el papel (1800 LKR). Hay un pequeño café.

Old Railway ROPA
(☎077 626 3400; www.theoldrailwaycafe.wordpress.com; 42 Havelock St; ⏰10.00-18.00 lu-sa) Una tienda variada e interesante donde gran parte de la ropa, joyas, bolsos, juguetes y artículos de regalo son de diseño propio, elaborados con materiales de proximidad y creados *in situ*. Se recomienda subir al café del 1er piso.

Barefoot ARTE Y ARTESANÍA
(☎091-222 6299; www.barefootceylon.com; 41 Pedlar St; ⏰9.00-20.00 lu-sa, 10.00-18.00 do) *Boutique* chic de coloridas prendas locales, joyas, ropa de cama y alfombras, artesanía variada y objetos de regalo. La sección de libros tiene una selección de títulos sobre Sri Lanka.

Olanda Antiques ANTIGÜEDADES
(☎091-223 4398; www.olandafurniture.com; 30 Leyn Baan St; ⏰9.00-18.00) Esta casa colonial neerlandesa custodia una enorme cueva de Aladino entre cuyos tesoros hay muebles antiguos y reproducciones muy fidedignas, más un café adjunto. Como orientación, hay un Austin de 1936 y un Morris Minos de 1945 aparcados fuera.

PASEOS CORTOS

Unawatuna y alrededores tientan con muchos y buenos paseos. Desde lo alto de la colina de detrás de la carretera de Yaddehimulla hay buenas vistas, con el Fort de Galle en lontananza.

Otra buena opción es andar hacia el norte y rodear el saliente rocoso del extremo oeste de la playa hasta **Rumassala,** conocida por sus huertos de hierbas medicinales. Cuenta la leyenda que Hanuman, el rey mono, dejó caer aquí las hierbas que traía desde el Himalaya.

También se puede subir a la cimera e impresionante **pagoda de la Paz de Rumassala** GRATIS construida por monjes budistas japoneses de la escuela mahayana en el 2005, como parte de su plan de levantar templos de la paz en zonas en conflicto (la guerra en Sri Lanka era cruenta en esa época). Se trata de una excursión (pronunciada) de 20 min desde el extremo oeste de la playa de Unawatuna.

La aislada **Jungle Beach,** en el lado norte de la península, también es un destino popular, pero si no apetece enfrentarse a los 2 km de cuesta entre la densa jungla hasta esta bahía, se puede ir en ciclomotor o en *tuk-tuk* por la carretera Galle-Matara. Es uno de esos lugares secretos que todo el mundo conoce; hay un par de calas de arena, algunos lugares frente a la costa para bucear (aunque el arrecife está degradado) y un café donde los miércoles en temporada alta se celebran excelentes fiestas con DJ.

Información

Aunque hay algunos timadores, un contundente *"I have no interest in anything you have to offer"* ("No tengo ningún interés en lo que me ofrece") debería bastar para disuadirlos. Evítense las zonas oscuras de la muralla por la noche.

Hay bastantes bancos y cajeros automáticos, tanto en Fort como en la ciudad nueva.

Cajero automático (Lighthouse St) En Fort.

Oficina principal de correos (Main St; ⏲8.00-17.00 lu-vi, hasta 13.00 sa) Cerca del mercado.

Oficina de correos (Church St; ⏲8.00-16.30 lu-ju y sa, 8.00-11.45 vi) Hay una pequeña estafeta en Fort.

SriLankan Airlines (☎091-224 6942; 3er piso, 16 Gamini Mawatha) Reservas de vuelos y todo tipo de servicios de viaje.

Cómo llegar y salir

AUTOBÚS

Muchos autobuses comunican los pueblos por la carretera costera, aunque muy pocos tienen aire acondicionado. Salen de la **estación de autobuses** (Main St) de la ciudad nueva y pasan cada 10-20 min entre 4.30 y 20.00 en todas las líneas. Entre los destinos están:

Colombo (por la ctra. costera) 143 LKR, 3¼ h

Hikkaduwa 36 LKR, 30 min

Matara 65 LKR, 1¼ h

Weligama 28 LKR, 40 min

Los autobuses EX001 con aire acondicionado van por la autopista del sur (Southern Expressway) de Colombo a Galle (400-550 LKR, 1½ h, cada 20 min) y utilizan una terminal del barrio de Maharagama, al sur de Colombo; también los hay que salen de Kadawatha. Por la autopista son 2 h menos que por el litoral. Conviene recordar que se pueden tardar hasta 2½ h de Galle al aeropuerto internacional Bandaranaike, un tiempo que se reducirá cuando se abran los tramos adicionales de la autopista.

AUTOMÓVIL

Galle está en una salida de la Southern Expressway, de peaje.

TREN

El que recorre la costa es la forma más panorámica y evocadora de viajar entre Colombo Fort y Galle. Para horarios y precios, consúltese la web www.seat61.com en lugar del portal oficial de Ferrocarriles de Sri Lanka. Como mínimo hay seis expresos diarios Colombo-Matara, que paran en Galle. Además hay uno diario más a las 5.10 Kandy-Galle (2/3ª clase 320/175 LKR, 6½ h), con regreso a las 14.45. La ampliación de la línea del sur hasta Kataragama, al este, se debería haber completado en el 2018.

Entre los destinos están:

Colombo Fort 2/3ª clase 180/100 LKR, 2¼-3½ h, 7-9 diarios

Hikkaduwa 2/3ª clase 40/20 LKR, 30 min, 6-9 diarios

Matara 2/3ª clase 80/40 LKR, 1-1½ h, 5-7 diarios

Unawatuna y alrededores

☎091 / 4800 HAB.

Con playas arropadas con palmeras, aguas color turquesa y todo un abanico de pensiones y restaurantes, Unawatuna gusta mucho a los viajeros. Además, este centro vacacional disfruta de una magnífica ubicación, a solo 6 km de la histórica Galle y con un cabo boscoso al oeste orlado de calitas.

Sin embargo, años de urbanización irresponsable han convertido la zona en un espantoso conjunto de hoteles y restaurantes de cemento hacinados en primera línea de mar y que, por ende, tapan las vistas de la bahía.

La erosión provocada por la chapucera construcción de rompeolas también ha dañado, y mucho, a Unawatuna, en forma de irreparable pérdida de arena en sus míticas playas. En el 2012, el centro vacacional estaba en un estado penoso. Sin embargo, recientemente se han tomado algunas medidas que han mejorado considerablemente la situación: las autoridades ordenaron la extracción de arena del fondo del mar para ensanchar la playa y ahora luce mejor que en muchos años.

En lo que a ambiente se refiere, Unawatuna es una localidad animada pero no escandalosa: en otras palabras, es más de unas copas al atardecer que de una *rave* toda la noche.

Puntos de interés y actividades

En Unawatuna no hay muchas olas para practicar surf debido a un arrecife costero, pero sí un discreto rompiente de derecha en el extremo occidental de la bahía que algunos lugareños surcan. La playa principal está bien para chapotear y practicar *body-surf*. Es fácil alquilar el equipo para salir a bucear con tubo en los arrecifes próximos al extremo occidental de la playa.

Hay varios **pecios** interesantes sumergidos en las aguas de Unawatuna, además de arrecifes y cuevas submarinas. De los primeros cabe destacar el *Lord Nelson*, un carguero que zozobró en el 2000, con un camarote de 15 m. A 30 min en barca al sur de Unawatuna yacen los restos del centenario vapor británico *Rangoon*, de 33 m.

Yatagala Raja Maha Viharaya TEMPLO BUDISTA
(donativo 100 LKR) Tierra adentro de Unawatuna, a 4 km, aguarda este tranquilo templo rupestre y su Buda reclinado de 9 m. Las paredes revestidas de murales están pintadas en el típico estilo del período Kandyan. Los monjes han vivido aquí desde hace 1500 años. Raras veces hay gente, algo que le añade mayor encanto. Poco a poco, mientras se suben los largos tramos de escalera, se abren unas vistas excelentes de los arrozales.

Templo budista TEMPLO BUDISTA
En el extremo oeste de la playa, este pequeño templo budista regala vistas asombrosas de la bahía, si bien un monje vigila que nadie se tumbe a la sombra con la excusa de rezar.

★ **Sri Yoga Shala** YOGA
(☎076 569 1672, 077 300 2802; www.sriyogashala.com; Durage Watta, Metaramba; clase 90 min 1900 LKR; 📶) Este increíble retiro rural, 3 km hacia el interior desde Unawatuna, es uno de los mejores del país, con instalaciones como un estudio de yoga con vistas a la selva y a una fabulosa piscina de agua salada; está prevista la apertura de un café. Hay tres sesiones de yoga al día (en estilos *vinyasa, iyengar, hatha, slow-flow* y *yin*), pero también se ofrecen talleres, cursos de formación para profesores y tratamientos. Para paquetes con alojamiento en hoteles de la zona, visítese la web. El trayecto en *tuk-tuk* desde Unawatuna a Sri Yoga Shala cuesta 400 LKR.

Yoga con Asiri YOGA
(☎077 176 4662; www.yogawithasiri.net; 6 Wella Dewala Rd; clases desde 1200 LKR; ⏲clases 9.30 lu-do, y 18.00 dic-abr) Asiri es un profesor célebre tanto por su manera de enseñar yoga como por su entusiasmo contagioso. También se ofrecen tratamientos y masajes (3000 LKR por h).

Sanctuary Spa SPA
(☎077 307 8583; www.sanctuaryspaunawatuna.com; 136 Wella Dewala Rd; 1 h masaje cuerpo entero 3200 LKR; ⏲9.00-18.00) Si hacer vacaciones significa mimarse, el Sanctuary Spa es un buen destino, con tratamientos de reflexología y aromaterapia, y masajes de todo tipo.

Unawatuna Diving Centre SUBMARINISMO
(☎091-224 4693; www.unawatunadiving.com; cerca de la ctra. Galle-Matara; inmersión desde barco con 2 botellas 60 €, curso PADI desde 215 €) Única centro de submarinismo con una unidad de descompresión. Ofrece programas refrescantes (40 €), inmersiones de descubrimiento y alquila cámaras submarinas.

Sea Horse Scuba Diving Centre SUBMARINISMO
(☎091-228 3733; www.seahorsedivinglanka.com; cerca de la ctra. Galle-Matara; alquiler equipo buceo con tubo por día 1000 LKR, inmersión en la costa 25 €) Reputado operador con certificado PADI que ofrece salidas de buceo con tubo y submarinismo de todo tipo, incluidos descensos al pecio del *Rangoon* e inmersiones nocturnas.

Unawatuna

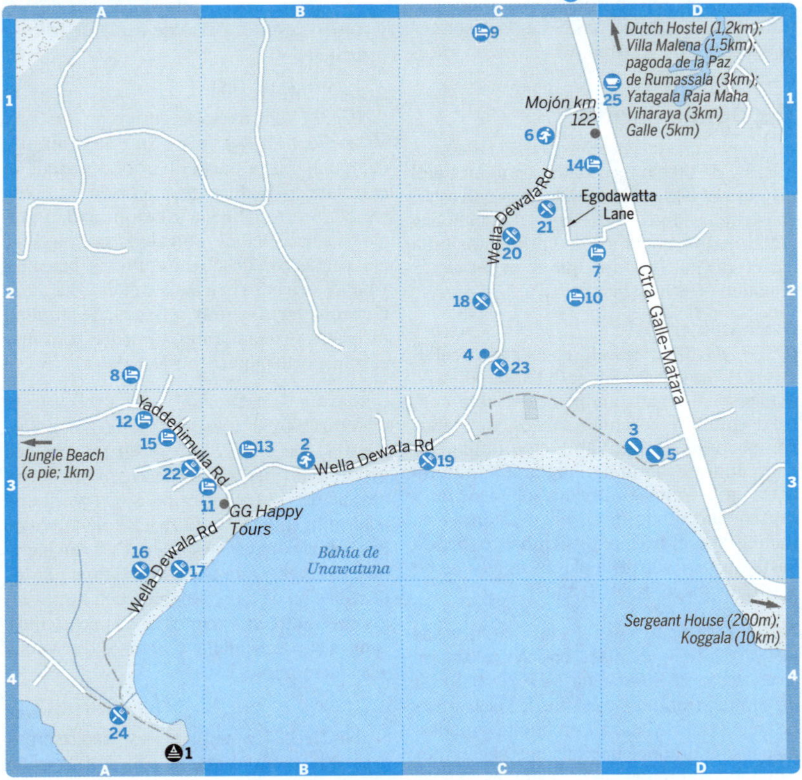

Unawatuna

Puntos de interés
1 Templo budista A4

Actividades, cursos y circuitos
2 Sanctuary Spa B3
3 Sea Horse Scuba Diving Centre D3
4 Sonjas Health Food Restaurant C2
5 Unawatuna Diving Centre D3
6 Yoga with Asiri C1

Dónde dormir
7 Bedspace Guesthouse C2
8 Dream House A2
9 Nooit Gedacht C1
10 Palm Grove C2
11 Primrose Guest House B3
12 Saadhana Bird House A3
13 Secret Garden B3
14 Srimali's Residence C1
15 Weliwatta House A3

Dónde comer
16 Bedspace Beach A3
Bedspace Kitchen .... (véase 7)
17 Hot Rock A3
18 Jinas Vegetarian and Vegan Restaurant C2
19 Koko's on the Beach C3
20 Le Cafe Francais Bakery & Boutique ... C2
21 Mati Gedara C2
22 Queens Art Cafe A3
23 Roti Shop C2
24 Sunrise Seafood Restaurant A4

Dónde beber y vida nocturna
25 Kat's Coffee D1

Sonjas Health Food Restaurant COCINA (☎077 961 5310, 091-224 5815; Wella Dewala Rd; curso medio día 3000 LKR) Cursos de cocina que incluyen la preparación de cinco curris en los que cada alumno hace su propia mezcla de especias en cuestión de segundos y se visita el mercado de Galle. La profesora es la encantadora Karuna. Resérvese lo antes posible.

Dónde dormir

En Unawatuna hay muchas pensiones económicas y de precio medio. Casi ningún hotel de playa es bonito; es más, los hay que están construidos junto a vertederos. También hay alojamientos económicos en la transitada carretera Galle-Matara, que es mejor evitar si se tiene el sueño ligero.

Dutch Hostel ALBERGUE **$**
(077 144 5732; www.facebook.com/TheDutchHostel; Maharamba Rd; dc/h 1200/2400 LKR;) Personal atento, ambiente sociable, cuatro dormitorios colectivos mixtos (con baños compartidos) y una habitación doble con baño adjunto. También hay una bonita terraza en la azotea, una gran sala de estar y una cocina comunitaria, y el desayuno está incluido en el precio. Sin embargo, queda bastante apartado de la playa y es feo que no acepten a mayores de 40 años.

★ **Villa Malena** PENSIÓN **$$**
(077 112 7156; www.facebook.com/villamalenaunawatuna; 61C Bulathwatta; i/d 26/28 US$) En un camino tranquilo que sale de la carretera principal Galle-Matara, esta bonita y moderna pensión propone habitaciones sugerentes e impolutas con muebles de primera y camas con dosel. Excepcional relación calidad-precio, aunque esté a 2 km de la playa (400 LKR en *tuk-tuk*). Alquilan bicicletas.

Saadhana Bird House PENSIÓN **$$**
(091-222 4953; www.birdhouseun.wordpress.com; Yaddehimulla Rd; h 45-65 US$;) Una familia encantadora y amante de las aves (de ahí el *bird* del nombre) está al frente de esta pensión sencilla, limpia y próxima a la playa con habitaciones algo ajadas y otras más modernas, en una calle tranquila. Desde la terraza de la azotea se distinguen algunas aves y hay mucha información para los ornitólogos en ciernes. También sirven exquisita comida local.

Weliwatta House PENSIÓN **$$**
(091-222 6642; www.weliwattahouseunawatuna.com; Yaddehimulla Rd; h con ventilador 27-39 US$, con a.a. 49 US$;) Esta bonita casa de campo amarilla, construida en 1900, tiene un exuberante jardín (frecuentado por monos, varanos y pájaros carpinteros) y dos habitaciones espaciosas y ordenadas con baño y agua caliente. Hay habitaciones más nuevas y cómodas en la parte de atrás de la casa principal.

Srimali's Residence PENSIÓN **$$**
(077 337 7826; nalakakk@gmail.com; 206 Galle-Matara Rd; h 28 US$;) En una diminuta callejuela en la parte de la playa desde la carretera de Matara, esta pensión está bien situada y ofrece buena relación calidad-precio. Las habitaciones son alegres y holgadas, con camas con dosel, mosquiteras, balcones y baños privados con agua caliente. La familia propietaria es muy servicial. Se alquilan bicicletas y ciclomotores, y pueden gestionar el transporte para seguir el viaje.

Bedspace Guesthouse HOTEL **$$**
(091-225 0156; www.bedspaceuna.com; Egodawatta Lane; h 50-72 US$;) Dos amigos extranjeros (uno británico y el otro neozelandés) llevan esta soberbia pensión sita en una tranquila calleja, no muy lejos de la playa. Las habitaciones son espaciosas y están logradas, todas con aire acondicionado y puntos de conexión de iPod, y algunas con camas colosales. También son unos chefs mayúsculos, como se aprecia en los generosos desayunos y las memorables cenas.

Palm Grove PENSIÓN **$$**
(091-225 0104; www.palmgrovesrilanka.com; cerca de Wella Dewala Rd; h 50-65 US$;) Pensión llevada por ingleses con cinco cómodas habitaciones espaciosas, todas con aire acondicionado y ventilador, y tienen bonitos porches privados. En la terraza de la azotea hay hamacas. El desayuno cuesta 4 US$, pero los vale.

Nooit Gedacht HOTEL HISTÓRICO **$$**
(091-222 3449; www.nooitgedachtheritage.com; ctra. Galle-Matara; h 45-80 US$;) En el corazón de este recinto hay una evocadora mansión neerlandesa de 1735, un pelín dejada pero totalmente entrañable. Las habitaciones se reparten entre el ala vieja y un bloque más nuevo de dos pisos, y hay dos piscinas en el frondoso y precioso jardín. También alquilan bicicletas de montaña y ofrecen tratamientos ayurvédicos.

Primrose Guest House PENSIÓN **$$**
(077 607 4428, 091-222 4679; www.primrose.wz.cz; Yaddehimulla Rd; h con ventilador/a.a. desde 35/45 US$;) Luminosa pensión de tres pisos y con agradables balcones comunitarios cerca de la playa. Las espaciosas habitacio-

nes, aunque quizá un pelín *kitsch*, están bien cuidadas.

Sergeant House HOTEL-BOUTIQUE **$$$**
(☎077-356 5433; www.sergeanthouse.com; 381 Galle-Matara Road; h 145-280 US$, bungaló 600 US$; ❄📶🏊) Bastante apartado de la transitada carretera, este comodísimo hotel (con habitaciones, suites y un bungaló de tres dormitorios) tiene un ambiente hogareño gracias a las alfombras, la madera labrada, los objetos de arte y el buen gusto general del dueño estadounidense. Luego están el jardín tropical, esplendoroso y con una piscina de 20 m, la sala de juegos (con dardos), el gimnasio (pequeño) y el *spa*.

Secret Garden PENSIÓN **$$$**
(☎091-224 1857; www.secretgardenunawatuna.com; cerca de Wella Dewala Rd; h/ste desde 100/130 US$; ❄📶) Esta casa de 140 años renovada presenta una buena muestra de habitaciones en colores a juego con las flores del jardín, y suites y bungalós con buena relación calidad-precio. Se ofrecen dos sesiones diarias de yoga durante la temporada alta turística y tratamientos ayurvédicos.

Dream House PENSIÓN **$$$**
(☎091-438 1541; www.dreamhouse-srilanka.com; cerca de Yaddehimulla Rd; d/tr 65/75 US$; ❄📶) De dueños italianos, esta casa tiene cuatro habitaciones acogedoras en un estilo entre romano y tropical, una relajante y gran terraza con monos en los árboles y un buen restaurante italiano. Descuentos generosos en temporada baja.

Dónde comer

La mayoría de los hoteles y pensiones sirve comidas, pero también hay buenas marisquerías en la playa, además de sencillos colmados en la parte interior de Wella Dewala Rd.

Roti Shop CEILANDESA **$**
(Wella Dewala Rd; tentempiés desde 80 LKR; ⏲10.00-22.00) Modesto local con un par de mesas en la calle. Sus exquisitos *rotis*, incluidos decenas de panes dulces y salados rellenos de quesos, frutas y otros, constituyen un estupendo tentempié.

★ **Jinas Vegetarian and Vegan Restaurant** VEGETARIANA **$$**
(☎091-222 6878; Wella Dewala Rd; comidas 500-800 LKR; ⏲11.00-21.00) A la rica y variada comida india (*thalis* y *masala dosas*) se añaden fabulosos *falafel*, sopas saludables, platos mexicanos como huevos rancheros (con salsa de tomate picante) y zumos frescos. Seguro que hay que esperar en el bonito jardín porque siempre está lleno y todo se elabora al momento.

Mati Gedara CEILANDESA **$$**
(☎077 790 6723; Egodawatta Lane; comidas 350-500 LKR; ⏲8.00-21.30; 📶) Encanto rústico y

MALABARISMOS CON LA PLEAMAR

Tras el gran tsunami del 2004, se prohibió la edificación a menos de 100 m de la línea de pleamar en cualquier playa del país. Lamentablemente, como se constatará, se ha hecho caso omiso a esta ley en muchas zonas de la costa, sobre todo en el sur, donde la mayoría de los edificios son de la última década (y eso que el tsunami fue devastador).

Las poderosas corrientes oceánicas y las mareas siempre han hecho que este litoral más propenso a la erosión, algo que el Departamento de Conservación de Costas ha querido frenar con la construcción de rompeolas a lo largo de la costa. Pero hay quienes han criticado que se hayan construido sin la investigación científica previa necesaria. En Unawatuna, a este agravio medioambiental se ha sumado la urbanización ilegal demasiado cerca del agua.

En el 2011, las autoridades de la región intentaron recuperar el equilibrio y demolieron varias de estas estructuras, que sustituyeron con gigantescos bloques de hormigón y peñascos a modo de rompeolas. Aun así, el litoral es un desastre. Años después, en marzo del 2015, las autoridades fletaron un barco para extraer arena del fondo marino y recuperar y ensanchar la playa oriental de Unawatuna (y aún hubo algún pedante que se quejó de que la arena era demasiado áspera). El vilipendiado rompeolas también se redujo en altura.

Todavía está por ver si estas medidas serán suficientes para salvaguardar la playa de Unawatuna. Muchos lugareños creen que la erosión no cesará hasta que se retire totalmente el rompeolas.

arroces con curri genuinos y económicos. *Mati gedara* hace referencia a las grandes cazuelas de barro; el bufé vegetariano solo cuesta 350 LKR, pero también hay platos de carne y pescado, y cuajada con miel de postre.

Le Cafe Francais Bakery & Boutique CAFÉ **$$**
(☎077 740 1014; 55/1 Wella Dewala Rd; comidas 500-800 LKR; ⊙10.00-18.00; 📶) Bonito y refinado café francés donde tomar un café con leche o té en vajilla de porcelana acompañado de maravillosos cruasanes, pasteles y sándwiches. También tienen panes artesanos y ofrecen un excelente desayuno.

Sunrise Seafood Restaurant PESCADO Y MARISCO **$$**
(cerca de Wella Dewala; principales 650-1200 LKR; ⊙11.00-21.00) Este sencillo establecimiento a pie de playa queda apartado del gentío y cerca del templo en el lado occidental del centro vacacional, un emplazamiento perfecto. Todo lo que hay en la carta ha llegado en las barcas que descansan en la arena. Buenísima las gambas al ajillo.

Koko's on the Beach HAMBURGUESAS **$$**
(Wella Dewala Rd; comidas 600-1100 LKR; ⊙9.00-23.00) El bar de playa indicado para quienes echen de menos una suculenta hamburguesa con patatas fritas o un genuino *fish and chips,* o un kebab de pollo, o un taco de pescado. Gary, el dueño, ofrece salidas en su barquito por la bahía.

Queens Art Cafe CAFÉ **$$**
(☎077 555 1633; Yaddehimulla Rd; principales 450-1000 LKR; ⊙8.00-21.00; 📶) Un popular rincón del viajero con buen café exprés y ricos tentempiés y comidas (curris, pescado y desayunos) en un comedor de planta abierta que da a la calle. Además hay muchas opciones vegetarianas.

Hot Rock CEILANDESA **$$**
(☎091-224 2685; Wella Dewala Rd; comidas 500-1000 LKR; ⊙9.00-22.00) En este restaurante familiar de playa se puede disfrutar de una buena comida (con mucho pescado y marisco) y cerveza económica con los pies en la arena y la mirada en el horizonte. Hay opciones de cerdo, algo poco habitual en las cartas locales.

★ **Bedspace Kitchen** INTERNACIONAL **$$$**
(☎091-225 0156; www.bedspaceuna.com; Egodawatta Lane; principales 900-1600 LKR; ⊙12.00-15.30 y 18.00-22.00; 📶) Uno de los restaurantes más avanzados y agradables del país. El 95% de los ingredientes que utiliza son de proximidad, en su mayoría ecológicos, y la carta es precisa, sin pomposidades. Merecen destacarse el curri negro de cerdo, la sublime mariscada y la sopa de coco y pasto de limón; los almuerzos son más informales. Merecidamente popular, hay que reservar con tiempo.

La cocina es de planta abierta y las mesas se reparten en torno a un sombreado jardín.

Bedspace Beach CEILANDESA **$$$**
(☎091-225 0156; www.bedspaceuna.com; 147 Wella Delaya Rd; comidas 600-1600 LKR; ⊙8.00-22.00; 📶) Este nuevo establecimiento ofrece una versión actual de la cocina ceilandesa, con *hoppers* perfectos todo el día (también de fusión, con huevos a la benedictina y salmón ahumado, una delicia), un inacabable surtido de curris genuinos (también sin gluten y en versión vegana) y una docena de *sambals* y guarniciones. El café es fantástico y la mitad del bonito recinto tiene aire acondicionado.

Dónde beber y vida nocturna

Kat's Coffee CAFÉ
(☎076 856 8495; www.katscoffee.com; 235 Galle-Matara Rd; ⊙9.00-18.00 mi-lu; 📶) Aquí sirven el mejor café de Unawatuna. El dueño alemán solo utiliza el de variedad arábica de primera, aunque no es barato (un *flat white,* similar al cortado, cuesta 480 LKR). También hay tartas caseras. Está en una concurridísima carretera principal, pero el aparcamiento es amplio para dejar el ciclomotor.

Información

GG Happy Tours (☎091-225 0376; www.gghappytours.com; Yaddehimulla Rd; ⊙9.00-22.00) Acceso a internet (250 LKR por h) y un buen sitio para organizar circuitos y alquilar automóviles.

Cómo llegar y salir

En autobús desde Galle (18 LKR, 10 min), es posible apearse en la calle de acceso a la playa (Wella Dewala Rd) en el mojón del km 122, o en la siguiente parada, en la calle principal a orillas del océano. Un *tuk-tuk* a/desde Galle cuesta 500 LKR.

Thalpe y Koggala

☎091

Pasada Unawatuna, la carretera se pega a la costa para atravesar Thalpe, Dalawella y

Koggala, y seguir hasta Ahangama y más allá. Este es territorio de lujo, con playas preciosas aunque estrechas y un largo tramo de fincas cercadas y hoteles exclusivos. Por la costa se verá a los pescadores apostados sobre pilotes, encaramados precariamente, cual cigüeñas, sobre las olas en pleamar. Cada pescador tiene un poste firmemente anclado en el lecho marino, cerca de la costa, en el que se posan y lanzan el sedal. Los pilotes pasan de padres a hijos y son muy codiciados. Sorprende lo rápidos que son al bajar de su 'atalaya' y dirigirse velozmente en busca de propina a todo aquel que pretenda sacarles una fotografía.

Puntos de interés

★Museo Martin Wickramasinghe de Arte Folclórico MUSEO
(www.martinwickramasinghe.info; cerca de Galle-Matara Rd, Koggala; 200 LKR; 9.00-17.00) Este interesante complejo museístico alberga la casa natal del respetado escritor cingalés Martin Wickramasinghe (1890-1976), que es la típica residencia del sur del país bicentenaria, de cierto regusto neerlandés. Las muestras están conseguidas, con explicaciones en inglés, entre ellas una buena sección sobre danza (indumentaria e instrumentos incl.), marionetas y máscaras de *kolam* (teatro coreografiado de máscaras), carruajes y objetos budistas. Hay que buscar el desvío próximo al mojón del km 131, delante del Fortress Hotel.

Lago Koggala LAGO
(excursiones en barco 8.00-16.30) Junto a la carretera, este lago es un edén para la avifauna. Repartidos por las islas hay un templo budista muy visitado los días de *poya* (luna llena), una interesante plantación de canela y un huerto (demasiado caro y turístico).

Templo de Kataluwa Purwarama TEMPLO BUDISTA
(24 h) Parece como si el tiempo se hubiera detenido en este templo, y casi nunca resulta agobiante. Del s. XIII, cuenta con algunos murales recién restaurados, incluidos unos grandes con extranjeros ataviados con túnicas vaporosas. Un simpático monje se encarga de abrirlo y hacer de guía. Algunas de las ilustraciones de *jatakas* (relatos de las vidas pasadas de Buda) tienen 200 años. Hay que girar al interior en el indicador del km 134 y conducir 1,2 km; está señalizado.

Dónde dormir y comer

Las casas de campo y los hoteles de categoría salpican este tramo de litoral. Como la mayoría de los hoteles grandes tienen restaurante, apenas hay opciones independientes.

Thalpe

Por Thalpe apuestan quienes buscan una alternativa más tranquila a la cercana Unawatuna. La playa queda bastante escondida de la carretera por una recia hilera de villas, casas y hoteles, cada una con gruesos muros y grandes entradas.

★Frangipani Tree HOTEL-BOUTIQUE $$$
(091-228 3711; www.thefrangipanitree.com; 182 Galle-Matara Rd, Thalpe; ste desde 250 US$;) El cemento es el elemento predominante en esta visión descarnadamente moderna de arquitectura contemporánea costera. Hay nueve suites repartidas en tres casas, todas con el nombre de una especie de tortuga, techos altos, verandas privadas y vistas del océano, además de una bonita piscina infinita y una playa arropada por palmeras.

Why House HOTEL-BOUTIQUE $$$
(091-222 7599; www.whyhousesrilanka.com; cerca de la ctra. Galle-Matara, Thalpe; h desde 250 US$;) Más que un hotel pequeño parece una finca privada, con sus extensos jardines y casa colonial o de campo. Se garantiza el servicio personalizado, el trato especial a los niños y la preparación de todo tipo de comidas. Sin embargo, está a 1 km de la costa; en el km 124 de la carretera principal se encuentra el desvío.

Wijaya HOTEL INTERNACIONAL $$$
(091-228 3610; www.wijayabeach.com; ctra. GalleMatara, Thalpe; principales 900-2300 LKR; 9.00-23.00;) El restaurante de este hotel-*boutique* es uno de los más famosos del sur del país, en particular por sus *pizzas* al horno de leña, aunque el marisco también es recomendable y los camareros preparan en la barra cócteles excelentes. Reservas solo en línea, no por teléfono.

Koggala

Esta es una larga y amplia franja de playa castigada por el oleaje. La carretera discurre cerca de ella, pero apenas se puede ver por culpa de los altos muros de las fincas.

Fortress HOTEL $$$
(091-438 9400; www.thefortress.lk; ctra. Galle-Matara, Koggala; h desde 280 US$;) Por fuera, este enorme hotel de altos muros parece una cárcel... de lujo. Por dentro, todo el recinto

INDISPENSABLE

HANDUNUGODA TEA ESTATE

La sofisticada plantación de té de **Handunugoda Tea Estate** (☎077 329 0999; www.hermanteas.com; cerca de Kathaluwa Rd; ⌚8.00-17.00; 📶), en las montañas de Koggala, ofrece circuitos (gratis) muy didácticos por la finca. Se podrá probar y conocer la producción de más de 25 variedades de té, incluido el legendario té Virgin White, una delicada mezcla elaborada con las hojas más diminutas y nuevas. Mientras en una plantación grande el empleado medio recoge 23 kg de té negro al día, aquí se manejan cifras de solo 150 g de hojas blancas vírgenes. La plantación esta 6 km tierra adentro, señalizada en el mojón del km 131 de la carretera costera.

Handunugoda es propiedad de Herman Gunaratne, un mítico empresario del té de la isla. Su autobiografía, *The Suicide Club: A Virgin Tea Planter's Journey*, es una lectura tremendamente entretenida y reveladora de su vida, el té y Sri Lanka, desde los días del ocaso del Raj británico hasta la actualidad.

está encarado al mar. Hay un impresionante piscina infinita, 53 habitaciones de estilo urbano con *jacuzzi* y duchas efecto lluvia, y la gastronomía es fantástica.

Era Beach Hotel HOTEL-BOUTIQUE **$$$**
(☎091-228 2302; www.jetwinghotels.com; 834 Galle-Matara Rd, Thalpe; h 200 US$; ❄📶🏊) Pequeño hotel-*boutique* cuya combinación de madera y piedra crea una sensación de bienestar muy zen, a lo que también ayuda la ubicación junto al océano, los jardines con cocoteros dispersos y la fabulosa piscina. Todas las habitaciones son espaciosas y tienen camas con dosel y suelos de madera pulida, pero en algunas se nota el ruido de la carretera. La otra pega es la playa, que aquí es de rocas, aunque la arena queda a un corto paseo.

Mumbo Jumbo INTERNACIONAL, CEILANDESA **$$$**
(☎091-228 2497; ctra. Galle-Matara, playa de Koggala, Habaraduwa; comidas 950-1700 LKR; ⌚7.30-22.00; 📶) Un bonito y nuevo restaurante de playa llevado por un equipo joven que sabe muy bien lo que se trae entre manos. Tal vez peque de caro pero el marisco y pescado son de primera: el cangrejo con salsa de pimienta negra o el *mahi-mahi* con anacardos son dos grandes opciones. Hay tumbonas gratis para los clientes.

ℹ Cómo llegar y salir

Los autobuses que circulan de día entre Galle y Matara pasan por Thalpe y Koggala cada 10-15 min.

Cinnamon Air (plano p. 70; ☎011-247 5475; www.cinnamonair.com) opera un vuelo diario entre el aeropuerto internacional Bandaranaike de Colombo y la pista de aterrizaje de Koggala (206 US$ ida).

Los *tuk-tuk* realizan trayectos cortos; para excursiones más largas se recomienda alquilar un automóvil con conductor.

Ahangama y Midigama

☎041

Estas dos zonas quizá ofrezcan el oleaje mejor y más constante para practicar surf de Sri Lanka. Aunque hay partes en urbanización, la región aún es discreta y solo tiene alojamientos para surfistas y alguna que otra villa. El litoral consta de finas franjas de arena y salientes rocosos, pero la carretera a menudo lo bordea.

Actividades y cursos

El primer lugar de surf de camino hacia el este es el rompiente de la **playa de Kabalana,** siempre con mejores olas que en otros sitios.

En la propia Midigama, un pueblecito junto a un arco de arena, hay un par de rompientes de arrecife. Lazy Left ("izquierda lenta") es el apropiado nombre de la ola que dobla en las rocas y en la bahía de arena, ideal para esa primera experiencia de arrecife. Unos cientos de metros más abajo está Ram's Right, una bestia de tubo, poco profunda e impredecible, no apta para principiantes. Plantations es una ola de arrecife que suele romper a la derecha pero, a veces, lo hace a la izquierda, según el mar.

Conviene tener en cuenta que bajo el agua hay muchas rocas, corales y otros peligros. En el Plantation Surf Inn (p. 135) reparan abolladuras, imparten clases y alquilan tablas.

Lion Yoga YOGA
(☎041-225 0990; www.lions-rest.com; Lion's Rest Hotel, playa de Midigama; por clase 12 US$) Hotelito donde se dan dos sesiones diarias de yoga a cargo de instructores invitados durante la temporada turística alta. Tiene ofertas semanales y quincenales.

★ **Subodinee Surf School** SURF
(☎077 765 9933; www.subodinee.com; cerca de la ctra. Galle-Matara, Midigama; curso 2 h 30 LKR, 3 cursos 75 LKR) El francés Yannick Poirier, toda una leyenda local, está al frente de esta escuela de surf, una de las mejores de la zona, en colaboración con la Subodinee Guesthouse. También alquilan las mejores tablas (desde 6 €/medio día).

Dónde dormir y comer

Hay alojamientos por la costa entre Ahangama y Midigama.

Por la escasez de alternativas, casi todos los visitantes comen en su hotel o pensión.

Ahangama

Muchos surfistas se alojan en Ahangama y hacen surf en Midigama. Los pescadores sobre pilotes de la costa añaden color, y en la corta calle comercial hay servicios y cajeros automáticos. Algunas pensiones quedan bastante apartadas.

Wadiya on the Beach PENSIÓN $$
(☎070 390 4357, 041-228 2863; wadiyahotel@gmail.com; ctra. Galle-Matara, Ahangama; h 50 US$; ❄📶) Sobre una cala tipo laguna, esta excelente y pequeña pensión, a cargo de un ruso, cuenta con seis habitaciones espaciosas e inmaculadas (y dos más planeadas) con buenos colchones y muebles, baños privados con agua caliente y balcón o terraza compartidas. La bahía queda muy recogida y se puede nadar sin problema.

Haus Sunil PENSIÓN $$
(☎041-228 3988; sunil.walgamage@yahoo.com; ctra. Galle-Matara, Ahangama; h 3500-4000 LKR; 📶) Pensión aislada con dos habitaciones muy sencillas; la superior tiene esas vistas del océano (y de una isla pequeña) que nunca cansan. El edificio es modesto y queda apartado de la carretera, al este del km 137; además, hay una playa diminuta y sirven comidas.

Midigama

Este pueblo tiene escasos (y básicos) servicios, aparte de dos pensiones económicas recomendables.

Subodinee Guesthouse PENSIÓN $
(☎077 765 9933; www.subodinee.com; cerca de la ctra. Galle-Matara, Midigama; h/cabañas desde 1800/5500 LKR; ❄@📶) Jai y su esposa Sumana ya llevan muchos años al frente de estas 19 habitaciones, todas muy diferentes, desde calurosos cubículos de hormigón con baños compartidos hasta agradables cabañas y habitaciones individuales en un edificio moderno al otro lado de la carretera. Muchos huéspedes son surfistas. Hay que girar por un desvío de la carretera principal en el km 139, hacia el interior, y seguir hasta rebasar la torre del reloj y la estación de trenes.

Plantation Surf Inn PENSIÓN $
(☎077 643 8912; www.plantationsurfinn.com; cerca de la ctra. Galle-Matara, Midigama; ⏲i/d desde 16/23 US$; 📶) Pensión familiar de surfistas con un bonito jardín y cinco habitaciones con ventilador, dos con baños incorporados y una para cuatro personas. Además, como el dueño trabajó de chef en Colombo, la comida está muy rica. Está justo detrás de la carretera y la playa.

Ram's Guesthouse PENSIÓN $
(☎041-225 2639; ramssurfingbeach@gmail.com; ctra. Galle-Matara, Midigama; h desde 2200 LKR; @📶) Aunque un poco dejadas y con ruido de la carretera, las 15 habitaciones de este campamento surfista salen muy bien de precio. Queda al oeste del indicador del km 140, justo delante de Lazy Right, la mejor ola de la isla. No está de más decir que a los lugareños no se les permite alojarse aquí.

Playa de Midigama

En el indicador del km 140 de la carretera principal, un minúsculo camino baja 100 m hasta un espléndido oasis de paz en forma de una playa larga con varios alojamientos fantásticos. A esta zona también se la conoce como Gurubebila.

Villa Tissa HOTEL HISTÓRICO $$
(☎041-225 3434; www.villatissa.lk; playa de Midigama; h 45-90 US$; ❄📶🏊) En un agradable jardín justo delante de la estrecha playa se verá la terraza porticada de esta pensión con habitaciones enormes y bien decoradas, como

de otra época (muchas sin aire acondicionado), una gran piscina y un café monísimo.

★**Villa Naomi Beach** HOTEL HISTÓRICO $$$
(☎041-225 4711; www.villanaomibeach.com; playa de Midigama; h 10 000 LKR; ❄📶) Además de una fabulosa ubicación costera, con vistas del océano entre una hilera de cocoteros, esta bonita villa colonial depara habitaciones enjalbegadas con muebles antiguos y baños de lujo. La terraza, con mecedoras de mimbre, es ideal para tomar una copa al atardecer. Los precios varían mucho según la temporada.

Lion's Rest PENSIÓN $$$
(☎041-225 0990; www.lions-rest.com; 5A Kadabeddagama, playa de Midigama; i 50-90 US$, d 60-100 US$; ❄📶🏊) Delante del rompiente Coconuts, este bonito hotel atrae a surfistas y a yoguis para sus clases diarias. Tiene ocho habitaciones agradables y modernas (encaladas y con madera oscura) en dos pisos y alrededor de una piscina; las del piso superior con vistas del océano a través de la vegetación. Hay una pequeña marisquería *in situ*.

Cómo llegar y salir

Los autobuses pasan cada 15 min por la transitada carretera costera que conecta Ahangama y Midigama con Galle (35 LKR) y Matara (38 LKR). Muchos trenes de la línea Colombo-Galle-Matara paran en Ahangama, pero solo algunos lo hacen en Midigama.

Weligama

☎041 / 14 200 HAB.

Weligama (que significa "pueblo de arena") es un híbrido interesante de localidad pesquera y centro vacacional. El extenso casco principal y la carretera costera están bastante descuidados, pero fuera aguardan playas bonitas, incluidas dos calas al oeste. En el extremo este de la playa, el mamotreto que sobresale entre los edificios vecinos, totalmente fuera de lugar, es el nuevo hotel de la cadena Marriott.

Los surfistas novatos disfrutan del benévolo rompiente de la playa de Weligama, al igual que muchos viajeros independientes. Hay una fila de cabañas surferas en la playa principal, al cruzar la carretera desde el albergue Hang Ten, donde los monitores alquilan tablas (desde 1200 LKR/día) e imparten clases (desde 2500 LKR). Después de divertirse con las olas y de embobarse con las criaturas marinas, quizá apetezca pasarse por los puestos de pescado de carretera, donde acaban muchas de ellas, troceadas y listas para vender.

Puntos de interés y actividades

Playa de Bandrawatta PLAYA
Apartada de la carretera principal, esta recogida y bonita cala natural tiene olas para surfear un poco mar adentro. Repárese en los pescadores apostados sobre pilotes justo debajo del hotel Cape Weligama. Está 3 km al suroeste de Weligama.

Taprobane ISLA
(www.taprobaneisland.com; alquiler por día 1995 US$; 📶) Con bajamar se puede llegar a pie hasta esta diminuta isla costera. Si parece la guarida ideal para un artista o escritor, se está en lo cierto: Paul Bowles escribió aquí *La casa de la araña* en la década de 1950. En los años veinte el conde francés de Maunay-Talvande puso el lugar en el mercado y emplazó su mansión sobre la diminuta roca. Es posible alojarse o comer en la isla previa reserva.

Weligama Bay Dive Center SUBMARINISMO
(☎041-225 0799; www.scubadivingweligama.com; 126 Kapparathota Rd; salidas en barco desde 35 US$, alquiler equipo buceo con tubo por día 15 US$) Las inmediaciones de Weligama están bastante bien para practicar tanto submarinismo como buceo con tubo. En este centro, en un desvío del extremo occidental de la playa, imparten cursos PADI y ofrecen inmersiones nocturnas y en pecios, además de organizar salidas para ver ballenas y delfines, y excursiones de buceo con tubo.

Dónde dormir y comer

Hang Ten ALBERGUE $
(☎071 415 6135; www.hangtimehostel.com; 540 Weligama Rd; dc/h desde 1500/3500 LKR; ❄📶) Este albergue nace de la iniciativa de transformar un desvencijado hotel costero en un lugar atractivo para los mochileros, con entarimado de yoga, un bar-restaurante en la azotea y estantes para tablas de surf. Las habitaciones privadas están en la planta baja, con veranda propia, mientras que los dormitorios colectivos tienen baños con agua caliente adosados, mosquiteros, lámparas de lectura, ventiladores y taquillas individuales. De las excursiones, cabe destacar los cruceros con copas y los safaris.

Samaru Beach House HOTEL $$

(☎041-225 1417; www.samarubeachhouseweligama.com; 544 New Matara Rd; h 40-80 US$; ❄📶) Casi en mitad de la bahía, en la misma playa, este hotel pequeño orientado a los viajeros ofrece habitaciones luminosas y ventiladas, algunas solo con ventilador y las mejores con veranda. Se alquilan bicicletas y tablas de surf y el simpático dueño organiza circuitos y actividades por la zona.

★ **Cape Weligama** RESORT $$$

(☎041-225 3000; www.resplendentceylon.com; Abimanagama Rd; h desde 485 US$; ❄📶🏊) Sobre un promontorio y con el Índico a sus pies, este extraordinario hotel regala vistas sorprendentes y una piscina sublime (de 60 m) en forma de medialuna (para quien se aburra de las privadas de las villas o de la enorme calita-piscina segura para los niños). También hay un *spa*, una escuela de submarinismo y varios restaurantes, incluido un asador al filo del acantilado.

Eraeliya Villas & Gardens VILLAS $$$

(☎041-225 0461; www.eraeliya.com; 299 Walliwala; villas desde 265 US$; ❄📶🏊) Encarado al océano, este complejo de espaciosas villas para dos-ocho personas, con aire acondicionado, TV de pantalla plana y cocinas pequeñas, se emplaza en el lugar más bonito y plácido de Weligama. La oferta se completa con un *spa*, una bonita piscina y un restaurante.

AVM Cream House INTERNACIONAL $

(3 Samaraweera Pl; comidas 200-350 LKR; ⏲9.00-21.00) Animado y pequeño establecimiento donde tomar generosos platos de fideos y arroz frito, exquisitos tentempiés (los *shawarmas* están de fábula), ricos helados y zumos frescos; un delicioso *lassi* de melón cuesta 240 LKR. Está delante de la estación de autobuses del centro.

Dónde beber y vida nocturna

Tiki Clifftop BAR

(☎071 200 1483; www.facebook.com/tikiweligama; 1 Awariyawaththa; ⏲10.00-hasta tarde; 📶) En la pared de un acantilado, 3 km al suroeste del centro, este bar-restaurante bien merece el trayecto en *tuk-tuk*. Las vistas del océano son cautivadoras y los DJ animan el cotarro con *house* y música de fiesta, y *reggae* los miércoles.

Cómo llegar y salir

Hay autobuses cada 15 min a Galle (50 LKR, 1 h) y Matara (32 LKR, 30 min).

Weligama está en la línea ferroviaria Colombo-Matara, con destinos como Colombo (2/3ª clase 220/120 LKR, 2½ -4 h), Galle (2/3ª clase 60/30 LKR, 40 min-1 h) y Matara (2/3ª clase 30/15 LKR, 20-30 min). Entre cuatro y seis trenes paran a diario en Weligama.

Mirissa

☎041

La clave es partir un coco, tumbarse en una hamaca y dejarse acariciar por la brisa durante horas, días o semanas. Así es esta impresionante medialuna de arena, atendida por muchas pensiones discretas y una ristra de restaurantes sencillos de playa.

En el lado oriental de Mirissa el paraíso ha quedado un poco estropeado por culpa de la erosión debida a un rompeolas artificial y a la propia urbanización de la playa.

Últimamente Mirissa se ha consolidado como destino de fiesta para los viajeros jóvenes y, en temporada alta, varias noches por semana los DJ atruenan el lugar hasta las tantas. Bien mirado, quizá ya no sea la playa más idónea para quienes busquen soledad y calma zen.

Puntos de interés y actividades

★ **Playa de Mirissa** PLAYA

He aquí la viva imagen de la felicidad tropical: clara arena fina y un agua azul celeste acotada por un arco de cocoteros. El lado del oeste es más bonito porque la playa es más ancha; a medida que la bahía se curva hacia el este empieza a notarse la estridencia de la carretera Galle-Matara. Casi a la mitad de la bahía hay un fotogénico banco de arena que, con bajamar, conecta con una islita.

Secret Root Spa SPA

(☎077 329 4332; www.secretrootspa.com; cerca de la ctra. Galle-Matara; masaje por hora 2700 LKR; 📶) Este remanso de paz de gestión familiar está en el extremo oriental de la playa, pero hacia el interior. Es un centro ayurvédico con terapeutas de ambos sexos especializados en aliviar tensiones. No hay que perderse el baño al vapor de hierbas post-masaje.

Cinnamon Plantation Tour CIRCUITOS

(☎041-225 0980; www.mirissahills.com; Mirissa Hills Hotel, Henwalle Rd, cerca de la ctra. Galle-Matara; circuito 45 min y comida 2000 LKR; ⏲9.00-16.30)

Los circuitos por esta magnífica plantación cimera de 24 Ha permiten conocer de primera mano el cultivo de la canela. Se pueden examinar los arbustos (algunos de 40 años) y ver cómo se extrae cuidadosamente la corteza. El circuito incluye una comida en la maravillosa terraza del hotel, que también aloja una notoria galería de arte contemporáneo. Es muy importante reservar con tiempo.

Dónde dormir

Hay unas cuantas pensiones con buena relación calidad-precio y modestos hoteles de playa en el extremo oeste de Mirissa, en la diminuta Gunasiri Mahimi Mawatha. Hacia el interior, en las minúsculas callejas a un corto paseo de la playa, aguardan excelentes establecimientos de gestión familiar. En el extremo este de la playa se dejan notar tanto el ruido de la carretera como la música alta, hasta tarde, de los cafés de la playa.

Sunrise Dream PENSIÓN **$**
(077 783 4436; ranudituktuk@gmail.com; 432 Yatipila Rd; h con ventilador/a.a. 2000/3000 LKR;) Bonita y pequeña pensión con solo tres impolutas y espaciosas habitaciones situadas en un módulo independiente en un jardín. Todas tienen veranda delantera, ventilador de techo y dos camas. Está a 500 m de la playa y el simpático propietario organiza circuitos por la región.

Calidan CASA PARTICULAR **$**
(077 754 7802; calidan.mirissa@gmail.com; Sunanda Rd; h con ventilador/a.a. desde 2800/3600 LKR;) Esta acogedora casa particular de dos pisos ofrece habitaciones sencillas y sugerentes pintadas en alegres colores, además de las sonrisas francas de los dueños. Está 5 min a pie del extremo oeste de la playa.

Amarasinghe Guest House PENSIÓN **$**
(071 689 9787; www.amarasingheguesthouse.com; cerca de la ctra. Galle-Matara; h con ventilador/a.a. 2500/3500 LKR;) En una maraña de calles rurales a 5 min de paseo de la carretera, esta pensión familiar propone habitaciones y casitas agradables repartidas en torno a un jardín. Los dueños cultivan verduras y especias que utilizan en sus platos, tan genuinos como económicos; las **clases de cocina** (2500 LKR) son muy recomendables.

★ **Rose Blossom** CASA PARTICULAR **$$**
(077 713 3096; mirissa.roseblossom@gmail.com; cerca de la ctra. Galle-Matara; h con ventilador/a.a. desde 4500/6500 LKR;) Coqueto alojamiento con habitaciones algo justas pero bonitas y unos dueños encantadores que miman a sus huéspedes. Excelentes desayunos. Está a 5 min de paseo hacia el interior desde el extremo este de la playa.

Poppies PENSIÓN **$$**
(077 794 0328; www.poppiesmirissa.com; cerca de la ctra. Galle-Matara; i/d con ventilador 30/40 US$, con a.a. 50/60 US$;) Habitaciones impecables, con buena relación calidad-precio, en torno a un bonito patio con sombra, cada una con hamacas fuera. Está en el extremo este de la playa pero hacia el interior, aunque se nota el ruido del tráfico de la carretera.

Palm Villa PENSIÓN **$$**
(041-225 0022; www.palmvillamirissa.com; ctra. Galle-Matara; h con ventilador/a.a. desde 50/65 LKR;) Casa colonial y solariega con ocho habitaciones alegres, modernas e individualmente decoradas, todas con buena relación calidad-precio, y un buen restaurante. Las más caras están en plena playa, para algunos quizá demasiado cerca del ruido y el tráfico incesante de transeúntes. Estancia mínima de dos noches.

★ **Mirissa Hills** HOTEL-BOUTIQUE **$$$**
(041-225 0980; www.mirissahills.com; Henwalle Rd, cerca de la ctra. Galle-Matara; h 90-300 US$;) Esta plantación de canela es también uno de los alojamientos más destacables del sur de Sri Lanka. Ofrece toda suerte de opciones de calidad, entre ellas la casa original de la finca, renovada, y un espectacular retiro cimero, comidas excelentes y espectaculares vistas de la costa desde la terraza comedor. Además, tiene una galería de arte contemporáneo con muchas esculturas. La entrada está 1,1 km tierra adentro desde el mojón del km 148 de la carretera.

Spice House HOTEL **$$$**
(077 351 0147; www.thespicehousemirissa.com; ctra. Galle-Matara; h 85-100 US$;) Lejos de la carretera y a un corto paseo del este de Mirissa, este bonito hotel seduce con nueve habitaciones irresistibles y tres más en una villa de la parte de atrás. Hay muchas zonas en las que solazarse, incluidas un bonito jardín y la piscina, y los dueños son una pareja británico-ceilandesa de los más hospitalaria.

Dónde comer y beber

Muchos cafés instalan sus mesas y sillas justo en la marca de la marea, tanto de día como de noche. Basta con darse una vuelta y comparar cuál tiene el pescado y el marisco más

CIRCUITOS PARA VER BALLENAS AZULES

Hace pocos años que los biólogos marinos constataron que las ballenas azules (el mamífero vivo más grande del mundo) se parecen a muchos humanos en el período de las vacaciones: les gusta la costa de Sri Lanka. Las aguas que bañan Mirissa y el Dondra Head hacia el este suelen atraer a los grupos más numerosos de ballenas azules del mundo (en la costa este, también se recomienda Trincomalee).

Los datos son fascinantes: 30 m de longitud y más de 200 toneladas de peso (más pesadas que cualquier dinosaurio conocido, con diferencia). Se calcula que viven más de 80 años, pero no se sabe bien a ciencia cierta, porque no se ha podido investigar mucho, sobre todo porque quedaban muy pocos ejemplares (aprox. 5000, solo el 1% de la población que había 200 años antes) cuando se prohibió su caza en la década de 1970. Ahora se calcula que hay entre 10 000 y 25 000 ballenas azules en todo el mundo.

Los circuitos en barco que salen de Mirissa para ver ballenas azules son un importante reclamo turístico, y hay muchos operadores. Además de las azules también se pueden ver rorcuales comunes (la segunda ballena más grande que existe, que puede alcanzar 27 m), cachalotes, rorcuales de Bryde y varios delfines. Con regularidad suelen aparecer grupos (de más de 500 ejemplares) de delfines giradores. Cuestiones a tener en cuenta:

➡ Aunque se pueden ver ballenas azules todo el año, diciembre y abril son las temporadas altas.

➡ Evitar los meses de mayo a julio, época de monzones y mala mar.

➡ Casi todos los circuitos salen hacia las 6.30 y duran entre 2 y 5 h, según lo que se tarde en ver las ballenas, y hasta todo el día si hay mala mar.

➡ Los barcos de circuitos ya consolidados tienen dos niveles de observación y aseos.

➡ Conviene buscar circuitos que respeten las convenciones internacionales para acercarse a las ballenas. Pregúntese antes.

➡ Prescindir de los operadores sinvergüenzas o barcos de pesca alquilados, algunos con fama de hostigar a los animales, p. ej., acorralándolos entre dos embarcaciones.

➡ Preguntar si se ofrece comida y bebidas, y si hay prismáticos.

Entre los operadores recomendados están:

Raja and the Whales (☎071 333 1811; www.rajaandthewhales.com; puerto de Mirissa; adultos/niños 6000/3000 LKR) Ofrece salidas en un trimarán de dos niveles y respeta las normas internacionales de acercamiento a las ballenas.

Paradise Beach Club (☎041-225 1206; www.paradisebeachmirissa.com; Gunasiri Mahimi Mawatha; circuitos 50 US$) Pequeño complejo de playa que organiza sus propios circuitos en un buen barco construido ex profeso.

Blue Water Cruise (☎077 497 8306; ctra. Galle-Matara; adultos/niños 7000/3500 LKR) Iniciativa profesional y responsable con barcos bien cuidados.

fresco. Para unas cervezas, cualquiera vale, y algunos también sirven café expreso.

★ **Nº Dewmini Roti Shop** CEILANDESA **$$**
(☎071 516 2604; www.dewminirotishop.wordpress.com; cerca de Udupila Rd; comidas 200-550 LKR; ⏲8.00-21.00; 📶) La primera tienda de *roti* de la zona aún es la mejor. También preparan *kotthu* (*roti* troceado con verduras) y deliciosos arroces con curri. El sonriente chef y propietario imparte **clases de cocina** (2000 LKR para 6 curris). Está 350 m al norte de la carretera de la costa.

Papa Mango INTERNACIONAL **$$**
(☎041-454 5341, 077 772 6546; www.facebook.com/papamangomirissasl; cerca de la ctra. Galle-Matara; comidas 650-1200 LKR; ⏲8.00-22.00 o más tarde; 📶) En el lado este de Mirissa, este restaurante está en un lugar privilegiado a pie de playa, con mesas en un gran jardín con palmeras. La carta incluye pescado y marisco, curris locales y platos occidentales. Además, montan fiestas regulares tanto con música en directo con de DJ.

Zephyr Restaurant & Bar BAR

(☎077 750 2222; www.facebook.com/zephyrmirissa; cerca de la ctra. Galle-Matara; ⊙9.00-16.00 y 18.00-23.00; 📶) Garito de playa con ambiente cosmopolita y selecta música *lounge*, seguido de conciertos o sesiones de DJ con baile en la arena. También sirven comidas, aunque las raciones son pequeñas y, a veces, hay que esperar bastante.

Cómo llegar y salir

Los autobuses comunican cada 15 min Mirissa con Galle (55 LKR, 1 h) y Matara (30 LKR, 25 min). Para Colombo, primero hay que ir a Matara o Galle y allí tomar un autobús exprés.

El billete de autobús a/desde Weligama cuesta 15 LTK (10 min); un *tuk-tuk* vale 400 LKR.

Los conductores cobran 10 000 LKR por ir al aeropuerto de Colombo, a unas 2½ h de viaje.

Matara

☎041 / 72 600 HAB.

Esta concurrida, próspera y extensa ciudad comercial no le debe casi nada al turismo, lo que la convierte en un reflejo fiel de la vida moderna de Sri Lanka. Su principal reclamo para el visitante son las murallas, la arquitectura neerlandesa, un fuerte bien conservado y su vida en la calle.

Puntos de interés

Se puede pasar medio día de paseo por Matara. La larga playa que orilla Sea Beach Rd está un poco descuidada y es muy comercial.

★Star Fort FUERTE

(Main St; ⊙8.30-16.30 mi-lu) GRATIS Los neerlandeses construyeron este fuerte como complemento a las fortificaciones vecinas, pero es tan pequeño que solo podía proteger a un puñado de burócratas. Repárese en la fecha de construcción (1765) labrada sobre la puerta principal, junto con la insignia de la VOC y el escudo de armas del gobernador de la época. Dentro hay pequeño **museo** con muestras discretas sobre la historia de Matara, y se pueden ver los antiguos barracones de los soldados y las celdas de los prisioneros.

Antiguo Centro Neerlandés de Comercio EDIFICIO HISTÓRICO

(mercado de Nupe; Anagarika Dharmapala Mawatha) GRATIS En el lado occidental de la ciudad, este magnífico edificio en forma de "T" (el antiguo mercado de la ciudad) gustará a los aficionados a la arquitectura: tiene un acusado tejado en pendiente, tres torretas cónicas y una señorial entrada a dos aguas. Es de planta abierta y lo soportan colosales vigas de madera y columnas.

Fort ZONA

Este barrio histórico y algo decrépito fue, en su día, el corazón de la Matara, primero neerlandesa y después británica. No hay atracciones como tal, pero la zona es arquitectónicamente fascinante, con vetustas mansiones coloniales en diferentes estados de conservación. En la orilla del río de la esquina oeste reina la serenidad, pese a los cocodrilos.

Playa de Polhena PLAYA

(Polhena Rd) La mejor playa de la zona es una pequeña cala de arena protegida por un arrecife. En la bahía se puede bucear, y quizá se vean tortugas, aunque la visibilidad no es para echar cohetes. Los fines de semana la frecuentan lugareños que alquilan ridículos artilugios hinchables para jugar entre las olas, pero entre semana suele estar tranquila.

Dónde dormir y comer

Sunil Rest Guest House & Restaurant PENSIÓN $

(☎041-222 1983; sunilrestpolhena@yahoo.com; 16/3A Second Cross Rd; h desde 2500 LKR; 📶) Sunil y Ureka, una encantadora pareja local, regenta esta bonita pensión a 150 m de la playa. A las habitaciones del edificio principal, sencillas y limpias, se añaden otras propuestas no muy lejos. Además, Ureka es una cocinera excelente. Como no pagan comisiones, muchos conductores de *tuk-tuk* mienten y dicen que está cerrada.

Galle Oriental Bakery Restaurant CEILANDESA $

(41 Anagarika Dharmapala Mawatha; comidas 130-280 LKR; ⊙8.00-20.00) Es el mejor restaurante del centro, un clásico algo dejado, con muchos comedores pequeños, un interior de madera y vitrinas llenas de productos horneados y ensaladas. Las sopas y los curris están bien, todo a precios económicos.

★Dutchman's Street CEILANDESA $$

(☎041-223 6555; www.thedutchmansstreet.com; Court Rd; comidas 500-1300 LKR; ⊙9.00-22.00; 📶) Este café-restaurante resulta interesante para el viajero no solo porque sirven platos

Matara

internacionales sino que lo hacen a buen precio (alitas de pollo fritas, gambas rebozadas) y además en el conjunto colonial de Matara Fort. También, de vez en cuando, programan sesiones de DJ y música en vivo, y hay un bonito jardín perfectamente encarado al mar.

Información

En todas las calles principales del centro hay bancos y cajeros automáticos.

Comisaría de policía (☎041-222 2222; Main St; ⏲24 h) Muy céntrica, cerca del mercado.

Oficina de correos (New Tangalla Rd; ⏲8.00-17.00 lu-sa) Cerca de la estación de correos.

Cómo llegar y salir

AUTOBÚS

La **estación de autobuses** (New Tangalla Rd; ⏲24 h) es un edificio enorme de varios pisos; hay que fijarse en los diminutos carteles con el destino que hay encima de los cercados para hacer cola. De esta estación, centro del transporte de la región, hay servicios frecuentes en todas direcciones; la mayoría de los autobuses no tiene aire acondicionado. Para ir a Kandy, hay que pasar por Colombo.

TREN

La **estación de trenes** (Railway Station Rd) es la terminal actual de la línea costera, aunque

AUTOBUSES DE LARGO RECORRIDO DESDE MATARA

DESTINO	PRECIO (LKR)	DURACIÓN (H)	FRECUENCIA
Colombo (por la ctra. costera)	regular/semi-lujo 191/410	5	cada 15 min
Colombo (por autopista)	lujo, con a. a. 510	2½	cada hora 4.00-19.00
Ella	270	5	5 diarios
Galle	50	1	cada 15 min
Kataragama	215	4	cada hora
Ratnapura	225	4½	6.20, 7.00, 12.40
Tangalla	58	1	cada 15 min

estaba previsto que la ampliación de línea hasta Kataragama se haya completado en el 2018. Entre los destinos importantes están:

Bentota 2/3ª clase 140/70 LKR, 2 h, 5-6 diarios

Colombo 2/3ª clase 230/130 LKR, 2¾ -4 h, 5-6 diarios

Galle 2/3ª clase 80/40 LKR, 1-1½ h, 6-8 diarios

Kandy (vía Colombo) 2/3ª clase 360/195 LKR, 7 h, a diario

Dondra

Esta pequeña localidad fue un importante enclave espiritual hasta que los portugueses destruyeron su gran templo de Tenavaram en el s. XVI. Hoy señala el punto más meridional de la isla. Cerca del templo no hay mucha oferta para comer, pero se encontrarán buenos restaurantes en la vecina Matara.

El emblemático **faro del Dondra Head** (Lighthouse Rd) vendría a ser como el signo de admiración del punto más meridional del país. Por el momento no se puede entrar ni al recinto, pero, si la situación cambiara, las vistas de la costa desde lo alto del faro son extraordinarias. Consuela saber que el bonito paisaje oceánico es estimulante. Está 1,2 km al sur del centro.

El complejo del **Tenavaram Kovil** es el mayor templo de la localidad después que el primer y vasto conjunto de Tenavaram Dondra fuera destruido en 1587. Lástima que no se libere de una vez a esa pareja de elefantes encadenados.

Los autobuses procedentes de Matara dejan en el centro de Dondra cada 15 min, desde donde se puede seguir hasta el faro, a pie o en *tuk-tuk*.

Talalla

☎041

He aquí una sólida candidata a la playa más bonita de Sri Lanka: una curva de arena realmente sublime y apenas tocada por el turismo. Tanto es así que, si se pasea por este idílico kilómetro del litoral, las únicas huellas visibles del hombre son las pequeñas barcas de pesca. En el extremo oeste domina la naturaleza virgen, con monos e iguanas que campan a sus anchas por el bosque tropical.

La carretera estropea su extremo este, pues pasa demasiado cerca del litoral.

Dónde dormir y comer

Hay varias pensiones sencillas apartadas de la playa, un par de villas y un buen hotel, y solo un par de sitios para picotear y beber algo. La mayoría de los alojamientos tiene restaurante.

★ Talalla Sunshine Beach PENSIÓN **$$**
(☎077 514 1533; www.talalla-sunshine-beach.com; h con ventilador/a.a. desde 3800/4700 LKR; ❄📶) Sus dueños, increíblemente hospitalarios, han conseguido aunar calidad y buen precio, y justo detrás de la playa. Las cuatro habitaciones tienen vistas parciales del mar, mosquiteros, aire acondicionado (opcional) y baños privados con agua caliente, y la comida es de órdago, como los arroces con curri y, para desayunar, *hoppers*. Además, Nisansala también imparte cursos de cocina.

Paradise Beach House PENSIÓN **$$**
(☎077 270 8092; cerca de la ctra. Matara-Tangalla; h 4500 LKR; 📶) A 200 m de la playa, esta buena opción ofrece habitaciones limpias con suelos de baldosa, sábanas almidonadas, mosquiteros y baños privados con agua fría. Los dueños, muy simpáticos, chapurrean inglés.

Secret Bay Hotel PENSIÓN **$$**
(☎041-438 1089; www.secretbayhotel.jimdo.com; cerca de la ctra. Matara-Tangalla; h desde 55 US$; ❄📶) A 250 m de la playa, esta pensión tiene habitaciones repartidas entre bungalós discretos (mejor opción) y un edificio principal de tres pisos. El interiorismo es sencillo, con intensas pinceladas de azul. El restaurante del último piso tiene unas vistas asombrosas.

★ Talalla Retreat RESORT **$$$**
(☎041-225 9171; www.talallaretreat.com; cerca de la ctra. Matara-Tangalla; h 50-110 US$; ❄📶🏊) Es uno de esos retiros destacados de Sri Lanka, donde casi todos sus clientes participan de un paquete de yoga, belleza y salud, o toman clases de surf. La ubicación es excelente, a escasos metros del mar, con vistas del océano desde el maravilloso restaurante. Sin embargo, la factura de algunos alojamientos es bastante pobre: muchas habitaciones son de planta abierta (sin ventanas), con la posible presencia de monos y ardillas, y las hay que acusan problemas de ruido.

Cómo llegar y salir

Todos los autobuses que circulan entre Matara y Tangalla (cada 15 min) pasan por el desvío de Talalla, en el indicador del km 171.

El transporte público no llega a la playa, pero un *tuk-tuk* desde la carretera cuesta 250 LKR.

Dikwella

041

Situada 22 km al este de Matara, Dikwella es poco más que una explanada en la carretera con alguna tienda, si bien cerca hay un par de lugares interesantes. En el discreto litoral destacan algunas playas bonitas en ensenadas perfectas que dan a la carretera principal.

Puntos de interés

Bufadero de Ho-o-maniya PUNTO DE INTERÉS

(250 LKR; amanecer-anochecer) El bufadero *(blowhole)* de Ho-o-maniya a veces es espectacular, y otras, una decepción. Durante el monzón del sureste (jun es la mejor época), un mar embravecido puede llegar a expulsar agua por una chimenea natural en las rocas de 23 m y hasta 18 m más. En otras épocas no pasa casi nada. Desde el aparcamiento hay 300 m de subidas y bajadas, entre vendedores ambulantes y mucha basura.

Wewurukannala Vihara TEMPLO BUDISTA

(Wewurukannala Rd; 200 LKR; amanecer-anochecer) Una imagen de un Buda sedente de 50 m de altura (la más grande de Sri Lanka) es el plato fuerte de este templo por lo demás normalito. Antes de llegar al Buda se atraviesa una antesala de los horrores con reproducciones de demonios y pecadores a tamaño real. Entre los tormentos representados están los calderos de agua hirviendo, la sierra y el destripe. El templo está 1,5 km tierra adentro desde Dikwella, en dirección a Beliatta.

Dónde dormir y comer

En esta playa hay pocos sitios donde alojarse, y para comer la oferta se limita a establecimientos de carretera que sirven arroz con curri y algún tentempié.

★ **Dickwella Beach Hotel** HOTEL $$

(041-225 5522; www.dickwellabeach.lk; 112 Mahawela Rd; h con ventilador/a.a. desde 28/36 US$;) Este hotel de gestión familiar tiene dos bloques: un edificio moderno en una playa privilegiada con habitaciones que regalan vistas encomiables del mar, y otras más económicas junto a la carretera. Junto al océano hay una bonita zona habilitada para comer o beber agua de un coco natural y contemplar las olas, sin más. El desvío está 1 km al este de Dikwella, en la carretera principal.

Coconut Palm Beach Seafood Restaurant PESCADO Y MARISCO $$

(071 803 1141; Tangalla Rd; comidas desde 650 LKR;) Un buen sitio para saborear deliciosos centollos, gambas, calamares y pescados varios, todo a pie de una encantadora calita de arena, 1 km al oeste del centro de Dikwella pero muy cerca de la carretera.

Cómo llegar y salir

Autobuses regulares comunican Dikwella con Matara (20 LKR, 30 min) y Tangalla (36 LKR, 40 min) entre 5.30 y 19.00.

Hiriketiya

041

Esta calita en forma de herradura, orlada de pluvisilva y bañada por olas impetuosas, no tardará en convertirse en una de las playas más de moda de Sri Lanka, aunque, de momento, solo la conocen algunos viajeros y residentes extranjeros. Su encanto se nota enseguida, pues queda bastante apartada de esa carretera costera que estropea tantas playas del sur de Sri Lanka, y su oferta de alojamiento se reduce a contadas pensiones discretas.

El surf es su otro gran reclamo. A los primerizos y poco expertos les encantará el oleaje del tramo central, si bien hay olas más grandes en el extremo este de la bahía. En la misma playa se alquilan tablas de surf y muchas pensiones ofrecen clases. Cerca de la costa y en el extremo oeste de la bahía, se puede nadar sin problema.

Dónde dormir y comer

Todo está cerca del agua y la selva aún está habitada de monos y lagartos, entre otros animales. La mayoría de las pensiones sirve comidas. En temporada alta, las colas son habituales.

Dot's Bay House PENSIÓN $$

(077 793 5593; www.dotsceylon.com; h 50 US$;) Esta pensión, con fama de buena onda y ambiente distendido, tiene cinco habitaciones pequeñas artísticamente decoradas, y, aunque algo caras, se llenan enseguida; el aire acondicionado se paga aparte. Está bien para conocer a otros viajeros, y hay un café fantástico.

Salt House PENSIÓN $$$

(041-225 6819; www.salthousesrilanka.net; Hiriketiya Rd; h 85 US$;) Elegante pensión de categoría con seis habitaciones (las hay de planta abierta donde se cuela el ruido pero también otras cerradas, con aire acondicionado) y una espaciosa zona *chill-out* en el piso de arriba. Al lado hay un bonito jardín con un estudio de yoga encarado al bosque y un buen restaurante de comida sana. Está a 100 m de la costa.

Beach House Hiriketiya PENSIÓN **$$$**
(☎076 617 6969; www.beachhousehiriketiya.com; h 80 US$; ❄📶) Esta hilera de sencillas habitaciones chic de playa, detrás del restaurante, lucen tonos cremas y blancos e incluyen camas con colchones mullidos y cómodos y baños privados al fresco. Resérvese lo antes posible.

Dot's Surf Cafe CAFÉ **$$**
(comidas 500-800 LKR; ⌚8.00-18.00; 📶) Un poco apartado del agua pero junto a una pequeña laguna, este bonito café tiene buen ambiente y hamburguesas jugosas, gofres crujientes, zumos ricos y cafés exprés.

ℹ Cómo llegar y salir

Hiriketiya está a 1 km de Dikwella. Los autobuses circulan regularmente entre Matara (20 LKR, 30 min) y Tangalla (36 LKR, 40 min) de 5.30 a 19.00; todos pasan por Dikwella.

Un *tuk-tuk* desde Dikwella cuesta 250 LKR.

Goyambokka

☎047

Esta minúscula localidad se reduce a unas bonitas calas de arena y algunos hoteles costeros. Justo al oeste del indicador del km 194 está el desvío de Goyambokka Rd.

Dónde dormir y comer

Aquí, casi todos los hoteles lucen algo caducos y son bastante caros para lo que ofrecen.

Por su parte, salvo algún chiringuito de playa, la oferta gastronómica se ciñe a los restaurantes de los hoteles. En Tangalla hay más opciones.

★ **Goyambokka Guest House** PENSIÓN **$$**
(☎047-224 0838; www.goyambokkaguesthouse.com; Goyambokka Rd; h 4000-5000 LKR, villa 8000-10 000 LKR; ❄📶🏊) Recién reformada, esta excelente pensión tiene desde habitaciones con ventilador hasta impecables villas de dos pisos y otras opciones para familias, todas en torno a un jardín tropical con palmeras cimbreantes, a pocos pasos de la playa.

Green Garden Cabanas HOTEL **$$**
(☎077 624 7628; www.greengardencabanas.com; Mahawela Rd; h con ventilador/a.a. desde 28/40 US$; ❄📶🏊) Alejado de la playa, este hotel ofrece varias opciones, incluidas unas cuidadas cabañas de piedra y madera con baños impecables, y un restaurante que no está nada mal. Las habitaciones del edificio principal tienen terrazas privadas y vistas a unos jardines llenos de frutales. El desvío está en el indicador del km 196.

★ **Amanwella** HOTEL DE LUJO **$$$**
(☎047-224 1333; www.amanresorts.com; cerca de la ctra. Matara-Tangalla; ste desde 655 US$; ❄@📶🏊) Verdadero templo del lujo, con suites que tienen piscina privada, iPod precargados y exquisitos toques de diseño moderno. Ciertamente, cuesta irse. Todas la propuestas incluyen vistas del océano, pero las suites nº 110, 111 y 112 están más cerca de la playa, y la piscina (de 50 m) es una de las mejores del país. La entrada está al este del indicador del km 193.

Think Club PESCADO Y MARISCO, CEILANDESA **$$**
(☎077 364 1739; cerca de Goyambokka Rd; comidas 600-1000 LKR) Un padre y su hijo llevan esta casucha de playa, en verdad sorprendente; sirven la comida en una terraza encarada al mar, pero antes hay que salvar una escalera inestable. El pescado y marisco es fresquísimo y delicioso y tienen cerveza fría. También alquilan una cabaña muy básica, por si alguien no se siente capaz de regresar al hotel.

ℹ Cómo llegar y salir

Cualquier autobús (pasan cada 10 min) que circula entre Matara y Tangalla puede parar en el cruce de Goyambokka. Un *tuk-tuk* desde la estación de autobuses de Tangalla cuesta 400 LKR.

Tangalla y alrededores

☎047 / 11 200 HAB.

Esta es la puerta de entrada a las playas y espacios abiertos del sureste de Sri Lanka. Es la última localidad antes de Hambantota, y no le falta cierto encanto pretérito. Pero si se ha llegado hasta aquí, ha sido para dar con la playa perfecta, y hay varias cerca.

Puntos de interés y actividades

El puerto de Tangalla es interesante. Aún se nota la presencia neerlandesa del pasado. Se puede seguir Harbour Rd por el cabo y entrar en la zona militar (suele permitirse el paso);

hay unas vistas estupendas desde el mirador junto al vértice de césped.

Turtle Watch Rekawa CIRCUITOS
(☎076 685 7380; www.turtlewatchrekawa.org; playa de Rekawa; adultos/niños 1000/500 LKR; ⊙20.30-24.00.) Cinco especies de tortugas se esfuerzan por alcanzar la costa para desovar en la playa de Rekawa. Se ofrecen visitas al lugar de desove para ver a estas preciosas criaturas, pero, a veces, los grupos son tan numerosos (sobre todo los fines de semana; hasta 100 personas) que el alboroto altera a las tortugas. Por lo tanto, hasta que la dirección del proyecto no modifique ciertas actitudes, no se recomiendan estos circuitos.

Dónde dormir

En Tangalla y alrededores hay varias zonas con alojamientos. Por la playa cerca de la localidad hay sitios prácticos aunque demasiado juntos. Hacia el este, los hoteles están más espaciados, al final de deficientes caminos de tierra que parten de Hambantota Rd.

Tangalla

Las playas del sur del centro son bonitas pero, lamentablemente, demasiado a la vista de los que circulan la carretera principal, que pasa al lado.

Moonstone Villas HOTEL $$$
(☎047-224 0320; www.moonstonevillas.com; 336 Matara Rd; i/d desde 72/90 US$; ❄📶🏊) Habitaciones modernas y bonitas en unos jardines frondosos pero un poco caras para estar apartadas de la playa, al otro lado de la transitada carretera principal.

Playa de Medaketiya

La larga playa de arena, que se aparta hacia el noreste de la localidad, está bordeada por pensiones y cafés económicos de todo tipo. La arena es dorada pero el impetuoso oleaje puede ser traicionero, por lo que hay que tener sumo cuidado. En el extremo noreste, la concurrida carretera se encamina hacia el interior y no está tan llena. Es una pena que los nuevos rompeolas desvíen la corriente oceánica, lo que provoca la erosión de la playa.

Starfish Beach Cafe PENSIÓN $
(☎047-224 1005; starfishtangalle@gmail.com; Vijaya Rd; h 2000-4500 LKR; 📶) Un grupo de chavales entusiastas y melómanos llevan esta pensión de habitaciones grandes, ventiladas y ordenadas, muy frecuentada por mochileros. Al lado, junto al mar, hay un buen puesto de *rotis*.

Villa Araliya PENSIÓN $$
(☎047-224 2163; www.villa-araliya.net; Vijaya Rd; h 40-50 LKR, villa 180 LKR; 📶) Llevada por alemanes e inmersa en unos jardines exuberantes, esta pensión a pie de playa ofrece alojamiento en bungalós con muebles de época y una villa de tres dormitorios ideal para compartir con los amigos o la familia.

Frangipani Beach Villas PENSIÓN $$
(☎071 533 7052; www.frangipanibeachvilla.com; Jayawardana Rd; h 35-75 US$; ❄📶🏊) Cerca del pueblo, esta pensión será la pesadilla de cualquier interiorista: decoración chillona y chocante, murales de gusto dudoso y muebles anticuados que no podrían estar peor combinados. Pero, estética aparte, los dueños son muy amables, y el café junto a la playa es una delicia. La comisaría de policía está a 300 m, en la misma costa.

Playa de Marakolliya

Impresionante, esta playa viene a ser como la continuación de la de Medaketiya, pero mucho más apartada del pueblo. Se trata de una extensión aparentemente infinita de arena suave arropada por palmeras, flores tropicales y lagunas con manglares. Pero bajo su espectacular oleaje suelen producirse corrientes de resaca muy traicioneras; en condiciones adversas, lo mejor es no bañarse.

Dos accesos llevan hasta ella: la carretera de Madilla, que es como la precaria continuación de Vijaya Rd en Tangalla; y otro camino parcialmente asfaltado que va desde el indicador del km 200 de la carretera principal de Hambantota. Por la noche, las tortugas suben a la playa para desovar; de día, se ve algún viajero despreocupado que busca conchas en la arena. Muchas pensiones y hoteles ofrecen circuitos por las lagunas y para observar aves, además de alquilar kayaks.

Panorama Rock Cafe BUNGALÓS $
(☎047-224 0458, 077 762 0092; www.facebook.com/Panorama-Rock-Cafe; Madilla Rd, playa de Medaketiya; h 2200-5000 LKR; 📶) Antigua finca con bungalós de hormigón a la sombra de vegetación crecida y un café abierto con buenas vistas de la estrecha playa. Organizan salidas por los manglares.

★**Chill** PENSIÓN $$
(☎077 671 0711; www.chillenjoycabanas.com; cerca de Hambantota Rd, playa de Marakolliya; i/d 30/

Tangalla y alrededores

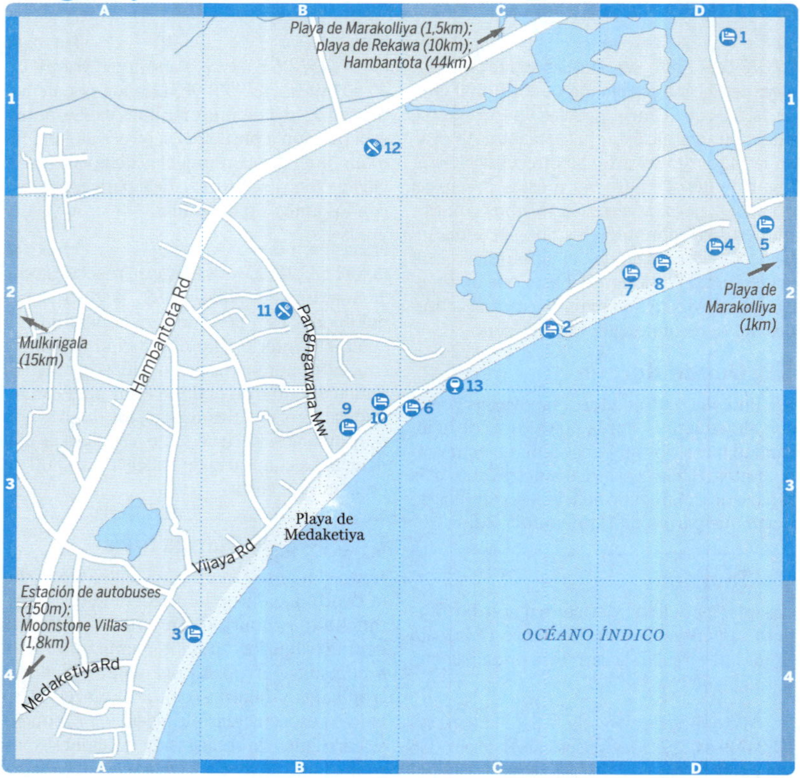

Tangalla y alrededores

Dónde dormir

1	Chill	D1
2	Cinnabar Resort	C2
3	Frangipani Beach Villas	A4
4	Ganesh Garden	D2
5	Lonely Beach Resort	D2
6	Panorama Rock Cafe	C3
7	Sandy's	D2
8	Serein Beach	D2
9	Starfish Beach Cafe	B3
10	Villa Araliya	B3

Dónde comer

11	Mango Shade	B2
12	Saliya Restaurant	B1

Dónde beber y vida nocturna

13	Lounge	C2

40 US$; ❄📶) Los dueños de esta bonita y nueva pensión son una pareja húngaro-ceilandesa que lleva años en la profesión, además de tener un barco. Sus dos enormes bungalós adosados ofrecen la mejor relación calidad-precio de la zona, ambos muy bien puestos y con amplias verandas con hamacas. Está a 400 m de la playa, cerca de la laguna. La oferta se completa con un buen restaurante y bicicletas en alquiler.

★ **Lonely Beach Resort** BUNGALÓS **$$**
(☎071 816 4804; www.lonelybeachresort.com; cerca de Hambantota Rd, playa de Marakolliya; h 30-40 US$; 📶) Aunque parece imposible encontrar un lugar solitario hoy en día, este rinconcito de playa próximo a la laguna parece desmentirlo: un lugar ideal para instalarse plácidamente junto a la playa. Las habitaciones están pulcras y ordenadas (las de atrás salen más económicas), mientras que el café

brinda bonitas vistas del mar, y más si está tumbado en una hamaca entre las palmeras.

★ **Ganesh Garden** BUNGALÓS $$
(☎047-224 2529; www.ganeshgarden.com; Madilla Rd, playa de Marakolliya; h 40-75 US$; ❄📶) Logrado complejo con cabañas cómodas de diferentes estilos: de barro y valladas junto a la laguna de la parte de atrás, y a pie de playa otras de madera y hojas de palmera y también de cemento. Ocupa un bonito tramo de playa, tiene un buen café-restaurante y hay kayaks para explorar la laguna.

Cinnabar Resort BUNGALÓS $$
(☎077 965 2190; www.cinnabarresort.wordpress.com; Madilla Rd, playa de Marakolliya; h 20-50 US$; 📶) Su casita de árbol es su gran reclamo. Pero si alguien se aburre, puede recoger madera de deriva en la playa y construirse su propia choza; no puede haber experiencia más rústica. El ambiente es de total sociabilidad y el evocador café de la playa es el lugar ideal para despedir al día con alguna bebida.

Serein Beach HOTEL-BOUTIQUE $$
(☎047-224 0005; www.sereinbeach.com; Madilla Rd, playa de Marakolliya; h 45-90 US$; ❄📶) Este elegante hotel de tres pisos tiene nueve habitaciones muy atractivas, todas con elegantes muebles modernos y mejores vistas del mar cuanto más altas. El agua se calienta con energía solar, el personal es muy profesional y la terraza de la azotea es fabulosa. Está delante mismo de la soleada playa.

Mangrove Chalets BUNGALÓS $$
(☎077 790 6018; www.beachcabana.lk; cerca de Hambantota Rd, playa de Marakolliya; h desde 45 LKR; 📶) Estos grandes bungalós (algunos para cuatro personas) cuentan con espaciosas verandas encaradas al mar o a la laguna. Es un buen sitio para familias pues los niños pueden nadar sin temor en las transparentes y tranquilas aguas de los manglares. Se puede llegar por un chirriante puente de bambú muy peliculero.

Sandy's PENSIÓN $$
(☎077 622 5009; www.sandycabana.com; cerca de Hambantota Rd, playa de Marakolliya; h desde 40 US$; 📶🍴) Típico retiro de playa, muy a lo Robinson Crusoe, con cabañas de tejado de palma muy ventiladas (algunas con dormitorios abiertos a las estrellas y a la brisa marina). El estado de las mismas varía sobremanera, así que se recomienda ver varias antes. El bufé de cena (1500 LKR) es caro pero generoso.

Playa de Rekawa

Otra preciosidad de playa, en este caso 10 km al este de Tangalla. Es como la de Marakolliya pero menos urbanizada, a modo de un interminable tramo de arena azotado por el viento y el mar (bañarse aquí no es muy seguro). Además, en la zona desovan nada menos que cinco especies de tortugas. Se llega por un desvio en el indicador del km 203 de la carretera de Hambantota.

Buckingham Place RESORT $$$
(☎047-348 9447; www.buckingham-place.com; playa de Rekawa; h desde 210 US$; ❄📶🏊) En una loma de arena, este complejo cercado es un lujoso resort muy resguardado pero próximo a la playa. Las habitaciones muestran cierta contemporaneidad, a base de suelos de cemento pulido, mobiliario elegante y fabulosos cuartos de baño medio al fresco. Queda cerca de la zona de desove de tortugas y hay mucha avifauna en la laguna vecina (accesible en kayak).

Dónde comer y beber

Casi todos los alojamientos sirven comidas. Muchos tienen cafés con vistas de ensueño del océano, y el pescado y el marisco nunca decepcionan.

★ **Mango Shade** CEILANDESA $$
(☎077 720 1859; Pangngawana Mawatha 141, playa de Medaketiya; comidas 350-750 LKR; ⏲8.00-21.45; 📶) Esta casa de comidas caseras al estilo ceilandés aguarda 300 m calle arriba desde la playa, con mesas a la sombra de mangos (de ahí el nombre) y cocoteros, y una pareja muy amable. Hay salsas muy especiadas, pescado y marisco frescos y precios muy moderados para la zona (arroz y curri de pescado 350 LKR).

Saliya Restaurant PESCADO Y MARISCO $$
(☎047-224 2726; Hambantota Rd; comidas 250-500 LKR; ⏲7.00-22.00; 📶) Esta disparatada cabaña de madera descansa sobre unos enclenques pilotes 1,5 km al este del centro urbano, cerca del indicador del km 198 de la carretera. La comida está rica, pero no puede superar a los manglares.

Lounge BAR
(☎077 342 4723; Madilla Rd, playa de Medaketiya; ⏲10.00-2.00; 📶) Con mesas y sillas hechas con palés, columpios junto a la barra y buena música, este moderno bar de playa tiene gancho. Preparan buenos cócteles, y la comida (hecha en una cocina abierta) está rica pero es cara.

MERECE LA PENA

MULKIRIGALA

Los apacibles **templos rupestres de Mulkirigala** (Mulkirigala Rd; 500 LKR; ⌚amanecer-anochecer) se aferran a un risco 16 km al noroeste de Tangalla, en medio de un verde cocotal. Hay que subir una empinada escalera de unos 500 peldaños hasta desembocar en siete cuevas que, cual grietas en la roca, se reparten en cinco niveles en terrazas. Dentro de las cuevas se verán grandes budas reclinados y otros, más pequeños, sedentes y erguidos.

A las imágenes de Buda les roban un poco el protagonismo unas magníficas pinturas rupestres que representan a pecadores que disfrutan del fruto prohibido en la Tierra para luego pagarlo en un más allá de eternas torturas (¡al parecer valió la pena!). Más arriba, en lo alto de la roca a 206 m de la base, hay una pequeña *dagoba* con buenas vistas del campo circundante.

Algunos templos llevan en este lugar más de 2000 años, pero los que pueden verse hoy, y sus pinturas, datan del s. XVIII. Cerca hay una escuela budista.

Los manuscritos en pali hallados en la biblioteca monástica por un oficial británico en 1826 se utilizaron para traducir por primera vez la *Mahavamsa (Gran crónica),* que permitió a los europeos desentrañar la historia temprana de Sri Lanka. Para más información y fotografías, visítese www.srilankaview.com/mulkirigala_temple.htm.

A Mulkirigala se puede ir en autobús desde Tangalla vía Beliatta o Wiraketiya. Según las salidas, podría ser más rápido ir por Wiraketiya que esperar el autobús de Beliatta. Un *tuk-tuk* desde Tangalla cuesta 1800 LKR (ida y vuelta).

El dicharachero dueño ceilandés vivió unos años en Londres y está loco por el deporte.

ℹ Cómo llegar y salir

Tangalla es un destino importante en las rutas de autobús costeras; se pueden parar en la carretera o tomarlos en la **estación de autobuses** (Main Rd), en el centro urbano; los autobuses con aire acondicionado brillan por su ausencia. A diario, hay cuatro autobuses de lujo (con aire acondicionado) a Colombo (860 LKR, 3 h) por la Southern Expressway. Otros servicios frecuentes (aprox. cada 15 min) incluyen los siguientes destinos:

Colombo (por la ctra. costera) regular/semilujo 160/324 LKR, 6 h
Galle 107 LKR, 2 h
Kataragama 121 LKR, 2½ h
Matara 58 LKR, 1 h
Tissamaharama 101 LKR, 2 h

Parque Nacional de Bundala

Mucho menos visitado que el de Yala, este **parque nacional** (adultos/niños 10/5 US$, más por vehículo 250 LKR, cargo extra por grupo 8 US$, más impuesto 15%; ⌚6.00-18.00, último acceso 16.30) es muy aconsejable para los aficionados a las aves, aunque también se pueden ver cocodrilos, jabalíes, mangostas, varanos, monos y elefantes.

Bundala, un fantástico entramado de canales, lagunas y dunas que brillan al atardecer, es un edén que protege a miles de aves multicolor, desde diminutos abejarucos a grotescos picotenazas asiáticos, reconocido por la Convención de Ramsar sobre los Humedales. También es el hábitat de muchos mamíferos grandes, con entre 15 y 60 elefantes, según la estación; diciembre es el mejor mes para verlos.

El parque tiene 62 km² y acoge casi 200 especies de aves, muchas de las cuales llegan desde Siberia y el Rann de Kutch, en India, para pasar el invierno aquí; arriban entre agosto y abril (dic-mar es la temporada alta). También es el hogar invernal del flamenco común; se han llegado a contabilizar hasta 2000 ejemplares de una tacada.

En Bundala también hay civetas, ardillas gigantes de la India y muchos cocodrilos. Entre octubre y enero, cuatro de las cinco especies de tortuga marina de Sri Lanka (oliva de Ridley, verde, laúd y boba) desovan en la costa.

Bundala comprende casi 20 km del litoral, entre Kirinda y Hambantota. La entrada queda al oeste del indicador del km 251. En el centro de visitantes de la entrada principal hay un esqueleto de un cocodrilo colosal y vistas a los humedales; Bundala abre todo el año, también durante la estación lluviosa.

Como no hay alojamientos en el parque, la mayoría de los visitantes se hospeda en Tissamaharama. En la carretera y cerca de la entrada hay un par de hoteles, pero aun así no queda otro remedio que alquilar un todoterreno para acceder al parque. También hay que llevar la comida, pues tampoco hay restaurantes.

Bundala está a 18 km de Tissamaharama y a 10 km de Hambantota. No hay transporte público dentro del parque. La mayoría de los visitantes se apunta a un circuito (p. 151) o alquila un todoterreno en Tissamaharama; el precio del safari depende del número de participantes, los guías y el vehículo.

Tissamaharama

☎047 / 11 300 HAB.

En Tissamaharama (o Tissa), la vista se dispara hacia arriba y hacia fuera. Hacia arriba para ver la punta de su enorme y blanca *dagoba,* y hacia fuera para divisar las cercanas reservas naturales donde merodean criaturas grandes y pequeñas. En un precioso marco lacustre, Tissa es una plácida base para visitar los cercanos parques nacionales de Yala y Bundala.

Puntos de interés

★Tissa Dagoba STUPA BUDISTA

(cerca de Rubberwatte Rd) GRATIS Esta gran *dagoba,* restaurada en gran parte, se erige entre el centro de Tissa y el *wewa,* al parecer fue construida hacia el 200 a.C. por Kavantissa, un rey de Ruhunu, lo que hoy es Tissamaharama. La *stupa* es blanca y tiene 165 m de circunferencia y 55,8 m de altura. Al parecer en su día custodió un diente y un hueso de la frente sagrados. Por la noche, iluminada, es una preciosidad.

Tissa Wewa LAGO

La pieza central de la localidad y aledaños es el bonito y gran embalse de Tissa. Al anochecer, conviene fijarse en las numerosas bandadas de garcetas que descienden para dormir en los árboles del lago. La carretera que discurre por los lindes del sur cuenta con un amplio y nuevo paseo ribereño. A veces se ven cocodrilos, así que nada de bañarse.

★Yatala Wehera STUPA BUDISTA

(Tissamaharama Rd) Los estanques de lotos rodean este lugar, profusamente ornamentado con tallas que guardan relación con elefantes (atención a las almohadillas). Lo construyó el rey Mahanaga hace 2300 años como agradecimiento por el nacimiento de su hijo, Yatala Tissa, y por salir sano y salvo de un intento de asesinato en Anuradhapura. Desde el pueblo se puede llegar fácilmente a pie.

Museo MUSEO

(Tissamaharama Rd; ⌚8.00-17.00) GRATIS Este pequeño museo, al lado de la Yatala Wehera, es un extraordinario arcón de tesoros que incluyen un ornamentado y antiguo bidé que, al igual que el elaborado sistema de depuración de agua, contaba con murales de caras horrendas labradas para que ¡el usuario no pensara en sexo! El cuidador no siempre está y el horario es muy flexible.

Wirawila Wewa LAGO

Al oeste de Tissa, la carretera Hambantota-Wellawaya pasa por encima de este gran lago, hábitat de aves zancudas autóctonas y de especies migratorias.

Dónde dormir

Hay agradables hoteles y pensiones en toda la localidad, más económicos que en la costa. Los que están junto al lago cuentan con un encanto obvio. Casi todos tienen un restaurante. Los hoteles de las carreteras de acceso al parque y cerca de la playa en Kirinda son también buenas opciones para visitar Yala.

Tissa Wewa y centro urbano

Hotel Tissa PENSIÓN $

(☎071 711 5744; www.hoteltissa.com; Main Rd; h 15-25 US$, en la casa 35 US$; ❄@📶) A solo 100 m de la estación de autobuses, esta pensión cuenta con un edificio principal y un módulo trasero, más tranquilo, con habitaciones funcionales de relación calidad-precio aceptable. Todas tienen aire acondicionado y las mejores, nevera y agua caliente.

★Blue Turtle HOTEL-BOUTIQUE $$

(☎077 548 6836; www.blueturtlehotel.com; 119/2 Tissamaharama Rd; h 34-54 US$; ❄@📶🏊) Complejo grande y plácido con alojamientos encarados a una impresionante piscina de 20 m y a un elegante vestíbulo-restaurante, con una relación calidad-precio excepcional. Las habitaciones ocupan bonitas casas de dos pisos, con balcones y verandas, todas decoradas con mucho gusto en plan contemporáneo. En el restaurante sirven buena comida ceilandesa y occidental. También hay un bar.

Tissamaharama

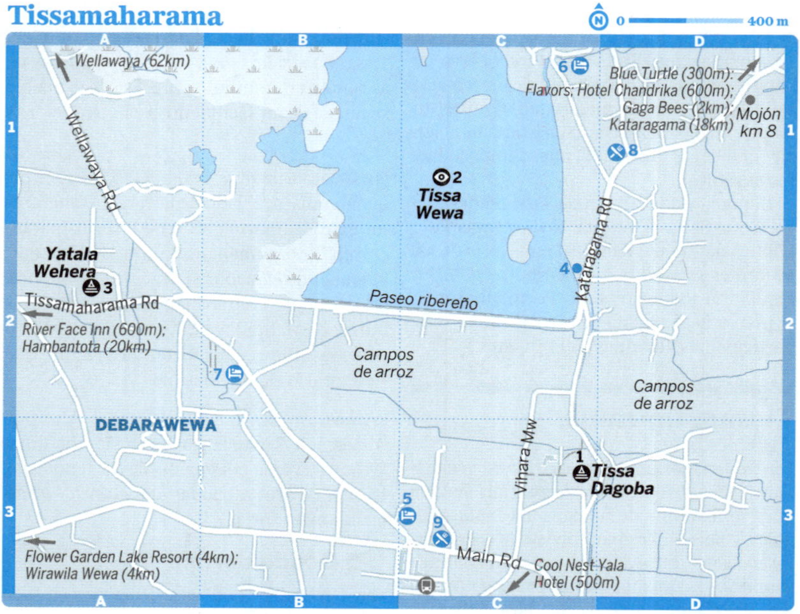

Tissamaharama

Principales puntos de interés
1 Tissa Dagoba C3
2 Tissa Wewa C1
3 Yatala Wehera A2

Puntos de interés
Museo .... (véase 3)

Actividades, cursos y circuitos
4 Independent Jeep Association C2

Dónde dormir
5 Hotel Tissa C3
6 My Village C1
7 Traveller's Home B2

Dónde comer
8 New Cabanas Restaurant D1
9 Royal Restaurant C3

★ My Village PENSIÓN $$
(☎077 350 0090; www.myvillagelk.com; 69 Court Rd; h 30-60 US$; ❄📶) Esta estilosa pensión de tres habitaciones es el sueño moderno hecho realidad de un diseñador local, con un refinado café de planta abierta y una zona común, y hamacas a la sombra por el jardín. Los huéspedes pueden utilizar gratis las bicicletas. Los desayunos (incl. en el precio) se preparan en una inmaculada cocina abierta.

Cool Nest Yala Hotel
(☎047-322 1303; www.thecoolnestyala.com; 137/a Halambagaswala Rd, cerca de Rubberwatte Rd; i/d desde 3250/3650 LKR; ❄📶) Este hotel, que puntúa alto en relación calidad-precio, limpieza y comodidad, posee dos bonitas villas blancas, habitaciones con baño adosado y una casa entera para familias. El personal ayuda con el transporte y los circuitos; está a 500 m de la estación de autobuses.

Traveller's Home PENSIÓN $$
(☎077 601 0208, 047-223 7958; www.travellershomeyala.com; Main Rd; h 20-40 US$, bungaló 3 camas 100 US$; ❄@📶) En una bocacalle de Main Rd, esta pensión atiende a los viajeros con toda suerte de habitaciones luminosas y rehabilitadas con balcón o patio y baños privados con agua caliente. También tiene opciones más económicas, con ventilador, un bungaló con tres camas, un restaurante y bicicletas (gratis) a disposición de los clientes.

Gaga Bees BUNGALÓS $$
(☎071 620 5343; www.gagabeesyala.com; cerca de Sandagirigama Rd; h 5000-6000 LKR; ❄📶🏊) Este complejo con nueve bungalós rústicos está en

un sereno paraje rodeado de arrozales. Todos se han construido con materiales naturales (arcilla, hojas de palmera y madera de la zona) y tienen dos camas, aire acondicionado y verandas. Un pequeño café y una piscina completan la oferta. Está 1,7 km al este de la carretera principal, pasado el desvío junto al Hotel Chandrika.

Hotel Chandrika HOTEL **$$$**
(☎047-223 7143; www.chandrikahotel.com; Kataragama Rd; h 85-120 US$; ❄📶🏊) Este gran hotel, frecuentado por los grupos de los circuitos, disfruta de unos bonitos jardines y de 40 cómodas habitaciones alrededor de un patio ribeteado con palmeras y de una piscina; las del ala más nueva son más elegantes. El personal es atento y en el restaurante sirven unos curris deliciosos.

Deberawewa

Al oeste de Tissa hay opciones que están bien entre frondosos ríos y amplios lagos.

River Face Inn PENSIÓN **$$**
(☎077 389 0229; www.yalariverfaceinn.com; cerca de Hambantota Rd; h 30-80 US$, casa de árbol desde 80 US$; ❄📶) Pensión ribereña de gestión familiar con una enorme terraza llena de mesas, sillas, tumbonas y hamacas para un merecido descanso después de un agotador día de safari. Hay habitaciones con ventilador o aire acondicionado, y una casita de árbol que ofrece una experiencia totalmente diferente. Sirven deliciosas cenas. Está 3 km al oeste de Tissa.

Flower Garden Lake Resort HOTEL **$$**
(☎047-223 9980; www.flowergardenlakeresort.com; cerca de Wewa Rd; h 54-88 US$; ❄📶🏊) En un lugar tranquilo y remoto, 3 km al oeste del centro de Tissa, este hotelito disfruta de una encomiable ubicación junto al Wirawila Wewa. El canto de los pájaros es lo único que interrumpe la quietud general. Las habitaciones están equipadas con televisión por satélite y hay una pequeña piscina. El café está bien, y tienen vino y cerveza.

Dónde comer

★ **Royal Restaurant** CEILANDESA **$$**
(☎071 085 1361; Main Rd; comidas 300-700 LKR; ⏲8.00-22.00) Buen local para curris y platos de inspiración china (pruébese el arroz frito con marisco), frecuentado por familias locales y algunos viajeros. Aunque está en el centro, queda apartado de la carretera, de modo que los comedores de planta abierta son tranquilos.

CIRCUITOS EN TODOTERRENO

Tissamaharama es la base más socorrida de los circuitos en todoterreno (p. 154) para ir a los parques nacionales de Yala y de Bundala. Los alojamientos contactan con los conductores, pero también se puede ir directamente a los operadores de la **Independent Jeep Association** (cerca de Tissamaharama Rd), en el aparcamiento junto al lago, o a las entradas a los parques. Los precios por un circuito varían mucho según el tipo de todoterreno, pero cuestan desde 4000/8000 LKR por medio día/día entero. Eso sí, antes de ir personalmente, conviene ensayar el regateo.
Ajith Safari Jeep Tours (☎077 790 5532, 047-223 7557; www.yalawild.com; 414 Debarawewa) es un curtido operador de safaris privado, especializado en los parques nacionales de Yala, Uda Walawe y Bundala. Los guías están muy preparados y los todoterrenos son modernos.

Flavors CEILANDESA, INTERNACIONAL **$$**
(☎077 760 4190; www.facebook.com/flavors.tissamaharama; Kataragama Rd; comidas 500-900 LKR; ⏲13.00-22.00; 📶) Con bagaje en el extranjero, el dueño y chef de este pequeño pero bonito restaurante de carretera prepara sabrosa comida italiana y china, excelentes platos especiados y curris locales.

New Cabanas Restaurant CEILANDESA **$$**
(Kataragama Rd; principales 600-1200 LKR; ⏲11.00-22.00; 📶) Este restaurante sencillo y de planta abierta está en boca de todos por sus arroces con curri. Suele haber platos del día a base de pescado y marisco la parrilla y bufé al mediodía.

Cómo llegar y salir

De la céntrica **estación de autobuses** (cerca de Main St) salen servicios regulares que recorren la costa. Hay muy pocos que vayan hasta las tierras altas, pero sí que pasan por Wellawaya (82 LKR), que salen del cruce de Wirawila (16 LKR, 15 min), al oeste de la población. Para ir a la bahía de Arugam hay que cambiar en Wellawaya. No hay autobuses al Parque Nacional de Yala. Hay cuatro servicios diarios de lujo, con aire acondicionado, por la Southern Expressway a Colombo (860 LKR, 5½ h). Otros destinos importantes desde Tissa (cada 15-30 min) son:

Colombo (por la ctra. costera) Regular/semilujo, 222/448 LKR, 8 h

Kataragama 37 LKR, 30 min

Kirinda 28 LKR, 20 min

Tangalla 101 LKR, 2 h

Una vuelta en *tuk-tuk* por la localidad cuesta 150-250 LKR.

Kirinda

☎047

Junto al océano, 12 km al sur de Tissa, Kirinda es un lugar muy a lo fin del mundo. A un lado sus calles de arena y precarios edificios dan paso a una serie de playas vacías de encomiable soledad (aunque las fuertes resacas son peligrosas, se puede dar un largo paseo vespertino por estas arenas perfectas). Al otro, bosques enmarañados y tramos de pradera reseca convergen para crear parques nacionales.

El pueblo en sí se expande bajo un santuario budista que corona enormes rocas redondas con el mar a sus pies.

Puntos de interés y actividades

Frente a la costa se distinguen los **arrecifes Great Basses**, donde rompen las olas, con su solitario faro.

El submarinismo en estos arrecifes está considerado entre los mejores del país, pero no es apto para novatos, pues las condiciones suelen ser duras. La mejor época se reduce al escaso mes que va de mediados de marzo a mediados de abril.

HAMBANTOTA

Cuando Mahinda Rajapaksa (oriundo del lugar) se convirtió en presidente del país, esta antaño pequeña y polvorienta localidad pesquera salió del anonimato para convertirse en un centro de mastodónticos proyectos urbanísticos dirigidos desde la presidencia. Las cosas se calmaron en cuanto Rajapaksa perdió las elecciones, pero aún quedan muchos recuerdos pretenciosos y desacertados de su mandato.

La accidentada carretera costera de dos carriles da paso a un enorme cruce de la autovía en la entrada a Hambantota. Construcciones como un emblemático hospital, un centro de convenciones y un parque industrial bordean nuevas carreteras. Estos elefantes blancos, como los llama la prensa ceilandesa, fueron muy polémicos.

Estadio Internacional de Críquet Mahinda Rajapaksa Se construyó para la Copa del Mundo del 2011, con aforo para 35 000 espectadores y reflectores y módulos para la prensa de tecnología punta. Pero al estar a 32 km de Hambantota, en el campo, sus gradas no se han llenado casi nunca y se están deteriorando rápidamente. Los agricultores secan judías en la carretera de acceso al estadio y los animales pastan por el lugar a sus anchas.

Aeropuerto internacional Mattala Rajapaksa Inaugurado en el 2013 tras una inversión de 200 millones de US$, a esta gran instalación, también con el nombre de la familia Rajapaksa, 28 km al norte de Hambantota, solo le falta una cosa: pasajeros. Apenas utilizado desde su inauguración, es habitual tener que dar caza a los animales salvajes que se pasean por su pista de 3,5 km (donde puede aterrizar un Airbus A380). Muchas compañías aéreas no quieren volar hasta aquí porque las decenas de miles de aves que habitan en los humedales y lagos aledaños colisionan con los aviones. Hoy solo opera en él dos vuelos programados.

Puerto de Magampura Mahinda Rajapaksa La firma familiar del presidente también figura en este enorme puerto, próximo al centro urbano, que hasta la fecha lleva engullidos 1300 millones de US$. La intención era aliviar el puerto de carga de Colombo, pero las vías de baja capacidad dificultaban el acceso y el puerto ha tenido que ser dragado para darle mayor profundidad. El Gobierno de Sri Lanka, ante el dilema de los alarmantes gastos operativos, vendió el 80% del conglomerado a una empresa china en noviembre del 2016.

Fue China la que, principalmente, financió el derroche económico de los años de Rajapaksa y ahora vuelve a ser la encargada de sacar rendimiento a las instalaciones. Se ha propuesto crear una zona de libre comercio en la región de Hambantota, donde trabajadores traídos de Bangladesh harán automóviles de marca china en una zona libre de impuestos.

Templo de Kirinda
SANTUARIO BUDISTA

Kirinda se expande a los pies de este imponente santuario budista cimero, con una *stupa* y un enorme Buda erguido. Esta dedicado a la reina Viharamahadevi, que vivió en el s. II a.C. y ocupa el corazón del anecdotario popular: cuando las embravecidas aguas amenazaban Ceilán, el rey Kelanitissa ordenó a su hija menor que subiera a una barca para ser sacrificada. Las aguas se apaciguaron y la princesa sobrevivió milagrosamente. Más de 2000 años más tarde, durante el tsunami del 2004, el templo sirvió como refugio para la gente.

Dónde dormir y comer

★ Suduweli Beauties of Nature
PENSIÓN **$$**

(☎072 263 1059; www.beauties-of-nature.net; cruce de Yala; h 25-50 US$; @) Bucólica pensión con habitaciones limpias y sencillas en la casa principal y un puñado de casitas cómodas de vago estilo alpino en los jardines. En la propiedad hay un pequeño lago y la fauna abunda, sobre todo iguanas y pavos reales. Los dueños son una hospitalaria pareja suizo-ceilandesa.

Kirinda Beach Resort
HOTEL **$$$**

(☎077 020 0897; www.yalawildlifebeachresortsrilanka.com; h desde 70 US$; ❄📶🏊) Al lado de una playa agreste, oceánica y con grandes rocas dispersas, este peculiar complejo es una base ideal para salir a descubrir la costa y deleitarse con la naturaleza. Se puede contemplar el impetuoso oleaje desde la piscina elevada y comer en un café grande y ventilado, antes de retirarse a un rústico chalé de madera o a una cabaña de barro. Queda 1 km al suroeste del templo de Kirinda.

Elephant Reach
RESORT **$$$**

(☎077 106 5092; www.elephantreach.com; cruce de Yala; h/chalé desde 88/104 US$; ❄📶🏊) Los suelos de piedra, las cortinas de cáñamo, las alfombras de fibra de coco y las fotografías de animales y obras de arte crean un atractivo marco natural en las habitaciones y chalés de esta agradable hacienda. Fuera, la gran piscina se enrosca como una serpiente en los jardines.

Cómo llegar y salir

De Tissa sale un autobús a Kirinda cada 30 min aproximadamente (28 LKR, 20 min); un *tuk-tuk* cuesta 500 LKR.

Parque Nacional de Yala

Yala (www.yalasrilanka.lk; adultos/niños 3690/1040 LKR, todoterreno y rastreador 250 LKR, cargo por grupo 8 US$, más tasa 15%; ⏲5.30-18.00 med oct-ago), el parque nacional más famoso del país, abarca 1268 km² de arbustos, bosque poco denso, praderas y lagunas salobres. Sin duda, aquí se verán elefantes, cocodrilos, búfalos y monos. No obstante, conviene planificar bien la visita porque las pistas principales y los miradores se pueden llenar de visitantes.

El parque está dividido en cinco bloques, el más visitado de los cuales es el bloque I (141 km²), también conocido como Yala West, inicialmente un coto para cazar hasta 1938. También es el más próximo a Tissa. En la oficina principal, cerca del acceso oeste, se venden las entradas. El parque solo se puede visitar en un circuito o safari.

Con una población estimada de unos 20 leopardos solo en el bloque I, se considera uno de los mejores parques del mundo para ver a estos grandes felinos. La *panthera pardus kotiya*, la subespecie que probablemente se verá, es autóctona de Sri Lanka. La mejor época es de febrero a junio o julio, cuando los niveles del agua en el parque son bajos.

La población de elefantes del parque se estima en unos 300, que aparecen a menudo en las zonas más visitadas. También hay osos perezosos, chacales (que parecen zorros), sambares, chitales, jabalíes, búfalos, mangostas y monos, y unos cocodrilos asombrosamente grandes.

Se han catalogado más de 200 especies de aves en Yala, muchas de paso para escapar del invierno del norte, tal es el caso de los fumareles aliblancos, zarapitos y ánades. Entre los autóctonos hay gallos de bankiva, cálaos, oropéndolas y pavos reales a mansalva.

Pese a la gran cantidad de animales, a veces cuesta ver fauna en el bosque poco tupido; sin embargo, hay más posibilidades en los pequeños claros de hierba y las abundantes pozas. La mejor época para visitarlo es al final de la estación seca (mar-abr) pues durante y después de las lluvias los animales se dispersan.

Yala también conserva vestigios de un asentamiento humano otrora próspera. El pueblo monástico de Situlpahuwa, al parecer, llegó a tener 12 000 habitantes. Ahora restaurado, el lugar es un importante centro de peregrinación. El Magul Maha Vihara (complejo budista), del s. I a. C., y el Akasa Chetiya (santuario budista), del s. II a.C.,

LO BÁSICO PARA SALIR DE CIRCUITO POR UN PARQUE NACIONAL

La mayoría de quienes visitan los parques nacionales de Yala y Bundala lo hace en circuitos en todoterreno desde Tissamaharama (p. 151). Las salidas de medio día empiezan con la recogida en un hotel de Tissa hacia las 4.30, seguido de un trayecto de 1 h hasta el parque. Se suele regresar al mediodía. Los circuitos al atardecer son de 15.00 a 19.00. Los de día entero, de 4.30 a 17.00 e incluyen paradas en playas y otros lugares de interés.

Los estándares varían mucho, pero casi todos los vehículos son abiertos por los lados, con un techo alto para tener sombra. *Grosso modo*, los operadores y sus vehículos se clasifican en tres grupos:

Normal Suelen ser todoterrenos muy viejos con dos filas de asientos encaradas, lo que dificulta la observación de animales. Precio medio: 4500 LKR/medio día.

Lujo Normalmente tres filas de dos asientos hacia delante, en disposición tipo grada. A veces los asientos están muy gastados. Precio medio: 5500 LKR/medio día.

Súper lujo Los vehículos más nuevos suelen ser Land Rover o Toyota y tienen dos o tres filas de asientos cómodos. El circuito cuesta desde 6000 LKR/medio día.

Las diferencias entre lujo y súper lujo pueden ser mínimas; lo más importante es que el todoterreno esté en buen estado y que los asientos sean cómodos. Evítese cualquiera con asientos en medio. Hay que comparar precios, que siempre son negociables. Otras consideraciones:

- ¿Están incluidos los servicios de un guía? No siempre es necesario porque muchos conductores son muy buenos avistando animales. A menudo también se ofrece servicio de rastreador, que trabajan por la propina (para medio día, mín. 500 LKR/persona para el conductor y guías).
- ¿Parece que el conductor tiene prisa? Una de las quejas más recurrentes, que reduce el circuito a un visto y no visto, y deje el estómago revuelto.
- ¿Se facilitan prismáticos? También hay que preguntar si hay agua y tentempiés.
- En espera de propinas, los conductores quieren complacer, aunque quizá demasiado. Ante la pista más mínima de la presencia de un animal grande, los todoterrenos se lanzan a la carrera. Pídase al conductor que se abstenga de persecuciones alocadas. Con calma se ven más animales.

demuestran que hubo una comunidad bien asentada, presumiblemente parte del antiguo reino de Ruhunu.

Yala es un parque muy popular: 400 000 visitantes en el 2016, cuatro veces más que en el 2009. A veces los todoterrenos imitan a los chacales en busca de fauna. Se recomienda hablar antes con el conductor y/o guía para saber dónde se puede ir para escapar del gentío. Se aconseja pasar por el **centro de visitantes** (⌚6.00-18.00), en la entrada oeste del parque, con excelentes exposiciones sobre el parque y una buena librería.

Dónde dormir y comer

El parque nacional gestiona cuatro sencillos alojamientos. Todos están dentro del parque y se destinan principalmente a los grupos ceilandeses de 10 o más personas, pero se puede reservar en línea con antelación a través de la web del parque (www.yalasrilanka.lk). También se organizan salidas con acampada desde Tissa.

Hay varios resorts cuyo desvío está en la carretera de 12 km que entra al parque desde el cruce de Yala. No hay restaurantes en Yala, aunque se pueden llevar provisiones; solo está permitido comer en los lugares asignados.

Jetwing Yala RESORT $$$
(☎047-471 0710; www.jetwinghotels.com; h desde 170 US$; ❄@📶🏊) A 4 km de la entrada al parque, este sofisticado alojamiento está en las dunas próximas a la playa. Ofrece modernas habitaciones con balcones y vistas impresionantes y, más íntimas, carpas de lujo a modo de villas. El personal organiza merendolas al atardecer en la playa. Una piscina de 50 m y un *spa* completan la oferta.

Cinnamon Wild Yala LODGE $$$
(☎047-223 9449; www.cinnamonhotels.com; h desde 120 US$; ❄📶🏊) 🍃 Este *lodge* ofrece

bungalós independientes de lujo entre la espesura, además de dos bares y un buen restaurante. El lugar funciona con energía solar, aprovecha parte de las aguas residuales y en la parcela se han plantado árboles. Por la noche los elefantes suelen merodear por los jardines.

Cómo llegar y salir

El transporte público no llega al parque. Además, las carreteras de acceso a Yala son nefastas; hay que contar con aproximadamente 1 h de viaje tanto si se toma la ruta de 22 km que pasa por el cruce de Yala desde Tissa, como la carretera algo más corta que pasa por lagos remotos y bonitos.

Kataragama

☎047 / 12 600 HAB.

El pueblo más sagrado del país ofrece una cautivadora mezcla de pompa y procesión, misericordia y extravagancia religiosa. Junto con el pico de Adán (Sri Pada), Kataragama es el lugar de peregrinación más importante de Sri Lanka, sagrado para budistas, musulmanes, hinduistas y veddahs.

Es uno de esos destinos maravillosos donde cobran vida las leyendas más estrambóticas y en el que la magia flota entre nubes de incienso. Muchos creen que fue aquí donde el rey Dutugemunu construyó un santuario a Kataragama Deviyo (el rey residente) en el s. II a.C., aunque todo indica que su importancia es muy anterior.

En julio y agosto, el Festival de Kataragama congrega a miles de peregrinos, pero la localidad se llena también los fines de semana y los días de *poya* (luna llena). Es fácil visitarla desde Tissa.

Puntos de interés

El recinto sagrado está en la otra orilla del Menik Ganga, un río de aguas turbias donde se lavan los peregrinos para luego seguir hacia los santuarios. Los amplios paseos del yacimiento están custodiados por langures grises siempre a la espera de algún donativo (o de cualquier cosa que se le caiga a alguien).

★ Maha Devale SANTUARIO HINDUISTA

El santuario más importante de Kataragama atesora la lanza del dios hinduista de la guerra de seis caras y 12 brazos, Murugan (Skanda), que es idéntico a Kataragama Deviyo. Los seguidores hacen sus ofrendas en la hora diaria de la *puja* a las 4.30, 10.30 y 18.30 (no hay ofrendas los sábados a las 4.30). Delante de este santuario hay dos grandes peñascos

Kataragama

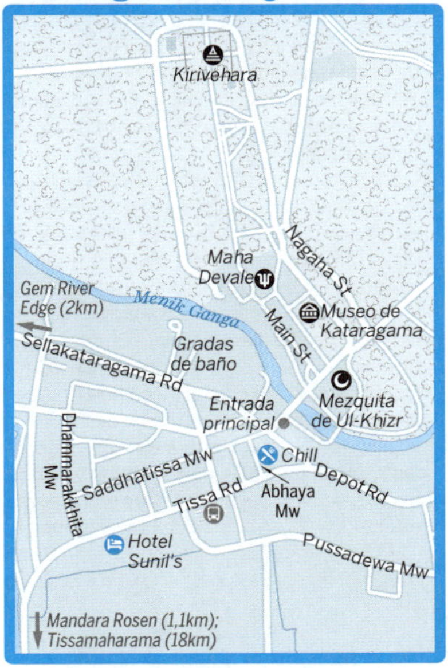

contra los que los peregrinos estrellan cocos encendidos mientras murmuran oraciones.

Kirivehara STUPA BUDISTA

Esta impresionante *dagoba* blanca de 29 m queda al norte del complejo sagrado. Al parecer, data del reinado de Mahasena (276-303), quien también construyó la Jetavanarama Dagoba en Anuradhapura y muchos grandes embalses.

Mezquita de Ul-Khizr MEZQUITA

Es el segundo lugar sagrado que se ve cuando se atraviesa el complejo religioso. Esta bonita mezquita presenta una elaborada y colorida obra de azulejos y dinteles de madera, y las tumbas de dos santones (uno de Asia central y otro de la India).

Museo de Kataragama MUSEO

(650 LKR; ⏲8.30-16.30 mi-lu) Este museo arqueológico atesora una colección de objetos religiosos hinduistas y budistas, además de enormes réplicas en fibra de vidrio de estatuas de todo Sri Lanka. Sin embargo, la información es penosa.

Fiestas y celebraciones

★ Festival de Kataragama RELIGIOSA

(www.kataragama.org; ⏲fin jul-ppios ago) Este festival, principalmente hinduista, reúne a una

EL LARGO PEREGRINAJE A KATARAGAMA

Justo 45 días antes del festival de Kataragama, que arranca con la luna llena *(poya)* de Esala (en julio), un grupo de devotos de Kataragama inicia la peregrinación de Pada Yatra, a pie de punta a punta de Sri Lanka. Los peregrinos creen que siguen los pasos del dios Kataragama (o Murugan); fueron los veddahs el primer grupo que realizó esta peregrinación.

La ruta recorre la costa este desde la península de Jaffna, por Trincomalee y Batticaloa hasta Okanda, para luego atravesar el Parque Nacional de Yala hasta Kataragama. Es un itinerario extenuante y los peregrinos dependen de la hospitalidad de las comunidades y templos por los que pasan. Es una caminata muy popular y antigua, si bien quedó a menudo interrumpida por las guerras.

Los peregrinos llegan a Kataragama justo antes de que se desate la actividad febril del festival, con desfiles de elefantes y percusionistas que no paran. Los fieles hacen votos y buscan favores, y demuestran su fe mediante extraordinarios actos de penitencia y automortificación, en una noche en particular: los hay que se cuelgan de ganchos que atraviesan su piel; otros ruedan medio desnudos por arenas calientes cerca del templo. Algunos se atreven a caminar sobre un lecho de brasas ("pisar las flores", se llama). Los caminantes sobre el fuego ayunan, meditan y oran, se bañan en el Menik Ganga y después acuden a rezar al Maha Devale antes de enfrentarse a su viacrucis. Acto seguido, espiritualmente reforzados, salen a un reluciente camino en el que el público los anima a gritos.

El festival termina con una ceremonia oficial de cortar el agua (al parecer para que traiga lluvia para los cosecha) del Menik Ganga.

miríada de devotos que acometen la larga caminata hasta Kataragama, de dos semanas.

Dónde dormir y comer

Hay muy pocos alojamientos en Kataragama. Si se quiere ir durante el festival, habrá que reservar con mucho tiempo, o alojarse en la vecina Tissa. Hay sencillos puestos de tentempiés en la carretera de Tissa y en los aparcamientos.

Hotel Sunil's PENSIÓN **$**
(☎047-567 7172; www.hotelsunilskataragama.com; 61 Tissa Rd; h con ventilador/a.a. 2500/3000 LKR; ❄📶) Alegre y pequeña pensión situada en la parte tranquila de la calle principal que atraviesa el centro de Kataragama. Las 10 habitaciones están pintadas en alegres colores y tienen aire acondicionado, baños privados con agua caliente y televisión por cable.

Gem River Edge CASA PARTICULAR **$$**
(☎047-223 6325; www.gemriveredge.com; cerca de Sella Rd; h desde 52 US$; 📶) Este alojamiento ribereño sostenible está en un lugar especialmente bucólico, 2 km al noroeste del centro. Prestan bicicletas a los huéspedes para salir a explorar el campo, darse un chapuzón en el río y ver el revoloteo de mariposas y pájaros. También sirven una maravillosa y sana comida vegetariana casera, pero las habitaciones son un poco oscuras, solo dos tienen baño adosado y no hay agua caliente.

Mandara Rosen HOTEL **$$$**
(☎047-223 6030; www.mandararesorts.com; Tissa Rd; h desde 110 US$; ❄📶🏊) El hotel más elegante de la zona, rodeado de bosque y 2 km al sur del centro, ofrece habitaciones correctas y una sorprendente piscina con un sistema musical bajo el agua, aunque no muy cómoda para echarse unos buenos largos. También hay un *spa* y un gimnasio, y un café a la sombra que abre todo el día.

Chill CEILANDESA **$$**
(40 Abhaya Mawatha; comidas 250-650 LKR; ⏲7.00-23.00) Este pequeño y concurrido restaurante, el mejor del lugar, sirve ricos platos autóctonos y chinos a precios muy sensatos y hace las veces de tienda de alimentación.

Cómo llegar y salir

Hay autobuses frecuentes a Tissamaharama y Colombo. Desde la **estación** (Tissa Rd), céntrica, también hay servicios a otros destinos, incluidos los siguientes:

Colombo (por la ctra. costera) Regular/semilujo 252/476 LKR, 8½ h, cada 30 min

Colombo (por la autopista) De lujo con a.a. 860 LKR, 6 h, 4 diarios

Tissamaharama Regular 37 LKR, 30 min, cada 20 min

A partir de 2018 las obras de la ampliación de la línea ferroviaria costera hasta Kataragama deberían estar terminadas.

Las tierras altas

Incluye »

Los mejores restaurantes

- Matey Hut (p. 197)
- Sharon Inn (p. 166)
- High Tea at the Grand (p. 187)
- Hill Club (p. 187)

Los mejores alojamientos

- Rainforest (p. 207)
- Chamodya Homestay (p. 199)
- Baramba House (p. 175)
- Tea Trails (p. 180)
- Waterfall Homestay (p. 200)
- Clock Inn Kandy (p. 165)

Por qué ir

Las tierras altas de Sri Lanka son una región brumosa de picos color esmeralda y vistas maravillosas, de laderas alfombradas con plantaciones de té e impresionantes cascadas. Aquí es posible usar un jersey de lana de día y acurrucarse junto al fuego por la noche; disfrutar de una comida memorable en la ciudad eterna de Kandy o en una choza al borde de la carretera en la preciosa Ella; ir a pie hasta el Fin del Mundo y seguir los pasos de Buda; verse rodeado por un centenar de elefantes salvajes; hacer una ruta ferroviaria increíblemente paisajística y descender en balsa por un río embravecido; y escuchar los tambores de una danza tradicional y embelesarse después con el silencio en una solitaria cima.

Cuándo ir

Nuwara Eliya

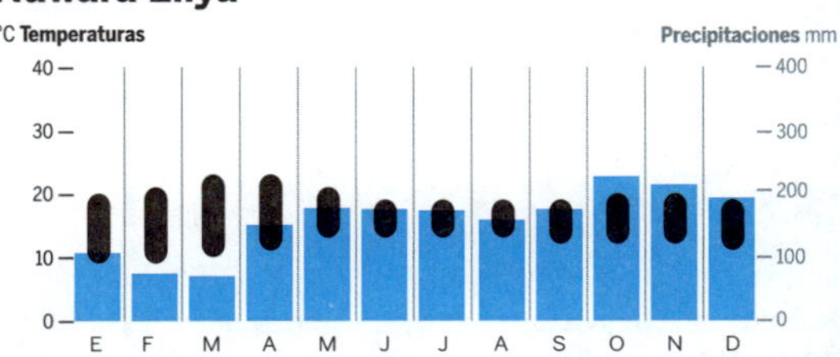

Ene Días despejados, noches animadas y peregrinaje al pico de Adán.

Abr El Año Nuevo cingalés se celebra con carreras de caballos y un frenético calendario social en Nuwara Eliya.

Jul-ago Los chaparrones no impiden las muchedumbres para la Esala Perahera.

Imprescindible

1 **Llanuras de Horton** (p. 188) Cruzarlas hasta el mirador del Fin del Mundo.

2 **Nuwara Eliya** (p. 181) Tomar el té en un hotel de la época colonial.

3 **Pico de Adán** (p. 178) Acompañar a los peregrinos hasta la cima de este pico a la luz de las antorchas.

4 **Tren de montaña** (p. 198) Viajar en tren de Haputale a Ella.

5 **Reserva Forestal de Sinharaja** (p. 204) Hartarse de ver aves en esta reserva forestal.

6 **Ella** (p. 194) Admirar las grandes vistas desde esta pequeña ciudad.

7 **Cordillera Knuckles** (p. 176) Caminar por bosques montanos lejos de todo.

8 **Parque Nacional de Uda Walawe** (p. 202) Contar elefantes en esta reserva.

9 **Kandy** (p. 159) Explorar el corazón del budismo nacional y la capital artística del país.

De Colombo a Kandy

El viaje desde Colombo hasta Kandy pasa por las exuberantes estribaciones de las montañas del centro del país y sigue una ruta salpicada de lugares dignos de visitar.

El primero es el **jardín botánico de Henerathgoda** (Gampaha; ☎033-222 2316; Gampaha; ⏲8.30-17.00), unos 30 km al noroeste de Colombo, donde se plantaron los primeros árboles gomeros de Asia (en 1876, traídos de Brasil). Este jardín tropical de 17 Ha reúne más de 400 variedades de plantas, incluidas palmeras y una buena colección de orquídeas.

A 50 km de Kandy está **Cadjugama,** famosa por sus anacardos. En el km 48 está **Radawaduwa,** famosa por los artículos de mimbre.

Kegalle, a 77 km de Colombo, está rodeada de plantaciones de especias y es la localidad más cercana al orfanato de elefantes de Pinnewala.

Fundado para proteger a los elefantes abandonados o huérfanos, el **orfanato de elefantes Pinnewala** (☎035-226 6116; http://nationalzoo.gov.lk/elephantorphanage; adultos/niños 2500/1250 LKR; ⏲8.30-17.30) es una de las máximas atracciones de Sri Lanka. Los extranjeros pagan 25 veces más que los ceilandeses y los *mahouts* exigen propinas desorbitadas por sacar fotografías. Es posible acercarse a los elefantes y ver cómo se bañan, pero su finalidad conservacionista es discutible, y organizaciones como Born Free (www.bornfree.org.uk) han criticado el centro. En general, los parques nacionales son mejores sitios para ver a estos grandes animales.

A 2 km de Pinnewala por la carretera Karandupona-Kandy, la **Millennium Elephant Foundation** (☎035-226 3377; http://millenniumelephantfoundation.com; adultos/niños 1000/500 LKR; ⏲8.30-16.00; 🛜) acoge a elefantes rescatados del maltrato de sus *mahouts* o jubilados del trabajo en los templos. Aunque los animales están bien atendidos, permanecen encadenados durante períodos bastante largos y se utilizan para pasear a los visitantes. La fundación admite voluntarios.

Cerca está **Utuwankandu,** una montaña rocosa desde donde el bandolero del s. XIX Saradiel, cual Robin Hood, asaltaba a los viajeros hasta que los británicos lo ejecutaron.

En **Kadugannawa,** después de que la carretera y la línea ferroviaria hacen su ascenso más espectacular (con vistas al suroeste hacia la gran roca de la Biblia [Bible Rock]), hay un alto pilar erigido en honor al capitán Dawson, el ingeniero inglés que trazó la carretera Colombo-Kandy en 1826.

Cómo llegar y salir

La carretera A1 está siempre congestionada, sobre todo los fines de semana. Es previsible que la situación mejore cuando se abra la autopista E04 (aprox. 2019).

Cadjugama, Kegalle y Kadugannawa están en la carretera A1, accesibles en el autobús de la línea Colombo-Kandy. Se puede tomar un tren hasta Kadugannawa y el jardín botánico de Henerathgoda en Gampaha.

El orfanato de elefantes queda unos kilómetros al norte de la carretera A1 (Colombo-Kandy), accesible en *tuk-tuk* desde Karandunpona, en la A1, o desde la estación de Rambukkana.

Kandy

☎081 / 112 000 HAB. / ALT. 500 M

Algunos días, los cielos de Kandy parecen perpetuamente encapotados; se trata de una neblina persistente que se aferra a las montañas que abrazan un lago precioso, la pieza central de la ciudad. Pero una suave brisa descubre poco a poco las coloridas casas inmersas en un inverosímil ambiente boscoso. En el centro urbano, los *tuk-tuks* derrapan al doblar las esquinas y levantan a su paso un suave rocío que amenaza con estropear los saris de seda de las mujeres.

Esta ciudad es bonita aunque llueva, y cuando la lluvia amaina, un cielo azul cobalto desvela su imponente arquitectura colonial y del reino de Kandy, cuyo ejemplo más eminente es el templo del Diente de Buda, uno de los santuarios más sagrados del budismo.

Kandy es famosa por la fiesta anual de la Esala Perahera (jul-ago), pero su pujante vida cultural y atractivos permanentes justifican la visita todo el año

Historia

Kandy fue la capital del último reino cingalés, que sucumbió frente a los británicos en 1815 tras resistir tres siglos ante portugueses y neerlandeses. Los británicos tardaron 16 interminables años para completar la carretera entre Kandy y Colombo. Los lugareños aún se jactan de sentirse un poco diferentes –y quizá hasta superiores– de los ceilandeses de las tierras bajas. Algunos se quejan de que cuando se termine la nueva autopista desde

Kandy (quizá en el 2019 o 2020), el refinamiento cultural de la ciudad lo pagará.

Puntos de interés

★ Templo del Diente de Buda — TEMPLO BUDISTA

(Sri Dalada Maligawa; www.sridaladamaligawa.lk; cerca de Dalada Vidiya; adultos/niños 1500 LKR /gratis; ⌚templo 5.30-20.00, *puja* 5.30-6.45, 9.30-11.00 y 18.30-20.00) Este templo de techo dorado cobija la reliquia budista más importante del país: un diente de Buda. Durante la *puja* (ofrendas u oraciones), la fuertemente custodiada sala que lo alberga se abre a los devotos y visitantes, aunque el diente no se ve, pues se guarda en un relicario de oro en forma de *dagoba (stupa)* que contiene más joyeros en forma también de *dagoba* a modo de muñecas rusas.

Además del templo principal, el complejo consta de varios templos más pequeños, santuarios y museos.

Los guías independientes se ofrecen por unos 600 LKR, y en la taquilla tienen audioguías gratis. Un ascensor facilita el acceso a las personas con problemas de movilidad.

El complejo puede estar abarrotado, incluidos fieles y turistas, mochileros, chinos en viaje organizado y monjes tailandeses. Hay que cubrirse piernas y hombros, y descalzarse, para poder entrar.

➡ Alut Maligawa — TEMPLO BUDISTA

(acceso incl. con la entrada al templo; ⌚5.30-20.00) Templo budista de tres pisos lleno de docenas de budas sedentes donados por los tailandeses. El diseño recuerda al de un templo budista siamés, pues fueron monjes de ese país los que restablecieron el linaje de ordenación en Sri Lanka durante el reinado de Kirti Sri Rajasinha.

Los dos pisos superiores los ocupa el **Museo de Sri Dalada** (⌚7.30-18.00), con una extraordinaria colección de regalos ofrecidos al tempo del Diente de Buda por varios mandatorios y líderes budistas de todo el mundo. Las cartas y apuntes de diarios de la época británica revelan la actitud sorprendentemente respetuosa de los colonizadores hacia la reliquia. Fotografías más recientes muestran los daños ocasionados por la explosión en 1998 de un coche bomba colocado por los LTTE.

➡ Sala de Audiencias — EDIFICIO RELEVANTE

(acceso incl. en la entrada del templo; ⌚5.30-20.00) Al norte del templo del Diente de Buda, pero en el mismo recinto, este pabellón abierto con columnas de piedra labrada parece de madera. La **sala del Elefante Rajah** (acceso incl. en la entrada del templo; ⌚5.30-20.00) guarda los restos embalsamados de *Rajah,* un elefante del Maligawa que murió en 1988.

➡ Museo Mundial del Budismo — MUSEO

(500 LKR; ⌚8.00-19.00) Los antiguos edificios de la Corte Suprema alojan hoy este museo lleno de fotografías, maquetas y exposiciones sobre el budismo. Casi todas las imágenes y objetos expuestos son reproducciones. Está dentro del recinto del templo del Diente de Buda, por el cual se accede.

Lago de Kandy — LAGO

Se recomienda dar un tranquilo paseo en torno a este lago que domina la ciudad, aunque los contaminantes autobuses que circulan por su extremo sur estropean un poco la paz del lugar. La parte más agradable es la que rodea el templo del Diente de Buda. Como se han denunciado casos de acoso sexual, no es prudente que las mujeres paseen en solitario por aquí después de anochecer.

Museo Nacional — MUSEO

(☎081-222 3867; www.museum.gov.lk; adultos/niños 600/300 LKR, cámara/videocámara 250/1500 LKR; ⌚9.00-17.00 ma-sa) Este lugar, que en su día cobijaba a las concubinas de los reyes de Kandy, hoy exhibe emblemas y símbolos de la realeza y recuerdos de la vida cingalesa precolonial. Una de las piezas más notables es la corona de oro de Rajasinha II, pero las deficiencias en la iluminación y la rotulación, y en general de organización, merman su interés. El salón de audiencias, con sus altas columnas, acogió la convención de los mandatarios del reino de Kandy que cedieron el reino a Gran Bretaña en 1815, y uno de los objetos expuestos es una reproducción de dicho acuerdo, una cesión motivada, según este escrito, por “las crueldades y la opresión del rey malabar”. Según el mismo documento, Sri Wickrama Rajasinha, “por la descontrolada violación como mandatario y las obligaciones más sagradas de un soberano”, fue “rendido y depuesto del cargo de rey” y el “dominio de las provincias del reino de Kandy” fue “conferido al…Imperio británico”.

El museo, junto a los cuatro *devales* (complejos para rezar) y dos monasterios, pero no

HISTORIA DEL DIENTE

El diente sagrado de Buda al parecer fue sustraído de la pira funeraria de Buda en el año 483 a.C. e introducido en Sri Lanka en algún momento del s. IV, oculto en el pelo de una princesa. Primero se llevó a Anuradhapura y después recorrió parte del país para acabar en Kandy. En 1283, los invasores lo devolvieron a la India pero el rey Parakramabahu III lo recuperó.

Poco a poco, el diente adquirió cada vez más importancia como símbolo de soberanía, y se creía que aquel que lo custodiara tenía el derecho de gobernar la isla. En el s. XVI, los portugueses, al parecer, requisaron la reliquia y la quemaron con fervor católico en Goa. Los ceilandeses lo niegan. De hecho, los lusitanos robaron una réplica; el de verdad se mantuvo a salvo. Corre aún el rumor de que el diente verdadero está escondido en un lugar seguro, y que el del templo del Diente de Kandy es una copia.

El templo del Diente de Buda se construyó principalmente durante el gobierno de los reyes de Kandy, de 1687 a 1707, y de 1747 a 1782; todo el complejo formaba parte del palacio real de Kandy. La imponente estructura de color blanco rosado está rodeada por un foso. La torre octogonal del foso la levantó Sri Wickrama Rajasinha y se utilizó para albergar una colección de manuscritos de *ola* (hoja de palma de Ceilán), pero la explosión de una bomba en 1998 dañó severamente esta sección del templo.

El santuario del diente, el Vahahitina Maligawa, un edificio rectangular de dos pisos, ocupa el centro de un patio adoquinado. El llamativo tejado dorado que cubre la cámara de la reliquia estuvo financiado por donantes japoneses. En 1998 una explosión dejó al descubierto parte de la pared delantera para mostrar un mínimo de tres capas de pinturas de los ss. XVIII-XX que ilustran la *perahera* (procesión) y varias *jataka* (historias de las vidas anteriores de Buda).

Los budistas ceilandeses creen que, al menos una vez en la vida, deben completar una peregrinación hasta el templo, pues rezar en él mejora enormemente su destino kármico.

el templo del Diente de Buda, constituyen uno de los lugares del triángulo cultural de Sri Lanka.

Cementerio militar de Kandy CEMENTERIO

(⌚8.00-18.00) GRATIS Este cuidado cementerio contiene 163 tumbas del período colonial. Llama la atención lo joven que moría la mayoría de la gente; quien llegaba a los 40 podía considerarse de edad avanzada. Algunas de las muertes se debieron a la insolación, los elefantes o la malaria. Lo más probable es que lo enseñe el guarda, que lo conoce bien.

Iglesia de San Pablo IGLESIA

(Deva Veediya) La construcción de esta iglesia de ladrillo rojo empezó en 1843 y terminó cinco años después; de estilo neogótico, al principio estaba reservada para las tropas británicas acuarteladas cerca.

Reserva de Udawattakelle BOSQUE

(adultos/niños 650/375 LKR; ⌚6.00-18.00) Este bosque que se extiende por la orilla norte del lago de Kandy está poblado de altos árboles de madera dura, bambúes gigantes, aves y muchos monos desvergonzados. Los aficionados a las aves pueden contratar guías (500 LKR) en la entrada. Se pueden seguir dos senderos principales, además de veredas más pequeñas.

Mucha precaución si se visita en solitario, especialmente las mujeres. Para entrar hay que girar a la derecha después de la oficina de correos de DS Senanayake Vidiya. El último acceso es a las 16.30.

'Devales'

Hay cuatro *devales* en Kandy dedicados a los dioses seguidores de Buda y protectores de Sri Lanka.

Natha Devale TEMPLO BUDISTA

(⌚24 h) Es el *davale* más antiguo de Kandy (s. XIV). Aguarda sobre un terraplén de piedra con una bonita entrada *vahalkada* (un sólido panel escultórico). En los jardines del *devale* destacan los árboles de Bodhi *(Ficus religiosa)* y las *dagobas*.

Visnhu Devale TEMPLO BUDISTA

(⌚24 h) A este templo se llega por unas escaleras labradas y presenta un salón de tambores. El dios hinduista Visnú es el guardián de Sri Lanka y, por lo tanto, prueba de la mezcla del hinduismo y el budismo.

Kandy

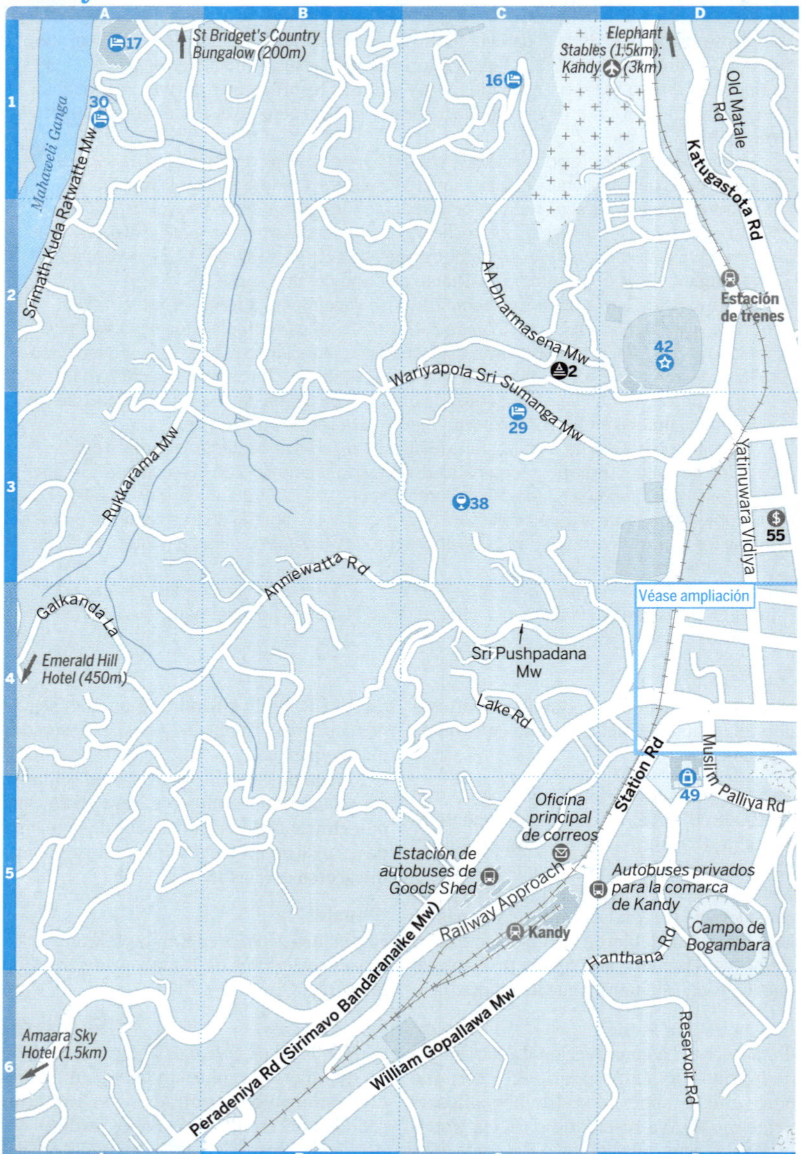

Pattini Devale TEMPLO BUDISTA
(Temple St; ⌚24 h) Este sencillo templo dedicado a la diosa de la castidad es muy visitado por embarazadas y enfermos.

Kataragama Devale TEMPLO HINDUISTA
(Kotugodelle Vidiya; ⌚24 h) Pintada con vivos colores, la torre de entrada a este templo llama la atención en medio del bullicio de Kotugodelle Vidiya. Murugan, dios de la guerra,

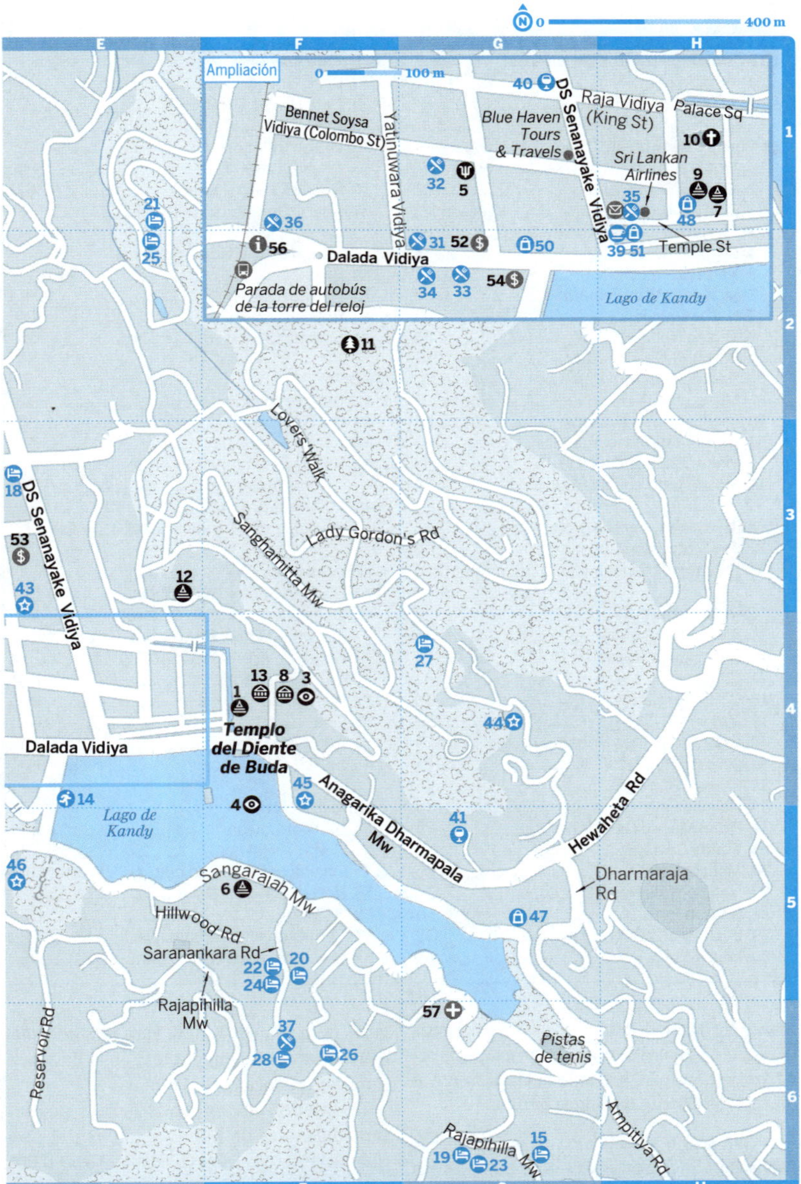

tiene seis cabezas y 12 manos que empuñan armas.

'Viharas'

Los *viharas* principales (templos budistas) de Kandy poseen una gran relevancia; los dos sumos sacerdotes de los más conocidos, Malwatte y Asgiriya, son los más importantes de Sri Lanka. Estos *viharas* son sedes de dos de las principales *nikayas* (órdenes de monjes).

Kandy

Principales puntos de interés
1 Templo del Diente de Buda ... F4

Puntos de interés
Alut Maligawa ... (véase 13)
2 Asgiriya Maha Vihara ... C2
Sala de Audiencias ... (véase 13)
3 Cementerio militar de Kandy ... F4
4 Lago de Kandy ... F4
5 Kataragama Devale ... G1
6 Malwatte Maha Vihara ... F5
7 Natha Devale ... H1
8 Museo Nacional ... F4
9 Pattini Devale ... H1
Sala del Elefante Rajah ... (véase 13)
Museo de Sri Dalada ... (véase 13)
10 Iglesia de San Pablo ... H1
11 Reserva de Udawattakelle ... F2
12 Vishnu Devale ... E3
13 Museo Mundial del Budismo ... F4

Actividades, cursos y circuitos
14 Joy Motorboat Service ... E4
Sri Lanka Trekking ... (véase 20)

Dónde dormir
15 Anna Shanthi Villa ... G6
16 Blue Haven Guesthouse ... C1
17 Cinnamon Citadel ... A1
18 Clock Inn Kandy ... E3
19 Day's Inn ... G6
20 Expeditor Guest House ... F5
21 Forest Glen ... E1
22 Freedom Lodge ... F5
23 Helga's Folly ... G6
24 Hotel Mango Garden ... F5
25 Kandy Cottage ... E2
26 McLeod Inn ... F6
27 Nature Walk Resort ... G4
28 Sharon Inn ... F6
29 St Bridget's Country Bungalow ... C3
30 Villa Rosa ... A1

Dónde comer
31 Bake House ... G2
32 Cafe Divine Street ... G1
33 Cafe Walk ... G2
34 Devon Restaurant ... G2
35 Empire Café ... H1
36 Kandy Muslim Hotel ... F1
37 Sharon Inn ... F6

Dónde beber y vida nocturna
38 Blackout ... C3
39 Natural Coffee ... H1
40 Royal Bar & Hotel ... G1
41 Slightly Chilled Lounge Bar ... G5

Ocio
42 Estadio Asgiriya ... D2
43 British Council ... E3
44 Kandy Lake Club ... G4
45 Kandyan Art Association & Cultural Centre ... F4
46 Mahanuwara YMBA ... E5
Oficina de Sri Lanka Cricket ... (véase 42)

De compras
47 Buddhist Publication Society ... G5
48 Oficina del triángulo cultural ... H1
Jayamali Batiks Studio ... (véase 49)
Kandyan Art Association & Cultural Centre ... (véase 45)
49 Mercado principal ... D5
50 Odel Luv SL ... G2
51 Rangala House Gallery ... H1
Selyn ... (véase 35)

Información
52 Bank of Ceylon ... G2
53 Commercial Bank ... E3
Oficina del triángulo cultural ... (véase 48)
54 Hatton National Bank ... G2
55 HSBC ... D3
56 Centro de info. turística de Kandy ... F2
57 Lakeside Adventist Hospital ... G6

Malwatte Maha Vihara LUGAR BUDISTA
(Sanagaraja Mawatha) Uno de los principales *viharas* de Kandy, al otro lado del lago frente al templo del Diente de Buda (p. 161).

Asgiriya Maha Vihara LUGAR BUDISTA
(Wariyapola Sri Sumanga Mawatha) Los monjes de este *vihara* con un gran Buda recostado administran también el templo del Diente de Buda. Está 1 km al noroeste del centro de la ciudad.

Actividades

Los visitantes pueden aprender o practicar meditación y estudiar budismo en varios lugares de la zona de Kandy. Para más información sobre cursos, pregúntese en la Buddhist Publication Society (p. 170).

Se pueden dar muchos paseos por las inmediaciones de Kandy, p. ej., por el **parque del Palacio Real** (100 LKR; 8.30-17.00), construido por Sri Wickrama Rajasinha y asomado al lago, o por el jardín botánico de Peradeniya (p. 172). Desde lo alto de Rajapihilla Mawatha se contemplan hermosas vistas del lago, la ciudad y las colinas de los alrededores. Para caminatas más largas, hay senderos que arrancan de Rajapihilla Mawatha.

Sri Lanka Trekking EXCURSIONISMO
(☎071 499 7666, 075 799 7667; www.srilankatrekking.com; Expeditor Guest House, 41 Saranankara Rd) Estos profesionales organizan caminatas por los alrededores de Kandy y expediciones de senderismo y acampada (y observación de aves) por la cordillera Knuckles; también ofrecen safaris al Parque Nacional de Wasgamuwa (y otras muchas reservas), más salidas de ciclismo de montaña y *rafting*. El precio habitual por una caminata por los Knuckles con pernoctación es de 75 €. Sale más económico cuanta más gente se sea. La oficina está en la Expeditor Guest House.

Joy Motorboat Service BARCA
(20 min 2000 LKR; ⌚9.00-18.00) En el muelle del extremo occidental del lago alquilan barquitas de recreo.

Dónde dormir

Kandy cuenta con muchas pensiones buenas, y los hoteles más cómodos suelen emplazarse espectacularmente sobre colinas o junto al río.

En el centro, la mayor concentración de alojamientos se da en Anagarika Dharmapala Mawatha y Saranankara Rd, o sus transversales (los autobuses nº 654, 655 y 698 llevan hasta allí; si no, basta con preguntar por "Sanghamitta Mawatha" en la parada de la torre del reloj). La mayoría de los sitios tiene restaurante.

★**Clock Inn Kandy** ALBERGUE $
(☎081-223 5311; www.clockinnkandy.lk; 11 Hill St; dc/d desde 13/45 US$; ❄📶) Un albergue muy bien montado, con dormitorios acogedores con aire acondicionado (todos con taquillas, literas cómodas y lámparas de lecturas), bonitas dobles privadas y, como rareza, unas cuantas camas-cápsula en la azotea (¡claustrofóbicos abstenerse!), además de amplios espacios comunes. Está cerca de la estación de trenes.

Hotel Mango Garden PENSIÓN $
(☎081-223 5135; www.mangogarden.lk; 32/A Saranankara Rd; h 3000-4000 LKR; ❄📶) Malik y su esposa francesa gestionan este hotel con eficacia. Las habitaciones son sobrias pero espaciosas y tienen buenas camas, aunque los baños son más corrientes. En una bonita terraza-restaurante abierta al público en general sirven bebidas y comidas excelentes. Si se llama antes, pasan a recoger gratis en las estaciones de autobuses y de trenes.

KANDY PARA NIÑOS

Kandy no es tan gratificante para los niños como las playas y parques nacionales del país, pero sí ofrece algunos lugares de interés y actividades que mantendrán entretenida a toda la familia. Alquilar un bote con **Joy Motorboat Service** para remar por el lago y después un *tuk-tuk* para recorrer las calles de la ciudad es una apuesta segura. Los niños pueden quemar más energías en la Reserva de Udawattakelle (p. 161) y el jardín botánico de Peradeniya (p. 172). Además, con sus vistosos atuendos y tragafuegos, los diversos **espectáculos de danza** de la ciudad contarán también con su aprobación. Por otro lado, el exotismo del templo del Diente de Buda (p. 160) seguro que despierta la imaginación de la mayoría de los pequeños, y hay un excelente **parque infantil** (Sanagaraja Rd; ⌚7.00-18.00 ma-do) en el extremo este del lago.

Expeditor Guest House PENSIÓN $
(☎081-490 1628, 081-223 8316; www.expeditorkandy.com; 41 Saranankara Rd; h 2500-5500 LKR; ❄📶) Las macetas, los balcones con vistas, una cálida acogida, unas habitaciones inmaculadas y la posibilidad de relacionarse con los dueños dan a esta pensión un acogedor aire de B&B. Pregúntese por las caminatas a los Knuckles y otras regiones.

McLeod Inn PENSIÓN $
(☎081-222 2832; www.mcleodinnkandy.com; 65A Rajapihilla Mawatha; h 3200-4200 LKR; ❄📶) Bonita pensión familiar con vistas al lago desde algunas de sus 10 habitaciones, todas confortables, limpias y atrayentes. El comedor, asomado al valle, es ideal para disfrutar de un buen libro y una bebida fría por la tarde.

Freedom Lodge CASA PARTICULAR $$
(☎081-222 3506; www.freedom-lodge-kandy-srilanka.en.ww.lk; 30 Saranankara Rd; h incl. desayuno desde 5000 LKR; 📶) Esta veterana pensión es propiedad de una familia muy simpática y está rodeada de altas palmeras. Las habitaciones son atractivas, con baños modernos y agua caliente; las de la planta alta tienen las mejores vistas. Se pueden encargar comidas caseras, que se hacen en común, lo que permite conocer a otros huéspedes.

MERECE LA PENA

HELGA'S FOLLY

"Si lo que espera es un hotel normal, busque en otro sitio", dice su eslogan, y es la pura verdad, pues el **Helga's Folly** (☎081-223 4571; www.helgasfolly.com; cerca de Rajapihilla Mawatha; h 100-130 US$, acceso no huéspedes 3 US$; ❄📶🏊) bien podría haber sido un proyecto concebido al alimón por Gaudí y Dalí. Este hotel-galería de arte-sueño surrealista es sin duda el hotel más insólito de Sri Lanja; de hecho, los Stereophonics escribieron la canción *Madame Helga* inspirados en su propietaria.

Helga da Silva, su dueña y artífice, se crió en el ambiente de artistas, escritores, políticos e intrigas de Hollywood de la década de 1950 y es, con toda probabilidad, la única hotelera que no desea que su establecimiento esté lleno. Con todo lo insólito que es, una vez despojado de sus elementos ornamentales, es fácil constatar su deterioro. Más que alojarse en este autodenominado "antihotel", se recomienda pasarse por el lugar para tomar una copa y verlo; para mucha gente es uno de los lugares más interesantes de Kandy. Los escritores y artistas pagan la mitad (mín. 6 noches).

Day's Inn PENSIÓN **$$**
(☎081-224 1124; www.daysinn-kandy.com; 66A Rajapihilla Mawatha; d/tr/apt 49/56/96 US$; ❄📶🏊) Es todo un placer hogareño alojarse en esta íntima pensión de seis habitaciones, todas con baño, y buena comida. La piscina está junto al apartamento familiar, a un corto trecho.

St Bridget's Country Bungalow CASA PARTICULAR **$$**
(☎081-221 5806; www.stbridgets-kandy.com; 125 Sri Sumangala Mawatha, Asgiriya; h desde 2800 LKR; @📶) Rodeada por un denso bosque poblado de aves, esta casa familiar ofrece ocho habitaciones amuebladas con sencillez, buenos desayunos y cenas caseras. Está a 200 m cuesta arriba del centro (en *tuk-tuk* 250 LKR).

Kandy Cottage PENSIÓN **$$**
(☎081-220 4742; www.kandycottage.com; 160 Lady Gordon's Dr, Sri Dalada Thapowana Mawatha; i 2000-3200 LKR, d 3600-4800 LKR; 📶) Thomas y Mani, una pareja de lo más agradable, regentan este lugar, un punto bohemio y magnífico apartado de la ciudad: una casita ceilandesa oculta en un valle arbolado en los límites de la Reserva de Udawattakelle, unos 2 km al norte del centro, con robustos muebles de madera y suelos de hormigón pulimentado, pero sin aire acondicionado. Se alquila por habitaciones (tres) o al completo.

Anna Shanthi Villa PENSIÓN **$$**
(☎081-222 3315; annashanthivilla@gmail.com; 203 Rajapihilla Tce; i/d incl. desayuno 52/58 US$; ❄📶) Pensión escondida en una calle tranquila no lejos del lago, con siete habitaciones con muebles de calidad y mucho más estilo que la competencia, además de unos empleados que se desviven por ayudar.

Sharon Inn HOTEL **$$**
(☎081-220 1400; 59 Saranankara Rd; h incl. desayuno 6500-8500 LKR; ❄@📶) En lo alto de una colina, es una de las pensiones más veteranas de Kandy, con vistas sensacionales y habitaciones inmaculadas, decoradas con artesanía ceilandesa. El personal dispensa una cálida bienvenida e intenta solucionar cualquier cuestión de interés del viajero. No hay que perderse el bufé de la cena (p. 168), una de las mejores experiencias gastronómicas de la ciudad.

Nature Walk Resort PENSIÓN **$$**
(☎077 771 7482; www.naturewalkhr.net; 9 Sanghamitta Mawatha; h incl. desayuno 22-55 US$; ❄📶) Hay baldosas de terracota y balcones con grandes cristaleras y excelentes vistas de la espesura, pero solo desde algunas habitaciones, aunque todas son espaciosas y ventiladas Cabe esperar tropas de monos por la mañana y escuadrones de murciélagos al atardecer.

Blue Haven Guesthouse PENSIÓN **$$**
(☎081-222 9617; bluehavtravels@gmail.com; 30/2 Poorna Lane, Asgiriya; incl. desayuno dc 1500 LKR, h desde 3500 LKR; ❄📶🏊) Las habitaciones son bastante normalitas, pero la piscina es una gran ventaja, al igual que las fantásticas vistas de la cordillera Knuckles. El dueño, el Sr. Linton, es un divertido anfitrión que puede gestionar el alquiler de un automóvil y circuitos por el campo. Está al norte del centro, a una carrera en *tuk-tuk* de 200 LKR.

Forest Glen PENSIÓN $$

(☎081-222 2239; www.forestglenkandy.com; 150/6 Lady Gordon's Dr, Sri Dalada Thapowana Mawatha; i/d/tr 3500/5500/7000 LKR; 📶) Pensión familiar un tanto deslucida, en los confines de la Reserva de Udawattakelle, 1,5 km al norte del centro de Kandy, con vistas del bosque desde la terraza. Indra es un anfitrión magnífico y prepara sabrosas comidas del país y occidentales.

★ **Clove Villa** HOTEL-BOUTIQUE $$$

(☎081-221 2999; www.clovevilla.com; 48 P B A, Weerakoon; h 170-205 US$; ❄📶🏊) Villa reformada con siete habitaciones maravillosas, todas con muebles refinados y un toque artístico, y provistas de todas las comodidades modernas, además de buena comida, un billar y biblioteca. Está 5 km al norte del centro, en un recodo del río.

★ **Villa Rosa** HOTEL-BOUTIQUE $$$

(☎081-221 5556; www.villarosa-kandy.com; Asgiriya; i 95-160 US$, d 140-235 US$; ❄📶) Salpicado de antigüedades y con vistas impresionantes a un apartado meandro del Mahaweli Ganga, este hotel es de lo más estimulante. Las espaciosas habitaciones, con suelos de madera y tonos neutros, comparten protagonismo con los relajantes salones y un precioso salón de lectura. Un pabellón independiente alberga los centros de yoga y meditación. Estancia mínima de dos noches. Conviene reservar con tiempo.

Elephant Stables HOTEL-BOUTIQUE $$$

(☎081-743 3201; www.elephantstables.com; 46 Nittawela Rd; h incl. desayuno desde 174 US$; ❄📶🏊) La villa que en su día fuera la residencia de Sir Cudah Ratwatte, el primer alcalde electo de Kandy, es hoy un hotel impecable, con abundancia de colores terrosos, cemento pulimentado y nudosas maderas. Dos habitaciones con balcón dan a la piscina y a las montañas, no muy lejanas. También hay un bar fabuloso y una sala de lectura bien surtida de libros sobre Sri Lanka.

Cinnamon Citadel RESORT $$$

(☎081-223 4365; www.cinnamonhotels.com; 124 Srimath Kuda Ratwatte Mawatha; h incl. desayuno desde 98 US$; ❄📶🏊) Este alojamiento de acertado diseño se beneficia de una localización privilegiada a orillas del río. De líneas elegantes y colores chocolate y pizarra gris, las habitaciones salen bien de precio habida cuenta las instalaciones, que incluyen *spa*, gimnasio, café, *lounge* y una gran piscina. Está 5 km al oeste de Kandy, a una carrera en taxi de unas 600 LKR.

KANDY ESALA PERAHERA

Esta *perahera* (procesión) se celebra en Kandy en honor a la sagrada reliquia del templo del Diente de Buda (p. 160). Dura 10 días del mes de Esala (jul/ago) y termina con la *poya* (luna llena) de Nikini.

Las primeras seis noches son bastante discretas. La séptima, los actos se intensifican, el recorrido se alarga y la procesión adquiere mayor esplendor (y los precios de los alojamientos suben). Encabezan la procesión miles de bailarines y percusionistas de Kandy que tocan tambores, chasquean látigos y agitan banderolas de colores. Después le siguen largas procesiones de hasta 50 elefantes. El elefante asiático (Maligawa Raja) se engalana de los pies a la cabeza. Las dos últimas noches la *perahera* porta un enorme baldaquín que protege el cofre vacío del relicario sagrado, y se extiende una vereda de tela de color blanco puro delante del elefante.

La Kandy Esala Perahera se ha celebrado todos los años desde hace muchos siglos, y aparece descrita por Robert Knox en su libro de 1681 *An Historical Relation of Ceylon*. Además, hay una procesión más pequeña el día de *poya* (luna llena) de junio, y otras *peraheras* en ocasiones especiales.

La ceremonia es sin duda una de las más espectaculares del sur de Asia. Pero antes de ir y comprar los billetes, quizá convenga pensar en el bienestar de los elefantes. El estruendo cacofónico de la *perahera* puede afectar gravemente a los animales, que tienen un oído muy sensible, y el constante azuzamiento de los *mahouts* con sus *ankus* (picas) es doloroso. Se utilizan cadenas para controlar a los paquidermos y limitar su movilidad. El largo viaje hasta Kandy lo hacen en la caja de un camión (bajo un sol abrasador) o pisando sobre el asfalto recalentado.

Dónde comer

Kandy, como otras muchas ciudades de Sri Lanka, no destaca por su cocina. La mayoría de los viajeros come en sus hoteles o en algunos de los contados restaurantes independientes del centro. Recientemente han abierto algunos establecimientos más sofisticados, y Kandy ya ofrece una buena selección de cafés con tentempiés, tartas y exquisiteces de estilo occidental.

★Empire Café INTERNACIONAL **$$**
(☎081-223 9870; www.empirecafekandy.com; 21 Temple St; comidas 365-780 LKR; ⊙8.30-20.30; 📶) Un restaurante muy atrayente, en un edificio de la época colonial con comedores pintados de colores vibrantes (rosa y turquesa) y sabrosos desayunos, arroz con curri, pastas, *wraps,* ensaladas, zumos y batidos.

Kandy Muslim Hotel CEILANDESA **$$**
(Dalada Vidiya; comidas 150-510 LKR; ⊙6.30-21.00) No, no es un hotel, pero en este bullicioso restaurante sirven las mejores *samosas* de Kandy, curris auténticos y pilas de panes planos enormes y finísimos. Con todo, su gran imán son los *kotthu* (*roti* con carne y verduras), servidos en diversos estilos, sabores y precios (con pollo desde 220 LKR).

Cafe Divine Street INTERNACIONAL **$$**
(☎077 699 2799; www.facebook.com/cafedivinestreet; 139 Colombo St; comidas desde 300 LKR; ⊙10.00-21.00 mi-do) Pequeño y económico restaurante donde disfrutar de unas hamburguesas de primera, kebabs, sándwiches "submarinos" y platos de arroz frito, todo bien aderezado y bien presentado. Hay más mesas en la planta alta, con vistas a la calle.

Cafe Walk CAFÉ **$$**
(Dalada Vidiya; comidas 350-900 LKR; ⊙9.00-18.00; 📶) A la juventud local le gusta matar el tiempo en este café abierto por los lados y con mesas que miran a Dalada Vidiya. Sirven buenos desayunos (tortitas de almendras), sándwiches, *panini* y ensaladas, además de café exprés en todas sus modalidades.

Devon Restaurant INTERNACIONAL **$$**
(11 Dalada Vidiya; comidas 175-725 LKR; ⊙7.30-20.00) Restaurante y panadería grande y concurrido con una larga carta de clásicos ceilandeses y chinos, algún que otro *biryana* y unos pocos platos occidentales deslucidos. El arroz con curri (desde 175 LKR) triunfa siempre y se acompaña con cuatro guarniciones. El comedor principal es un estiloso espacio tipo cantina.

Bake House CEILANDESA **$$**
(☎081-223 4868; www.bakehousekandy.com; 36 Dalada Vidiya; comidas desde 220 LKR; ⊙7.30-20.00) Esta panadería de toda la vida se complementa ahora con un comedor de postín (con aire acondicionado) y un café en la planta baja. En la carta, fiable pero sin sorpresas, hay bollería, curris, sándwiches y platos chinos e indios. Si se pasa después de las 15.00, el segundo horneado del día acaba de salir.

★Sharon Inn CEILANDESA **$$$**
(☎081-220 1400; 59 Saranankara Rd; comidas 500-1300; LKR ⊙19.00-21.00; 📶) El bufé de cena (1100 LKR) de este hotel (p. 166), servido a las 19.30 en punto en el restaurante de la azotea bajo la luz de las estrellas, supone un sabroso atajo para enamorarse de la cocina ceilandesa. El curri de verduras es todo un festín a base de yaca, hoja de plátano, berenjena, etc. La puesta del sol es otro atractivo. Está 2 km al sur del centro de la ciudad.

Dónde beber y vida nocturna

En esta ciudad sagrada, las normas para *pubs,* bares y clubes son muy estrictas, y muchos establecimientos no están autorizados para servir alcohol. De todas formas, hay algunos lugares donde poder tomarse un *gin-tonic* al final del día.

★Royal Bar & Hotel BAR
(☎081-222 4449; http://royalbarandhotelkandy.com; 44 Raja Vidiya/King St; ⊙7.00-23.00; 📶) El mejor local de Kandy para tomar una copa se ha beneficiado de una reciente renovación respetuosa con el entorno. Con un par de bares, un bonito patio central y una maravillosa terraza-balcón en el piso de arriba, este conspicuo edificio colonial ofrece muchas opciones para disfrutar de un *gin-tonic,* un *whisky* de malta o una cerveza de barril. Es caro, pero hay *happy hour* de 17.30 a 19.30. También hay una carta con platos asiáticos y occidentales (principales 1200-1500 LKR).

★Slightly Chilled Lounge Bar BAR
(www.slightly-chilled.com; 29A Anagarika Dharmapala Mawatha; ⊙11.00-23.00; 📶) Con vistas al lago, billares, fútbol televisado, comida china aceptable y *happy hour* de 18.00 a 19.00, este bar siempre está concurrido. Sirven vinos por

BAILARINES Y PERCUSIONISTAS

Asistir a un espectáculo de danza de Kandy, con su elaborado vestuario, giros coreográficos y peligrosas piruetas con fuego, es imprescindible. Aunque llamarlo espectáculo de danza tradicional de Kandy es injusto, pues su misión es entretener al público e incluye números de danza e indumentarias de todo el país, entre los que destacan las famosas danzas del "diablo" de la costa oeste (lamentablemente difíciles de ver en su región de origen). Los escenarios principales son tres, todos con actuaciones de 1 h por la tarde (hay que llegar 30 min antes para conseguir un buen asiento). En ninguno de los tres hay aire acondicionado y en todos se pasa calor.

Kandy Lake Club (☎077 367 0763; www.facebook.com/kandylakeclub; 7 Sanghamitta Mawatha; 1000 LKR; ⌚espectáculo 17.00) Situado 300 m cuesta arriba por Sanghamitta Mawatha, aquí se presenta el mejor vestuario de todos los espectáculos de danza tradicional de Sri Lanka. Las funciones suelen terminar con un "paso sobre fuego" (caminar sobre ascuas). Conviene llegar temprano para conseguir un buen asiento.

Kandyan Art Association & Cultural Centre (www.facebook.com/KandyanArtAssociation; 72 Sangarajah Mawatha; 500 LKR; ⌚espectáculo 17.00) Es el escenario de danza más concurrido, muy popular en temporada alta, con muchos grupos en viaje organizado. Está en la esquina norte del lago, sin duda una localización de lo más fotogénica. Hay que llegar con mucha antelación para conseguir sitio.

Mahanuwara YMBA (☎081-223 3444; 5 Rajapihilla Mawatha; 500 LKR; ⌚espectáculo 17.30) Al suroeste del lago, la pensión del YMBA es un escenario más discreto para ver danza ceilandesa; los espectáculos pretenden sobre todo entretener y el público es menos numeroso.

También se puede escuchar a los percusionistas de Kandy a diario en el templo del Diente de Buda y en otros próximos: su tamborileo marca el principio y el final de la *puja* (ofrendas u oraciones) diaria.

copas (125 LKR), bebidas de *arak*, cócteles y cerveza rubia de importación.

Blackout CLUB
(www.swissresidence.lk/blackout.html; Swiss Residence Hotel, 23 Bahirawakanda; entrada incl. 1 bebida 1000-1500 LKR; ⌚21.00-4.00 vi y sa; 📶) El mejor local nocturno de Kandy, con DJ locales y visitantes que pinchan *deep house, minimal* y *techno* y una clientela adinerada y bien vestida. La noche grande es el viernes.

Natural Coffee CAFÉ
(☎081-220 5734; http://naturalcoffee.lk; 5 Temple St; ⌚8.30-19.00; 📶) Acogedor y perfecto para un café de cultivo ecológico recién molido, aunque un poco caro: el café de filtro cuesta 400 LKR y un capuchino, 500 LKR.

✩ Ocio

En el **estadio Asgiriya** (cerca de la Hwy B70), 2 km al norte del centro, se disputan partidos de críquet universitario, nacional e internacional. Los billetes se venden el mismo día, o bien se puede reservar a través de la **oficina de Sri Lanka Cricket** (☎081-223 8533).

Entre mayo y septiembre se disputan partidos de rugbi en el campo de Nittawella.

Alliance Française CENTRO CULTURAL
(☎081-222 4432; www.afkandy.lk; 642 Peradeniya Rd; ⌚9.00-17.00 ma y ju-do) En la Alianza Francesa proyectan películas por la noche (gratis 1er vi de mes) y tienen libros y publicaciones periódicas. Tienen buen café. Los no socios pueden hojear a su antojo en la biblioteca.

British Council CENTRO CULTURAL
(☎081-222 2410; www.britishcouncil.lk; 88/3 Kotugodelle Vidiya; ⌚9.00-17.30 ma-sa, hasta 15.00 do) Prensa británica, CD, vídeos y DVD, y, de vez en cuando, películas por la noche, exposiciones y obras de teatro. Los no socios pueden leer la prensa tras identificarse.

De compras

Las tiendas del centro venden joyas antiguas y cinturones con hebillas de plata, y se puede comprar artesanía en el **mercado principal** (Station Rd; ⌚8.00-19.00).

Selyn MODA Y ACCESORIOS
(081-223 7735; www.selyn.lk; 7/1/1 Temple St; 8.30-18.00) Tejidos, ropa (saris, *sarongs* y camisas) y joyas de comercio justo, todo elaborado con materiales reciclados.

Odel Luv SL ROPA
(www.odel.lk/luvsl; tienda nº L3-3, 5 Dalada Vidiya; 10.00-19.00) Camisetas divertidas, baratijas para turistas, chancletas *kitsch* y algunos recuerdos de calidad: en esta tienda bajo los soportales del Queens Hotel hay de todo.

Buddhist Publication Society LIBROS
(081-223 7283; www.bps.lk; 54 Victoria Rd; 9.00-16.30 lu-vi, hasta 12.30 sa) Esta organización benéfica sin ánimo de lucro, 400 m al noreste del templo del Diente de Buda, junto al lago, difunde las enseñanzas de Buda y posee una buena selección de libros a la venta y una biblioteca muy completa. Buen lugar para preguntar por los cursos de meditación.

Jayamali Batiks Studio ROPA
(www.jayamalibatiks.com; 196 Main Market) Ropa y textiles para el hogar (colchas y tapices) de *batik* diseñados en estilos artísticos y modernos por Upali Jayakody. Está en la planta alta del mercado principal.

Rangala House Gallery ARTE
(http://rangalahouse.com/gallery; 2º piso, 7/1/1 Temple St; 10.00-17.30) Las obras de los artistas locales se exhiben y venden aquí. Además, cuenta con mermeladas de cultivo ecológico elaboradas en la comarca.

Kandyan Art Association & Cultural Centre ARTESANÍA
(Sangarajah Mawatha; 9.00-17.00) Lacados, objetos de latón y otros trabajos de artesanía de calidad. Hay varios artesanos que trabajan in situ. Los precios son un poco exagerados.

Oficina del triángulo cultural LIBROS
(8.00-16.15) Venden un buen surtido de libros sobre las ciudades antiguas. *Kandy,* del Dr. Anuradha Seneviratna, es una ilustrativa guía sobre el patrimonio de la ciudad. *The Cultural Triangle,* publicado por la Unesco y la Central Cultural Fund, informa de los antecedentes históricos de los yacimientos antiguos del país.

Información

PELIGROS Y ADVERTENCIAS

Lo mejor es no pasear de noche por las callejuelas del centro, hábitat natural de borrachos y gente de mala vida.

Se han denunciado algunos casos de acoso a mujeres en solitario a orillas del lago una vez oscurecido. Tómese un *tuk-tuk* para regresar a la pensión.

ACCESO A INTERNET

Casi todos los hoteles y pensiones, y muchos cafés, tienen wifi.

ASISTENCIA MÉDICA

Lakeside Adventist Hospital (081-222 3466; http://lakesideadventisthospital.blogspot.co.uk; 40 Sangaraja Mawatha) Con personal angloparlante.

DINERO

Bancos con cajeros automáticos y cambio de divisas:

Bank of Ceylon (Dalada Vidiya; 9.30-16.30 lu-vi, hasta 12.00 sa)

Commercial Bank (Kotugodelle Vidiya; 9.00-17.00 lu-vi, 9.30-13.00 sa)

Hatton National Bank (Dalada Vidiya; 9.00-17.00 lu-vi, hasta 12.00 sa)

HSBC (Kotugodelle Vidiya; 9.00-17.30 lu-vi, 9.30-13.00 sa)

AUTOBUSES DESDE KANDY

DESTINO	ESTACIÓN	BILLETE LUJO (LKR)	BILLETE NORMAL (LKR)	DURACIÓN (H)	FRECUENCIA
Anuradhapura	Goods Shed	372	206	3½	cada 30 min
Badulla	Goods Shed	215	160	3	cada 45 min
Colombo	Station Rd	240	155	3-4	cada 15 min
Negombo	Station Rd	248	162	3-4	cada hora
Nuwara Eliya	Goods Shed	250	180	3½	cada 30 min
Polonnaruwa	Goods Shed	272	180	3½	cada 30 min
Ratnapura	Goods Shed	–	173	3½	cada hora
Trincomalee	Goods Shed	–	232	5	4 diarios

CORREOS

La **oficina principal de correos** (⏲7.00-19.00 lu-sa, 8.00-17.00 do) está frente a la estación de trenes. Hay otra más céntrica en el cruce de Kande Vidiya y DS Senanayake Vidiya.

INFORMACIÓN TURÍSTICA

Oficina del triángulo cultural (☎081-222 2661; 16 Deva Vidiya; ⏲8.00-16.00 lu-vi) Información sobre los lugares de interés del triángulo cultural (Anuradhapura, Polonnaruwa y Dambulla) y de Kandy. Está instalada en un edificio colonial cerca del templo del Diente de Buda. No se venden billetes para el triángulo cultural.

Centro de información turística de Kandy (☎081-312 2143; Dalada Vidiya; ⏲8.30-19.00) La oficina principal de turismo, junto a la parada de autobús de la torre del reloj, facilita algunos folletos y ayuda con los horarios de los trenes y los espectáculos de danza.

ℹ Cómo llegar y salir

AVIÓN

Cinnamon Air (plano p. 70; ☎011-247 5475; www.cinnamonair.com) Opera uno o dos vuelos diarios a/desde Colombo y uno directo (199 US$ ida) al aeropuerto de Weerawila (para el sur de Sri Lanka, Parque Nacional de Yala incl.).

SriLankan Airlines (☎081-223 2495; 17 Temple St; ⏲8.00-18.00 lu-vi, hasta 13.00 sa) Aquí se pueden comprar billetes.

AUTOBÚS

En Kandy hay una estación principal (la frenética Goods Shed) y una serie de paradas cerca de la **torre del reloj.** De la estación de Goods Shed salen los servicios de largo recorrido, mientras que los regulares interurbanos, como los que van a Peradeniya (20 LKR), Ampitiya (18 LKR), Matale (48 LKR) y Kegalle (65 LKR), lo hacen desde cerca de la torre del reloj. Sin embargo, algunos servicios exprés privados interurbanos (p. ej., a Negombo y Colombo) salen de Station Rd, entre la torre del reloj y la estación de trenes. En caso de duda, pregúntese por la zona.

Para Sigiriya, hay que cambiar en Polonnaruwa, y para Dalhousie, se suele ir hasta Hatton y allí hacer transbordo. Para Hella, se cambia en Badulla.

TAXI

Alquilar un taxi suele costar, con conductor y gasolina, unas 6000 LKR/día. Muchos conductores de taxis de largo recorrido aparcan por los alrededores del templo del Diente de Buda, o bien se puede preguntar en la pensión o el hotel.

Hay pensiones que anuncian salidas de un día a los tres destinos del triángulo cultural (Sigiriya, Anuradhapura y Polonnaruwa), pero es una paliza tanto para el conductor como para los pasajeros. Es más sano y seguro pasar una noche en alguna de ellas.

Blue Haven Tours & Travels (☎077 737 2066; www.bluehaventours.com; 25 DS Senanayake Vidiya) Recomendable compañía de alquiler de vehículos, que cobra unas 50 US$/día.

Nishantha Maldeniya (☎077 084 9137; nishantha.maldeniya71@gmail.com) Tarifas razonables para excursiones por la zona y más distantes.

TREN

Kandy es un nudo ferroviario importante, y los convoyes que llegan y salen de ella suelen ir llenos. Los lujosos vagones con aire acondicionado ExpoRail y Rajadhani Express, explotados por una empresa privada, se acoplan a varios trenes a/desde Kandy. También son muy demandados los asientos del vagón mirador de 1ª clase del tren que va a Badulla. Este tren sale de Colombo y después de Kandy para en Hatton (cerca del pico de Adán), Nanu Oya (para ir a Nuwara Eliya), Haputale, Ella y otras estaciones de las tierras altas. Los billetes en el vagón mirador cuestan un fijo de 1000 LKR para cualquier punto entre Kandy y Nanu Oya y 1250 LKR para destinos más al este. Los retrasos son habituales en la línea a Hatton.

Si no quedan billetes en la taquilla, se puede preguntar al jefe de estación, ya que a veces dispone de más asientos para turistas.

Hay trenes a los siguientes destinos (precios de billetes sin reserva):

Badulla (2/3ª clase 270/145 LKR; 7-8 h; 5 diarios)

Colombo (2/3ª clase 190/105 LKR; 2½-3½ h; 7-9 diarios)

Ella (2/3ª clase 240/130 LKR; 6-7 h; 5 diarios)

Haputale (2/3ª clase 210/115 LKR; 5-6 h; 5 diarios)

Hatton (2/3ª clase 110/65 LKR; 2½-3 h; 5 diarios)

Nanu Oya (para Nuwara Eliya; 2/3ª clase 160/90 LKR; 3½-4 h; 5 diarios)

ℹ Cómo desplazarse

AUTOBÚS

Los servicios a zonas periféricas de Kandy y pueblos próximos como Peradeniya, Ampitiya, Matale y Kegalle salen de cerca de la torre del reloj.

TAXI

Los taxis con taxímetro y aire acondicionado de **Radio Cabs** (☎081-223 3322) representan una cómoda alternativa a los *tuk-tuks*. Tal vez haya que esperar un rato, sobre todo si llueve o hay mucha demanda. Con los taxis (furgonetas) sin taxímetro, hay que acordar el precio antes de subir.

'TUK-TUK'

Lo normal es pagar unas 300 LKR por un *tuk-tuk* de la estación de trenes al extremo sureste del lago.

Alrededores de Kandy

Lo poco que hay que ver en los alrededores de Kandy puede abarcarse en un recorrido de medio día, preferiblemente en *tuk-tuk* o taxi. La ruta circular de los tres templos (Lankatilake, Gadaladeniya y Embekka) se hace bien en una mañana, y la tarde se puede dedicar al jardín botánico.

Puntos de interés

★ Jardín botánico de Peradeniya JARDINES

(www.botanicgardens.gov.lk; adultos/niños 1500/750 LKR; ⏲7.30-17.00) En otro tiempo estaba reservado para la realeza de Kandy, pero hoy todo el mundo puede disfrutar del jardín botánico más impresionante y grande (60 Ha) de Sri Lanka. Destacan su colección de orquídeas, una avenida de majestuosas palmeras reales, el insólito árbol llamado Bala de Cañón, un bambú de 40 m de alto y la higuera gigante de Java en el gran prado, con su colosal tronco central y su copa a modo de paraguas. Peradeniya está a 6 km del centro de Kandy.

Pero habrá que compartirlo con miles de murciélagos de la fruta, centenares de monos y docenas de parejas de enamorados.

Dentro del jardín hay un cafetería cara (principales 550-1000 LKR) donde sirven comida occidental y ceilandesa, y un pequeño café junto a la salida. Es mejor llevarse la comida.

El autobús nº 644 (16 LKR) sale de la parada de la torre del reloj de Kandy en dirección al jardín. Un *tuk-tuk* desde Kandy cuesta 400 LKR (ida). Muchos taxistas incorporan el jardín a la ruta de los tres templos.

★ Templo de Lankatilake TEMPLO BUDISTA E HINDUISTA

(300 LKR; ⏲8.00-18.00) Este templo del s. XIV prendido a un afloramiento rocoso es el más imponente de la región. Está dividido en dos mitades, una budista y otra hinduista, y contiene un Buda sedente, pinturas del período Kandy, inscripciones rupestres y elefantes de piedra. Un vigilante o un monje abrirán el santuario en caso de que estuviera cerrado. En agosto se celebra una *perahera* (procesión). El entorno es igual de memorable.

El templo está 15 km al suroeste de Kandy, accesible con el autobús nº 644 con destino a Pilimatalawa; hay que apearse en Dawulagala Rd y caminar unos 750 m. También se puede llegar desde el vecino Embekka Devale, a un paseo de 3 km junto a arrozales.

Embekka Devale TEMPLO HINDUISTA

(300 LKR; ⏲8.00-18.00) Dedicado al dios Mahasen, este templo, con sus pilares de madera delicadamente labrados con imágenes de águilas, cisnes, luchadores y bailarinas, data del s. XIV. Las mejores tallas están en el salón de los tamborileros.

En transporte público, el autobús nº 643 (a Vatadeniya por Embekka, frecuente, 38 LKR) sale de cerca de la torre del reloj de Kandy. El pueblo queda unos 7 km más allá del jardín botánico de Peradeniya (aprox. 45 min. desde Kandy). Del pueblo al templo hay un agradable paseo campestre de 1 km.

Templo de Gadaladeniya TEMPLO BUDISTA E HINDUISTA

(300 LKR; ⏲8.00-18.00) Construido sobre un afloramiento rocoso con alguna que otra poza pequeña y accesible por una escalera tallada en la roca, este templo budista con un anexo hinduista data del s. XIV. El santuario princi-

Alrededores de Kandy

Principales puntos de interés
1 Templo de Lankatilake A4
2 Jardín botánico de Peradeniya C2

Puntos de interés
3 Museo del Té de Sri Lanka D3
4 Degal Doruwa Raja Maha Vihara F2
5 Embekka Devale B4
6 Templo de Gadaladeniya A3
7 Cementerio de guerra de Kandy C2

Actividades, cursos y circuitos
8 Amaya Hills D3
9 Dhamma Kuta Vipassana Meditation Centre D4

Dónde dormir
10 Amaara Sky Hotel D2
11 Baramba House C2
12 Chaya Hills C4
13 Elephant Stables D1
14 Emerald Hill Hotel D2
15 Kandy House F2
16 Nisha Tourist Home C3

Ocio
17 Alliance Française C2

De compras
18 Waruna Antiques D2

Alrededores de Kandy

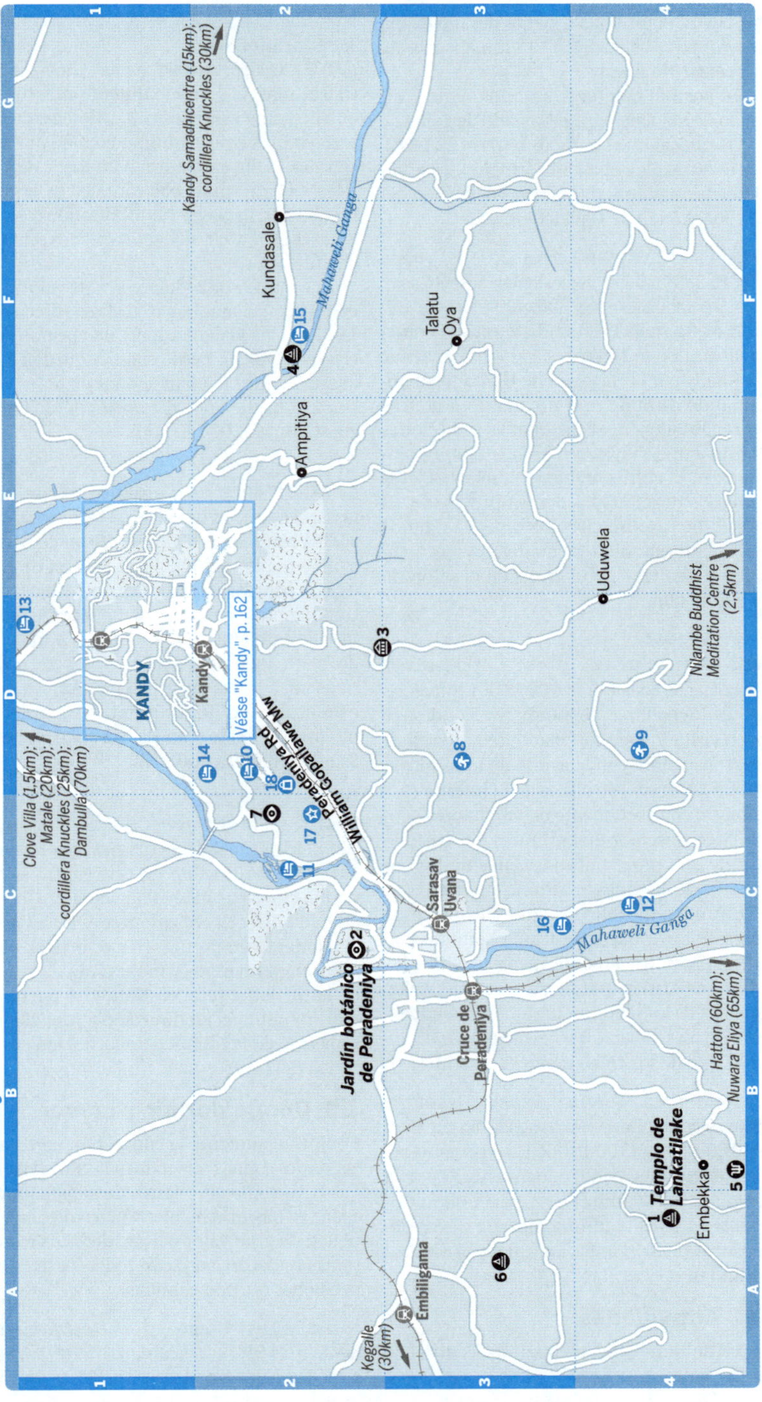

pal custodia un Buda sedente dorado de extraordinaria belleza. Está 13 km al suroeste del centro de Kandy

Es posible que haya un andamiaje y un techo de hojalata para protegerlo de la lluvia.

Desde Kandy, el autobús nº 644 (28 LKR), entre otros, lleva hasta el templo. El desvío desde la carretera A1 está cerca del mojón del km 105, a 1 km de Gadaladeniya.

Museo del Té de Sri Lanka MUSEO

(☎081-380 3204; www.ceylonteamuseum.com; Hantane; adultos/niños 800/400 LKR; ⏲8.30-15.45 ma-sa, hasta 15.00 do) Este museo ocupa la fábrica de té Hantane (1925), 4 km al sur de Kandy por la carretera de Hantane. Abandonando durante más de una década, tras su rehabilitación, acoge buenas colecciones sobres James Taylor y Thomas Lipton, pioneros en el cultivo del té, y muchos objetos antiguos relacionados con su procesado. El precio incluye un circuito rápido (algunos guías, aunque bien formados, parecen robots) y una taza de té gratis en el salón de la planta alta.

Degal Doruwa Raja Maha Vihara TEMPLO BUDISTA

(Lewella; con donativo; ⏲8.00-18.00) Entre los arbolados confines de Kandy se esconde este poco visitado pero fascinante templo rupestre, construido (con la ayuda de unos formidables peñascos) en el s. XVIII. El interior está cubierto completamente de fascinantes pero un poco descoloridos murales del período Kandy que representan escenas de *jataka* (relatos de las vidas anteriores de Buda).

Entre los murales hay algunas pinturas fuera de lugar que muestran a hombres con rifles, presumiblemente inspiradas por las primeras armas que llegaron a Sri Lanka. Además de las pinturas, hay un gran Buda reclinado. Es probable que al visitante le acompañe uno de los cinco monjes residentes.

Cementerio de guerra de Kandy CEMENTERIO

(www.cwgc.org; Deveni Rajasinghe; con donativo; ⏲10.00-12.00 y 13.00-18.00) Este cementerio pequeño y melancólico, conservado por la Comisión de Tumbas de Guerra de la Comonwealth, es la última morada de los defensores de Sri Lanka durante la II Guerra Mundial.

Actividades

Cerca de Kandy hay prestigiosos centros de meditación.

Nilambe Buddhist Meditation Centre MEDITACIÓN

(☎077 780 4555; www.nilambe.net; previa petición) Clases diarias (principalmente meditación en silencio y sentados) en estancias de tres a cinco días como mínimo con alojamiento sencillo. El día empieza con un toque de *gong* a las 4.45 y termina con cánticos en grupo y meditación hacia las 21.00. Hay que reservar a través de la web, al menos, con dos semanas de antelación.

El centro está 24 km al sur de Kandy, accesible con el autobús nº 633 (en dirección a Delthota vía Galaha); hay que apearse en el cruce de Office). Desde el cruce quedan 3 km cuesta arriba vía plantaciones de té (en *tuk-tuk* 250 LKR). Un taxi/*tuk-tuk* desde Kandy cuesta unas 1200 LKR (ida).

Amaya Hills AYURVEDA

(☎081-447 4022; www.amayaresorts.com; Heerassagala; faciales desde 4000 LKR, masajes de aceite y baños secos 8000 LKR) Es el centro de ayurveda más agradable de la zona de Kandy, con personal muy profesional y masajes y tratamientos maravillosos; se recomienda el masaje exfoliante *udvarthana*. Lo mejor es dedicarle todo un día: almorzar y pasar después unas horas en la piscina. Amaya Hills está en lo alto de las montañas, accesible por una carretera sinuosa. Un *tuk-tuk* desde Kandy ronda las 600 LKR.

Dhamma Kuta Vipassana Meditation Centre MEDITACIÓN

(☎081-238 5774; www.kuta.dhamma.org; Mowbray, Hindagala; con donativo) En este centro se imparten cursos de meditación de S. N. Goenka de 1 a 10 días. Es obligatorio reservar. Ofrece alojamiento en dormitorios colectivos separados para hombres y mujeres. En la parada de la torre del reloj en Kandy se puede tomar un autobús en dirección a Mahakanda y apearse en la última parada, a 2 km cuesta arriba del centro.

Dónde dormir y comer

Conforme aumenta la congestión en Kandy, las verdes colinas que rodean la ciudad ganan atractivo como alternativa de alojamiento, y cada vez hay más hoteles y pensiones en esta región de gran valor paisajístico. Los restaurantes escasean, pero casi todos los hoteles y pensiones ofrecen comidas.

Nisha Tourist Home CASA PARTICULAR $$

(☎077 084 9137; nishantha.maldeniya71@gmail.com; 47/9A Riverside, Galaha Rd, Peradeniya; h 25

US$; ❄📶) Las habitaciones de esta amable familia están muy cuidadas y tienen baños con agua caliente. La localización es muy tranquila, pero bastante aislada, lo que invita a alquilar una bicicleta. Se puede concertar la recogida en la estación del cruce de Peradeniya (a 3,5 km), ofrecen clases de cocina y Nisha es una excelente guía y conductora.

Emerald Hill Hotel HOTEL **$$**
(☎081-465 1651; www.emeraldhill.lk; 70/18 Riverdale Rd, Aniwatte; h desde 45 US$; ❄📶🏊) Este hotel regala algunas de las vistas más espectaculares de la región de Kandy desde su posición cimera, con panorámicas pasmosas del valle del Mahaweli desde los balcones de sus modernas habitaciones; sin embargo, como no hay nada más por estos contornos, habrá que alquilar *tuk-tuks* o disponer de un vehículo.

Chaya Hills HOTEL **$$**
(☎077 350 6962; www.chayahillskandy.com; 1 Chaya Hills; ⊙dc/d 18/40 US$; ❄📶) Unos 6 km al suroeste de Kandy, este hotel con buena relación calidad-precio ofrece habitaciones muy atractivas (también dormitorios con cuatro camas y aire acondicionado) y espaciosas dobles con televisión por cable. Se recomiendan las de la planta alta, con dilatadas vistas del valle.

★ **Baramba House** HOTEL-BOUTIQUE **$$$**
(☎081-220 0173; www.barambalanka.com; 22 Upul Mawatha, Primrose Hill; h incl. desayuno 85-95 US$; 📶🏊) En un bucólico emplazamiento, sus dueños suizo-ceilandeses han conseguido crear un reducto de felicidad. El hotel comprende tres habitaciones de techos altos con ventiladores sobre camas gigantescas, una piscina cristalina y terrazas con vistas a las montañas cubiertas de jungla. Las comidas caseras son otro gran extra.

No admiten a menores de 12 años. Está a 5 km del centro de Kandy.

★ **Kandy House** HOTEL-BOUTIQUE **$$$**
(Amunugama Walauwa; ☎081-492 1394; www.thekandyhouse.com; Amunugama Walauwa, Gunnepana; h incl. desayuno desde 325 US$; @📶🏊) Gracias a la abundancia de flora tropical, el aire que

MERECE LA PENA

LOS VEDDAHS

Sri Lanka estaba ya habitada mucho antes que los cingaleses o tamiles hicieran su aparición. Se cree que sus primeros habitantes, conocidos como veddahs (cazadores), llegaron a la isla hace unos 18 000 años, y hasta tiempos bastante recientes vivían con sus compatriotas ceilandeses bastante pacíficamente. Hoy, sin embargo, como ocurre con las minorías aborígenes de todo el sur de Asia, las comunidades de veddahs se hallan sometidas a una intensa presión y solo quedan unos cuantos centenares de veddahs tradicionales.

El último reducto veddah está en el campo, en la zona de la aldea de **Dambana,** al este de la pequeña localidad de **Mahiyangana.** Si se quiere conocer a los veddahs, después de llegar a Dambana hay que encontrar un guía-traductor e ir a **Kotabakina,** la aldea veddha más visitada. Una vez allí, lo más probable es que entretengan al visitante (a cambio de una suma nada desdeñable) con danzas, cantos y una exhibición de "caza".

Si bien es cierto que la experiencia es bastante artificial, hay que tener en cuenta que ese dinero se inyecta en los pueblos y que el deseo de los turistas por ver "cultura" tribal tradicional debería, de hecho, bastar para evitar que los últimos veddahs sean engullidos por la cultura ceilandesa dominante.

El mejor lugar para alojarse en la zona es Mahiyangana, un pueblo extenso y poco habitado. La única maravilla en el pueblo es la **Mahiyangana Dagoba,** donde, según cuenta la leyenda, Buda predicó en su primera visita a Sri Lanka. Desde Kandy se llega a la aldea por dos rutas principales. La espectacular A26, en dirección norte, pasa por el embalse de Victoria de camino a Madugoda, antes de descender en 18 curvas cerradas hasta las tierras bajas a Mahaweli y las llanuras de la zona seca. De subida el problema son los recalentamientos y de bajada, los frenos. Los conductores prefieren la carretera que bordea los embalses de Victoria y Randenigala por el sur, mucho más rápida y en mejores condiciones.

Hay algunos, pocos, alojamientos en Mahiyangana, y ninguno muy acostumbrado a los huéspedes extranjeros; hay autobuses a Kandy, Badulla y Polonnaruwa, entre otros destinos.

se respira en este maravilloso hotel, la antigua casa de un jefe del período Kandy, huele a flores. Totalmente restauradas, sus nueve habitaciones están amuebladas con antigüedades coloniales, de cuyo servicio se ocupa un mayordomo que se asigna a la llegada. Una piscina de horizonte infinito se prolonga entre arrozales color esmeralda y comer aquí es una experiencia memorable.

No admiten a menores de 12 años.

Amaara Sky Hotel HOTEL-BOUTIQUE **$$$**
(081-223 9888; www.amaarasky.com; 72/22 AB Damunupola Mawatha; h incl. desayuno desde 140 US$;) Las habitaciones de este hotel-*boutique* en lo alto de las colinas de Kandy disfrutan de unas vistas maravillosas desde sus balcones y son de las más grandes de la zona. Por su parte, el restaurante ofrece deliciosa cocina nacional e internacional.

Kandy Samadhicentre HOTEL-BOUTIQUE **$$$**
(077 771 0013; www.thekandysamadhicentre.com; Kukul Oya Rd, Kandy; i/d desde 95/120 US$;) Centro de ayurveda y yoga a 23 km de Kandy, con cabañas, habitaciones y pabellones esparcidos por una ladera arbolada, todos con tejidos asiáticos y camas con dosel. Se ofrecen caros paquetes que incluyen tratamientos y sesiones de yoga. La comida es vegetariana y de cultivo ecológico (cena 15 US$), y no se sirve alcohol.

De compras

Waruna Antiques ANTIGÜEDADES
(081-447 0925; www.warunaantique.com; 761 Peradeniya Rd; 9.00-18.00) Unos 2 km al suroeste del centro, esta embarullada tienda de antigüedades es un buen sitio para buscar máscaras antiguas, joyas, monedas, textiles, mapas y artesanía. Los precios son sensatos.

Cómo llegar y salir

Mucha gente alquila un *tuk-tuk* por un día para moverse por la zona; lo normal es pagar unas 3000 LKR desde el centro de Kandy. Un automóvil ronda las 6000 LKR/día; se recomienda Nishantha Maldeniya (p. 171).

Los autobuses circulan por las carreteras principales. Si se combina el transporte público con los desplazamientos a pie, será necesario pedir indicaciones de cuando en cuando y caminar mucho.

Cordillera Knuckles

Las montañas centrales de Sri Lanka se han incluido recientemente en la lista del Patrimonio Mundial por la Unesco, y esta escarpada y biodiversa cordillera forma parte de ellas. Este macizo comprende manchones de bosque montano y nebulosos, con buenas posibilidades para el senderismo y la observación de aves. Su nombre inglés, "nudillos", deriva del perfil de las montañas, que semejan un puño cerrado. Esta abrupta región aún es relativamente desconocida para los extranjeros, si bien figura como una de las mejores zonas de las tierras altas fuera las rutas turísticas más transitadas.

Los senderistas deben estar en buena forma, ir bien preparados y, algo casi imprescindible, contratar un guía que conozca la zona.

Los hoteles del lugar organizan excursiones guiadas. En Kandy, contáctese con Sri Lanka Trekking (p. 165). Para ir a los picos más altos es obligatorio llevar un guía e imprescindible disponer de un equipo impermeable resistente y protección contra las sanguijuelas. Para algo más ambicioso que una caminata de 2 h por las laderas, habrá que ser totalmente autosuficiente (equipo de acampada y comida incl.).

Las laderas de la cordillera Knuckles están salpicadas de pueblecitos y no existen restricciones para caminar por estos parajes. La parte alta del macizo, sin embargo, es zona protegida y hay que pagar una tasa de 650 LKR, que no se abona en la entrada, sino, en general, a través de un guía en una oficina del departamento forestal.

Dónde dormir y comer

En la zona hay excelentes alojamientos rústicos y hoteles-*boutique*. Varios establecimientos rodean el pueblo de Elkaduwa, que es una buena base para la cordillera Knuckles. Casi todos los hoteles y pensiones sirven comidas; por lo demás, la oferta de restauración es bastante limitada.

Green View HOTEL **$$**
(077 781 1881; bluehavtravels@gmail.com; Karagahinna, Elkaduwa; i/d incl. desayuno desde 2800/3600 LKR;) Hotel bien gestionado, con vistas espectaculares de un valle boscoso pero habitaciones que acusan un poco el paso del tiempo. El personal está encantado de acompañar a los huéspedes en paseos o caminatas de todo tipo. Previa reserva, pasan a recoger a Kandy.

★**Rangala House** HOTEL-BOUTIQUE **$$$**
(081-240 0294; www.rangalahouse.com; 92B Bobebila Rd, Makuldeniya, Teldeniya; i/d incl. media

pensión 171/235 US$, estudios desde 288 US$; 📶🏊) Situado a unos 1000 m de altura, este antiguo bungaló de un plantador de té goza de un clima benigno y a ratos hasta fresquito en una frondosa y empinada ladera rodeada de árboles de especias. Hay tres habitaciones dobles y un estudio para familias, además de el gran salón-comedor con chimenea y vistas del distante resplandor de Kandy.

Rangala organiza muy buenos circuitos de senderismo por la cordillera Knuckles.

Madulkelle Tea & Ecolodge HOTEL-BOUTIQUE **$$$**
(☎081-380 1052; www.madulkelle.com; pueblo de Madulkelle; d desde 268 US$; 📶🏊) Las lujosas tiendas de este lugar se dispersan por una frondosa ladera y están dotadas de camas cómodas, baños completamente equipados y escritorios de madera. Después de dar un paseo por la finca Madulkelle, aguarda la piscina de horizonte infinito, con vistas a los pliegues de las montañas y los verdes intensos de las plantaciones de té circundantes.

El edificio principal incluye el señorial salón-comedor, lleno de antigüedades y sillones de cuero junto a la chimenea. La carretera de acceso solo es transitable, por lo general, en vehículos de chasis alto.

Amaya Hunas Falls Hotel HOTEL **$$$**
(☎081-494 0320; www.amayaresorts.com; Elkaduwa; h/ste incl. desayuno desde 145/252 US$; ❄@📶🏊) En los límites de una plantación de té y huerto de especias, el hotel en sí es una alargada estructura de hormigón con poca gracia, pero rodeada de un paisaje impactante y con varios rincones memorables para disfrutar de una comida especial, como una terraza a orillas del lago, además de un bar tipo *pub* para tomarse unas copas.

Cómo llegar y salir

Las excursiones de senderismo a la cordillera Knuckles desde Kandy suelen incluir los traslados; en caso contrario, un *tuk-tuk*/taxi desde Kandy hasta Elkaduwa debería costar 900/1800 LKR. También se puede tomar un autobús hasta Wattegama (desde cerca de la torre del reloj de Kandy), y allí otro hasta Elkaduwa.

Kitulgala

☎036

Al oeste de la carretera que va de Kandy a Nuwara Eliya, Kitulgala es un conocido centro de deportes de aventura en medio de colinas bien arboladas. La mayoría de los visitantes son jóvenes de Colombo, pero los extranjeros ya empiezan a descubrir las posibilidades de *rafting* en aguas bravas, caminatas por la jungla, observación de aves y exploración de cuevas de la zona.

La fama del pueblo se cimenta en que David Lean filmó aquí su oscarizada película de 1957 *El puente sobre el río Kwai*, a orillas del Kelaniya Ganga, aunque apenas queda nada de lo construido para el rodaje.

A unos kilómetros de Kitulgala hay un gran **sistema de cuevas** donde se descubrieron restos humanos de 28 500 años de antigüedad. Muchos hoteles de la zona facilitan guías para visitarlo.

Puntos de interés

Del "puente sobre el río Kwai" solo quedan los cimientos de hormigón. Para llegar al lugar, hay que seguir los indicadores desde la carretera principal, aproximadamente a 1 km del Plantation Hotel en dirección al pico de Adán. Los aspirantes a guías intentarán mostrar el camino, pero no hace falta. Los vagones de tren utilizados en la película yacen ahora en el fondo del río, tras ser hundidos en su explosivo final. Para verlos se necesita llevar equipo de submarinismo.

Classic Car Museum MUSEO
(Plantation Hotel, 250 Kalukohuthanna; ⏲8.00-18.00) GRATIS Es más un garaje de hotel que un museo, pero su notable colección de automóviles clásicos está muy bien, y para echarle un vistazo basta con beber algo en el hotel. Entre los modelos expuestos, en su mayoría de la década de 1960, hay varios Rolls-Royce, Jaguar y uno de los primeros Mini Cooper.

Actividades

Observación de aves

Los bosques aledaños tienen fama de acoger 23 de las 27 especies autóctonas de aves de Sri Lanka. El Rafter's Retreat (p. 178) tiene los mejores guías. Medio día de observación de aves cuesta unas 2800 LKR.

'Rafting' en aguas bravas

Durante la elaboración de esta guía, el Kelaniya Ganga, el río que atraviesa Kitulgala, ofrecía las mejores condiciones para el *rafting* en aguas bravas del país. Sin embargo, la construcción de dos nuevas presas río arriba (está previsto que las obras concluyan en el 2019) alterará su curso y, en consecuencia, estas excursiones. Contáctese con el Rafter's Retreat (p. 178) o Borderlands (p. 178), para ponerse al corriente de la situación.

Por ahora, la excursión más habitual consiste en 7 km por siete rápidos de clase 2-3 y cuesta 30 US$/persona, transporte y almuerzo incluidos. Se está en el agua unas 2 h. Los más experimentados pueden optar, previo acuerdo, por rápidos más difíciles de clase 4-5. Algunos operadores combinan barranquismo y *rafting*.

La mayoría de los hoteles organiza salidas de *rafting* con más de una docena de operadores locales. Todos ofrecen paquetes bastante similares, pero no todos incluyen seguro; hay que informarse bien. **Xclusive Adventures** (☎072 456 9615; www.xclusive-adventures.com; Gingathhena Rd) tiene buena reputación y organiza *rafting* en aguas bravas (desde 20 US$), barranquismo, ciclismo de montaña y caminatas.

Senderismo

Las afiladas montañas que rodean Kitulgala, cubiertas de pluvisilva, son un territorio bastante fatigoso. Se necesita un guía, buen calzado, ropa impermeable y repelente de sanguijuelas. La mayoría de los hoteles facilita buenos guías; Channa Perera, del Rafter's Retreat, es el "hombre de la selva" con más experiencia de la zona y lo sabe todo de la fauna y flora locales. Una excursión de medio día cuesta 20 US$.

Dónde dormir y comer

La oferta de alojamientos en Sri Lanka no para de crecer, pero los precios son altos, con gran afluencia de visitantes de Colombo.

Breetas Garden HOTEL **$$**

(☎051-224 2020; www.breetasgarden.com; Kitulgala-Ginigathhena Rd; h 60 US$;) Esta reformada residencia de una plantación de té es hoy una pensión con restaurante y ocho habitaciones espaciosas y atrayentes, muchas de ellas con balcón privado. Las vistas de las montañas son impresionantes, como desde la piscina. Está 7 km al este de Kitulgala en la carretera a Hatton, con buenas caminatas por los alrededores.

★ **Royal River Resort** HOTEL-BOUTIQUE **$$$**

(☎011-273 2755; www.plantationgrouphotels.com; Eduru Ella; i/d incl. media pensión 11 500/13 900 LKR;) En la remota jungla, 6 km al norte de Kitulgala por una carretera accidentada, este aislado hotel ofrece cuatro casitas de madera construidas alrededor, sobre y dentro de una sucesión de peñascos y cascadas. Las habitaciones están agradablemente decoradas en estilo colonial y hay un restaurante y una piscina alimentada por un río.

Rafter's Retreat CABAÑAS **$$$**

(☎031-228 7598; www.raftersretreat.com; i/d incl. media pensión 75/90 US$;) Este antiguo bungaló colonial es el centro de operaciones de una agencia de *rafting* y observación de aves. Las 10 casitas ribereñas son sencillas, refrescadas con ventiladores. Basta con subir una persiana para ver el impetuoso río.

El restaurante ribereño, por donde también corre la brisa, es un lugar fabuloso para tomarse unas cervezas, y Channa, el jovial dueño, organiza circuitos y actividades.

Borderlands CAMPING **$$$**

(☎077 789 9836, Colombo 011-441 0110; www.discoverborderlands.com; junto al río, cerca de Kalukohuthanna; por persona incl. media pensión 66 US$;) Este campamento a orillas del río ofrece kayak, *rafting*, ciclismo, senderismo y otras actividades, todo coordinado por un grupo joven internacional y amante de la diversión. El alojamiento, aunque austero, sale bastante caro, con opciones entre cabañas abiertas por los lados o grandes tiendas con camas. En un pabellón independiente están los baños (limpios) y una agradable terraza-comedor. Los grupos de escolares invaden el lugar de vez en cuando.

Los paquetes con pensión completa y dos actividades cuestan 125 US$/persona.

Cómo llegar y salir

Es fácil parar en Kitulgala aunque se viaje en autobús. Desde Colombo, hay que tomar uno a Hatton y bajarse en Kitulgala (186 LKR). Pasado Kitulgala, para continuar hasta Hutton, párese un autobús en la carretera principal (72 LKR). Para Nuwara Eliya y Kandy, hay que cambiar en Hatton.

Pico de Adán (Sri Pada)

☎051 / ALT. 2243 M

Entre los preciosos parajes del sur de las tierras altas, este elevado pico ha desatado la imaginación durante siglos y ha sido destino de peregrinaje desde hace más de un milenio.

Se le conoce por distintos nombres: pico de Adán (el primer lugar que pisó Adán tras su expulsión del edén), Sri Pada ("Huella Sagrada", dejada por Buda en su camino hacia el paraíso) o Samanalakande ("montaña de las Mariposas", donde las mariposas van a morir). La leyenda atribuye la enorme "pisada" que corona el pico a santo Tomás, protoapóstol de la India, o incluso a Shiva.

La época de peregrinación empieza con la *poya* de diciembre y dura hasta la **fiesta del Vesak** en mayo. Durante estos meses, peregrinos y turistas suben por los incontables escalones hasta el templo de la cima. El resto del año, el templo suele estar tapado por las nubes y podría estar cerrado.

Actividades

Muchos ceilandeses y viajeros emprenden la subida a la cumbre sagrada del pico de Adán, de dificultad moderada, en Dalhousie.

En la época de peregrinación (dic-may), la ruta se ilumina con una resplandeciente guirnalda de luces visible en kilómetros a la redonda, cual sendero de estrellas que asciende a los cielos. En otros meses se necesitará una linterna.

Hay que llevar botas de montañismo (o calzado deportivo de calidad), ropa de abrigo y mucha agua. Durante la temporada de peregrinación, en el mercado de Dalhousie venden chaquetones y gorros. También se puede comprar equipamiento de montaña en el mercado de Nuwara Eliya o las tiendas de Ella.

La ascensión

Se puede empezar la subida de 7 km desde Dalhousie poco después de anochecer, en cuyo caso habrá que llevar un buen saco de dormir para pasar la noche en lo alto, o salir hacia las 2.00. Casi toda la subida son escalones (unos 5200), y en un día tranquilo se llega a la cima en 2½-4 h. Si se empieza a las 2.30, fácilmente se podrá estar arriba antes del amanecer, hacia las 6.30, excepto si es día de *poya* o fin de semana, cuando la multitud puede ralentizar horas el avance.

Desde el aparcamiento, la cuesta es gradual durante los primeros 30 min, se pasa por debajo del arco de entrada y después por la *dagoba* de la Amistad de Japón-Sri Lanka. La senda se vuelve más pronunciada hasta convertirse en un tramo continuo de escalones. Hay salones de té por toda la cuesta que abren toda la noche (menos numerosos fuera de temporada). Está prohibido el alcohol, el tabaco, la carne y la música grabada, para conservar un ambiente de veneración.

Muchos peregrinos prefieren realizar el camino más largo y fatigoso de 7 h (pero igual de bien señalizado e iluminado) desde Ratnapura por la Carney Estate, que es más meritorio.

Entre junio y noviembre, cuando el camino no está iluminado y hay menos gente, se recomienda ir, al menos, en pareja. Un guía cuesta unas 1000 LKR.

La cima

Arriba puede hacer frío, por lo que no vale la pena llegar mucho antes de que amanezca.

Al alba, la luz difusa descubre las tierras altas, que se alzan por el este, y a poniente, el declive del territorio hasta la costa. En días especialmente despejados se ve hasta Colombo, a 65 km de distancia.

Pero la montaña reserva su momento más mágico tras el amanecer, cuando el sol proyecta una sombra perfecta del pico sobre las nubes neblinosas que descienden hacia la costa. Conforme el sol asciende, este espectral triángulo de sombra corre hacia el pico hasta desvanecerse en su base.

Hay peregrinos que esperan a los sacerdotes para hacer una ofrenda matutina antes de iniciar el descenso, pero se recomienda no entretenerse mucho porque el sol y el calor aprietan en seguida.

El descenso

Mucha gente cree que bajar es lo más duro. Los inacabables escalones son una pesadilla para las rodillas y, si no se va bien calzado, los pies (ampollas incl.). Los bastones amortiguan el impacto. Llévese un sombrero porque el sol de la mañana puede apretar. Al final de la bajada hay que hacer estiramientos y tampoco estaría de más regalarse un masaje.

Dónde dormir y comer

Dalhousie es el mejor sitio para empezar la subida, pero los alojamientos son en conjunto bastante corrientes y caros.

Al entrar a Dalhousie, muchas de las pensiones quedan a la izquierda.

En Dalhousie también hay restaurantes sencillos y tiendas que venden tentempiés. La mayoría de las pensiones y hoteles ofrece comidas.

Dalhousie

Ayos Hill Hotel PENSIÓN $

(☎076 925 5998; Sri Pada Rd; h 2500-3800 LKR; 📶) Las habitaciones de este hotel a orillas del lago están bien cuidadas y tienen colchas de colores y baño. En el restaurante y tienda de té ofrecen buen té y comida sabrosa a precios ajustados. A los huéspedes se les facilitan bicicletas o transporte gratis hasta el punto de partida de la subida, a unos 4 km.

PEREGRINACIÓN EL DÍA DE 'POYA'

¿Subir al pico de Adán un día de *poya* (luna llena) o en fin de semana? ¡Adelante! Quizá termine por convertirse en una de las experiencias más memorables en Sri Lanka. Pero conviene saber que, la última vez que subió a la montaña, el autor de esta guía se quedó estancado durante casi 3 h a solo 800 m de la cima. La mayoría de los turistas que no estaban espiritualmente iluminados desistieron tras el extremadamente lento avance. Se sabe de algunos viajeros que han tardado más de 9 h en llegar a lo alto en un día de *poya*. Esto no quiere decir que la subida sea desaconsejable en esas fechas: en la montaña reina un ambiente festivo, las tiendas de té están a rebosar y todo es color y ruido; algunos peregrinos hinduistas incluso se visten de Shiva. Pero que nadie espere tener un momento silencioso de reflexión mientras el sol asoma por las montañas.

White House CABAÑA **$**

(☎077 791 2009; www.adamspeakwhitehouse.com; h incl. media pensión 3200-4800 LKR;) Aunque con una preciosa ubicación ribereña, junto a una poza con muchas hamacas y sillones, las habitaciones, desde sencillas hasta bastante elegantes, podrían estar más cuidadas, aunque todas tienen baño (con agua caliente) y sirven bien para pasar una o dos noches. El amable personal puede organizar paseos guiados por las plantaciones de té.

★ **Slightly Chilled** PENSIÓN **$$**

(☎052-205 5502, 071 909 8710; www.slightlychilled.tv; h incl. media pensión 45-70 US$; @) El mejor alojamiento de Dalhousie ofrece habitaciones espaciosas, cómodas y alegres con suelos de madera (muchas con vistas magníficas de Sri Pada) y un amplio restaurante. También alquilan bicicletas de montaña y facilitan mucha información sobre los senderos de la zona.

Punsisi Rest HOTEL **$$**

(☎051-492 0313; www.facebook.com/punsisirestadamspeak; h incl. desayuno desde 4200 LKR;) Conjunto, cada vez más grande, de habitaciones de hormigón con duchas de agua caliente. Para llegar a algunas hay que subir muchos escalones. En el restaurante sirven comida china y ceilandesa. Previa reserva, pasan a recoger gratis en la estación de trenes de Hatton. El wifi funciona a ratos.

Alrededores del pico de Adán

Tras la aventura del pico, la mayoría de la gente concede un descanso a sus doloridas piernas, y qué mejor lugar para hacerlo que alguno de los encantadores bungalós de las plantaciones de té que salpican los preciosos campos cercanos.

★ **Tea Trails** HOTEL HISTÓRICO **$$$**

(☎Colombo 011-774 5700; www.resplendentceylon.com/teatrails; Dikoya; i/d incl. pensión completa desde 453/582 US$;) Consta de cinco fastuosos bungalós de estilo colonial construidos para los administradores británicos de las plantaciones de té, todos renovados, con cuatro a seis dormitorios grandes, espaciosos comedores y salas de estar, más porches y jardines con vistas a los campos de té. El bungaló "Summerville" se emplaza sobre una lengua de tierra que penetra en el embalse de Castlereigh.

Los precios son con todo incluido, hasta el lavado de ropa. Un chef residente se ocupa de preparar las comidas (occidental y ceilandesa), y también se sirven bebidas alcohólicas, aparte de tés únicos. Se pueden emprender caminatas autoguiadas por las colinas de la zona, alfombradas de arbustos de té. Todos los bungalós están bien surtidos de libros. Tras la cena *gourmet,* paladear un *single malt whisky* junto a la chimenea del bungaló es una experiencia irrepetible.

The Farm Resorts HOTEL HISTÓRICO **$$$**

(☎051-222 3607; www.thefarmresorts.com; Norton Rd, Dikoya; casitas 66-132 US$;) Estas casitas de campo, con muebles atractivos y un toque de estilo, están bajo eucaliptos al borde del embalse de Castlereigh. El comedor es igual de precioso, y se puede conseguir un barquero para dar una vuelta por el lago.

Cómo llegar y salir

Un taxi/*tuk-tuk* de Hatton a Dalhousie cuesta 2600/1800 LKR. Las noches de peregrinación más concurridas, los atascos al atardecer en las carreteras a Dalhousie pueden demorar horas los últimos kilómetros, por lo que se recomienda salir lo antes posible.

AUTOBÚS

En temporada de peregrinación funcionan autobuses desde Kandy (estación de Goods Shed),

Nuwara Eliya y Colombo a Dalhousie. En otras épocas hay que ir primero a Hatton o a Maskeliya, a 20 km en la carretera Hatton-Dalhousie.

Durante todo el año se ofrecen servicios a Hatton desde Colombo (252 LKR), Kandy (116 LKR) o Nuwara Eliya (88 LKR), y también algunos directos desde Nuwara Eliya y Colombo hasta Maskeliya.

Los autobuses de Hatton a Dalhousie pasan por Maskeliya cada 30 min en la época de peregrinación (80 LKR, 2 h). Si no, hay que tomar un autobús de Hatton a Maskeliya (42 LKR, último aprox. 18.00) y allí cambiar a otro hasta Dalhousie (38 LKR, último aprox. 19.00).

Fuera de los meses de peregrinación, los autobuses pueden dejar en la plaza principal de Dalhousie, pero en temporada paran donde encuentran sitio.

TREN

Hatton es la estación más próxima a Dalhousie. Los cinco servicios diarios entre Colombo y Nanu Oya pasan por Kandy y Hatton. Desde Kandy, los billetes cuestan 163/98 LKR (2/3ª clase) y el viaje dura 2½-3 h. Los retrasos son habituales en esta línea, sobre todo los fines de semana en la época de peregrinación.

Desde Nanu Oya, los billetes cuestan 60/30 LKR (2/3ª clase) y el viaje dura 1½-2 h. La reserva anticipada en cualquiera de estas clases cuesta 600 LKR y un asiento en el vagón mirador en cualquier sentido, 1000 LKR.

De Kandy a Nuwara Eliya

La carretera de Kandy a Nuwara Eliya se eleva hasta casi 1400 m y serpentea por plantaciones de té y embalses. Sus 92 km asfaltados permiten realizar múltiples paradas en cascadas y tiendas de té.

El **embalse de Kothmale** (o de Puna Oya) que se ve por el camino forma parte del Proyecto de Urbanización de Mahaweli, denunciado por "irregularidades climáticas por algunos lugareños. La **cascada de Ramboda** (108 m), a 1,5 km de la carretera, es un espectacular salto doble.

Al aproximarse a Nuwara Eliya, la carretera sube más abruptamente y pasa por varias fincas de té y, después, por puestos de verduras y flores.

Puntos de interés

Blue Field Tea Estate FÁBRICA
(www.bluefieldteagardens.com; ⌚8.00-16.00 lu-sa) GRATIS Extensa plantación de té 20 km al norte de Nuwara Eliya con un restaurante pasable. Los circuitos son cortos y los domingos no se procesa té.

Glenloch Tea Estate FÁBRICA
(☎052-225 9646; A5 Hwy, Katukithula; ⌚8.00-16.45) GRATIS Los circuitos por esta fábrica, unos 27 km al norte de Nuwara Eliya, explican el cultivo del té, sus variedades y los procesos de secado y empaquetado. Todavía funcionan algunas máquinas antiguas traídas del Reino Unido. A diferencia de muchas fábricas de té, en esta se permite hacer fotografías.

Mackwoods Labookellie Tea Factory FÁBRICA
(www.mackwoods.com; A5 Hwy; ⌚8.00-17.15) GRATIS En la A5, 11 km al noroeste de Nuwara Eliya, esta fábrica de té está junto a la carretera. Los circuitos son muy breves pero incluyen una taza de té gratis. Téngase presente, no obstante, que en temporada alta el lugar puede estar abarrotado. Hay una cafetería y se venden tés de calidad a buen precio.

Dónde dormir y comer

A lo largo de la ruta hay unos cuantos hoteles, pero la oferta es mucho más amplia en Kandy o Nuwara Eliya. Al borde de la carretera se ven también restaurantes, y algunas plantaciones tienen cafetería.

Ecolanka HOTEL $$$
(☎051-223 3133; www.ecolanka.com; Maussawa Estate, Pundaluoya; i/d desde 42/60 LKR, casitas 90 LKR; 📶) En un paraje remoto, 28 km al norte de Nuwara Eliya, este rústico alojamiento es el sitio más indicado para desconectar de todo, calzarse las botas y echar a caminar por los senderos cercanos. Algunas habitaciones comparten baño, o bien se puede reservar la casita de lujo para más confort. Las vistas de las colinas del centro de Sri Lanka son maravillosas, y sirven buena y nutritiva comida.

Cómo llegar y salir

Una línea de autobús (regular/exprés 250/180 LKR, 3½ h) conecta Kandy con Nuwara Eliya aproximadamente cada 45 min.

Nuwara Eliya

☎052 / 26 120 HAB. / ALT. 1889 M

Denominada con frecuencia la "Pequeña Inglaterra", esta refinada comunidad de montaña presenta el vago tinte rosáceo de los pueblos de la campiña británica, con sus bungalós de la época colonial, hoteles de ma-

Nuwara Eliya

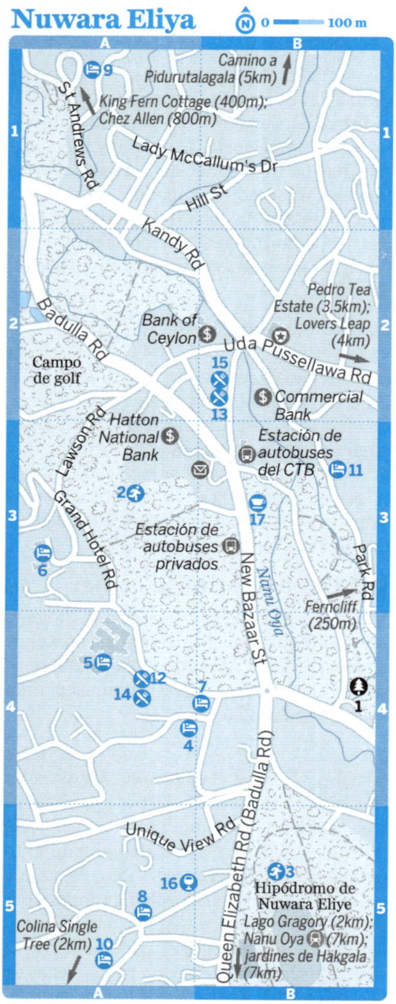

Nuwara Eliya

Puntos de interés
1 Parque Victoria B4

Actividades, cursos y circuitos
2 Nuwara Eliya Golf Club A3
3 Royal Turf Club B5

Dónde dormir
4 Ceybank Rest A4
5 Grand Hotel A4
6 Hill Club A3
7 Hotel Glendower B4
8 Single Tree Hotel A5
9 St Andrew's Hotel A1
10 Teabush Hotel A5
11 Trevene B3

Dónde comer
12 Coffee Bar A4
13 De Silva Food Centre B2
14 Grand Indian A4
High Tea at the Grand .... (véase 5)
Hill Club .... (véase 6)
King Prawn Restaurant .... (véase 7)
15 Milano Restaurant B2
Nuwara Eliya Golf Club Dining Room .... (véase 2)

Dónde beber y vida nocturna
16 Lakeview Pub A5
17 Victoria Restaurant B3

neras Tudor, setos impecablemente podados y bonitos jardines. De hecho, Nuwara Eliya fue en su día el lugar preferido para sus escapadas a climas más frescos por los pioneros ingleses y escoceses de la industria del té en Sri Lanka, gente muy trabajadora y bebedora.

El reciente *boom* de la construcción ha deslucido un poco lo idílico del cuadro, y el bullicioso centro de la ciudad ya es la típica maraña urbana del país; pero Nuwara Eliya aún es un buen destino para relajarse unos días, con pintorescas plantaciones de té, huertos de verduras y escarpadas montañas.

Todo invita a pasar una noche en uno de los hoteles coloniales del lugar, completar una ronda de golf o echarse unas partidas de billar y empaparse del ambiente.

Un tiempo lluvioso y neblinoso de montaña cubre la localidad de noviembre a febrero. Pero en abril la primavera libera a Nuwara Eliya, que se llena de veraneantes nacionales para disfrutar de las carreras de caballos y las subidas a la montaña en automóviles deportivos y celebrar el año nuevo ceilandés, cuando el precio de los alojamientos se dispara, y Nuwara Eliya se colapsa.

Historia

Inicialmente un conjunto intacto de bosques y prados a la sombra del Pidurutalagala (monte de Pedro, 2524 m), Nuwara Eliya se convirtió en un invento 100% británico, 'descubierto' por el administrador colonial John Davy en 1819 y elegido como lugar para un sanatorio mental una década más tarde.

Con posterioridad el distrito pasó a conocerse como un lugar donde podía prosperar el cultivo de verduras y frutas como lechugas y fresas, para consumo de los colonos. Primero se probó con el café, pero los cafetos de la isla enfermaron y los colonos los sustituyeron por té. Las primeras hojas de té cultivadas en Sri Lanka se plantaron en Loolecondera, en las montañas entre Nuwara Eliya y Kandy. Como los experimentos con el té resultaron exitosos, la ciudad se convirtió rápidamente en la "capital del té" de las tierras altas, título que aún conserva.

Al igual que en el resto de la región, la mayoría de los trabajadores de las plantaciones eran tamiles, traídos del sur de la India por los británicos. Aunque los descendientes de estos "tamiles de plantación" (llamados así para distinguirlos de los tamiles del norte de Sri Lanka) se hayan mantenido siempre al margen de los conflictos étnicos que han azotado Jaffna y el norte, se ha producido algún enfrentamiento entre los cingaleses locales y ellos. Nuwara Eliya fue parcialmente saqueada durante las matanzas de 1983.

En la cercana Hakgala vive un número considerable de musulmanes, pero los conflictos internos no son ningún problema.

Puntos de interés

Parque Victoria PARQUE

(300 LKR; ⏲7.00-18.00) Uno de los parques urbanos más hermosos y mejor cuidados del país, con numerosos senderos. Céntrico, el lugar se cubre de flores de marzo a mayo, y en agosto y septiembre. Además es el hábitat de numerosas especies de aves de las tierras altas, como el papamoscas de Cachemira, la pita india y el carbonero gris.

Parque Nacional de la Tierra de Galway PARQUE NACIONAL

(Hawaeliya; 10 US$ más tasa 15%; ⏲6.00-17.00) Este tupido bosque de montaña, situado un par de kilómetros al este de la localidad, es uno de los parques nacionales más nuevos (2006) y más pequeños (29 Ha) del país. Es famoso por su avifauna, con 10 especies endémicas ceilandesas, y por sus búfalos, jabalíes, muntíacos y otros mamíferos. Se facilita muy poca información, pero se puede solicitar los servicios de un guía (con donativo) en las oficinas del parque, de donde también arranca un sendero de 2 km.

Alrededores de Nuwara Eliya

Jardines Hakgala JARDINES

(adultos/niños LKR1500/750; ⏲7.30-17.30) Localizados 10 km al sureste de Nuwara Eliya, estos jardines son un oasis de paz con rosaleda, jardín japonés, una colección de orquídeas, cedros y gigantescos cipreses, aunque a los extranjeros les sale muy cara la entrada. En la temporada de plantación (enero-fin mar), no presentan su mejor aspecto. Para llegar, vale cualquier autobús que vaya a Welimada (22 LKR, 20 min).

Templo de Seetha Amman TEMPLO HINDÚ

(A5 Hwy, Sita Eliya) GRATIS Cuentan que este templo hinduista, 7 km al sureste de Nuwara Eliya, señala el lugar donde Sita permaneció cautiva por el rey de los demonios, Rawana, y donde rezaba a diario para que Rama la rescatara. En la pared de piedra, al otro lado del arroyo, hay unos surcos circulares que, supuestamente, son las pisadas del elefante de Rawana.

Salto de los Enamorados MIRADOR

Desde la Pedro Tea Estate (p. 184), un agradable paseo de 5 km (ida y vuelta) lleva hasta el salto de los Enamorados (Lovers Leap), una impresionante cascada.

Desde la fábrica de té, se cruza la calle principal y se siguen las señales hasta el bungaló del director de la plantación en el camino de tierra. En el primer cruce se toma a la izquierda y, en la primera trifurcación, el camino del medio hasta llegar a un aparcamiento de tierra (15 min). Una pista peatonal enfila hacia la izquierda entre jardines de té hacia el bosque y una pared de piedra. Hay que seguir esta senda y, pasado el pequeño santuario dedicado a Shiva, se verá la cascada.

Actividades

El Grand Hotel (p. 185), el St Andrew's Hotel (p. 185), Hill Club (p. 185) y el Hotel Glendower (p. 186) tienen salas de *snooker* (billar inglés), y el Hill Club, además, cuatro canchas de tenis de tierra batida.

Nuwara Eliya Golf Club GOLF

(☎052-223 2835; www.nuwaraeliyagolfclub.com; tarifa campo 5900-7200 LKR, club y alquiler de zapatos 2500 LKR; ⏲6.00-18.00) Los cultivadores de té no tardaron mucho en reservar parte de este paraje natural para sus *drives* y *putts*, en concreto en 1889. El campo está muy bien cuidado y tiene una manada de soñolientos perros que custodia los *greens*. Cuidado con los cuervos, que birlan las pelotas.

Los clientes ocasionales pagan 500 LKR/día. Como pasa con la mayoría de los clubes de golf, hay que vestir según el protocolo (polo y pantalón corto pero de medidas "de-

MERECE LA PENA

PEDRO TEA ESTATE

Vale la pena visitar la **Pedro Tea Estate** (200 LKR; ⌚8.00-11.00 y 14.00-16.00), enclavada unos 3,5 km al este de Nuwara Eliya de camino a Kandapola, y apuntarse a un circuito guiado de 20 min por la fábrica, construida en 1885 y todavía repleta de maquinaria del s. XIX. Sin embargo, debido al tipo de té que se procesa aquí (muy ligero), solo se trabaja por la noche, cuando hace más fresco, así que probablemente se verá poca actividad.

Hay un agradable salón de té con vistas a las plantaciones. Está prohibido sacar fotografías del interior.

Un *tuk-tuk* desde Nuwara Eliya debería costar 450 LKR (ida y vuelta), espera incluida. También se puede tomar un autobús que vaya a Ragalla (15 LKR) desde la estación principal de Nuwara Eliya.

centes"). El club tiene un bar con paneles de madera y una sala de billar. La cena en el **comedor** (☎052-222 2835; www.nuwara-eliya-golf-club-nuwara-eliya-sri-lanka.en.ww.lk; Nuwara Eliya Golf Club; comidas desde 850 LKR; ⌚12.00-15.00 y 18.30-21.00) incluye cocina inglesa clásica algo insulsa (chuletas de cordero con salsa de menta) y cada vez más platos asiáticos.

Royal Turf Club PASEOS A CABALLO

(☎077 030 9090; www.royalturfclub.com; hipódromo; entradas desde 100 LKR) Las carreras de caballos del Royal Turf Club se disputan en el hipódromo de Nuwara Eliya, de 1875. El evento más importante del año es la Copa del Gobernador, que se celebra en abril durante la temporada del Año Nuevo cingalés y tamil.

Ciclismo

Desde la periferia de la ciudad parten empinados caminos que se adentran en las montañas. Pregúntese en el Single Tree Hotel por el alquiler de bicicletas de montaña (p. 185). Una salida de un día es un desafío relativo pero un espectáculo innegable por las verdes plantaciones de té hasta la Labookellie Tea Factory (p. 181). Hay que subir algunas montañas, pero la recompensa de bajarlas en picado merece la pena.

Senderismo

El monte más alto de Sri Lanka, el **Pidurutalagala** (2524 m), conocido también como monte de Pedro, se alza por detrás de la ciudad, coronado por el principal repetidor de televisión de la isla. El acceso a la cumbre está prohibido a los extranjeros; se puede subir unos 4 km, hasta un depósito de agua de hormigón, pero desde allí es zona de alta seguridad. De Keena Rd parte un sendero que pasa por un desfiladero y atraviesa un bosque de eucaliptos (la fuente de leña de Nuwara Eliya) que se adentra en un insólito bosque nebuloso.

Una alternativa es la ascensión a la **colina Single Tree** (2100 m), una ruta de 3 h (ida y vuelta). Hay que ir hacia el sur por Queen Elizabeth Rd, subir por la Haddon Hill Rd hasta la torre de comunicaciones, como mucho, para luego tomar la senda que queda a mano izquierda. Las pensiones facilitan un mapa rudimentario.

Para caminatas más largas, pregúntese en el Single Tree Hotel. La mayoría de las caminatas guiadas por estas montañas cuesta ente 3000 y 5000 LKR. El personal puede organizar excursiones más largas con acampada.

Circuitos

Casi todos los hoteles de la ciudad organizan excursiones de un día en mototaxi, automóvil o todoterreno al Parque Nacional de las Llanuras de Horton (p. 188). El precio habitual para hasta cinco pasajeros ronda las 4000 LKR (tasas del parque aparte). Uno de los mejores circuitos en todoterreno lo organiza el Single Tree Hotel, que está a 1 h en automóvil de la entrada a la reserva.

El Single Tree Hotel programa además excursiones a la Pedro Tea Estate y el salto de los Enamorados (p. 183) por 1500 LKR. Para una experiencia única, se recomienda apuntarse a su excursión de un día por las cascadas (3500-9000 LKR), que abarca entre 6 y 18 cascadas y dos plantaciones de té.

Dónde dormir

Alojarse en un hotel de estilo colonial es una de las experiencias más inolvidables de Sri Lanka. A pesar de ello, la relación calidad-precio no es muy ventajosa, y además los precios se disparan para el Año Nuevo ceilandés (abr). Algunos hoteles encienden las chimeneas en las noches frías. Las pensiones para mochileros escasean.

Chez Allen PENSIÓN $$

(☎052-222 2581; 45/B St Andrew's Rd; h desde 4500 LKR; 📶) Con aire de chalé alpino, esta bonita casa en una ladera brinda vistas magníficas desde sus balcones y habitaciones de ambiente hogareño. La comida es sabrosa y recién preparada. Está 3 km al norte de la ciudad, a una carrera en *tuk-tuk* de unas 300 LKR.

Trevene HOTEL HISTÓRICO **$$**
(☎052-222 2767, 072 230 4220; www.hoteltrevenenuwaraeliya.com; 17 Park Rd; h incl. desayuno 4000-8000 LKR; 📶) Agradable villa colonial rodeada de jardines en flor y llena de rinconcitos en los que acurrucarse con un libro cuando llueva. Las habitaciones son de lo más variado, por lo que se recomienda echar un vistazo a unas cuantas: algunas tienen techos altos, paneles de madera y chimenea, pero otras parecen viejas. Si se llama con tiempo, pasan a recoger en el centro de la ciudad.

Single Tree Hotel PENSIÓN **$$**
(☎052-222 3009; singletreehtl@sltnet.lk; 178 Haddon Hill Rd; i/d/tr 30/35/40 US$; 📶) Esta pensión con gran afluencia de viajeros se reparte entre dos edificios contiguos con un ambiente de camaradería y un personal amable. Las habitaciones, algunas con muchas molduras de madera, son un poco caras y solo funcionales, pero la ropa de cama es nueva y todo está limpio. Los dueños organizan muchos circuitos interesantes por la región y alquilan bicicletas (medio día/un día 1000/1500 LKR) y escúteres.

Ceybank Rest HOTEL HISTÓRICO **$$**
(☎052-222 3855; www.ceybank-rest-nuwaraeliya-sri-lanka.en.ww.lk; 119 Badulla Rd; i/d incl. desayuno 8600/9800 LKR; 📶) Además de unos jardines espléndidos, la que fuera en su día la mansión del gobernador británico tiene un precioso salón y un magnífico bar antiguo. Las habitaciones, aunque espaciosas, se notan algo dejadas, con moquetas gastadas y cortinas de baratillo.

King Fern Cottage PENSIÓN **$$**
(☎077 358 6284; www.kingferncottage.com; 203/1A St Andrews Rd; h 3200-6500 LKR; @📶) Con colores chocantes, colchas chillonas, enormes camas y mesas de troncos, el King Fern será la pesadilla de cualquier minimalista. Sin embargo, en conjunto funciona, y el marco es bonito, en un pabellón de madera junto a un arroyo. Si se llama antes, pasan a recoger gratis en la estación de Nanu Oya.

★ **Ferncliff** HOTEL-BOUTIQUE **$$$**
(☎072 231 9443; www.ferncliff.lk; 7/10 Wedderburn Rd; h incl. desayuno 182 US$; 📶) Entre vastos jardines, este bungaló colonial parece como salido de una obra teatral de época: incluso los empleados, que van de acá para allá de punta en blanco, interpretan sus papeles a la perfección. Solo hay cuatro habitaciones amplias, todas con baños a la última, y en la sala de estar, con chimenea, se está en la gloria. Por su parte, las comidas son deliciosas y generosas.

Grand Hotel HOTEL PATRIMONIAL **$$$**
(☎052-222 2881; www.tangerinehotels.com; Grand Hotel Rd; h/ste incl. desayuno desde 222/277 US$; ❄@📶) Enorme edificio de falso estilo Tudor con impecables extensiones de césped, salón de lectura y una magnífica terraza-restaurante parcialmente abierta. Las habitaciones son confortables y están bien equipadas, pero carecen de la personalidad de otros hoteles similares de Nuwara Eliya, quizá porque en gran parte es una ampliación. Las instalaciones son buenas, con gimnasio y un salón de *snooker* panelado.

Hill Club HOTEL PATRIMONIAL **$$$**
(☎052-222 2653; www.hillclubsrilanka.lk; 29 Grand Hotel Rd; h incl. desayuno 160-180 US$; @📶) Juzgadas solo con criterios de relación calidad-precio, las habitaciones de este prototípico hotel colonial no dan la talla; sin embargo, la estancia aquí aún es para muchos viajeros la experiencia más memorable de su paso por Sri Lanka. Este es un lugar magnífico para jugar al billar, pasear por el césped, admirar el exterior revestido de piedra, tomar un *gin-tonic* en el bar y empaparse de una atmósfera única.

St Andrew's Hotel HOTEL PATRIMONIAL **$$$**
(☎052-222 3031; www.jetwinghotels.com; 10 St Andrews Rd; h incl. desayuno 139-198 US$; 📶) Al norte de la ciudad sobre un altozano con vistas al campo de golf, esta imponente residencia colonial fue antaño un club de plantadores. Renovado con esmero y eficazmente administrado por el grupo Jetwing, este lujoso hotel tiene añadidos como una coctelería con vidrieras, una biblioteca repleta de libros polvorientos con chimenea, un sala de billar y un restaurante aceptable.

Teabush Hotel HOTEL HISTÓRICO **$$$**
(☎052-222 2345; www.teabush-hotel.com; 29 Haddon Hill Rd; i/d incl. desayuno desde 95/125 US$; 📶) No cabe duda de que este bungaló de plantador con 140 años de existencia rezuma personalidad, pero el encanto histórico de los espacios públicos se atenúa por la relativa

sosería de las habitaciones. Eso sí, las vistas desde el restaurante son soberbias.

Hotel Glendower HOTEL HISTÓRICO **$$$**
(052-222 2501; www.hotelglendower.com; 5 Grand Hotel Rd; h/ste incl. desayuno 90/110 US$;) Este caserón colonial rezuma encanto inglés añejo (en su versión surasiática) por obra y gracia de su fantástico bar, salón, sala de billar y jardín (juego de *cróquet* incl.); sin embargo, las habitaciones, con moquetas parcheadas e instalaciones algo anticuadas, necesitan un buen remozado.

Alrededores de Nuwara Eliya

Entre las fincas de té de los alrededores de Nuwara Eliya hay un par de alojamientos fabulosos, ideales si se dispone de transporte propio.

★**Highest Village Bungalow** PENSIÓN **$**
(052-205 1938, 077 617 1208; highestvillagebungalow@yahoo.com; 222 School Rd, Shanthipura; h 3000 LKR;) Encantadora pensión atendida por una familia muy hospitalaria en plena montaña, en un pueblo que pasa por ser el más alto de Sri Lanka. Tiene bonitas vistas, agradables paseos por los alrededores, comida excelente y habitaciones limpias. Si se llama antes, pasan a recoger gratis en el centro de la ciudad.

★**Heritance Tea Factory** HOTEL-BOUTIQUE **$$$**
(052-555 5000; www.heritancehotels.com; Kandapola; h incl. desayuno desde 188 US$;) Encaramado a las neblinosas montañas 13 km al este de Nuwara Eliya, este lugar único ocupa una centenaria fábrica de té. A caballo entre un museo y un hotel de lujo, buena parte de la maquinaria de la fábrica se ha integrado en el complejo. Las habitaciones son señoriales y lujosas, todas con calefacción, y el servicio es de primera.

Las comidas de los dos restaurantes, uno en un vagón de un antiguo tren de vapor, son de las mejores por estas altitudes, con normas sobre el atuendo bastante estrictas para la cena.

Langdale CASA PARTICULAR **$$$**
(052-492 4959; www.amayaresorts.com; Radetta, Nanu Oya; i/d incl. desayuno 170/180 US$;) El sumun del lujo para estancias en una 'casa particular' la ofrece esta propuesta de la cadena Amaya, una reformada casa colonial situada, cómo no, en una finca de té, 11 km al oeste de Nuwara. El servicio es de nivel, y hay una pista de tenis de hierba y un campo de *cróquet*.

DE PRIMERA MANO

FRESAS

Unos 11 km al oeste de Nuwara Eliya, en la carretera de Hatton, está el pueblo de Radella, donde se halla la tienda y café de la **Somerset Farm** (052-567 5550; Somerset Radella; tentempiés desde 250 LKR; 7.30-17.30), que vende fresas, mermeladas y té. Hay algunas mesas fuera para probar estas exquisiteces.

Dónde comer

La oferta sorprende por lo limitada. Hay establecimientos baratos en el centro de la ciudad, pero para cenar lo mejor es la propia pensión o los restaurantes de los hoteles de más postín.

De Silva Food Centre CEILANDESA **$**
(90 New Bazaar St; principales 200-660 LKR; 8.00-21.00) Situado en una calle muy concurrida, en este restaurante económico sirven platos de arroz frito al estilo ceilandés y chino. Unos cuanto *roti* vegetarianos valen como almuerzo ligero, mientras que el arroz con curri (solo almuerzo) cuesta desde 250 LKR.

Milano Restaurant CEILANDESA **$**
(94 New Bazaar St; comidas 180-500 LKR; 7.30-22.00) Aunque con instalaciones anticuadas, el servicio es muy atento y la carta incluye platos ceilandeses, chinos y occidentales, además de tentempiés muy baratos como panecillos con champiñones (cada uno 30 LKR) en un mostrador de la planta baja.

Coffee Bar CAFÉ **$$**
(http://tangerinehotels.com; Grand Hotel Rd; tentempiés desde 200 LKR; 7.00-19.00;) Este pequeño y moderno café en la entrada del Grand Hotel es perfecto para tartas y café exprés; los tentempiés (*samosas* y pasteles) pueden estar un poco secos.

King Prawn Restaurant CHINA **$$**
(Hotel Glendower, 5 Grand Hotel Rd; principales 500-900 LKR; 12.00-14.00 y 18.00-22.00;) Cocina con debilidad por las influencias chinas, servida en un comedor más propio de la Inglaterra de la década de 1930, con una amplia oferta de pescado y marisco. Sin ser una experiencia inolvidable, al menos supone

un buen cambio respecto al arroz con curri. Cuidado con los impuestos adicionales a la hora de pagar.

★Hill Club INTERNACIONAL $$$
(☎052-222 2653; 29 Grand Hotel Rd; menú 25 US$; ⏲19.00-22.30) La carta recrea platos tradicionales ingleses como *roast beef* con todos sus aditamentos y los pudines de rigor, que distan mucho del refinamiento culinario, todo impregnado de un marchito estilo colonial. Para la cena se exige atuendo formal.

★Grand Indian INDIA $$$
(http://grandhotel.tangerinehotels.com; Grand Hotel Rd; principales 600-1300 LKR; ⏲12.00-15.00 y 18.30-22.00; 📶) Con mucha diferencia, el restaurante predilecto de la ciudad, tanto que por la noche es normal tener que esperar mesa. La comida es del norte de la India, contundente y deliciosa; se recomienda el *palek paneer* (puré de espinacas con queso fresco) o el pollo *tandoori*.

★High Tea at the Grand CAFÉ $$$
(☎052-222 2881; www.tangerinehotels.com; Grand Hotel, Grand Hotel Rd; té 1250 LKR; ⏲15.30-18.00) El té-merienda se sirve fuera, en el césped, o en el salón de té, abierto por los lados: a las 15.30 en punto, los camareros con libreas blancas destapan un copioso bufé de sándwiches de esmerada presentación que se toman con una amplia variedad de tés.

Indian Summer INDIA $$$
(☎052-222 4511; www.indiansummerlk.com; Badulla Rd; comidas desde 750 LKR; ⏲10.00-22.00; 📶) El cartel reza "cocina de fusión", pero este fino restaurante con vistas al lago destaca sobre todo por sus auténticos curris del norte de la India. Es un poco caro, pero el servicio es bueno, todo sabe auténtico y el local es cómodo. No sirven alcohol.

Dónde beber y vida nocturna

Los bares de varios hoteles coloniales como el Hill Club (p. 185) y el Glendower (p. 186) son perfectos para tomarse un *gin-tonic* por la tarde. Además, el mejor té-merienda de la ciudad se sirve en el Grand.

Victoria Restaurant CAFÉ
(fuera de New Bazaar St, parque Victoria; ⏲7.00-19.00) Un lugar relajante para tomar un té o un café (hay muchas variedades) por la tarde, perfecto tras un paseo por el parque Victoria. También preparan comidas sencillas (300 LKR), con vistas privilegiadas del parque, aunque con bastante ruido de la carretera.

Lakeview Pub BAR
(Alpine Hotel, 4 Haddon Hill Rd; ⏲16.00-hasta tarde; 📶) Con paredes forradas de madera y amables camareros, este es un local muy concurrido, con billares, dardos y una terraza con vistas (lejanas) del lago.

Información

Bancos con cajero automático y cambio de divisas:

Bank of Ceylon (Lawson Rd; ⏲8.30-18.00 lu-vi, 9.00-13.30 do)

Commercial Bank (Park Rd; ⏲9.00-15.00 lu-vi)

Hatton National Bank (Badulla Rd; ⏲8.00-15.00 lu-vi)

Policía (Jayathilaka Mawatha) Céntrico.

Oficina de correos (Badulla Rd; ⏲8.00-16.30 do-vi) En el centro.

Cómo llegar y salir

AVIÓN

Cinnamon Air (plano p. 70; ☎011-247 5475; www.cinnamonair.com) Dos vuelos semanales (153 US$, 30 min) a/desde Colombo.

AUTOBÚS

La **estación de autobuses del CTB** (cerca de New Bazaar St) está junto a la rotonda principal en el centro de la ciudad. La **estación de autobuses privados** (New Bazaar St) queda calle arriba. Hay servicios a/desde los siguientes destinos:

Colombo (normal 240 LKR, exprés interurbano 480 LKR; 6 h; cada 45 min)

Ella (150 LKR; 3 h; 4 diarios)

Haputale (116 LKR; 2 h; 3 diarios)

Hatton (102 LKR; 2 h; 7 diarios)

Kandy (normal 180 LKR, exprés interurbano 250 LKR; 3½ h; cada 30min)

Matara (360 LKR; 7-8 h; 2 salidas por la mañana)

Welimada (56 LKR; 1 h; cada 30 min)

TREN

La estación de Nuwara Eliya está en Nanu Oya, a 9 km por la carretera de Hatton y Colombo. La mayoría de los alojamientos de Nuwara Eliya pasan a recoger (normalmente gratis) a la estación, previo aviso; un taxi/*tuk-tuk* costará unas 800/450 LKR.

Un asiento en un vagón mirador de 1ª clase cuesta 1000 LKR, sin importar dónde se suba o se baje. Los pocos asientos de esta clase están muy buscados, por lo que se recomienda reservar cuanto antes. No todos los trenes tienen vagones de 1ª clase. Un asiento reservado en 2ª clase cuesta 600 LKR a cualquier punto entre Kandy y Badulla.

Badulla (2/3ª clase 140/80 LKR; 3¼-5 h; 5 diarios)

Bandarawela (2/3ª clase 90/50 LKR; 2-3 h; 5 diarios)

Colombo (2/3ª clase 450/270 LKR; 6-7½ h; 4 diarios)

Ella (2/3ª clase 110/60 LKR; 2½-3 h; 5 diarios)

Haputale (2/3ª clase 80/40 LKR; 1½ h; 5 diarios)

Hatton (2/3ª clase 60/30 LKR; 1½ h; 6 diarios)

Kandy (2/3ª clase 160/90 LKR; 4-5 h; 4 diarios)

Parque Nacional de las Llanuras de Horton y el Fin del Mundo

Las llanuras de Horton son una hermosa altiplanicie de desnuda y espectral belleza, muy visitada por senderistas, que acaba en el mítico mirador del Fin del Mundo (World's End). Desde las tierras altas del centro, la carretera que pasa por el parque nacional es una ruta absolutamente espectacular.

Puntos de interés

★Parque Nacional de las Llanuras de Horton — PARQUE NACIONAL

(adultos/niños 15/8 US$, todoterreno/automóvil 250/125 LKR, cargo por grupo 8 US$, más tasas 15%; ⌚6.00-18.00) Atravesada por senderos excelentes, esta llanura se extiende a la doble sombra del segundo y el tercer monte más altos de Sri Lanka, el Kirigalpotta (2395 m) y el Totapola (2357 m). Las 'llanuras' forman una altiplanicie ondulante a más de 2000 m de altitud, tapizada por hierba silvestre con intervalos de bosque tupido, salientes de roca, delicadas cascadas y lagos inmersos en la niebla. Un paisaje sorprendentemente tan diverso depara una fauna (p. 189) también de lo más variada, aunque muchos animales grandes son muy escurridizos. Los aficionados a las aves quedarán igualmente bien recompensados.

★Fin del Mundo — MIRADOR

La altiplanicie de Horton termina abruptamente en el Fin del Mundo (World's End), un formidable tajo de 880 m. La caminata hasta aquí es de 4 km; después, el sendero regresa por la cascada del Panadero (Baker's Falls; 2 km) y continúa hasta el principio (otros 3,5 km). La excursión (9,5 km ida y vuelta) lleva unas 3 h de lo más agradables. De no llegar muy pronto, entre 6.00 y 9.00, la niebla suele tapar las vistas desde el Fin del Mundo, sobre todo durante la estación lluviosa (abr-sep). Pasadas las 9.00 solo se verá una turbulenta pared blanca. Dichas vistas se componen de pueblos en miniatura entre las plantaciones de té del valle y una panorámica, exenta de obstáculos, de la costa, hacia el sur.

Los domingos y festivos se debería evitar emprender esta ruta, pues hay mucha gente.

Los guías de la oficina del parque nacional cobran unas 800 LKR. Los voluntarios no fijan un precio pero esperan una cantidad similar. Los hay muy bien informados sobre la flora y fauna del lugar; las viajeras en solitario deberían contratar uno por seguridad. **Nimal Herath** (☎077 618 9842; hrthnimal@gmail.com) y **Kaneel Rajanayeka** (☎077 215 9583; nuwaraeliyatrekkingclub@hotmail.com), Raja para los amigos, son dos guías tremendamente entusiastas que se conocen al dedillo la zona. Ambos trabajan como guías y conductores de todoterreno a través del Single Tree Hotel (p. 185) de Nuwara Eliya, pero también se les puede contratar directamente.

Hay que llevar calzado cómodo y resistente, un sombrero y gafas de sol, además de protección solar, comida y agua. En la pensión se puede pedir el desayuno para llevar. Arriba el tiempo puede cambiar en un momento: puede ser soleado y claro y al minuto refrescar y cubrirse de niebla. Conviene llevar algo de abrigo.

Está prohibido apartarse de los senderos, pues el terreno es a trechos resbaladizo y de avance lento. No hay barandillas de seguridad en el Fin del Mundo y ya se han tenido que lamentar un par de accidentes fatales. Cuidado si se va con niños.

Farr Inn — PUNTO DE INTERÉS

El emblemático Farr Inn, un pabellón de caza para oficiales británicos de alto rango de la época colonial, hoy es un café sencillo pero caro y un centro de visitantes con exposiciones sobre flora, fauna y geología del parque. En un pequeño puesto de recuerdos cercano venden libros sobre Horton.

Se puede llegar por carretera desde Ohiya o Nuwara Eliya; queda junto al aparcamiento desde donde casi todos los visitantes empiezan su caminata hasta el mirador.

VISITA AL PARQUE NACIONAL DE LAS LLANURAS DE HORTON

Este maravilloso parque nacional es uno de los pocos de Sri Lanka por los que se puede caminar sin guía (por senderos ya trazados). Aunque la estrella del lugar es el mirador del Fin del Mundo, no hay que subestimar el placer de atravesar estos herbazales. También se puede subir a los montes Kirigalpotta y Totapola, dos caminatas más largas y exigentes.

Casi todas las pensiones de Nuwara Eliya y Haputale organizan excursiones a las llanuras de Horton y al Fin del Mundo por unas 4000 y 4500 LKR, respectivamente (entrada al parque aparte, que debe abonarse en la Oficina de Parques Nacionales, cerca del Farr Inn). El último acceso es a las 16.00.

Fauna

Por ser una importante cuenca fluvial, las llanuras de Horton dan cobijo a una gran variedad de fauna. Hay algunos sambares, leopardos y jabalíes, pero se necesitará mucha suerte para ver a los dos últimos. El greñudo mono-oso (o langur de cara púrpura), de jadeante gruñido, podría verse en el bosque de la carretera de Ohiya y, puntualmente, en los árboles la zona del Fin del Mundo. Tal vez se vea también al autóctono macaco de Sri Lanka.

Observación de aves

Los aficionados visitan la zona para ver algunas especies autóctonas como el bulbul orejudo, el cistícola buitrón, la tordina coronigris, el anteojitos ceilanés, el mirlo de Sri Lanka, el arrenga ojiblanco de Sri Lanka, el papamoscas azul oscuro y la urraca cingalesa. Entre las aves de presa está el águila azor de Sri Lanka.

Flora

Matas de *Chrysopogon*, una hierba, envuelven las praderas y en las zonas pantanosas abunda el musgo de turbera (esfagno). La *keena (Calophyllum)*, de forma de paraguas y flor blanca, domina las zonas de bosque montano. Los líquenes y musgos cubren los raquíticos árboles y arbustos. Otra especie es el *Rhododendron zeylanicum*, con su flor de color rojo intenso. La conmovedora *Strobilanthes*, de hojas púrpura, florece una vez cada cinco años y después, muere.

Dónde dormir y comer

La inmensa mayoría de los visitantes se aloja en Nuwara Eliya, con Haputale como alternativa.

También hay unos cuantos alojamientos en Ohiya, 10 km al este del parque, entre ellos uno bueno, pero habrá que procurarse transporte hasta Horton.

El **Department de Conservación de la Naturaleza** (☎011-288 8585; www.dwc.gov.lk; 382 New Kandy Rd, Malambe) administra dos bungalós, el Giniheriya Lodge y el Mahaeliya Lodge, dentro del parque nacional, cada uno con 10 camas. Los extranjeros pagan 30 US$/día más 2 US$/grupo por la ropa de cama y 30 US$/grupo en concepto de gastos de servicio. Hay que llevar comida y queroseno. Estos alojamientos solo abren si se reservan, lo que hay que hacer con suficiente antelación.

También es posible pernoctar en dos *campings* (señalizados cerca del principio de la ruta al Fin del Mundo), que se reservan a través del Departamento de Conservación. Hay además un café en el Farr Inn junto a la oficina del parque. Por lo demás, hay que llevar la comida.

★**Hill Safari Eco Lodge** HOTEL $$
(☎071 277 2451; www.hill-safari-eco-lodge-ohiya-sri-lanka.en.ww.lk; Lower Bray Estate, 5 km al sur de Ohiya; h 25-50 US$) Situado en una plantación de té, este *lodge* de montaña se beneficia de unas vistas maravillosas; en días muy despejados incluso se divisa el faro de Dondra, en la costa sur. Hay cinco habitaciones, todas con baños privados con agua caliente, y las del ala nueva tienen unas vistas magníficas. Sirven comida de la zona y es una base ideal para los senderistas, que pueden conseguir *in situ* mapas de las rutas.

No hay wifi ni cobertura telefónica. Hill Safari queda a 5 km de la estación de trenes de Ohiya, por una accidentada carretera de acceso por la que los *tuk-tuks* transitan a duras penas (los conductores sin vehículo alto quizá no se atrevan). Está a unos 2000 m de altitud, así que conviene llevar algo de abrigo.

Información

Oficina del parque nacional (⏲6.00-18.00) El lugar donde se sacan las entradas; hasta las 16.00. Queda cerca de Farr Inn.

THOMAS LIPTON, UN ESCOCÉS MUY ASTUTO

Estrella aún en las estanterías de cualquier supermercado, Thomas Lipton ya era un triunfador antes de convertirse en la mayor figura de la industria del té mundial.

De 1870 a 1888 convirtió el colmado de sus padres en Glasgow en una cadena de 300 tiendas de comestibles repartidas por todo el Reino Unido. Conocedor del gran potencial del té, se saltó astutamente a los mayoristas de Londres para ir directamente a la fuente, Sri Lanka, donde compró plantaciones. Sus 300 establecimientos le garantizaban la distribución a precios más bajos para un incipiente mercado de clase obrera. También le sirvió de inspiración para crear su eslogan publicitario: "Directo del campo a la tetera".

La ambición de Lipton por llegar a todo el mundo no se limitaba solo al comercio. En 1909, 21 años antes del primer Mundial de Fútbol, creó el Trofeo Thomas Lipton para un partido internacional de fútbol, y fue incansable en sus intentos por ganar la Copa América de navegación, aunque nunca lo consiguió. Su muy publicitado interés por estos dos deportes aseguró que su marca se convirtiera en un nombre familiar a ambos lados del Atlántico.

ℹ Cómo llegar y salir

Recuérdese que incluso si solo se quiere atravesar el parque hay que abonar la elevada tasa de acceso a los parques nacionales.

Nuwara Eliya La mayoría de la gente llega desde Nuwara Eliya, un viaje de 1 h (aprox. 4000 LKR ida y vuelta en furgoneta). Si se va en un circuito desde Nuwara Eliya, se puede pedir después que paren en la estación de trenes de Pattipola, para poder tomar el tren de la tarde hasta Haputale y Ella.

Ohiya El pueblo de Ohiya está 10 km al este de las llanuras de Horton, con una estación de trenes por donde pasan cinco convoyes diarios a Haputale y Nanu Oya. Desde ella se puede ir en *tuk-tuk* (aprox. 1800 LKR, espera incl.) hasta el Farr Inn. La carretera sube serpenteante por el bosque hasta desembocar en las despejadas llanuras. Quizá se vean monos.

Haputale También se puede llegar al Farr Inn desde Haputale. El viaje por carretera dura aproximadamente 1½ h (4500 LKR ida y vuelta).

Belihul Oya

Esta es una preciosa región de montaña por donde vale la pena pasar de camino a/desde las tierras altas. La zona está salpicada de cascadas (las de Bambarakanda son espectaculares) y ofrece buenas caminatas.

Cascadas Bambarakanda CASCADA
(Kalupahana; 150 LKR; ⌚8.00-17.30) De 240 m, estas remotas cascadas son las más altas de Sri Lanka. Los mejores meses para verlas son marzo y abril, o después de un buen chaparrón. En otros momentos el caudal de agua puede reducirse a un decepcionante hilillo. Están cerca de la carretera A4, entre Belihul Oya y Haputale. El desvío está en el cruce a Kalupahana, desde donde quedan 6 km por una pista accidentada por la que muchos automóviles no pueden circular. Los *tuk-tuks* que esperan en el desvío utilizan un camino apenas visible; el viaje de ida y vuelta, con 1 h de espera, cuesta 1000 LKR.

Bambarakanda Holiday Resort PENSIÓN **$**
(☎057-357 5699; www.bambarakanda.com; h incl. pensión completa 2500-4000 LKR) Rústica pensión, situada a escasos metros de la cascada, con tres casitas de ladrillos de adobe y un par de habitaciones privadas, todas muy sencillas pero cuidadas. El marco, con vistas a las cascadas, es sin duda espectacular. Lo ideal es disponer de un vehículo robusto para llegar; recuérdese que la carretera de acceso está en pésimo estado.

Belihul Oya Rest House HOTEL HISTÓRICO **$$**
(☎045-228 0156; www.chcresthouses.com/belihuloya; Ratnapura-Haputale Rd; i/d incl. desayuno desde 58/68 US$; 📶) Las cinco habitaciones de este hotel agradablemente situado junto al río Belihul Oya están bastante gastadas, pero el ambiente colonial y el jardín juegan a su favor. Hay que andarse con ojo con los monos y no dejar las ventanas abiertas. Las comidas (desde 600 LKR), de la zona y occidentales, se sirven en la preciosa terraza encarada al río.

ℹ Cómo llegar y salir

Belihul Oya está en la carretera A4. Aproximadamente cada hora pasan autobuses de camino a Haputale (52 LKR, 1 h) y a Ratnapura (121 LKR, 2 h).

Haputale

057 / 5500 HAB. / ALT. 1580 M

Encaramado en los lindes meridionales de las tierras altas, este pueblo mayoritariamente tamil se aferra a una larga y estrecha cordillera con pendientes pronunciadas por ambos lados. En un día despejado se pueden distinguir la costa sur y, por la noche, los fogonazos del faro de Hambantota. Otras veces, grandes nubes de niebla se aferran a las laderas. En cualquier caso, es una zona espectacular.

El centro del pueblo es una polvorienta y transitada calle, con *tuk-tuks* y pequeños comercios. Pero un paseo por Haputale recompensa con unas vistas extraordinarias. Las vías del tren abrazan una vertiente de la cordillera como un pequeño logro de la ingeniería del s. XIX. Haputale es una buena base para excursiones a las llanuras de Horton; las pensiones consiguen furgonetas por 4500 LKR/persona.

Historia

El Haputale actual refleja sobre todo la influencia de las culturas cingalesa y tamil, aunque también perdura el legado británico. Las plantaciones de té tapizan las faldas de las montañas, con algún que otro bungaló sofisticado de cultivadores, todo ello envuelto en un clima húmedo y plomizo en el que, seguramente, los colonos británicos se sintieron como en casa. La iglesia anglicana de San Andrés, en la carretera de Bandarawela, tiene un cementerio.

Puntos de interés y actividades

★ Dambatenne Tea Factory FÁBRICA

(250 LKR; 8.00-18.00) Esta fábrica de té fue propiedad de Thomas Lipton, una de las figuras más famosas de la historia del té, quien la construyó 1890. El circuito por las instalaciones es como una lección sobre los procesos de fermentación, enrollado, secado, corte, filtrado y clasificación de las hojas. Después se puede disfrutar de una taza de té. Los domingos no hay procesamiento. Dambatenne queda 9 km al noreste de Haputale. Los autobuses (28 LKR, 20 min) que vienen de Haputale pasan por la fábrica cada 30 min. El viaje de ida/ida y vuelta en *tuk-tuk* cuesta 600/1000 LKR.

★ Monasterio de Adisham MONASTERIO

(057-226 8030; www.adisham.org; adultos/niños 150/50 LKR; 9.00-16.30 sa y do, días de *poya* y vacaciones escolares) Este monasterio benedictino perteneció antaño al cultivador de té Thomas Lester Villiers. Para recrear su estilo de vida en Inglaterra, diseñó unos jardines muy británicos que aún encandilan a los visitantes. Por dentro, se pueden ver el salón y la biblioteca, con estanterías llenas de tomos polvorientos. También se ofrece alojamiento en una pequeña pensión (p. 193). No está permitido fotografiar el interior del edificio.

Lipton's Seat MIRADOR

(por persona/vehículo 50/100 LKR; 24 h) Este mirador es uno de los más impresionantes de Sri Lanka (salvo cuando hay bruma, claro, y por eso el mejor momento para visitarlo es a primera hora de la mañana). El magnate

Haputale

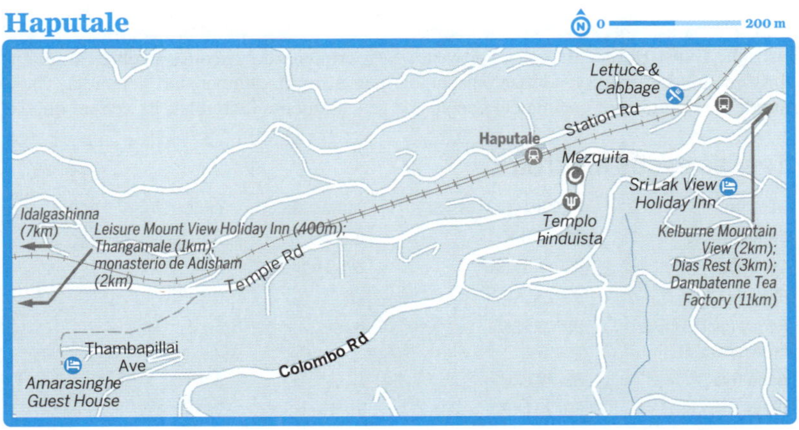

del té escocés Thomas Lipton acostumbraba a contemplar desde aquí su floreciente imperio, y se dice que hoy las vistas a través de montañas esmeralda y plantaciones de té alcanzan no menos de siete provincias.

Para llegar a pie hasta el mirador, hay que tomar la estrecha carretera asfaltada desde la fábrica de té Dambatenne y subir unos 8 km a través de plantaciones de té. También se puede conducir; los *tuk-tuks* cobran unas 2500 LKR (ida y vuelta) desde Haputale. Los recolectores de té tamiles, de camino al trabajo, acompañarán al visitante durante la subida. La gente de la zona vende bebidas y tentempiés en la cima.

Thangamale RESERVA NATURAL

Este espacio natural al oeste del pueblo está protegido como reserva ornitológica, pero es más bien un bosque de alta montaña con un agradable sendero que discurre por la cresta. Se puede llegar desde el monasterio de Adisham (p. 191) por un camino que atraviesa la reserva en dirección oeste hasta Idalgashinna, a 4,3 km.

Senderismo

Para vistas espectaculares (si el tiempo las permite), tómese el tren a **Idalgashinna,** 8 km al oeste de Haputale. Se vuelve a pie junto a las mismas vías, un terreno espectacular que se precipita por ambos lados.

Algunos viajeros siguen junto a las vías de Haputale hasta **Pattipola** (14 km; un día entero), la estación ferroviaria a mayor altitud de Sri Lanka. Desde Pattipola, se puede continuar a pie o en *tuk tuk* hasta la estación de Ohiya, y desde allí hasta las llanuras de Horton.

El Sr. Amarasinghe, propietario de la Amarasinghe Guest House (derecha), proyecta abrir una nueva ruta de senderismo hasta lo alto de la montaña por encima del pueblo.

Dónde dormir y comer

La afluencia de turistas a Haputale ha disminuido en los últimos años, probablemente por la creciente congestión del tráfico. A pesar de ello, no faltan alojamientos económicos y, en comparación con otros pueblos turísticos cercanos, con buena relación calidad-precio.

En el centro del pueblo hay varios establecimientos aceptables para tomar tentempiés, *dosas* (tortitas finísimas), *roti* y arroz con curri.

Leisure Mount View Holiday Inn PENSIÓN $

(☎057-226 8327; www.leisuremountview.com; 163/3 Temple Rd; h 1500-4500 LKR; 📶) Un buen alojamiento, con cuatro habitaciones baratas y sencillas en la casa familiar y un elegante anexo moderno de dos plantas con habitaciones *deluxe* espaciosas, todas con pasmosas vistas. Cenar en el restaurante de la azotea es un placer, con vistas espectaculares y buena comida de la región.

Amarasinghe Guest House CASA PARTICULAR $

(☎057-226 8175; agh777@sltnet.lk; Thambapillai Ave; h 2500-3500 LKR; 📶) Esta veterana pensión familiar disfruta de un emplazamiento tranquilo (sin vistas) y ofrece cinco habitaciones nuevas de acabado moderno y otras tres más antiguas, todas limpias y atractivas, además de buenas comidas. El amable propietario, el Sr. Amarasinghe, pasa a recoger gratis en la estación de trenes o la parada del autobús.

Dias Rest PENSIÓN $

(White Monkey; ☎057-568 1027; diarest@yahoo.com; Thotulagala; h desde 1800 LKR; 📶) Atendida por un personal muy amable y unos anfitriones fantásticos (el propietario es un guía experimentado y aconseja sobre caminatas por la zona), esta pensión tiene unas vistas sencillamente increíbles. Es verdad que las

TRENES DESDE HAPUTALE

DESTINO	PRECIO (2/3ª CLASE)	DURACIÓN	FRECUENCIA (DIARIA)
Bandarawela	20/15 LKR	30 min	5
Colombo	330/180 LKR	8½-9 h	4
Ella	50/25 LKR	1 h	5
Kandy (incl. el cruce de Peradeniya)	210/115 LKR	5½ h	5
Nanu Oya	80/40 LKR	1½-2 h	5
Ohiya	30/20 LKR	30-45 min	5

habitaciones son bastante austeras (y un pelín frías), pero las mantienen muy aseadas, y la comida cingalesa (arroz con curri y desayunos) es excelente y a muy buen precio. Está 3 km al este del centro del pueblo.

Sri Lak View Holiday Inn HOTEL $
(☎057-226 8125; www.srilakviewholidayinn.com; Sherwood Rd; i/d incl. desayuno desde 1500/1700 LKR; @📶) Habitaciones impecables y con una buena relación calidad-precio repartidas entre dos edificios. Las vistas abarcan varios cientos de kilómetros desde el correcto restaurante y algunas habitaciones. Su situación céntrica, tarifas baratas y abundante información para viajeros garantiza la presencia de mochileros.

Pensión del monasterio de Adisham HOTEL PATRIMONIAL $$
(☎057-226 8030; www.adisham.org; h incl. pensión completa por adultos/niños 3000/1500 LKR) Alojarse en este monasterio (p. 191), que hasta hace poco no admitía huéspedes, constituye un experiencia única. Hay nueve habitaciones limpias y bonitas con baños privados con agua caliente y ropa de cama nueva. La comida se sirve en forma de generosas y deliciosas raciones. No se permite fumar ni tomar alcohol, y el silencio, aunque no estricto, es otro requisito. Hay que reservar tres semanas antes, como mínimo.

★ **Kelburne Mountain View** HOTEL-BOUTIQUE $$$
(☎057-226 8029, 011-257 3382; www.kelburnemountainview.com; Kelburne Tea Estate; bungaló 19 600-22 000 LKR; 📶) Alojamiento sencillamente sublime para disfrutar de una estancia muy hogareña en antiguos bungalós de plantadores de té impecablemente reformados, con empleados pulcros vestidos de blanco que atienden cualquier necesidad. Con todo, sus grandes bazas son los preciosos jardines de flores, las plantaciones de té circundantes y las encomiables vistas.

Lettuce & Cabbage INTERNACIONAL $$
(Station Rd; comidas desde 300 LKR; ⏲11.00-21.00; 📶) Pasada una hilera de tiendas se encuentra este atractivo café con mesas blancas, anchas vistas y una buena carta de comida occidental (p. ej., ensalada de beicon con aguacate) y platos del país como *kotthu*. Lo atiende el dueño de la Amarasinghe Guest House, que facilita a los viajeros información fiable.

ℹ Cómo llegar y salir

AUTOBÚS

Los autobuses salen de paradas próximas al cruce principal, por el lado este del centro. Hay servicios regulares a Badulla (76 LKR, 2 h), Bandarawela (28 LKR, 30 min), Welimada (55 LKR, 1½ h) y Wellawaya (93 LKR, 2½ h). Tres autobuses diarios van a Nuwara Eliya (116 LKR, 2½ h). Para ir a Ella, hay que cambiar en Bandarawela, y para Tangalla o Embilipitiya, en Wellawaya.

TREN

Haputale se encuentra en la línea Colombo-Badulla, así que se puede ir directamente en tren a/desde Kandy o Nanu Oya (para Nuwara Eliya). Un billete en el vagón mirador de 1ª clase cuesta 1000 LKR para ir a cualquier punto entre Badulla y Nanu Oya, y 1250 LKR de Nanu Oya a Kandy. Un billete reservado de 2ª clase cuesta 600 LKR.

TAXI

Las pensiones del lugar se ocupan de buscar microbuses ("taxis") compartidos para ir a las llanuras de Horton (4500 LKR ida y vuelta, espera incl.), Ella (2200 LKR) y el Parque Nacional de Uda Walawe (7000 LKR).

Bandarawela

☎057 / 7970 HAB. / ALT. 1230 M

Bulliciosa y con un clima agradable, Bandarawela sirve bien como base para explorar los contornos; lo malo es el tráfico, con autobuses, camiones y *tuk-tuks* que se pelean por el asfalto. Los domingos por la mañana se instala un animado mercado, pero por lo demás esta población tiene poco que ofrecer al viajero.

👁 Puntos de interés

Templo de Dowa TEMPLO BUDISTA
(plano p. 199; Badulla Rd; 100 LKR) El Buda erguido de 4 m tallado en la pared de piedra es el principal reclamo de este templo, 6 km al este de Bandarawela. Las paredes del adjunto santuario rupestre, excavado en sólida piedra, están revestidas con excelentes murales budistas de estilo ceilandés. Al parecer, el rey Valagamba (Vattajamini Ahhya) se refugió aquí en el s. I a.C. durante sus 14 años de exilio de Anuradhapura. Cuenta la leyenda que el templo también esconde un túnel secreto que va directo a Kandy.

Si se va en autobús a Badulla, es fácil pasarla de largo, de modo que hay que pedir al conductor que avise. Un *tuk-tuk* o taxi desde Bandarawela debería costar 750 LKR (ida y vuelta).

Bandarawela

Iglesia de la Ascensión IGLESIA
(ctra. Bandarawela-Welimada) Por el lado noroeste de la localidad, esta bonita iglesia de piedra data de 1908, con posteriores ampliaciones en 1936 y 1938. La torre se añadió en 1952.

Dónde dormir y comer

Como en Bandarawela se quedan muy pocos viajeros, las opciones de alojamiento son muy limitadas. En los alrededores de la torre del reloj y la rotonda central hay bares para tomar algo ligero.

Bandarawela Hotel HOTEL HISTÓRICO $$$
(057-222 2501; www.aitkenspencehotels.com; 14 Welimada Rd; i/d incl. desayuno 90/106 US$;) En este club de cultivadores de té se decidió, muy sabiamente, dejar de actualizar el mobiliario hace 80 años, y hoy, en pleno s. XXI, este hotel es todo un espectáculo que invita a ponerse un atuendo colonial (salacot, pantalones cortos y calcetines largos), arrellanarse en una butaca y disfrutar del elegante bar. Las habitaciones son pequeñas, pero con elementos de época y baños con bañera.

Mlesna Tea Centre CAFÉ $
(www.mlesnateas.com; Welimada Rd; té 80-120 LKR; 8.00-20.00 lu-sa, hasta 18.00 do) Venden tés de gran calidad de las montañas y teteras y otros complementos de porcelana. El salón es perfecto para tomar un té con tarta en un ambiente refinado.

Cargills Food City SUPERMERCADO $
(7 Welimada Rd; 8.00-22.00) Muy adecuado por su amplio horario.

Cómo llegar y salir

AUTOBÚS

Para confusión de los viajeros, los autobuses salen de varias paradas repartidas por toda la localidad. Hay servicios regulares a los siguientes destinos:

Badulla 66 LKR, 1¼ h
Ella 36 LKR, 30 min
Haputale 35 LKR, 30 min
Nuwara Eliya 83 LKR, 2¼ h
Welimada 56 LKR, 1 h

TREN

Bandarawela está en la línea Colombo-Badulla. Los billetes en vagón mirador de 1ª clase por las montañas cuestan 1000 LKR a cualquier punto entre Nanu Oya y Badulla, y 1250 LKR de Nanu Oya a Kandy. Un billete de 2ª clase con reserva cuesta 600 LKR.

Badulla (2/3ª clase 60/30 LKR; 1½ h; 5 diarios)
Colombo (2/3ª clase 340/185 LKR; 8-10 h; 4 diarios)
Ella (2/3ª clase 30/15 LKR; 30 min; 5 diarios)
Haputale (2/3ª clase 20/15 LKR; 20-30 min; 5 diarios)
Kandy (2/3ª clase 230/125 LKR; 6 h; 5 diarios)
Nanu Oya (para Nuwara Eliya; 2/3ª clase 90/50 LKR; 2-2½ h; 5 diarios)

Ella

057 / 4820 HAB / ALT. 1041 M

Este es el pueblo de montaña preferido de las tierras altas: un lugar donde aflojar la marcha y descansar unos días en algunas de las mejores pensiones del país, con opciones para todos los gustos. Las vistas de la brecha de Ella (Ella Gap) son impresionantes y, en noches despejadas, hasta se puede intuir el tenue brillo del faro de Great Basses en la costa sur. Pero tampoco hay que pasarse de relax, pues hay bonitos paseos entre plantaciones de té hasta templos, cascadas y miradores, tras los cuales llega el momento de disfrutar de la mejor cocina casera de Sri Lanka y de una vivificante taza de té.

En los últimos años, la popularidad de Ella se ha disparado, si bien su atractivo ha quedado algo menoscabado por la construcción de espantosas moles de hormigón.

Actividades y cursos

La mayoría de la gente visita Ella para caminar, o para relajarse sin más, pero también se puede asistir a clases de cocina.

Senderismo

Ella es un lugar extraordinario para hacer caminatas. La mayoría de los alojamientos facilita mapas dibujados a mano de los senderos de la zona. Se puede empezar con un paseo hasta el **pequeño pico de Adán** (Little Adam's Peak). Se baja por Passara Rd hasta llegar al Ella Flower Garden Resort, inmediatamente después del mojón del km 1, y se toma el camino que pasa por las pensiones The Chillout y The One; el pico es la montaña más grande a la derecha, claramente señalizado. Hay que tomar la segunda a la derecha y no abandonarla hasta llegar a la cima. Parte de este sendero discurre entre plantaciones de té. Se tardan unos 45 min en cada sentido (4,5 km ida y vuelta). Los últimos 20 min son empinados pero no muy difíciles. Se recomienda salir pronto (hacia las 7.00) para coincidir con las familias tamiles que van a trabajar a las plantaciones de té. Desde la cumbre, las cascadas y un par de fábricas de té destacan entre la niebla que suele agarrarse con persistencia a las montañas circundantes.

Ir a la **roca de Ella** (plano p. 199) cuesta más, tanto que no es mala idea contratar un guía (es fácil pasar de largo el desvío desde las vías del tren y perderse en los bosques de las cotas altas). La mayoría de las pensiones facilita un guía por 1800 LKR/grupo. Es una excursión de 3-4 h ida y vuelta y las vistas desde lo alto son asombrosas. Quien decida afrontarla debería ir en grupo. Hay que seguir las vías del tren 45 min en dirección a Bandarawela. Después del puente negro hay un pequeño santuario a la izquierda. A continuación, se gira a la izquierda y se baja a un corto dique. Hay que cruzar un puente de hormigón sobre las cascadas Rawana y subir por la pista de tierra que arranca justo después del puente. Ahí es donde empieza la cuesta. A partir de ese punto es fácil perderse, sobre todo si hay nubes o niebla. Conviene fijarse bien en las pocas y descoloridas flechas azules. En la cumbre suele haber alguien que vende té y otras bebidas a precios desorbitados.

Para un paseo más fácil (2,5 km desde la localidad) sin guía, se puede seguir la ruta hasta la roca de Ella pero solo hasta las pequeñas cascadas de **Rawana.**

Clases de cocina

Clases de cocina de la Matey Hut COCINA
(plano p. 196; Main St; 1500 LKR) Estas clases han adquirido tanta popularidad que el chef y propietario, Madu, ya ofrece dos diarias. Se aprende a preparar hasta ocho platos vegetarianos.

Clases de cocina del Rawana Holiday Resort COCINA
(plano p. 196; ☎057-222 8794; http://rawanaholiday.com; Rawana Holiday Resort; clases medio día 2000 LKR) Aquí se enseña a preparar hasta 10 platos, como berenjena agridulce, curri de patata picante y curri de ajo, el plato estrella del Rawana, que lleva cabezas enteras de "rosa maloliente".

Dónde dormir

El nivel de los alojamientos en Ella es muy alto, y recientemente han abierto nuevas pensiones que están muy bien, aunque sitios verdaderamente económicos hay pocos. En la temporada alta de Navidad/Año Nuevo, los precios pueden duplicar los habituales.

Es normal verse abordado en el tren por cazaclientes que comunican que el hotel al que se va está cerrado, infestado de ratas o demás mentiras; su única pretensión es llevar al viajero a un establecimiento que le paga comisión.

Freedom Guest Inn CASA PARTICULAR $
(plano p. 196; ☎071 689 7778; freedomguestinn@gmail.com; 132/1 Passara Rd; h incl. desayuno 4000 LKR; 📶) La cálida bienvenida está garantizada en esta casa cuyo dueño facilita un mapa de senderismo y aconseja sobre transporte público y privado. Las habitaciones están limpias y se desayuna en una bonita terraza cubierta.

Sita's Heaven PENSIÓN $
(plano p. 196; ☎057-205 0020; www.sitasheavenella.com; cerca de Passara Rd; h 2700-4000 LKR; 📶) En una tranquila callejuela boscosa, a 5 min a pie del centro de Ella, esta pensión ofrece privacidad y unas vistas fabulosas, además de unos propietarios que se desviven por atender cualquier necesidad. Es uno de esos sitios donde resulta fácil alargar la estancia.

Ella

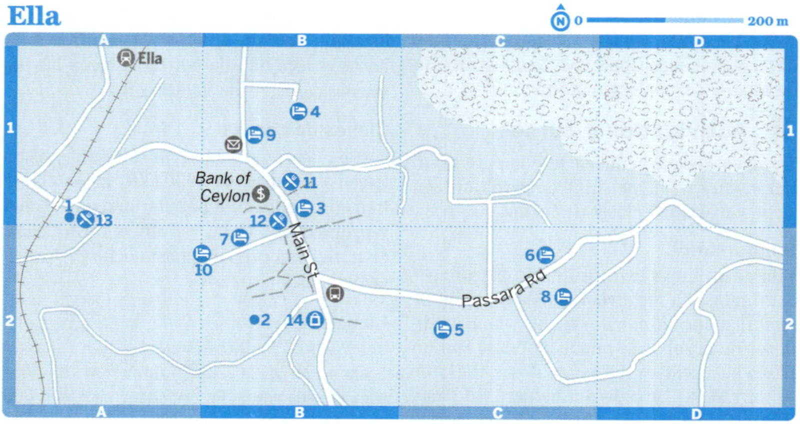

Ella

Actividades, cursos y circuitos
- 1 Clases de cocina de la Matey Hut A1
- 2 Clases de cocina del Rawana Holiday Resort B2

Dónde dormir
- 3 Dream Café Guest House B1
- 4 Eeshani Guest Inn B1
- 5 Freedom Guest Inn C2
- 6 Little Folly C2
- 7 Okreech Cottages B2
- 8 Sita's Heaven C2
- 9 Sun Top Inn B1
- 10 Zion View B2

Dónde comer
- 11 Cafe Chill B1
- 12 Curd Shop B1
- Dream Café .... (véase 3)
- Little Folly Restaurant .... (véase 6)
- 13 Matey Hut A1

De compras
- 14 T-Sips B2

Sun Top Inn PENSIÓN $

(plano p. 196; ☎057-222 8673; suntopinn@yahoo.com; h incl. desayuno desde 3000 LKR; 📶) Los dueños de esta pensión naranja preparan algunos de los mejores desayunos de Ella, además de ofrecer clases de cocina. Las habitaciones son pequeñas pero están cuidadas, y alquilan bicicletas para salir de aventura (1500 LKR/día).

Little Folly CASITAS $

(plano p. 196; ☎057-222 8817; www.facebook.com/LittleFollyInElla; Passara Rd; casita incl. desayuno 3000-4000 LKR; @📶) Las pintorescas casitas de Caperucita Roja están escondidas en un bosque que, sin ser el hogar de un lobo feroz, sí que alberga más de un mono; todas son luminosas y están limpias, con predominio de troncos y bambú. También hay una magnífica **tienda de té y pasteles** (pasteles 150 LKR; ⏲8.00-20.00; 📶) al borde de la carretera.

Eeshani Guest Inn CASA PARTICULAR $

(plano p. 196; ☎057-222 8703; eeshaniguestinn@yahoo.com; h 2200-4500 LKR; 📶) Esta casa particular de cinco habitaciones la lleva una entrañable pareja mayor que se apresura a hacer entrar al huésped y ofrecerle una rica taza de té y charla. La casa está llena de fotografías de la familia y disfruta de un bonito jardín con flores y de excelente comida local.

Dream Café Guest House HOTEL $$

(plano p. 196; ☎057-222 8950; www.dreamcafe-ella.com; Main Rd; h desde 5500 LKR; 📶) Situado sobre el restaurante (p. 197) epónimo, no caben reproches que hacer a este hotel. Una gran parte de su oferta de alojamiento son pequeños apartamentos con dos dormitorios y balcón, y todas las habitaciones lucen muebles de calidad y lustrosos suelos de madera. Está en la calle principal, pero como las habitaciones dan a la parte de atrás (no a la calle), el ruido del tráfico es soportable.

Okreech Cottages CASITAS $$

(plano p. 196; ☎077 238 1638, 077 779 4007; www.ellaokreechcottages.com; h desde 35 US$; 📶) El toque artístico se hace evidente en este conjunto de casitas de dos plantas algo extravagantes distribuidas en torno a un jardín en una ladera. Todas son bastante sencillas pero atractivas, con magníficos balcones y baños privados modernos con agua caliente.

Zion View PENSIÓN **$$$**
(plano p. 196; ☎072 785 5713; www.ella-guesthouse-srilanka.com; h incl. desayuno 60-110 US$, apt desde 180 US$; 📶) Las habitaciones de esta fabulosa pensión tienen enormes ventanas y balcones con hamacas y sillas. El desayuno en la soleada terraza con vistas a la brecha de Ella es un momento mágico. Los propietarios se desviven por ayudar; si se les avisa con antelación, pasan a recoger gratis a la estación de trenes o la parada del autobús.

Dónde comer

Aunque en la calle de principal de Ella no faltan cafés y restaurantes, algunas de las mejores comidas se ofrecen en las pensiones más sencillas, verdaderos bastiones de la auténtica cocina casera; lo único que hace falta es encargarla con tiempo. Además, algunas enseñan a hacer arroz con curri.

El requesón (hecho con leche de búfala) con melaza (jarabe de palma de cola de pescado *[Caryota urens]*, a veces erróneamente llamado "miel") es una especialidad de la zona.

Curd Shop INTERNACIONAL **$**
(plano p. 196; Main St; comidas 200-380 LKR; ⏲7.00-21.00) Cerca de la parada de autobús, este diminuto establecimiento está bien para desayunar algo antes o después del paseo matutino al pequeño pico de Adán. Es un clásico garito de mochileros y, como sugiere su nombre, es el lugar ideal para probar el requesón (*curd*, en inglés) con miel o el *kotthu*. También es práctico para comprar algún sándwich si se sale a caminar.

★**Matey Hut** CAFÉ **$$**
(plano p. 196; www.facebook.com/janikath; Main St; comidas 300-600 LKR; ⏲12.00-20.00) Esta cabaña neorrústica con pinta de paradero campestre para *hipsters* es realidad un local sencillo y muy barato de carretera, atendido por un talentoso y jovial chef. El arroz con curri (podría llevar mango, calabaza y ocra, y un toque de *sambal* de coco) nunca falla. Como es pequeño, seguro que hay que esperar mesa. También imparten excelentes clases de cocina.

★**Cafe Chill** INTERNACIONAL **$$**
(plano p. 196; www.facebook.com/cafechillnescoffeeshop; Main St; comidas 500-800 LKR; ⏲10.00-22.00; 📶) Regentado por un simpático equipo de la zona, este café-bar-restaurante, enorme y con estilo, está al borde de la carretera y marcha viento en popa. Lo último que se ha añadido es una terraza con cojines y mesas adornada con un techo de madera esculpido en forma de ola. De fondo se escucha música moderna cuidadosamente seleccionada. La comida también es excelente, con platos locales y occidentales y café exprés.

Se recomienda probar el *lamprais* (carne y verduras cocinadas a fuego lento en una hoja de plátano) o alguno de sus 10 curris.

Dream Café INTERNACIONAL **$$**
(plano p. 196; www.dreamcafe-ella.com; Main St; comidas 560-1250 LKR; ⏲8.00-21.30; 📶) Café-restaurante cosmopolita con buen café exprés y platos occidentales de correcta ejecución que incluyen desayunos (490 LKR), *wraps* de verduras asadas, *paninis* y *pizzas*, y logrados filetes a la pimienta (1250 LKR). También hay *smoothies* y ensaladas.

De compras

Main St, la calle principal, está bordeada de tiendas que venden artículos de primera necesidad, ropa y recuerdos.

T-Sips TÉ
(plano p. 196; ☎077 788 3434; Wellawaya Rd; ⏲9.00-19.30) 🍃 Esta tienda de té de comercio justo (hay más té en hoja que tazas) vende todo tipo de tés e infusiones de la zona y ayuda a los niños de las plantaciones, además de donar el 5% de los beneficios a proyectos comunitarios.

Información

Casi todas las pensiones y la mayoría de los restaurantes grandes tienen wifi.

Bank of Ceylon (plano p. 196; Main St; ⏲8.30-17.00 lu-vi, hasta 13.00 sa) Tiene un cajero automático.

Oficina de correos (plano p. 196; Police Station Rd; ⏲8.00-16.30 lu-sa)

Cómo llegar y salir

AUTOBÚS

Los servicios salen de Main Street (plano p. 196), desde varias paradas situadas al sur del desvío a Passara Rd. Los horarios cambian con bastante frecuencia, así que se recomienda pedir una versión actualizada en la Curd Shop (p. 197).

Ninguna línea tiene su origen en Ella y muchos autobuses cuando pasan ya van llenos (se puede viajar de pie).

- Hay servicios regulares a Badulla (48 LKR, 45 min), Bandarawela (36 LKR, 30 min) y Wellawaya (67 LKR, 1 h).
- Para Kandy, es necesario cambiar en Badulla.
- Hay cinco servicios directos a Matara (270 LKR, 5 h), el último a las 14.30; o siempre se puede tomar uno hasta Wellawaya y conectar allí con alguno que vaya a la costa sur o a Monaragala (para Arugam Bay).
- Hay un autobús va a Galle cada mañana a las 8.00 (340 LKR, 7 h).

TREN

Ella queda aproximadamente a 1 h de Haputale y Badulla, en la línea Colombo-Badulla. El tramo desde Haputale (por Bandarawela) discurre entre paisajes especialmente hermosos. Unos 10 km al norte de Ella, en Demodara, la línea describe un círculo completo en torno a una ladera y se soterra a 30 m de profundidad. Unos cuantos kilómetros después de Ella, el tren pasa por el **puente de los Nueve Arcos,** un pintoresco cruce ferroviario y referente geográfico.

La estación de trenes de Ella es tan bonita que hasta se ha hecho merecedora del premio a la "Estación Mejor Cuidada", y su jefe, Ashendria Disanayake, al "Jefe de Estación Más Amable".

Las tarifas y horarios están expuestos con claridad. El asiento en el vagón mirador cuesta 1000 LKR para cualquier destino entre Nanu Oya y Badulla y 1250 LKR hasta Kandy y Colombo. Un billete de 2ª clase reservado con antelación cuesta 600 LKR a cualquiera de estos destinos. Hay cinco trenes diarios a cada uno de los siguientes destinos y cuatro diarios a Colombo.

Destino	Precio (2/3ª clase)	Duración
Badulla	40/20 LKR	1 h
Bandarawela	30/15 LKR	35 min
Colombo	350/190 LKR	9 h
Haputale	50/25 LKR	1-1½ h
Kandy	240/130 LKR	6-10 h
Nanu Oya (para Nuwara Eliya)	110/60 LKR	2½-3 h
Ohiya	70/40 LKR	2 h

TAXI

Los microbuses privados que funcionan como taxis se congregan al borde de la carretera cerca del Dream Café y aplican las siguientes tarifas:

Colombo (16 000 LKR)
Galle (14 000 LKR)
Horton Plains (8500 LKR)
Mirissa (12 000 LKR)
Nuwara Eliya (7500 LKR)
Tangalla (10 000 LKR)
Tissamaharama (6500 LKR)

Alrededores de Ella

Cerca de Ella hay varios lugares de interés. A algunos se puede llegar en transporte público, pero un recorrido de medio día en *tuk-tuk* o taxi es más cómodo.

Puntos de interés

★ Uva Halpewaththa Tea Factory FÁBRICA
(plano p. 199; www.halpetea.com; adultos/niños 300/150 LKR; ⏲circuitos 8.00-16.00) El circuito por esta fábrica 5 km al norte de Ella es uno de los mejores de su tipo. Después de haber enriquecido los conocimientos, llega el momento de deleitar el paladar con diferentes tés de la finca. En la pequeña tienda venden hojas de te y objetos relacionados. Los circuitos se ofrecen todo el día, pero su frecuencia varía un poco según el tipo de té que se procese. Lo mejor es ir por la mañana.

Para llegar, se toma un autobús a Bandarawela, se baja en el cruce de Kumbawela y allí se para otro que vaya a Badulla; luego hay que apearse nada más pasar el mojón del km 27, cerca del **templo de Halpe** (plano p. 199), a una pronunciada cuesta de 2 km hasta la fábrica. Un *tuk-tuk* desde Ella cuesta 1000 LKR (ida y vuelta).

Templo rupestre de Rakkhiththakanda Len Viharaya TEMPLO BUDISTA
(cerca de Wellawaya Rd) La pared rocosa que circunda este remoto y poco visitado templo rupestre, señalizado en la carretera de Wellawaya, se halla cubierta de descoloridas pinturas del período Kandy, una con el escudo de la Corona británica. Las pinturas interiores se encuentran en mucho mejor estado y cubren todas las paredes. También hay un Buda recostado. Está 21 km al sur de Ella.

Cascadas Rawana Ella CASCADA
(plano p. 199; Wellawaya Rd) Estas cascadas de 19 m de altura están a 6 km de Ella en dirección a Wellawaya. Durante los meses lluviosos el agua se precipita por la ladera y forma la cascada de aspecto más salvaje de Sri Lanka; en cambio, durante la estación seca tal vez no baje ni una gota. Hay vendedores de comida y baratijas. Tómese cualquier autobús que vaya a Wellawaya.

Alrededores de Ella

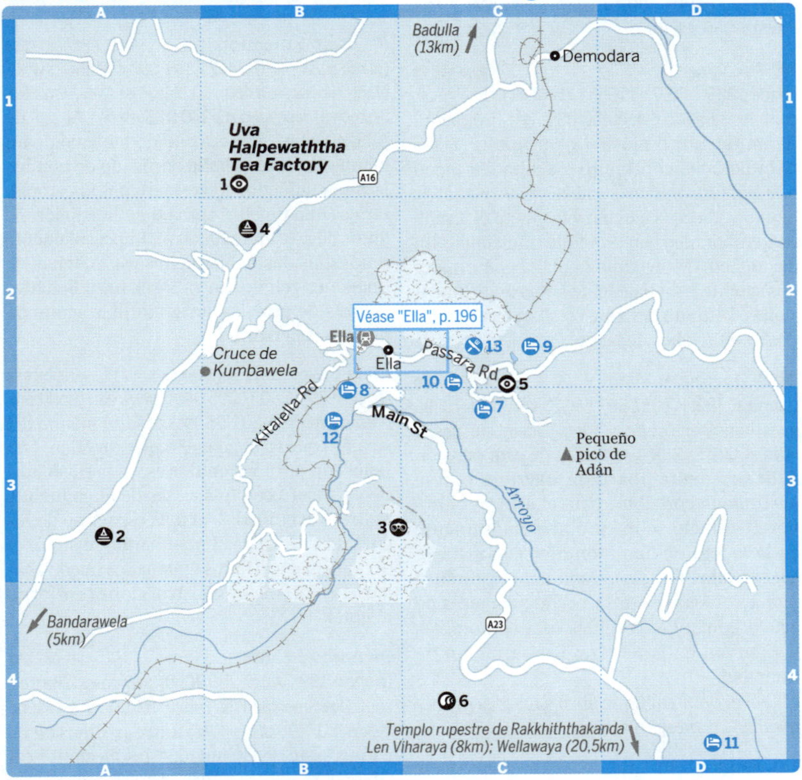

Newburgh Green Tea Factory FÁBRICA

(plano p. 199; Newburgh Tea Estate, Passara Rd; adultos/niños 500 LKR/gratis; ⌚8.00-18.00 lu-sa) Los circuitos por esta fábrica de té verde son bastante apresurados, y los guías no siempre informan como es debido; algunos solo quieren vender té. Newburgh es propiedad de Finlays, uno de los principales productores de té del mundo. Está a un paseo de ½ h desde la ciudad.

Dónde dormir y comer

★ **Chamodya Homestay** CASA PARTICULAR $

(plano p. 199; ☎077 743 7795; h incl. desayuno 4500 LKR; 📶) Es uno de los mejores alojamientos en casas particulares de la región. Al frente está una encantadora pareja que mima a los huéspedes, quienes disfrutan de una maravillosa atalaya sobre un valle arbolado. Las cinco habitaciones, todas con baños y agua caliente, entran por los ojos.

Alrededores de Ella

Principales puntos de interés

1 Uva Halpewaththa Tea Factory B1

Puntos de interés

2 Templo de Dowa A3
3 Roca de Ella B3
4 Templo de Halpe B2
5 Newburgh Green Tea Factory C2
6 Cascadas Rawana Ella C4

Dónde dormir

7 98 Acres Resort C3
8 Chamodya Homestay B3
9 Chill Ville C2
10 Ella Flower Garden Resort C2
11 Planters Bungalow D4
The Chillout .... (véase 7)
The One .... (véase 7)
12 Waterfall Homestay B3

Dónde comer

13 Adam's Breeze C2

Vale la pena quedarse a comer. Está 2 km al oeste del centro, por un camino; un *tuk-tuk* cuesta 250 LKR.

★The One PENSIÓN **$$**

(plano p. 199; ☎077 533 0532; dammikaediri@gmail.com; Passara Rd; ⏲h 45-50 US$; 📶) Propiedad de un talentoso músico y carpintero, estas habitaciones con bonitos acabados lucen maravillosos muebles y accesorios (estantes, biombos) hechos a mano y fusionan el diseño contemporáneo con un toque tradicional. Todas tienen TV de pantalla plana con canales por satélite y un balcón de generosas dimensiones. Durante la visita, estaban terminadas dos habitaciones de las seis previstas.

★Waterfall Homestay PENSIÓN **$$**

(plano p. 199; ☎057-567 6933; www.waterfalls-guesthouse-ella.com; i/d incl. desayuno desde 5000/6000 LKR; 📶) Al frente de esta pensión deliciosamente apartada hay una pareja australiana con dotes para el arte y el diseño. El edificio se integra armoniosamente en la ladera de una montaña, con vistas a las cascadas Rawana. Cada habitación luce una decoración distinta, con alguna pieza de arte original. Las comidas son memorables y se sirven en la terraza. Está a 1,5 km de la ciudad.

Cierra del 10 al 19 de abril y los tres primeros días en meses alternos.

The Chillout PENSIÓN **$$**

(plano p. 199; ☎077 404 9777; dhanushka4048@gmail.com; fuera de Passara Rd; h incl. desayuno 40 US$; 📶) Junto al principio del sendero al pequeño pico de Adán, las tres habitaciones que alquila esta amable familia están bien amuebladas y equipadas (ventiladores, minibar incl.), ofrecen dilatadas vistas y comparten un balcón grande.

★Chill Ville CASITAS **$$$**

(plano p. 199; ☎077 180 4020; www.chillvillehotel.com; 8 Mile Post, Passara Rd; casita 80 US$; ❄📶🏊) Renovado de arriba abajo, este hotel que antes era la quintaesencia de lo *kitsch* se ha transformado en siete bungalós modernos, elegantes y de diseño perfecto, todos con vistas fantásticas del valle desde sus amplios balcones. Está a 8 km de Ella, en un delicioso aislamiento, y lo regenta el eficiente equipo del Cafe Chill (p. 197). Se inauguró en el 2017, y los propietarios tienen previsto remozar el restaurante de la casa y abrir una *shala* de yoga. Un *tuk-tuk* desde Ella cuesta unas 400 LKR.

Planters Bungalow HOTEL HISTÓRICO **$$$**

(plano p. 199; ☎077 127 7286, 057-492 5902; www.plantersbungalow.com; 10 Mile Post, Wellawaya Rd; d/ste incl. desayuno 85/130 US$; 📶🏊) Al sur de Ella, a 10 km, este reformado bungaló de un plantador de té se halla bordeado de bonitos jardines cuidados con esmero por los propietarios (uno de ellos trabajó en la edición de libros de arte en Inglaterra). Impecablemente renovadas, las habitaciones están llenas de imágenes religiosas, valiosas antigüedades y obras de arte. La suite familiar acomoda hasta seis personas.

Ella Flower Garden Resort PENSIÓN **$$$**

(plano p. 199; ☎057-205 0480; www.ellaresort.com; Passara Rd; h 55-80 US$; 📶) Al lado mismo del sendero que va al pequeño pico de Adán, este hotel con jardines en flor es un paraíso hortícola. Se ofrecen tres clases de alojamiento, todos bien cuidados, el más espacioso de los cuales es un chalé. Sin embargo, ni siquiera el canto de los pájaros enjaulados puede ahogar el ruido de las construcciones en torno al hotel.

98 Acres Resort RESORT **$$$**

(plano p. 199; ☎057-205 0050; www.resort98acres.com; Uva Greenland Tea Estate; h/ste incl. desayuno desde 180/300 US$; 📶🏊) Entre jardines de té, 2 km al este de la ciudad, estas elegantes casitas sobre pilotes tienen vistas fabulosas del pequeño pico de Adán. Las habitaciones son del tipo lujo rústico, con una piscina orlada por arbustos de té a modo de gran extra. También hay un *spa* y un centro de ayurveda. En el lado negativo están los precios, excesivos, y la comida, mejorable.

Adam's Breeze INTERNACIONAL **$$**

(plano p. 199; Passara Rd; comidas desde 500 LKR; ⏲7.00-21.00; 📶) Establecimiento con techo de paja y ambiente informal atendido por una familia junto al desvío al pequeño pico de Adán, con delicioso *kotthu*, platos de fideos, curris y comida occidental. Precios moderados y servicio cordial.

ℹ Cómo llegar y salir

Desde Ella, los autobuses a localidades como Wellawaya, Bandarawela y Badulla sirven para llegar a los lugares de interés de esta región, pero trae más cuenta alquilar un *tuk-tuk* (aprox. 2200 LKR por una excursión de medio día).

Wellawaya

055 / 4230 HAB.

Excepto por el cercano conjunto escultórico de Buduruwagala, este cruce de caminos no tiene mayor interés. Las llanuras secas que rodean Wellawaya fueron el territorio del antiguo reino cingalés de Ruhunu.

Las carreteras enfilan hacia el norte entre la espectacular brecha de Ella (Ella Gap) hasta las tierras altas, hacia el sur hasta Tissamaharama y la costa, hacia el este hasta la costa, y hacia el oeste hasta Colombo.

Puntos de interés

★ **Buduruwagala** MONUMENTO

(300 LKR; 6.30-18.00) Estos milenarios budas esculpidos en la roca son el principal atractivo turístico de la región. El gigantesco Buda erguido central (de 15 m, el más alto de la isla) aún muestra indicios de su túnica original de estuco, y la larga mancha de color naranja da a entender que en su día estuvo pintado con vivos colores. El remoto yacimiento está 9 km al sur de Wellawaya, accesible por una pintoresca carretera secundaria.

➡ Figuras centrales

De las tres imágenes a la derecha del Buda, la central presumiblemente es la imagen del budismo mahayana de Avalokitesvara (el *bodhisattva* de la misericordia). A la izquierda de esta figura pintada en blanco hay una imagen femenina que, al parecer, es su consorte, Tara. Cuenta una leyenda local que la tercera figura representa al príncipe Sudhana.

➡ Otras figuras

De las tres imágenes que quedan a la izquierda de Buda, la de la corona del centro se cree que es Maitreya, el Buda futuro. A su izquierda se yergue Vajrapani, que sostiene un *vajra* (un símbolo del rayo en forma de reloj de arena), un atípico ejemplo del lado tántrico del budismo de Sri Lanka. La figura de la derecha podría ser Visnú o Sahampath Brahma. Algunas figuras tienen la mano

BADULLA, NUDO DEL TRANSPORTE

Badulla señala el extremo sureste de las tierras altas y es un núcleo de transporte para ir a la costa este. Se trata de una de las localidades más antiguas del país, ocupada fugazmente por los portugueses, que la incendiaron antes de irse. Para los británicos fue un importante centro social, pero más allá de los bonitos jardines y la torre del reloj, los vestigios del pasado (hipódromo y club de críquet incl.) se pierden entre el típico barullo ceilandés. El tren que atraviesa las tierras altas desde Colombo tiene la terminal aquí.

Poquísimos turistas pernoctan en Badulla. Además, en los últimos años, sus pensiones más económicas han adquirido fama de lugares que se alquilan por horas, y en los establecimientos más caros son habituales los banquetes. El **Hotel Onix** (055-222 2090, 055-222 2426; 69 Bandaranayake Mawatha; d con/sin a.a. incl. desayuno 4800/3600 LKR;) es de lo mejorcito.

La mayoría de los ceilandeses que visita Badulla para en el **Muthiyagana Vihara** (cerca de Passara Rd) o en el **Kataragama Devale** (Lower King St).

Autobús

A Colombo hay dos servicios diarios de lujo con aire acondicionado (910 LKR, 6 h, 23.00 y 23.30). La estación queda céntrica (King St). De Badulla salen autobuses frecuentes a los siguientes destinos:

Colombo 330-490 LKR, 6-7 h

Ella 48 LKR, 45 min

Kandy 160-215 LKR, 3 h

Monaragala 118 LKR, 2 h

Nuwara Eliya 120 LKR, 2 h

Tren

El billete de 1ª clase en vagón mirador *(observation class)* cuesta 1000 LKR a cualquier punto entre Badulla y Nanu Oya, y 1250 LKR a cualquier destino más allá de Nanu Oya. El billete en 2ª clase con reserva cuesta 600 LKR.

Hay cinco servicios diarios a Colombo (2ª/3ª clase 370/205 LKR), vía Kandy (2/3ª clase 270/145 LKR).

derecha levantada con dos dedos doblados hacia la palma (un gesto de llamada).

El nombre Buduruwagala procede de las palabras para designar a Buda (Budu), imágenes *(ruva)* y piedra *(gala)*. El conjunto presumiblemente data del s. x y pertenece a la escuela de budismo mahayana, que disfrutó de un breve apogeo en Sri Lanka en aquella época.

A medio camino de la carretera del cruce a las figuras se ha descubierto recientemente una ancestral *stupa*.

➡ Consejos prácticos

Los guías esperan siempre propina. Un *tuk-tuk* desde Wellawaya cuesta unas 700 LKR (ida y vuelta). Algunas personas van a pie (o en bicicleta) desde el cruce de la carretera, un recorrido muy agradable pero quizá demasiado caluroso. El camino de 4 km pasa por una sucesión de lagos. Convienen estar pendiente de la avifauna local, incluidas muchas garcetas y garzas.

Dónde dormir y comer

Little Rose PENSIÓN $

(☎055-567 8360; www.littlerosewellawaya.com; 101 Tissa Rd; incl. desayuno i con/sin a.a. 3000/2000 LKR, d con/sin a.a. 4000/2500 LKR; ❄📶) A 500 m de la estación de autobuses, este es un buen alojamiento económico para continuar viaje al día siguiente. Se trata de una casa de campo situada en un tranquilo entorno rural, rodeada de arrozales y llevada por una acogedora familia. Las 17 habitaciones están bien cuidadas, con mosquiteros, ventiladores (o aire acondicionado) y baños privados. Sirven ricas y económicas comidas.

★ **Jetwing Kaduruketha** HOTEL $$$

(☎055-471 0710; www.jetwinghotels.com; h 112 US$; ❄📶🏊) En un paraje rural 2 km al norte de Wellawaya, este hotel nuevo tiene habitaciones bien equipadas, elegantes y modernas que miran a los arrozales y las tierras altas centrales. Lo único que podría perturbar la paz son los cantos de los pájaros y los pavos reales. A los huéspedes se les facilitan bicicletas gratis. En períodos de poco movimiento, los precios pueden caer a la mitad.

Living Heritage Koslanda HOTEL-BOUTIQUE $$$

(☎077 935 5785; www.koslanda.com; Koslanda; h incl. desayuno 295-395 US$; 📶🏊) 🍃 En medio de una propiedad de 32 Ha con un bosque enmarañado e incluso una cascada, estos bungalós de estilo plantación, tranquilos e impecablemente decorados, fueron construidos por artesanos de la zona con técnicas tradicionales, aunque también se les añadieron unos fabulosos baños al aire libre y *jacuzzis*, más una maravillosa piscina de horizonte infinito. La única pega es que es bastante caro.

ℹ Cómo llegar y salir

Wellawaya es una parada habitual entre las tierras altas y las costas sur y este del país, así que normalmente se encuentra alguna conexión de transporte hasta media tarde. Para ir a Tissamaharama, hay que cambiar en el cruce de Pannegamanuwa (92 LKR). Los autobuses salen en cuanto se llenan.

Badulla (96 LKR; 1½ h; cada 30 min)
Ella (67 LKR; 1 h; cada 30-40min)
Embilipitiya (141 LKR; 2½ h; 5 diarios)
Monaragala (74 LKR; 1 h; cada 20 min)
Tangalla (172 LKR; 3½ h; cada 30 min)

Parque Nacional de Uda Walawe

Limitado por las montañas por su lado norte, el **Parque Nacional de Uda Walawe** (adultos/niños 15/8 US$, cargo de servicio por grupo 8 US$, cargo de vehículo por grupo 250 LKR, más tasas IVA 15%; ⏲6.00-18.00) es uno de los mejores lugares del mundo para ver elefantes salvajes. Poblado principalmente por herbazales y bosque arbustivo, es también uno de los mejores parques nacionales de Sri Lanka para la observación de la fauna, con manadas de elefantes, búfalos salvajes y sambares, y ardillas gigantes.

Los elefantes constituyen la máxima atracción del lugar, con unos 600 ejemplares en manadas de hasta 50. El parque está cercado por una valla a prueba de elefantes, en teoría, para evitar que estos salgan y que el ganado entre. Los mejores momentos para verlos son de 6.30 a 10.00 y de 16.00 a 18.30.

En el parque, que abraza el embalse de Uda Walawe (308,2 km²), no hay mucha vegetación, pero ello ayuda a ver más fácilmente a los animales.

La entrada está en un desvío sito a 12 km de la carretera Ratnapura-Hambantota y a 21 km de Embilipitiya. Los visitantes deben sacar la entrada en un edificio a 2 km por ese desvío. La mayoría de la gente lo visita con un circuito organizado por la pensión u hotel en el que se hospeda, pero también hay todoterrenos que aguardan delante de la puerta (3800 LKR por medio día para hasta ocho personas con conductor). El último acceso es a las 17.00. El precio de la entrada incluye un guía; estos chicos, con vista de halcón para avistar animales, conocen muy bien el parque y su fauna, y esperan una propina.

Además de elefantes, sambares y búfalos salvajes (aunque la mayoría de los búfalos del parque están domesticados), también hay mangostas, chacales, varanos de agua, muchos cocodrilos, osos perezosos y algún que otro leopardo, más 30 variedades de serpientes y muchísima avifauna (210 especies según el último recuento); las migratorias del norte se unen a las residentes entre noviembre y abril.

Puntos de interés

★Elephant Transit Home ZOO

(CP de Silva Rd; adultos/niños 500/250 LKR; ⏲alimentación 9.00, 12.00, 15.00 y 18.00) Financiado por la **Born Free Foundation** (www.bornfree.org.uk), este complejo es una casa de rehabilitación para elefantes huérfanos. Una vez recuperados son devueltos a su hábitat natural, muchos al Parque Nacional de Uda Walawe. Aunque no es posible acercarse demasiado a los elefantes, verlos a la hora de comer (desde una plataforma de observación) es muy divertido. El lugar está en la carretera principal que bordea el embalse, unos 5 km al oeste de la entrada al Parque Nacional de Uda Walawe. Aquí a los elefantes no se les encadena por la noche, a diferencia de otros 'orfanatos' para elefantes de Sri Lanka. Hasta ahora, más de 100 animales han sido rehabilitados y liberados. Lo normal es que haya unos 40 paquidermos jóvenes. Casi todos los operadores de excursiones ofrecen una visita al Elephant Transit Home. Los paneles informativos enseñan todo lo que hay que saber sobres los elefantes y sus antepasados. Conviene evitar ir los fines de semana y festivos, cuando se apelotonan docenas de personas en la plataforma de observación.

Dónde dormir y comer

La oferta de alojamiento en los límites del parque es amplia, pero más cara que en la costa o en las tierras altas. Todos los siguientes alojamientos tienen restaurante.

★Silent Bungalow PENSIÓN $

(☎071 271 8941; fuera de Dakunu Ala Rd, Uda Walawe; h incl. desayuno 1500-3000 LKR; 📶) Buen alojamiento económico en habitaciones sencillas y bastante espaciosas, con ventilador y baño privado con agua fría. Los desayunos, y en realidad todas las comidas, son excelentes. Sudath, el dueño, organiza safaris muy recomendables y a precios moderados, y abundan las posibilidades de compartir gastos con otros huéspedes porque aquí recalan muchos viajeros independientes. Es importante reservar con tiempo. Está por detrás del campamento militar, en el pueblo de Uda Walawe.

Superson Family Guest PENSIÓN $

(☎047-347 5172; 90B CDE Pl, Uda Walawe; i/d 1200/2000 LKR, d con a.a. 3200 LKR; ❄📶) Percy y Mali, una pareja encantadora de lugareños, regenta esta pensión económica con habitaciones limpias, un precioso jardín y buena comida casera. También aconsejan sobre el transporte y organizan safaris; muchos mochileros se hospedan aquí. Los precios son bastante flexibles.

Athgira River Camping CAMPING $$

(☎047-223 3296; www.nilukasafari.com; Mudunmankada Rd; i/d incl. media pensión 70/85 US$; 📶) Campamento de safari a orillas del río con tiendas de lona con baños anexos (agua fría) y camas como es debido (con mosquiteros). Se trata de un lugar muy social donde el agradable personal organiza con frecuencia noches de barbacoa junto al río. Se alquilan bicicletas.

Si se llega en transporte público, hay que apearse en el Elephant Transit Home e ir al Athgira Restaurant, enfrente, donde proporcionan transporte hasta el *camping*.

Elephant Safari Hotel LODGE $$$

(☎047-567 8833; www.elephantsafarihotel.lk; 60 Aloka Mawatha; i/d media pensión 139-232 US$; ❄@🏊) Las enormes casitas de este *lodge*, construidas de adobe y paja, son espaciosas y bastante elegantes, con duchas al aire libre. Sin embargo, la piscina se cierra con frecuencia y el mantenimiento, en general, es

MERECE LA PENA

CASCADAS DIYALUMA

Las **cascadas Diyaluma,** de 171 m, son las terceras más altas de Sri Lanka. El agua se despeña por una escarpadura de la meseta de Koslanda, directamente a una poza. Durante la estación lluviosa son más impresionantes. Las cascadas están 13 km al oeste de Wellawaya; cualquier autobús a Haputale pasa por allí.

Un sendero empinado conduce en 45 min a la parte alta de las cascadas desde cerca del km 207,5 de la carretera A4.

EL AMENAZADO UDA WALAWE

La fauna en el parque de Uda Walawe está amenazada por varias razones, entre ellas la urbanización ilegal y el consecuente pastoreo del ganado, y la utilización de "Hakka Patas", pequeños artefactos explosivos que se camuflan entre la comida y se dejan a orillas del embalse de Uda Walawe para cazar jabalíes, pero que en los últimos años han provocado grandes heridas en algunos elefantes.

Por toda la carretera principal que bordea el parque, las tiendas venden fruta a los motoristas de paso, quienes, a su vez, la ofrecen a los elefantes que se concentran junto a la valla. Dar de comer a los elefantes fomenta su dependencia y merma su temor a los humanos. Esto ocasiona conflictos frecuentes entre hombres y paquidermos; cada año los elefantes matan a unas 50 personas en Sri Lanka y los agricultores, a más de 100 elefantes.

Las vallas que rodean el parque provocan estrés a los elefantes e impiden su desplazamiento hasta los abrevaderos. De hecho, los paquidermos confinados en el parque apenas pueden procurarse el alimento adecuado. Los elefantes prefieren comer hierba, pero como la masa boscosa no para de regenerarse, los pastizales disminuyen.

mejorable, habida cuenta de las tarifas. Está cuesta abajo por una maraña de accidentadas carreteras rurales, pero con buena señalización; el desvío queda un par de kilómetros al oeste de la entrada al parque.

Grand Uda Walawe RESORT **$$$**
(☎047-223 2000; www.grandudawalawe.com; 912 Thanamalwila Rd; i/d incl. media pensión 155/195 US$; ❄📶🏊) Este gran complejo, tipo resort, se expande alrededor de una impresionante zona de piscinas; gusta mucho a los grupos en viaje organizado. Aunque no se integra del todo con el entorno, está gestionado con eficacia y ofrece lujo y confort. Las instalaciones incluyen un gimnasio y una sala de *snooker*.

ℹ Cómo llegar y salir

Se ofrecen circuitos al parque desde Ella, Ratnapura, Tissa y muchas poblaciones turísticas de la costa sur.

Los autobuses que vienen de Embilipitiya (46 LKR, cada 45 min) pasan por la entrada del parque, donde pueden alquilarse todoterrenos para safaris.

La mayoría de los alojamientos baratos está en el pueblecito de Uda Walawe y alrededores. Hay lugares más lujosos en la carretera que va del parque al pueblo de Uda Walawe. Los conductores de los autobuses suelen dejar a la altura del hotel que se desee, pero recuérdese que muchos están al final de polvorientas pistas de tierra.

AUTOBUSES DESDE EMBILIPITIYA

Embilipitiya se utiliza a veces como base para los circuitos al Parque Nacional de Uda Walawe por su situación, solo 23 km al sur de la taquilla del mismo; sin embargo, dada la creciente oferta de alojamientos en torno al propio parque, ya no hay casi motivo para quedarse en esta ajetreada población agrícola.

Desde la estación central de autobuses (A18 Hwy, Embilipitiya) hay autobuses frecuentes a los siguientes destinos:

Matara (142 LKR; 2½ h; cada 20 min)
Ratnapura (166 LKR; 3 h; cada 30 min)
Tangalla (88 LKR; 2 h; cada 30 min)
Uda Walawe (46 LKR; 45 min; cada 30 min)

Reserva Forestal de Sinharaja

La pluvisilva más extensa de las tierras bajas de Sri Lanka es la **Reserva Forestal de Sinharaja** (adultos/niños 644/325 LKR, guía obligatorio por persona desde 1000 LKR, videocámara 560 LKR; ⏲6.30-18.00, taquilla hasta 16.30), un hábitat de gran biodiversidad bordeado por ríos y con una rica fauna que comprende mamíferos raros y muchas aves endémicas. A diferencia de la mayoría de los parques nacionales del país, esta reserva forestal solo es accesible a pie y en compañía de un guardabosque o guía. Casi todos los visitantes establecen su base en las cercanas poblaciones de Deniyaya o Kudawa, donde las oficinas principales del Departamento Forestal venden las entradas.

Como el bosque es muy tupido, la observación de la fauna no resulta aquí tan sencilla como en otras reservas y parques. Un buen guía ayuda, desde luego. Casi todos los días la jungla se envuelve en nubarrones que reabastecen de agua sus oscuros suelos y equilibran los recursos hídricos de buena parte del suroeste de Sri Lanka. La Unesco, para reco-

ATRACTIVOS DE SINHARAJA

Fauna

El carnívoro más grande de la zona es el leopardo. Su presencia solo puede intuirse por las heces y el rastro que deja, pero raras veces se le ve. Los gatos herrumbrosos y los gatos pescadores son más escurridizos aún, si cabe. En la selva se pueden ver sambares, muntiacos comunes y jabalíes. Son habituales las manadas de 10-14 langures de cara púrpura. Hay tres tipos de ardillas: la de la palmera *(Funambulus layardi)*, la de franjas oscuras de la selva *(Funambulus sublineatus)* y la gigante de Sri Lanka *(Ratufa macroura)*. También hay puercoespines y los pangolines, pero casi nunca se ven. Las civetas y mangostas son nocturnas, aunque se podría distinguir alguna escondida entre el follaje durante el día. Se han catalogado seis especies de murciélagos.

Aves

La avifauna es abundante: se han contado hasta 160 especies de aves, entre ellas 19 de las 20 endémicas de Sri Lanka. El bosque es famoso por las vandadas de aves en busca de alimento; es algo que ocurre en muchas partes del mundo, pero la peculiaridad de Sinharaja reside en los largos períodos que esto sucede y en el número de especies que las forman (hasta una docena).

Reptiles

En Sinharaja viven 45 especies de reptiles, 21 de ellas endémicas. Entre las serpientes venenosas están la víbora mocasín verde (arbórea), la mocasín de Sri Lanka y la búngaro, terrestres. Uno de los anfibios que más se encuentra es la rana rugosa, que suele croar de noche.

Flora

En Sinharaja hay muchas flores silvestres. Los árboles alcanzan 45 m de altura, con otra capa forestal más abajo, a 30 m. Prácticamente todos los árboles de debajo de esta última son insólitos o en peligro de extinción. Más del 65% de los 217 tipos de árboles y plantas enredaderas endémicas de la pluvisilva de Sri Lanka se encuentran en Sinharaja.

nocer su importancia en el ecosistema de la isla, la declaró Patrimonio Mundial en 1989.

Hay 22 aldeas en los alrededores de la reserva forestal, a cuyos habitantes se les permite entrar en la zona (en motocicleta) para perforar las palmas y elaborar panela (un dulce duro de color marrón) y melaza, y recoger madera seca y hojas para combustible y la construcción. En ciertas épocas se recogen plantas medicinales. Preocupa más la recogida de junco de Indias, pues hay mucha demanda de mimbre. Además, Sinharaja atrae a buscadores ilegales de piedras preciosas y los agujeros abiertos que dejan en el suelo ponen en peligro a humanos y animales, y causan erosión. También se practica la caza furtiva de animales salvajes.

Historia

En 1840 el bosque pasó a pertenecer a la Corona británica y a partir de entonces se hicieron algunos esfuerzos para su conservación. Sin embargo, en 1971 aparecieron los leñadores y empezaron una tala selectiva. Los árboles autóctonos de hoja caduca talados se sustituyeron por caobas (que no es natural de la zona), se abrieron carreteras y sendas sinuosas en pleno bosque para transportar la madera y se construyó un aserradero. Tras la persistente presión de los ecologistas, el Gobierno ordenó el cese de la explotación forestal en 1977. Se desmanteló toda la maquinaria, las carreteras se cubrieron poco a poco de maleza y Sinharaja se salvó. Gran parte del resto del bosque pluvial de Sri Lanka está en las montañas en un radio de 20 km de la reserva.

Puntos de interés

Aparte de la reserva forestal, la región que bordea Sinharaja encierra algunos templos y cascadas que merece la pena visitar.

Getabaruwa Raja Maha Viharaya — LUGAR BUDISTA

Este magnífico templo rupestre de principios del s. XVII queda al oeste de Kotapola, 11 km al sur de Deniyaya, y comprende un Buda dorado sedente y una pequeña *stupa*. Se llega por una empinada carretera que desemboca en unos escalones.

Templo de Kolawenigama TEMPLO BUDISTA
Situado 6 km al suroeste de Deniyaya, este templo es de modestas proporciones, pero su singular estructura recuerda a la del templo del Diente de Buda en Kandy. Lo construyó el rey Buwanekabahu VII en reconocimiento a la protección que los aldeanos habían hecho de la reliquia. El santuario tiene frescos al estilo de Kandy.

Cascadas Kiruwananaganga CASCADAS
Estas impresionantes cascadas, de las mayores de Sri Lanka (60 m de altura en varios niveles y hasta 60 m de ancho en la estación lluviosa), están 5 km al este de Kotapola, en la carretera de Urubokka. Hay más cascadas en esta zona.

Actividades

Al bosque de Sinharaja solo está permitido entrar en una caminata guiada, ya sea con guías independientes (aguardan en las entradas) o con un circuito organizado. Estos últimos no solo se pueden contratar en Deniyaya y Kudawa, sino que también los ofrecen como excursiones de un día los turoperadores de varias localidades de la costa sur, entre ellas Unawatuna y Galle.

El precio depende de cuántas personas participen, pero lo normal es pagar unos 25 US$ por cabeza por una caminata guiada de medio día.

Como en la reserva puede llover en cualquier momento, es recomendable llevar un impermeable e imprescindible protegerse contra las sanguijuelas.

Dónde dormir y comer

La reserva se puede explorar desde varios puntos, como Kudawa en la costa norte y Deniyaya por el lado sur. Todas las pensiones y hoteles sirven comidas.

CUIDADO CON LAS SANGUIJUELAS

Sinharaja está infestado de sanguijuelas. En la época colonial, los ejércitos británico, neerlandés y portugués las consideraban el peor enemigo del interior del país (por aquel entonces mucho más arbolado); un cronista británico aseguró que las sanguijuelas habían causado más bajas que todos los demás animales juntos. Hoy no hace falta sufrir tanto porque los guías van preparados para evitarlas.

Kudawa y alrededores

Este pueblo es el lugar elegido para quedarse por muchos visitantes con transporte propio. El Departamento Forestal de Kudawa dispone además de algunos bungalós bastante sencillos. Contáctese con la **jefatura del Departamento Forestal** (☎011-286 6633; forest@slt.lk; 82 Rajamalwatte Rd, Battaramulla) en Colombo para más información.

Rock View Motel HOTEL $$
(☎045-567 7990; www.rockviewmotel.com; Rakwana Rd, Weddagala; d/tr incl. desayuno 5250/700 LKR;) Ofrece habitaciones funcionales y bien ventiladas con balcones asomados a colinas del bosque y arbustos de té. Está 2 km al este de Weddagala, con la mejor relación calidad-precio de estos contornos; sin embargo, los fines de semana suelen celebrarse bodas, con el consiguiente barullo.

Blue Magpie Lodge PENSIÓN $$$
(☎077 320 6203; www.bluemagpie.lk; Kudawa; i/d incl. desayuno 80/95 US$;) En un paraje tranquilo a un corto paseo de la entrada del parque, este lugar tiene 12 cabañas rústicas, un poco deterioradas y oscuras, y seis habitaciones modernas más elegantes. Es caro, para lo apartado que queda, pero cuenta con buenos guías forestales y de observación de aves.

Boulder Garden HOTEL-BOUTIQUE $$$
(☎045-225 5812; www.bouldergarden.com; Sinharaja Rd, Koswatta; i/d 188/272 US$;) Para algo muy diferente, nada como este ecoresort de brillante diseño con 10 habitaciones rústicas (dos de ellas en cuevas) construidas entre peñas y arroyos. El restaurante se ubica bajo un enorme saliente rocoso. Está 15 km al noroeste de la entrada a la Reserva Forestal de Sinharaja en Kudawa.

Deniyaya

Si se carece de transporte propio, el pueblecito de Deniyaya es una base práctica y sus alojamientos suelen ofrecer una mejor relación calidad-precio

Deniyaya Rest House HOTEL $
(☎041-227 3600; h 3000 LKR;) Como casi todas las casas de descanso gubernamentales del país, este alojamiento ocupa un lugar privilegiado, con magníficas vistas del campo.

Las habitaciones, grandes pero espartanas, están un poco viejas pero todavía sirven, y hay un bar-restaurante donde se puede hacer recuento de las picaduras de sanguijuela mientras se bebe algo. Está junto a la carretera principal que entra a la localidad de Deniyaya.

★Sinharaja Rain Forest View Villas CABAÑAS **$$**
(☎071 801 0700; http://rainforestviewvillas.com; i/d/tr 25/35/45 US$; 📶) Estas sólidas cabañas de madera son una delicia, con camas de matrimonio, elegantes baños anexos (con agua caliente), porches y vistas a la Reserva Forestal de Sinharaja. Los anfitriones son de lo más amables (pregúnteseles por los circuitos) y la comida es sabrosa. Para la zona en que se encuentra, la relación calidad-precio es buena. Está 6 km al norte de Deniyaya, por varias pistas de tierra.

Sinharaja Rest PENSIÓN **$$**
(☎041-227 3368; www.sinharajarest.com; Temple Rd, Deniyaya; h incl. desayuno 24-40 US$; 📶) En esta pensión se puede aprovechar muy bien el tiempo ya que los hermanos Palitha y Bandula Rathnayaka son guías forestales titulados. Aunque las habitaciones son bastante sencillas, la comida es buena y casera, y hay un bonito jardín privado. Salir un día de excursión a la Reserva Forestal de Sinharaja cuesta 4000 LKR/persona (transporte, guía y almuerzo incl., pero no la entrada al parque). No hace falta ser huésped para apuntarse a las excursiones, y además se puede pasar la noche en unos bungalós del bosque (hay que avisar a la llegada). La misma familia gestiona unos elegantes chalés para cuatro personas (100-120 US$ incl. desayuno) cerca, carretera arriba.

Rainforest Lodge HOTEL **$$**
(☎041-492 0444; www.rainforestlodge-srilanka.de; fuera de Temple Rd, Deniyaya; incl. desayuno i 25-55 LKR, d 44-68 LKR; 📶) En un paraje aislado dentro de una plantación de té, 2 km al oeste de Deniyaya, este hotel ofrece espaciosas pero vulgares habitaciones con baño, con correcta relación calidad-precio. Las vistas incluyen bosque pluvial, arrozales y campos de té, el trío verde perfecto, y sirven buena comida.

Las excursiones al bosque cuestan 4500 LKR/persona o 7000 LKR para dos, que incluyen comida, transporte y los honorarios del guía.

★Rainforest HOTEL-BOUTIQUE **$$$**
(☎Colombo 011-558 8714; www.rainforest-ecolodge.org; i/d incl. desayuno 180/215 US$; 📶) 🍃 En los confines de la reserva de Sinharaja (aquí se dejan ver con frecuencia los rarísimos langures de cara púrpura), este es uno de los hoteles más remotos de Sri Lanka. Las habitaciones, muy originales y con vistas fabulosas, se han creado con contenedores de metal. El personal se ha formado en la comunidad local, el agua procede de manantiales cercanos y se ha puesto en marcha un ambicioso plan de reciclaje. Está 17,5 km al norte de Deniyaya, por una ruta bastante tortuosa.

ℹ Cómo llegar y salir

Hay varios puntos de acceso al parque, pero los más relevantes para el viajero son los que pasan por Kudawa al noreste y por Mederapitiya (accesible desde Deniyaya) al sureste. La entrada por Mederapitiya es la más fácil en transporte público.

AUTOBÚS

Desde Ratnapura salen cuatro servicios diarios a Deniyaya (218 LKR, 5 h) de 6.30 a 14.30. También hay tres diarios a/desde Galle (164 LKR, 3 h).

El viaje a Kudawa puede ser lioso y lento. Desde Ratnapura hay autobuses regulares a Kalawana (68 LKR, 1½ h), y desde allí a Weddagala (4 km antes de Kudawa; 32 LKR, 20 min), donde, por último, se puede transbordar a uno a Kudawa (18 LKR, 15 min).

AUTOMÓVIL

La carretera que pasa por la Hayes Tea Estate, al norte de Deniyaya de camino a Madampe y Balangoda (para Belihul Oya, Haputale o Ratnapura), discurre entre pintorescos paisajes. El recorrido circular desde el norte hasta las entradas al parque por el sur también es bonito, pero lento y fatigoso por el mal estado de las carreteras.

Ratnapura

☎045 / 55 640 HAB.

La ciudad de Ratnapura, bulliciosa y congestionada, recibe a pocos viajeros pero es un famoso centro del comercio de piedras preciosas, muy abundantes en la zona. El forastero que la visite será abordado por vendedores pelmazos dispuestos a encasquetarle como sea una gema (o un trozo de cristal brillante). Ratnapura también es el punto de partida de una de las rutas más antiguas al pico de Adán (p. 178). En cuanto al clima, hay que contar con humedad y chaparrones.

LA CIUDAD DE LAS PIEDRAS PRECIOSAS

Sri Lanka está ligada a las gemas desde la antigüedad (Serendip y Ratna Dweepa, sus antiguos nombres, guardan relación con ellas); Marco Polo ya escribió sobre la extracción de piedras preciosas en 1292. Pero ningún lugar del país se halla más vinculado a esta mercancía que Ratnapura; de hecho, su nombre en sánscrito significa "ciudad de las piedras preciosas". Los ríos que bajan de las tierras altas van cargados de rocas y gravas gemíferas, sobre todo zafiros y rubíes.

La realeza británica ha apreciado desde siempre los zafiros ceilandeses. Las joyas de la corona de la reina Isabel II los llevan incrustados, y príncipe de Gales regaló a Diana Spencer un gran zafiro como anillo de compromiso. La "Estrella de la India", un zafiro de 563 quilates prácticamente sin defectos que se expone el Museum of Natural History de Nueva York, en realidad procede de Sri Lanka.

Puntos de interés

Maha Saman Devale TEMPLO BUDISTA

Situado 4 km al noreste de la ciudad, sobre una loma, este templo budista, con una hermosa sucesión de anchos patios y pabellones encalados con tejados a varias alturas, al estilo de Kandy, es un tesoro arquitectónico digno de visitar. Construido en el s. XIII, el templo fue destruido por los portugueses y reconstruido durante el período neerlandés. El santuario principal está dedicado a Saman y los secundarios, a Buda y Pattini. Un *tuk-tuk* desde Ratnapura cuesta unas 250 LKR.

La fiesta mayor es una *perahera* durante la *poya* de Esala (jul/ago).

Museo Gemológico MUSEO

(☎045-223 0320; 6 Ehelepola Mawatha; ⏰9.00-17.00 ma-sa) GRATIS Un gemólogo del lugar abrió al público esta impresionante colección privada de piedras preciosas (además de cuarzo, fósiles y objetos), que ilustra bien sobre la minería de gemas en Sri Lanka. Es cierto que en el lugar se venden piedras preciosas, pero sin insistencia. También hay un pequeño café. Está 2,5 km al suroeste del centro urbano, por la carretera A4.

Dónde dormir y comer

Hotel Gem Land PENSIÓN $

(☎076 696 6533; www.rohangems.com/hotelgemland; 12 Mudduwa Rd; h con ventilador/a.a. 17/29 US$; ❄📶) Apartada del barullo del centro, esta pensión ofrece habitaciones funcionales con sólidas camas, muebles de madera y, algunas, balcón. La comida está bien (nunca se come a solas porque el cálao de la casa hace compañía) y hay un billar. El personal parece que disfruta con su trabajo y ayuda a los huéspedes en la organización del viaje y los circuitos para ver piedras preciosas.

Ratna Gem Halt PENSIÓN $

(☎045-222 3745; www.ratnapura-online.com; 153/5 Outer Circular Rd; h con ventilador/a.a. desde 1250/3000 LKR; ❄📶) La bienvenida es calurosa en esta pensión familiar del norte de la ciudad con ocho habitaciones, buena comida ceilandesa y bonitas vistas de los arrozales (las más baratas no tienen agua caliente ni vistas). La regenta un tratante en gemas que, además, imparte **cursos de gemología** (por día 4000 LKR) y organiza excursiones a las minas y mercados de gemas, y a parques y cascadas de la zona.

De compras

Oficina, museo y laboratorio de gemas de Ratnapura JOYAS

(☎045-222 2469; Pothgulvihara Mawatha; ⏰9.00-16.00) Un lugar de confianza en el que comprar gemas sin excesiva presión, con una buena muestra de minerales y piedras preciosas de la zona, así como información sobre su extracción y pulimentado. La carrera en *tuk-tuk* desde el centro de la ciudad cuesta unas 400 LKR (ida y vuelta, espera incl.).

Cómo llegar y salir

Ratnapura está bien comunicada por carretera con Colombo, pero no por tren.

La estación de autobuses queda céntrica. Para las localidades turísticas de la costa oeste como Hikkaduwa, lo mejor es ir vía Kalutara.

Algunos servicios:

Colombo (175 LKR; 3 h; cada 15 min)
Deniyaya (228 LKR; 5 h; 4 diarios)
Haputale (167 LKR; 3 h; cada 30 min)
Kalutara (182 LKR; 3 h; cada hora)
Kandy (203 LKR; 4 h; cada hora)
Matara (278 LKR; 6-7 h; 3 diarios)

Las ciudades antiguas

Incluye »

Los mejores restaurantes

- Sanctuary at Tissawewa (p. 240)
- Hotel Shalini (p. 240)
- Traditional Foods Sales Centre (p. 215)

Los mejores alojamientos

- Rice Villa Retreat (p. 229)
- Sigiri Lion Lodge (p. 219)
- Jim's Farm Villas (p. 211)
- Ulagalla (p. 239)
- Sanctuary at Tissawewa (p. 239)

Por qué ir

Templos desmoronados, ciudades perdidas y emplazamientos budistas sagrados son los grandes atractivos del corazón cultural de Sri Lanka. Fue en las cálidas llanuras centrales donde las antiguas dinastías cingalesas fundaron sus primeras capitales y fomentaron enormes iniciativas artísticas y arquitectónicas. Con el tiempo, estos reinos fenecieron y fueron progresivamente engullidos por la jungla.

Los arqueólogos hace más de un siglo que tratan de desentrañar las muchas etapas de la historia de este boscoso paisaje. La fortaleza de la Roca de Sigiriya, las monumentales *dagobas* de Anuradhapura y las excelsas tallas de Polonnaruwa son solo algunos de sus tesoros nacionales. Premiado con cuatro lugares Patrimonio Mundial, este "triángulo cultural" es un edén para los arqueólogos e historiadores en ciernes.

Aparte de las ruinas, conviene dedicar un tiempo también a los parques nacionales (un hervidero de elefantes y fascinante vida aviar) y visitar, al menos, un templo perdido.

Cuándo ir

Dambulla

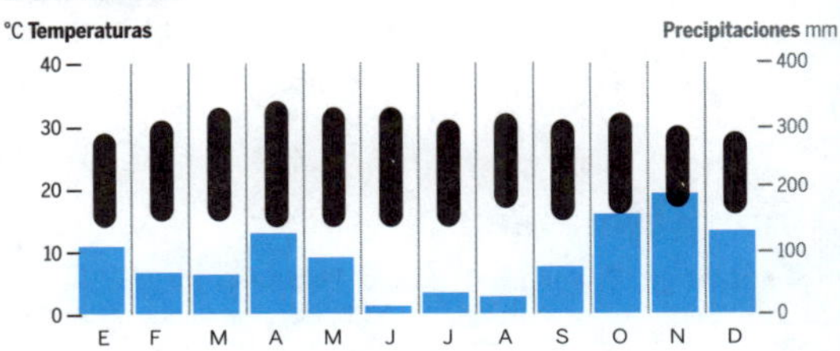

Jun En Mihintale se celebra a lo grande la Poson Poya, la luna llena de junio.

May-sep El Parque Nacional de Minneriya, céntrico y accesible, se llena de elefantes.

Nov La Unduvap Poya de Anuradhapura conmemora la llegada del sagrado árbol de Bodhi.

Imprescindible

1 Abhayagiri Dagoba (p. 235) Sentirse diminuto ante las épicas dimensiones de la antigua capital de Anuradhapura.

2 Sigiriya (p. 216) Escalar la gran roca para disfrutar de vistas sensacionales, murales extraordinarios y unas ruinas fascinantes.

3 Polonnaruwa (p. 222) Admirar los exquisitos templos y Budas entre los restos de este antiguo baluarte cingalés.

4 Minneriya (p. 230) Ver elefantes, cocodrilos y aves a orillas de lagos y en plena jungla.

5 Templos rupestres de Dambulla (p. 212) Maravillarse ante algunos de los murales e imágenes budistas más imponentes del país.

6 Ridi Vihara (p. 245) Salirse de las rutas trilladas en este enclave apenas visitado.

7 Mihintale (p. 241) Remontar la monumental escalera que lleva a las *stupas* y miradores en donde arraigó el budismo en la isla.

Matale

☎066 / 46 000 HAB.

Esta ciudad de provincias se asienta en un amplio y fértil valle a 300 m de altura en el corazón de la isla. Matale es una extensión de edificios con un poco tentador y congestionado sistema de calles de sentido único. Sin embargo, la carretera que sale al norte está flanqueada por decenas de plantaciones de vainilla, caucho, *cinchona*, guanábanos, cacao y cardamomo, abiertas a las visitas. La zona también es famosa por su *kohila* (un tipo de berro) y unas guindillas no tan picantes. El histórico emplazamiento budista de Aluvihara, al norte de Matale, también merece una visita.

Puntos de interés

Aluvihara MONASTERIO BUDISTA

(250 LKR; 7.00-18.00) Situado en la falda de las montañas, entre gigantescos riscos, este monasterio es un enclave discreto pero fascinante, con un encantador conjunto de grutas budistas, pinturas religiosas y *stupas* aquí y allá. Está 3 km al norte de Matele, por un desvío de la carretera principal.

Cuenta la leyenda que un gigante usaba tres de las enormes piedras de la base para cocinar encima, y el nombre Aluvihara (monasterio de la Ceniza) haría referencia a ello.

Sri Muthumariamman Thevasthanam TEMPLO HINDUISTA

(exterior/interior 100/250 LKR; 7.00-12.00 y 16.30-19.30) Al norte de la parada de autobús a Kandy (en el extremo norte de la ciudad), se alza este interesante templo hinduista al estilo del sur de la India. Un par de cocheras a un costado albergan cinco enormes y coloridos carros ceremoniales que los devotos pasean por Matale durante la fiesta de Theru (feb/mar).

Dónde dormir y comer

Aunque no hay ningún gran motivo para quedarse en Matale (Kandy está a solo 1 h), la ciudad tiene un par de alojamientos correctos.

Sesatha Hotel PENSIÓN $$

(☎066-205 7080; h.sesatha@gmail.com; 40 Kohombiliwela Rd; d 4500-5500 LKR;) Elegante, moderno y con vistas de los arrozales desde los balcones de sus cinco habitaciones, esta pensión posee un delicioso jardín salpicado de palmeras y presidido por las mesas del restaurante. Tiene fama como lugar de celebración de bodas, muy a lo Bollywood. Está 1,5 km al sur de la población, a unos 200 m de la carretera principal, fácil de pasar por alto.

★ **Jim's Farm Villas** GRANJA $$$

(☎077 782 8395; www.jimsfarmvillas.com; i/d/tr 130/160/195 US$;) En las verdes colinas al norte de Matale, a 450 m de altura y entre la niebla, en esta granja ecológica y sostenible, propiedad de un inglés, se cultivan cocos, mangos, plátanos y papayas. Las 14 habitaciones (divididas entre tres villas) son preciosas, con atractivos muebles de madera, sábanas de algodón egipcio, un *spa* y generosas terrazas o galerías.

La comida (10-20 US$) es excepcional, además de una buena excusa para conocer gente. Queda 20 km al norte de la ciudad, a 3 km por un desvío desde la carretera principal al oeste de Madawala Ulpotha.

A&C Restaurant CEILANDESA $$$

(☎072 367 4501; 3/5 Sir Richard Aluvihara Mawatha; principales 900 LKR; 11.00-15.00) Para algo de más categoría que el local de arroz con curri medio, aquí sorprenden con deliciosas y variadas comidas patrias.

Cómo llegar y salir

Los autobuses nº 593 y 636 cubren el trayecto Kandy-Matale (normal/microbús 50/80 LKR, 1½ h) cada 10 min. Los autobuses a Dambulla o Anuradhapura dejan en Aluvihara (10 LKR) y en los jardines de especias.

Hay cinco trenes diarios entre Matale y Kandy (3ª clase 25 LKR, 1½ h), y los sábados y lunes, uno directo a Colombo (3/2ª clase 125/220 LKR, 4½ h) a las 6.40. La estación está en el límite oriental del centro urbano.

Nalanda Gedige

En una localización maravillosamente serena junto a un *wewa* (embalse), este venerable **templo** (7.00-17.00) GRATIS al estilo del sur de la India, es una buena parada (si se conduce) entre Dambulla y Kandy. Consta de un vestíbulo unido a un *shikara* (sagrario), más alto, con un patio para la circunvalación. No obstante, no hay ni rastro de dioses hinduistas y, al parecer, el templo fue usado por los budistas.

Las paredes (es una de las construcciones de piedra más antiguas de Sri Lanka), profusamente decoradas, se levantaron a partir de sus propias ruinas en 1975; las originales se

INDISPENSABLE

JARDINES DE ESPECIAS

La carretera A9 entre Matale y Dambulla es famosa por sus jardines de especias: hay más de 30 por todo el recorrido. Todos ofrecen visitas gratis con un guía que explica en inglés los beneficios y las propiedades de las hierbas, especias y plantas como el cacao, la vainilla, la canela, el clavo, el cilantro, el café, la nuez moscada, la pimienta, el cardamomo, el aloe vera, el *iriweriya (tulsi)* y la jena.

Casi todo el mundo disfruta de las visitas y le resultan educativas, pero antes o después se desemboca en la tienda de regalos, con precios caros y vendedores bastante insistentes.

Euphoria Spice & Herbal (☎077 270 9107; www.euphoriaspice.com; Madawala Ulpotha; ⏲8.30-16.00) Ofrece visitas guiadas muy detalladas por su jardín de especias y tiene una tienda con cremas, pociones y lociones prácticamente para todo, desde el insomnio hasta la falta de deseo sexual. El personal es agradable, hay restaurantes y también se hacen demostraciones de cocina. Está 15 km al norte de Matale por la carretera de Dambulla.

Heritage Spice & Herbs Garden (☎066-205 5150; 130 Center Land, Madawala Ulpotha; ⏲8.00-17.00) Estos especialistas en especias, con su atractivo y sombrío jardín, ofrecen visitas informativas y cuentan con un café donde poder picar algo. Está unos 15 km al norte de Matale.

supone que datan de los ss. VIII-XI. El plinto presenta tallas tántricas con poses sexuales (las únicas esculturas de este tipo en el país), pero están muy erosionadas.

El templo está unos 25 km al norte de Matale y 20 km antes de Dambulla, 1 km al este de la carretera principal; búsquese el cartel cerca del km 49 de la carretera. Los autobuses de Anuradhapura a Kandy o Matale pueden parar en el desvío.

Dambulla

☎066 / 72 500 HAB.

El famoso templo real de la Roca de Dambulla es todo un símbolo de Sri Lanka: antes de llegar, el viajero habrá visto en repetidas ocasiones su espectacular interior repleto de imágenes de Buda.

A pesar de su ambiente algo comercial, sería un pecado perdérselo.

En cambio, la ciudad de Dambulla, uno de los mayores mercados al por mayor de Sri Lanka, no tiene ningún interés. Se recomienda planear la visita al templo en una excursión de un día desde Kandy o Sigiriya, localidades más tranquilas.

Puntos de interés y actividades

Recientemente, dos grupos monásticos se han disputado el control de las cuevas de Dambulla, lo que ha provocado el traslado de la **taquilla** (⏲7.00-17.00) del Templo Dorado a una ubicación poco práctica y mal señalizada, 1 km al oeste de la carretera principal, en la zona sur de la ladera que conduce a los templos. Lo más fácil es tomar un *tuk-tuk* para sacar la entrada, acometer la subida de 20 min hasta los templos rupestres por un sendero secundario que parte de allí y, luego, bajar hacia la escalera principal del Templo Dorado, en la carretera principal.

★Templos rupestres TEMPLO BUDISTA
(adultos/niños 10/5 US$; ⏲7.00-18.00) El complejo del templo real de la Roca se encuentra 160 m por encima de la carretera, al sur de Dambulla. Cinco cuevas separadas contienen unas 150 figuras y pinturas de Buda impresionantes, una de las manifestaciones de arte religioso más destacadas del país. Las más antiguas son de hace unos 2000 años, y con el paso de los siglos los sucesivos reyes han contribuido a la colección.

Desde las cuevas hay unas espléndidas vistas campestres que alcanzan hasta Sigiriya, a 20 km.

Se cree que Dambulla ha sido un lugar de culto desde el s. I a.C., cuando el rey Valagamba (también conocido como Vattagamani Abhaya) se refugió aquí tras ser expulsado de Anuradhapura. Cuando recuperó el trono, hizo que se tallaran magníficos templos en el interior de las cuevas. Tras él otros reyes hicieron sus aportaciones, entre ellos Nissanka Malla, que mandó que se dorara el interior

Dambulla

de las cuevas, con lo que el lugar adquirió el nombre de Ran Giri (roca dorada).

Este proceso de retoques y aportaciones prosiguió hasta el s. xx. Sin embargo, el efecto general es sorprendentemente coherente.

➡ Cueva I (Devaraja Viharaya)

La primera cueva, el templo del Rey de los Dioses, presenta un Buda reclinado de 15 m de longitud. Muy cerca están representados Ananda, el fiel discípulo de Buda, y otros budas sedentes. También hay una estatua de Visnú en un pequeño santuario, dentro de la cueva, pero suele estar cerrado.

Dambulla

Principales puntos de interés
1 Templos rupestres A4

Puntos de interés
Cueva I (Devaraja Viharaya).... (véase 1)
Cueva II (Maharaja Viharaya).. (véase 1)
Cueva III (Maha Alut Viharaya) (véase 1)
Cueva IV (Pachima Viharaya) . (véase 1)
C. V (Devana Alut Viharaya) .... (véase 1)
2 Mercado de abastos de Dambulla B3
3 Templo Dorado B4
4 Museo de las Pinturas al Fresco B5

Dónde dormir
5 Dambulla Heritage Resthouse B4
6 Sundaras B5

Dónde comer
Dambulla Heritage Resthouse Restaurant ....(véase 5)
7 Mango Mango A1

➡ Cueva II (Maharaja Viharaya)

Posiblemente el templo del Gran Rey sea la más espectacular de las cuevas. Mide 52 m de este a oeste y 23 m desde la entrada hasta la pared trasera; el techo, en su punto más alto, está a 7 m. El nombre de la cueva se debe a las dos estatuas de reyes que alberga. A la izquierda, según se entra, hay una imagen de madera policromada de Valagamba, y otra de Nissanka Malla en el interior. El Buda principal, que en su tiempo estaría cubierta de pan de oro, se encuentra bajo un *makara torana* (arco decorado con dragones), y tiene la mano derecha levantada en la *abhaya mudra* (posición de protección). También están representadas las deidades hinduistas. Un tanque en el interior de la cueva recoge el agua que cae constantemente del techo del templo (incluso en meses de sequía), usado en los ritos sagrados.

➡ Cueva III (Maha Alut Viharaya)

Se dice que esta cueva, el Gran Templo Nuevo, es obra del rey Kirti Sri Rajasinghe, uno de los últimos monarcas de Kandy, que en el s. xviii adaptó lo que antes era un almacén. También está lleno de imágenes de Buda, entre ellas un bonito Buda reclinado, y está separado de la cueva II por una pared de obra.

➡ Cueva IV (Pachima Viharaya)

La cueva del Oeste, relativamente pequeña, no es la más occidental del conjunto (lo es la cueva V). El Buda del centro está sentado bajo un *makara torana,* con las manos en la *dhyana mudra* (pose meditativa en la que las manos forman un cuenco). La pequeña *dagoba* central fue reventada por algún ladrón que pensó que contenía joyas de la reina Somawathie.

➡ **Cueva V (Devana Alut Viharaya)**

Esta cueva más reciente se usó en su tiempo como almacén, pero ahora se llama Segundo Templo Nuevo. Contiene un Buda reclinado, además de deidades hinduistas como Kataragama (Murugan) y Visnú.

Museo de las Pinturas al Fresco MUSEO

(adultos/niños 300/150 LKR; ⊙8.00-16.00) Situado 500 m al sur del aparcamiento principal de las cuevas, sus muestras (rotuladas en inglés) son una buena introducción a las pinturas ceilandesas sobre pared (desde rupestres hasta obras del s. XVIII), pero la mala calidad de las reproducciones no inspira el entusiasmo que merece el tema.

Mercado de abastos de Dambulla MERCADO

(Matale Rd; ⊙12.00-3.00) Este enorme mercado al por mayor, al sur del centro, es un fascinante escaparate de la enorme variedad de alimentos cultivados en Sri Lanka. Lo que cargan con tanta energía en los carros (cuidado con no meterse en medio) se venderá en Colombo al día siguiente.

Templo Dorado TEMPLO BUDISTA

(www.goldentemple.lk; ⊙amanecer-anochecer) GRATIS Al pie de la colina de los templos rupestres se halla este templo moderno, una estructura de aire *kitsch* con un museo budista incorporado, terminada en el 2000 con donaciones japonesas. En lo alto del edificio en forma de cubo hay un Buda dorado en la *dhammachakka mudra* (pose de girar la rueda) y un enorme rótulo de neón.

Lanka Ballooning VUELOS EN GLOBO

(☎077 472 7700; www.srilankaballooning.com; adultos/niños 210/160 US$; ⊙nov-abr) Operador de confianza que organiza vuelos en globo de 1 h al alba sobre la zona del lago Kandalama. Se verá Sigiriya a lo lejos y, con suerte, también elefantes. No se admiten menores de 7 años; a partir de 13 años se paga la tarifa completa.

Dónde dormir

Los ruidosos camiones que recorren la carretera A9, que atraviesa Dambulla por el centro, pasan de día y de noche, lo que hay que tener en cuenta a la hora de elegir una habitación.

La mayoría de las pensiones está en las inmediaciones de los templos rupestres; los resorts de categoría, en cambio, se esparcen por la verde campiña, a orillas del lago Kandalama, para lo cual es preciso disponer de un vehículo o depender de los *tuk-tuks*.

Dambulla Heritage Resthouse HOTEL HISTÓRICO $$

(☎066-228 4799; www.chcresthouses.com; Kandy Rd; i/d/tr 38/45/54 US$; ❄📶) Hoy premiada con el título de propiedad histórica, esta antigua casa de descanso gubernamental dispone de cuatro habitaciones elegantes, que evocan la época colonial con su mobiliario de madera oscura y refinados tejidos. También cuenta con un estupendo café-restaurante, pero es una pena que esté pegada a la transitada carretera, con un tráfico que no da tregua.

Sundaras RESORT $$$

(☎072 708 6000; www.sundaras.com; 189 Kandy Rd; h incl. desayuno 75-85 US$; ❄📶🏊) Vistoso resort de precio medio a un corto paseo de las cuevas y el museo. El recinto no es lo que se dice espacioso, pero el personal se esmera por complacer y todas las habitaciones, perfectamente equipadas, tienen balcones con vistas a la piscina y a su barra de bar en el agua.

Lake Lodge HOTEL-BOUTIQUE $$$

(☎066-205 2500; www.lakelodgekandalama.com; 16 Division, Wewa Rd, Kandalama; i/d incl. desayuno desde 190/230 US$; ❄📶🏊) Hotel de 12 habitaciones que, si bien carece de la magnitud de los resorts de Kandalama, compensa con un servicio personalizado. Las estancias son modernas y están aireadas; las de la planta superior, más lujosas, gozan de estupendas vistas de la puesta de sol sobre la cubierta forestal. La dirección es francesa, sinónimo de buenos café y comida. Otro aliciente son las cenas románticas a la luz de las velas junto a la piscina.

Kalundewa Retreat HOTEL $$$

(☎077 520 5475; www.kalundewaretreat.com; Kalundewa Rd; h 270-655 US$; ❄@📶🏊) Es impresionante el cuidado al detalle que prestan en este hotel de seis suites con suelos de cemento pulimentado, arte moderno y sofisticados muebles de madera que se funden a la perfección con los cercanos arrozales y estanques. Una experiencia maravillosamente exclusiva en la que solo el canto de los pájaros perturba la paz.

Amaya Lake RESORT $$$

(☎066-446 1500; www.amayaresorts.com; h 180-290 US$; ❄@📶🏊) Complejo provisto de un centenar de estilosas villas dispuestas por un espléndido recinto ajardinado en la orilla norte del lago Kandalama. Su envergadura es muy del gusto de quienes ansían una auténtica experiencia de resort, con instalaciones extraordinarias (pistas de tenis, una preciosa piscina y *spa* incl.), espectáculos nocturnos y banquetes tipo bufé. Está 9 km al noreste de Dambulla.

Arika Boutique Villa HOTEL-BOUTIQUE **$$$**
(☎066-493 5045; www.arikavillas.com; 40th Mile Post, Puwakattawala Rd; h incl. desayuno 220 US$;) Hotelito a la última con habitaciones espaciosas y sofisticadas, cuatro de ellas con balcones que se asoman a un arroyo; las mejores son las del piso de arriba, con techos altos. Eso sí, resulta excesivamente caro a menos que se consiga una oferta en línea (con suerte 80 US$). Queda 9 km al sur de Dambulla, junto a Kandy Rd.

Heritance Kandalama Hotel RESORT **$$$**
(☎066-555 5000; www.heritancehotels.com; Kandalama Wewa; i/d incl. desayuno desde 335/395 US$;) Es uno de los hoteles más emblemáticos de Sri Lanka, diseñado por el reputado arquitecto Geoffrey Bawa. Su voluminoso edificio, integrado por 124 habitaciones, emerge de entre el bosque cual ciudad perdida, con paredes y tejados cubiertos de enredaderas. Las luminosas habitaciones están perfectamente equipadas y, además, hay una piscina infinita con vistas al Kandalama Wewa.

Dónde comer

Al norte de la céntrica zona de la torre del reloj hay un par de lugares buenos para comer.

★Traditional Foods Sales Centre CEILANDESA **$**
(A6 Hwy; tentempiés 20-100 LKR; 7.00-19.00) Concebido con el fin de preservar las tradiciones culinarias locales, este puesto gubernamental es para los viajeros como un rito de iniciación a la gastronomía regional. Hay que probar un trocito de *pittu* (pastelito de flor de arroz al vapor, con salsa), seguido de una *narang kewum* (bola frita de coco y miel), todo ello regado con un té de flor de *belimal*. Precios tirados.

Mango Mango INTERNACIONAL **$$**
(Anuradhapura Rd; principales 400-900 LKR; café 7.00-22.00, comidas 11.00-15.00 y 18.00-22.00) Sofisticada y moderna cafetería-restaurante con buen café y tartas, así como una variada gama de platos occidentales y empanadas chinas. Está bien para darse un respiro a la dieta local, con menús para la cena que salen muy a cuenta (300-490 LKR).

ENTRADAS PARA EL TRIÁNGULO CULTURAL

Para visitar los lugares más importantes del "triángulo cultural" se necesita pagar entrada, y también para algunos de menor entidad. La mayoría está gestionados por la Central Cultural Fund (CCF), que tiene una buena web (www.ccf.gov.lk).

Las entradas para los principales yacimientos son caras y valen para un día:

Anuradhapura 25 US$

Aukana 6,60 US$

Dambulla 10 US$

Mihintale 3,30 US$

Polonnaruwa 25 US$

Sigiriya 30 US$

Dambulla Heritage Resthouse Restaurant INTERNACIONAL **$$**
(Kandy Rd; principales 300-800 LKR; 7.00-22.00;) Café-restaurante bonito, con fotografías en blanco y negro y mobiliario de época, muy indicado para beber algo o disfrutar de platos como pollo a la cazuela y pescado de lago. Además, tiene una buena selección de vinos y una agradable terraza.

Cómo llegar y salir

Dambulla está 72 km al norte de Kandy, en la carretera de Anuradhapura. El cruce con la carretera Colombo-Trincomalee (A6) está en el centro.

La estación de trenes más próxima es la de Habarana, 23 km al norte. Hay frecuentes servicios locales que van de la terminal de autobuses a Kurunegala, Matale y Sigiriya (30 LKR, 45 min, cada 45 min).

Para otros destinos, habrá que subirse a un autobús y confiar en que haya un asiento libre. Los servicios a Kandy paran delante de la terminal; los que van a Anuradhapura (88 LKR, 2 h), Habarana y Sigiriya, al norte de la torre del reloj; y los que van a Colombo, al suroeste de esta.

Colombo 150 LKR, 5 h, cada 30 min

Kandy 100 LKR, 2 h, cada 30 min

Polonnaruwa 78 LKR, 1¾ h, cada 45 min

Una carrera en *tuk-tuk* por la ciudad cuesta 100-150 LKR.

MERECE LA PENA

BUDA DE AUKANA

Según la leyenda, la formidable estatua de 12 m de altura del **Buda de Aukana** (adultos/niños 1000/500 LKR; ⏲24 h) fue esculpida durante el reinado de Dhatusena, en el s. v, aunque hay quien sostiene que data del s. xii o xiii. Aukana significa "el devorador de sol", y el mejor momento para verlo es al alba, cuando los primeros rayos alumbran los magistrales rasgos de la enorme estatua.

Obsérvese que, aunque la imagen mantiene un mínimo contacto por detrás con la pared de roca de la que salió, el plinto en forma de loto sobre el que descansa es una pieza independiente. Su pose, de *ashiva mudra*, significa bendiciones, mientras que la llama sobre su cabeza representa el poder de la iluminación total.

No hay que perderse el estanque de nenúfares situado detrás de la *stupa* blanca, en la linde del recinto.

Hay que vestir pantalón largo o un *sarong;* la taquilla está al final del pronunciado primer tramo de escaleras. Cerca del aparcamiento hay un par de vendedores ambulantes de bebidas.

La estatua está a 800 m del pueblo de Aukana. Los autobuses entre Dambulla y Anuradhapura paran en Kekirawa (30 LKR, 30 min, cada 30 min), de donde cada 30 min salen autobuses locales que cubren los 19 km restantes hasta Aukana (40 LKR, nº 548). Un *tuk-tuk* de Kekirawa a Aukana cuesta 900 LKR (espera incl.).

Aukana está en la línea ferroviaria Colombo-Trincomalee, pero solo cuatro trenes diarios paran en la estación, a 1 km de la imagen.

Sigiriya

☎066 / 1800 HAB.

Limpia desde las llanuras centrales, la enigmática roca de Sigiriya quizá sea la estampa más espectacular de Sri Lanka. Sus paredes casi verticales se elevan hasta una cima llana que contiene las ruinas de una civilización antigua que en su día probablemente fuera el epicentro del efímero reino de Kassapa, y las vistas de los bosques sumergidos en la niebla a primera hora de la mañana resultan impresionantes.

Sigiriya se niega a revelar sus secretos fácilmente, y primero habrá que ascender una serie de vertiginosas escaleras pegadas a las escarpadas paredes. Por el camino se verán notables frescos y un par de colosales zarpas del león talladas en la roca. El paisaje circundante, con fosos cubiertos de lirios, jardines acuáticos y silenciosos santuarios, no hacen más que aumentar el encanto del lugar.

Historia

Las numerosas cuevas y salientes de la roca de Sigiriya, a la que durante siglos se han hecho numerosos añadidos y modificaciones, hacen pensar que el lugar quizá estuviera habitado ya en la Prehistoria.

La teoría histórica más aceptada es que el lugar acogió a la realeza y tuvo un uso militar durante el reinado de Kasyapa [477-495], que construyó un jardín y un palacio en la cúspide. De acuerdo con esta suposición, el rey Kasyapa quería una nueva residencia imposible de asaltar después de derrocar y asesinar a su propio padre, el rey Dhatusena de Anuradhapura. Tras 16 años de reinado, Kasyapa perecería a manos de su vengativo hermanastro.

Tras el s. xiv el complejo quedó abandonado. El arqueólogo británico H. C. P. Bell redescubrió las ruinas en 1898 y fueron más excavadas por el también británico John Still en 1907.

Sigiriya fue declarado Patrimonio Mundial por la Unesco en 1982.

Puntos de interés

Sigiriya (www.ccf.gov.lk/sigiriya.htm; adultos/niños 30/15 US$; ⏲entradas 7.00-17.30) es un yacimiento arqueológico, no un enclave sagrado, de modo que no hay inconveniente en llevar pantalones cortos y camiseta de tirantes. La visita lleva al menos media jornada.

Para evitar las sofocantes temperaturas y el grueso del gentío, conviene llegar lo antes posible. Lo mejor es empezar por la roca, con lo que el ascenso se acometerá con cierto fresquito, y continuar luego por los jardines y el museo. La angosta escalera se abarrota especialmente pasadas las 9.30. Hay tramos escar-

Sigiriya

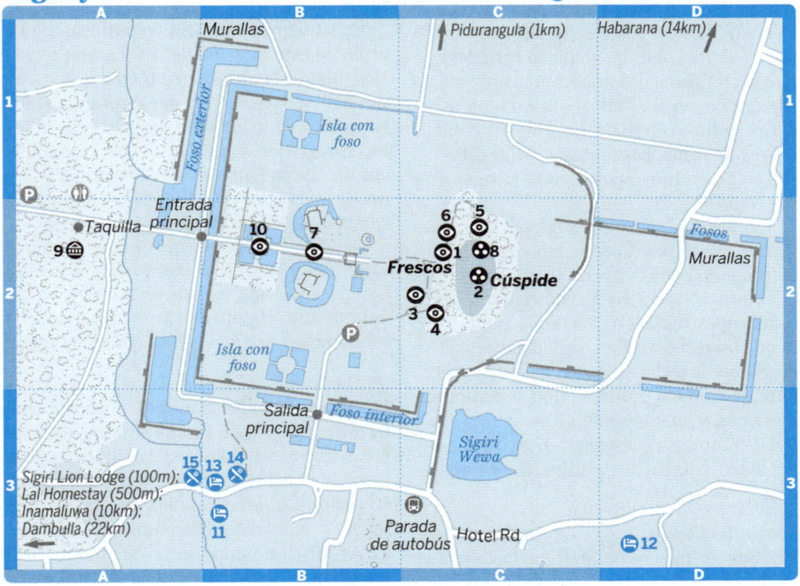

pados, así que quien no esté en forma puede tener dificultades. Arriba no hay sombra, por lo que se necesita un sombrero y agua.

En julio y agosto, hay que ir con cuidado con las avispas, que construyen sus nidos en la cara de la roca.

Jardines reales JARDINES

La base de la roca de Sigiriya la ocupa una bonita zona de jardines acuáticos, parterres en terrazas y peñascos naturales que en su día acogieron santuarios budistas. Es un lugar muy bello, ideal para explorar lejos de las multitudes.

Desde la entrada principal se pasa al lado de un conjunto de **jardines acuáticos** simétricos que se extienden hasta la base de la roca, con pozas donde bañarse e islitas con pabellones utilizados antiguamente como palacios, y más parterres.

Una escalera asciende entre los jardines en terraza hacia la cara occidental de la roca, antes de acometer el pronunciado ascenso final.

Los encantadores **jardines de piedras,** más cerca de la roca (como mejor se aprecian es de bajada), se componen de piedras otrora pertenecientes a los cimientos de los monasterios. Las depresiones a los lados de las piedras, a modo de escalones, servían de base para las paredes de ladrillo y las columnas de madera. La cisterna y el salón de audiencias son impresionantes, y todo el recinto, en conjunto, es muy divertido de explorar.

Sigiriya

Principales puntos de interés
1 Frescos C2
2 Cúspide C2

Puntos de interés
3 Jardines de piedras C2
4 Cueva de la Capucha de la Cobra C2
5 Zarpas del león C2
6 Pared del Espejo C2
7 Jardines reales B2
8 Sigiriya C2
9 Museo de Sigiriya A2
10 Jardines acuáticos B2

Dónde dormir
11 Flower Inn B3
12 Hotel Sigiriya D3
13 Nilmini Lodge B3
River Retreat Homestay .... (véase 11)

Dónde comer
14 Chooti B3
15 Rasta Rant A3

★ Frescos ENCLAVE HISTÓRICO

A medio camino del ascenso aparece una escalera de caracol abierta que lleva hasta una larga galería cubierta, en plena roca. Se cree que las pinturas de exuberantes mujeres de cintura de avispa representan o bien a *apsaras* (ninfas celestiales) o a las concubinas del rey Kasyapa. Las pinturas, protegidas del sol, están en muy buen estado y conservan sus colores.

Teorías más recientes sugieren que estas figuras femeninas representan a Tara, *bodhisattva* y una de las figuras más importantes del budismo tántrico. Recuerdan a las pinturas rupestres de Ajanta, en la India, pero tienen un estilo realista clásico particular. Se desconoce la fecha exacta en que se pintaron, aunque es poco probable que se remonten hasta el s. V (cuando reinó Kasyapa).

Las pinturas se aprecian mejor con la luz del atardecer. No se permite hacer fotografías.

Pared del Espejo ENCLAVE HISTÓRICO

Pasados los frescos de Sigiriya, la subida se aferra a la pared de la roca y queda protegido del exterior por una pared de 3 m de altura. Esta última estaba cubierta de una lisa capa de barniz sobre el que, al parecer, los visitantes sentían la imperiosa necesidad de inmortalizar sus impresiones acerca de las mujeres de la galería superior. Las inscripciones datan de los ss. VI-XIV.

Habrá que buscar mucho entre la mugre más reciente para ver mensajes antiguos. Uno de los más típicos dice: "Las damas con cadenas de oro sobre los pechos me deslumbran. Después de ver estas damas resplandecientes, el cielo ya no me parece tan bueno". Otro: "Desde la pared de la montaña, una joven de ojos de cierva despierta mi furia interna. En su mano lleva una sarta de perlas y con su actitud demuestra su agresividad para con nosotros".

Los grafitis son de gran interés para los estudiosos, ya que testimonian la evolución de la lengua y la escritura cingalesas, y son testimonio de un culto ancestral al arte y la belleza. Se ruega abstenerse de hacer aportaciones.

Zarpas del león ENCLAVE HISTÓRICO

En el extremo norte de la roca aparece un camino estrecho que conduce hacia la gran plataforma de la que deriva el nombre del lugar: la roca del León (o Sigiriya). H. C. P. Bell, el arqueólogo británico que tanto investigó en Sri Lanka, encontró las dos enormes zarpas en 1898.

En su tiempo hubo un colosal león de ladrillo en este extremo de la roca, y la ascensión final a la cumbre se iniciaba por una escalera que nacía entre sus zarpas y entraba en su boca. El león, como símbolo, recuerda a los devotos que ascienden a la roca que Buda era un Sakya-Sinha (león del clan Sakya) y que las verdades que dijo eran tan potentes como el rugido de un león.

Del león del s. V solo quedan los primeros escalones y las zarpas. Para llegar a lo alto, hay que subir una serie de escaleras de metal, aunque todavía pueden verse las marcas y los escalones originales esculpidos en la roca.

★ Cúspide RUINAS

La espectacular zona alta de la roca forma terrazas y cubre 1,6 Ha. Se supone que este fue el lugar elegido por el rey Kasyapa para instalar su capital fortificada tras asesinar a su padre. En la actualidad solo quedan cimientos, en realidad poco impactantes. Aun así, es difícil no impresionarse ante la vasta panorámica, que abarca varios kilómetros a la redonda por un mar de bosques de color esmeralda.

A 30 m de las ruinas de una *dagoba* hay una losa lisa (el denominado "trono del rey", posiblemente un lugar de meditación). La cisterna, de 27 por 21 m, excavada en la roca, aunque parece una piscina moderna, se utilizaba como depósito.

Cueva de la Capucha de la Cobra CUEVA

Se llama así a esta protuberancia rocosa situada en el jardín de piedras porque recuerda a la capucha abierta de una cobra. El interior estucado de la cueva estuvo decorado en su día con pinturas de flores y animales, como demuestran algunos trazos desvaídos. Por lo general se pasa por esta cueva al bajar de la roca, de camino a la puerta sur y al aparcamiento.

Bajo el alero hay una inscripción del s. II a.C. que indica que perteneció al jefe Naguli, que la habría donado a un monje.

Museo de Sigiriya MUSEO

(⌚8.30-17.30) Alberga una magnífica maqueta del yacimiento, que ofrece una excelente visión general y explica la importancia cultural de Sigiriya, más allá de su proverbial belleza natural. Aquí se expone la teoría de que Sigiriya fue un monasterio budista, aunque se da prioridad a la hipótesis comúnmente aceptada de su uso como palacio o fortaleza.

¿PALACIO O MONASTERIO?

Aunque es aceptado que la cúspide de Sigiriya albergó el palacio de Kasyapa, hay quien –como el Dr. Raja de Silva, antiguo comisionado arqueológico de Sri Lanka– lo rebate. En particular la ausencia de bases de piedra, orificios para los postes, cimientos visibles para las paredes de carga transversales o bastidores para las ventanas, así como la falta de instalaciones para baños, han provocado dudas y un agitado debate académico. Para De Silva, este lugar era un enorme monasterio budista que acogía tanto ritos theravada como mahayana, y debió de existir muchos siglos antes y después del reinado de Kasyapa. La cumbre era un santuario de meditación, con *kutis* (celdas) para los monjes y caminos pavimentados para la circunvalación budista.

También se explican las rutas comerciales, con conexiones de Sigiriya con el golfo Pérsico, China, la India y el Imperio romano.

Dónde dormir

No paran de abrirse hoteles y casas particulares en la zona de Sigiriya, un lugar de encanto indudable por tratarse de un agradable pueblecito junto a la carretera principal, una base mucho más tentadora que Dambulla.

Para hoteles rurales entre Dambulla y Sigiriya (también adecuados para visitar la roca), véase "Dambulla" (p. 214).

★Sigiri Lion Lodge PENSIÓN **$**
(☎071 479 3131; www.sigirilionlodge.com; 186 Main Rd; h 2200-4000 LKR; ❄📶) Alojamiento fantástico gracias a la acogida sincera y a los cuidados dispensados por Ajith y Ramya. Las habitaciones se dividen entre el apacible edificio antiguo y un bloque moderno de tres pisos cuya planta superior dispone de grandes habitaciones revestidas de madera. Todas, espaciosas e inmaculadas, cuentan con mesas fuera para disfrutar del desayuno sin prisas.

Está cuesta arriba en una callecita unos 500 m al oeste del pueblo. El aire acondicionado cuesta 1000 LKR más.

Lal Homestay PENSIÓN **$**
(☎066-228 6510, 077 704 5386; lalhomestay@gmail.com; 209 Ehelagala; h 1500-2000 LKR) Es un lugar perfecto para experimentar lo que es vivir con una familia, con comidas caseras (delicioso el curri de fruta del árbol de Jack) y mucha información práctica. Las cinco habitaciones, todas con ventilador, galería y baño con agua caliente, están limpias y arregladas. Las dos de la parte de atrás son más tranquilas.

River Retreat Homestay PENSIÓN **$**
(☎077 242 9784; river.retreat@yahoo.com; h 2000-4000 LKR; ❄📶) Bungaló alejado de la carretera, a orillas de un arroyo, con tres habitaciones tranquilas y espaciosas con aire acondicionado y agua calentada mediante energía solar. Justo la habían inaugurado cuando se visitó, pero promete. Se accede por su propiedad hermana, el **Flower Inn** (☎066-567 2197; i/d desde 1800/2500 LKR, con a.a. 3000/3500 LKR; ❄📶), con habitaciones más sobrias y económicas.

Nilmini Lodge PENSIÓN **$**
(☎066-567 0469; nilminilodge@gmail.com; h con/sin a.a. desde 3000/1500 LKR; ❄📶) Céntrica pensión a la vieja usanza, propiedad de una familia con años de experiencia en alojar viajeros y siempre dispuesta a hacer recomendaciones sobre la región. Las habitaciones son sencillas y solo tienen agua fría (las más baratas comparten baño), pero cumplen con su propósito y, además, hay un agradable jardín.

Fresco Lion Villa PENSIÓN **$$**
(☎077 630 2070, 071 780 7634; www.frescolionvilla.com; Sigiriya Rd; h 4000-5000 LKR; ❄📶) Pensión muy bien llevada, con cinco atractivas habitaciones en un frondoso recinto rural al sur del cruce de Kimbissa, 9 km a las afueras de Sigiriya y a 12 km de Dambulla. Incluye desde dos habitaciones con aire acondicionado en un dúplex con balcones hasta una familiar sin aire acondicionado repartida en varios niveles, y sirven excelentes comidas ceilandesas. Roy es un gran anfitrión.

Hideout Sigiriya HOTEL RURAL **$$$**
(☎077 771 6088; www.sigiriyahideout.com; Palatawa Rd, Kimbissa; h incl. desayuno 60-80 US$, casa del árbol 85-110 US$; ❄📶🏊) El bien llamado "Escondite" es una buena escapada, al final de un camino de tierra entre arrozales, con plataformas para ver águilas y pavos reales. Las habitaciones son espaciosas, pero un tanto prosaicas para lo que cuestan (solo unas cuantas tienen aire acondicionado). Por su parte, la piscina es una delicia y el apacible entorno no podría ser más agradable.

INDISPENSABLE

ALREDEDORES DE SIGIRIYA

Con una bicicleta o un escúter se pueden explorar varios enclaves cercanos.

Uno de visita obligada es la roca de **Pidurangula** (500 LKR; ⌚5.00-18.30), cuyos templos son anteriores a Sigiriya. Esta prominente roca, 1 km al norte del yacimiento, ofrece unas vistas impresionantes de Sigiriya. Una caminata de 20 min lleva hasta lo alto, previo paso por varios templos pequeños, un Buda reclinado de 12,5 m y un tramo final que exige gatear entre peñascos. Casi todo el mundo va al atardecer (llévese una linterna para el descenso), pero al alba es igual de bella y hay mucha menos gente. El trayecto de ida y vuelta en *tuk-tuk* cuesta unas 700 LKR (espera incl.). Al norte y al oeste hay caminos de tierra que llevan a varias cisternas en las que se reflejan ambas rocas.

Otra buena ruta, aunque mas larga, discurre por 25 km de carreteras secundarias hasta Dambulla, vía el embalse **Kandalama Wewa.**

De camino se puede visitar la **Dakinigiriya Vihara** (Kaludiya Pokuna) GRATIS, a 2,5 km de la carretera principal por una pista situada después del Paradise Resort. Se pasará por una *stupa*, los monolitos de una sala de oraciones, varias inscripciones sobre rocas y cuevas, una pequeña cisterna y montones de árboles fascinantes; y todo sin más compañía que la de los monos.

Fresco Water Villa HOTEL **$$$**
(☎066-228 6161; www.frescowatervilla.com; Kimbissa; i/d 125/130 US$; ❄📶🏊) A los grupos les encantan sus habitaciones tipo villa, extraordinarias terrazas y sofisticado diseño. La piscina casi olímpica es una bendición tras la ardua ascensión a la roca, aunque solo hay seis tumbonas (¡para 72 habitaciones!). Como se puede imaginar, el restaurante es caro. Queda 5 km al oeste de Sigiriya. A veces se consiguen tarifas de 70 US$ en línea.

Elephant Corridor HOTEL DE LUJO **$$$**
(☎066-228 6951; www.elephantcorridor.com; Kimbissa; h desde 220 US$; ❄@📶🏊) Con más de 80 Ha de prados, este es un lugar estupendo para ver animales, incluidos iguanas, varanos, mangostas y hasta elefantes salvajes. Los chalés son espectaculares e increíblemente amplios, todos con piscina interior. También hay un buen *spa* y un complejo de piscinas comunitario en un claro del bosque.

Jetwing Vil Uyana HOTEL DE LUJO **$$$**
(☎066-228 6000; www.jetwinghotels.com; Kimbissa; h desde 340 US$; ❄@📶🏊) Es una opción perfecta para sentirse en plena naturaleza, con cocodrilos en el estanque, varanos entre la hierba y elefantes que lo visitan ocasionalmente. Los enormes chalés privados (los situados junto al agua o en el bosque tienen mejores vistas) son de aspecto rústico pero incorporan todo tipo de comodidades (equipos de sonido Bose incl.).

Hotel Sigiriya HOTEL **$$$**
(☎066-493 0500; www.serendibleisure.com; Hotel Rd; i/d incl. desayuno 140/155 US$; ❄@📶🏊) Las vistas de la roca son maravillosas desde la zona de la piscina de este hotel que, pese a su anticuado exterior, tiene habitaciones reformadas, con cemento pulido y modernos baños. Recibe a muchos grupos en viaje organizado y a aficionados a las aves, atraídos por su naturalista residente, que encabeza elogiadas excursiones (15-25 US$).

Dónde comer

En el pueblo de Sigiriya hay una hilera de cafés-restaurante orientados a los viajeros, y en la mayoría de las pensiones de las afueras sirven comidas. Para algo especial, pruébese el Jetwing Vil Uyana (izquierda).

Rasta Rant CEILANDESA **$$**
(☎077 794 2095; principales 350-500 LKR; ⌚11.00-23.00) Una joven clientela mochilera frecuenta este distendido bar-restaurante junto a un arroyo con comida (desde desayunos a *rotis* de frutas) que sale muy a cuenta. Suena Bob Marley incesantemente, y junto al agua hay un sinnúmero de hamacas y tumbonas hechas con palés.

Su dueño organiza excursiones de 2½ h en kayak (1800 LKR/persona) en una *wewa* (cisterna) cercana.

Chooti CEILANDESA **$$**
(principales 300-400 LKR; ⌚7.00-22.00; 📶) Deliciosos *rotis* recién preparados, tanto dulces como salados, es lo que sirven en la planta

superior de un flamante restaurante tipo cabaña. Para redondear la experiencia, pídase un coco o un licuado de frutas. Está en el centro del pueblo.

Cómo llegar y salir

Sigiriya está unos 10 km al este del cruce de Inamaluwa, en la carretera principal entre Dambulla y Habarana. Desde una pequeña parada al sureste de la salida del yacimiento parten autobuses a Dambulla cada 30 min de 6.30 a 18.00 (40 LKR, 45 min). Un *tuk-tuk* entre Dambulla y Sigiriya cuesta unas 800 LKR.

Para ir a Polonnaruwa, tómese o bien el autobús a Dambulla hasta el cruce de Inamaluwa, y allí otro rumbo al norte; o, para agilizar el asunto, un *tuk-tuk* hasta el cruce de Habanara-Pononnaruwa Rd y luego, un autobús.

Cinnamon Air (plano p. 70; ☎011-247 5475; www.cinnamonair.com) tiene vuelos diarios a/desde Colombo (229 US$) desde el aeropuerto, situado 5 km al oeste de la localidad.

Las pensiones pueden organizar excursiones de un día en automóvil a Anuradhapura o Polunnaruwa (aprox. 8000 LKR, ida y vuelta), y el traslado al aeropuerto de Colombo (9000 LKR).

Lo mejor para explorar Sigiriya y alrededores es una bicicleta (300 LKR/día) o una escúter (1500 LKR); la mayoría de las pensiones alquila ambas.

Habarana

☎066 / 8700 HAB.

Pese a no tener cartel de destino turístico, este pueblo es una buena base para visitar Sigiriya y hacer safaris a los parques nacionales de Minneriya y Kaudulla.

Dónde dormir y comer

En los últimos años han aparecido muchos hoteles de gama alta por los alrededores de Habarana. En el mismo pueblo también hay buenos alojamientos, aunque pocos económicos.

Mutu Village PENSIÓN $$

(☎077 269 4579; www.mutuvillage.com; Kashyapagama; h incl. desayuno 40-80 US$; ❄📶) Pensión rural regentada por una hospitalaria pareja. Mutu es una magnífica cocinera y sabe cómo cuidar a los huéspedes. El marco es genial, con un encantador jardín para solazarse, lejos del bullicio y del ruido del tráfico. Cuenta, además, con un *spa* ayurvédico algo desastrado. Queda 10 min al volante al sur del pueblo y luego, al este del cruce principal por una carretera secundaria.

Heritage Habarana HOTEL $$

(☎066-227 0003; www.chcresthouses.com; i/d incl. desayuno 42/50 US$; ❄📶) El antiguo Rest House, reformado con sensatez y con un elevado nivel de confort y una excelente ubicación junto a las intersecciones del centro, aún es un atractivo establecimiento histórico. Sus cuatro habitaciones, con postigos turquesa originales, están precedidas de una larga galería sombreada.

Cinnamon Lodge HOTEL DE LUJO $$$

(☎066-227 0012; www.cinnamonhotels.com; h 250-280 US$; ❄@📶🏊) Diseño colonial portugués y arquitectura tradicional ceilandesa (inspirada en las ruinas de Ritigala) se aúnan en este sofisticado hotel gestionado con profesionalidad y situado al sur del cruce principal de Habarana. Un sendero atraviesa 11 Ha de densa vegetación a orillas de un lago, de camino al mirador de una casa arbórea desde donde observar aves (155 especies), ciervos y monos. Las habitaciones, muy cómodas, lucen una atractiva estética tropical.

Su estiloso restaurante principal, que se asoma a la deliciosa piscina, es muy elogiado por su bufé (con una sala entera de postres).

Galkadawala HOTEL $$$

(☎077 373 2855; www.galkadawala.com; i/d incl. desayuno desde 75/85 US$; ❄@📶) Construido armoniosamente en un entorno forestal a partir de materiales reciclados, esta serena propuesta con conciencia ecológica es perfecta para los entusiastas de la fauna salvaje, pues desde la misma puerta se pueden avistar extraordinarios pájaros y algún que otro elefante. La afable Maulie es una mina de información local, y la comida que preparan, aunque estrictamente vegetariana, sabe a gloria.

Other Corner HOTEL $$$

(☎077 374 9904, 076 624 6511; www.tocsrilanka.com; i/d incl. desayuno 110/130 US$; ❄@📶🏊) Por un puente de cuerdas se llega a este alojamiento ecológico que, pese a encontrarse a escasos 1,5 km del centro, parece estar a años luz de la humanidad. Las nueve embriagadoras cabañas de adobe y paja están diseminadas por un recinto sombreado, y en su romántico restaurante preparan comida (por encargo) con ingredientes frescos. Además de liderar paseos para ver aves, su excelente naturalista puede organizar safaris nocturnos.

Aliya RESORT $$$

(☎066-204 0400; www.theme-resorts.com/aliyaresort; i/d incl. desayuno desde 185/220 US$;

❄@📶🏊) Esta oda a la ostentación ha elevado el listón del lujo de Habarana a lo más alto. Pero la monumental entrada tipo fortaleza, el encantador restaurante semiabierto y su conjunto de atractivos chalés han sido concebidos más para impresionar que para seducir. La piscina de horizonte infinito, de 30 m, con vistas de la roca de Sigiriya al final de cada largo, es igual de impactante.

Heritage Avanhala CAFÉ **$$**

(www.ceylonhotelscorporation.com; Heritage Habarana; principales 550-800 LKR; ⏲7.00-22.00; 📶) Su ubicación, junto a los cruces principales del centro, lo convierten en el lugar perfecto para contemplar el trasiego local. Tiene un ambiente a la antigua y una amplia carta, con curris típicos, desayunos occidentales (490 LKR), sándwiches, carnes a la parrilla y platos "endemoniados". Los más golosos no querrán perderse sus tartas, como la *rulang*, de sésamo y cereales.

ℹ Cómo llegar y salir

Las conexiones de transporte son excelentes: Habarana está en una encrucijada de carreteras y cuenta con la estación de trenes más próxima tanto a Dambulla como a Sigiriya.

AUTOBÚS

Paran en el cruce frente al hotel Heritage Habarana, con servicios frecuentes a:

Anuradhapura 90 LKR, 2½ h, cada 30 min

Dambulla Normal/con a.a. 25/40 LKR, 30 min, cada 30 min

Polonnaruwa 40 LKR, 1 h, cada 30 min

TREN

La estación de trenes está 2 km al norte del centro, en la carretera de Trincomalee. El servicio es escaso, pero cubre estos destinos:

Batticaloa 2/3ª 210/115 LKR, 3½ h, 1 diario

Colombo 1/2/3ª 620/300/160 LKR, 5 h, 2 diarios

Polonnaruwa 3ª 50 LKR, 1-2 h, 2 diarios

La estación de Palugaswewa, 6 km al oeste, tiene más trenes, y más rápidos.

Polonnaruwa

☎027 / 15 800 HAB.

Hace 800 años los reyes gobernaban las llanuras centrales de Sri Lanka desde Polonnaruwa, por aquel entonces un animado núcleo comercial y religioso. El esplendor de aquella época aún se constata en forma de tesoros arqueológicos, con cientos de estructuras antiguas (tumbas, templos, estatuas y *stupas*) concentradas en un espacio reducido. Solo el Cuadrángulo ya justifica el viaje.

El hecho de que Polonnaruwa esté cerca de unos parques nacionales repletos de elefantes no hace sino contribuir a su popularidad. Además, gracias a su buena oferta de alojamiento y de bicicletas en alquiler, es una agradable base para pasar uno o dos días, con un hermoso estanque y un ambiente relajado.

La vecina Kaduruwela, 4 km al este, acapara los bancos, tiendas y demás servicios.

Historia

La dinastía Chola del sur de la India fijó su capital en Polonnaruwa tras la conquista de Anuradhapura, a finales del s. x: Polonnaruwa estaba mejor situada estratégicamente para protegerse contra cualquier rebelión del reino cingalés de Ruhunu, al sureste. También, al parecer, había menos mosquitos. Así, cuando el monarca cingalés Vijayabahu I [1055-1110] expulsó a los Chola de la isla en el 1070, mantuvo Polonnaruwa como capital.

Bajo el reinado de Parakramabahu I [1153-1186], Polonnaruwa alcanzó su punto álgido. Este monarca levantó enormes edificios, construyó preciosos parques y, como colofón, un embalse de 25 km², tan grande que se le llamó Parakrama Samudra (mar de Parakrama). El lago actual incorpora tres embalses anteriores, así que puede que no sea el original.

A Parakramabahu I le siguió Nissanka Malla [1187-1196], que prácticamente llevó al reino a la bancarrota en su intento por igualar los logros de sus predecesores. A principios del s. XIII se temía que Polonnaruwa también pudiera ser invadida por los indios, como Anuradhapura, y al final también fue abandonada, y se trasladó el centro de poder cingalés al lado oeste de la isla.

En 1982, la Unesco incorporó la antigua ciudad de Polonnaruwa a su lista del Patrimonio Mundial.

👁 Puntos de interés

Al grueso de los viajeros les basta con un día para explorar las **ruinas** (☎027-222 4850; www.ccf.gov.lk/polonnaruwa.htm; adultos/niños 25/12,50 US$; ⏲7.30-18.00), que, para sacarles el máximo partido, pueden dividirse en cinco grupos: el grupo del Palacio Real; el Cuadrángulo; el Grupo Norte (que abarca una amplia zona); el pequeño grupo del Parque de la Isla, cerca del Museo Arqueológico, a orillas del embalse Tissa Wewa; y el pequeño Grupo Sur, hacia la ciudad nueva. Además, hay otras

Polonnaruwa

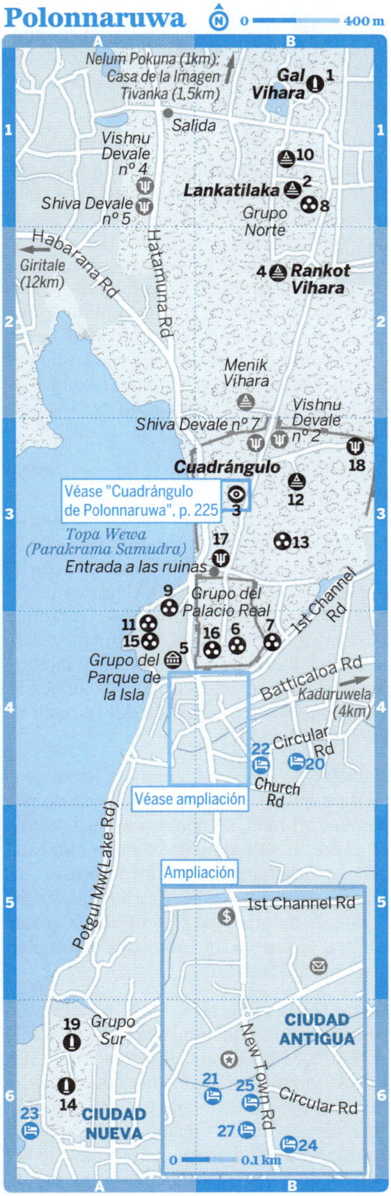

Polonnaruwa

Principales puntos de interés

1 Gal Vihara ... B1
2 Lankatilaka ... B1
3 Cuadrángulo ... B3
4 Rankot Vihara ... B2

Puntos de interés

5 Museo Arqueológico ... A4
Atadage ... (véase 3)
6 Salón de Audiencias ... B4
7 Estanque de baño ... B4
8 Buddha Seema Prasada ... B1
Gal Pota ... (véase 3)
Hatadage ... (véase 3)
9 Cámara del Consajo Real ... A3
10 Kiri Vihara ... B1
Latha-Mandapaya ... (véase 3)
11 Palacio de Nissanka Malla ... A4
12 Pabula Vihara ... B3
13 Ruinas de Polonnaruwa ... B3
14 Potgul Vihara ... A6
15 Baños reales ... A4
16 Palacio Real ... B4
Satmahal Prasada ... (véase 3)
17 Shiva Devale nº 1 ... B3
18 Shiva Devale nº 2 ... B3
19 Estatua ... A6
Thuparama Gedige ... (véase 3)
Vatadage ... (véase 3)
Losa inscrita de Velaikkara ... (véase 3)

Dónde dormir

20 Devi Tourist Home ... B4
21 Hotel Ancient Village ... B6
22 Jayaru Guest House ... B4
23 Lake Hotel ... A6
24 Leesha Tourist Home ... B6
25 Manel Guest House ... B6
26 Sunset Tourist Home ... B6
27 Thisara Guest House ... B6

ruinas dispersas. Todas las estructuras importantes tienen útiles placas informativas.

La entrada principal del yacimiento arqueológico central se sitúa en Habarana Rd, unos 500 m al norte del museo. Normalmente no se necesita una entrada especial para visitar ni el grupo del Parque de la Isla ni el Grupo Sur. La bicicleta es un medio ideal para desplazarse por la zona. Por los monumentos hay bastante sombra, así como vendedores de bebidas (cocos helados incl.) y tentempiés.

Aunque en teoría los tiques permiten acceder una sola vez, los encargados de recogerlos no suelen tener inconveniente en marcarlos para que el visitante pueda volver a entrar después de almorzar.

Museo Arqueológico MUSEO

(⏲7.30-17.00) Excelente museo, con salas dedicadas a la ciudadela, la ciudad exterior, la zona del monasterio (repárese en la maqueta del hospital de los monjes con sus correspondientes instrumentos) y los monumentos hinduistas. Esta última sala contiene una magnífica selección de bronces que incluye estupendas estatuas de Shiva rodeado de una aureola, que ejecuta una danza cósmica mientras pisotea a un enano. No se permite hacer fotografías.

Grupo del Palacio Real

Fechado durante el reinado de Parakramabahu I (s. XII), este conjunto de edificios es el punto de partida lógico de cualquier circuito por Polonnaruwa, antes de enfilar hacia el norte para ver los otros monumentos principales.

Palacio Real RUINAS

Construido por Parakramabahu, el Palacio Real era un edificio magnífico de 31 x 13 m, y se dice que tenía siete plantas. Hoy, sus ruinas tienen el aspecto de unas muelas gigantes devastadas por la caries.

Los muros de 3 m de grosor muestran los orificios en los que se encajaban las vigas del suelo de las dos plantas más altas; no obstante, si había otras cuatro plantas, debían ser de madera. El techo de este edificio principal, que en total tenía 50 habitaciones, se apoyaba sobre 30 columnas.

Salón de Audiencias RUINAS

En este salón de Parakramabahu destaca el friso de elefantes, cada uno en una posición diferente. Al final de la escalera hay unos bonitos leones.

Estanque de baño RUINAS

En la esquina sureste del recinto palaciego, el estanque (Kumara Pokuna) conserva una isla central sembrada de lotos y dos antiguas fauces de cocodrilo a modo de surtidores.

Cuadrángulo

A un paseo hacia el norte de las ruinas del Palacio Real está la zona conocida como el Cuadrángulo, un grupo compacto de fascinantes ruinas en una zona elevada rodeada por un muro. Esta colección de edificios, la más densa que se encontrará en la región de las ciudades antiguas, es una delicia para los arqueólogos. Con el tiempo, tanto los templos de Atadage, Vatadage y Hatadage custodiaron el Diente de Buda; cada uno de ellos mandado construir por un rey sucesivo, como muestra de su devoción personal.

Además de dichas ruinas, se recomienda acercarse a la **casa de la imagen reclinada,** la **casa capitular,** el **santuario de los 'bodhisattvas'** y el **santuario del Árbol de Bodhi.**

Vatadage TEMPLO BUDISTA

Al sureste del Cuadrángulo está la Vatadage, típica casa de reliquias circular. Su terraza exterior tiene 18 m de diámetro, y la segunda terraza posee cuatro entradas flanqueadas por unas piedras de guardia muy bonitas. La "piedra de la luna" de la entrada norte está considerada como la más bonita de Polonnaruwa. Cuatro entradas separadas llevan a la *dagoba* central, con sus cuatro budas. La celosía de piedra con motivos florales es, presumiblemente, un añadido de Nissanka Malla.

Thuparama Gedige TEMPLO BUDISTA

En el extremo sur del Cuadrángulo está el Thuparama Gedige, el *gedige* (templo budista hueco y con gruesos muros) más pequeño de Polonnaruwa, pero también uno de los mejores: es el único que conserva el techo intacto, apoyado en ménsulas arqueadas. La cámara interior es una maravilla, y contiene cuatro imágenes de *bodhisattvas* de bella factura. El exterior del edificio, de marcada influencia hinduista, se cree que data del reinado de Parakramabahu I.

Hatadage MONUMENTO

Se dice que este monumento, erigido por Nissanka Malla, se construyó en tan solo 60 *(hata)* h. Actualmente está en mal estado, pero originalmente era un edificio de dos plantas (que quizá albergara la reliquia del diente de Buda). Desde la entrada se puede admirar la simetría de los pilares que se pierden en la distancia.

Latha-Mandapaya RUINAS

Nissanka Malla fue también el responsable del Latha-Mandapaya. Esta estructura única consiste en una valla con enrejado de piedra (una curiosa imitación de una valla de madera, con sus postes y su baranda) alrededor de una *dagoba* muy pequeña. La *dagoba* está rodeada de curvados pilares de piedra en forma de tallos de loto con los capullos sin abrir en lo alto. Se dice que Nissanka Malla se sentaba en este recinto para escuchar los textos budistas cantados.

Gal Pota MONUMENTO

El Gal Pota (Libro de Piedra) es una representación de un libro de *ola* en piedra. Mide casi 9 m de largo por 1,5 m de ancho, y tiene un grosor de entre 40 y 66 cm. La inscripción que presenta, la más larga en piedra de su tipo del país (¡y hay muchas!) indica que fue Nissanka Malla quien lo mandó hacer. Buena parte del texto exalta sus virtudes como rey, pero también incluye una nota que recoge que la losa, de 25 toneladas, la arrastraron desde Mihintale, a 100 km de distancia.

Satmahal Prasada MONUMENTO

En el rincón noreste del Cuadrángulo se yergue este insólito zigurat compuesto por seis niveles en disminución (antiguamente había siete), en forma de pirámide escalonada. Repárese en las figuritas de los nichos abiertos en sus paredes en ruinas.

Atadage MONUMENTO

El Atadage, santuario para la reliquia del Diente, es la única estructura que queda en Polonnaruwa del reinado de Vijayabahu I.

Losa inscrita de Velaikkara MONUMENTO

Esta losa conmemorativa del s. XII da fe del juramento prestado por la guardia real de Velaikkara, en virtud del cual se comprometía a proteger el Diente de Buda, tras una revuelta sofocada con anterioridad.

Alrededores del Cuadrángulo

Cerca del Cuadrángulo hay unas cuantas estructuras, entre ellas *devales* de Shiva (templos hinduistas), a modo de reliquias de la invasión del s. X desde el sur de la India.

Shiva Devale nº 1 TEMPLO HINDUISTA

Al sur del Cuadrángulo está este templo del s. XIII, muestra de la influencia india que volvió a hacerse presente tras la época de auge de lo cingalés en Polonnaruwa. Destaca por la espléndida calidad de sus tallas de piedra, que encajan con inusual precisión. La cúpula de ladrillo se ha hundido, pero durante las excavaciones aparecieron excelentes piezas de bronce que ahora se encuentran en el Museo Arqueológico.

Shiva Devale nº 2 TEMPLO HINDUISTA

Esta es la estructura más antigua de Polonnaruwa, que data del breve período Chola, cuando los invasores indios fundaron la ciudad. A diferencia de tantos otros edificios de las ciudades antiguas, se construyó enteramente en piedra, de modo que la estructura que se ve hoy en día es más o menos la original. Búsquese la estatua de Nandi, el toro que monta Shiva.

Cuadrángulo de Polonnaruwa

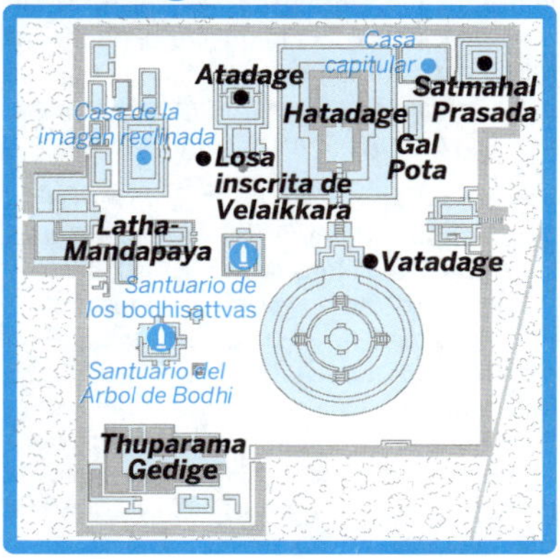

Pabula Vihara TEMPLO BUDISTA

También conocida como Parakramabahu Vihara, es una *dagoba* típica de la época de Parakramabahu I. Esta *stupa* de ladrillo es la tercera *dagoba* más grande de Polonnaruwa, situada en un claro del bosque.

Grupo Norte

Estas ruinas, todas al norte de la muralla de la ciudad, empiezan 1,5 km al norte del Cuadrángulo. Incluyen el impresionante **grupo Alahana Pirivena,** compuesto por el Rankot Vihara, el Lankatilaka, el Kiri Vihara, el Buddha Seema Prasada y las estructuras que los rodean. El nombre del grupo significa "centro crematorio", porque se encuentra en el lugar establecido por Parakramabahu I para las cremaciones.

Más al norte se encuentra el Gal Vihara, probablemente el conjunto de budas más famoso de Sri Lanka. La exploración del Grupo Norte resulta mucho más fácil en bicicleta.

★ **Rankot Vihara** TEMPLO BUDISTA

Esta *dagoba* de 54 m, la mayor de Polonnaruwa y la cuarta más grande de la isla, se atribuye al reinado de Nissanka Malla. Al igual que las otras grandes *dagobas* de Anuradhapura y Polonnaruwa, la cúpula consiste en un relleno de tierra cubierto por un manto de ladrillo y yeso. La construcción imita claramente el estilo de Anuradhapura. Los instrumentos quirúrgicos hallados en un hospital en ruinas cercano, del s. XII, son sorprendentemente parecidos a los que se utilizan en la actualidad; en el Museo Arqueológico se exponen algunos ejemplos.

Buddha Seema Prasada RUINAS

Sobre un macizo natural se posa el salón de convocatorias del monasterio, donde los monjes se reunían cada 15 días. El edificio incluye una elaborada *mandapaya* (plataforma elevada con pilares decorativos).

★Lankatilaka TEMPLO BUDISTA

Este templo es una de las estructuras más sugerentes de Polonnaruwa, construida por Parakramabahu y posteriormente restaurada por Vijayabahu IV. Es un enorme *gedige* con paredes de 17 m de altura, aunque el techo está hundido. Una nave central lleva a un gran Buda (sin cabeza) de pie. Las ofrendas de incienso, así como las columnas y los arcos de la estructura, le dan un aspecto claramente eclesiástico y votivo.

Kiri Vihara TEMPLO BUDISTA

La construcción de esta *dagoba* se atribuye a la reina Subhadra, esposa de Parakramabahu. Originalmente se llamaba Rupavati Chetiya, pero adoptó su nombre actual, que significa "blanco leche", cuando se limpió la vegetación tras 700 años de abandono y se encontró el enlucido calcáreo en perfectas condiciones. Aún es la *dagoba* no restaurada que se conserva en mejores condiciones en toda Polonnaruwa.

★Gal Vihara MONUMENTO

Este grupo de bellas imágenes de Buda probablemente suponga un hito en las tallas en roca cingalesas. Forman parte del monasterio del norte de Parakramabahu. El Gal Vihara se compone de cuatro imágenes separadas, todas ellas cortadas de un largo bloque de granito. En otro tiempo cada una estaba en un recinto independiente.

El **Buda erguido** mide 7 m de altura y se dice que es la mejor escultura de la serie. La curiosa posición de los brazos y la expresión de pena de su rostro llevaron a la teoría de que era una imagen de Ananda, discípulo de Buda, que lloraba la pérdida de su maestro al alcanzar este el nirvana, pues la imagen de Buda reclinado está al lado. El hecho de que tuviera un recinto propio, junto con el descubrimiento de otras imágenes con los brazos en la misma posición, ha desacreditado esta teoría, y actualmente se acepta la de que todas las imágenes son de Buda.

El **Buda reclinado** representado mientras entra en el parinirvana (el nirvana tras la muerte) mide 14 m. Repárese en la sutil depresión del cojín debajo de la cabeza y en los símbolos del loto en el extremo del cojín y en las plantas de los pies de Buda. Las otras dos imágenes de Buda son sedentes. Las tallas hacen un uso formidable del mármol natural de la roca. La que está en la pequeña cavidad es más pequeña y de peor calidad.

Nelum Pokuna ESTANQUE

A la izquierda del tramo norte de carretera, un camino lleva al curioso Nelum Pokuna (estanque del Loto), de casi 8 m de diámetro, con cinco anillos concéntricos con ocho pétalos cada uno. Probablemente lo usaran los monjes.

Casa de la Imagen Tivanka TEMPLO BUDISTA

La carretera al norte de Polonnaruwa termina en esta construcción. Tivanka significa "doblada tres veces", y se refiere al hecho de que la imagen de Buda, con su posición tres veces curvada, suele reservarse a las estatuas femeninas. El edificio destaca por sus extraordinarios frescos de las vidas pasadas de Buda, los únicos murales de Polonnaruwa que se conservan (no está permitido sacar fotografías). Algunos de ellos datan de un intento posterior de restaurar Polonnaruwa por parte de Parakramabahu III, pero otros son mucho más antiguos.

Grupo Sur

Este pequeño grupo está cerca de varios hoteles de categoría, a un agradable trayecto en bicicleta por Potgul Mawatha (Lake Rd), que sigue la orilla del embalse Topa Wewa (Parakrama Samudra). Es probable que se encuentren más vacas (y sus amigas, las garcetas del ganado) que gente.

Potgul Vihara MONUMENTO

En el extremo sur de Polonnaruwa se alza esta singular estructura hueca y de muros gruesos, también conocida como la *dagoba* biblioteca, que, al parecer, contenía libros sagrados. En realidad es un *gedige* circular, y cuatro *dagobas* sólidas más pequeñas dispuestas alrededor de la cúpula central que forman la estructura típica cingalesa del quincunce, con cinco objetos, uno en cada esquina de un rectángulo y otro en el centro.

Estatua ESTATUA

Esta estatua de casi 4 m de altura es una representación humana inusualmente natural, en contraste con las figuras de Buda, generalmente idealizadas o estilizadas. No está muy claro a quién representa: una teoría dice que es el profesor védico indio Agastya que sostiene un libro. También cabe la posibilidad de que se trate de una señorial efigie de Parakramabahu I, con barba y que ase el "yugo real". Para otros, en cambio, lo que sostiene es un simple trozo de papaya.

Grupo del Parque de la Isla

Al norte del Museo Arqueológico se arraciman las ruinas del **palacio de Nissanka Malla,** casi engullidas por la tierra. De camino, se pasa por los **baños reales,** que aún se nutren de la cisterna principal mediante un canal. El acceso es gratis.

Cámara del Consejo Real RUINAS
En este salón con columnas era donde se reunía el consejo del rey Nissanka Malla. En cada una de las 48 columnas de la cámara está inscrito el nombre del ministro que se sentaba junto a ella, mientras que el trono real, con forma de león de piedra, domina la cabecera del salón. Frente a la orilla hay una islita con las ruinas de una pequeña residencia real estival.

Dónde dormir

La mayoría de los hoteles tiene un aire rural, sobre todo los situados al sur de los cruces del centro. La vecina Giritale es una buena alternativa como base de operaciones.

Sunset Tourist Home PENSIÓN **$**
(027-222 7294; info@sunsettouristhome.com; h con/sin a.a. 3000/2000 LKR; [aire acondicionado] [wifi]) Villa rural de techos altos, con agradables terrazas donde sentarse y una apacible localización entre arrozales. Está algo retirada de las ruinas, pero alquilan bicicletas y preparan comidas. El contiguo Palm Garden es otro buen alojamiento, parecido.

Thisara Guest House PENSIÓN **$**
(027-222 2654, 077 170 5636; www.thisaraguesthouse.com; New Town Rd; h con/sin a.a. 3000/2000 LKR; [aire acondicionado] [wifi]) Al sur del casco antiguo, a unos 100 m en un desvío de la carretera principal, esta pensión ofrece habitaciones espaciosas y limpias (con terrazas en las que poder comer) repartidas en dos bloques; las mejores son las de la parte trasera, con vistas a los arrozales. Las dos habitaciones sobre el restaurante se llevarán la palma una vez estén terminadas.

Leesha Tourist Home PENSIÓN **$**
(072 334 0591; leeshatourist@hotmail.com; 105/A New Town Rd; h con/sin a.a. 2800/2000 LKR; [aire acondicionado] [wifi]) Aquí el buen ambiente está garantizado gracias a los esfuerzos de su propietario, el genial Upali, y su familia. Las habitaciones salen a buen precio y están impecables; todas tienen mosquiteros y colchones de muelles (aunque las que dan a la carretera tienen algo de ruido). Reina un ambiente social, con mesas donde jugar al parchís o probar la deliciosa comida casera; también se dan clases de cocina.

Devi Tourist Home CASA PARTICULAR **$**
(027-222 3181; www.facebook.com/devitouristhome; Church Rd; h 2000-4500 LKR; [aire acondicionado] [internet] [wifi]) Esta acogedora pensión, muy bien gestionada por una pareja malayo-musulmana, en una tranquila y arbolada calle residencial, es una buena opción con cinco habitaciones (las más baratas solo con ventilador) dispuestas alrededor de un bonito jardín. Las comidas están bien (no hay que perderse los *idiyappam* para desayunar), alquilan bicicletas (300 LKR/día) y ofrecen servicio de recogida en *tuk-tuk*.

Jayaru Guest House PENSIÓN **$**
(027-222 2633, 071 563 6678; jayaruguest@gmail.com; Circular Rd; i/d 1200/1500 LKR; [wifi]) A tener en cuenta si se busca algo muy barato. Excepto dos que tienen aire acondicionado (i/d 3000/3500 LKR), las habitaciones son austeras, con ventiladores y baños con agua fría, pero la zona es tranquila y tiene jardín. Las sesiones de música improvisada son la norma.

Manel Guest House PENSIÓN **$**
(027-222 2481; www.manelguesthouse.com; New Town Rd; i/d incl. desayuno 2000/2500 LKR, bloque nuevo 4000/4500 LKR; [aire acondicionado] [internet]) Agradable propuesta repartida en dos bloques. Las habitaciones del más antiguo tienen ventilador pero pueden ser sofocantes, mientras que las del nuevo son mucho más modernas y espaciosas, además de disponer de aire acondicionado y terrazas con vistas a los arrozales (pídase una de las superiores). Ambas opciones comparten un cálido restaurante.

Hotel Ancient Village HOTEL **$$**
(072 212 3063; www.hotelancientvillage.com; Sri Sudarshana Rd, Thopawewa; i/d incl. desayuno 28/35 US$; [aire acondicionado] [wifi]) Al final de una carretera secundaria y rodeado casi por completo de arrozales, este moderno hotel de 10 habitaciones está cerca del centro pero exuda un ambiente deliciosamente rural. Las habitaciones están bien ventiladas y tienen suelos de baldosa y balcones. Posee un restaurante tipo cabaña con techumbre de paja.

MERECE LA PENA

MANDALAGIRI VIHARA

Esta *vatadage* (casa de reliquias circular) es prácticamente idéntica a la de Polonnaruwa, pero mientras que esta última está rodeada de muchas otras estructuras, la **Mandalagiri Vihara** (Medirigiriya; ⊙amanecer-anochecer) se yergue solitaria en lo alto de un cerro. Una escalera de granito lleva hasta la *vatadage*, que tiene unos círculos concéntricos de 16, 20 y 32 pilares alrededor de la *dagoba*, en la que destacan sus paredes de piedra tallada. Cuatro grandes budas apuntan hacia los cuatro puntos cardinales. El lugar, accesible a través de un bonito camino de tierra, es poco visitado.

Puede que hubiera una estructura anterior aquí hacia el s. I, pero la que se ve hoy fue construida en el s. VII por Aggabodhi IV. Antaño hubo un hospital junto a la *vatadage*, y aún se puede ver un templo con tres budas erguidos.

La Mandalagiri Vihara está 3,5 km pasado Medirigiriya, uncs 30 km al norte de Polonnaruwa, y lo mejor es visitarla en una excursión de medio día desde Giritale. No hay alojamientos ni restaurantes cerca. Un *tuk-tuk* cuesta unas 1500 LKR (ida y vuelta) desde Polonnaruwa o Giritale. En escúter, hay que ir a Hingurakgoda, seguir 14 km hasta Medirigiriya y luego, desviarse a la izquierda en la rotonda de la torre del reloj.

Al escribir estas líneas, nadie vendía entradas.

Tishan Holiday Resort PENSIÓN $$
(☎027-222 4072; www.facebook.com/TishanHolidayResort; Habarana Rd, Bendiwewa; h incl. desayuno 3500-5500 LKR; ❄📶🏊) Pensión con buena relación calidad-precio (máxime al tener piscina y tumbonas) a caballo entre la franja económica y de precio medio. Está 4,5 km al oeste del centro, pero alquilan bicicletas y escúteres, y tiene un buen restaurante. En la planta baja hay de un puñado de habitaciones económicas sin aire acondicionado (i/d 2250/2750 LKR).

Lake Hotel HOTEL $$$
(☎027-222 2411; www.thelakehotel.lk; Potgul Mawatha; i/d incl. desayuno 95/110 US$; ❄@📶🏊) Elegante hotel de dos plantas, a orillas del agua, que ofrece sublimes vistas del estanque desde sus acicaladas habitaciones, el restaurante y la zona de la piscina. El ambiente es tranquilo, con música clásica en el vestíbulo, fotografías en monocromo y un servicio atento. Las mejores vistas se obtienen desde las estancias superiores.

Dónde comer

Apenas hay motivos para comer fuera del alojamiento, con contados sitios que despunten de veras.

Ariya Rest House CEILANDESA $$
(☎077 358 8060; www.ariyaresthouse.com; Bendiwewa; bufé 500-750 LKR; ⊙11.30-17.00) Pese a apuntar a los grupos de turistas, este restaurante, grande y muy bien llevado, resulta práctico para descansar de tanto monumento. El bufé de almuerzo se prolonga hasta tarde y la comida es buena, a base de sabrosos curris de mandioca, flor de banana, mango silvestre, etc. Está a 4 km del centro, fácil de llegar en bicicleta o en *tuk-tuk*.

Jaga Food CEILANDESA $$$
(☎077 665 2048; 22 Junction, Jayanthipura; bufé 950 LKR; ⊙11.30-16.00 y 18.30-21.00) Vale la pena tomarse la molestia de desviarse hasta este restaurante familiar con jardín, a medio camino entre Polonnaruwa (6 km) y Giritale (7 km). Sus curris se elaboran en fogones tradicionales de leña y los comensales pueden curiosear por la cocina (si se llega a las 17.30, se podrá participar en una clase de cocina gratis).

Información

Oficina de correos (Batticaloa Rd; ⊙8.00-17.00 lu-vi) En el centro del casco antiguo.

Seylan Bank (Habarana Rd; ⊙9.00-16.00 lu-vi) Cambia moneda y tiene un cajero automático 24 h.

Policía turística (☎027-222 3099; Batticaloa Rd) En el casco antiguo y en la rotonda principal.

Cómo llegar y salir

AUTOBÚS

La estación central de Polonnaruwa está en Kaduruwela, 4 km al este del casco antiguo, en Batticaloa Rd. Los autobuses a/desde el oeste atraviesan el casco antiguo, pero para asegurarse de encontrar asiento conviene abordarlos en Kaduruwela.

Más o menos cada 30 min hay autobuses (aprox. hasta 16.00) que cubren las rutas principales, entre ellas:

Anuradhapura 145 LKR, 3 h
Colombo 265 LKR, 6 h
Dambulla 77 LKR, 1½ h; tómese uno a Kandy, Kurunegala o Colombo
Kandy 75 LKR, 3 h

TREN

Polonnaruwa está en la línea Colombo-Batticaloa, unos 30 km al sureste de Gal Oya, donde la línea se separa de la de Colombo-Trincomalee. La estación está en Kaduruwela.

Hay trenes a, entre otros, estos destinos:
Batticaloa 2ª/3ª clase 150/85 LKR, 2½ h, 5 diarios
Colombo 1ª/2ª/3ª clase 700/340/185 LKR, 6-7 h, 2 diarios, incl. uno con coches-cama (1250/630/480 LKR) que sale a las 22.25

Cómo desplazarse

Frecuentes autobuses (20 LKR) enlazan el casco antiguo y Kaduruwela; la carrera en *tuk-tuk* cuesta 250 LKR. La bicicleta es un medio estupendo para visitar los monumentos de Polonnaruwa, que están rodeados de bosques; casi todas las pensiones las alquilan por 200-350 LKR/día, y alguna que otra ofrece escúteres por 1500 LKR.

Giritale

027 / 8200 HAB.

Al noroeste de Polonnaruwa, por la carretera de Habarana, este aletargado pueblo a orillas del impresionante Giritale Wewa, del s. VII, básicamente es una comunidad rural con pocos alojamientos (todos a 7-15 km de Polonnaruwa), pero constituye una buena base para visitar Polonnaruwa y el Parque Nacional de Minneriya, así como las más alejadas ruinas de la Mandalagiri Vihara.

Dónde dormir y comer

Hay un par de restaurantes locales sin alardes por la carretera Giritale-Polonnaruwa, pero casi todo el mundo opta por comer en su alojamiento.

Lak Nilla CASA PARTICULAR $
(077 911 5265; www.laknilla.com; i/d 2500/3000 LKR;) Sencilla apuesta de ambiente hospitalario y cinco habitaciones limpias en un marco rural en un desvío de la carretera. Cenar (como un marqués) cuesta 650 LKR, y además se alquilan bicicletas y se organizan safaris. Está 2 km al este del cruce de Giritale, más 700 m cuesta arriba por una carretera secundaria; si se llama, pasan a recoger gratis.

★**Rice Villa Retreat** PENSIÓN $$
(077 630 2070; www.ricevillaretreat.com; 21st Mile Post, Polonnaruwa Rd, Jayanthipura; i/d 5500/6500 LKR;) Memorable propuesta en una envidiable ubicación con amplias vistas de los arrozales y una banda sonora de fondo a cargo de pavos reales y ranas toro. Los cinco bungalós están bien equipados, con baños modernos, terrazas con mesas y toques de diseño contemporáneo. Pero lo mejor de todo es la hospitalidad de la familia que la regenta.

Si no se necesita aire acondicionado, cabe restar 1000 LKR a las tarifas. Las comidas, excelentes, se sirven en un restaurante sobre pilotes, y también ofrecen clases de cocina gratis a los huéspedes. Conviene reservar con antelación y concertar la recogida en la parada de autobús de Giritale, 4 km al oeste. Los dueños se conocen al dedillo el transporte a Polonnaruwa y más allá.

White House Bungalow HOTEL-BOUTIQUE $$
(077 630 2070; www.whitehousebungalow.com; i/d incl. desayuno 4500/5500 LKR;) Inmaculada villa blanca recién inaugurada. Las modernas habitaciones poseen camas con vistosas colchas y armazones de anticuario, y hay un buen restaurante en la azotea. Es de los mismos dueños que el Rice Villa Retreat. Cuesta 1000 LKR menos si no se quiere aire acondicionado.

Deer Park RESORT $$$
(027-777 7777; www.deerparksrilanka.com; h desde 180 US$;) Gran propiedad tipo resort integrada por 85 habitaciones repartidas en casitas. La piscina y la zona del bar y el restaurante son de primera. Algunas habitaciones tienen duchas exteriores, y las más caras cuentan con terrazas privadas con vistas al Giritale Wewa. Organizan excursiones por la zona; pídanse unos prismáticos para verse elefantes en el punto más alejado del embalse. Está al sur del cruce de Giritale.

Giritale Hotel HOTEL $$$
(027-224 6311; www.giritalehotel.com; h 90-110 US$;) Aunque algo anticuado, las habitaciones son espaciosas y agradables. Pero su principal gancho son las imbatibles vistas de la puesta de sol desde la terraza del recomendable bar. Está detrás del hotel Deer Park, 1,5 km al sur del cruce de Giritale.

Cómo llegar y salir

Los frecuentes autobuses entre Polonnaruwa y Habarana (y a otras localidades al oeste) paran en el pueblo de Giritale. Ninguno de los alojamientos mencionados está cerca de la parada, así que conviene solicitar la recogida en la misma.

Parques nacionales de Minneriya y Kaudulla

Muy próximos a Polonnaruwa y Habarana, estos dos parques ofrecen una excelente oportunidad de avistar elefantes y otros animales sin tener que lidiar con las multitudes del Parque Nacional de Yala. Hay días en que ni siquiera se necesita entrar a ellos para ver paquidermos, pues estos deambulan libremente por el campo, p. ej., al atardecer, desde la carretera principal Habarana-Giritale. Al volante, manténgase una distancia prudente de los mismos.

Antes de la visita, se recomienda hablar con la gente del lugar (personal del alojamiento, turoperadores o guías), pues saben dónde hay más elefantes en cada momento. Kaudulla es el menos visitado de los dos.

Se organizan circuitos por ambos parques: en temporada alta se encontrarán guías con todoterreno que aguardan a las puertas de los mismos. No obstante, lo más habitual es contratar la visita a través de la pensión o el hotel. Entre el precio del guía y las entradas al parque, un safari de 4 h para dos personas puede costar unos 90 US$.

Los grupos suelen premiar al conductor (y al guía, si lo hubiera) con una propina de más o menos el 10% de la tarifa.

No hay alojamiento en los parques nacionales, así que casi todo el mundo llega desde Habarana, Giritale o Polonnaruwa. Tampoco hay restaurantes en las inmediaciones. Lo mejor es salir a primera hora de la mañana y llevar el desayuno.

Parque Nacional de Minneriya PARQUE NACIONAL
(☎027-327 9243; adultos/niños 15/8 US$, cargo por servicio 8 US$, cargo por vehículo 250 LKR, más tasa 15%; ⏲6.00-18.30) Este parque nacional es uno de los mejores lugares del país para ver elefantes salvajes, normalmente en grandes manadas. Dominada por el ancestral Minneriya Wewa, la reserva comprende 88,9 km² de matorrales, bosques y humedales habitados por macacos de Sri Lanka, ciervos sambar, búfalos, cocodrilos y escurridizos leopardos.

Se considera la época seca, entre abril y octubre como la mejor, cuando el embalse tiene menos agua y deja al descubierto hierbas y brotes que atraen a los herbívoros; los elefantes acuden en grupos de hasta 200 o más a alimentarse y bañarse durante "la Concentración"; y montones de aves, entre ellas cormoranes, tántalos, grullas y grandes pelícanos, pescan en sus aguas poco profundas. No obstante, también es posible ver grandes manadas de elefantes en otras épocas del año. De hecho, era febrero cuando este autor avistó más de un centerar.

La entrada del parque está en la carretera Habarana-Polonnaruwa. Cerca de la misma hay un centro de visitantes donde se sacan los tiques y se ofrecen algunas muestras sobre la historia natural del parque. El recorrido inicial de 40 min (por un camino de tierra muy accidentado) hasta el corazón del parque atraviesa una densa jungla en la que es difícil ver animales. Pero luego el paisaje se despeja mucho y las vistas del embalse son espléndidas. El mejor momento para avistar aves es temprano por la mañana, y para elefantes, al atardecer.

Parque Nacional de Kaudulla PARQUE NACIONAL
(☎027-327 9735; adultos/niños 10/5 US$, cargo por servicio 8 US$, cargo por vehículo 250 LKR, más tasa 15%; ⏲6.00-18.00) Al igual que Minneriya, Kaudulla es un buen lugar para ver elefantes de cerca. En octubre puede haber hasta 250 paquidermos en el parque, entre ellos manadas de jóvenes machos. También hay leopardos, gatos pescadores, ciervos sambar y perezosos. La mejor época para visitarlo es de enero a marzo, seguido del período de mayo a junio.

Este parque, a orillas del antiguo Kaudulla Wewa, a 6 km de la carretera Habarana-Trincomalee, en el cruce de Gal Oya, forma parte de los 66,6 km del corredor de elefantes que se creó entre los parques nacionales de Somawathiya y Minneriya.

ℹ Cómo llegar y salir

Los parques se visitan con un safari en todoterreno (3000-4500 LKR, entrada aparte), que puede contratarse en la entrada misma, aunque casi todo el mundo se sube al vehículo en su alojamiento.

Ritigala

En las entrañas de la Reserva Natural Estricta de Ritigala se encuentran las esparcidas y cubiertas de vegetación **ruinas** (adultos/niños 2/1 US$; ⏲8.00-16.00) de este extenso monasterio del bosque.

INDISPENSABLE

LA CONCENTRACIÓN

Uno de los grandes espectáculos naturales de Asia tiene lugar en el Parque Nacional de Minneriya en agosto y septiembre. Es conocido como "la Concentración" y consiste en la reunión de 200 o más elefantes en un punto durante semanas. Durante mucho tiempo se pensó que el motivo era la sed propia de la temporada seca, pero hace poco se ha deducido que los factores naturales que explican la Concentración son mucho más complejos.

Los elefantes rodean el enorme Minneriya Wewa, construido en el s. III. Antes se suponía que acudían por el agua, ya que este abrevadero no se seca. No obstante, los biólogos han descubierto que lo que realmente atrae a los elefantes es la retirada del agua. Conforme se encoge el embalse, deja al descubierto grandes extensiones fangosas que muy pronto se cubren de tierna hierba, un sabroso festín para los paquidermos.

Desgraciadamente, las recientes iniciativas de las autoridades que gestionan el agua han puesto en riesgo la Concentración. Cuando el embalse está lleno, no crece la hierba. El resultado es que muchos elefantes se quedan en el lugar, a la espera de su comida. Eso, a su vez, puede fomentar la caza furtiva en el parque.

Probablemente Ritigala fuera ya un refugio en el s. IV a.C., y también tiene cierta significancia mitológica. Se afirma que fue el lugar desde el que Hanuman (el dios mono) saltó a la India para contarle a Rama que había descubierto dónde retenía a Sita al rey de Lanka.

A los monjes de Ritigala estas cuevas les parecieron ideales para practicar el ascetismo, y se han descubierto más de 70. Los reyes demostraron ser unos patronos generosos, especialmente Sena I, que en el s. IX donó un monasterio a los monjes *pamsukulika* ("andrajosos").

Ritigala fue abandonado a su suerte tras las invasiones Chola de los ss. X y XI, y así permaneció hasta que los exploradores británicos lo redescubrieron y excavaron a finales del s. XIX.

Puntos de interés

Las ruinas del monasterio del bosque de Ritigala constan de dos grupos principales, con docenas de edificios más pequeños y residencias ocultas entre los peñascos. Calcúlese un par de horas para la visita.

Desde la taquilla parte un sendero que pasa junto al bungaló del Departamento de Arqueología, antes de recalar en el enorme *banda pokuna* (estanque artificial), que aún se llena de agua durante la estación lluviosa. Desde allí se cruza la ensenada por un puente de piedra y, pasado el primero de los tres cruces, se remonta una escalera ceremonial.

La primera ruina a destacar corresponde a un gran edificio de recepciones. Un sendero a la derecha lleva hasta los *janthagara* (baños del monasterio), con uno central hundido con soportales. Aún pueden verse las piedras pómez utilizadas para los baños.

Por una escalera embaldosada se llega a la rotonda principal, donde se observan dos caminos a la izquierda. El primero pasa junto a unas ruinas medio escondidas antes de terminar en un puente monolítico y una biblioteca elevada. Allí podrán explorarse varios edificios más.

Más arriba se halla el edificio nº 16, una *padhanaghara* (una estructura de doble plataforma) instalada en una especie de depresión con foso, utilizada para meditar, impartir enseñanzas y en ciertas ceremonias. Repárese en las piedras de los urinarios del rincón derecho.

Al no haber ningún alojamiento en Ritigala, casi todo el mundo visita el lugar de camino entre Anuradhapura y Sigiriya.

En Ritigala tampoco hay sitios que vendan comida ni agua, por lo que hay que ir bien provisto.

Cómo llegar y salir

El desvío a Ritigala está 15 km al noroeste de Habarana, en la carretera de Anuradhapura. Desde allí hay 5,5 km por una carretera bien asfaltada y luego, 2 km más por un camino de tierra que puede resultar intransitable si ha llovido fuerte.

A veces aguardan *tuk-tuks* (1000 LKR, ida y vuelta) en el cruce de la carretera principal.

Anuradhapura

☎025 / 64 000 HAB.

Las ruinas de Anuradhapura son unas de las imágenes más evocadoras del sur de Asia. Este enorme complejo contiene una rica

PICO RITIGALA

El exuberante telón de fondo de las ruinas epónimas es esta montaña de 766 m que se cierne sobre las áridas llanuras centrales. La tentadora ascensión de 3 h precisa solicitar un permiso en Colombo, que no es fácil de obtener.

colección de maravillas arqueológicas y arquitectónicas: enormes *dagobas*, antiguos estanques y templos en ruinas, todo construido durante el milenio en que fue la capital de Sri Lanka. Hoy, varios de estos enclaves aún funcionan como templos o lugares sagrados; las frecuentes ceremonias confieren a Anuradhapura una animación que contrasta con el ambiente museístico de Polonnaruwa.

La actual Anuradhapura es una localidad en expansión pero agradable, que cuenta con una amplia (y buena) oferta de alojamiento económico, bicicletas de alquiler (sin complicaciones) y una cadencia pausada, lo que la convierte en una buena base de operaciones.

Historia

Anuradhapura se convirtió en la primera capital de Sri Lanka en el 380 a.C., bajo el mandato del rey Pandukabhaya, pero no adquirió gran importancia hasta que Devanampiya Tissa [307-267 a.C.] subió al trono, y durante su reinado el budismo desembarcó en Sri Lanka. La nueva religión prosperó rápidamente, y el lugar se erigió en un recinto budista grande y esplendoroso, cuya importancia se vio reforzada cuando, en el s. IV, le fue encomendado el diente de Buda.

En el 204 a.C., la ciudad fue capturada por primera vez por la dinastía Chola, un destino que se repetiría varias veces los siguientes 1000 años. Pasaría más de medio siglo antes de que el héroe cingalés Dutugemunu liderara un ejército desde el lejano sur con el que recuperó Anuradhapura. El "Dutu" de su nombre, por cierto, significa "desobediente", porque su padre, preocupado por su seguridad, le prohibió que lo intentara. Dutugemunu no le hizo caso, y más tarde envió a su padre un ornamento femenino, para dejarle claro lo que pensaba de su valor.

Dutugemunu [161-137 a.C.] puso en marcha un amplio programa de construcciones que comprendía algunos de los monumentos más impresionantes que aún se ven hoy en Anuradhapura. Entre los principales monarcas que le siguieron se cuentan Valagamba [103 a.C. y 89-76 a.C.), quien perdió el trono en otra invasión india aunque lo recuperó posteriormente, y Mahasena [276-303], el último "gran" rey de Anuradhapura y creador de la colosal Jetavanarama Dagoba. También construyó más estanques que nadie, 16, más un importante canal.

Anuradhapura sobreviviría hasta principios del s. XI, cuando Polonnaruwa la remplazó finalmente como capital. Los Chola la saquearon en el 1017 y nunca más recuperaría el esplendor de antaño, aunque un puñado de monjes siguió allí otros 200 años.

Puntos de interés

Se necesitan un par de días para explorar bien el **yacimiento de Anuradhapura** (www.ccf.gov.lk/anuradhapura.htm; adultos/niños 25/12,50 US$; ⌚24 h), declarado Patrimonio Mundial por la Unesco. Los tiques se pueden sacar en el **Museo de Jetavanarama** (⌚7.30-18.30), el **Museo Arqueológico** (⌚7.30-18.30) o en una **taquilla** (⌚7.30-18.30) que hay al este de la Ciudadela, y, a veces, en una caseta cercana al yacimiento.

Las dimensiones de las ruinas son enormes. Se pueden apreciar zonas individuales a pie, pero no hay nada como una bicicleta para moverse por los senderos libres de tráfico motorizado y las pasarelas que unen los enclaves principales.

Anuradhapura tiene cuatro zonas principales: Mahavihara, el centro espiritual de Anuradhapura, que alberga el Sri Maha Bodhi, el sagrado árbol de Bodhi; la cercana Ciudadela, un compacto conjunto de estructuras de unos 1000 años de antigüedad; y Jetavanarama, con su enorme *dagoba* e importante museo. Más al norte está el monasterio de Abhayagiri, quizá lo más fascinante de todo, con varios templos y *dagobas* de más de 2000 años, repartidos por una gran zona boscosa.

La cuantiosa entrada a Anuradhapura solo es válida durante un día. Para no tener que comprar más de una, hay que ser previsor. Una buena idea es dedicar un día a Abhayagiri y Jetavanarama y una segunda jornada a los yacimientos que exigen entrada aparte, como el Sri Maha Bodhi y el Isurumuniya Vihara.

Mahavihara

Este fue el corazón de la antigua Anuradhapura y el epicentro de las ceremonias religiosas que congregan a multitudes vestidas de punta en blanco. Sus reliquias datan de los ss. III a.C.-XI d.C.

★Sri Maha Bodhi ENCLAVE BUDISTA

(200 LKR; ⏲6.00-12.00 y 14.00-21.00) El sagrado árbol de Bodhi es el centro espiritual y físico de Anuradhapura. Creció a partir de un esqueje traído de Bodhgaya, en la India, y se dice que es el árbol históricamente certificado más antiguo del mundo, cuidado por una sucesión ininterrumpida de guardianes durante más de 2000 años.

Hoy en día miles de devotos acuden a hacer ofrendas, especialmente los días de *poya* (luna llena) y fines de semana. La puesta de sol aquí es mágica.

Los fieles creen que fue la princesa Sangamitta, hija del emperador indio Ashoka y hermana de Mahinda (que introdujo el budismo en Sri Lanka), quien trajo el retoño del país vecino. Hoy puede verse más de un árbol de Bodhi; el más antiguo y sagrado se encuentra en la plataforma superior. Las barandas y otras estructuras alrededor de los árboles están decoradas con banderolas de oración.

En 1985, durante la guerra civil, los Tigres Tamiles abrieron fuego en el recinto y mataron a varios devotos dentro de una ofensiva de gran envergadura que se cobró la vida de casi 150 civiles.

Abril y diciembre son meses particularmente ajetreados, ya que es cuando los peregrinos acuden a hacer sus *snana puja* (ofrendas o plegarias).

★Ruvanvelisaya Dagoba STUPA BUDISTA

Esta espléndida *dagoba* blanca está rodeada por un muro con un friso decorado con 344 elefantes pegados unos a otros. Aparte de algunos originales del 140 a.C., junto a la entrada occidental, la mayoría son réplicas. A día de hoy, y tras los numerosos daños provocados por los invasores indios, tiene una altura de 55 m, muy inferior a la original, y también ha perdido su antigua forma de burbuja.

Durante la consagración de la *dagoba,* al parecer se enclaustró en ella parte de las cenizas de Buda, en una solemne ceremonia a la que asistieron monjes de Rajagriha, Vaishali, Patna, Cachemira y Afganistán. Entonces era la mayor *stupa* del mundo, con unos cimientos de 7 m de profundidad hechos de caliza sacada a martillazos y luego machacada por elefantes.

La Ruvanvelisaya fue un encargo de Dutugemunu, pero el rey no vivió lo suficiente para verla completada. No obstante, mientras yacía en su lecho de muerte, pusieron un añadido de bambú y tela alrededor de la *dagoba* para que la última cosa que viera Dutugemunu fuera su obra maestra. Según dicen, la estatua de caliza del pequeño pabellón al sur de la gran *dagoba* representa a Dutugemunu.

En las inmediaciones de la *dagoba* se esparcen los restos de estanques y piscinas engalanados con columnas y pilares inclinados en diferentes ángulos. Al sureste de la *dagoba,* de camino al templo del Sri Maha Bodhi, puede verse uno de los muchos refectorios de los monjes de Anuradhapura.

Lowamahapaya RUINAS

(palacio Bermejo) Así llamado por lucir en su día un tejado de tejas de bronce, las ruinas del "palacio Bermejo" (Brazen Palace) se hallan junto al árbol de Bodhi. Los restos de 1600 columnas es todo cuanto queda del que fuera un enorme pabellón de nueve pisos que podía acomodar hasta 1000 monjes y asistentes.

Lo mandó construir el rey Dutugemunu hace más de 200 años, pero fue reconstruido en numerosas ocasiones, cada vez con menor pomposidad.

Thuparama Dagoba STUPA BUDISTA

Esta *dagoba* rodeada de bosque, al norte de la Ruvanvelisaya Dagoba, es la más antigua de Sri Lanka; de hecho, probablemente sea la *dagoba* más antigua que se puede ver en el mundo. Fue construida por el Rey Devanampiya Tissa en el s. III a.C. y se dice que contiene la clavícula derecha de Buda. Originalmente tenía forma de "montón de arroz", pero en 1862 fue restaurada y adoptó una forma más convencional, de campana, con una altura de 19 m.

Monasterio de Abhayagiri

Para disfrutar de una ciudad antigua, en gran parte aún rodeada de bosque tropical, no hay como explorar la zona del monasterio de Abhayagiri, de 2000 años de antigüedad. Fuera de los senderos principales, los únicos acompañantes que se encontrarán son las garcetas y algún que otro gran lagarto monitor.

A la entrada hay un mapa en el que se ven los cuatro *mula* (institutos o facultades) principales, repartidos por el bosque que rodea la *dagoba* principal, cada uno con sus respectivas residencias, refectorios, centros de meditación y santuarios con árboles de

Anuradhapura

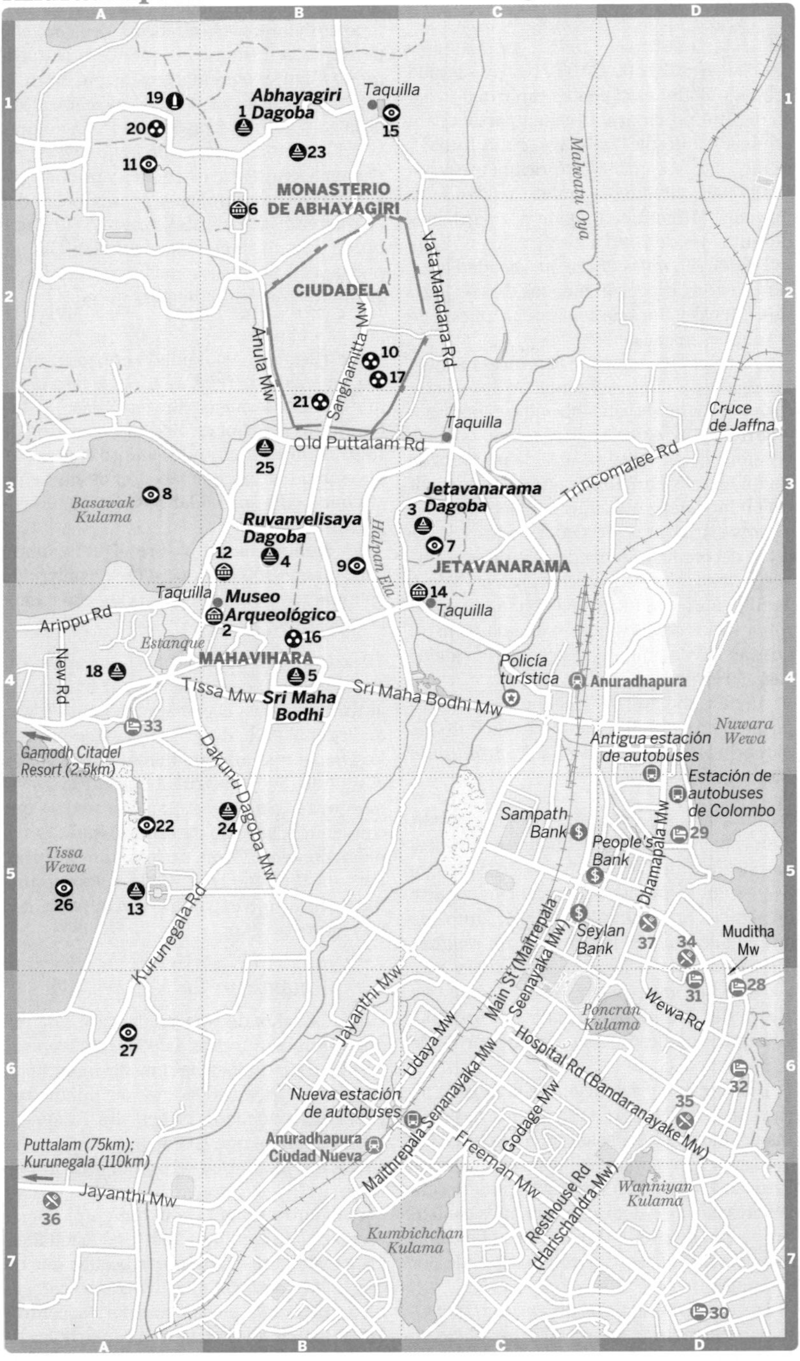

LAS CIUDADES ANTIGUAS

Anuradhapura

Principales puntos de interés
1 Abhayagiri Dagoba B1
2 Museo Arqueológico B4
3 Jetavanarama Dagoba C3
4 Ruvanvelisaya Dagoba B3
5 Sri Maha Bodhi B4

Puntos de interés
6 Museo de Abhayagiri B2
7 Patrimonio Mundial de Anuradhapura C3
8 Basawak Kulama A3
9 Barandilla budista B3
10 Dalada Maligawa B2
11 Eth Pokuna A1
12 Museo Popular B3
13 Isurumuniya Vihara A5
14 Museo de Jetavanarama C4
15 Kuttam Pokuna B1
16 Lowamahapaya B4
17 Refectorio de Mahapali B2
18 Mirisavatiya Dagoba A4
19 Moonstone A1
20 Ratnaprasada A1
21 Palacio Real B3
22 Jardines reales de recreo A5
23 Samadhi Buddha B1
24 Sandahiru Seya B5
25 Thuparama Dagoba B3
26 Tissa Wewa A5
27 Vessagiriya A6

Dónde dormir
28 Hotel Randiya D6
29 Lakeside at Nuwarawewa D5
30 London Palace D7
31 Melbourne Tourist Rest D6
32 Milano Tourist Rest D6
33 Sanctuary at Tissawewa A4

Dónde comer
34 Hotel Shalini D5
35 Lulu's Feeding Point D6
36 Mango Mango A7
Sanctuary at Tissawewa .... (véase 33)
37 Walkers D5

Bodhi. En su apogeo, se cree que vivieron aquí unos 5000 monjes.

★ Abhayagiri Dagoba — TEMPLO BUDISTA

Esta colosal *dagoba* del s. I a.C. albergaba las principales ceremonias del monasterio de Abhayagiri. Originalmente medía más de 100 m de altura y era una de las mayores estructuras del mundo antiguo, comparable en tamaño solo con las pirámides de Gizeh (y la cercana Jetavanarama). Ahora, tras varias reconstrucciones, la Abhayagiri Dagoba se alza 75 m sobre el lecho del bosque. Visualmente es espectacular, y la primera estampa que se tiene a medida que el visitante se aproxima entre la fronda es impresionante.

Su nombre significa "colina de la Protección" o "colina Sin Miedo". En los textos del *Saddarma Rathnawaliya* se dice que en el núcleo de la *stupa* se enterró una estatua de un toro de oro que contenía reliquias de Buda.

La Abhayagiri Dagoba presenta interesantes bajorrelieves, entre ellos uno cerca de la escalera oeste que muestra a un elefante que arranca un árbol. En la parte norte se observa una gran losa con una huella del pie de Buda, y en los escalones del este y el oeste hay unas insólitas piedras hechas con losas concéntricas (se las llama "piedras de la luna" por su forma).

Por la parte norte de la *stupa*, búsquese la *yupa* (aguja) octagonal y el asta que coronaba originalmente la *dagoba* antes de que se le añadiera la actual parte superior cuadrada.

Piedra de la luna — MONUMENTO

Al noroeste de la Abhayagiri Dagoba se encuentran las ruinas de este complejo monástico del s. IX con la mejor piedra de la luna grabada de Sri Lanka; ¡a ver cuántas especies de animales se logra identificar entre sus elaboradas tallas! Está en una plácida zona boscosa llena de mariposas y es un buen lugar para tomarse un respiro durante una visita a las ruinas; hay puestos de bebidas y tentempiés cerca. Búsquense los extraordinarios escalones sostenidos por joviales *gana* (enanos).

Ratnaprasada — RUINAS

Gran parte del "palacio de las Gemas", del s. VIII, está hoy en ruinas, aunque tuvo siete plantas y un elegante tejado escalonado. Junto a la entrada se observan dos *muragala* (piedras de guardia) de hermosa factura, que representan al rey Cobra asiendo un jarrón de la abundancia y una rama en flor, con un asistente enano a sus pies y una capucha de cobra en la cabeza.

Museo de Abhayagiri — MUSEO

(⏲10.00-17.00) Al sur de la Abhayagiri Dagoba está el que seguramente es el museo más interesante de Anuradhapura, con una colección de bandejas, joyas, cerámica y es-

LOS ASEOS MÁS RECARGADOS DEL MUNDO

En el s. VIII, una nueva orden de monjes tapovana (ascetas) se asentó en las lindes occidentales de Anuradhapura. Decididos a vivir entre las castas más bajas, vestidos con harapos que encontraban en los cementerios de la zona, renunciaron al lujo del monasterio principal y se alimentaron exclusivamente de arroz.

Para demostrar su desprecio a los lujos de los otros monjes, los de los monasterios del oeste tallaban bellas letrinas de piedra con los monasterios de sus hermanos representados en el fondo. Sus urinarios mostraban al dios de las riquezas arrojando puñados de monedas por el agujero.

Paradójicamente, estos urinarios se cuentan entre los objetos ornamentados más bellos que se conservan en Anuradhapura. Hay varios ejemplos formidables en el Museo Arqueológico, en el Museo de Abhayagiri, en el yacimiento de **Padhanagara** y en Ridi Vihara (p. 245).

culturas religiosas halladas en el yacimiento. Incluye abundante información sobre los numerosos monumentos de Anuradhapura, y una librería.

Samadhi Buddha ESTATUA DE BUDA

Del s. IV, esta estatua de Buda (sentado en la postura de *samadhi* o meditación) está considerada una de las mejores del país. Cuando se construyó quizá era una de cuatro estatuas situadas en los puntos cardinales.

Kuttam Pokuna ESTANQUE

(estanques gemelos) Estos estanques similares a una piscina eran usados, supuestamente, por los monjes del cercano monasterio de Kaparamula. El agua entraba en el mayor de los dos por la boca de una *makara* (bestia mitológica con cuerpo de pez, boca de cocodrilo y tronco de elefante) y luego fluía hacia el más pequeño mediante una tubería subterránea. Repárese en la figura de una cobra de cinco cabezas junto a la *makara* y el sistema de filtrado en el extremo noroeste de los estanques.

Eth Pokuna ESTANQUE

(estanque de los Elefantes) Más que una poza para los paquidermos, se cree que esta enorme masa de agua rodeada de bosque era el antiguo embalse del monasterio de Abhayagiri. Son tales sus dimensiones (159 m de largo por 53 m de ancho y 10 m de profundidad) que en él cabrían cómodamente seis piscinas olímpicas.

Ciudadela

Pese a ser posterior a la mayoría de las construcciones budistas, el tiempo ha hecho mella en la Ciudadela, y sus muros, otrora espléndidos, han quedado prácticamente engullidos por la tierra: toda una lección budista sobre lo efímero.

Palacio Real RUINAS

GRATIS Construido en el 1070 (casi 12 siglos después del apogeo de Anuradhapura), este palacio fue un intento por parte del rey Vijayabahu I de unir su reino con las glorias de la antigua capital cingalesa. Prácticamente solo se conservan dos piedras de guardia, excepcionales aunque sorprendentemente modestas.

Refectorio de Mahapali RUINAS

También conocido como el salón de las ofrendas, es notable por su inmenso comedero (de casi 3 m de largo por 2 m de ancho) que los devotos llenaban de arroz para los monjes.

Dalada Maligawa RUINAS

En la zona del Palacio Real también se encuentra el Dalada Maligawa, un templo en ruinas cuya cámara central quizá fue el primer templo del Diente de Buda en el s. IV.

Jetavanarama

Esta enorme *dagoba* domina la parte oriental de Anuradhapura.

★ **Jetavanarama Dagoba** STUPA BUDISTA

La enorme cúpula de la Jetavanarama Dagoba se eleva sobre todo el este de Anuradhapura. Fue construida en el s. III por el rey Mahasena y originalmente pudo alcanzar los 120 m, pero actualmente tiene unos 70 m, como la de Abhayagiri. Cuando se construyó sería sin duda el tercer monumento más alto del mundo, después de las dos pirámides de Egipto.

El enorme bulbo de la cúpula no está pintado y se dice que está hecho con más de 90 millones de ladrillos. Una guía británica de principios del s. xix aseguraba que tenía suficientes ladrillos como para levantar una muralla de 3 m de altura entre Londres y Edimburgo.

Detrás se levantan las ruinas de un monasterio que acogía a 3000 monjes. Un edificio con jambas de más de 8 m de altura aún en pie, y otros 3 m bajo tierra. En tiempos, esta zona pertenecía al antiguo parque de recreo Nandana Uyana, el lugar donde, según dicen, Mahinda predicó por vez primera la doctrina budista, en el s. III a.C.

Museo de Jetavanarama MUSEO
(8.00-17.30) Este edificio colonial británico de 1937 es un regio escaparate para algunos de los tesoros hallados en Jetavanarama. Los objetos expuestos van de lo sublime (extraordinarios pináculos de marfil tallados) a lo más ordinario (antiguas tuberías de baño). Destaca el urinario laboriosamente tallado de la sala 1 y, en la sala 2, un diminuto elemento decorativo de oro (de solo 8 mm de largo) con ocho exquisitas flores.

Barandilla budista LUGAR HISTÓRICO
Al sur de la Jetavanarama Dagoba, en el otro lado de la carretera, hay una barandilla de piedra que imita un muro de troncos y crea un recinto de 42 x 34 m, pero el edificio del interior desapareció hace mucho tiempo.

Barrio de los museos

En el Museo Arqueológico de Anuradhapura tienen cabida casi todos los yacimientos de la zona. Otros dos museos, el de Abhayagiri (p. 235) y el de Jetavanarama, cubren sobre todo esos dos lugares, respectivamente.

★**Museo Arqueológico** MUSEO
(8.00-17.00, cerrado fest) GRATIS El antiguo edificio de la administración colonial británica ha sido restaurado recientemente y contiene una interesante colección de obras de arte, tallas y objetos de uso diario de Anuradhapura y de otros yacimientos históricos de todo el país. Sus muestras incluyen una sala de reliquias restauradas, halladas durante las excavaciones de la *dagoba* Kantaka Chetiya, en la vecina Mihintale, y una gran maqueta de la *vatadage* de la Thuparama Dagoba, tal como se imagina de haber tenido un tejado de madera.

Museo Popular MUSEO
(adultos/niños 300/150 LKR; 9.00-16.30 ma-sa, cerrado fest) A un corto trayecto al norte del Museo Arqueológico, este lugar ofrece polvorientas exposiciones sobre la vida campestre en la región del centro-norte de Sri Lanka.

PROTOCOLO EN LOS TEMPLOS

Dado que muchos de los principales yacimientos de Anuradhapura aún se consideran sagrados, hay que descalzarse, descubrirse y ponerse un *sarong* u otra prenda discreta. Conviene llevar un par de calcetines para no quemarse los pies con el abrasador suelo.

Los ceilandeses se visten de blanco, que consideran un color sagrado. No estaría de más imitarlos, tanto como respeto como porque el blanco refleja la intensa luz del sol.

Otros yacimientos

Al sur y al oeste de las principales zonas históricas y sagradas aguardan yacimientos tan importantes como enigmáticos.

Mirisavatiya Dagoba STUPA BUDISTA
GRATIS Esta enorme *dagoba* fue la primera que construyó Dutugemunu tras recuperar la ciudad en el s. II a.C. Se dice que Dutugemunu fue a bañarse al embalse y dejó su rico cetro clavado en la orilla. Cuando salió del agua, el cetro, que contenía una reliquia de Buda, se había quedado anclado y no podía arrancarlo, hecho que interpretó como una señal de que tenía que construir allí una *dagoba*.

Jardines reales de recreo JARDINES
(Ranmasu Uyana) GRATIS Conocidos como el parque de los Peces de Colores, estos jardines reales de 14 Ha tienen más de 2000 años y albergan dos bonitos estanques acurrucados entre enormes peñascos. Búsquense las sublimes tallas de elefantes.

Isurumuniya Vihara MONUMENTO BUDISTA
(200 LKR; 7.00-20.00) Este encantador templo rupestre, que data del reinado de Devanampiya Tissa [307-267 a.C.], está dispuesto alrededor de un encantador estanque de lotos con tallas de elefantes que chapotean en el agua. El templo central posee varios murales exquisitos. Por la parte de atrás se puede subir a lo alto de la roca para ver la *stupa* en forma de campana y un par de huellas de Buda grabadas en la roca.

EMBALSES

En Anuradhapura hay tres grandes embalses, construidos a instancias de los monarcas para suministrar agua de regadío y recaudar impuestos a la comunidad budista.

El **Nuwara Wewa,** al este de la ciudad, es el más grande, de unos 12 km^2. Fue construido hacia el año 20 a.C. y está apartado de la ciudad antigua. Junto a la orilla noroeste hay unas vistas espectaculares de la puesta del sol sobre la ciudad antigua.

El **Tissa Wewa,** de 160 Ha, es el embalse del sur de la ciudad antigua, de fácil acceso desde la parte trasera de la Isurumuniya Vihara o desde los jardines reales de recreo.

El embalse más antiguo, probablemente del s. IV a.C., es el **Basawak Kulama,** de 120 Ha, situado al norte.

Todos son muy propicios para dar paseos a pie o en bicicleta.

Vessagiriya ENCLAVE HISTÓRICO

GRATIS Al sur del Isurumuniya Vihara se encuentran los vestigios de este monasterio rupestre, un conjunto de evocadores salientes de piedra que, además de desafiar la gravedad, cuentan con inscripciones y canales. Es fácil imaginar a los monjes mientras meditaban en sus aposentos.

Circuitos

La mayoría de los alojamientos se puede encargar de conseguir guías con licencia, útiles para quien quiera comprender Anuradhapura y su rica historia más detalladamente. Se paga un mínimo de 1500 LKR por 2 h, transporte aparte.

Uno de los mejores guías locales es **Charitha Jithendra Jith** (077 303 7835; charitha jithendra@gmail.com).

Fiestas

Unduvap Poya RELIGIOSA

(dic) En diciembre, miles de peregrinos asisten a la Unduvap Poya de Anuradhapura, que conmemora la llegada del sagrado árbol de Bodhi desde la India.

Dónde dormir

Anuradhapura tiene algunos de los alojamientos económicos con mejor relación calidad-precio del país, incluidas numerosas pensiones familiares excelentes en los agradables barrios arbolados al sureste de Main St.

Las tarifas indicadas son si se reserva directamente. En las webs de reservas, los precios de las opciones económicas pueden ser un 50% más caros, en contraposición con los establecimientos de categoría superior. Gracias a la abundancia de opciones económicas, siempre cabe regatear el precio.

Advertencia: hay cazaclientes que se suben a los trenes unas estaciones antes de llegar, y los conductores de *tuk-tuks* pueden ser igual de pesados. Muchos hoteles ofrecen recogida gratis desde las estaciones o paradas de autobús.

Balcony Rest PENSIÓN $

(071 614 1590; balconyrestanuradhapura@gmail.com; 1160/B Nagasena Mawatha; i/d 2000/2500 LKR;) Las parejas tendrán una planta entera en exclusiva en esta elegante casa familiar de dos habitaciones con excelente relación calidad-precio, baños impolutos y formidables balcones de madera. Su ubicación, en una zona residencial, queda algo apartada del centro y es difícil de encontrar, así que interesa llamar antes. Nimali y su marido Jayantha son unos patronos excelentes.

Melbourne Tourist Rest PENSIÓN $

(025-223 7843; www.melrest.com; 388/28 Rest House Rd, Stage 1; h 2500-3000 LKR;) El Milano Tourist Rest gestiona esta moderna y aireada propiedad de 10 habitaciones con suelos de baldosas, un gran restaurante y un jardín con mesas y sillas, en una localización tranquila y céntrica. Los dueños tenían previsto inaugurar en el 2018 un moderno hotel de 50 habitaciones.

London Palace PENSIÓN $

(025-223 5070; www.londonpalacesl.com; 119/29/1 Mailagas Junction; h 3000-3500 LKR;) Alojamiento de dos plantas (lo de "palacio" es exagerado) que ofrece 10 habitaciones encantadoras, limpias, luminosas y espaciosas, todas con TV, nevera, gamas cromáticas neutras y balcones (salvo la individual, que debería descartarse); las seis delanteras son las mejores. Su ubicación queda algo retirada del centro, pero alquilan bicicletas (400 LKR). La gestiona el eficiente equipo que hay detrás del Milano Tourist Rest.

★ **Milano Tourist Rest** HOTEL $$

(025-222 2364; www.milanotouristrest.com; 596/40 JR Jaya Mawatha; h 3500 LKR;)

LA NUEVA 'STUPA' DE ANURADHAPURA

Pasados 2000 años de la construcción de la primera de las grandes *dagobas*, se erige una enorme *stupa* de nuevo cuño, la **Sandahiru Seya** (templo de Luna-Sol), en el lado sur de Anuradhapura. Las obras comenzaron en el 2010, a instancias del presidente Rajapaksa. Se prevé que tenga una altura de 85 m y una circunferencia de 244 m, y se elevará por encima de las antiguas *dagobas* de Jetavanarama y Abhayagiri (pero sin llegar a superar su altura original). Para su construcción se emplearán más de 30 millones de ladrillos que, a la postre, serán enyesados y encalados.

Es una de las nueve nuevas *stupas* planeadas, según el presidente, "en reconocimiento al noble servicio prestado por las fuerzas armadas y la policía para derrotar el terrorismo y traer una paz duradera al país". No obstante, algunos se oponen a la idea de dedicar un monumento budista al Ejército.

El ritmo de las obras y la entrada de fondos se ha ralentizado en los últimos años, de modo que podría pasar mucho tiempo antes de que se culmine esta mastodóntica *dagoba*.

Escondido en una tranquila calle residencial, es una opción dirigida con profesionalidad, alojada en una elegante casa de finales de los años cincuenta. Las ocho habitaciones, aunque quizá algo anticuadas, destilan un toque de clase que contradice sus precios moderados. Todas las habitaciones tienen colchones gruesos, nevera y modernos baños, y hay un buen restaurante (principales 850 LKR) con un delicioso jardín para comer al fresco.

Gamodh Citadel Resort HOTEL **$$**
(☎025-492 8906; www.gamodhcitadelresort.com; Lolugaswewa; h 30-35 US$, ste 40-45 US$; ❄📶🏊) Sensacional hotel rural con habitaciones confortables y muy rentables en dos bloques de nueva construcción, y otras, algo ajadas y más pequeñas, en el edificio antiguo. El recinto ajardinado es de lo más relajante, con mesas esparcidas alrededor de una piscina de buen tamaño, donde sirven sabrosas comidas. Está 6 km al oeste del centro comercial, muy a mano de las ruinas occidentales.

Hotel Randiya HOTEL **$$**
(☎025-222 2868; www.hotelrandiya.com; 394/19A Muditha Mawatha; h incl. desayuno 4500-8000 LKR; ❄@📶🏊) Este hotel ofrece dos opciones de alojamiento: el sofisticado y moderno edificio nuevo (de elegante diseño, con paredes blancas, piscina y un restaurante moderno) y la villa, más antigua, tipo *walawwa* (palacete), con habitaciones más baratas y con más personalidad (aunque más oscuras) y un atractivo bar con solera.

★**Ulagalla** HOTEL-BOUTIQUE **$$$**
(☎025-205 0280, Colombo 011-232 8832; www.ugaescapes.com; Ulagalla Walawwa, Thirappane; i/d desde 395/460 US$; ❄📶🏊) 🍃 En lo alto del escalafón se encuentra este sofisticado, exclusivo y remoto retiro rural (a 40 km de Anuradhapura), que ofrece una veintena de villas con piscina privada y relajantes porches, además de una encantadora piscina central. El centenario edificio principal exuda un elegante ambiente colonial, lo que lo convierte en un lugar magnífico para desconectar tras empaparse del legado cultural de la región.

Su mejor baza es el sentido de privacidad y espacio, que combina con sus credenciales ecológicas: se recoge el agua de lluvia y el 50% de la electricidad se genera a partir de energía solar.

★**Lakeside at Nuwarawewa** HOTEL **$$$**
(☎025-222 1414; www.nuwarawewa.com; Dhamapala Mawatha; i/d/tr 85/95/105 US$; ❄@📶🏊) Este moderno hotel, reformado de arriba abajo, presume de una magnífica ubicación junto a la encantadora cisterna de Nuwara Wewa. Las habitaciones, estilosas y aireadas, cuentan con terraza o galería; se pueden ahorrar unas rupias si se prescinde de las vistas a la piscina. Ofrece una buena relación calidad-precio, y su excelente restaurante tiene una agradable terraza. La piscina admite clientes ocasionales (850 LKR).

Sanctuary at Tissawewa HOTEL HISTÓRICO **$$$**
(☎025-222 2299; www.tissawewa.com; cerca de Old Puttalam Rd; de lujo i/d incl. desayuno 130/140 US$; ❄📶) En cuanto a elegancia colonial, la antigua residencia del gobernador británico es imbatible. El edificio ha sido restaurado con gusto, con respeto al estilo original, pero las elegantes habitaciones cuentan con el equipamiento más moderno. Las verandas son un

lugar delicioso para relajarse contemplando los jardines, con árboles de caoba y de teca, pavos reales y monos.

Palm Garden Village Hotel HOTEL **$$$**
(☎025-222 3961; www.palmgardenvillage.com; Old Puttalam Rd, Pandulagama; i/d desde 140/155 US$; ❄📶🏊) Con 38 Ha de bosque y jardín y una encantadora zona de piscina, este hotel-resort propone también habitaciones espaciosas con estupendas terrazas con mesas y sillas, unas mejores que otras. Los alicientes incluyen un *spa* ayurvédico y la visita de algún que otro elefante. El servicio podría mejorar, pero su serena ubicación es una delicia. Está 7 km al oeste del centro.

Dónde comer

La oferta de restauración en Anuradhapura es sorprendentemente limitada. Varios hoteles cuentan con buenos restaurantes, entre ellos el Sanctuary at Tissawewa.

Lulu's Feeding Point CEILANDESA **$**
(Hospital Rd; curris 270-330 LKR) Local autoservicio en una esquina, perfecto para los viajeros de presupuesto ajustado que se alojen en las pensiones aledañas. Tienen buen arroz con curri, *iddiyapam*, *kotthu* y un puñado de platos chinos. Redondean la oferta una terraza a pie de calle y un personal solícito.

Walkers CEILANDESA **$**
(Rest House Rd; principales 350 LKR; ⌚7.00-21.30; 📶) Al este de la rotonda del elefante, este moderno café-restaurante-tienda goza de fama por sus platos de huevos, curris y fideos, y zumo frescos. Cuenta con una terraza lateral para comer al aire libre y el personal es muy agradable. A veces hace un calor sofocante.

★**Hotel Shalini** CEILANDESA **$$**
(☎025-222 2425, 071 807 3335; www.hotelshalini.lk; 41/388 Rest House Rd; comidas 850 LKR; ⌚12.00-14.00 y 18.00-23.00) Ocupa un marco encantador, en un edificio tipo *haveli* (casa tradicional), pero lo que aquí destaca realmente es la comida. La carta, si bien cambia a diario, suele incluir recetas familiares como ensalada de raíces de loto, curri de fruta del guanábano y dos tipos deliciosos de berenjenas, así como singulares platos medicinales como *kohilla* (un tipo de tubérculo). Llévese repelente de mosquitos.

Mango Mango INDIA **$$**
(☎025-222 7501; Jayanthi Mawatha; curris 320-520 LKR; ⌚7.00-10.00, 12.00-15.30 y 18.00-22.00) Su ubicación a las afueras sur no es la más práctica, pero si se tiene el antojo de comer curri indio (solo cena), vale la pena tomarse la molestia de ir hasta este moderno y alegre restaurante. Los platos de *tikka* y *tandoori* están deliciosos, lo mismo que el pollo *kadahi masala*. Interesantes menús de cena (290 LKR).

Los mostradores del café contiguo están repletos de postres y tartas.

★**Sanctuary at Tissawewa** INTERNACIONAL **$$$**
(www.tissawewa.com; principales 800-1600 LKR; ⌚7.30-9.30, 12.00-15.00 y 19.30-21.30; 📶) No hay lugar más tentador para tomar un bocado o picar algo que la veranda y el comedor de este hotel colonial. Pruébense las costillas de cerdo a la parrilla adobadas con guindilla, los sándwiches o el menú de cena de cuatro platos (1550 LKR), seguido de un café servido en porcelana blanca. No sirven alcohol.

Información

En Main St y Dhamapala Mawatha, en el centro, hay bancos y cajeros automáticos.

People's Bank (Main St; ⌚9.00-17.00 lu-vi)

Sampath Bank (Main St; ⌚8.00-20.00) Banco con cajero automático; horario amplio, servicio rápido y sin comisiones.

Seylan Bank (Main St; ⌚9.00-17.00 lu-vi)

Policía turística (☎011-313 3686; Sri Maha Bodhi Mawatha; ⌚24 h) En caso de emergencia, se aconseja recurrir a ella.

Cómo llegar y salir

AUTOBÚS

En Anuradhapura hay tres estaciones de autobuses, lo que resulta bastante lioso. A menos que se indique lo contrario, estas rutas tienen servicios frecuentes durante el día (aprox. cada 30 min).

Estación de autobuses de Colombo

De esta pequeña estación, próxima a la antigua terminal de autobuses, salen servicios privados con aire acondicionado y otros (con asientos más amplios pero sin a.a.) semi-cómodos.

Los servicios a Colombo son vía Dambulla y Kurunegala (nº 15) o, más rápido, vía Puttalam y Negombo (nº 4). Los autobuses con aire acondicionado más veloces a Colombo salen a las 9.15 y 14.15.

Entre otros destinos se incluyen:

Colombo 350-500 LKR, 6 h

Dambulla 190 LKR, 1½ h; tómese el microbús a Kandy

Kandy 340 LKR, 3½ h; los microbuses con aire acondicionado son los más rápidos

Nueva estación de autobuses

De esta estación salen los autobuses que cubren las rutas del este y el norte, a destinos como:

Jaffna 328 LKR, 6 h, 8 diarios; al dirigirse a Colombo, para delante de la estación de autobuses

Mihintale 33 LKR, 30 min

Polonnaruwa 150 LKR, 3 h; con el letrero de "Kaduruwela"; también va a Habarana

Trinco 180 LKR, 3½ h, 2 diarios; otra opción es hacer trasbordo en Horowupotana

Antigua estación de autobuses

Atiende casi exclusivamente los servicios locales, entre otros destinos a Kurunegala (140 LKR, 3 h).

TREN

La estación central de Anuradhapura es una joya *art déco*. Algunos convoyes también paran en la estación nueva, más al sur. Hay servicios a:

Colombo 1/2/3ª clase 900/450/280 LKR, 5 h, 5 diarios

Jaffna 1/2/3ª clase 1000/500/130 LKR, 3½ h, 3 diarios

Cómo desplazarse

El distrito comercial es bastante compacto, pero el resto de la ciudad está demasiado esparcido como para pretender recorrerlo a pie. Un circuito en taxi/*tuk-tuk* de 3 h cuesta unas 1500/1200 LKR. La bicicleta, disponibles en la mayoría de los hoteles y pensiones por 400-500 LKR/día, es el mejor medio de transporte urbano.

Mihintale

☎025

Este amodorrado pueblo y **recinto de templos** (500 LKR; ⌚24 h), 13 km al este de Anuradhapura, ocupa un lugar muy especial en los anales de la tradición popular ceilandesa. En el 247 a.C., el rey Devanampiya Tissa de Anuradhapura estaba de caza en la colina Mihintale cuando se le acercó Mahinda, hijo del gran emperador budista indio Ashoka. Mahinda puso a prueba la sabiduría del rey y, al considerarlo un discípulo digno, lo convirtió allí mismo. Desde entonces se asocia Mihintale con la llegada del budismo a Sri Lanka.

Dado que la ascensión lleva 25 min, es mejor ir temprano por la mañana o a última hora de la tarde, para evitar el calor de mediodía. La ruta se puede dividir en dos si se conduce por Old Rd y se inicia la marcha cerca del refectorio de los monjes. Hay guías oficiosos que cobran unas 800 LKR por un circuito de 2 h. Si el guía sigue al visitante hasta los escalones, se sobreentiende el acuerdo, así que conviene aclararlo antes de ponerse en marcha.

Puntos de interés

Refectorio de los monjes y casa de las Reliquias RUINAS

En el segundo rellano se encuentra el refectorio de los monjes, con enormes comederos de piedra que los fieles llenaban de arroz para los monjes.

Cerca, en una plataforma elevada conocida como la casa de las Reliquias, se hallan dos losas grabadas, realizadas durante el reinado de Mahinda IV [975-991], cuyas inscripciones estipulaban las normas de la casa y la conducta que se esperaba de sus responsables.

Una inscripción indica claramente que nada de lo contenido en la casa puede prestarse o venderse. Otra confirma la cantidad de tierra que debe darse a cambio de una provisión de aceite y mechas para las lámparas, y de flores para las ofrendas. Estas losas, también conocidas como las tablillas de Mihintale, definen los deberes de los muchos sirvientes del monasterio: los que tenían que recoger leña y cocinar, los que cocinaban pero solo con leña recogida por otros, etc.

También hay normas para los monjes: tienen que levantarse al alba, lavarse los dientes, ponerse las túnicas, meditar y luego desayunar (arroz hervido) en el refectorio, pero solo después de recitar determinados textos sagrados.

Sala de Reuniones RUINAS

Al mismo nivel que la casa de las Reliquias, este lugar, también conocido como sala de Ceremonias, es donde se reunían los monjes para discutir los asuntos de interés común. El estrado en mitad de la sala era desde donde el monje más veterano presidía las sesiones. En su día, el tejado descansaba sobre 64 columnas. El camino principal a la Ambasthale Dagoba sale de aquí.

★ **Sinha Pokuna** MONUMENTO

Justo por debajo del refectorio de los monjes, en el segundo rellano, y cerca de la entrada si se llega por Old Rd, hay un pequeño estanque con un león rampante de 2 m de altura encima, considerado una de las mejores tallas de animales del país. Si se apoyan ambas manos sobre sus zarpas se estará en la posición correcta para beber el agua directamente de

Mihintale

su boca. El embalse está rodeado por unos bonitos frisos.

★ Ambasthale Dagoba STUPA BUDISTA

La escalera ceremonial principal, flanqueada de franchipanes, lleva a esta *dagoba*, erigida en el emplazamiento donde Mahinda convirtió a Devanampiya Tissa al budismo. Cerca, una **estatua del rey** señala el lugar donde este y Mahinda se encontraron. Ambasthale significa "árbol de mango" y hace referencia a una adivinanza que usó Mahinda para poner a prueba la inteligencia del monarca.

Otro tramo de escalones excavados en la roca conduce a una gran **estatua blanca de Buda.**

Se dice que el **árbol de Bodhi** que hay la izquierda de las escaleras que llevan a la Mahaseya Dagoba es uno de los más antiguos de los que existen en Sri Lanka; alrededor de él hay una barandilla con banderas de plegaria dejadas por los peregrinos.

Mahaseya Dagoba STUPA BUDISTA

Se supone que esta *dagoba* (según algunos la mayor de Mihintale) fue construida para albergar las reliquias de Mahinda. En un extremo se encuentra la *dagoba* de ladrillo primigenia, más pequeña, una de las más antiguas del país y apenas visitada, con vistas de los lagos y los árboles, con Anuradhapura en lontananza.

Un pequeño templo a los pies de la *dagoba* contiene un Buda reclinado y unos frescos modernos a todo color: se esperan donativos. La sala a un costado es un *devale* con estatuas de los dioses Ganesha, Visnú, Murugan (Skanda) y Saman.

Cueva de Mahinda CUEVA

Un duro sendero en bajada (10 min) lleva del patio de la casa de las Reliquias (al noreste de la Ambasthale Dagoba) a la cueva que contiene la gran piedra lisa donde, al parecer, vivía Mahinda.

Mihintale

Principales puntos de interés

1 Ambasthale Dagoba D3
2 Sinha Pokuna C3

Puntos de interés

3 Aradhana Gala D3
Sala de Reuniones .... (véase 16)
4 Árbol de Bodhi D3
5 Estatua de Buda D3
6 Dagoba C3
7 Et Vihara B4
8 Hospital B2
9 Complejo de Indikatu Seya A2
10 Kaludiya Pokuna A4
11 Kantaka Chetiya B3
12 Mahaseya Dagoba C3
13 Cueva de Mahinda D2
14 Museo de Mihintale B2
15 Ruinas de Mihintale C3
16 Refectorio y casa de las Reliquias C3
17 Naga Pokuna C3
18 Estatua del rey D3

Dónde dormir

19 Mihintale Rest House A1

Aradhana Gala
MIRADOR

Al este de la Ambasthale Dagoba arranca un escarpado sendero de roca que conduce a un lugar con estupendas vistas del valle circundante. Hay una barandilla por casi todo el camino. Aradhana Gala significa "roca de la meditación".

Naga Pokuna
ESTANQUE

A medio camino durante la bajada por las abruptas escaleras desde la Ambasthale Dagoba, un sendero que sale a la izquierda rodea la base de la colina coronada por la Mahaseya Dagoba. Allí se encuentra el Naga Pokuna ("embalse de la serpiente"), llamado así por la cobra de cinco cabezas tallada en bajorrelieve en la piedra frente al embalse. Se dice que su cola llega hasta el fondo del mismo. Más adelante se puede llegar hasta el segundo rellano, más abajo. Como alternativa, sígase el sendero de la izquierda, que sube a la antigua *stupa* junto a la Ambasthale Dagoba, o el de la derecha, para ascender a la Et Vihara.

Kantaka Chetiya
STUPA BUDISTA

En el primer rellano, una escalera a la derecha lleva a esta *dagoba* parcialmente derruida, una de las más antiguas de Mihintale. Tiene 12 m de altura (originalmente, tuvo más de 30 m) y 130 m de perímetro. Una inscripción en brahmi acredita que se financió gracias al pago de impuestos para un embalse cercano. Cuatro altares con flores de piedra señalan los puntos cardinales, orlados de esculturas de enanos, gansos y otras figuras.

Et Vihara
STUPA BUDISTA

A mayor altura incluso que la Mahaseya Dagoba (309 m) se encuentra la modesta *stupa* Et Vihara (literalmente, "monasterio de los Elefantes"), que regala excelentes vistas del valle y la puesta de sol.

Museo de Mihintale
MUSEO

(8.00-16.30) GRATIS Este pequeño museo, junto a la carretera que lleva al inicio de la escalera, merece una breve visita por su modesta colección de objetos extraídos de Mihintale.

Hospital
RUINAS

A un paso del museo están las ruinas de un hospital del s. IX, compuesto por unas cuantas celdas. Junto a la entrada hay un *bat oruwa* (gran comedero de piedra), cuyo interior está tallado en forma de silueta humana: los pacientes se metían dentro y se sumergían en aceites curativos.

Las inscripciones revelan que el hospital tenía sus especialistas: hay referencias a un *mandova,* experto en huesos y músculos, y a un *puhunda vedek,* versado en aplicar sanguijuelas. En el yacimiento se halló instrumental quirúrgico.

Complejo de Indikatu Seya
RUINAS

En la carretera que lleva a Old Rd, al oeste del yacimiento, permanecen los vestigios de un monasterio rodeado por las ruinas de una muralla que, a su vez, encierra dos *dagobas,* la mayor de ellas la Indikatu Seya (*dagoba* de la aguja). Hay indicios de que en este monasterio se predicaba el budismo mahayana. La estructura de la *dagoba* principal difiere de las otras de Mihintale; p. ej., está construida sobre una plataforma cuadrada.

Kaludiya Pokuna
LAGO

(estanque de Aguas Oscuras) A las afueras de Mihintale, al suroeste, se halla este encantador estanque artificial (ideal para ir de pícnic) que presenta unas termas y las ruinas de un pequeño monasterio.

Fiestas y celebraciones

Poson Poya
RELIGIOSA

Esta gran festividad, celebrada la noche de luna llena de Poson (normalmente, jun), conmemora la conversión al budismo de Devanampiya Tissa.

SIMBOLISMO EN LAS ESCULTURAS

Los cuatro *vahalkadas* (paneles sólidos esculpidos) del Kantaka Chetiya (p. 243) se cuentan entre los más antiguos y mejor conservados del país, y son los únicos que hay en Mihintale.

Los *vahalkadas* están enfrentados, a modo de los cuatro puntos cardinales, y comprenden una serie de franjas, cada una con una ornamentación particular. La parte superior suele contener nichos en los que se colocaban estatuas de seres divinos. En cada extremo de cada *vahalkada* hay un pilar coronado con la figura de un animal, como un elefante o un león. El origen de estas creaciones esculturales es objeto de especulación, pero algunos suponen que evolucionaron a partir de simples altares florales. Otros sugieren que son una adaptación del diseño de templos hinduistas.

En la escultura tradicional, los puntos cardinales se representan con animales específicos: un elefante al este, un caballo al oeste, un león al norte y un toro al sur. Además de estas bestias, también hay figuras de enanos (a veces con cabezas de animales), ocas (que se dice que tienen el poder de discernir entre el bien y el mal), elefantes (en muchos casos que soportan todo el peso de la superestructura) y *nagas* (serpientes mágicas). Los diseños florales, aparte del de la flor de loto, son básicamente ornamentales.

Dónde dormir y comer

Mihintale Rest House HOTEL $$
(☎025-226 6599; www.chcresthouses.com; Trincomalee Rd; i/h incl. desayuno 3740/4400 LKR; ❄@📶) Al estar tan cerca de Anuradhapura, casi nadie pernocta en Mihintale, pero este atractivo hotel posee un elegante salón-vestíbulo semiabierto y habitaciones espaciosas, quizá algo anticuadas. Por 1000 LKR más, las de lujo tienen bonitas vistas y baños aún mejores. En el café del pabellón sirven un almuerzo por 700 LKR.

Cómo llegar y salir

Mihintale está 13 km al este de Anuradhapura. Desde la nueva estación de autobuses de Anuradhapura hay servicios frecuentes (30 LKR , 30 min); el último de vuelta sale sobre las 18.30 de una parada al norte de Mihintale.

Un taxi de ida y vuelta desde Anuradhapura cuesta unas 2500 LKR (2 h de espera incl.); un *tuk-tuk* costará 1500 LKR. En bicicleta se tarda menos de 1 h en llegar.

Fortaleza de la Roca de Yapahuwa

A 100 m sobre la circundante llanura, el impresionante promontorio granítico de **Yapahuwa** (Fire Rock; adultos/niños 4/2 US$; ⌚7.00-18.00) es un fascinante enclave histórico fuera del radar turístico.

Aunque en Yapahuwa ha habido un monasterio budista desde el s. III a.C, el lugar alcanzó su cénit entre 1272 y 1284, cuando el rey Bhuvanekabahu I trasladó su capital a la fortaleza, donde custodió el diente sagrado de Buda. Los indios de la dinastía Pandavan capturaron Yapahuwa en 1284 y se llevaron la reliquia al sur de la India, aunque el rey Parakramabahu III solo tardó cuatro años en recuperarla. La capital se instaló en adelante en Kurunegala.

El rasgo más destacado de esta espectacular fortaleza es quizá su empinada escalera ornamental, que antaño conducía al templo del diente. Uno de los leones cerca del extremo superior de la misma aparece en el billete de 10 LKR. Los pórticos de la escalera tenían un par de bellas ventanas de piedra perforada; una de ellas se exhibe en el Museo Nacional de Colombo y la otra, en el museo de la fortaleza.

Este pequeño **museo,** junto a un aparcamiento, unos 300 m antes del inicio de la escalera, contiene esculturas de piedra de Visnú y Kali, varias muestras muy edificantes y monedas que dan fe de los vínculos comerciales del asentamiento con lugares tan lejanos como China.

Pasado el museo, se puede explorar la puerta sur y las murallas interiores y exteriores, así como el foso que protegía la **antigua fortaleza,** desde donde la escalera ornamental conduce a lo alto de la roca, con maravillosas panorámicas de 360º. Poco queda de la *stupa* ni del santuario del árbol de Bodhi que hubo aquí.

Junto a los edificios del monasterio principal hay un **templo rupestre** con varios frescos del s. XIII y budas de madera y bronce.

Puede que haya que pedir a un monje que abra la puerta del templo con su enorme llave.

Cómo llegar y salir

Yapahuwa está 9 km al este de la carretera Anuradhapura-Kurunegala, accesible con frecuentes autobuses. Un *tuk-tuk* cuesta 1000 LKR (tiempo de espera incl.) por ir y volver del yacimiento desde el cruce de la carretera de Daladagama.

Otra opción es tomar el autobús nº 57/7, que sale cada 15 min de Kurunegala hacia Maho (75 LKR, 2 h), a 6 km en *tuk-tuk* del yacimiento.

En Maho también hay estación de trenes, el punto en que se bifurcan la línea de Trincomalee y la de Colombo-Anuradhapura.

Panduwasnuwara

Esparcidas por el campo, las ruinas semiabandonadas de la capital temporal de Parakramabahu I (s. XII) están unos 36 km al noroeste de Kurunegala, posible parada para quienes tengan especial interés en restos budistas o viajen entre Negombo y las ciudades antiguas.

Casi todo el mundo visita Panduwasnuwara en una excursión de un día desde Kurunegala o en ruta entre Anuradhapura y Negombo.

El yacimiento arqueológico es muy extenso. Cerca de la entrada hay un foso, la enorme muralla de una ciudadela y lo que queda de un palacio real. Más allá se observan casas con imágenes, *dagobas* de ladrillo y dependencias monásticas.

Si se sigue por el desvío a la izquierda desde la carretera se llega a un restaurado templo del diente (Dalada Maligawa), que cuenta con un árbol de Bodhi, un colorista templo del Buda recostado y, detrás de este, los restos de un fascinante palacio circular rodeado por un foso.

Cómo llegar y salir

Panduwasnuwara está unos 20 km al suroeste de Padeniya, en la carretera entre Wariyapola y Chilaw. El desvío al yacimiento se encuentra en el pueblo de Panduwasnuwara, cerca del diminuto museo.

Los frecuentes autobuses entre Kurunegala y Chilaw (nº 525) paran en Panduwasnuwara (60 LKR), dónde se puede tomar un *tuk-tuk* para visitar las ruinas; el punto más alejado dista unos 2 km de la carretera.

Ridi Vihara

El "templo de plata", o **Ridi Vihara** (7.00-20.00) GRATIS se llamó así por la mina de plata que se descubrió en el lugar en el s. II a.C., con la cual se financió la construcción de la enorme Ruvanvelisaya Dagoba, en Anuradhapura. Las dos cuevas budistas al pie del despeñadero están apartadas de las rutas turísticas, y el monasterio contiguo es digno de una visita para admirar sus maravillosos frescos y azulejos neerlandeses, y una gigantesca talla de Buda cercana.

La principal atracción es el Buda dorado erguido de la cueva principal, o **Pahala Vihara** (templo inferior), que también alberga un Buda recostado de 9 m que descansa sobre una plataforma decorada con azulejos blanquiazules; estos fueron un obsequio de un cónsul neerlandés y representan escenas de la Biblia, incluidos animales que embarcan de dos en dos en el Arca de Noé.

El contiguo **Uda Vihara** (templo superior), mandado construir por el rey Kirti Sri Rajasinghe en el s. XVIII, posee impresionantes murales y tallas pintados de amarillo, rojo y negro. Quienes los pintaron recurrieron a ingeniosos trucos visuales: en un caso, lo que parece ser un elefante sobre el pórtico exterior, a la derecha, resulta ser, al apreciarlo de cerca, una formación de nueve doncellas. No está permitido sacar fotografías en ningún templo.

Fuera del complejo del templo puede verse otro de piedra de aspecto indio al final de un sendero ceremonial que lleva a una *dagoba* restaurada. Al subir, a la derecha, se observa una antigua inscripción sobre la roca.

El grueso de los viajeros visita el lugar en una excursión de un día desde Kurunegala o de camino entre Dambulla y Kandy. Si se tiene especial interés por el budismo, se puede hacer noche en la pensión del monasterio.

Cómo llegar y salir

Ridi Vihara está al este de la carretera Kurunegala-Dambulla, 2 km al sureste del pueblo de Ridigama.

Desde Kurunegala, tómese el autobús nº 564 de Keppitigala a Ridigama (40 LKR, 1 h), o bien el nº 556 con destino a Matale hasta el cruce que hay 2,5 km al norte de Ridigama, donde aguardan *tuk-tuks*.

Un *tuk-tuk* de Ridigama a Ridi Vihara cuesta 400 LKR, ida y vuelta.

BUDA DE RIDIGAMA

En el 2015 vio la luz el **Buda de la Monaragala Viharaya** (www.samadhibuddhastatue.lk; Rambadagalla), un meditativo Buda sedente de 20 m de altura, situado 4 km al sureste de Ridigama y considerado la mayor estatua de granito del mundo. Descansa sobre un pedestal de pavos reales, elefantes y capullos de loto tallados. Vale la pena acercarse, si se tiene un vehículo.

Kurunegala

☎037 / 34 500 HAB.

Kurunegala es una atareada población comercial y un centro de transportes entre Colombo y Anuradhapura, y entre Kandy y Puttalam. Salvo un puñado de atracciones cercanas, poco hay que hacer aquí.

Puntos de interés

Los grandes salientes rocosos romos que se alzan por encima de la localidad son un rasgo sorprendente del lugar. Se les ha dado el nombre de los animales que recuerdan (roca de la Tortuga, roca del Elefante) y, como suele pasar, se asocian a historias mitológicas. Se dice que se formaron al convertirse en piedra los animales que ponían en peligro la provisión de agua de Kurunegala.

Athagala ENCLAVE BUDISTA

(roca del Elefante) Una bonita escalera excavada en la roca (además de una sinuosa carretera) llevan hasta Athagala, un enorme risco de piedra volcánica en la parte este de la localidad, que ofrece magníficas vistas desde una estatua blanca de Buda de 22 m de alto. Durante el ascenso se pasa junto a un pequeño monasterio, el **Ibbagala Vihara.** Subir y bajar en *tuk-tuk* cuesta 700 LKR.

Padeniya Raja Mahavihara TEMPLO BUDISTA

(se agradecen donativos; ⏲ amanecer-anochecer) Unos 85 km al sur de Anuradhapura y 25 km al noroeste de Kurunegala, en el punto donde convergen las carreteras de Puttalam y Anuradhapura, se alza este bonito templo medieval al estilo de Kandy, con 28 pilares grabados y una impresionante puerta ornamentada (la más grande del país, según dicen) que da acceso al santuario principal. También pueden verse una casa de imágenes de barro, una biblioteca y una sala de oraciones con un singular púlpito de madera tallada.

Dónde dormir y comer

Pese a haber un par de alojamientos, contados viajeros se quedan en la ciudad.

Hotel Viveka HOTEL $$

(☎037-222 2897; www.hotelviveka.com; 64 North Lake Rd; i/d 3000/4000 LKR; ❄📶) Elegante villa colonial, algo desgastada, con una veranda con vistas al lago, en una zona arbolada. Tiene cuatro habitaciones recién reformadas (con baños modernos) y el bar-restaurante (principales 500-700 LKR) con más ambiente del lugar, en particular los fines de semana.

Littlemore Estate Bungalows HOTEL $$$

(☎072 231 9443; reservations@ferncliff.lk; h incl. desayuno 115 US$; ❄📶🏊) Este curioso alojamiento está en un cocotal de 50 Ha rodeado de arrozales y bosques, con una sana población de pavos reales. Cuenta con tres habitaciones modernas y bonitas, y el personal se presta a mostrar la finca y a explicar los secretos de los cocos. La comida es tradicional ceilandesa.

Está 9 km al noroeste de Kurunegala por la carretera A10, por un desvío que hay en el pueblo de Pellandeniya.

In & Out CEILANDESA $

(18 Puttalam Rd; principales 200 LKR; ⏲6.00-22.00) A un paso de la estación de autobuses, esta panadería-restaurante sorprendentemente moderna deleita con sus platos ceilandeses y occidentales, tortillas, arroz con curri y tartas.

Cómo llegar y salir

Los autobuses salen de una estación caótica y llena de humo en el mismo centro de Kurunegala. Entre otros servicios frecuentes (cada 20 min) se incluyen los siguientes:

Anuradhapura Exprés 140 LKR, 3 h

Colombo Normal/exprés con a.a. 120/240 LKR, 3½ h

Dambulla 100 LKR, 2 h

Kandy Normal/exprés con a.a. 67/130 LKR, 1 h

Negombo Exprés 195 LKR, 3 h

La estación de trenes está 2 km al suroeste del centro.

El este

Incluye »

Los mejores restaurantes

- Hideaway Restaurant (p. 254)
- Sana's (p. 272)
- Coconut Beach Lodge (p. 272)
- Sun Shine Cafe (p. 263)

Los mejores alojamientos

- Stardust Beach Hotel (p. 253)
- Riviera Resort (p. 263)
- Laya Waves (p. 265)
- Hilltop Beach Cabanas (p. 257)
- Trinco Blu by Cinnamon (p. 271)

Por qué ir

Tanto si se ansían lugares menos urbanizados y de regusto autóctono, como si se busca la mejor playa que se haya visto, el este de Sri Lanka colmará ambos deseos.

Al poco de llegar, muchos viajeros ya buscan la manera de alargar su estancia, encantados de hallarse entre pueblos de pescadores, senderos de arena, patios con pollos y viejas tradiciones. A esta combinación de comunidades musulmanas que viven junto al mar, imponentes templos hinduistas, fuertes coloniales en ruinas y frenéticos mercados, hay que sumar una costa con unas olas fantásticas para la práctica del surf, bahías ocultas e interminables playas de arena blanca.

Además, toda la región está bien comunicada tanto por carretera como por tren con el resto del país, así que no hay razón para prescindir de los muchos atractivos del este.

Cuándo ir

Trincomalee

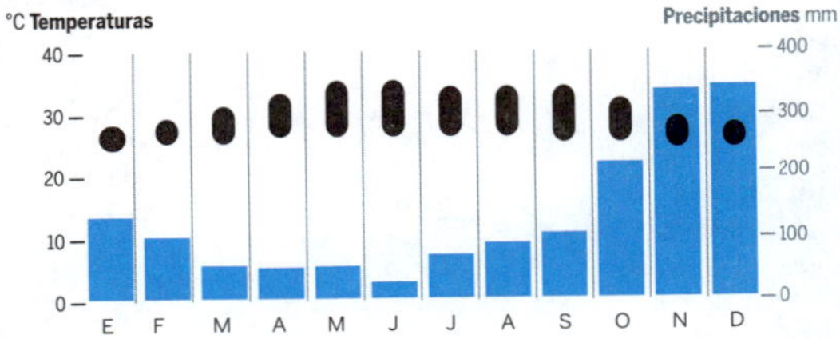

Mar-abr La mejor época para ver ballenas azules en Trincomalee.

May-jun Temporada media, de anidamiento en Kumana y óptima para ver elefantes.

Jun-jul Las arenas (y el surf) entre Nilaveli y la bahía de Arugam están en pleno auge.

Imprescindible

1 Uppuveli (p. 270) Deleitarse con su distendido ambiente de playa.

2 Parque Nacional de Kumana (p. 258) Seguir la pista de los esquivos leopardos, y quizá eludir algún elefante perdido en la carretera, en esta reserva sin multitudes.

3 Parque Nacional de la Isla Pigeon (p. 273) Sumergirse con los tiburones en los arrecifes de esta isla frente a la costa de Nilaveli.

4 Bahía de Arugam (p. 250) Cabalgar las inagotables olas de derecha en la meca del surf del país.

5 Al norte de Nilaveli (p. 274) Aventurarse por la tranquila B424 y dar con playas idílicas, lagunas y antiguos yacimientos.

6 Laguna Pottuvil (p. 256) Escuchar el sereno borboteo del agua y ver martines pescadores arcoíris aletear entre los manglares.

7 Batticaloa (p. 260) Deambular por el fuerte antes de perderse de nuevo por la antigua población colonial y playas de Kallady.

8 Trincomalee (p. 266) Explorar la fortaleza, los templos hinduistas y demás reclamos de este histórico puerto.

Monaragala

☎055 / 10 400 HAB.

Si se llega desde las turísticas tierras altas, esta animada localidad con calles arboladas y un enorme mercado dominical bien podría servir de primera escala, sin duda una buena introducción a la región, aunque la mayoría de los viajeros pasa sin detenerse.

Puntos de interés y actividades

Cerca de la estación de autobuses arranca un paseo fácil y bonito. Tras pasar junto al pequeño y colorista **templo de Ganesha** en dirección a la vieja fábrica de caucho, en 5 min aparece un camino de piedra a la izquierda que asciende entre atractivos campos de rocas y atraviesa las famosas plantaciones de caucho de Monaragala, una ciudad acurrucada a los pies de la roca del Pavo Real (Peacock Rock), una montaña redondeada y arbolada.

Mucho más dura es la excursión hasta la cumbre de la boscosa **roca de Maragala.** No está señalizada, por lo que se necesitará un guía, que puede contratarse a través de las pensiones por unas 1500 LKR para las 4 h de caminata. Desde la cumbre, si el día está claro, casi se distinguirán las olas de la bahía de Arugam.

Wijayawardana (VJ; ☎077 649 1117) es un afable guía angloparlante que cobra 4000 LKR/día por ocuparse de los preparativos y encabezar caminatas por la zona o salidas en *tuk-tuk*.

Dónde dormir y comer

Monaragala tiene un puñado de alojamientos, en su mayoría junto a la A4.

Kanda Land Villa PENSIÓN $

(☎055-227 6925; raxawa@yahoo.com; Wellawaya Rd; h con ventilador/a.a. 2000/4000 LKR; ❄) El mejor lugar para conocer viajeros es esta pensión instalada en el antiguo edificio de la YMCA, con cuatro espaciosas habitaciones y un salón. Se ofrecen excursiones a la roca de Maragala y a una plantación de caucho, esta última con pernoctación en una casa rural cimera. La comida también es buena: el arroz con curri cuesta 350 LKR.

Victory Inn HOTEL $

(☎055-227 6100; www.victoryinnmonaragala.com; 65 Wellawaya Rd; h con ventilador/a.a. 3000/4000 LKR; ❄📶) Tras su anticuada fachada de cristal ahumado se ocultan 16 habitaciones (algunas con balcones y casi todas con molduras) también ajadas aunque suficientemente confortables. El bufé de mediodía cuesta 350 LKR y es bastante completo, y en el restaurante sirven tanto platos locales como occidentales. El bar está bien surtido.

Pavilion CEILANDESA $

(☎055-227 6127; 1 Pottuvil Rd; principales 250-700 LKR; ⌚9.00-21.00) Junto a la glorieta principal, en el centro, este es un restaurante convencional donde sirven clásicos ceilandeses a la carta y un buen bufé de almuerzo (350 LKR). Más informal, en su café sirven arroz con curri y buenos tentempiés, también para llevar.

Cómo llegar y salir

Monaragala es un práctico cruce de caminos entre el este, el sur y las tierras altas, con, entre otros, servicios de autobús a los siguientes destinos:

Ampara 130 LKR, 2½ h, cada hora

Colombo Normal/a.a. 345/630 LKR, 7 h, cada hora

Ella 125 LKR, 2 h, 6 diarios

Kandy 215 LKR, 5 h, 5 diarios

Nuwara Eliya 218 LKR, 4 h, 1 diario

Pottuvil (para la bahía de Arugam) 120 LKR, 2½ h, 7 diarios

Wellawaya (vía Buttala; para las tierras altas y la costa sur) 74 LKR, 1 h, cada 20 min

Yudaganawa

En un claro de un bosque próximo al pueblo de Buttala se hallan las ruinas de la *dagoba (stupa)* de Yudaganawa, un enigmático e imponente yacimiento que merece un desvío.

Yudaganawa Dagoba RUINAS

(cerca de la A4; 100 LKR; ⌚6.00-18.00) Aunque solo se conserva un tercio de la parte inferior, el marco es de lo más evocador y resulta fácil imaginar lo espectacular que tuvo que ser. Se supone que sería una *stupa* de barro construida hace unos 2300 años, aunque las diversas alteraciones sufridas a lo largo del tiempo, entre ellas una interminable renovación que empezó en la década de 1970, han ensombrecido su historia.

El pequeño edificio de delante, probablemente del s. VII, alberga unos budas de madera tallada tricentenarios y unas exquisitas

MERECE LA PENA

DORMIR ENTRE LOS ÁRBOLES

En plena naturaleza, apartado de los todoterrenos, el **Tree Tops Jungle Lodge** (☎077 703 6554; www.treetopsjunglelodge.com; Badeyaya; por persona todo incl. 1ª noche 150 US$, menos cada noche adicional), en la base de la cordillera Weliara, a 10 km de Buttala, ofrece la oportunidad de maravillarse ante el coro animal al salir el sol, escuchar los elefantes salvajes y contemplar las estrellas en los cielos nocturnos.

El alojamiento se distribuye en tres amplios bungalós de lona (tiendas sobre una plataforma de arena dura, con baños). Están incluidas la comida (en su mayoría vegetariana), las bebidas y las caminatas guiadas por expertos rastreadores locales a destinos como, p. ej., Arhat Kanda, las pintorescas "colinas de la iluminación". Se impone reservar con antelación.

pero desgastadas pinturas. El recinto está primorosamente cuidado.

Chulangani Vihara RUINAS

Justo antes de toparse con la *dagoba* se verán las ruinas recubiertas de musgo de este pequeño *vihara* del s. XII, con una *dagoba* achaparrada y fragmentos de un Buda decapitado del s. VII.

Cómo llegar y salir

Los autobuses de Monaragala a Buttala (40 LKR, 25 min) pasan cada 30 min. Un *tuk-tuk* de Buttala a Yudaganawa cuesta 400 LKR (ida y vuelta); desde Monaragala, 1300 LKR (ida y vuelta), o, si se desea visitar tanto los yacimientos de Yudaganawa como de Maligawila, unas 3000 LKR.

Con vehículo propio, el desvío a Yudaganawa está 1,5 km al oeste de Buttala en la A4. Hay que torcer hacia el norte justo al oeste del indicador del km 232, desde donde quedan 1,5 km hasta el yacimiento.

Maligawila

En el bosque del pueblo de Maligawila aguardan las extensas ruinas del Pathma Vihara, del s. VII, y sus dos soberbios budas. El pueblo circundante está tan diseminado que es prácticamente invisible. Como colofón a la visita, se recomienda acercarse al pintoresco Dematamal Vihara, 10 km al noroeste.

Dematamal Vihara TEMPLO BUDISTA

Precioso templo antiguo abrazado por la fronda, más o menos a medio camino entre Buttala y Maligawila.

Pathma Vihara ENCLAVE BUDISTA

(amanecer-anochecer) GRATIS Entre los árboles de Maligawila se hallan las vastas ruinas de este templo, que incluyen dos elegantes budas tallados por devotos en el s. VII. Otrora integrado en un majestuoso complejo monástico, se trata de un maravilloso y sombreado lugar.

Cómo llegar y salir

El trayecto a Maligawila, 17 km al este de Buttala, discurre por carreteras sinuosas pero en buen estado.

Un *tuk-tuk* de ida y vuelta desde Monaragala cuesta 2000 LKR, o, si se quiere hacer una ruta circular de Monaragala a Yudaganawa vía Maligawila, 3000 LKR.

Hay autobuses frecuentes a Maligawila desde Monaragala (60 LKR, 40 min) y desde Buttala (35 LKR). El primero, por entre jungla y arrozales, es tan impresionante como las propias ruinas.

Bahía de Arugam

☎063

De suave arena y con forma de medialuna, esta preciosa bahía acoge un famoso rompiente que para muchos es el mejor lugar para practicar surf del país. En el pueblo de Arugam Bay, con solo unos cientos de habitantes, todo está junto a su única calle, que discurre paralela a la costa.

Los que no sean surfistas encontrarán otros muchos atractivos: pensiones y restaurantes junto a la playa y una calma chicha que no tiene nada que ver con la actividad de los complejos de la costa oeste. La mitad sur está bordeada de barcas de pesca, que salen a faenar a diario. Los chiringuitos frecuentados por los pescadores se apiñan al borde de la playa, muy propicios para contemplar los reflejos de los últimos rayos del sol sobre el océano.

El pueblo también es una base estupenda para descubrir el interior. En temporada baja (nov-abr) se impone un ritmo de vida muy lento y muchos sitios echan el cierre, aunque el paisaje luce especialmente tupido.

Actividades

Surf

El famoso rompiente largo de derecha del extremo sur de la bahía de Arugam ofrece buenas olas de abril a septiembre (y algunos días hasta noviembre), frente a otros lugares que no se animan hasta mayo o junio.

Los lugareños (y algunos surfistas) suelen decir que Arugam es uno de los mejores lugares surferos del mundo, lo cual puede ser algo exagerado, pero es cierto que hay buenas olas, consistentes y lentas, de 1 a 1,5 m (a veces hasta 2 m), ideales para surfistas de nivel intermedio. Algunos días el rompiente puede estar muy bajo e irregular, y puede que se encuentren hoyos. En temporada alta la gran concurrencia puede ser peligrosa, por lo que los primerizos deberían limitarse al rompiente suave conocido como **Baby Point,** más hacia la punta. El **Surf Point,** más al sur, ofrece buenas condiciones todo el año.

En la zona hay muchos otros rompientes de calidad similar, siempre que se den las condiciones adecuadas. Al norte están, entre otros, el **Pottuvil Point,** una ola de derecha lenta, ideal para principiantes (tiende a mejorar según avanza la temporada), el Whiskey Point (p. 256) y el Lighthouse Point (p. 257), también buenas para primerizos. Al sur se hallan la **Crocodile Rock,** la **Elephant Rock** y la **Peanut Farm,** esta última con dos rompientes, uno de ellos para surfistas consumados. Una pista de tierra, más al sur, conduce al **Panama,** aborrecido por todo el mundo, y al Okanda (p. 258), que para muchos es el mejor de todos.

Varias tiendas de surf alquilan tablas y ofrecen clases y excursiones con acampada a algunos de los enclaves más alejados. Las acampadas para surfistas permiten echarse al agua a primera hora del día, y no hay que preocuparse por la comida o el transporte, aunque algunos aseguran que es igual de fácil y barato organizarse por cuenta propia.

Safa Surf School SURF
(☎077 955 2268; www.safaarugambay.com; Panama Rd; alquiler por día tabla corta y larga/*body board* 1000/750 LKR, clases desde 30 US$) Tienda de surf bien organizada, gestionada por el surfista local Fawas Lafeer. Se ofrecen clases con instructores nativos, buenas tablas de alquiler y reparaciones.

Dylan's Surf Company SURF
(☎072 876 0737; www.dylanssurfcompany.com; Panama Rd; tabla de surf alquiler por día desde 1000 LKR, clases desde 2500 LKR; ⏲9.00-19.00) Tienda de surf muy bien llevada, con equipo de toda clase y tablas de alquiler de primera.

A-Bay Surf Shop SURF
(Panama Rd; tabla de surf y *body board* alquiler por día desde 1000 LKR, clases desde 2500 LKR; ⏲8.00-20.00) Buena selección de tablas usadas (adecuadas para principiantes), magnífico servicio de reparaciones, cera y protectores solares.

Natación

El mar suele estar agitado, pero se puede nadar. Con todo, antes de lanzarse a las playas menos conocidas, conviene preguntar a los lugareños. Hay aguas poco profundas donde nadar tranquilamente en el extremo sur de la bahía de Arugam, donde la playa traza una curva hacia la punta. No obstante, básicamente es una playa de pesca, así que no es el mejor lugar para tomar el sol.

Observación de fauna y flora

Mangrove Ecotours (p. 256), en la laguna Pottuvil, al norte de la bahía, ofrece espléndidas excursiones por los manglares, aunque lo mejor es preguntar directamente a los barqueros. También se pueden organizar excursiones al Parque Nacional de Kumana (p. 258), hábitat de leopardos, elefantes, búfalos salvajes, cocodrilos y preciosas aves, a través de muchos hoteles y pensiones.

No es difícil ver cocodrilos y elefantes por la Crocodile Rock, en la playa de Pasarichenai, al sur de la bahía de Arugam. Para **aves,** la laguna de Pottuvil y las pozas y lagunas entre Arugam Bay y Panama son ideales, llenas de especies acuáticas y zancudas.

Dónde dormir

La mayoría de los hoteles y pensiones están en la playa o en sus inmediaciones. Muchos sitios destilan un encanto hogareño y aún están regentados por familias. Sin embargo, en primera línea de playa empiezan a proliferar sofisticados establecimientos comerciales, que ocupan grandes parcelas y rompen con el ambiente apacible general.

El término "cabaña" (allí escrito *cabana*), comprende desde sencillas cabañas de *cadjan* (con suelo de fibra de coco) hasta lujosos bungalós totalmente equipados. Suelen aplicarse descuentos del 20-50% en temporada baja.

★**Ranga's Beach Hut** CABAÑAS $
(☎077 160 6203; www.arugambaybeachhut.com; cerca de Panama Rd; choza 500-700 LKR, cabaña 1000-1500 LKR; 📶) Pintoresco alojamiento en la playa con mucho ambiente y una clien-

Bahía de Arugam

Bahía de Arugam

Actividades, cursos y circuitos

1 A-Bay Surf Shop B3
2 Dylan's Surf Company A2
3 Safa Surf School B3

Dónde dormir

4 Arugam Bay Surfing Bay Resort B2
5 Danish Villa A2
6 Galaxy Lounge Beachfront Cabanas B1
7 Happy Panda B2
8 Hideaway B3
9 Hotel Stay Golden B2
10 Mambo's C4
11 Nice Place B2
12 Ranga's Beach Hut B1
13 Sandy Beach Hotel B1
14 Stardust Beach Hotel B1
15 Surf N Sun B3

Dónde comer

Hideaway Restaurant .... (véase 8)
16 Meena B4
17 Perera Restaurant B3
18 Samanthi's Restaurant C4
19 Seahorse Inn & Pizzeria B4
20 Siripala Place Surf Cafe C4
Stardust Restaurant .... (véase 14)
Surf N Sun .... (véase 15)

Dónde beber y vida nocturana

21 Hide & Chill Bar B3
22 Siam View Hotel B3

tela fiel de mochileros y surfistas. Se puede escoger entre 22 opciones (todas de madera, bambú y paja), entre ellas cabañas arbóreas y con tejado a dos aguas esparcidas por el recinto, casi todas a un paso del océano; las más económicas comparten baño.

El restaurante, en la parte de atrás, con una gran mesa comunitaria y una terraza con sombra, ofrece una buena relación calidad-precio (comidas 400-700 LKR). También hay servicio de lavandería y buenos circuitos locales, incluidos paseos en barco por la laguna.

Happy Panda PENSIÓN $
(☎077 299 0779; www.happypandahotel.com; cerca de Panama Rd; h 2500-3000 LKR; 📶) Minúscula pensión a 50 m de la playa con tres habitaciones sencillas, limpias y decoradas con gusto, más un porche muy acogedor en el que no faltan las hamacas. En el café, también pequeño, sirven ricos desayunos (400-500 LKR), incluidas tostadas con macedonia tropical y requesón.

★ **Hotel Stay Golden** HOTEL $$
(☎075 064 4409; www.staygoldenarugam.com; Panama Rd; h 20-65 US$; ❄📶) Enorme hotel que se extiende por un recinto de arena desde la carretera hasta un fantástico tramo de playa. Tiene siete habitaciones tipo cabaña, construidas con madera y pladur, algunas con plácidas terrazas con hamacas y vistas del mar.

★ **Sandy Beach Hotel** HOTEL $$
(☎063-224 8403; www.arugambay-hotel.com; cerca de Panama Rd; h 4000-10 000 LKR; ❄📶) Soberbio hotel de dos plantas en primera línea de mar con 15 habitaciones, todas impolutas y maravillosamente equipadas, en su mayoría con minibar, escritorio y muebles atractivos, y una sencilla cabaña con tejado a dos aguas. Badur Khan, el dueño, es una persona encantadora, culta y muy viajada. Tres habitaciones tienen vistas al mar.

★ **Galaxy Lounge Beachfront Cabanas** PENSIÓN $$
(☎063-224 8415; www.galaxysrilanka.com; cerca de Panama Rd; cabañas 5000-10 000 LKR; ❄📶) Bonita propuesta de ambiente social con 11 espaciosas cabañas calzadas sobre pilotes y muchas hamacas entre los árboles que bordean la orilla. Su localización en primera línea de playa es fabulosa, y entre sus alicientes adicionales hay barbacoas regulares.

Danish Villa HOTEL $$
(☎077 695 7936; www.thedanishvilla.dk; Panama Rd; h 2000-8000 LKR; ❄📶) Queda retirado desde la parte oeste de la carretera principal, pero tiene un cautivador y aplacible jardín (salvo cuando llegan los monos) y un refinado ambiente colonial, además de una buena selección de habitaciones y un afable personal. La comida también está muy bien, a base de suculentos platos occidentales y asiáticos.

Arugam Bay Surfing Bay Resort PENSIÓN $$
(☎071 640 9720; cerca de Panama Rd; h 2500-10 000 LKR; @📶) Pensión muy del gusto de los viajeros, con cocina y comidas comunales. A sus ocho habitaciones (con ventanas de bambú y techumbres de paja) se suman un puñado de cabañas y jaimas, algunas de ellas con vistas de las olas. También hay un buen restaurante (comidas 400-900 LKR) y se alquilan tablas de surf.

Nice Place PENSIÓN $$
(☎077 341 2240; cerca de Panama Rd; h 3500-8000 LKR; ❄📶) Aunque acogedora y a solo 100 m de la playa, en su reciente ampliación han aprovechado tanto el espacio que roza la sensación de agobio. Pese a todo, el personal es un encanto. Tiene 12 habitaciones, las más baratas solo tienen ventilador.

★ **Stardust Beach Hotel** HOTEL $$$
(☎063-224 8191; www.arugambay.com; Stardust Rd; cabañas i/d 35/45 US$, h 70-80 US$, apt 95-110 US$; 📶) En el extremo norte de la bahía, este hotel de dirección danesa cuenta con un magnífico restaurante-*lounge*-terraza semiabierto encarado al océano, perfecto para disfrutar de una comida sin prisas o de una copa entre amigos. Tanto las habitaciones (en un bloque de dos plantas) como los apartamentos son encantadores y estilosos (aunque solo con agua fría), mientras que las cabañas, aunque sencillas, están bien pensadas. No falta sombra en su enorme recinto. En temporada alta se ofrecen masajes y clases de yoga.

Hideaway CABAÑAS $$$
(☎063-224 8259; www.hideawayarugambay.com; Panama Rd; h 40-120 US$; ❄📶🏊) Buena opción con alojamientos diseminados por un enorme jardín y detalles como postigos pintados a mano, tejidos tribales y algún que otro elemento con visos artísticos. En la parte de atrás hay una villa de estilo colonial entre buganvillas con habitaciones y un restaurante. Algunas estancias tienen bonitos porches con exuberantes vistas desde las tumbonas.

Surf N Sun PENSIÓN $$$
(☎063-224 8600; Panama Rd; casita incl. desayuno 40-100 US$; ❄📶) Este hotel de merecida fama, en la parte oeste de la carretera principal, ofrece un delicioso vergel tropical con un estanque y casitas de lo más acogedor, algunas con desmadrados árboles que asoman entre las duchas. Abundan las zonas de descanso. Descuentos en temporada baja.

Mambo's CABAÑAS $$$
(☎077 782 2524; www.mambos.lk; i/d desde 45/60 US$, bungalós 85-140 US$; ❄📶) Un favorito de los surfistas, junto al rompiente principal, lo que permite saltar de la cama a las olas. La pensión ofrece habitaciones que, si bien solo tienen ventiladores, están aisladas. También cuenta con excelentes bungalós con estores, una sencilla decoración en tonos ocres y pequeños porches en un maravilloso marco ajardinado. En el bar-restaurante, con hamacas, hay fiesta cada sábado por la noche. Los precios varían mucho según la temporada.

Dónde comer y beber

La oferta gastronómica es amplísima, con cartas de vocación internacional y abundancia de pescado y marisco. Para gastar poco, en muchas pensiones preparan deliciosos arroces con curri previo aviso.

En temporada alta, casi todos los establecimientos de Arugam Bay sirven cerveza y cócteles. Por el contrario, pasado el frenesí turístico, conseguir una cerveza fría es sorprendentemente difícil.

En los períodos de mayor trajín, algunos restaurantes organizan fiestas playeras y de la luna llena. Muchos viajeros ponen rumbo norte hacia el Whiskey Point, famoso por sus *raves* en la playa.

Siripala Place Surf Cafe PESCADO Y MARISCO $$
(cerca de Panama Rd; principales 400-1000 LKR; ⏲11.00-23.00) Pegado a donde se descarga el pescado de las barcas antes de subirlo a carretas tiradas por búfalos, el género no podría ser más fresco, al igual que las vistas y la brisa desde la terraza.

Meena CEILANDESA $$
(Panama Rd; comidas 200-550 LKR; ⏲8.00-22.00) Pequeño establecimiento que convence con los obligados clásicos locales, como *idiyappam*, arroz con curri, *kotthu* (*roti* troceado y mezclado con verduras) y arroz frito, perfectamente acompañados con zumos tropicales.

Samanthi's Restaurant CEILANDESA $$
(☎077 175 9620; Freedom Beach Cabanas, cerca de Panama Rd; principales 250-700 LKR; ⏲8.00-22.00; 📶) 🌿 Simpatiquísimas mujeres de una misma familia regentan el restaurante del Freedom Beach Cabanas. El arroz con curri es por encargo (aprox. 350 LKR), mientras que el resto de la oferta, como es habitual por estos lares, comprende desde bocados occidentales hasta recetas patrias adaptadas (menos picantes). Pruébese la fruta fresca con miel y cuajada de leche de búfala: el yogur es una especialidad de la región.

Perera Restaurant CEILANDESA $$
(Panama Rd; principales 250-500 LKR; ⏲8.00-22.00) Junto a la carretera, este sencillo local está bien para tomar arroz con curri o algún otro plato ceilandés a precios asequibles, aunque también tienen opciones (desayunos incl.) occidentales.

★ **Seahorse Inn & Pizzeria** PIZZERÍA $$$
(☎077 172 2356; www.seahorseinnabay.com; Panama Rd; principales 700-1600 LKR; ⏲11.00-hasta tarde) Puede que las habitaciones de este hotelito estén demasiado cerca de la carretera, pero el comedor, un espacio al aire libre con mesas y rincones tranquilos, da a la parte de atrás. Las *pizzas*, finas, crujientes y cargadas de ingredientes de primera, quizá sean las mejores del país. El bar, también de categoría, está perfectamente surtido.

★ **Hideaway Restaurant** INTERNACIONAL $$$
(☎063-224 8259; www.hideawayarugambay.com; Panama Rd; principales 900-1600 LKR; ⏲8.00-22.00; 📶) Restaurante de hotel con una carta siempre cambiante y rebosante de ingredientes frescos de producción local. El personal es profesional y atento. En muchos platos se aprecia una influencia mediterránea o del Oriente Próximo, y abundan las opciones vegetarianas, veganas y sin gluten. Cuenta con mesas en un jardín encantador, y en el café, el Hideaway Blue, sirven café, sándwiches, zumos y licuados.

Stardust Restaurant INTERNACIONAL $$$
(☎063-224 8191; www.arugambay.com; cerca de Panama Rd; comidas 800-2000 LKR; ⏲11.00-22.00; 📶) Este espléndido restaurante de hotel, frente a la playa, ofrece un entorno memorable para disfrutar de sus platos europeos y asiáticos de impecable factura, incluidos pescado y marisco fresquísimos. Tienen vino (también por copas), fantásticos zumos y *lassis* y café exprés de verdad. El lugar se compone de una terraza encantadora, un jardín y un comedor abierto al que llega la brisa del océano.

Surf N Sun PESCADO Y MARISCO $$$
(☎063-224 8600; www.thesurfnsun.com; Panama Rd; principales 600-1500 LKR; ⏲11.00-22.00; 📶) Ideal para relajarse entre los exuberantes jardines de su amplia terraza llena de cojines, velas y farolillos. La sabrosa comida abarca

MERECE LA PENA

MAGUL MAHA VIHARA

Unos 12 km al oeste de Pottuvil se hallan las evocadoras ruinas de este **templo** del s. V, enclavadas en un sereno entorno selvático. Presumiblemente datan del período del rey Dhatusena [459-477] y formaban parte de un recinto real. A los pies de un antiguo santuario se encuentra una bonita piedra de la luna; está rodeada de elefantes, curiosamente con unos hombrecillos encima. El yacimiento está 800 m al sur de la A4, por un desvío al oeste en el km 307.

También hay una *stupa* elevada en buen estado y protegida por leones de piedra, una *vatadage* (casa de reliquias circular) sobre una plataforma en forma de cruz que, a modo de primitivo trampantojo, se apoya en unos pilares de piedra y leones agazapados, además de un Buda decapitado. Repárese en las elegantes barandillas de las escaleras, hechas con trompas de elefante. Varias fuentes apuntan a que algunas partes del templo podrían ser del s. II a.C.

Más al este, entre los km 308 y 309 de la A4, está **Kotawehera,** los vestigios de una antigua *stupa* de ladrillo en una soberbia localización cimera. Si hace buen día, hay unas vistas espectaculares de los bosques y hasta de las marismas que rodean la laguna Pottuvil.

desde pescado y marisco hasta *pizzas,* además de ocasionales barbacoas. El bar está muy bien surtido.

Hide & Chill Bar LOUNGE
(☎063-224 8259; Hideaway Hotel, Panama Rd; ⏲17.00-24.00) Para un buen cóctel bajo las estrellas, nada como este bar (el de más postín de la bahía) con toda clase de rincones para relajarse tras una larga jornada y dejar que la diversión fluya.

Siam View Hotel BAR
(www.arugam.com; Panama Rd; ⏲11.00-hasta tarde; 📶) Pese a su aspecto destartalado y su ubicación junto a una carretera, este bar es un hervidero a todas horas. Su completa oferta fiestera incluye desde DJ *tech-house* hasta bandas locales de *reggae*. Para aplacar el hambre tienen una escueta carta de platos tailandeses. Búsquese la clásica cabina telefónica británica en el exterior.

ℹ Información

Los lugareños están acostumbrados a ver mujeres occidentales en bañador, pero dado que se trata de una comunidad musulmana conservadora, no está de más ponerse una camiseta sobre el bikini, o incluso camiseta y pantalón corto; y fuera de la playa no hay que pasearse en traje de baño.

Se han registrado intentos de agresiones sexuales en zonas apartadas, especialmente al sur, a la altura del rompiente de surf.

Si se necesita contactar con la policía, es mejor pedir al alojamiento que se ocupe de ello.

Hay un par de cajeros automáticos en la avenida principal, Panama Rd, y muchos más al norte, en Pottuvil.

ℹ Cómo llegar y salir

Si se viaja en autobús, la cercana Pottuvil es la puerta de entrada a la bahía de Arugam; un *tuk-tuk* de Pottuvil a Arugam Bay cuesta 250 LKR. Para ir a Pottuvil, tal vez haya que hacer trasbordo en Siyambulanduwa.

Contratar un automóvil particular climatizado a/desde Colombo ronda las 18 000 LKR y tarda 5-7 h. Cualquier alojamiento puede gestionarlo.

Asimismo, casi todas las pensiones pueden conseguir una bicicleta (aprox. 500 LKR/día) o motocicleta (1000-1500 LKR/día).

Aunque desde otras partes del país no suele haber autobuses directos a Pottuvil, siempre se puede ir vía Siyambulanduwa, una localidad con mercado 37 km al oeste Pottuvil y con conexiones frecuentes (40 LKR).

Pottuvil y alrededores

☎063

Para la mayoría de los turistas, esta pequeña localidad es poco más que el trampolín a la bahía de Arugam, 3 km al sur. Pero Pottuvil posee una laguna espectacular, un fabuloso rompiente y algunas ruinas interesantes.

👁 Puntos de interés y actividades

Mudu Maha Vihara RUINAS
Al este del centro, cerca del mar, se halla este pequeño yacimiento, en parte sumergido en-

Pottuvil

tre las dunas, que custodia un extraordinario Buda erguido de 3 m de altura, flanqueado por dos *bodhisattvas*. La **playa** de detrás es amplia y preciosa, y está poco desarrollada, aunque no es segura para nadar. Desde el sur, se accede por una buena carretera.

Pottuvil Point SURF

Al final de una pintoresca lengua de arena similar a una península, al norte del centro y al este de la laguna, está este precioso rompiente, una ola de derecha lenta muy indicada para surfistas principiantes. En el extremo sur de la misma se encuentra la fastuosa Kottukal Beach House (derecha) y suelen haber vendedores de comida ambulantes. Desde Arugam Bay, un *tuk-tuk* al Pottuvil Point cuesta 1000 LKR (ida y vuelta).

★ **Mangrove Ecotours** CIRCUITOS

(☎076 307 5516, 075 824 1432; circuito 2 h para 2 personas 4000 LKR) Este es uno de los principales motivos para visitar Pottuvil. Los viajeros surcarán las aguas de la laguna a bordo de canoas hawaianas desde donde podrán avistar cocodrilos, monos y una miríada de aves entre los manglares. Es mejor ir temprano por la mañana o al atardecer. No hay que hacer caso a los cazaclientes de Arugam Bay: lo mejor es reservar el circuito en la oficina que hay frente al agua.

Dónde dormir y comer

Casi todo el mundo se hospeda al sur de Arugam Bay, pero también hay un retiro de playa cerca del rompiente de Pottuvil y un puñado de opciones más al norte.

Pottuvil

Kottukal Beach House HOTEL-BOUTIQUE $$$

(☎077 534 8807; www.jetwinghotels.com; h 120-150 US$; ❄📶) El reputado grupo hotelero ceilandés Jetwing gestiona este apartado hotelito de ambiente íntimo situado 5 km al norte de Arugam Bay, frente al mar. Su ubicación es ideal para surfistas sibaritas, pues está en el extremo sur del Pottuvil Point. Solo dispone de cuatro habitaciones (todas grandes y estilosas) repartidas en una típica villa de playa de dos pisos. Las zonas comunes son un primor.

Cargills SUPERMERCADO $

(Panama Rd; ⌚8.00-20.00) Fiable cadena local cerca de la terminal de autobuses, ideal para surtirse de productos de marcas occidentales y frescos.

Whiskey Point

Queda a menos de 5 min a pie por la playa al norte del Pottuvil Point, pero mucho más lejos por carretera. Es un buen lugar para surfistas principiantes, y las olas están aseguradas a partir de finales de abril. Apenas hay sombra en la playa; en el extremo sur se verán unos singulares peñascos bulbosos. Desde Arugam Bay, un *tuk-tuk* cuesta unas 1600 LKR (ida y vuelta), incluidas 3 h de espera; el trayecto dura 25 min.

Paper Moon Kudils BUNGALÓS $$$

(☎071 997 9797; www.papermoonkudils.lk; h desde 60 US$; ❄📶🏊) Los surfistas acomodados adoran esta propuesta en plena playa, con una gran piscina, por si no apetece bañarse en el mar, y habitaciones repartidas en bungalós con techo de paja. Cuenta con un buen bar-restaurante con mucho marisco y pescado, y cócteles del día.

SaBaBa Surf Café CAFÉ $$

(☎077 711 8132; principales 350-1000 LKR; ⌚comida 7.00-22.00) Centro de la vida diaria en el Whiskey Point, este local bohemio construido con madera reciclada ofrece cómodos asientos alrededor de una terraza entarimada con mucha comida, tumbonas y fiestas periódicas (en general mi y vi) en la temporada de surf, con DJ que pinchan *house* y música electrónica hasta el alba.

Lighthouse Point

El Lighthouse Point, con otra ola de derechas de nivel fácil/intermedio, está 26 km al norte de Arugam Bay. Es un encantador lugar aislado, con una magnífica playa de arena apenas concurrida. La temporada de surf se alarga de mayo a octubre. El **Green House Point,** otro buen enclave surfista, queda a 15 min de paseo por la playa, hacia el norte.

Si se encontrara algún sitio abierto en temporada baja y el surf no es una prioridad, constituye un retiro de playa idílico, pues se trata de un lugar precioso y virgen.

Un *tuk-tuk* desde Arugam Bay cuesta 3500 LKR (ida y vuelta). En temporada baja (nov-ppios abr) las carreteras que llevan al inicio de la caminata de 4 km desde la A4 suelen volverse intransitables.

★ **Hilltop Beach Cabanas** CABAÑAS $$
(☎077 374 1466; www.hilltopcabanas.com; cabaña 30-50 US$) Hermosa propuesta muy alabada por la amabilidad y las dotes culinarias (casi todas las comidas 300-600 LKR) de Dilani, su dueña. De las cabañas, la que está sobre pilotes es la mejor, con unas vistas insuperables a través de unas guirnaldas de conchas. Las habitaciones tienen electricidad limitada (solo luz, de energía solar) y baños exteriores, bajo los árboles.

Lighthouse Beach Hut CABAÑAS $$
(☎077 317 9594; www.lighthousebeachhut.com; cabaña desde 3500 LKR) Ocho cabañas rústicas en un entorno rural pegado al rompiente. Kanthan, la propietaria, quien trabajó durante años en Arugam Bay, conoce muy bien las necesidades de los viajeros y prepara suculentos platos autóctonos (comidas desde 300 LKR). Las cabañas usan energía solar, y en temporada alta suelen ofrecerse clases de yoga. Para alojarse en las cabañas arbóreas habrá que trepar; eso sí, brindan unas vistas espléndidas.

Cómo llegar y salir

Pottuvil es la puerta de entrada a la bahía de Arugam, accesible con un *tuk-tuk* por 250 LKR. Recuérdese que para llegar a Pottuvil probablemente habrá que cambiar de autobús en Siyambulanduwa (p. 255).

Los autobuses directos a Pottuvil son limitados. Algunos servicios privados y otros de Central Transport Board (CTB) prácticos desde la **terminal de autobuses** (Panama Rd):

Batticaloa 160 LKR, 3 h, 12 diarios

Colombo Normales/con a.a. 425/750 LKR, 8 h, 3 diarios

Wellawaya (para conexiones a la costa sur) 175 LKR, 2½ h, 2 diarios

De la bahía de Arugam a Panama

Al sur de la bahía de Arugam se suceden kilómetros de playas de arena virgen. La región es un paraíso para el surf y un lugar estupendo para los amantes de las playas solitarias.

La B374, la carretera que conecta Arugam Bay y Panama, discurre algo hacia el interior y pasa junto a lagunas pobladas por aves y zancudas, búfalos de agua e incluso elefantes: un precioso paisaje tipo sabana. Desde la soñolienta Panama se pueden hacer excursiones ecológicas de nuevo cuño que exploran algunas de estas zonas. Desde Arugam Bay es posible verlo todo en un día.

Actividades

Algunos rompientes cercanos, accesible por la carretera costera desde Arugam Bay, son la **Crocodile Rock** (en *tuk-tuk,* 800 LKR ida y vuelta) y la **Elephant Rock** (1000 LKR) y **Peanut Farm** (aprox. 1000 LKR).

En el extremo norte de la playa de Panama, cerca de la planta procesadora de medusas (que se exportan al Lejano Oriente para su uso culinario), rompe una buena ola de derecha indicada para principiantes.

Panama Lagoon Eco Safari CIRCUITO EN BARCO
(☎071 175 6933, 076 719 1015; punchiralasomasiri@gmail.com; Panama Beach Rd; circuitos 3 h para 4 personas desde 5000 LKR; ⏲circuitos 6.00 y 15.00) Sus paseos lentos en barco invitan a recorrer los manglares locales y contemplar de cerca la diversa fauna visible bajo y sobre el agua. Ahora también dispone de nuevas embarcaciones que ofrecen excursiones de 3 h para ver fauna salvaje. La oficina y los barcos están a 3 km de la población, justo donde termina la carretera de tierra de la playa. Resérvese con antelación.

Cómo llegar y salir

Panama está 13 km al sur de Arugam Bay, en la suave B374. Un *tuk-tuk* de ida y vuelta cuesta 2000 LKR. Solo un puñado de autobuses llega

MERECE LA PENA

PARQUE NACIONAL Y RESERVA DE KUMANA

La falta de aglomeraciones, unida a la abundancia de preciosos paisajes y fauna y flora, hacen del **Parque Nacional de Kumana** (063-363 5867; www.dwc.gov.lk; salida B355; adultos/niños 10/5 US$, vehículo 250 LKR, cargo por grupo 8 US$, más tasa 15%; taquilla 6.00-16.00) un lugar sumamente recomendable, sobre todo para los amantes de las aves.

Este parque de 357 km², antes llamado Yala Oriental, está mucho menos concurrido que su ajetreado vecino, el Parque Nacional de Yala, de ahí que la experiencia sea más auténtica, incluso en temporada alta. La concentración de animales también es menor, pero hay leopardos, elefantes, cocodrilos, tortugas, cobras blancas, búfalos salvajes y un sinfín de aves, además de una docena de osos, realmente huidizos.

Hay sencillas exposiciones junto a la taquilla, cerca de la entrada del parque.

El elemento más conocido del lugar es la Reserva Ornitológica de Kumana, de 200 Ha, unos manglares 22 km más allá de Okanda. La temporada de anidamiento va de mayo a junio. Se han avistado ejemplares del raro jabirú asiático, pero los calaos coronados, abejarucos esmeralda, oropéndolas y tántalos indios son más comunes, entre otras especies. Las torres de observación facilitan mucho la labor, y son comunes los testimonios de avistamientos de decenas de pavos reales.

Hay diversas tarifas, que en conjunto pueden sumar un buen pico. Cada vehículo tiene que ir acompañado de un guía (que quizá no hable inglés). Las pensiones de Arugam Bay pueden ocuparse de contratar un todoterreno con conductor por unas 8000 LKR/día.

También se pueden organizar acampadas en el parque, lo que facilita ver los animales al amanecer y al anochecer, los mejores momentos.

Las tarifas por acampar en el parque nacional parecen un galimatías: cada persona paga 15 US$, más 20 US$ de entrada y 12 US$ en concepto de cargo por servicio, más el 15% de impuestos. A todo esto hay que sumar la entrada estándar al parque.

En Arugam Bay se pueden organizar excursiones con noche por unos 300 US$ para dos personas; además de equipo, el precio incluye un safari matinal y otro vespertino.

Desde Arugam Bay se tarda 1½ h hasta la entrada y la taquilla del parque. No suelen haber ni guías ni conductores que ofrezcan sus servicios en el mismo parque, así que hay que llegar con todo organizado desde Arugam Bay, lo que no es complicado. Si solo se hace la excursión de un día que incluye Panama y Okanda (4000 LKR), no se verá nada del parque, pues no hay nada de verdadero interés cerca de la entrada.

hasta aquí diariamente desde Pottuvil (80 LKR, 1 h).

De Panama a Okanda

En cierta forma la carretera termina en Panama, pues, más al sur, la B355 no es más que una bacheada pista de tierra de 16 km que lleva hasta la entrada del Parque Nacional de Kumana y a Okanda, un asentamiento de pescadores estacional y un destino de peregrinaje durante todo el año.

El trayecto hasta Okanda es sensacional, pero lento. El paisaje combina humedales y sabana. Hay abundante fauna salvaje (elefantes incl.), también en la carretera, como atestiguan la presencia de heces. Repárese en las enormes y coloridas cigüeñas pintadas. Si se añade un par de paradas interesantes, puede ser una magnífica continuación de una excursión de un día desde Arugam Bay.

Una vez en Okanda, a 5 min de paseo al este desde el templo hinduista hay una gran **playa** de arena entre blanca y beis, y un excelente rompiente de derecha, que triunfa fuera de las multitudes de la bahía de Arugam.

Monasterio del bosque de Kudumbigala ENCLAVE RELIGIOSO

(cerca de B355) Los 47 km² de este maravilloso yacimiento deparan un batiburrillo de afloramientos al estilo de Sigiriya en medio de la densa jungla. Más de 200 santuarios y dependencias de ermitaños ocupan las cuevas o los salientes rocosos. Aunque ninguna goza de particular interés por sí sola, el ambiente es formidable, y desde lo alto de la roca más elevada, coronada por una *dagoba*, se disfruta de amplias panorámicas del pintoresco paisaje y de la enorme fronda forestal. Kudumbigala suele visitarse conjuntamente con las cercanas Kumana y

Okanda. Los conductores saben dónde parar y cómo acceder.

Okanda Sri Murugan Kovil TEMPLO HINDUISTA

(cerca de B355, Okanda) Aunque relativamente pequeño, el templo principal presenta una colorista *gopuram* (torre sobre la puerta) y es una escala importante en el peregrinaje Pada Yatra a Kataragama. Miles de fieles se reúnen aquí durante las dos semanas previas a la *poya* (luna llena) de julio, antes de emprender el último tramo (el más peligroso, de cinco días), de su ruta de 45 días desde Jaffna. Unos 25 000 devotos realizan el peregrinaje anualmente.

ℹ Cómo llegar y salir

Lo normal es tardar 1 h en cubrir los 16 km que separan Panama de Okanda/Parque Nacional de Kumana por la abrupta B355. Una excursión de un día en *tuk-tuk* desde Arugam Bay ronda las 4000 LKR.

Ampara

☎063 / 44 300 HAB.

La tranquila Ampara se encuentra rodeada de campos, arrozales, lagos y palmerales. Aunque la localidad en sí no tiene un gran atractivo, por la zona hay un par de puntos de relativo interés.

Puntos de interés

Deegawapi RUINAS

(Dighavapi Cetiya; cerca de B92) Según la leyenda, Deegawapi es el único lugar que visitó Buda en el sureste de Sri Lanka. La *stupa* se construyó durante el reinado de Saddhatissa [137-119 a.C.] y se restauró en los ss. II y XVIII, antes de que la engullera la jungla. El yacimiento queda 19 km al este de Ampara, vía Eragama y la B439.

Fue redescubierta en 1916 y desde hace décadas ha sido objeto de disputas; muchos cingaleses afirman que la población local, predominantemente musulmana, se asentó ex profeso en el territorio de la antigua *dagoba*, mientras que muchos musulmanes, instalados en la región desde hace centurias, consideran la reivindicación una mera excusa para allanar el terreno a una posible colonización cingalesa.

El interés del lugar quizá no justifique el desvío: la gran *dagoba* central, de ladrillo rojo, es enorme, pero el entorno no tiene nada de particular. Las excavaciones siguen. Un pequeño **museo** (entrada gratis; 8.00-17.00) exhibe unos cuantos objetos de interés arqueológico.

Buddangala Rajamaha Viharaya ENCLAVE BUDISTA

(retiro de la roca de Buddhangala; cerca de Buddangala Rd; se aceptan donativos; ⌚6.00-20.00) Sobre los bosques, al norte de Ampara, se alza esta colina de 150 m con unas vistas panorámicas desde su rocosa cumbre (incluso pueden verse elefantes al anochecer). Se dice que Buddangala tiene una antigüedad de 1800 años y que cuando el antiguo templo (cuyas ruinas fueron halladas a la izquierda del santuario principal) fue hallado en 1964 se halló un joyero de oro que contenía un diente de Buda. Actualmente se encuentra en el interior de la *dagoba* y durante la *poya* de junio se exhibe durante tres días.

Dentro de una cueva, en un saliente, se conservan interesantes tesoros, entre ellos un esqueleto humano usado para la meditación. El lugar es muy bonito, pero sin carteles inteligibles y sin un guía pierde un poco su relevancia espiritual; puede que se encuentren monjes que hablen inglés. Desde Ampara, queda 6 km al noreste; un *tuk-tuk* cuesta 1000 LKR (ida y vuelta, espera incl.).

Pagoda japonesa de la Paz ENCLAVE BUDISTA

(Sama Chaitya; cerca de Inginiyagala Rd) Esta pagoda, 4 km al oeste de la ciudad, es una elegante *stupa* con un par de elementos particulares, uno de ellos una columnata de aspecto romano en su nivel inferior. Los nichos con budas dorados crean un espléndido contraste con las blancas paredes del templo. Para llegar al yacimiento, desde la torre del reloj sígase DS Senanayke Rd, que avanza hacia Inginiyagala y pasa por la pintoresca cisterna de Ampara. Recorridos 3 km, un corto desvío a la derecha conduce hasta la pagoda.

Cerca de la entrada, la sala de las imágenes, ahumada por el incienso con sus estatuas de Buda y su colorista altar, también es fascinante, especialmente cuando el monje y la monja residentes tocan sus tambores y cantan. Para los aficionados a la ornitólogía, la plataforma de la pagoda es un buen lugar para observar los cientos de aves que revolotean por el lago. Hace años que los elefantes ya no se dejan ver como antes por la zona.

Sri Manika Pillaiyar ENCLAVE HINDUISTA

(Inginiyagala Rd) Con una colección de estatuas tenuemente iluminadas, este templo le da a Ganesha una panorámica espléndida de la cisterna de Ampara. Está aproximadamente 1 km al oeste de la rotonda principal.

Dónde dormir y comer

Ambhasewana Guest House PENSIÓN $
(063-222 3865; esq. 1st y 4th Aves; h con ventilador/a.a. desde 850/1800 LKR;) Una agradable familia regenta esta pensión sencilla que ocupa un sombreado terreno en una tranquila calle a dos manzanas del centro. Sus nueve espaciosas habitaciones, aunque austeras, resultan estupendas.

Terrel Residencies PENSIÓN $$
(063-222 2215; terrelb@gmail.com; 153 Stores Rd; i/d con ventilador 2000/2500 LKR, con a.a. 4750/5250 LKR; restaurante 11.00-22.00;) Animada y atractiva pensión con 11 habitaciones grandes, limpias y confortables, en un bloque de dos plantas con un jardín central. En el restaurante abundan los platos de estilo chino (300-600 LKR). El genial Terrel, su dueño, puede organizar salidas en barco (desde 4800 LKR) por las lagunas y lagos locales.

Monty Guest House HOTEL $$
(063-222 2169; 1st Ave; h 3000-9000 LKR;) Agradable establecimiento bien gestionado, en un barrio arbolado 1 km al sur del centro. Algunas zonas comunes recuerdan un aparcamiento interior, pero el vestíbulo es moderno. Las habitaciones con ventilador son solo funcionales y algo oscuras, pero las que cuentan con aire acondicionado tienen un mobiliario moderno y un aspecto más diáfano. El restaurante, con terraza y comedor interior, ofrece todo un abanico de platos locales y occidentales (principales 250-650 LKR).

Keells New City CEILANDESA $
(DS Senanayke Rd; comidas 150-300 LKR; 7.00-22.00) Buena apuesta para tomar un curri con arroz a mediodía, un *kotthu* por la noche y picar algo a cualquier hora. Contigua hay una panadería y un supermercado. Está justo al este de la céntrica torre del reloj.

Cómo llegar y salir

Desde la flamante terminal de autobuses, al sur de la torre del reloj principal, hay servicios privados y de la CTB, entre otros los siguientes:

Batticaloa 98 LKR, 3 h, 4 diarios
Kandy 381 LKR, 5½ h, cada hora
Pottuvil (para ir a Arugam Bay) 110 LKR, 3 h, 1 diario

Batticaloa

065 / 93 600 HAB.

La antigua Batticaloa (Batti) disfruta de una ubicación espectacular, rodeada de lagunas y palmeras. El ambiente es relajado, y el compacto centro urbano, con su enorme fuerte y numerosas iglesias, bien merece media jornada de exploración a pie.

Al este del centro se encuentra Kallady, una pequeña localidad sobre un largo y arenoso itsmo con unas cuantas playas estupendas y una creciente oferta de alojamiento. Descubrir la zona en bicicleta es un placer.

Puntos de interés

Batticaloa se divide en tres zonas bien diferentes, separadas por las aguas de la laguna de Batticaloa.

Puliyanthivu

El atractivo emplazamiento original de Batticaloa es en verdad una isla, particularmente seductora de noche. Aquí están el fuerte, varias iglesias coloniales y las paradas de autobús. Tras visitar lugares emblemáticos como la catedral de Santa María y la iglesia de San Antonio, lo suyo es acercarse a supervivientes coloniales como la **iglesia metódica** (Post Office Rd; 8.00-17.00) o el **St Michael's College** (Central Rd).

★**Fuerte neerlandés** FUERTE
(Fort Rd, Puliyanthivu; 8.30-16.30) GRATIS Este fuerte, en otro tiempo imponente, alberga actualmente oficinas, y aunque una gran parte está en ruinas, su imagen aún es muy sugerente. Lo construyeron los portugueses en 1628, pero al cabo de 10 años fue tomado por los neerlandeses, a los que siguieron los británicos. Dentro, en el patio, hay varios edificios coloniales desaliñados con soportales. Repárese en los cañones ingleses, las torres vigía y las ruinas del campanario. Las vistas de la laguna son magníficas.

El minúsculo **museo** custodia intrigantes piezas, aunque las explicaciones están solo en tamil. La tienda es la antigua cárcel del fuerte.

Parque Mahatma Gandhi PARQUE
(Bazaar St, Puliyanthivu) Este encantador y moderno parque junto al frente marítimo de la antigua Batticaloa, muy del gusto de parejas que acuden a pasear, incluye atractivos como

la puerta de Batticaloa, un arco decimonónico que anunciaba la llegada al puerto.

Catedral de Santa María IGLESIA
(St Mary's St, Puliyanthivu) De color azul turquesa, la señorial catedral descuella entre las muchas iglesias de Batticaloa. En 1994 fue reconstruida tras quedar prácticamente destruida a raíz de los enfrentamientos entre las comunidades locales tamil y musulmana.

Anipandi Sitivigniswara Alayar ENCLAVE HINDUISTA
(Hospital Rd, Puliyanthivu) De los muchos templos hinduistas de la localidad, este es el más extenso y el que más destaca visualmente, con una soberbia *gopuram* decorada con una increíble cornucopia de figuras de dioses.

Ciudad nueva

Al otro lado de la laguna, al norte de Puliyanthivu, la ciudad nueva es un núcleo comercial con amplias calles flanqueadas por comercios y bancos.

Faro de Batticaloa FARO
(cerca de B46, Palameenmadu; excursiones en barco 400-3000 LKR; ⏲excursiones en barco 8.00-19.00) Al final del banco de arena, entre lagunas y manglares, se alza este faro de 1913 y 28 m de altura. El cercano tramo de litoral protegido es muy popular como excursión entre las familias locales (mejor evitar los fines de semana); hay una zona recreativa infantil. Pero lo mejor de todo es nadar por las tranquilas aguas rodeadas de islotes. Un *tuk-tuk* desde Batticaloa sale por 500 LKR. Está 5 km al noroeste de la ciudad nueva por la B46.

Se organizan excursiones en barco alrededor del faro, especialmente pintorescas al atardecer.

Imperial Saloon PELUQUERÍA-SANTUARIO
(☎077 248 7815; Trinco Rd; ⏲8.30-20.30 lu-sa, hasta 13.00 do) Quizá apetezca cortarse el pelo y recibir un masaje capilar (400 LKR) en esta curiosísima peluquería, un monumento a todo lo *kitsch* cubierto de pinturas decorativas, flores artificiales, lentejuelas, filigranas, vitrales o guirnaldas. En la parte trasera de la peluquería, cerca del techo con un falso cielo, hay un santuario interconfesional, donde Durga, la Virgen María y Buda custodian el negocio.

Iglesia de Nuestra Señora de las Angustias IGLESIA
(Trinco Rd) De las numerosas iglesias de la ciudad, la más vistosa es este enorme templo cerúleo, inacabado, de ocho caras.

Mezquita de Auliya MEZQUITA
(Lady Manning Dr) Con un curioso minarete verde, este es un buen lugar desde el que contemplar el fuerte neerlandés sobre el agua.

Kallady

En la parte oriental de Batticaloa está Kallady, accesible a pie o en bicicleta por un pintoresco puente de 1924 (el tráfico motorizado utiliza otro más moderno). Cuenta con una concurrida zona comercial, antiguos barrios arbolados y grandes tramos de playa. El tsunami del 2004 arrasó algunas partes, como aún puede apreciarse.

★**Museo Patrimonial de Kattankudy** MUSEO
(☎065-224 8311; A4; adultos/niños 250/100 LKR; ⏲9.00-18.00 sa-ju) Excelente museo de nuevo cuño que esboza la historia de los comerciantes musulmanes y árabes locales. Tiene tres plantas y ofrece un seductor relato de la cultura centenaria del lugar mediante maquetas, muestras, recreaciones, objetos y mucho más. Puede recorrerse en compañía del afable personal, que habla inglés.

Kallady y playa de la península de Navalady PLAYA
Por toda la península en dirección norte se halla esta larga playa, fantástica para nadar y buena para explorar en bicicleta; hay numerosos accesos desde Navalady Rd y abundan las zonas con sombra.

Templo de Thiruchendur Murugan Alayam ENCLAVE HINDUISTA
(Navalady Rd) Este templo, construido en 1984 como escala del peregrinaje Pada Yatra a Kataragama, contiene una imagen de Murugan que se dice que abrió los ojos antes incluso de que el pintor la acabara. La estructura fue duramente golpeada por el tsunami, que dejó su pequeña *gopuram* alarmantemente inclinada. La torre, de vivos colores, está cerca de la playa, entre 3rd Cross St y 4th Cross St, en Kallady.

Actividades y circuitos

Explorar la zona en busca de la playa perfecta es obligado en Batticaloa, y para ello, nada

Batticaloa

mejor que alquilar una bicicleta a través del alojamiento; las carreteras de Kallady son excelentes para pedalear.

Los huéspedes del Riviera Resort pueden alquilar kayaks para salir por la laguna.

Sri Lanka Diving Tours SUBMARINISMO
(☎077 764 8459; www.srilanka-divingtours.com; Deep Sea Resort, cerca de Navalady Rd, Kallady; submarinismo en barco con 2 botellas desde 70 US$; ⊙8.00-18.00 mar-sep) Escuela profesional especializada en pecios. Y es que en Batticaloa hay uno de primera categoría, el HMS *Hermes*, un portaaviones británico hundido por los japoneses en 1942. Esta inmersión es solo para submarinistas técnicos (aquí también se puede obtener el diploma en cinco días), pero hay otros puntos de menor dificultad en la zona. También dispone de habitaciones para quienes contraten un paquete.

★ **East N' West On Board** CICLISMO
(☎065-222 6079; www.eastnwestonboard.com; 65 Thiruchentoor Beach Rd, Kallady; bici por día 500 LKR, circuitos para 2 personas desde 7000 LKR; ⊙8.00-18.00 lu-sa) Fantástica iniciativa franco-ceilandesa que promueve el turismo en la región de Batticaloa. Entre otros servicios, ofrece bicicletas de alquiler, mapas gratis y asesoramiento. También propone una amplia gama de itinerarios sobre pedales y en *tuk-tuk* para visitar aldeas y casas particulares donde poder ahondar en la cultura y la gastronomía locales.

Dónde dormir

La zona de Kallady es muy agradable, con la laguna a un lado y la playa al otro.

East N' West On Board puede concertar estancias en varias casas particulares que están muy bien. Es una experiencia altamente

Batticaloa

Principales puntos de interés
1 Fuerte neerlandés ... C3

Puntos de interés
2 Anipandi Sitivigniswara Alayar ... A4
3 Mezquita de Auliya ... C2
4 Imperial Saloon ... B1
5 Parque Mahatma Gandhi ... B3
6 Iglesia metodista ... B3
7 Iglesia de Ntra. Sra. de las Angustias ... A1
8 Catedral de Santa María ... A3
9 St Michael's College ... B3

Dónde dormir
10 Treatooo Lagoon View ... D1
11 YMCA ... A1

Dónde comer
12 Eat Me ... B1
13 Euro Veg Restaurant ... A3
14 RN Buffet & Take Away ... A3
15 Sun Shine Cafe ... B1
Tomato Restaurant ... (véase 15)

Dónde beber y vida nocturna
16 Café Chill ... C2

recomendable que cuesta 6000 LKR para dos personas, en régimen de media pensión.

★ Riviera Resort HOTEL $
(☎065-222 2165, 065-222 2164; www.riviera-online.com; New Dutch Bar Rd, Kallady; i/d con ventilador desde 2500/3000 LKR, con a.a. desde 4500/5000 LKR; ❄@📶) Sobre la orilla del mar, con vistas del puente de Kallady y la laguna, este remanso de paz desprende un ambiente a la antigua, aunque no le vendría mal un remozado. Hay un bar muy bien surtido, un buen restaurante (p. 264) de cocina local, y el servicio es estelar.

Alquilan kayaks (i/d 500/800 LKR) para explorar la laguna y tienen una buena selección de bicicletas.

Treatooo Lagoon View PENSIÓN $
(☎065-222 8929; www.treatooo.com; 103 Lady Manning Drive, ciudad nueva; i/d con ventilador desde 3000/3500 LKR, con a.a. desde 5000/6000 LKR; ❄📶) Agradable y serena pensión junto a la orilla, con ocho espaciosas habitaciones que llevan nombres de pájaros, algunas de ellas con balcones que se abren a la laguna. Los dueños son una familia que sabe cuidar bien al viajero a base de sabrosos platos locales, chinos y occidentales (250-500 LKR), información fiable sobre el transporte y servicio de lavandería.

YMCA PENSIÓN $
(☎065-222 2495; www.ymcabatticaloa.org; Boundary Rd, ciudad nueva; i/d con ventilador desde 1200/1500 LKR, con a.a. desde 2000/2600 LKR; ❄📶) Buena apuesta para sacarle el máximo partido a las rupias. Su ubicación es céntrica pero tranquila y la atiende un simpático personal. No obstante, ocupa un enorme bloque impersonal, las habitaciones son espartanas, y los baños anexos solo tienen agua fría.

Naval Beach Villa PENSIÓN $
(☎077 469 2121; School Rd, Kallady; i/d con ventilador desde 2000/2500 LKR, con a.a. desde 4500/5000 LKR; ❄📶) En un pequeño recinto tapiado a unos 100 m de la playa, esta es una animada opción con cocina comunitaria y parrilla. Las habitaciones, grandes aunque básicas, atraen a numerosos grupos de viajeros europeos de presupuesto reducido. La familia que la lleva es un encanto y las hamacas, una bendición.

Hotel East Lagoon HOTEL $$$
(☎065-222 9222; www.hoteleastlagoon.lk; Munai Lane, Uppodai Lake Rd, ciudad nueva; h 7200-12 000 LKR; ❄📶🏊) Moderno hotel colonial de cuatro plantas en una serena ubicación a la vera de la laguna, 1 km al noreste del centro urbano. Sus amplias habitaciones brindan excelentes vistas del agua con Kallady en lontananza. El restaurante ofrece un excelente bufé de mediodía (900 LKR) y estupendos platos locales, muchos de ellos vegetarianos.

Naaval HOTEL $$$
(☎077 068 4905; 74/1 Mugathuwaram Rd, Kallady; h desde 50 US$; ❄📶) Flamante resort cerca de la punta norte de la península, justo donde se estrecha la tierra, con lo cual disfruta de vistas tanto de la laguna como del océano. Sus 10 módulos conjugan terrazas y balcones con todas las comodidades modernas. Peca una pizca de aséptico, pero sus prístinas instalaciones son imbatibles.

Dónde comer y beber

Solo los hoteles de precio alto tienen bar y en casi ningún restaurante sirven alcohol.

★ Sun Shine Cafe CEILANDESA $
(☎065-465 0650; 136 Trinco Rd, ciudad nueva; comidas 180-400 LKR; ⏲10.00-22.00) Reputado restaurante moderno, limpio y acogedor que toca todos los palos, con una asombrosa gama

de *biryanis,* curris (pruébese el de carnero) y arroz *pilau,* así como hamburguesas, pasteles y tentempiés (*samosas* 25 LKR), zumos y *lassis.* En la panadería hay buenos *cupcakes.*

Euro Veg Restaurant CEILANDESA **$**
(Covington Rd, Puliyanthivu; comidas 180-450 LKR; ⊙8.00-22.00) Comer aquí es de lo más sensorial: un luminoso marco donde disfrutar excelentes *biryanis,* fideos y *kotthu,* siempre con un toque picante.

Eat Me CEILANDESA **$**
(Trinco Rd, ciudad nueva; principales 150-400 LKR; ⊙9.00-21.00) El lema de este pequeño pero luminoso local de arroz con curri es: "Soy saludable y sabroso".

★ **Riviera Resort** CEILANDESA **$$**
(☎065-222 2164; www.riviera-online.com; New Dutch Bar Rd, Kallady; comidas 350-1000 LKR; ⊙12.00-15.00 y 17.00-22.00; ᯤ) Todo evoca a la época colonial: primero, se toma una copa (lo ideal sería un *gin-tonic*) en la veranda, luego se hace el pedido y se pasa al comedor (o a la terraza), donde agasajarán con toda clase de platos (excelentes curris de cangrejo y marisco) que compensan la espera.

RN Buffet & Take Away CEILANDESA **$$**
(☎065-222 2684; 42 Covington Rd, Puliyanthivu; comidas 150-650 LKR; ⊙7.30-18.00) Pequeño y frenético establecimiento de color oliva llevado por una encantadora y esforzada pareja, con una excelente sección para llevar (con/sin carne 200/120 LKR) que triunfa entre los oficinistas. En el piso alto hay un restaurante tipo bufé; el bufé de almuerzo (650 LKR) incluye pescado, pollo y muchas opciones vegetarianas.

Tomato Restaurant INTERNACIONAL **$$**
(☎065-465 0650; 136 Trinco Rd, ciudad nueva; comidas 300-650 LKR; ⊙10.00-22.30; ᯤ) Cuando el calor tropical aprieta, el aire acondicionado del Tomato es impagable. Es un restaurante refinado con comida occidental (pasta, sándwiches, ensaladas, pescado, marisco y chuletas de cordero a la parrilla) y especialidades del norte de la India al *tandoori* (desde 18.00), como pan *naan* o *tikkas.* No sirven alcohol, pero hay una buena oferta de zumos. Está sobre el Sun Shine Cafe.

Café Chill CAFÉ
(☎077 777 9598; 9 Pioneer Rd, ciudad nueva; ⊙9.30-21.00 do-vi; ᯤ) Punto de encuentro de los *hipsters* locales, este pequeño café rústico ofrece un fabuloso café, té (y otras infusiones), zumos y *lassis* en un marco relajado semiabierto, a un paso de la laguna. Hamburguesas, patatas fritas y *samosas,* entre otras cosas, redondean la oferta.

ℹ Información

En todas las zonas comerciales hay cajeros automáticos.

Comisaría de policía (Bar Rd; ⊙24 h)

Oficina de correos (Post Office Rd, Puliyanthivu; ⊙7.00-20.00 lu-vi, hasta 18.00 sa, hasta 17.00 do) En una localización práctica.

Puesto de información turística (Bazaar St, Puliyanthivu; ⊙variable) Facilita buenos planos/mapas, pero tiene un horario errático.

ℹ Cómo llegar y salir

AVIÓN

En aeropuerto de Batticaloa, 2 km al oeste de Puliyanthivu, opera **Cinnamon Air** (plano p. 60; ☎011-247 5475; www.cinnamonair.com) un vuelo diario a/desde Colombo (1 h, desde 40 000 LKR.

AUTOBÚS

Las estaciones de microbuses, de autobuses privados y de la CTB están juntas, en Munai St. Estas son algunas rutas privadas y de la CTB:

Ampara 110 LKR, 3 h, 3 diarios

Badulla 260 LKR, 6 h, 5 diarios

Colombo 365 LKR, 9 h, 3 diarios

Jaffna (vía Vavuniya) 515 LKR, 7 h, 4 diarios

Polonnaruwa 130 LKR, 2 h, cada 30 min

Pottuvil (para la bahía de Arugam) 160 LKR, 3 h, 12 diarios

Trincomalee 200 LKR, 4 h, cada 30 min

Valaichchenai (para Passekudah y Kalkudah) 50 LKR, 50 min, cada 20 min

Casi todo el mundo prefiere tomar un autobús privado a Colombo:

Surena Travels (☎065-222 6152; Munai St, Puliyanthivu; ⊙16.30-20.30) Normal/con a.a. 600/1100 LKR, 9 h, 2 diarios

TREN

Para ir a Colombo (1/2/3ª clase 1250/630/480 LKR, 9 h, 2 diarios) hay que reservar plaza con antelación en la **estación de trenes** (☎065-222 4471; Station Rd, ciudad nueva; ⊙taquilla 8.30-18.00), y para el servicio nocturno, una semana antes, como mínimo.

Kalkudah y Passekudah

☎065

Estas espectaculares playas, 34 km al norte de Batticaloa y situadas una junto otra, son lo más opuestas que se pueda imaginar. En la punta norte de la península, en una estrecha bahía, está la deslumbrante arena blanca de la **playa de Passekudah,** donde está en marcha una versión reducida de Cancún, una "zona económica especial" impulsada por el Gobierno repleta de hoteles de lujo que, algún día, bordearán toda la bahía. Con los resorts en la distancia, las aguas someras de Passekudah alcanzan temperaturas altísimas los días de sol (hay que alejarse bastante de la orilla para poder nadar). También hay montones de afilados corales entre la arena, así que cuidado si se va descalzo.

Por el contrario, la **playa de Kalkudah,** 2 km al este y al sur en paralelo a la costa, está casi desierta, salvo por algún que otro pescador y su barca. Hay buenas carreteras un poco al interior, y presumiblemente no pasará mucho tiempo antes de que los hoteles vuelvan a adueñarse de esta orilla, como pasaba en algunos tramos antes del tsumani del 2004. De momento, y aunque apenas hay sombra, es un lugar maravilloso para explorar; basta con caminar por la orilla hasta encontrar una franja de arena que guste. La insípida localidad de Valaichchenai, vínculo entre ambas playas y próxima al cruce de las carreteras A11 y A15, es donde están la parada de autobús y la estación de trenes.

Puntos de interés

Parque Cultural del Coco PARQUE

(☎065-365 9028; Coconut Board Rd, Passekudah; 1300 LKR; ⏲7.30-16.30 lu-sa) Detrás de los resorts está esta atracción dedicada al coco, seguramente la planta más peculiar del mundo, inexorablemente unida a Sri Lanka (su cultivo se menciona en la *Mahavamsa*). Se puede pasear bajo los cocotales y aprenderlo todo sobre los múltiples usos de esta planta: madera para hacer casas y refugios, fibra para hacer esteras y cuerdas, aceite y hasta alcohol. En helado es una delicia. Pero hay otras plantas útiles, como la papaya, que también reciben un merecido reconocimiento.

Dónde dormir y comer

La playa de Passekudah está bordeada de resorts de lujo. Las opciones de precio medio y económico se concentran a lo largo de la carretera entre Valaichchenai y Kalkudah (hacia el interior) y en las callecitas de tierra detrás de la playa de Passekudah.

Desde cualquier lugar es fácil acceder a ambas playas. Nunca se estará a más de 2 km del océano.

Nótese que la zona hotelera de Passekudah está muy esparcida: no es la clase de lugar en el que se puede caminar de un resort a otro.

Todos los alojamientos disponen de restaurantes con precios acorde a las tarifas de las habitaciones. Todavía no existe una hilera de cafés a precios asequibles.

Moni Guest House PENSIÓN $

(☎077 392 6833, 065-365 4742; cerca de la ctra. Valaichchenai-Kalkudah; i/d con ventilador desde 2000/2500 LKR, con a.a. desde 3000/3500 LKR; ❄📶) En pleno centro y con sabor familiar, las nueve habitaciones de esta pensión son sencillas pero están arregladas, además de ofrecer sustanciosas comidas (curris de pescado incl.) y desayunos copiosos. En el sereno jardín se puede ver cómo caen los cocos.

New Land Guesthouse PENSIÓN $

(☎065-568 0440; 283 Valaichchenai-Kalkudah Rd, Passekudah; i/d con ventilador desde 2000/2500 LKR, con a.a. desde 3000/3500 LKR; ❄📶) Agradable propuesta familiar con una selección de habitaciones limpísimas con mosquitero y muebles de madera, algo más justas las del bloque nuevo. Su marisquería es una apuesta segura; la langosta hay que encargarla.

★ **Roy's Inn** PENSIÓN $$

(☎077 503 6696, 065-205 0223; Mariyamman Kovil Rd, Passekudah; i/d con ventilador desde 3000/3500 LKR, con a.a. desde 4500/5000 LKR; ❄📶) Habitaciones en casitas repartidas por un coqueto y apacible jardín, todas con techos altos, terraza y camas y colchones de calidad. Se llega por un callejón de arena (está señalizada), 300 m tierra adentro desde la playa de Passekudah.

Nandawanam Guesthouse PENSIÓN $$

(☎065-225 7258; www.nandawanam.blogspot.com; cerca de la ctra. Valaichchenai-Kalkudah, Passekudah; h 3300-7000 LKR; ❄📶) Esta casa verde, rodeada de bellos jardines, queda aparatada de la carretera. Las habitaciones varían: las de la planta baja son más tradicionales, mientras que las de arriba son modernas, pero todas están muy limpias y ordenadas, y tienen buenos colchones y televisión por cable. También sirven buenas comidas y alquilan bicicletas.

★ **Laya Waves** HOTEL-BOUTIQUE $$$

(☎011-232 1122, 065-205 0500; www.layahotels.lk; ctra. Valaichchenai-Kalkudah, Kalkudah; h desde 70 US$; ❄📶🏊) Alegre hotel muy bien llevado en el extremo norte de la playa de Kalkudah. Solo hay ocho habitaciones, pero todas tienen terraza y vistas del océano (mejores las de la 2ª planta). Por ahora, se puede disfrutar de esta interminable playa casi en exclusiva.

Anilana Pasikuda RESORT $$$
(☎065-203 0900; www.anilana.com/pasikuda; 14 Hotel Development Rd, Passekudah; h 90-200 US$; ❄@📶≋) Rodeando el acantilado desde la franja principal se llega a este seductor resort en primera línea de playa, que presume de un estilo moderno atemperado por las techumbres de paja y los materiales naturales. Todas las opciones de alojamiento (ya sean en el edificio principal o junto a la orilla) están dispuestas alrededor de una encantadora piscina y poseen una iluminación a la última y sofisticados baños. También hay un elogiado *spa*.

Uga Bay RESORT $$$
(☎065-567 1000; www.ugaescapes.com; Coconut Board Rd, Passekudah; h desde 140 US$; ❄📶≋) Enclavado en una enorme y fastuosa parcela en medio de la zona hotelera, este resort ofrece habitaciones con formidables acabados y suites (todas con vistas del mar) que conjugan madera oscura, mármol y detalles contemporáneos, con un agradable resultado entre tropical y chic. A los niños les encantará la enorme piscina, y también hay *spa* y gimnasio.

Anantaya Resort RESORT $$$
(☎065-223 3200; www.anantaya.lk/passikudah; Coconut Cultivation Board Rd, Passekudah; h desde 140 US$; ❄@📶≋) Más pequeño que su lujoso establecimiento matriz, el Anantaya descansa en la punta norte de la zona hotelera, apartado de todo. Sus 55 habitaciones están diseminadas por un gran recinto que comprende toda una variedad de imponentes estructuras de dos y tres plantas. Su formidable piscina envolvente es una de las más grandes del lugar.

Cómo llegar y salir

La localidad de Valaichchenai es el punto de acceso a las playas. Los trenes se detienen en la **estación de Valaichchenai** (Railway Rd, Valaichchenai; ⏲taquilla 8.00-18.00), al norte de la A15, y van a:

Batticaloa 1/2/3ª clase 110/60/30 LKR, 45 min, 2 diarios

Colombo 1/2/3ª clase 1230/630/380 LKR, 8 h, 2 diarios

Aunque no hay terminal, los autobuses paran en la carretera principal, cerca de la estación de trenes. Un *tuk-tuk* cuesta 200 LKR por el corto trayecto entre Valaichchenai y Passekudah o Kalkudah. Algunos destinos son:

Batticaloa 50 LKR, 1 h, cada 30 min

Polonnaruwa 97 LKR, 1½ h, cada 30 min

Trincomalee 160 LKR, 3 h, cada 30 min

Trincomalee

☎026 / 101 100 HAB.

Junto a uno de los puertos naturales más bellos del mundo, la antigüedad de Trincomalee (Trinco) es ancestral, tanto que posiblemente se trate del escenario de la mítica Gokana del la *Mahavamsa (Gran Crónica),* y su templo de Shiva, del emplazamiento de la colina Trikuta que aparece en el texto hinduista *Vayu Purana*. La mayoría pasa de largo, de camino a las playas de Uppuveli y Nilaveli, pero la ciudad tiene encanto, mucha historia y una curiosa mezcla de gente.

El espléndido puerto de Trincomalee ha sido objeto de todo tipo de ataques a lo largo de los siglos, y la ciudad había cambiado de dueño siete veces cuando la tomaron los británicos en 1795. Fácilmente se puede dedicar uno o más días a explorar los pormenores de sus muchos paseos marítimos, así como la fortaleza y su famoso templo.

Puntos de interés y actividades

Las playas más famosas de Trinco son las cercanas Uppuveli y Nilaveli, pero la pintoresca bahía de los Neerlandeses no está mal, como la cala de Manayaweli. El puerto interior y la bahía Negra (Black Bay) no son aptas para el baño debido a la contaminación.

★ **Kandasamy Kovil** ENCLAVE HINDUISTA
(Koneswaram Kovil; fuerte Frederick) Este templo en la cima de un saliente rocoso es uno de los *pancha ishwaram* del país: cinco templos hinduistas históricos dedicados a Shiva con la misión de proteger la isla de desastres naturales. Alberga el *lingam* (símbolo fálico) conocido como Swayambhu Lingam y es un antiguo lugar de culto, aunque la estructura actual data de 1952. Acuden peregrinos de todo el país; las *puja* (oraciones) son a las 6.30, 11.30 y 16.30.

Fuerte Frederick FORTALEZA
(Konesar Rd) GRATIS Erigido en el istmo de una angosta península, este fuerte ha ejercido un importante papel defensivo durante siglos. Fue construido por los portugueses en 1623 y, posteriormente, reconstruido por los ho-

Trincomalee

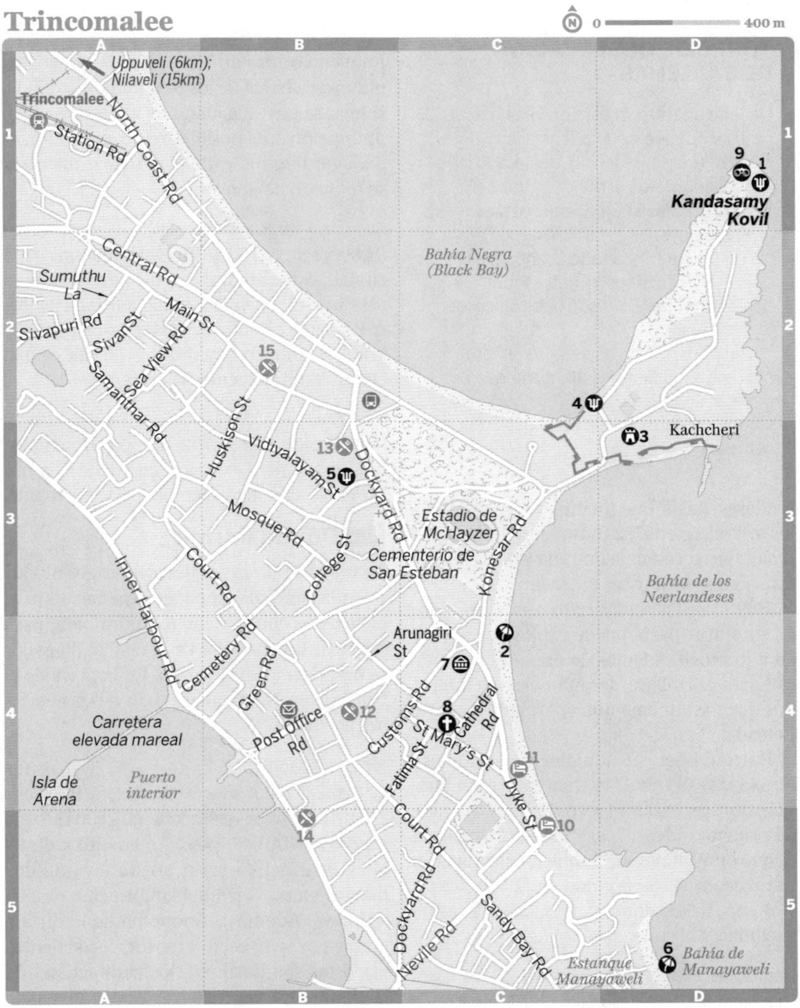

Trincomalee

Principales puntos de interés
1 Kandasamy Kovil D1

Puntos de interés
Estatua de Buda .... (véase 4)
2 Playa de la bahía de los Neerlandeses . C4
3 Fuerte de Frederick D3
4 Templo de Gokana C2
5 Kali Kovil B3
6 Cala de Manayaweli D5
7 Museo de Historia Marítima y Naval C4
8 Catedral de Santa María C4
9 Roca Swami D1

Dónde dormir
10 Dyke Rest C5
11 Hotel Blue Ocean C4

Dónde comer
12 Ajmeer Hotel B4
13 Anna Pooram Vegetarian Restaurant B3
14 Dutch Bank Cafe B5
15 New Parrot Restaurant B2

INDISPENSABLE

TORRE DE OBSERVACIÓN DE BALLENAS

Océano adentro, al este de la ciudad de Trincomalee, se encuentra la **roca Swami** (fuerte Frederick), declarada por los oceanógrafos el mejor punto del mundo para avistar ballenas azules.

Estas ballenas están presentes en las aguas de Trinco todo el año, aunque es más fácil verlas entre febrero y noviembre. También son habituales los cachalotes.

Así pues, mientras se visite el templo de Kandasamy Kovil, vale la pena dedicar un rato a escudriñar (mejor con binoculares) el mar en busca de cetáceos.

landeses, hasta que finalmente sucumbió a los británicos en 1782 (búsquense los escudos reales que coronan la entrada tipo túnel que atraviesa sus robustos muros).

Hoy lo utiliza el Ejército ceilandés, pero en su mayor parte puede explorarse a pie o en automóvil. Además de un sinnúmero de cañones y artillería, se verán ciervos moteados que pastan bajo una enorme higuera de Bengala.

Entre edificios coloniales porticados se alza la **casa Wellesley,** una impresionante mansión georgiana (cerrada a las visitas), de principios del s. XVIII y llamada así por el duque de Wellington. También hay una gran **estatua de Buda** erguido en el **templo de Gokana,** desde donde hay buenas vistas de la ciudad y la costa.

Museo de Historia Marítima y Naval MUSEO

(Dockyard Rd; ⌚8.30-16.30 mi-lu) Majestuoso edificio colonial neerlandés del s. XVIII, hoy restaurado y convertido en museo, cuya planta baja alberga exposiciones sobre la historia naval ceilandesa desde los tiempos de Marco Polo. La planta superior está dedicada a la fauna y flora de la costa este, con especial énfasis en la isla Pigeon. Sus amplios porches son ideales para darse un respiro y recrearse con las vistas.

Cala de Manayaweli PLAYA

(Sandy Bay Rd) Agradable cala de pescadores, con la arena y el agua limpias, ideal para nadar; a pie, se pasa junto al estanque de Manayaweli (o Dhoby).

Playa de la bahía de los Neerlandeses PLAYA

En pleno centro de Trinco está la atractiva y pintoresca bahía de los Neerlandeses, donde, si bien se puede nadar, hay que extremar la precaución ante posibles resacas. Aun así, es un lugar más indicado para pasear mientras se toma un helado.

Catedral de Santa María IGLESIA

(St Mary's St; ⌚8.00-17.00) De las iglesias de la ciudad, esta catedral católica, de 1852, es la más atractiva, con una fachada frontal neobarroca azul celeste y la posterior cubierta de azulejos. Dentro hay retratos de santos que clavan la mirada entre las columnas.

Kali Kovil TEMPLO HINDUISTA

(Dockyard Rd) Trinco tiene numerosos templos hinduistas, pero este es el que tiene la *gopuram* más llamativa. Siempre está abarrotado.

Dónde dormir

La mayoría de los viajeros prefiere alojarse en la playa de Uppuveli, apenas 6 km al norte, y es comprensible. Ahora bien, para saborear los encantos de la ciudad, lo mejor es hospedarse en el centro. En la playa de la bahía de los Neerlandeses hay varias pensiones correctas.

★ **Dyke Rest** HOTEL $

(☎026-222 5313; www.facebook.com/DykeRest; 228 Dyke St; h con ventilador 1500-2500 LKR, con a.a. desde 4400 LKR; ❄📶) En cuanto a dirección, es difícil superar a esta joya de dos plantas en una envidiable ubicación en plena playa. Además, aunque nadie lo diría a juzgar por su aspecto exterior, desde dentro las vistas son de aúpa. Dos habitaciones de la planta superior tienen aire acondicionado y comparten baño y vistas. Por si fuera poco, hay un porche con vistas del fuerte.

Hotel Blue Ocean PENSIÓN $

(☎026-222 5578; 290 Dyke St; h desde 1500 LKR) Pensión sencilla en plena playa de la bahía de los Neerlandeses con habitaciones sin alardes pero limpias, repartidas en tres plantas.

Dónde comer

Ajmeer Hotel CEILANDESA $

(Newraheemiya; 65 Post Office Rd; principales 150-400 LKR; ⌚5.30-22.30) Enormes raciones, también de excelente arroz con curri, se puede repetir y el ambiente es muy amistoso.

MERECE LA PENA

CONDUCIR AL SUR DESDE TRINCO

Los 110 km que separan Trincomalee de Kalkudah por la carretera A15 pueden cubrirse tranquilamente en unas 2 h, pero hay tantas atracciones en camino, que es muy fácil convertir este corto itinerario en una excursión de un día.

Desde Trinco, la A15 rodea la enorme bahía de Trincomalee y pasa junto al aeropuerto. Recorridos 17 km, justo antes del puente de Kinniya, aparece un desvío a la izquierda, señalizado, que lleva a la playa de Mármol (Marble Beach; ☎026-302 1000; www.marblebeach.lk; salida A15; por persona 20 LKR, aparcamiento 50 LKR; ⊙amanecer-anochecer), una hermosa cala al abrigo de cabos boscosos. En su extremo norte hay un resort gestionado por las Fuerzas Aéreas, aunque es mejor dedicar el tiempo a disfrutar de las vistas y de las ensoñadoras aguas de su extremo sur. Es un destino típico de los grupos de escolares.

Más al sur, tras cruzar el puente de Kinniya, la A15 se aferra al litoral hasta la población musulmana de **Mutur**, donde se puede tomar un refrigerio.

Luego cabe desviarse al sur por un desvío de la A15 a la altura del km 101 y seguir 7,5 km por una ruta semiasfaltada hasta el **Seruwawila Rajamaha Viharaya.** Si se llega desde el sur, hay que tomar el desvío del km 89 y seguir 7 km por varias carreteras, en su mayoría, asfaltadas. El templo es uno de los monumentos budistas más sagrados de Sri Lanka, fundado en el s. II a.C., aunque no fue redescubierto –y reconstruido– hasta la década de 1920. La *stupa*, que despunta entre las llanuras cubiertas de matorrales, fue restaurada en el 2009. En el pueblecito hay vendedores de tentempiés.

Posteriormente, la A15 atraviesa un mar de arrozales y una región muy poco poblada de matorrales y marismas.

Justo después de la localidad de Vakarai y del puente de Panichchankeni, a la altura del km 58, a 2,5 km aguarda una idílica **playa.** Si se decide pernoctar, se puede probar el **Tranquility Coral Cottages** (☎011-262 5404, 077 735 4894; www.tccvakarai.com; Sallithievu Rd, Panichchankeni, Vakarai; casita incl. comidas por persona desde 8000 LKR) perfecto para desconectar en una playa de arena blanca apenas visitada, explorar la laguna de Panichchankeni, bucear por los arrecifes de Sallithievu (un islote unido al continente por un brazo de arena) y degustar comida casera. Las casitas de madera son amplias, aunque quizá algo caras.

Ya solo quedan 20 km por la A15, en dirección sur, hasta las playas gemelas de Kalkudah y Passekudah.

Anna Pooram Vegetarian Restaurant DEL SUR DE LA INDIA $
(415 Dockyard Rd; principales 150-400 LKR; ⊙8.00-22.00) Pequeño pero atareado establecimiento vegetariano especializado en cocina tamil, con un par de mesas que siempre se llenan a mediodía. Es famoso por el *sambar* (lentejas con verduras) y el arroz con curri, que también sirven para llevar.

New Parrot Restaurant CEILANDESA $
(☎026-326 7777; 96 Main St; principales 150-500 LKR; ⊙8.00-21.00 lu-sa, hasta 16.00 do) Una escalera ancha es la antesala de este cuidado local que deleita con suculentos fideos, arroz, *kotthu*, sopas y platos "endiablados". Pruébese el arroz frito especial con pollo o tortilla. Está encima del Nations Trust Bank.

Dutch Bank Cafe INTERNACIONAL $$$
(☎077 269 0600; 88 Inner Harbour Rd; comidas 600-1600 LKR; ⊙8.00-22.00;) El restaurante más distinguido de la ciudad ocupa un edificio centenario, frente al puerto interior, que conjuga espectaculares elementos arquitectónicos y diseño contemporáneo. En lo que a la carta concierne, lo tiene todo: desde *pizzas*, hamburguesas y platos de fideos hasta clásicos patrios, ricos zumos y batidos, y café exprés y capuchino. Hay aire acondicionado.

Información

Trinco no anda exenta de cajeros automáticos. La **oficina de correos** está en Post Office Rd (⊙7.00-19.00 lu-sa, 8.30-16.30 do)

Cómo llegar y salir

AVIÓN

El aeropuerto está 12 km al oeste del centro. **Cinnamon Air** (plano p. 60; ☎011-247 5475; www.cinnamonair.com) tiene un vuelo diario a/desde Colombo (1 h, desde 40 000 LKR).

AUTOBÚS

Los autobuses privados y de la CTB parten de la misma **terminal** (Dockyard Rd) y cubren destinos como:

Anuradhapura 200 LKR, 4 h, 6 diarios
Batticaloa 200 LKR, 4 h, cada 30 min
Colombo Normal 450 LKR, 7 h, cada hora
Colombo (con a.a.; resérvese con antelación) Exprés/de lujo 600/950 LKR, 6 h, 6 diarios
Jaffna (vía Vavuniya) 320 LKR, 7 h, 9 diarios
Kandy 250 LKR, 5½ h, 7 diarios

TREN

Dos trenes comunican a diario Trincomalee y Colombo (Fort), uno de ellos nocturno. Cómprense los billetes en la **estación de Trincomalee** (026-222 2271; Station Rd; reservas 8.00-16.00). También se puede viajar a Polonnaruwa y a Batticaloa vía Gal Oya.

A Colombo en coche-cama 1/2/3ª clase 1250/550/350 LKR, 8 h; resérvese una semana antes, como mínimo

A Colombo sin reserva (trasbordo en Gal Oya) 2/3ª clase 480/305 LKR, 8 h

Uppuveli

026

Apenas 6 km al norte de Trincomalee está este animado enclave costero con una fabulosa playa de arena dorada, un centenar de habitantes, suficientes lugares donde comer y dormir, y una provisión de marisco fresco al parecer inagotable.

No es lo que se dice despampanante, pero tiene su encanto, un ambiente sereno y unos cuantos alojamientos con buena relación calidad-precio; no en vano, este es el destino favorito de muchos viajeros que visitan el este.

Puntos de interés y actividades

La mayoría de las tiendas de submarinismo abre durante la temporada alta local, es decir, de abril a octubre.

★Playa de Uppuveli — PLAYA

Playa estupenda en cualquier época del año, con arena de color entre miel y beis y, por regla general, buenas condiciones de baño. Siempre reina un ambiente agradable, ideal para conocer gente. Los juguetones perros tienen por costumbre atrapar las camisetas de los bañistas mientras estos están en el agua. Un puñado de cafés sencillos funcionan con lo básico.

Cementerio de los caídos de la Commonwealth — CEMENTERIO

(B424; amanecer-anochecer) Para descansar de la playa, se puede dar un paseo hasta este impecable camposanto en el que yacen 364 soldados de 13 nacionalidades de la Commonwealth que perdieron la vida en Trinco durante la II Guerra Mundial, en su mayoría tras un ataque japonés, en 1942, en el que hundieron una docena de barcos.

El lugar no tiene secretos para el amable cuidador que lo enseña.

Salli Muthumariamunam Kovil — ENCLAVE HINDUISTA

Este templo pegado a la playa está a 4 km por carretera desde Uppuveli, pero se llega enseguida si se vadea (o en barca, con pleamar) desde el extremo norte de la playa de Uppuveli. Está frente al arroyo de los Pescadores (Fishermen's Creek), oculto tras unas rocas verdosas.

★Angel Diving — SUBMARINISMO

(071 275 8499; www.facebook.com/angeldivingsrilanka; playa de Uppuveli; submarinismo desde barco con 2 botellas desde 80 US$; 8.00-18.00 abr-sep) Exitoso operador de submarinismo, muy elogiado por su trato amable. Está junto a la playa, cerca del Golden Beach Cottages, y organiza toda clase de salidas, entre ellas una a la isla Pigeon y una inmersión al pecio del HMS *Hermes*.

Dónde dormir

Hay una hilera de alojamientos a buen precio en plena playa, con otra detrás.

Aqua Inn — HOTEL $

(071 251 9749; www.aquahotel-trincomalee.com; 12 Alles Garden; i/d con ventilador desde 2500/3000 LKR, con a.a. desde 4500/5000 LKR) Entre sus virtudes, es barato, sociable y está muy bien situado frente a la playa. Sin embargo, el edificio de cemento es horripilante y el aspecto de sus habitaciones económicas, con una tenue y solitaria bombilla como toda decoración, desalentador; las que tienen aire acondicionado son algo mejores.

★Coconut Beach Lodge — PENSIÓN $$

(026-222 4888; coconutbeachlodge@gmail.com; h 5000-8000 LKR) Pensión con una ubicación ideal, frente a la playa. El jardín es una delicia; detrás se levanta una casa familiar donde se sirven comidas caseras, lugar ideal para conocer a otros viajeros. Las habitaciones estándar (solo con ventilador

Uppuveli

Principales puntos de interés

1 Playa de Uppuveli B3

Puntos de interés

2 Cementerio de la Commonwealth A2
3 Salli Muthumariamunam Kovil B1

Actividades, cursos y circuitos

4 Angel Diving B2

Dónde dormir

5 Anantamaa A2
6 Aqua Inn B2
7 Coconut Beach Lodge B3
8 Golden Beach Cottages A2
9 Palm Beach Resort A3
10 Shiva's Beach Resort B3
11 Trinco Blu by Cinnamon A2

Dónde comer

12 Ceylon Seafood Cafe A2
Coconut Beach Lodge .... (véase 7)
13 Crab B2
14 Palm Beach A3
15 Sana's A2
Tonic's .... (véase 8)

Dónde beber y vida nocturna

16 Fernando's Beach Bar B2

pero de bonita factura) son muy populares, mientras que las climatizadas tienen techos altos y todo tipo de comodidades.

Anantamaa HOTEL **$$**
(☎026-205 0250; www.anantamaa.com; 7/42 Alles Garden; h desde 50 US$; ❄📶🏊) Pese a quedar hacia el interior, este hotel, gestionado con profesionalidad, tiene su propio camino a la playa. Las habitaciones, limpias y confortables, están repartidas en varios bloques de dos plantas en torno a una gran piscina.

Golden Beach Cottages PENSIÓN **$$**
(☎026-493 1210, 077 134 4620; www.goldenbeachcottages.com; h 3500-7000 LKR; ❄📶) Ofrece 10 habitaciones reformadas, sorprendentemente amplias, a buen precio y con pequeños porches, amén de un coqueto café con mesas en la arena.

Palm Beach Resort HOTEL **$$**
(☎026-222 1250; h desde 50 US$; ❄📶) Propiedad bien dirigida con habitaciones vistosas y sin sorpresas, todas provistas de mobiliario de madera oscura y pequeños porches, aunque solo hay agua fría y los colchones son de espuma. Está a un corto paseo de la playa, tiene un jardín repleto de aves cantarinas y la comida es excelente.

Shiva's Beach Resort HOTEL **$$**
(☎026-222 8000; goldenbeachtrinco24@gmail.com; 178/32 Alles Garden; h 3000-7000 LKR; ❄📶) No hay que dejarse engañar por su adusto exterior de cemento, pues sus 16 habitaciones, espaciosas y prolijas, salen muy a cuenta. Algunas económicas solo tienen ventilador. También dispone de una cuantas cabañas de bajada por una callecita, en la playa.

★ **Trinco Blu by Cinnamon** RESORT **$$$**
(☎026-222 2307; www.cinnamonhotels.com; cerca de Sarvodaya Rd; i/d incl. desayuno desde 90/110 US$; ❄@📶🏊) Hotel bonito que saca el máximo partido a su ubicación: todas las habitaciones dan al océano, están decoradas en blanco y azul cobalto, y contienen toques naranja en los cojines, la tapicería y los mosaicos. Su enorme zona de césped, con una encantadora piscina de 30 m, es perfecta para holgazanear.

Dónde comer y beber

Al caer la noche, solo hay que darse una vuelta por la playa y elegir el sitio que más apetezca para cenar y/o tomar una copa. Junto a Sarvodaya Rd, apartadas de la playa, hay varias opciones de categoría.

★ **Coconut Beach Lodge** CEILANDESA $$
(☎026-222 4888; comidas 350-700 LKR; 📶) Es el mejor lugar de la zona para disfrutar de buena comida ceilandesa. Arroz con curri, bonito y gambas gigantes a la parrilla, deliciosos platos de verduras, etc., todo se prepara con mimo y se sirve en un bonito patio iluminado con velas. Resérvese antes de las 15.30.

Ceylon Seafood Cafe PESCADO Y MARISCO $$
(☎077 933 5858; Sarvodaya Rd; principales 500-1200 LKR; ⊙19.00-24.00) Es difícil dar con un sitio más rústico que esta cabaña de bambú totalmente al aire libre junto a un estanque con flores de loto. Gran oferta de pescado, que el personal cocina al gusto del comensal. Se puede llevar cerveza, a la venta en las tiendecitas aledañas.

Tonic's PESCADO Y MARISCO $$
(☎026-493 1210; Golden Beach Cottage; comidas 500-1200 LKR; ⊙11.00-22.00) El restaurante junto a la playa del Golden Beach Cottages es lo bastante refinado. Siempre hay pescado fresco, que se acompaña de ensalada y patatas fritas, y los calamares a la romana también están deliciosos.

★ **Sana's** CEILANDESA $$$
(☎077 700 4047; Sarvodaya Rd; principales 500-2000 LKR; ⊙8.00-22.00) Este es un buen ejemplo de Sarvodaya Rd como uno de los destinos gastronómicos más interesantes de la costa. Se trata de un ensoñador restaurante de dos plantas, construido con madera reciclada, que derrocha personalidad. Casi ningún plato de la carta principal supera las 800 LKR, aunque siempre se puede tirar la casa por la ventana y pedir la langosta u otro marisco especial.

Crab INTERNACIONAL $$$
(☎026-222 2307; Trinco Blu by Cinnamon, cerca de Sarvodaya Rd; comidas 1000-2800 LKR; ⊙17.00-23.00) En lo más alto del escalafón, este sofisticado restaurante de hotel se jacta de tener un marco perfecto para cenar lánguidamente cerca de las olas. Su amplia selección de platos abarca de todo, desde especiado arroz indonesio con *satay* hasta suculento marisco (muy bueno el curri de cangrejo). La cocina está a la vista, en el bar sirven alcohol y el servicio es correcto.

Palm Beach ITALIANA $$$
(☎026-222 1250; comidas 1300-2600 LKR; ⊙18.30-21.00 feb-nov; 📶) Comida italiana auténtica, incluidos pasta y marisco; la oferta cambia a diario. Está a la sombra de unas palmeras, apartado de la playa, aunque siempre hay que reservar, ya sea para comer dentro o fuera.

Fernando's Beach Bar BAR
(☎071 251 9749; Aqua Inn; ⊙7.00-22.00) Muchas noches empiezan y terminan en el chiringuito de playa por antonomasia de Uppuveli, con mesas y sillas en la arena y una terraza techada de madera. La cerveza está fría, las copas se cargan bien y el ambiente es divertido. La comida es correcta, siempre con sonido del mar de fondo.

ℹ Cómo llegar y salir

Los autobuses entre Irakkandy y Trincomalee pasan cada 20 min por la B424; basta con hacerles señas para que se detengan en la carretera principal y así poder ir a Trincomalee (20 LKR, 20 min) o Nilaveli (20 LKR, 10 min). Un *tuk-tuk* a Trinco/Nilaveli cuesta 500/600 LKR.

Nilaveli

☎026

La más septentrional de las dos zonas hoteleras costeras de la región de Trinco tiene un ambiente más íntimo que Uppuveli. Los hoteles están desperdigados por callecitas que parten de la carretera del litoral (B424), con 6 km de un extremo al otro de la población. Si solo se busca playa, es un buen destino, puesto que la arena es dorada y el mar invitan al baño.

Frente a la costa, la isla Pigeon ofrece muy buenas condiciones para la práctica de buceo con tubo y submarinismo. No obstante, el reciente auge del turismo ha dañado algo el arrecife, y ya no es tan virgen como cabría esperar. Los corales poco profundos de la orilla son territorio casi privativo de quienes visitan la isla de día.

Puntos de interés y actividades

★ **Playa de Nilaveli** PLAYA
Cual paradisíaca isla desierta con montones de palmeras cimbreantes y arena dorada, esta es una de las playas más bonitas del país. Tiene unos 4 km de largo, tachonados de modestos resorts. Si se mira al este se verá la isla Pigeon.

★ **Nilaveli Private Boat Service** EXCURSIÓN EN BARCO, BUCEO CON TUBO
(☎071 593 6919, 077 886 9285; salidas de pesca 1-4 personas 6000 LKR, salidas avistamiento de ballenas

2/4 personas 14 000/16 000 LKR) La asociación local de barqueros ofrece excursiones a precio fijo a la isla Pigeon (2000 LKR/embarcación, aparcamiento aparte), mientras que alquilar el equipo de buceo cuesta 600 LKR/día. El alquiler de una barca cuesta lo mismo tanto por la jornada completa (7.00-17.30) como por un par de horas, pues van y vienen durante todo el día y recogen en el punto que se elija. Los patrones (que apenas chapurrean inglés) tienen una cabaña junto a la oficina del parque.

También organizan salidas de pesca y para ver ballenas. Estas últimas son muy populares, ya que es habitual que se produzcan avistamientos. También se puede escoger entre varios circuitos para ver la fauna salvaje de los manglares. Durante el pico turístico (jul y ago), las travesías a la isla han de reservarse como mínimo el día de antes.

★ Parque Nacional de la Isla Pigeon SUBMARINISMO, BUCEO CON TUBO

(aparcamientos 1/2 adultos 3150/4700 LKR, niños 950 LKR) Rodeada de un mar azul y con su fina arena blanca y brillantes jardines de coral, la isla Pigeon aguarda a 1 km de la costa. Es zona de anidamiento de palomas bravías y en tierra hay pozas entre las rocas y senderos naturales, aunque su gran atractivo es el paisaje submarino. El arrecife queda a poca profundidad, por lo que se puede disfrutar tanto del buceo con tubo como de inmersión, y entre sus decenas de corales nadan cientos de peces (entre ellos el tiburón de punta negra) y tortugas.

Poseidon Diving Station SUBMARINISMO

(☎091-720 1200; www.divingsrilanka.com; salida B424, cerca del mojón del km 9; submarinismo en barco con 2 botellas desde 80 LKR; ⊙abr-nov) Esta organizada escuela de submarinismo cuenta con una amplia oferta que inlcuye cursos PADI en mar abierto (desde 350 LKR), inmersiones recreativas y salidas de buceo con tubo a la isla Pigeon, así como travesías para ver ballenas azules y cachalotes.

Dónde dormir y comer

En Nilaveli cada vez hay más alojamientos por los 6 km de playa, entre los km 13 y 19, en general a precios más elevados que más al sur, en Uppuveli. En temporada baja el ambiente es muy tranquilo. Casi todos los alojamientos sirven comidas. Los restaurantes independientes son algo relativamente reciente.

Nilaveli

That's Why CABAÑAS $$

(☎077 175 6290; salida B424; h 3500-5000 LKR) El simpático Sameera es el promotor de esta divertida propuesta compuesta por ocho cabañas cónicas junto a la playa, todas cómodas, con ventiladores y de estética retro. El bar de playa (11.00-hasta tarde), atendido por un jovial personal, es un ineludible.

Seaway Hotel HOTEL $$

(☎026-223 2212; www.seawayhotel.com; salida B424; h 3000-8000 LKR; ❄📶) Acogedor hotel a pie de playa con una amplísima oferta de habitaciones en un enorme recinto de césped. Hay tres tipos de habitaciones, desde las pequeñas con ventilador, porche y baño con agua fría hasta las más modernas y atractivas con minibar, agua caliente y balcón.

Uga Jungle Beach Resort RESORT $$$

(☎026-567 1000; www.ugaescapes.com/junglebeach; B424, mojón del km 27, Kuchchaveli; cabaña 100-300 US$; ❄📶🏊) 🍃 Resort de estilo ecológico, construido con materiales naturales, que disfruta de una maravillosa ubicación junto a una playa verdaderamente espectacular. Todas las estancias resultan ingeniosas, con mucha sombra, vegetación y aves. La zona de la piscina es espléndida, rodeada de árboles y junto al restaurante. Los clien-

MERECE LA PENA

AL NORTE DE NILAVELI

La bonita B424, al norte de Nilaveli, sigue la orilla, con el océano a un lado y las lagunas al otro. Constituye una excursión fantástica para hacer en motocicleta, en automóvil o, para los más briosos, en bicicleta (el terreno es muy llano). La zona es un hervidero de burros salvajes, pavos reales y monos.

Los primeros 6 km ofrecen poco, pero una vez cruzado el estuario del río, en Kumpurupiddi, la carretera se acerca mucho a la playa y rodea una enorme laguna poco profunda. Un sistema de diques y canales permite bombear el agua del mar a unas **salinas,** donde se recoge la sal durante la temporada seca.

Más al norte se encontrará el célebre yacimiento arqueológico de **Kuchchaveli,** señalizado en el km 34 de la B424. Sobre un saliente rocoso que se adentra en el mar se encuentran los restos de una *stupa* de ladrillo. Desde su posición elevada hay unas vistas espectaculares de un mar color turquesa, con sendas playas fabulosas al norte y al sur.

Hacia el km 40, la carretera cruza otro precioso estuario. Sobre la arena se verán coloridas barcas de pesca. Luego se atraviesa un denso manglar, poblado por varanos y muchas aves (como garzas, cigüeñas y otras zancudas) antes de llegar a un punto de control militar.

A la altura del km 45 se aparta la mirada de la preciosa playa para seguir 4 km al oeste por una carretera secundaria. Tras estacionar en un aparcamiento a la sombra, se camina junto a un antiguo estanque que luce complejas tallas junto al borde. Luego, se sube por la ladera para disfrutar de unas vistas asombrosas y de las maltrechas ruinas del **Girihandu Seya,** supuestamente el primer templo budista construido en Sri Lanka, del s. III a.C.

De vuelta en la B424, hay un corto trayecto hasta **Pulmoddai,** un pueblo aislado a la altura del km 54, hacia el interior desde la **laguna Kokkilai,** un importante santuario de aves.

Los autobuses (90 LKR, 1½ h, cada hora) entre Pulmoddai y Trincomalee pasan por Nilaveli y Uppuveli. También hay servicios a Mullaitivu (100 LKR, 2 h, cada hora), con conexiones al norte del país por una ruta costera.

tes pueden participar en las sesiones de yoga (gratis), y hay un *spa*. Está 9 km al norte de Nilaveli.

Nilaveli Beach Hotel RESORT **$$$**
(☎026-223 2296; www.nilaveli.tangerinehotels.com; salida B424; h 90-200 US$; ❄📶🏊) Además del mejor recinto por estos lares (amplio, arbolado, con hamacas y una preciosa piscina), el tramo de playa, con vistas a la isla Pigeon, es una maravilla. La arquitectura es ecológica, con un uso creativo de las fuentes y el cemento, y un logrado equilibrio entre lo contemporáneo y lo terrenal.

El restaurante es una oda al pescado y el marisco, y las especias son de cultivo propio. Está cerca del embarcadero para ir a la isla Pigeon.

Anilana Nilaveli HOTEL **$$$**
(☎011-203 0900; www.anilana.com/nilaveli; salida B424; h 90-170 US$; ❄@📶🏊) Moderno e inmaculado hotel que da en el clavo con sus fastuosas habitaciones en tonos crema, todas con lindos baños y balcón con vistas a la playa o a una de sus dos enormes piscinas. Hay una magnífica terraza donde comer tranquilamente, con excelentes opciones de cocina asiática y occidental. No, tampoco falta el *spa*.

Pigeon Island Beach Resort HOTEL **$$$**
(☎026-492 0633; www.pigeonislandresort.com; salida B424; h incl. desayuno desde 70 US$; ❄📶🏊) Hotel en primera línea de playa con atractivas habitaciones en un edificio de dos plantas, aunque solo las suites tienen vistas del mar. Vale la pena ir a comer o a cenar; los comedores y los salones, con muebles de anticuario y lámparas de mimbre, son un encanto. La playa es aún más tranquila de lo habitual en esta zona.

Family Restaurant PESCADO **$$**
(salida B424; principales 700-1000 LKR; ⌚8.00-21.00) Toda la familia echa una mano en esta marisquería sencilla pero certera, que encandila con sus fresquísimas capturas del día. Solo tiene ocho mesas, el suelo es la arena y el recibimiento, caluroso.

ℹ Cómo llegar y salir

Se puede parar cualquier autobús que pase por la B424 para ir a Trincomalee (40 LKR, 30 min, cada 20 min). Un *tuk-tuk* a Trincomalee/Uppuveli cuesta unas 900/600 LKR.

Jaffna y el norte

Incluye »

Los mejores restaurantes

- Mangos (p. 283)
- Jaffna Heritage Hotel (p. 283)
- Hotel Rolex (p. 284)
- Green Grass (p. 284)

Los mejores alojamientos

- Jetwing Jaffna Hotel (p. 283)
- Jaffna Heritage Hotel (p. 283)
- Sarras Guest House (p. 282)
- Shell Coast Resort (p. 298)

Por qué ir

El norte, con sus excelsos y coloridos templos hinduistas, mujeres ciclistas con sari y un litoral espectacular arropado por palmeras y cocoteros, es un mundo aparte. Un lugar donde reina el calor casi todo el año y los campos se tuestan al sol. La luz aquí es más intensa: surrealista y abrasadoramente blanca en las salinas del Vanni, reluciente en las islas coralinas y playas del norte, y suave y moteada en el concurrido centro de Jaffna y los bosques aledaños. Omnipresentes son los pavos reales salvajes, con su despampanante plumaje.

Por supuesto, también cuentan las diferencias culturales: la cultura tamil (idioma, gastronomía, religión, etc.) va a su ritmo, con una gente orgullosa de su legado. Lástima que, debido a la historia reciente de la región, la presencia militar todavía sea muy patente. Aun así, se respira un ambiente tranquilo porque los norteños prefieren concentrarse en el futuro y en recuperar sus ricas tradiciones.

Cuándo ir

Jaffna

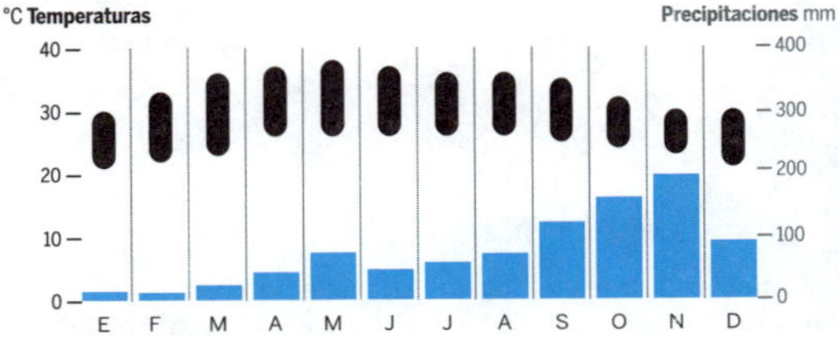

Feb El mejor mes para ver flamencos, a centenares en la isla de Mannar.

Jun-jul La temporada alta conlleva más horas de sol, menos calor y mangos en su punto.

Jul-ago El festival Nallur de Jaffna ofrece 25 días de desfiles, helados y automortificaciones.

Imprescindible

1 Islas de Jaffna (p. 291) Embobarse con los paisajes marinos y la luz surrealista mientras se exploran joyas costeras como Nainativu.

2 Monumentos de la guerra (p. 293) Entender la destrucción de la guerra en lugares como el Astillero Marino de los Tigres.

3 Isla de Mannar (p. 296) Descubrir antiguos baobabs, un fuerte histórico, bahías remotas y vistas que casi alcanzan la India.

4 Rutas paisajísticas (p. 288) Viajar por las espectaculares carreteras costeras de la península de Jaffna.

5 Costa noreste (p. 289) Encontrar la franja perfecta de arena arropada por palmeras, como la aislada playa de Manalkadu.

6 Jaffna (p. 277) Entrar en trance durante la *puja* (ofrenda) en el Nallur Kandaswamy Kovil y explorar el fuerte de Jaffna.

Historia

El norte siempre ha sido especial, una región que, incluso bajo los regímenes coloniales, supo mantener una gran autonomía. La importancia de la ciudad de Jaffna, en particular, viene de lejos, y la quema de su biblioteca por un grupo de cingaleses marcó un hito en 1981 al considerarse una agresión directa a la larga y rica tradición intelectual tamil.

La guerra estalló dos años más tarde y la violencia ya no abandonaría Jaffna en décadas, tiempo durante el cual el norte, que se disputaban los Tigres de Liberación del Eelam Tamil (LTTE, en sus siglas en inglés) y el Ejército de Sri Lanka, fue sinónimo de muerte y destrucción. Desde el final de la guerra en la costa de Mullaittivu en el 2009, el norte ha recuperado la calma y la estabilidad, aunque aún queda mucho por rehacer, tanto en cuanto a infraestructuras como respecto a las relaciones intercomunitarias.

Jaffna

☎021 / 91 000 HAB.

Antiguo bastión de la tradición, el arte y la cultura hinduistas, Jaffna recibe a los visitantes con los brazos abiertos. Esta es una ciudad sugerente, discreta y algo remota que invita a descubrir la cultura tamil de Sri Lanka. Ineludiblemente, la antigua Jaffna se ha visto muy afectada por décadas de guerra, éxodos, embargos y pérdida de vidas humanas y de propiedades, pero ya ha recuperado su verde y arbolada lozanía, con bonitos barrios coloniales a la sombra de las palmeras y preciosos templos e iglesias. Físicamente queda demostrado que el aislamiento de Jaffna pertenece al pasado, como prueban los nuevos proyectos urbanísticos y las mejoras en el transporte.

Los ancestrales lugares de interés del centro y la periferia constituyen atracciones cautivadoras. Además, aunque la oferta nocturna es muy variada, aún se puede dar un tranquilo paseo vespertino. La ciudad es también la base ideal para visitar las idílicas islas del oeste y para recorrer la costa y las marismas de la península de Jaffna.

Historia

Durante siglos, Jaffna ha sido el centro cultural y religioso hinduista tamil de Sri Lanka, sobre todo durante el Reino de Jaffna, la poderosa dinastía tamil que, con la corte en Nallur, gobernó desde el s. XIII los siguientes 400 años. Pero los portugueses pusieron todo su empeño en intentar cambiarlo todo. En 1620 capturaron a Cankili II, el último rey (su estatua ecuestre está en la carretera de Point Pedro, cerca de las ruinas del Palacio Real), y después demolieron sistemáticamente los templos hinduistas de la ciudad. Acto seguido se produjo una oleada de conversiones en masa al cristianismo.

Décadas más tarde, y tras tres amargos meses de asedio, los portugueses entregaron su "Jaffnapattao" a unos –más tolerantes– neerlandeses que, tras casi 140 años de gobierno, convirtieron Jaffna en un importante centro mercantil. Jaffna siguió con su prosperidad bajo el control de los británicos, que la tomaron en 1795 pero también sembraron las semillas del malestar interétnico al favorecer a los tamiles.

La ciudad desempeñó un papel crucial en la escalada bélica y, a principios de la década de 1980, las tensiones eran muy palpables; durante las siguientes dos décadas la urbe fue una peligrosa zona hostil. Jaffna, que estuvo ocupada alternativamente por la guerrilla tamil (los Tigres de Liberación del Eelam Tamil, o LTTE), el Ejército de Sri Lanka (SLA) y una llamada fuerza de paz, perdió casi la mitad de su población, que se vio obligada a emigrar. En 1990, los LTTE obligaron a irse a los pocos cingaleses y a todos los musulmanes que quedaban. Jaffna sufrió interminables bombardeos, un bloqueo devastador (p. ej., la gasolina costaba aquí 20 veces más que su precio de mercado, razón última de la gran presencia de bicicletas) y un Gobierno militar que el SLA implantó en 1995, cuando recapturó la ciudad.

Tras los acuerdos de paz del 2002, la sensación de ocupación fue a menos y Jaffna, poco a poco, recuperó su pulso: se restablecieron los vuelos nacionales; regresaron los refugiados, los desplazados internos (IDP) y los emigrados; se abrieron nuevos negocios y se inició su reconstrucción. En el 2006 rebrotaron las hostilidades y las tensiones, pero la guerra acabó en el 2009.

Actualmente se palpa un optimismo con las miras puestas en el futuro. Surgen nuevos proyectos urbanísticos y cicatrizan las últimas heridas (al menos las físicas) de la contienda.

Puntos de interés

Jaffna está salpicada con templos hinduistas (fáciles de reconocer por sus muros a franjas rojas y blancas), desde diminutos santuarios

Jaffna

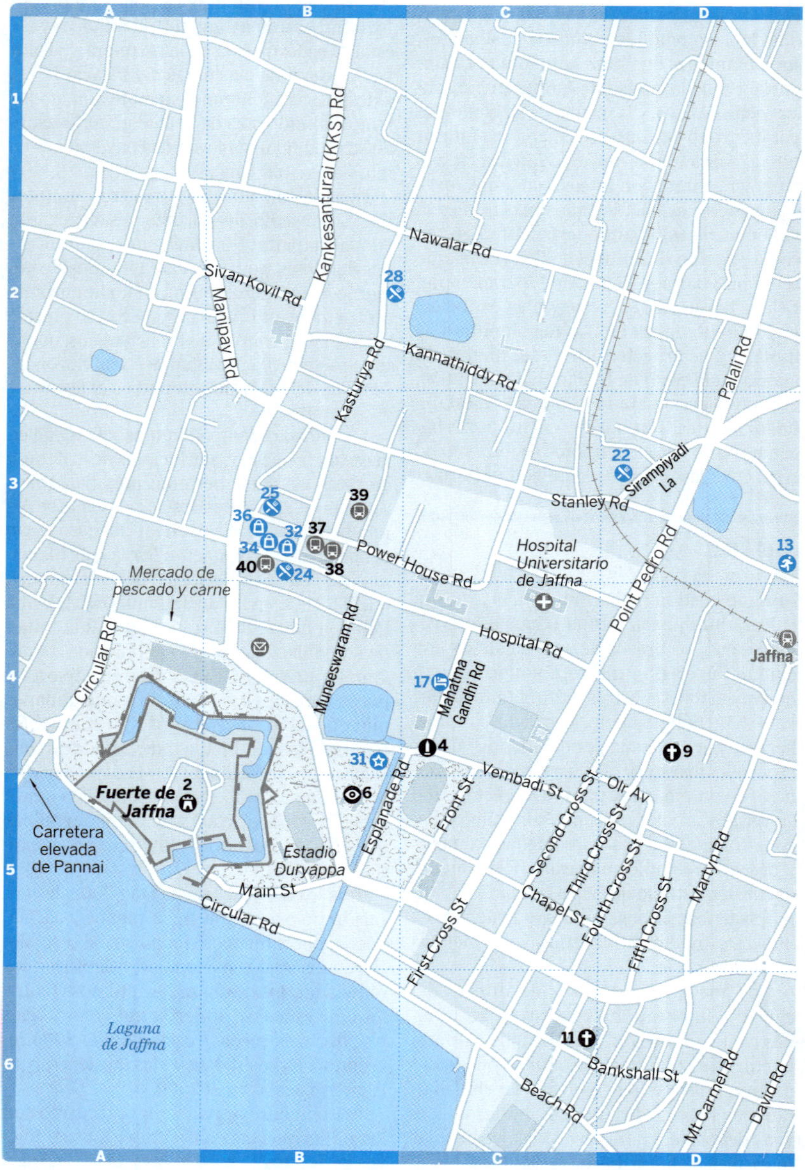

hasta enormes complejos con *mandapaya* (plataformas elevadas con pilares decorados), ornamentados estanques y excelsas *gopuram* (torres de entrada a los templos). La ciudad también cuenta con un fuerte emblemático y numerosas iglesias, muchas de ellas situadas en calles umbrías al este del centro. La actividad comercial se concentra en la va-

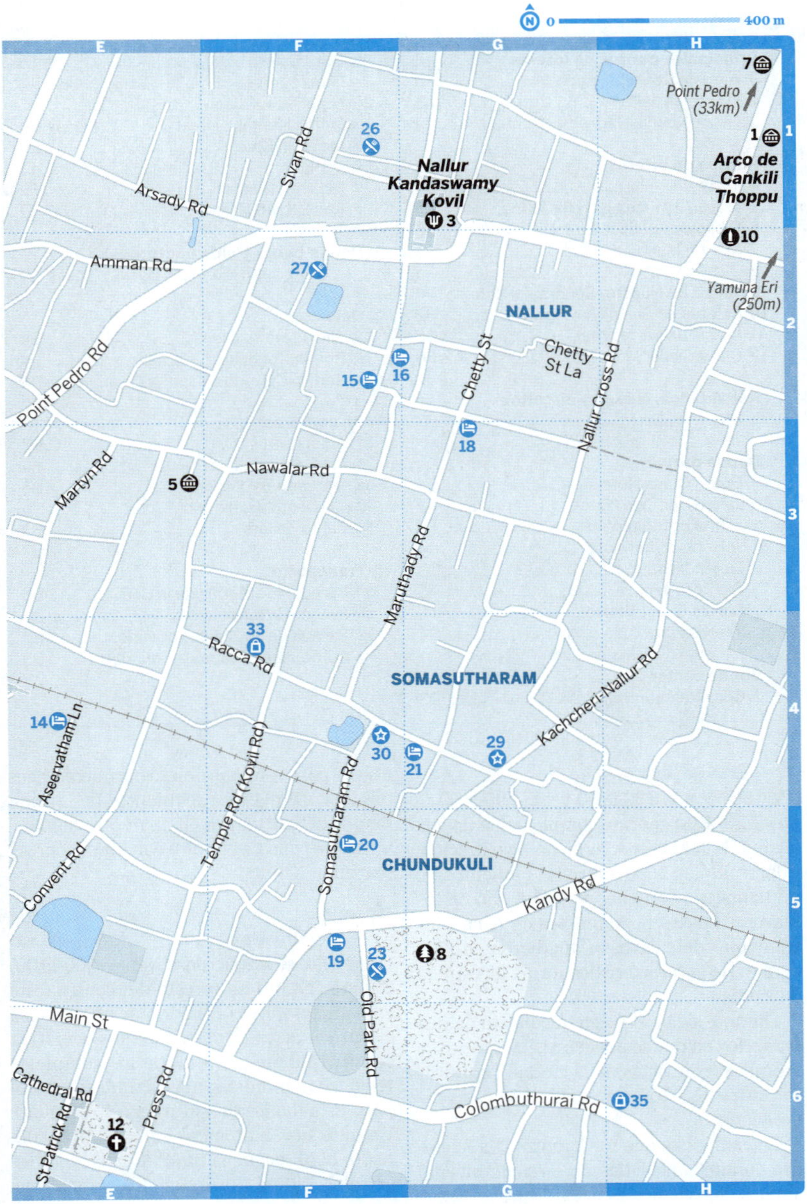

riopinta maraña que forman las calles Hospital Rd, Kasturiya Rd y Kankesanturai Rd (Kankesanturai). Al noreste quedan algunas ruinas extraordinarias del Reino de Jaffna, de hace cuatro siglos.

Centro

Los principales lugares de interés se pueden visitar a pie sin problema, aunque una bicicleta nunca va mal.

Jaffna

Principales puntos de interés
1 Arco de Cankili Thoppu ... H1
2 Fuerte de Jaffna ... A5
3 Nallur Kandaswamy Kovil ... G1

Puntos de interés
4 Torre del reloj ... C4
5 Museo Arqueológico de Jaffna ... E3
6 Biblioteca pública de Jaffna ... B5
7 Mantiri Manai ... H1
8 Old Park ... G5
9 Iglesia de Nuestra Señora del Refugio ... D4
10 Estatua de Sangiliyan ... H2
11 Iglesia de San Jaime ... C6
12 Catedral de Santa María ... E6

Actividades, cursos y circuitos
13 Sri Lanka Click ... D3

Dónde dormir
14 Green Grass Hotel ... E4
15 Jaffna Heritage Hotel ... F2
16 Jaffna Heritage Villa ... F2
17 Jetwing Jaffna Hotel ... C4
18 Lux Etoiles ... G3
19 Old Park Villa ... F5
20 Sarras Guest House ... F5
21 Theresa Inn ... G4

Dónde comer
22 Cosy Restaurant ... D3
23 Dora Cafe ... F5
Green Grass ... (véase 14)
24 Hotel Rolex ... B3
Jaffna Heritage Hotel ... (véase 15)
25 Malayan Café ... B3
26 Mangos ... F1
27 Rio Ice Cream ... F2
28 Rolex Bake Mart ... B2

Dónde beber y vida nocturna
Jetwing Jaffna Rooftop Bar ... (véase 17)

Ocio
29 Alliance Française ... G4
30 British Council ... F4
31 Centro Cultural de Jaffna ... B4

De compras
32 Anna Coffee ... B3
33 Art Gallery ... F4
34 Mercado de Jaffna ... B3
35 Convento del rosario ... H6
36 Zahra Tailors ... B3

Transporte
37 Parada de autobús de la CTB ... B3
38 Parada de microbuses ... B3
39 Parada de autobuses privados ... B3
40 Autobuses privados a Colombo ... B3

★ Fuerte de Jaffna FUERTE

(Main St; fuerte 8.00-18.00, tienda 8.00-16.30 ju-ma) GRATIS Este enorme complejo que da a la laguna de Jaffna está en plena restauración. Construido en 1680 sobre los cimientos de un baluarte portugués, este fue uno de los mayores fuertes neerlandeses en Asia, y los triángulos defensivos se añadieron en 1792 para darle la característica forma de estrella de Vauban.

Durante siglos el fuerte fue objeto de disputa. Hoy en día, se pueden visitar gratis sus murallas (con vistas de la ciudad), admirar sus entradas y fosos, y asistir a algunas exposiciones.

La ciudadela, que fue la entrada a la ciudad durante mucho tiempo, en su día albergó a miles de soldados y civiles. Muchos de sus muros (una mezcla de coral, piedra, ladrillo y argamasa) siguen cubiertos de maleza.

Durante la guerra, el Ejército del país utilizó el fuerte como cuartel, pero en 1990 los LTTE (que entonces controlaban el resto de Jaffna) expulsaron a los militares tras 107 espantosos días de asedio. Hoy se puede ver una exposición con objetos arqueológicos del fuerte y demás yacimientos de la zona dentro del portal principal. Al otro lado del portal hay una **tiendecita** con libros sobre el patrimonio local.

★ Nallur Kandaswamy Kovil TEMPLO HINDUISTA

(Temple Rd; se aceptan donativos; 4.00-19.00) Situado 1,5 km al noreste del centro, este enorme templo, coronado por una excelsa *gopuram* de color ocre dorado y revestida con divinidades, es uno de los complejos religiosos hinduistas más significativos del país. Esta dedicado a Murugan (o Skanda). Durante sus cacofónicas *pujas* (5.00, 10.00, 12.00, 16.15 [pequeña *puja*], 16.30 [*puja* "especial"], 17.00 y 18.45) se le hacen ofrendas a su imagen, enmarcada en latón, y a otras deidades, como Ganesha, repartidas por capillas en torno al santuario central.

Biblioteca pública de Jaffna BIBLIOTECA

(021-222 6028; http://english.jaffnalibrary.lk; Esplanade Rd; 9.00-19.00) Resulta revelador que uno de los primeros edificios importantes

EJÉRCITO Y TURISMO EN EL NORTE

Sri Lanka es un país muy militarizado, en particular el norte, que estuvo en guerra durante décadas y donde aún quedan muchos destacamentos del Ejército.

Desde el final de la contienda, en el 2009, los militares han ocupado grandes zonas de la costa. El Gobierno lo ve necesario para salvaguardar la seguridad nacional, mientas que algunos grupos consideran esto una expropiación improcedente con fines lucrativos. Lo que está claro es que muchos norteños han sido desplazados de sus tierras de siempre y que el Ejército está cada vez más implicado en el turismo en el norte.

Algunos complejos hoteleros, como el del fuerte Hammenhiel (p. 294), están en bases militares y no suponen un problema, pero otros, como el Thalsevana Resort en Kankesanturai, en la península de Jaffna, se han construido ex profeso en tierras expropiadas. La Armada gestiona casi todos los ferris que operan en las islas de Jaffna. Cabe esperar que el Ejército desempeñará un papel decisivo en la urbanización de las preciosas playas de la antigua zona de guerra en el norte de Mullaittivu.

que se reconstruyeron tras el alto al fuego del 2002 fuera esta biblioteca. En julio de 1981, una turba progubernamental (o el mismo Ejército, según otras versiones) pegó fuego al edificio anterior, un ataque que muchos tamiles interpretaron como un ataque a su cultura: pocos actos fueron más decisivos en la escalada hacia la guerra civil.

Los arquitectos la reconstruyeron fielmente al elegante estilo neomogol del edificio original de 1959. Hoy es un lugar luminoso, espacioso y muy popular.

Torre del reloj — MONUMENTO

(Vembadi St) Con su larguirucha imagen, esta torre, una curiosidad arquitectónica coronada por una cúpula morisca más propia del norte de África, fue levantada en 1875 para honrar la visita del príncipe de Gales. En el 2000, el príncipe actual, Carlos, donó unos nuevos relojes para sustituir a los viejos, víctimas también de la contienda.

Old Park — PARQUE

(Kandy Rd) Los británicos fueron quienes trazaron este enorme prado en 1829, hoy con enormes árboles. Aparte de un parque infantil y el coqueto Dora Cafe (p. 284), se verán las algo inquietantes ruinas de la colonial oficina del registro civil, destrozada durante la guerra, que bien podría ser el escenario de una novela de Agatha Christie.

Museo Arqueológico de Jaffna — MUSEO

(Nawalar Rd; se aceptan donativos; ⏲8.00-16.45 mi-lu) Este pequeño y descuidado, aunque interesante, museo está escondido al final de un jardín lleno de maleza detrás de un palacio de congresos de hormigón. En la puerta hay un par de herrumbrosos cañones neerlandeses del fuerte y huesos de ballenas, y dentro, algunas sorpresas como unos torsos de Buda del s. XV hallados en Kantarodai y una vasija de siete bocas del s. XIV.

Catedral de Santa María — IGLESIA

(☎021-222 2457; Cathedral Rd; ⏲8.00-17.00) Construida por los neerlandeses en estilo neoclásico en la década de 1790, sorprende tanto por su gran tamaño como porque una bóveda de madera tan espléndida esté cubierta por un tejado de chapa corrugada. Es el principal templo católico de la ciudad.

Iglesia de San Jaime — IGLESIA

(☎021-222 5189; Main St; ⏲8.00-17.00) La iglesia más señorial de Jaffna es un edificio de estilo clásico italianizante utilizado por los anglicanos hasta 1827.

Iglesia de Nuestra Señora del Refugio — IGLESIA

(☎075 064 9899; cerca de Hospital Rd; ⏲6.00-19.00) Este atípico edificio parece una iglesia de un pueblo inglés pero pintada de blanco.

Reino de Jaffna

Nallur fue la capital del Reino de Jaffna durante 400 años, desde el s. XIII. Solo quedan algunas ruinas del Palacio Real que, aunque corroídas por la intemperie, merecen la corta excursión al noreste por la carretera de Point Pedro, accesible en bicicleta o en *tuk-tuk* (menos de 250 LKR).

★ Arco de Cankili Thoppu — EDIFICIO HISTÓRICO

(Sangili Thoppu; Point Pedro Rd) No hay casi dudas de que este pasaje abovedado era una de las entradas originales del Palacio Real. Aunque las piedras están muy estropeadas, aún se puede apreciar la inscripción de 1519 del rey Sangili y muchos trabajos de talla.

Mantiri Manai EDIFICIO HISTÓRICO

(Mantri Manai; Point Pedro Rd) Al quedar apartado de la carretera, se percibe mejor la belleza y el duende de esta construcción. Hoy está dejado de la mano de Dios y cosido a grafitis, pero el edificio aún guarda con celo sus secretos: hay quien dice que se remonta al Reino de Jaffna, cuando se utilizaba como aposentos para las visitas oficiales; otros que lo sitúan en la época colonial neerlandesa o portuguesa; y también aquellos que lo datan en la década de 1890.

Yamuna Eri LUGAR HISTÓRICO

(Chemmani Rd, cerca de Point Pedro Rd) Esta piscina en forma de "U", hecha con piedras talladas, aunque descuidada, sigue intacta; al parecer eran los baños de las mujeres de la familia real. El estanque queda al norte de la iglesia de San Jaime, que está en Chemmani Rd (nada que ver con la iglesia homónima de Main St). Se llega por una estrecha callejuela al este de la carretera de Point Pedro. Es un lugar evocador; basta con obviar los edificios modernos aledaños.

Estatua de Sangiliyan MONUMENTO

(Point Pedro Rd) Instalada originalmente en 1974, esta estatua dorada y cegadora representa a Cankili II, el último monarca del Reino de Jaffna (murió en 1623). Durante la guerra, la estatua se retiró y, en el 2011, su restauración estuvo acompañada del habitual descontento de los norteños; algunos tamiles afirman que la versión actual carece de los rasgos heroicos de la original.

Actividades

★ **Sri Lanka Click** CICLISMO

(☎077 848 8800; www.srilankaclick.com; 447 Stanley Rd; alquiler bici/moto por día desde 500/2000 LKR; ⊙8.00-19.00) Fabulosa tienda con todo tipo de bicicletas, ciclomotores y motocicletas de alquiler (casco y candado incl.). También ofrecen buenos consejos para hacer rutas y organizan todo tipo de circuitos por la región.

Fiestas y celebraciones

Festival de Nallur RELIGIOSA

Este festival hinduista, que dura 25 días de julio y/o agosto, alcanza su clímax el 24º día con desfiles de carrozas y angustiosas demostraciones de automortificación a cargo de devotos extasiados.

Dónde dormir

Jaffna tiene un buen plantel de alojamientos, que se prevé aumentará conforme se incrementen las inversiones y el turismo.

Sarras Guest House PENSIÓN $

(☎021-567 4040, 021-222 3627; www.jaffnasarras.lk; 20 Somasutharam Rd; h 2000-3500 LKR; ❄@📶) De esta mansión colonial con cierto carisma desvaído cabe destacar un viejo entarimado pulido y los suelos pintados de rojo. Las mejores habitaciones están en el último piso, muy espaciosas; evítese el anexo. La familia que la regenta es genial y puede preparar comidas y orientar sobre la mejor forma de moverse por la ciudad. Las más económicas solo tienen ventilador, y también hay algunas familiares. A disposición de todos los huéspedes hay una nevera y un microondas.

Senthil Complex PENSIÓN $

(☎021-222 5226; www.senthilcomplex.com; 88 Sivapragasam Rd; h con ventilador/a.a. desde 2500/3500 LKR; ❄📶) Alojamientos muy básicos en una pequeña casa al noroeste del centro. Las dos habitaciones están impolutas y la familia propietaria no podría ser más maja. Hay una zona agradable para sentarse al fresco.

Theresa Inn PENSIÓN $

(Do Drop Inn; ☎021-222 8615, 071 856 5375; calistusjoseph89@gmail.com; 72 Racca Rd; i/d desde 1700/1800 LKR, con a.a. 2800/3000 LKR; ❄📶) En un terreno arbolado de una calle apacible, esta buena opción tiene ocho habitaciones blancas y espartanas. La familia propietaria es atenta, ofrece comidas deliciosas y pueden ayudar con el alquiler de bicicletas (350 LKR/día), ciclomotores (1500 LKR) y automóviles con conductor (desde 6000 LKR).

Jaffna Heritage Villa PENSIÓN $$

(☎021-222 2411, 021-222 2424; www.jaffnaheritage.com; 240 Temple Rd; h desde 40 US$; ❄📶) Esta bonita pensión viene a ser como un anexo del excelente Jaffna Heritage Hotel (p. 283), aunque en muchos sitios web de reservas se presenta como una propuesta totalmente independiente. Las habitaciones son grandes y de estilo colonial chic. La pensión está en una villa vieja, sin patio, que resulta un chollo siempre y cuando no importe que los principales servicios del hotel estén en el otro lado de la calle, al final de la misma.

Margosa HOTEL HISTÓRICO $$

(☎021-224 0242; www.bongostay.com; Puttur Rd/B380, Urelu North; i/d incl. desayuno desde 45/50

US$; ❄📶) Entre jardines ornamentales, esta imponente mansión colonial del s. XIX propone habitaciones de exquisita factura, la mayoría con baños al aire libre. El restaurante es fabuloso, con comida autóctona y occidental. Está 10 km al norte de la ciudad, en una zona plácida y arbolada.

Green Grass Hotel HOTEL **$$**
(☎021-222 4385; www.jaffnagreengrass.com; 33 Aseervatham Lane, Hospital Rd; h desde 4000 LKR; ❄📶🏊) Arquitectónicamente es un desastre, pero tiene unos bonitos jardines y piscina. Se recomienda ver varias habitaciones antes porque han hecho reformas (evítense las viejas y pasadas de moda). Por otro lado, es una buena opción económica y muy céntrica, sobre todo si se viaja en tren. El restaurante tiene unas muy solicitadas mesas al fresco.

Lux Etoiles HOTEL **$$**
(☎021-222 3966; www.facebook.com/HotelLuxEtoilesJaffna; 34 Chetty St La; h desde 50 US$; ❄📶🏊) En una tranquila calle residencial, en el vestíbulo tiene un automóvil Austin de época que es toda una declaración de principios artísticos. Tras una reciente ampliación, hoy ofrece 24 habitaciones de diferente tamaño, de pequeñas a no tanto. La piscina es grande pero está cercada por muros con murales de lo más atípico.

Old Park Villa HOTEL **$$**
(☎021-222 3790; www.oldparkvillajaffna.com; 76 Kandy Rd; i/d incl. desayuno desde 4000/5000 LKR; ❄📶) Elegante villa patrimonial con siete habitaciones exquisitamente decoradas que presentan espléndidos muebles de madera oscura y tonos ocre, más un bonito *lounge* con objetos tribales. Está en un lugar tranquilo, apartado de la carretera. La comida también es excelente, incluidos desayunos occidentales.

★ **Jetwing Jaffna Hotel** HOTEL **$$$**
(☎021-221 5571; www.jetwinghotels.com; 37 Mahatma Gandhi Rd; h desde 100 US$; ❄📶) Este alto hotel es una gran noticia en Jaffna. Las 55 habitaciones son compactas, pero modernas y con balcón, y están decoradas con bonitas obras de arte. Las superiores regalan vistas más amplias. El servicio está a la altura de los niveles que ofrece la cadena Jetwing. Probablemente el bar de la azotea (p. 284) sea el mejor lugar de la ciudad para tomarse un cóctel vespertino.

★ **Jaffna Heritage Hotel** HOTEL-BOUTIQUE **$$$**
(☎021-222 2424; www.jaffnaheritage.com; 195 Temple Rd; h desde 75 US$; ❄📶🏊) Soberbio hotel con 10 habitaciones de diseño contemporáneo (líneas limpias, techos altos y acabados elegantes) en un extenso recinto rodeado de cocoteros y con una agradable terraza en el último piso. El personal es muy atento y las comidas (todas vegetarianas) son fantásticas, incluido un arroz y curri superior. Los propietarios son los mismos que llevan la cercana Jaffna Heritage Villa (p. 282).

Dónde comer y beber

Jaffna es un buen sitio para probar la cocina del sur de la India. El *pittu* (harina de arroz y coco, hecha al vapor en bambú), los *idiyappam* (fideos al vapor o *hoppers* fileteados) y las *vadai* (rosquillas fritas hechas con harina de lentejas y especias) son muy populares. Los vendedores callejeros preparan tentempiés típicos al momento.

★ **Mangos** SUR DE LA INDIA **$**
(☎021-222 8294; cerca de 359 Temple Rd; comidas 200-450 LKR; ⏲10.30-22.00) Con una cocina abierta y mucho espacio para sentarse al fresco, este es un lugar evocador y muy socorrido por las grandes familias tamiles y los occidentales. La comida del sur de la India es excepcional, incluidas 20 *dosas* diferentes (pruébese la de *masala* con mantequilla clarificada), un rico *parotta* (pan ácimo al estilo de Kerala; el de guindilla es sublime) e *idiyappam*. Para almorzar, el *thali* (200 LKR) no tiene paragón. Está en una callejuela próxima al Nallur Kandaswamy Kovil.

★ **Rio Ice Cream** HELADERÍA **$**
(☎021-222 7224; 448A Point Pedro Rd; helados y *sundaes* 60-250 LKR; ⏲9.00-22.00) Para darse un capricho autóctono solo hay que ir a esta popular heladería próxima al emblemático Nallur Kandaswamy Kovil. Es una de las favoritas de la ciudad y la mejor del barrio, como se constata tanto dentro como en la bonita terraza cubierta, siempre abarrotados. También tienen tentempiés salados.

Rolex Bake Mart PANADERÍA **$**
(☎021-222 9402; 118 Kasthuriar Rd; tentempiés desde 100 LKR; ⏲7.00-17.00) No, aquí no hay ningún fanfarrón alardeando de su nuevo reloj de 4200 US$; aquí se viene a esperar que las exquisiteces dulces y saladas salgan del horno. Solo para llevar.

NO JUGÁRSELA EN JAFFNA

Los extranjeros que visiten el norte solo advertirán una muestra de la férrea seguridad que antaño reinaba en la zona.

Ya no hay controles viarios pero algunas carreteras del norte que rodean el campamento militar de Palali Kankesanturai siguen cerradas. También hay muchas bases militares.

Sin embargo, los lugareños (y extranjeros) políticamente activos aún tienen que soportar la represión del Estado. El acoso, las detenciones y las desapariciones puntuales siguen a la orden del día. La mayoría de los norteños mira al futuro y agradece haber dejado atrás la guerra, pero bajo la superficie aún subyacen tiranteces.

Los lugareños quizá no quieran hablar abiertamente de política o de la guerra, temas que siempre hay que abordar con sensibilidad y tacto. Cuando los medios de comunicación internacionales tratan la situación actual en el norte inevitablemente destacan los esfuerzos infructuosos para que las gentes del lugar puedan hablar sin tapujos sobre el tema.

Hotel Rolex CEILANDESA **$**
(021-222 2808; 340 Hospital Rd; comidas 100-300 LKR; 8.00-21.00) En el frenético centro urbano, este restaurante de barrio siempre está lleno, atendido por un personal simpático y con una buena variedad de platos, y "helado de frutos secos".

Dora Cafe CAFÉ **$**
(077 999 4045; Old Park Rd, Old Park; principales 150-300 LKR; 9.00-18.00) Café apto para niños donde huele a palomitas de maíz y sirven zumos recién hechos, tentempiés y comidas ligeras.

Malayan Café CEILANDESA **$**
(021-222 2373; 36 Power House Rd; comidas 150-300 LKR; 7.00-21.00) Casa de comidas chapada a la antigua, genuina y evocadora a más no poder, en el barrio del mercado, con mesas de mármol, vitrinas de madera, ventiladores y fotografías de santones en un comedor alumbrado por fluorescentes. La deliciosa y económica cocina vegetariana (*dosas*, arroz y curri al mediodía y comidas ligeras) se sirve en hojas de banano y se come con las manos.

Jaffna Heritage Hotel INDIA, OCCIDENTAL **$$**
(021-222 2424; www.jaffnaheritage.com; 195 Temple Rd; comidas 600-1500 LKR; 8.00-22.00;) Para mayor sofisticación, el pequeño restaurante al fresco del Jaffna Heritage Hotel (p. 283) es perfecto. Ofrece excelentes platos vegetarianos indios y ceilandeses, incluidos un maravilloso *roti* de coco y curris delicadamente especiados. También está bien para disfrutar un saludable, aunque caro, desayuno occidental. No sirven alcohol.

Green Grass CEILANDESA **$$**
(021-222 4385; www.jaffnagreengrass.com; 33 Aseervatham Lane, Hospital Rd; principales 300-600 LKR; 11.00-23.00;) El restaurante de este hotel, con mesas bajo un mango y en torno a una piscina, es adecuado tanto para comer como para tomarse una cerveza al atardecer. Buenos platos tamiles, indios (curri de cangrejo) y chinos, pero es mejor evitar el comedor interior.

Cosy Restaurant NORTE DE LA INDIA **$$**
(021-222 5899; 15 Sirampiyadi Lane, Stanley Rd; comidas 250-700 LKR; 11.00-23.00;) Su terraza es tan popular como su curri de cangrejo al estilo Jaffna. Otro gran reclamo es el horno *tandoori*, que se enciende cada día a las 18.00 y en el que se hornea pan *naan*, *tikkas* y pollo *tandoori*, todo rico rico. Las cervezas se las trae el comensal.

★ **Jetwing Jaffna Rooftop Bar** BAR DE AZOTEA
(021-221 5571; www.jetwinghotels.com; 37 Mahatma Gandhi Rd; 18.00-23.00;) Con unas vistas sensacionales, este ventoso bar de azotea del hotel tiene asientos varios, una completa carta de cócteles y algunos tentempiés ligeros. Conviene comprobar que la cerveza esté fría.

☆ Ocio

Centro Cultural de Jaffna ARTES ESCÉNICAS
(Esplanade Rd) La India ha regalado a Jaffna un enorme y nuevo centro cultural cuyas obras terminarán en el 2019. Incluirá un teatro grande, un museo, varias galerías de arte y mucho más. La construcción se inspira ligeramente en la vecina biblioteca pública de Jaffna. Cuando se termine, sin duda será un revulsivo cultural en la región.

British Council CENTRO CULTURAL
(021-752 1521; www.britishcouncil.lk; 70 Racca Rd; 9.00-17.00 mi-do;) Tiene una biblioteca llena de revistas, periódicos y literatura inglesa, y programan eventos culturales que incluyen exposiciones de arte.

Alliance Française CENTRO CULTURAL
(☎021-222 8093; http://lk.ambafrance.org/Alliance-Francaise-in-Jaffna; 61 Kachcheri-Nallur Rd; ⌚9.00-17.00) Incluye un cómodo salón con prensa en inglés y francés, y una biblioteca con libros en francés e inglés. A veces programan sesiones de cine.

De compras

Mercado de Jaffna MERCADO
(Grand Bazaar, Modern Market; Hospital Rd; ⌚7.00-18.00 lu-sa) El colorido mercado de frutas y verduras de Jaffna queda al oeste de las paradas de autobuses pero se extiende por varias manzanas, incluida Power House Rd. Para dedicarle unas horas, sin problema.

Zahra Tailors ROPA
(☎071 919 2908; 17 Jaffna Market, Power House Rd; ⌚9.00-18.00 lu-sa) Esta pequeña sastrería está en pleno mercado de Jaffna, atendida por talentosos chicos que remiendan cualquier prenda mientras se espera. También hacen trajes o vestidos de boda.

Art Gallery ARTE Y ARTESANÍAS
(☎021-222 7955; www.facebook.com/jaffnaartgallery; 15 Racca Rd; ⌚10.00-15.00 mi-lu) En un imponente edificio blanco, la primera galería de arte de la ciudad exhibe obras de artistas ceilandeses contemporáneos.

Anna Coffee CAFÉS
(nº 4, mercado de Jaffna; ⌚8.30-18.00 lu-sa) En el barrio del mercado, en esta venerable y antigua tienda venden café y té de Sri Lanka. También tiene su propia línea de especias e incluso dentífrico en polvo.

Convento del Rosario VINO
(monasterio de Thoma; 48 Colombuthurai Rd; ⌚8.30-13.00 y 14.00-17.30 lu-sa) En este convento elaboran el "vino" Rosetto (desde 300 LKR por botella). Dulce y con notas de canela y clavo, sabe como el *gluhwein* alemán. También tienen mosto de uva y *nelli crush* (200 LKR), ambos a base de concentrado de fruta y sin alcohol.

Información

En el centro de Jaffna siempre hay algún cajero automático cerca.

Hospital Universitario de Jaffna (☎021-222 3348; Hospital Rd; ⌚24 h) Gran hospital público, el más importante del norte.

Oficina de correos (complejo postal, Kankesanturai Rd; ⌚7.00-17.00 lu-sa) Cerca del fuerte.

Cómo llegar y salir

AUTOBÚS

Largo recorrido

Desde la **parada de autobús de la CTB** (☎021-222 2281; cerca de Power House Rd) y la aledaña **parada de autobuses privados** (cerca de Power House Rd) salen frecuentes autobuses de largo recorrido, entre otros destinos:

Anuradhapura 400 LKR, 4 h, 3 diarios
Kandy 600 LKR, 8 h, 9 diarios
Mannar 185 LKR, 3 h, 10 diarios
Trincomalee 350 LKR, 7 h, 5 diarios
Vavuniya 185 LKR, 3 h, cada 30 min

Colombo

Numerosas compañías privadas de autobuses ofrecen servicios nocturnos a Colombo. Hay una decena de oficinas en Hospital Rd, cerca de la **zona** de salida de los autobuses. La mayoría son nocturnos (8-10 h).

Un asiento en un autobús normal/semilujo/lujo con aire acondicionado cuesta 700/900/1300 LKR y el viaje dura 8 h.

También hay autobuses de la CTB a Colombo (750 LKR, 8 h, 8 diarios).

Península de Jaffna

Se puede ir a varios destinos de la península (también a las islas) en los autobuses de la CTB que salen de su estación y en los microbuses privados que utilizan una **parada** (cerca de Power House Rd) en Power House Rd. Los autobuses locales son lentos y poco frecuentes; compruébense los horarios de regreso antes de salir. Van a destinos como:

Kairanagar vía Vaddukkoddai (nº 782, 786) 70 LKR, 1½ h, cada 30 min
Kayts (nº 777) 54 LKR, 1 h, cada 30-60 min (el nº 780 también llega aquí pero tarda más)
Balneario de Keerimalai (microbuses privados nº 82, 87, 89) 54 LKR, 1 h, cada 20 min
Kurikadduwan (KKD; nº 776) 70 LKR, 1½ h, cada hora
Point Pedro vía Nelliady (nº 750) 76 LKR, 1½ h, cada 30 min
Point Pedro vía Valvettiturai (VVT; nº 751) 80 LKR, 1½ h, cada 30-60 min
Tellippalai vía Chunnakam (para Thurkkai Amman Kovil, Kantarodai, balneario de Keerimalai; nº 769) 33 LKR, cada 30 min

AUTOMÓVIL Y MOTOCICLETA

Muchos viajeros prefieren moverse por la península y las islas en motocicleta o automóvil. El tráfico es fluido y las carreteras están en buen estado. Un ciclomotor cuesta 1500 LKR/día (sin gasolina) y un automóvil con conductor, 6500 LKR/día. La mayoría de los alojamientos puede gestionar el alquiler de bicicletas y automóviles.

TREN

Los trenes de la línea Jaffna-Colombo utilizan la **estación de trenes de Jaffna** (Station Rd), de estilo *art déco* y muy bien restaurada. Hay un pequeño café que vende bebidas y comida para el viaje y un cajero automático.

Entre los servicios hay nocturnos con literas y un InterCity diario en cada sentido bastante rápido. Entre los destinos destacables:

Anuradhapura 3/2/1ª clase 190/340/600 LKR, 3-4 h, 4 diarios.

Colombo 3/2/1ª clase 320/570/1100 LKR, 6-8 h, 4 diarios.

Vavuniya 3/2/1ª clase 150/280/520 LKR, 2-3 h, 4 diarios.

Cómo desplazarse

El centro de Jaffna, que no es una ciudad grande, se puede recorrer fácilmente a pie o en bicicleta.

Muchas pensiones alquilan bicicletas (350-500 LKR/día). **Sri Lanka Click** (p. 282) es una excelente fuente de información para alquilar vehículos.

El *tuk-tuk* es un medio de transporte muy socorrido y la mayoría de los trayectos cuesta entre 150 y 300 LKR. Por la noche, por razones de seguridad, se recomienda pedir (o que alguien lo haga) uno por teléfono. La mayoría de los alojamientos conoce a conductores de confianza.

Península de Jaffna

☎021

Al rebasar los arrabales de Jaffna, ya de por si rurales, el viajero se adentrará a un mundo de palmeras, templos coloridos, balnearios sagrados y kilómetros de litoral. Aunque pocas de estas atracciones tengan interés por sí solas, conjuntar algunas puede constituir un circuito de un día memorable.

Aunque ahora el norte es más accesible tanto por la reducción de medidas de seguridad como de los controles de carretera, aún quedan tramos de la costa cortados. Se recomienda centrarse en el sagrado balneario de Keerimalai, junto al océano; la impresionante carretera costera entre Valvettiturai y Point Pedro; y el litoral noreste, con preciosas playas.

Las carreteras de la península están en buenas condiciones. Aunque haya algunos autobuses (p. ej., al balneario de Keerimalai y Point Pedro), lo ideal es disponer de vehículo propio. La bicicleta es otra opción, en particular por las solitarias carreteras de la costa.

Península de Jaffna

CEMENTERIOS DE LOS TIGRES TAMILES

Aunque la tradición hinduista ordena la incineración de los cadáveres, los de los Tigres de Liberación del Eelam Tamil (LTTE) se enterraron bajo unas lápidas perfectamente alineadas. A los rebeldes caídos se les llamó *maaveerar* ("mártires" o "héroes") y a sus cementerios, Maaveerar Thuyilum Illam ("casas de reposo de los mártires"). Se empezó a enterrar a los difuntos en la década de 1990, después de que en 1989 se instaurara el Maveerar Naal (Día de los Héroes), que se celebra el 27 de noviembre. Estos cementerios fueron polémicos: para muchos eran la forma natural de honrar a los caídos; para otros, una herramienta propagandista.

Cuando el Ejército de Sri Lanka (SLA) se hizo con la península de Jaffna en 1995, destruyó muchos camposantos, aunque después del alto el fuego del 2002 tuvo que dejar que los LTTE volvieran a construirlos. Pero cuando el SLA conquistó zonas del este en el 2006, el 2007 y el 2009, terminada ya la contienda, todos los cementerios (y otros monumentos de los LTTE) del norte y este fueron arrasados de nuevo (para consternación de muchos tamiles y, sobre todo, de los familiares de los difuntos).

Hoy, mientras el Ejército levanta monumentos para conmemorar su victoria, muchos tamiles celebran cada año el Maveerar Naal.

La costa norte y el balneario de Keerimalai

Hay lugares antiguos y de interés religioso en la carretera a Kankesanturai. El pueblo en sí está junto al océano, en un precioso paraje arbolado, aunque rodeado por bases militares. Es fácil conducir para disfrutar de las bonitas vistas del mar (al tanto con el nuevo complejo militar de la costa), pero no se puede conducir al balneario de Keerimalai, al oeste, ni al este hasta Valvettiturai, pues la carretera está bloqueada.

Puntos de interés

★Balneario de Keerimalai LUGAR HISTÓRICO
(B277) Balneario pequeño y bonito con aguas, al parecer, con propiedades curativas. La sección de los hombres cuenta con una pintoresca piscina escalonada de aguas turquesa con el océano al fondo, mientras que la de las mujeres es más pequeña y está rodeada por altos muros. Hay vestuarios, pero las mujeres deberían bañarse con algo discreto. De Jaffna salen microbuses frecuentes hasta el balneario (54 LKR); también se puede tomar un *tuk-tuk* desde la estación de autobuses de Tellippalai (400/700 LKR ida/ida y vuelta).

Ruinas de Kantarodai RUINAS
(cerca de B380, Chunnakam; ⏲8.30-17.00) Por caminos ensortijados 1 km al sur de la B380 se llega a estas bonitas y misteriosas ruinas, con dos docenas de *dagobas* de 1 a 2 m de altura en un prado acotado por palmeras. Su

Península de Jaffna

Principales puntos de interés
1 Balneario de Keerimalai ... B1
2 Playa de Manalkadu ... D1

Puntos de interés
3 Playa de las Casuarinas ... B1
4 Playa de Chaatty ... B2
5 Fuerte de Hammenhiel ... A2
6 Ruinas de Kantarodai ... B1
7 Kayts ... A2
8 Maviddapuram Kanthaswamy Kovil ... C1
9 Playa de Munai ... D1
10 Naga Pooshani Amman Kovil ... A2
11 Templo de Nagadipa ... A2
Naguleswaram Shiva Kovil ... (véase 1)
12 Faro de Point Pedro ... D1
13 Selvachannithy Murugan Kovil ... C1
Iglesia de San Antonio ... (véase 7)
14 Theru Moodi Madam ... D1
15 Thurkkai Amman Kovil ... B1
16 Vallipura Aalvar Kovil ... D1
17 Varatharaja Perumal Kovil ... B1
18 Monumento a la Guerra ... B2

Dónde dormir
19 Margosa ... C1
20 Senthil Complex ... B2

Dónde comer
Fort Hammenhiel Resort ... (véase 5)
21 Sri Murugan Café ... C1

origen se presta al clásico y acalorado debate de quién llegó primero. Desde detrás de una valla se verá este fascinante campo trufado con construcciones 'extraterrenales'.

Naguleswaram Shiva Kovil ENCLAVE HINDUISTA
(B277, Keerimalai) Justo antes del balneario de Keerimalai está este *pancha ishwaram* del s. VI a.C. Era un próspero centro de peregrinación con varios templos, seis *madham* (albergues de peregrinos) y capillas *samadhi* para hombres santos, antes de que el Ejército los bombardeara en 1990. Hoy solo quedan vestigios.

Maviddapuram Kanthaswamy Kovil ENCLAVE HINDUISTA
(AB16, Tellippalai) Este templo a vuelto a la vida después de la guerra. Los amables sacerdotes quizá realicen una *puja* para los visitantes que lo deseen (y si no, la diaria es a las 11.30). Está junto al cruce de la carretera, rodeado por bananos bastante frondosos.

Thurkkai Amman Kovil ENCLAVE HINDUISTA
(AB16, Tellippalai; ⏲5.30-19.00, cerrado 13.00-15.00 algunos días) En el indicador del km 13 de la carretera de Kankesanturai, al sur del pueblo de Tellippalai, este extenso complejo se esconde detrás de un estanque escalonado bastante profundo. Dedicado a la diosa Durga, el templo atrae a muchas casaderas, sobre todo los martes y viernes. Las *pujas* se hacen a las 8.00, 11.00, 12.00 y 16.00, y los sacerdotes son muy atentos. Búsquense los elefantes tallados que tiran de un tren.

Dónde comer

En los pueblos y en el balneario de Keerimalai se encontrarán cafés sencillos y colmados.

INDISPENSABLE

ITINERARIO COSTERO

Los 9 km de carretera costera entre Valvettiturai y el faro de Point Pedro (p. 289), al este, bien podrían ser la ruta más bonita del norte. El asfalto abraza el litoral, con olas turquesa que rompen en las rocas. En algunos puntos hay arrecifes coralinos frente a la costa. Las vistas desde la carretera son amplias y asombrosas, y se pasa por varios pueblos pesqueros, con sus típicas hileras de pescado puesto a secar al sol.

Sri Murugan Café CEILANDESA $
(cerca de B380, Alaveddy Rd, Vakaiadi; principales desde 150 LKR; ⏲5.00-21.00) Delicioso café chapado a la antigua, 3 km al oeste de Puttur, en pleno campo, donde poder tomar arroz con curri. No hablan mucho inglés, pero basta con señalar lo que se quiere. Está en la B380, que es el desvío que bordea los lindes meridionales del campamento militar Palali Kankesanturai.

Cómo llegar y salir

Hay que rodear todo el enorme campamento militar Palali Kankesanturai porque la carretera de la costa está cortada. Así, si se quiere ir de Chunnakam a Puttur, hay que tomar la B380. Quizá pronto se pueda circular por la carretera de la costa desde el balneario de Keerimalai al este hasta Valvettiturai y seguir hasta Point Pedro.

No vale la pena tomar el tren de Jaffna a Kankesanturai, con servicios muy poco frecuentes.

Valvettiturai

Al oeste de este concurrido pueblo pesquero abocado al Índico está Thondaimanaru y el práctico puente nuevo que cruza el estuario mareal, y al este, la bonita carretera costera (izquierda) que lleva Point Pedro.

El hoy discreto Valvettiturai en su día fue un próspero enclave de contrabandistas. Es famoso por ser la cuna del líder de los LTTE, Vellupillai Prabhakaran. Conocido por su caracter implacable, su extraordinario carisma y decidida determinación, la personalidad de Prabhakaran está considerada por muchos como la razón por la que los LTTE, y todos los grupos a favor de los derechos de los tamiles surgidos en la década de 1970, alcanzaran una posición preeminente. Se informó de la muerte de Prabhakaran al final de la guerra. Hoy no queda nada de su casa familiar porque el Ejército la demolió en el 2010, un acto que muchos observadores consideraron como una forma de evitar que se convirtiera en una atracción turística, e incluso una suerte de santuario.

Selvachannithy Murugan Kovil ENCLAVE HINDUISTA
(Thondaimanaru) El encantador Selvachannithy Murugan Kovil (o Sella Sannathy Kovil), junto al mar, es un importante templo dedicado a Murugan y un panorámico alto en el camino, con una animada *puja*. Está 4 km al oeste de Valvettiturai.

MUELLE DEL ELEFANTE

En su día los elefantes fueron indispensables en los ejércitos del sur de Asia: transportaban soldados por terrenos abruptos y ríos, acarreaban material pesado, derribaban las puertas de los fuertes y, alineados, balanceaban bolas de hierro para aterrorizar al enemigo. Los paquidermos de Sri Lanka tenían fama de ser los más fuertes, inteligentes y grandes, y así la isla se convirtió en un importante proveedor de paquidermos de la India desde el año 300 a.C. hasta principios del s. XIX.

Casi todos los elefantes se capturaban en el Vanni, atravesaban en caravana la península de Jaffna y se embarcaban en Kayts. El paso del Elefante, que comunicaba la península de Jaffna con el resto de la isla, era eso, un paso de elefantes. Se metía a los animales en barcos de madera construidos en Kayts para tal fin y la localidad pasó a conocerse como el puerto de elefantes.

No obstante, los paquidermos también eran asustadizos, en particular ante los sonidos fuertes. Eso explica por qué la llegada de las armas de fuego supusiera el final del comercio de elefantes en Kayts.

Cómo llegar y salir

Aquí las carreteras están asfaltadas y en buen estado. Desde Jaffna se organizan circuitos de un día que incluyen la visita a estos lugares y el bonito itinerario costero hasta Point Pedro.

Point Pedro

La ordinaria ciudad de Point Pedro es la segunda población de la península de Jaffna. Aunque conserva vagos vestigios coloniales, la ciudad fue muy castigada por el tsunami del 2004; los lugareños afirman que se hallaron barcas de pesca 1 km tierra adentro. Hoy es un concurrido centro comercial, con puntos de interés cerca y comunicada con Valvettiturai por un bonita carretera costera.

Se trata de un lugar pequeño con el típico mercado y un par de manzanas comerciales. El accidente geográfico que le da nombre (con un faro y playas) está 1,5 km al este.

Theru Moodi Madam EDIFICIO HISTÓRICO
(Tollgate; Thumpalai Rd) Misterioso portal de entrada, de bella factura pero en ruinas, que está a horcajadas de una carretera, 100 m al este del centro. Al parecer es de la época de los neerlandeses.

Playa de Munai PLAYA
(cerca de B370, Point Pedro) Cerca del faro de Point Pedro, hacia el este, esta bonita playa está bien para bañarse con el mar en calma.

Faro de Point Pedro FARO
Ocupa un lugar prominente con unas vistas amplias en el extremo este de la espectacular carretera costera Valvettiturai-Point Pedro. No se permiten hacer fotografías y el faro está cercado, pero hay una bonita playa al lado para darse un chapuzón o ir de pícnic.

Vallipura Aalvar Kovil ENCLAVE HINDUISTA
Este veneradísimo templo está 5 km al sur del centro de Point Pedro. Su *gopuram* luce una atípica –por comedida– paleta de colores y el templo alberga *krishnas* muy bonitos. Es famoso por su bulliciosa fiesta, recién recuperada, que cada octubre atrae a miles de peregrinos hasta sus aguas. La *puja* es a las 7.00, 9.30, 12.00, 16.15 y, los domingos, a las 18.00.

Cómo llegar y salir

De Jaffna salen autobuses con regularidad a Point Pedro (76 LKR, 90 min, cada 30 min). A las playas habrá que ir a pie, si no se tiene transporte propio.

Costa noreste

Esta parte de la península de Jaffna reúne algunas de las mejores playas de esta solitaria región. La mayoría de las casas abandonadas del litoral (hasta Point Pedro) permanecen así desde el tsunami del 2004.

Una escapada hasta aquí desde Jaffna puede ser inolvidable. Unos 9 km al norte del paso del Elefante, la carretera B402 se desvía al este desde la A9 y enfila hacia el norte rumbo a la costa, a 8 km de distancia. Es una carretera maravillosamente remota que desemboca en Chempiyanpattu pero antes atraviesa un par de pueblecitos y una larga y esbelta marisma.

Desde Chempiyanpattu, se puede seguir por la costera B371, que sube por el noroeste de la estrecha península y regala 30 km de un precioso e inhóspito paisaje hasta Point

PALMA DE PALMIRA

Esta palmera con hojas en abanico es el símbolo del norte del país, una zona donde prolifera y cuya elegante corona de hojas es la protagonista muchos atardeceres. De los 11 millones de palmeras de Palmira que se estima hay en Sri Lanka, el 90% crece en las provincias de Jaffna, Mannar y Kilinochchi.

La Palmira, que es parte indisociable de la cultura tamil, tiene muchas aplicaciones: la madera se utiliza para la construcción; las hojas sirven para hacer vallas, techumbres y artesanías; con la fibra se hacen cuerdas; y la savia se bebe (en un ponche aromático de graduación moderada si se deja fermentar unas horas). Las raíces jóvenes de la planta son ricas en calcio y se toman como tentempié, o se muelen para hacer una harina con la que se elabora *khool* (gachas). En los mercados del norte se verán grandes bloques de panela (delicioso azúcar moreno de palma sin refinar) hecho a partir del jugo de Palmira sin fermentar.

La Palmyrah Development Board (www.katpahachcholai.com) promociona diversos productos elaborados con Palmira, desde bolsas de la compra hasta champú.

Pedro. Por el camino se encontrarán monos, varanos y mucha avifauna, además de playas idílicas como la de Manalkadu.

★Playa de Manalkadu PLAYA

Desde la B371, un camino lleva hasta esta bonita playa, a 3,1 km, con palmeras, alguna barca de pesca y vistas ininterrumpidas a ambos lados. En un lugar aislado y apartado de la costa, la pequeña **iglesia de San Antonio** custodia una imagen de Cristo de 6 m de altura. No hay ni vendedores ambulantes ni servicios.

Playa de Chempiyanpattu PLAYA

(cerca de B402) Esta playa es impresionante (la típica postal de arenas blancas, aguas cerúleas y cocoteros cimbreantes) pero sin comodidades. Ideal para quienes quieran alejarse del mundanal ruido. Atención al enorme y viejo baobab.

Cómo llegar y salir

Las carreteras B371 y B402 están asfaltadas pero con tramos peliagudos. Algunos caminos de acceso a la playa son de tierra, perfectamente transitables durante la estación seca. Es una zona ideal para ir en bicicleta.

Paso del Elefante

Esta estrecha calzada que comunica la península de Jaffna con el resto del país, con vistas de las marismas que se pierden en lontananza, está 52 km al sureste de Jaffna por la carretera A9. La calzada debe su nombre a los centenares de elefantes que pasaron por aquí de camino a la India entre el año 300 a.C. y el s. XIX.

La mayoría de los ceilandeses relaciona inexorablemente este paso con la guerra civil; durante décadas, el Gobierno y los Tigres Tamiles se disputaron el control de este lugar estratégico (la puerta de entrada a Jaffna), con batallas especialmente encarnizadas en 1991, el 2000 y el 2009.

Hay dos importantes monumentos de guerra que atraen a muchos turistas. Las marismas que flanquean la calzada son preciosas, con un mar azul verdoso orillado por arenas blancas y manglares llenos de aves zancudas.

Monumento al Buldozer MONUMENTO

(A9) Al sur del extremo meridional de la calzada hay un gran monumento en recuerdo a Gamini Kularatne, un soldado del Ejército de Sri Lanka que, sin ayuda de nadie, inutilizó una apisonadora blindada de los LTTE. Sobre un pedestal se verá el herrumbroso vehículo y, a un lado, el gran agujero dejado por una explosión. Cerca hay una exposición sobre la vida de Kularatne, incluidas las cartas escritas a su madre, una hoja salarial y otras curiosidades.

Monumento de Guerra del Paso del Elefante MONUMENTO

(A9) Este grandioso monumento, que tiene algo de *stupa*, ensalza el papel del Ejército ceilandés y el protagonismo del antiguo presidente Rajapaksa en la derrota de los LTTE. Unas enormes manos de bronce sostienen en alto la silueta del país, rodeadas por leones equipados con cartucheras. Está en el extremo norte de la calzada.

Cómo llegar y salir

La forma más práctica (y única) de visitar los monumentos es en vehículo propio. Ambos están junto a la excelente A9.

Islas de Jaffna

Las llanas islas de Jaffna son una de las maravillas de la región, algo así como una imagen dichosa del trópico. Aquí el mayor placer lo proporciona la hipnótica belleza de los paisajes marinos y la sensación de evasión al ir en barca hasta aldeas perdidas. Con aguas muy poco profundas (de solo 1 m en algunos puntos), la luz del sol rebota en la arena del lecho marino y crea un efecto mágico. Las islas están salpicadas con puntiagudas palmas de Palmira (p. 290) y en las marismas a menudo se ven flamencos.

Las carreteras y los barcos comunican con las islas, con muchas posibles escapadas de un día (derecha). Las playas de las islas no son tan bonitas como las de la costa sur del país, pero invitan a darse un cálido baño. Las mujeres deberían bañarse con camiseta y pantalón corto.

Entre los itinerarios posibles, se puede salir de la ciudad de Jaffna rumbo a Velanai y después a la isla de Punkudutivu, con ferris a los templos de Nainativu, para después regresar por Kayts y la isla de Karaitivu hasta el continente. Otra opción es una excursión al remoto paraíso de Neduntivu (Delft).

Cómo desplazarse

Desde Jaffna hay muy pocos autobuses a las islas, que se exploran con mayor libertad en vehículo propio (de dos ruedas, a ser posible), que se pueden embarcar en los ferris. La Armada gestiona casi todos los ferris.

Velanai

Las isla de Velanai, conectada por una carretera elevada con Jaffna, también es conocido como Leiden, su nombre neerlandés, o Kayts, por el pueblo que hay en su costa noreste. Es un lugar bonito pero poco habitado.

Kayts — POBLACIÓN

Este desangelado pueblecito tiene algunos barcos de pesca hundidos junto al muelle del ferri y viejas y grandes higueras de Bengala. Desde este puerto se cargaban elefantes para llevarlos a la India, y aún se pueden ver vestigios de su pasado colonial. Desde el paseo marítimo se distingue el evocador fuerte de Hammenhiel (p. 294) al otro lado de las aguas poco profundas.

Monumento de Guerra — MONUMENTO

(cerca de AB19) Unos 2 km al norte de la AB19 por un camino de tierra hay un solitario y solemne monumento en recuerdo al teniente general Denzil Lakshman Kobbekaduwa y otros oficiales de alto rango del Ejército ceilandés destinados en el norte que, en 1992, saltaron por los aires aquí. Fue una importante victoria de los Tigres. El monumento incluye los restos de algunos vehículos de aquel fatídico convoy.

Iglesia de San Antonio — IGLESIA

(AB19, Kayts) Construida en 1820, esta gran iglesia circunscrita por columnas está bastante descuidada, pero los fieles tienden coloridas guirnaldas de los altos travesaños. Inmediatamente al oeste se hallan las ruinas de la **villa de San Antonio**, en un prado donde pastan las cabras.

Playa de Chaatty — PLAYA

(Velanai) Esta playa no es precisamente un edén de arena blanca, pero tampoco está mal para darse un chapuzón. Además, hay vestuarios, glorietas para merendar y vendedores de tentempiés. Está a solo 11 km de Jaffna.

Cómo llegar y salir

El autobús nº 777 (54 LKR, 1 h, cada 30-60 min) va de Jaffna a Kayts.

En Kayts, el ferri gratis de Velanai a Karaitivu sale cada 30 min de 6.00 a 18.00 y tarda 10 min en cruzar el estrecho canal.

Desde Karampan, 4 km al suroeste de Kayts, zarpan a diario ferris gestionados por la Armada (con un horario muy arbitrario) rumbo a las plácidas islas de Analaitivu y Eluvaitivu.

En muchos mapas en línea y *apps* aparece una carretera (que no existe) que cruza las aguas hasta el continente desde el pequeño istmo al norte del pueblo de Velanai. La única vía que va a la isla es la AB19.

Punkudutivu

Una larga calzada elevada comunica Velanai con la isla de Punkudutivu, desde donde se podrá ver a los pescadores mientras colocan las trampas de pesca y navegan en sus pequeñas canoas de vela. En el pueblo de Punkudutivu hay un colorista templo hinduista y casas viejas en diferentes estados de conservación. Pequeños pasos elevados comunican

Punkudutivu con el muelle del ferri en Kurikadduwan, de donde parten los servicios de la Armada a Neduntivu y Nainativu.

El autobús nº 776 comunica Jaffna con el muelle del ferri en Kurikadduwan (70 LKR, 1½ h, cada hora). En automóvil se tardan 40 min.

Nainativu (Nagadipa)

Este bosque romboidal de palmas de Palmira, conocido como Nainativu en tamil y como Nagadipa en cingalés, tiene 6 km de longitud y es sagrado tanto para los budistas como para los hinduistas. Es un lugar tranquilo, con apenas 2500 habitantes. Los días de *poya* (luna llena), la isla se abarrota de fieles.

Templo de Nagadipa ENCLAVE BUDISTA
(Nainativu) Este es el único lugar de peregrinación budista importante del norte. Cuenta la leyenda que Buda fue a la isla para evitar la contienda entre un rey *naga* y su sobrino por un trono revestido de piedras preciosas. Solventó el problema dándoselo al templo. La valiosa poltrona y el templo original desaparecieron hace mucho, pero aún se conserva una bonita *dagoba* plateada. Justo detrás del mismo, hay tres felices budas sedentes en un templo abovedado. Está a 10 min a pie del Naga Pooshani Amman Kovil, en dirección sur por la carretera de la costa.

Naga Pooshani Amman Kovil ENCLAVE HINDUISTA
(Nainativu) Amplio y bonito complejo hinduista sito entre margosas adultos. La principal deidad del templo es la diosa *naga* Meenakshi, una de las consortes de Shiva. El término *naga* hace referencia tanto a las figuras de deidades serpentiformes como a los antiguos habitantes de la isla. Las mujeres que quieren concebir acuden aquí en busca de bendiciones, concedidas durante la *puja* del mediodía, que induce al trance. Cada año se celebra un impresionante festival en junio/julio que congrega a más de 100 000 personas. El templo está justo delante del muelle del ferri.

ℹ Cómo llegar y salir

Los ferris de la Armada (30 LKR, 20 min) salen cada 30 min de Kurikadduwan, en la isla de Punkudutivu, hacia Nainativu, entre 7.30 y 16.30, una travesía de 20 min; en algunos se puede embarcar la motocicleta por 100 LKR. Para la época del festival las colas son la norma.

Neduntivu (Delft)

La enigmática y ventosa isla de Neduntivu (Delft) está 10 km al suroeste de Kurikadduwan, en la isla de Punkudutivu. Aunque en ella residen unas 6000 personas, parece desierta. Las carreteras de tierra atraviesan cocotales, y las aguas turquesas y la arena blanca la orillan. En la isla prospera una flora de lo más diversa (margosas, lianas en las que columpiarse y un insólito y viejo baobab).

De las islas de Jaffna, esta sería la mejor para perder el mundo de vista. A diferencia de Nainativu, no tiene templos importantes.

En el 2011, Basil Rajapaksa (el hermano del expresidente) anunció la construcción de varios complejos turísticos y carreteras. Sin embargo, el pueblo desestimó el proyecto porque atentaba contra la quietud de la isla. Aun así, ya se verá lo que pasa.

Los campos están parcelados por muros bajos construidos con piedra y coral. Los ponis de Delft, descendientes de los traídos por los neerlandeses, pastan por los campos yermos bordeados por costas coralinas de roca. Hay una **roca gigante** que parece que crezca, de ahí que sea motivo de adoración, y un pequeño **fuerte neerlandés** en ruinas cerca del muelle del ferri.

Un herrumbroso ferri de la Armada ceilandesa (gratis o 85 LKR, según la hora, 1 h) sale de Kurikadduwan cuatro veces a diario entre 8.00 y 16.30. Como suele ir lleno, se aconseja llegar pronto e ir mentalizado de que se irá apretujado.

Si se toma el autobús en Jaffna, que sea el de las 6.40 para llegar a tiempo para subir al ferri de Kurikadduwan.

Es imposible explorar Neduntivu sin algún transporte. En el muelle hay *tuk-tuks*/furgonetas (1500/4500 LKR para 2 h) para hacer un circuito por la isla.

Karaitivu

Entre los varios alicientes de Karaitivu están el ferri a Kayts; la larga carretera elevada sobre el mar que la comunica con el continente, con vistas de los pescadores y de las trampas para gambas; una buena playa pública; y un evocador y viejo fuerte.

Puntos de interés

Playa de las Casuarinas PLAYA
(New Rd; por persona 20 LKR, más moto/automóvil 20/50 LKR; ⏲taquilla 7.00-18.00) Tal y como indica su nombre, esta bonita franja de arena,

FUERA DE RUTA

CIRCUITO AL VOLANTE POR MULLAITTIVU

La hoy bucólica zona noreste de Mullaittivu era muy diferente en el 2009. En este lugar terminó una contienda fratricida de décadas cuando el Ejército de Sri Lanka acosó sin tregua a los LTTE.

Se denunció la violación de los derechos humanos al bombardear a la población civil, atrocidades aún pendientes de investigación, pese a la petición urgente de la ONU y de la comunidad internacional.

De momento, es una región en transición, con playas blancas que contrastan enormemente con localidades como Puthukkudiyiruppu, aún agujereadas por las bombas. Sin embargo, en otros sitios despuntan nuevas urbanizaciones y construcciones (como monumentos conmemorativos levantados por el Ejército). Vale la pena desviarse hasta aquí desde la A34 y A35 a la ida/vuelta de Jaffna.

La playa de Mullaittivu es larga, blanca y bonita. Está sin urbanizar pero en el pueblo se ven nuevas tiendas. Hay un café sencillo llevado por un oficial militar junto a la arena. El oleaje va de suave a traicionero.

Unos 3 km al norte por la A35 está el **puente de Vaddu Vakal** (A35). Este clásico de hormigón de carril único aún muestra cicatrices de la guerra. Durante la migración de los peces, la gente se coloca a ambos lados del mismo para lanzar sus redes; es una de las contadas ocasiones en las que se verá gente en la región. La marisma suele ser un lugar plácido lleno de aves.

Si se sigue 6 km hacia el norte, hay que fijarse en un camino que sale al este, tal vez con un rótulo de "museo" o algo similar. A unos 500 m por este camino aparece una estampa sorprendente: el **Sea Tiger Shipyard** (cerca de A35; ⏲amanecer-anochecer) GRATIS era una base naval de los LTTE, un ejército guerrillero activo durante décadas que solía acometer misiones suicidas contra barcos y puertos del Gobierno. Aquí se construían submarinos y barcos rápidos experimentales. Entre las dunas hay un claro con más de una docena de naves de curiosa factura y en diferentes estados de construcción. Incluso se ven los restos de un rudimentario canal utilizado para sacar y entrar las embarcaciones en el océano.

Pero lo que más impacta son los submarinos, que parecen obra del caricaturista Rube Goldberg, construidos con herramientas sencillas y chatarra. Hay un par de puestos de tentempiés por los que suelen pasarse los soldados.

Cerca del astillero hay un camino que enfila al noroeste, por detrás de la playa. Desde la A35 hay que seguirlo durante 1 km y parar cerca de la entrada de la base militar. Esta parte llena de maleza y desnivelada fue una **zona bombardeada** (cerca de A35), uno de los lugares donde los civiles tamiles fueron atacados en las postrimerías de la guerra, en febrero del 2009. Estos sucesos aún levantan ampollas, en ambos bandos, pero las pruebas de que miles de personas fueron asesinadas son apabullantes, como detallaron los informes de la ONU, entre otros organismos. Aquí no hay ningún recuerdo ni monumento conmemorativo.

De vuelta a la A35, hay que seguir 4 km al oeste desde el camino del astillero y se verá el **monumento de la Victoria** (A35) del Ejército: un enorme torso dorado que aflora en medio de una laguna entre una montaña de piedras. Calificarlo de grandilocuente es poco; cerca hay un pequeño edificio con una exposición de mapas que intentan mostrar los últimos meses de la campaña militar, pero son ininteligibles.

Al ir o volver de Mullaittivu por la A34 y la A35 aparecen señales de regreso a la normalidad. Los campesinos ocupan enormes tramos de la carretera para secar arroz y el numero de capillas nuevas a pie de carretera dedicadas a la Virgen María no para de multiplicarse.

Las carreteras principales que van a Mullaitivu desde la A9, pero dando un rodeo de 100 km, son la A35 desde Paranthan y la A34 desde Mankulam, ambas excelentes. No es nada fácil recorrer esta zona en autobús.

apta para el baño, está arropada por casuarinas adultas. Es un socorrido destino de fin de semana desde Jaffna y cuenta con un par de puestos callejeros para picar y beber algo. Los autobuses de Jaffna a Karainagar apean a 2 km de la playa, donde se puede tomar un *tuk-tuk* hasta la costa.

Fuerte de Hammenhiel LUGAR HISTÓRICO
(☎021-381 8216; 📶) Este pequeño baluarte construido por los portugueses y tomado por los neerlandeses en la década de 1650 ocupa un diminuto islote de la bahía. Sus recios muros de coral se elevan hasta los 4 m. El acceso al fuerte es muy complicado. La Armada construyó intramuros un pequeño complejo exclusivo para oficiales. Si se almuerza en el restaurante (abajo) del resort de tierra firme, quizá se pueda visitar en uno de los recorridos en barca que organizan (5 min).

Varatharaja Perumal Kovil ENCLAVE HINDUISTA
(cerca de AB21) Este templo está 1,1 km al norte del inicio de la carretera elevada de Karaitivu en el continente. Al principio de la carretera, queda a mano derecha. La alta *gopuram* reluce con toda su esplendorosa policromía.

Dónde comer

Fort Hammenhiel Resort MULTICOCINA $$
(☎021-381 8216; Karaitivu; comidas 400-800 LKR; ⏰8.30-22.00; 📶) Este fuerte histórico pertenece al complejo de la Armada. Desde el restaurante, junto al agua, 1 km al oeste del muelle del ferri a Kayts, las vistas del fuerte son asombrosas, a lo que se suma una gran carta. Al estar dentro de la base naval, para acceder hay que identificarse. También es hotel, pero solo para aquellos que hayan reservado "a través del almirante", tal y como se explica en dirección.

Cómo llegar y salir

Los autobuses de Jaffna a Kairanagar pasan por Vaddukkoddai (nº 782, 786; 70 LKR, 1½ h, cada 30 min). En el extremo sur de la isla, el ferri gratis de Karaitivu a Velanai zarpa cada 30 min de 6.00 a 18.00 y tarda 10 min en cruzar el estrecho canal.

Kilinochchi y alrededores

Aunque se trata de un lugar sin nada especial, a excepción de haber sido un centro neurálgico de los LTTE durante la guerra, el pueblo de Kilinochchi exhala una orgullosa energía que se está extendiendo por todo el norte. Cerca del centro, a un lado se ven los restos de un enorme **depósito de agua** (A9, Kilinochchi; ⏰24 h, tienda 9.00-17.00) de hormigón, derribado en las postrimerías de la contienda en el 2008. En el lugar hay una tienda, con un gran cartel que reza "Souvenir Galore", donde se venden camisetas con el eslogan "Reawakening K-town!" ("El nuevo despertar de Kilinochchi"), entre otros objetos de regalo.

Al norte del pueblo se atraviesa una zona inhóspita, similar a la sabana y de belleza minimalista, que lleva al paso del Elefante. Los autobuses cruzan con frecuencia Kilinochchi en su ruta al sur desde Jaffna. No cuesta nada apearse, darse un paseo por el pueblo y tomar el siguiente. También tiene estación de trenes.

Vavuniya

☎024 / 79 000 HAB.

Esta ajetreada ciudad es un nudo de transportes que cuenta con pocas atracciones pero no está mal para hacer un alto en el camino por la tarde. Como ahora las conexiones por carretera y tren hasta Jaffna han mejorado mucho, hay pocos viajeros que paren aquí, pero hay hoteles y restaurantes aceptables.

Puntos de interés

La ciudad se expande en torno a un bonito **estanque** que se ve mejor desde el **Kudiyiruppu Pillaiyar Kovil** (Pandaravanniyan Rd), un extenso y destartalado templo dedicado a Ganesha. La **zona del mercado** que rodea la **gran mezquita de Jummah** (Horowapatana Rd) es, sin duda, la mejor zona para callejear.

Madukanda Vihara ENCLAVE BUDISTA
(Horowapatana Rd/A29) A este tranquilo complejo, pasado el indicador del km 3 al sureste de la A29, se puede ir en *tuk-tuk* (250 LKR) desde el centro urbano. Al parecer fue el cuarto punto de descanso en el viaje de Mullaittivu a Anuradhapura de la sagrada reliquia del diente de Buda durante el reinado del rey Mahsen, en el s. IV.

Kandasamy Kovil ENCLAVE HINDUISTA
(Kandasamy Kovil Rd) Este fotogénico templo dedicado a Murugan (Skanda) cuenta con una *gopuram* (torre de entrada) muy ornamentada pero desvaída, además de un santuario con una imagen suya revestida de oro. Queda algo escondido.

Vavuniya

Dónde dormir y comer

Hotel Nelly HOTEL $
(☎024-222 4477; www.nellystarhotel.com; 84 2nd Cross St; h con ventilador/a.a. desde 2200/3000 LKR; ❄📶🏊) Su tamaño es un poco desproporcionado y se entra por un salón de banquetes, pero su amplia gama de habitaciones grandes, de aceptable relación calidad-precio, es lo mejor de la parca oferta hotelera de la zona. El restaurante es pequeño y claustrofóbico (principales 300-600 LKR), pero en el bar sirven cerveza. Las *pizzas* para llevar son un exitazo.

Hotel Swarkka PENSIÓN $
(☎024-222 1090; Soosapillaiyarkulam Rd; i/d con ventilador 1500/2000 LKR, con a.a. 1750/3000 LKR; ❄) Pensión barata pasable para una noche. Las habitaciones, con TV y mosquiteras, son espaciosas pero están anticuadas.

Yasotha Hotel CEILANDESA $
(138 Kandy Rd; principales 130-250 LKR; ⏲8.00-22.00) Desde 1994, aquí preparan *kotthu* (*roti* troceado y mezclado con verduras, etc.) en el mostrador, a la vista de este limpio y elegante chiringuito de tentempiés al lado de la terminal de autobuses. Los hay de queso, pollo o ternera.

Ridmani Bakers PANADERÍA $
(Kandy Rd/A9; tentempiés desde 50 LKR; ⏲7.00-21.00) Situado 1 km al sur del centro, esta pequeña panadería de carretera tiene una buena oferta de productos recién horneados, desde rollitos rellenos de verduras, pollo y pescado hasta galletas.

Lotus Restaurant CEILANDESA $
(Soosapillaiyarkulam Rd; principales 150-300 LKR; ⏲8.00-22.00) Delante del Hotel Swarkka (izquierda), este pequeño e impoluto café no tiene carta impresa pero se puede escoger entre *hoppers* fileteados y curris. El comedor, grande, está al fresco pero a cubierto.

Información

Vavuniya se llena de gente de paso pero no hay prácticamente nadie en las calles por la noche. La mujeres que salgan en solitario a esas horas deberían extremar las precauciones. Hay muchos cajeros automáticos en el centro. La **oficina de correos** (Kandy Rd; ⏲8.00-20.00 lu-sa) está en Kandy Rd, céntrica.

Cómo llegar y salir

AUTOBÚS

La **estación de autobuses** (Kandy Rd) de la Central Tourist Board (CTB) está junto a la torre

MERECE LA PENA

TEMPLO DE PROTECCIÓN

En tierra firme, 10 km al este de la ciudad de Mannar, está el imponente **Thirukketeeswaram Kovil** (cerca de A32), uno de los *pancha ishwaram* (los cinco templos históricos ceilandeses dedicados a Shiva para proteger la isla de los desastres naturales), con una excelsa y colorida *gopuram*. Alrededor hay pabellones que albergan cinco carrozas gigantes o *juggernauts* (fuerzas de la naturaleza), que se sacan cada febrero durante el impresionante festival de Maha Sivarathiri. Todo el complejo está en pleno proceso de reconstrucción y ampliación.

El Thirukketeeswaram Kovil está 1 km al norte en un desvío de la A32, 3 km al este de la carretera elevada de Mannar. Hay autobuses regulares desde Mannar; un *tuk-tuk* cuesta 1000 LKR (ida y vuelta). Hay algunos puestos de bebidas y tentempiés, y muchos pavos reales.

del reloj. Los autobuses privados, con tarifas similares pero menos organizados, hacen cola en 2nd Cross St.

La nueva estación para todos los autobuses abrirá pronto 1 km al norte de la ciudad en Kandy Rd.

Anuradhapura 100 LKR, 1 h, cada 20 min
Colombo CTB/privado semilujo 330/440 LKR, 6½ h, cada 30 min
Jaffna 185 LKR, 3 h, cada 30 min
Kandy 220 LKR, 5 h, 12 diarios
Mannar 111 LKR, 2½ h, cada hora
Trincomalee 130 LKR, 3½ h, cada hora

TREN

La **estación de trenes** (☎024-222 2271; Railway Station Rd; ⏲taquilla 7.00-10.00 y 16.00-17.00) tiene agradables andenes a la sombra. Se han renovado las vías de las rutas y se han recuperado los servicios al norte hasta Jaffna.

Anuradhapura 3/2/1ª clase 50/90/160 LKR, 1 h, 6 diarios
Colombo 3/2/1ª clase 185/330/600 LKR, 5-7 h, 6 diarios
Jaffna 3/2/1ª clase 150/280/520 LKR, 2-3 h, 4 diarios

Cómo desplazarse

Muchos *tuk-tuks* de Vavuniya llevan taxímetro, de modo que las carreras cortas por la ciudad salen bien de precio.

Isla de Mannar y alrededores

☎023

La árida isla de Mannar es casi una península, con muchos tramos de arena blanca y palmeras, gaviotas y charranes, asnos salvajes y barcas de pesca. Culturalmente es un lugar enigmático, con antiguos baobabs africanos (presumiblemente traídos por mercaderes árabes siglos atrás) y deteriorados edificios coloniales construidos por portugueses, neerlandeses y británicos.

Mannar, antaño un próspero centro perlífero, es hoy uno de los rincones más pobres de Sri Lanka. En su tiempo, la isla fue un importante punto de entrada y salida de la India, a solo 30 km, pero ese papel hace mucho que quedó en el olvido. En 1990 los LTTE expulsaron a miles de musulmanes que vivían en el lugar.

Hoy parece una isla dejada de la mano de los dioses, con desangeladas calles de tierra y más basura y mosquitos de lo normal, aunque tiene su punto de aventura y los isleños son hospitalarios.

Puntos de interés

Ciudad de Mannar

Comunicada con el continente por una carretera elevada de 3 km, esta localidad es como un centro de transportes venido a menos. Aparte del fuerte, poco hay que hacer, aunque la mayoría de los viajeros coincide aquí porque es donde está el grueso de alojamientos de la zona.

★**Fuerte neerlandés** FUERTE
(ciudad de Mannar) Este imponente fuerte, de origen portugués y neerlandés y rodeado por un foso, está al lado de la carretera elevada que conduce a la isla. Es un lugar un poco caótico, pero los muros son evocadores y acogen los restos de una capilla sin techo, una mazmorra y un campanario neerlandés. Desde lo alto de las murallas las vistas de la ciudad y del golfo de Mannar son encomiables. En la entrada al patio central (donde se aparca) hay que fijarse en la piedra labrada.

Baobab Pallimunai PUNTO DE INTERÉS
(Palimunai Rd, ciudad de Mannar) De 20 m de diámetro, este viejo baobab, probablemente plantado por mercaderes árabes hace 700 años, es una atracción poco convencional. En África a veces se le llama el árbol invertido

LA ISLA DE LAS PERLAS

Las aguas someras que bañan Mannar se han asociado a la extracción de perlas desde siempre. Hay antiguos textos griegos y romanos que ya lo mencionan, y el monje chino Fa-hsien (Faxian) describió esta labor en el año 411, al igual que siglos después Marco Polo. El navegante árabe Ibn Batuta (que pasó por aquí en 1344) anotó haber visto valiosas perlas en la tesorería real de Mannar. Los británicos también se enriquecieron con este producto. Entre 1796 y 1809, las arcas de Sri Lanka ingresaron 517 481 £ procedentes del comercio de perlas. Más de 200 embarcaciones perlíferas zarpaban a diario para peinar las aguas del golfo de Mannar, cada una dotada con un "encantador de tiburones" oficial para que distrajera a los escualos y protegiera a los submarinistas.

Los beneficios procedentes del comercio de perlas cayeron estrepitosamente a finales del s. XIX, posiblemente debido al dragado, a la sobreexplotación y a la aparición de las perlas cultivadas. En 1906 tuvo lugar la última temporada perlífera en Sri Lanka, que resultó un fracaso comercial.

porque sus ramas parecen raíces; en cambio, los isleños se refieren a él como el *ali gaha* (árbol elefante), por su tosca y nudosa corteza, que recuerda a la piel de ese animal. Está 1,2 km al noreste del centro.

Alrededor de la isla

En la isla no hay playas bonitas, pero la de **Keeri,** 5 km al oeste de Mannar, está bien para darse un chapuzón a pleno sol. Está arropada por un pequeño bosque de palmas de Palmira habitado por monos. Puede haber basura.

Al noroeste de la ciudad, a 3 km se pasa por un grupo de **baobabs.** Hacia el indicador del km 8 se encuentra **Nuestra Señora de los Mártires,** una iglesia y una enorme sala de meditación donde centenares de fieles se reúnen para rezar y meditar (ju, 16.00-19.00).

Más al oeste se pasará por una vasta marisma (con flamencos en febrero y garzas azules y blancas prácticamente todo el año) y el pueblecito de Pesalai antes de llegar al puerto de Talaimannar, a 38 km de Mannar.

Talaimannar

Antaño fue el pasaje a la India. Hasta 1990, los ferris zarpaban rumbo a Rameswaram (India) desde este muelle de la punta occidental de la isla. Pero eso ya pertenece al pasado: el último ferri zarpó en 1994, lleno de refugiados que huían de la guerra. Un solitario **faro** (cerca de A14, Talaimannar) destaca cerca del viejo y herrumbroso **muelle de ferris.** Los barcos de pesca navegan entre otros hundidos. Aquí vive poca gente y no hay servicios, pero hay carteles que repasan la historia de la zona y las aguas turquesa son preciosas.

Frente a la costa se extiende el **puente de Adán,** que en realidad es una cadena de arrecifes, bancos de arena e islotes que casi comunican Sri Lanka con el subcontinente. En el *Ramayana,* este fue el camino de piedra por el que pasó el rey mono Hanuman para liberar a Sita, esposa de Rama, de manos de Rawana, el rey demonio de Lanka.

La estrecha playa que abraza el viejo muelle está bien para darse un baño, pero es mejor la del pueblo de **Urumale,** 1 km al este del faro, donde los pescadores se dedican a la pastinaca; se verá (y olerá) el pescado puesto a secar al sol. Hay barcas varadas en la arena, pero un poco más al este se estará completamente solo.

Dónde dormir y comer

La ciudad de Mannar es lo mejor para alojarse. En Pesalai, a mitad de la isla, hay algunas pensiones de carretera muy sencillas. En Talaimannar no hay nada.

Mannar Guest House PENSIÓN **$**
(☎077 316 8202, 023-222 2006; www.mannarguesthouse.com; 55/12 Uppukulam, ciudad de Mannar; i/d con ventilador 1500/2000 LKR, con a.a. 2000/2500 LKR; ❄📶) En un vecindario donde conviven hinduistas y musulmanes, esta lograda pensión de arquitectura imprecisa tiene 21 habitaciones con baños privados. La familia del dueño, que habla inglés y vive justo detrás, prepara comidas, si se avisa con tiempo.

Baobab Guest House PENSIÓN **$**
(☎023-222 3155; 70 Field St, ciudad de Mannar; i/d con ventilador 1750/2000 LKR, con a.a. 2750/3000 LKR; ❄📶) Jerome (que también ofrece recogidas en la estación de trenes) lleva esta

MERECE LA PENA

LA IGLESIA DE LOS MILAGROS

La **iglesia de Nuestra Señora de Madhu** (Madhu; iglesia 5.30-19.30, oficina de información 7.30-17.30), en tierra firme, es el monumento católico más venerado de Sri Lanka, presumiblemente construida sobre un antiguo santuario hinduista. Sus muros protegen una diminuta pero venerada imagen de la Virgen con el Niño que trajeron los católicos en 1670 cuando huían de la persecución de los protestantes neerlandeses en Mannar. La iglesia está a 12 km por la Madhu Rd, que se desvía de la A14 en el cruce de Madhu, en el indicador del km 47.

La imagen obtuvo de inmediato fama de milagrosa (especialmente venerada por proteger contra las mordeduras de serpiente) y de objeto de peregrinación. El inmenso complejo de Madhu estuvo rodeado de campos de refugiados durante la guerra civil.

La iglesia actual data de 1872 y es bastante austera pese a la solemnidad de las columnas centrales. Su rasgo exterior más destacado es el alargado pórtico de color crema y azul. Durante sus 10 fiestas anuales, pero sobre todo la del 15 de agosto, el lugar atrae a muchos creyentes. Hoy sus jardines están engalanados con enormes estatuas doradas que representan el viacrucis.

Los autobuses de la línea Vavuniya-Mannar paran en el cruce de Madhu, donde se puede tomar un *tuk-tuk* hasta la iglesia (900 LKR ida y vuelta, espera incl.). Desde ella hay una carretera parcialmente asfaltada que enfila hacia el este hasta la A30: un buen atajo para ir a Vavuniya.

pequeña pensión alegre y acogedora, sita en un lugar tranquilo, que cuenta con cuatro habitaciones, un bonito salón comedor, un porche y buenas comidas (previo aviso). Los tradicionales suelos pintados de rojo y los mosquiteros de las ventanas le dan un toque tropical. Está 10 min a pie del centro. Resérvese con tiempo.

Four Tees Rest Inn POSADA **$**
(023-323 0008; Station Rd, Thoddaveli; i/d con ventilador y baño compartido 1500/2000 LKR;) Esta agradable aunque aislada posada, 9 km al noroeste de la ciudad de Mannar, cerca de la estación de trenes de Thoddaveli, es una base tranquila y rústica a la sombra de los árboles. El Sr. Lawrence, el gerente, puede ayudar a organizar salidas para observar aves. Preparan buenas comidas (500 LKR).

Shell Coast Resort HOTEL **$$$**
(077 144 9062; www.shellcoastresort.com; i/d incl. desayuno desde 75/80 US$;) Situado 6 km al sur de Pesalai, en plena playa, este complejo ofrece cómodas cabañas de madera octogonales con terraza y sugerentes habitaciones con verandas compartidas. El entorno es natural, bastante aislado, por lo que vale la pena encargar las comidas.

Palmyrah House HOTEL **$$$**
(011-259 4467; www.palmyrahhouse.com; junto a la A14, Karisal; i/d incl. desayuno desde 85/110 US$;) Cinco habitaciones bonitas de estilo colonial en un edificio de dos plantas con amplios porches a la sombra y bien atendido. Está en un lugar tranquilo 12 km al noroeste de la ciudad de Mannar. Posibilidad de media pensión o pensión completa, y prestan bicicletas para ir a una playa correcta (5 min).

Cómo llegar y salir

La carretera A14 hasta la ciudad de Mannar está muy bien. Luego, hasta Talaimannar, al oeste, aunque asfaltada, emperora. De momento no parece que se vaya a restablecer el servicio de ferris con Rameswaram (India).

AUTOBÚS

De la **estación de autobuses** (A14, ciudad de Mannar) de Mannar hay servicios a destinos como:

Colombo 550 LKR, 8 h, 7 diarios.

Jaffna 180 LKR, 3 h, 10 diarios.

Tallaimannar 65 LKR, 30 min, cada hora.

Thirukketeeswaram Kovil 25 LKR, 20 min, 9 diarios.

Vavuniya 120 LKR, 2½ h, cada hora.

TREN

Desde Colombo hay trenes a la **estación** (S Bar Rd, ciudad Mannar) de Mannar, 2,3 km al oeste de la ciudad, vía el nudo ferroviario de Medawachchiya, que continúan hasta Talaimannar y una plácida estación próxima al faro, con paradas en muchos apeaderos de la isla.

Desde Mannar hay trenes a destinos como:

Colombo 3/2/1ª clase 620/350/205 LKR, 8 h, 2 diarios.

Talaimannar 3/2/1ª clase 50/90/160 LKR, 45 min, 2 diarios.

Comprender Sri Lanka

Sri Lanka hoy

Por fin empiezan a remitir las consecuencias físicas y económicas de la larga guerra civil ceilandesa, con el consiguiente aumento del flujo de turistas, que rompe récords. Las elecciones generales del 2015 llevaron a una nueva coalición al poder, y el actual Gobierno mantiene el objetivo de borrar el legado del expresidente Mahinda Rajapaksa.

Las mejores películas

Dheepan (2015) Palma de Oro en Cannes, el filme relata las dificultades de muchos refugiados para escapar a Francia a raíz de la violación de los derechos humanos.

Flying Fish (2011) Ambientada en su población natal, Trincomalee, el director Sanjeewa Pushpakumara recrea la lucha de la gente por salir adelante en pleno conflicto bélico.

Karma (2013) Prasanna Jayakody fue premiado por su elaborada historia de varios adultos que tratan de dar sentido a su vida y deseos en Colombo.

Los mejores libros

Cosas de familia (Michael Ondaatje, 1998) El autor recuerda con humor su vida familiar en Colombo en la década de 1940.

El fantasma de Anil (Michael Ondaatje; 2000) Elogiada internacionalmente y criticada a nivel nacional, esta fascinante novela, ganadora del Booker Prize, gira en torno a la cuestión de los derechos humanos en la turbulenta Sri Lanka del s. xx.

La princesa de cristal y otros cuentos populares (Henry Parker, 2006) A principios del s.xx el folclorista británico Henry Parker, recogió de viva voz de los campesinos de Sri Lanka, relatos que reúne en esta antología.

Derechos humanos cuestionados

Tras ocho años del final de la contienda, Sri Lanka aún lidia con sus consecuencias. Aunque en el norte y el este se ha reconstruido parte de la infraestructura (las mejores carreteras y red de telefonía móvil están en estas regiones), pasarán muchos años antes de que cicatricen otras heridas.

Uno de los puntos más delicados es la tierra. Desde la década de 1990, un gran número de personas fue obligada por el Ejército a dejar sus tierras. Muchas de estas familias eran musulmanas, que terminaron como refugiados en la India o en campamentos locales de reasentamiento. Hoy, estos desplazados (más de 250 000, según diversos cálculos) exigen el regreso a sus tierras, y desde el 2016 se registran protestas. Pese a que el Ejército nunca ha dado a conocer el volumen de las tierras arrebatadas, es una zona enorme, que afecta sobre todo a los alrededores de Mannar y las regiones al norte y el este de Jaffna.

El Ejército asegura haber devuelto más de 28 000 Ha a sus propietarios (por lo general, pequeños agricultores), pero rehúsa declarar qué proporción de terreno sigue bajo su control. Por su parte, las familias que han regresado a sus hogares reclaman que las partidas destinadas a carreteras y torres de telefonía móvil también financien el tendido eléctrico y suministro de agua potable que deberían llegar a sus tierras. Muchos lugareños han empezado a expresar su descontento con el presidente Maithripala Sirisena, a quien votaron en el 2015 esperanzados.

Las investigaciones sobre violaciones de los derechos humanos en los últimos años de la guerra aún trae cola. Aunque el Gobierno actual se ha mostrado favorable a la idea, hasta la fecha no se ha abierto investigación oficial o independiente alguna. Así, a pesar de que Sirisena ha sido elogiado por crear una Oficina de Personas Desaparecidas, también se le ha criticado por no poner en marcha una auténtica investigación. La UE ha afirmado que deberá producirse una mejora en los derechos humanos antes de que se amplíen los acuerdos comerciales y se aplique la supresión de aranceles al país.

El Comité Europeo para la Prevención de la Tortura hizo publicó en el 2016 un informe que denunciaba el uso continuado brutal de la tortura hacia tamiles que tenían el más mínimo vínculo con los antiguos Tigres de Liberación del Eelam Tamil (LTTE), y que aún se daban desapariciones y secuestros con "furgonetas blancas". El Gobierno ceilandés lo niega.

Otros obstáculos que bloquean el camino a la paz son, p. ej., el reciente aluvión de monumentos militares que conmemoran la victoria, criticados por su falta de sensibilidad, y la construcción de nuevos resorts de propiedad militar en algunas de las zonas más codiciadas del norte y el este.

Relaciones exteriores

Sri Lanka lidia con numerosos retos a nivel internacional más allá de los relativos al legado de la guerra. Los multimillonarios planes urbanísticos del Gobierno del expresidente Rajapaska, de financiación china, han acumulado una cuantiosa deuda. China no ha ocultado sus expectativas de una contraprestación, más allá de la amortización de la deuda. Sin embargo, los ceilandeses no se han quedado de brazos cruzados, y tras el estallido de violentas protestas, el Gobierno de Sirisena ha terminado por reducir a 99 años el derecho de explotación de una gran zona del nuevo puerto de Hambantota, que estaba previsto que fuera de plena propiedad del Gobierno chino.

Es más, ante la tentativa china de instalarse en Sri Lanka, la India también ha puesto la mirada en la isla, y así se constata, p. ej., en varias grandes inversiones previstas en el norte tamil. Pero incluso aquí, la relación es complicada: la oferta de Sri Lanka para otorgar a la India el control del puerto de Trincomalee fue rechazada, pues su desarrollo precisaría de una enorme inversión.

Turistas por doquier

El turismo va al alza: en el 2005 el país recibió 550 000 extranjeros, mientras que en el 2010, el año posterior al fin de la guerra, alcanzó los 655 000. Desde entonces, estas cifras se han disparado, con un incremento medio anual del 22%. En el 2016 llegaron a la isla un total de 2,1 millones de turistas. Con todo, para poner la cifra en perspectiva, ese mismo año la isla de Bali/Tailandia recibieron 4/32,6 millones.

Esto ha propiciado una enorme inversión en negocios orientados al turismo, desde Jaffna hasta Galle. Ahora mismo hay en construcción grandes hoteles con el respaldo de multinacionales, pero también pensiones familiares. En la actualidad, el turismo representa el 11% de la economía del país y, como buena parte de la preciosa costa aún es virgen, nada parece sugerir que la cifra vaya a parar.

Entretanto, las infraestructuras encuentran dificultades para satisfacer el ritmo de crecimiento. De ahí la impaciencia de que se inaugure la nueva terminal del aeropuerto internacional Bandaranaike, prevista para el 2020.

POBLACIÓN: **22,3 MILLONES**

SUPERFICIE: **65 610 KM²**

PIB: **80 600 MILLONES US$**

INFLACIÓN ANUAL: **6,9%**

TASA DE DESEMPLEO: **4,6%**

si Sri Lanka tuviera 100 personas

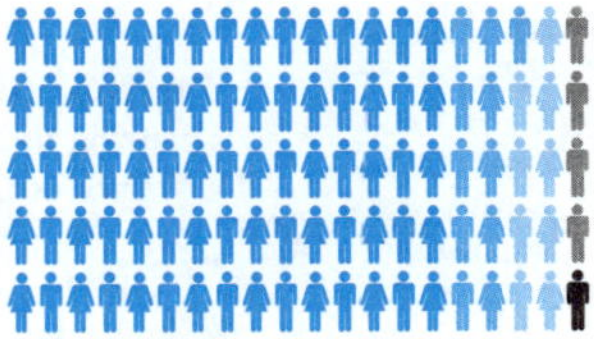

75 serían cingaleses
11 serían tamiles de Sri Lanka
9 serían moros de Sri Lanka
4 serían tamiles de India
1 tendrían otro origen

grupos religiosos

(% de la población)

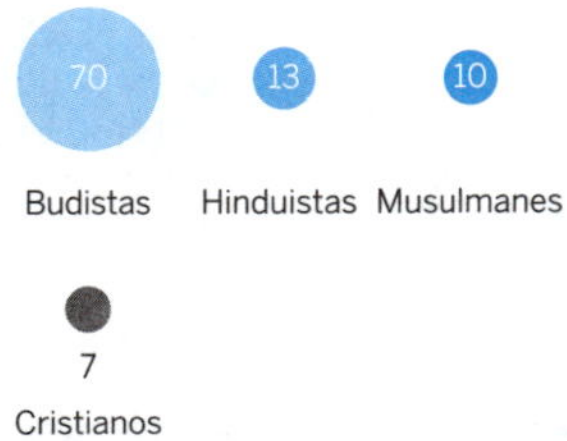

población por km²

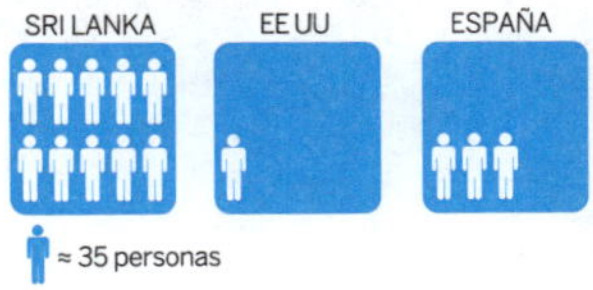

Historia

La localización de Sri Lanka –cerca de la India y junto a cientos de rutas comerciales ancestrales– siempre ha seducido a inmigrantes, invasores, misioneros, mercaderes y viajeros de la India, Asia oriental y Oriente Medio. Muchos se quedaron en la isla y, durante generaciones, se integraron, se mezclaron, se convirtieron y se volvieron a convertir. Aunque aún se discuta sobre quién fue el primero y quién tiene la potestad sobre el país, la historia de la isla, como la de sus grupos étnicos, es la de una tierra de dominio cambiante y constante.

Posibles yacimientos de la temprana Edad de Hierro

Sigiriya

Kantarodai

Tissamaharama

Prehistoria y los primeros en llegar

La historia de Sri Lanka enorgullece y mucho a cingaleses y tamiles, los dos grupos étnicos mayoritarios del país, si bien cada uno tiene su versión de los hechos. Cada yacimiento histórico, edificio religioso y nombre de pueblo tiene, al parecer, una historia opuesta sobre sus orígenes que, a su vez, se funde con mitos religiosos y leyendas locales antagónicos.

¿Dejó Buda su huella en el pico de Adán (Sri Pada) al visitar la isla que quedaba a medio camino del paraíso? O ¿fue Adán quien la imprimió en la roca mientras daba un último vistazo al edén? ¿Fue el archipiélago que unía Sri Lanka a la India la misma cadena de islas que Rama cruzó para rescatar a su esposa Sita de las garras de Rawana, el rey demoníaco de Lanka, en la epopeya *Ramayana*?

Leyendas aparte, la verdad es que los primeros habitantes de Sri Lanka, los veddahs (o, como se autodenominan, *wanniyala-aetto* o "moradores del bosque"), eran cazadores-recolectores. Los antropólogos creen que descendían de inmigrantes procedentes de la India y, posiblemente, del sureste asiático, y ya habitaban la isla hacia el 32 000 a.C. También podría ser que las aguas crecieran hasta sumergir el puente de tierra que comunicaba la India con Sri Lanka en el 5000 a.C.

Historiadores y arqueólogos discrepan sobre su origen, pero emergió una cultura megalítica en los siglos próximos al 900 a.C. con sorprendentes similitudes a las culturas coetáneas del sur de la India. También

CRONOLOGÍA

Antes del s. VI a.C.

Los veddahs viven en la isla, un grupo de cazadores-recolectores que se creen descendientes de indígenas isleños desde el año 32 000 a.C.

s. VI a.C.

El deshonrado príncipe del norte de la India Vijaya consigue desembarcar en la costa oeste de Sri Lanka. Se instala en Anuradhapura y funda el primer reino documentado de la isla.

s. IV a.C.

En la India se escribe el *Ramayana*, en el que el dios Rama conquista Lanka y vence a su maligno dios Rawana. Se describen los bancos de arena frente a la isla de Mannar como el puente de Rama.

durante esta temprana Edad de Hierro, Anuradhapura creció como centro poblado.

Se han hallado objetos del s. III a.C. inscritos en brahmi (una ancestral escritura emparentada con la mayoría de las del sur de Asia); y se han destacado paralelismos con los estilos brahmi del norte y sur de la India, aunque en muchas inscripciones halladas en el norte y este de la isla se utilizan palabras tamiles. Los historiadores ceilandeses y mucha gente del país discuten acaloradamente estos detalles, pero en lugar de haber dos historias étnicas diferentes lo más probable es que las migraciones del oeste, este y sur de la India ocurrieran al mismo tiempo y que todos esos recién llegados se mezclaran con los indígenas.

Nombres de lugares en veddah

Parque Nacional de Gal Oya

Nanu Oya

Kelaniya Ganga

Anuradhapura

La *Mahavamsa,* la epopeya pali del s. v a.C., es la principal fuente histórica del país. Aunque haya crónicas de hacia el s. III a.C. bastante fidedignas de reinos y del poder político cingalés, su exactitud histórica es más imprecisa antes de esta época. No obstante, muchos cingaleses aseguran que descienden de Vijaya, un príncipe inmoral del norte de la India del s. VI a.C. que, según el poema épico, tenía a un león por abuelo y a un padre con patas de león casado con su propia hermana. Acusado de comportamiento indebido, Vijaya fue desterrado junto a 700 hombres más en destartalados barcos desde el subcontinente.

Al desembarcar cerca de la actual Mannar, supuestamente el día que Buda alcanzó la iluminación, el grupo se asentó cerca de Anuradhapura. Al poco de llegar se toparon con Kuveni, una *yaksha* (probablemente veddah), descrita unas veces como reina sanguinaria y otras como mujer fatal, que asumió la forma de una doncella de 16 años para seducir a Vijaya. Tras ceder la corona a este, se unió a él para aniquilar a su propio pueblo y darle dos hijos; posteriormente él la expulsó y nombró princesas –y esposas para sus hombres– a mujeres del reino tamil de la dinastía Pandya del sur de la India. Dicho esto, todos los antepasados de los cingaleses se casaron con tamiles, algo que la mayoría de los ceilandeses pasa por alto. Su gobierno asentó las bases del reino de Anuradhapura, nacido allí en el s. IV a.C.

En el s. II a.C. el reino de Anuradhapura gobernaba toda la isla, pero con frecuentes luchas, y coexistió con otras dinastías de la isla durante siglos, sobre todo los Cholas tamiles. Las fronteras entre Anuradhapura y los diferentes reinos del sur de la India cambiaban con frecuencia, y Anuradhapura también entró en conflictos con esta zona del subcontinente. Unos cuantos guerreros cingaleses se alzaron para repeler los reinos del sur de la India, incluido el de Vijayabahu I (s. XI), que acabó por abandonar Anuradhapura y convertir Polonnaruwa, más al sureste, en su capital.

Los primeros en llegar a la isla llamaron *yakshas* o espíritus de la naturaleza a los indígenas veddahs. Se desconoce si fue porque los veddahs consideraban la naturaleza su hogar o porque rezaban a sus difuntos ancestros (espíritus conocidos como *nae yaku*).

s. III a.C.

El emperador indio Ashoka envía a su hijo y a su hija a difundir el budismo. El rey Devanampiya Tissa de Anuradhapura los acoge y comienzan los vínculos ceilandeses entre Gobierno y religión.

205-161 a.C.

A Elara, rey de la dinastía Chola, se le describe en la *Mahavamsa* como un líder justo. Aunque tamil e hinduista, da limosnas a los monjes budistas y trabajo a cingaleses y tamiles.

103-89 a.C.

Cinco reyes tamiles indios invaden Anuradhapura y gobiernan durante 14 años. Se obliga a huir al rey Valagamba, quien se refugia en las cuevas de la zona de Dambulla.

s. I a.C.

El 4º Concilio Budista se celebra en Aluvihara. Las enseñanzas de Buda, anteriormente conservadas por tradición oral, se redactan por primera vez.

Durante siglos, el reino pudo rehacerse tras sus contiendas gracias al *rajakariya,* el sistema por el cual se trabajaba gratis para el rey. Dicho trabajo permitía restaurar edificios, balsas y sistemas de riego y desarrollar la agricultura sin gastar en mano de obra. El sistema no desapareció de la isla hasta 1832, cuando los británicos abolieron la esclavitud.

Hace 2000 años que la gente cuida y custodia el árbol de Bodhi de Anuradhapura, el más viejo del mundo.

Llegan las enseñanzas de Buda

El budismo llegó a la India en el s. III a.C., transformó Anuradhapura y posiblemente creó la actual cultura cingalesa. Hoy, el monte Mihintale señala el lugar donde, al parecer, el rey Devanampiya Tissa recibió por primera vez las enseñanzas de Buda. Los primeros embajadores budistas también llevaron a Sri Lanka un esqueje del árbol de Bodhi bajo el que Buda alcanzó la iluminación. Este árbol sobrevive en Anuradhapura, ahora engalanado con banderolas de oración y lucecitas. Poco a poco la realeza ceilandesa estrechó vínculos con los budistas. Los reyes, agradecidos por el apoyo monástico, proporcionaron tierras, embalses y alimentos a los monasterios, y se estableció una simbiótica economía política entre religión y Estado, un poderoso contrato aún vital.

El budismo se expandió aún más por la isla cuando las primeras enseñanzas orales se registraron por escrito en el s. I a.C. Los primeros monjes ceilandeses procedieron a escribir un vasto cuerpo de comentarios sobre las enseñanzas, libros de texto, gramática pali y otros artículos didácticos, todo lo cual desarrolló una literatura clásica para la escuela de budismo theravada (doctrina de los ancianos) que aún siguen los budistas de esta escuela de todo el mundo. La llegada del diente de Buda a Anuradhapura en el año 371 d.C. consolidó la posición del budismo en la sociedad

CONSTRUCCIÓN DE EMBALSES

La ciencia de construir presas, estudiar pendientes y zanjar canales es la clave de la pretérita civilización ceilandesa. Probablemente estos embalses, que salpican las llanuras de los antiguos reinos de Rajarata (norte-centro del país) y de Ruhuna (sureste), empezaron de manera modesta. Pero en el s. V a.C. alcanzaron tales dimensiones que, según se dice, fueron construidos con ayuda sobrenatural. La presa del Gigante, cerca de la isla Mannar, presumiblemente la construyeron gigantes, mientras otras fueron posibles gracias al trabajo de hombres y demonios.

El sistema de riego, desarrollado a mayor escala, si cabe, durante el milenio que precedió al cristianismo, es tan sofisticado como los antiguos *qanats* (canales subterráneos) de Irán y los canales de los faraones egipcios. Estos embalses en zona de secano mantuvieron y forjaron la civilización de Sri Lanka durante más de 2500 años, hasta que las guerras y los desacuerdos se adueñaron de la isla en los ss. XII-XIV.

s. IV d. C.

El budismo se populariza más con la llegada a Anuradhapura del diente sagrado de Buda, que se convierte en un símbolo para la religión y la soberanía de la isla.

s. V

Tras conspirar en la muerte de su padre y expulsar a su hermano mayor Mugalan, el rey Kasyapa construye la fortaleza de la Roca de Sigiriya. Mugalan recupera el trono con ayuda de mercenarios indios.

s. V

Los monjes budistas escriben la epopeya *Mahavamsa (Gran Crónica)* que narra la historia del budismo y de los reyes de la isla, entrelazada con cuentos sobrenaturales.

s. V

El monje indio Buddhaghosa llega a Sri Lanka y escribe el *Visuddhimagga*, un manual de las enseñanzas de Buda. Sus explicaciones forman parte de la doctrina theravada, que aún se estudia.

cingalesa y creó una sensación de causa e identidad nacional e inspiró el desarrollo de la cultura y la literatura cingalesas.

Polonnaruwa

La siguiente capital, Polonnaruwa, sobrevivió más de dos siglos y tuvo dos gobernantes bien notables. Parakramabahu I [1153-1186], sobrino de Vijayabahu I, expulsó de Sri Lanka al imperio tamil Chola indio del sur y llevó las luchas hasta el sur de la India, con alguna incursión incluso en Myanmar. Además, construyó muchos embalses e invirtió grandes cantidades de dinero público en Polonnaruwa para convertirla en una gran capital asiática. Su caritativo sucesor, Nissanka Malla [1187-1196], sería el último rey de Polonnaruwa en cuidar del bienestar de su pueblo. Le siguieron una sarta de gobernantes pusilánimes y, con el deterioro del sistema de riego, las enfermedades hicieron mella y, en apenas unas décadas, la selva se apoderó de la segunda capital cingalesa.

Tras Polonnaruwa, el gobierno cingalés se trasladó al suroeste de la isla y, entre 1253 y 1400, hubo hasta cinco capitales diferentes, aunque ninguna como Anuradhapura o Polonnaruwa. Mientras tanto, el poderoso reino de Jaffna se expandió hasta abarcar una enorme parte de la isla; cuando el viajero árabe Ibn Batuta visitó Sri Lanka en 1344, anotó que llegaba hasta la lejana Puttalam.

Con el declive de las capitales cingalesas del norte y la consiguiente migración hacia el sur, una amplia mata de selva separaba los asentamientos tamiles del norte, en su mayoría en la costa, de los pueblos cingaleses interiores del sur. Durante siglos, esta barrera selvática mantuvo separados a ambos grupos, sin duda la semilla de la dicotomía étnica del país.

Comercio y conquista

Llegan los portugueses

En pleno océano Índico, Sri Lanka había sido un centro de comercio antes incluso de la llegada de mercaderes árabes con su nueva fe islámica en el s. VII. Los objetos más preciados del país eran las piedras preciosas, la canela, el marfil y los elefantes. Los primeros asentamientos musulmanes prosperaron en Jaffna y Galle, pero con el desembarco de una potencia europea, que también quería dominar, se vieron obligados a huir hacia el interior.

Cuando llegaron los portugueses en 1505, en Sri Lanka había tres reinos principales: el reino tamil de Jaffna y los reinos cingaleses de Kandy y Kotte (cerca de Colombo). Lourenço de Almeida, el hijo del virrey portugués de la India, estableció amistad con Kotte y consiguió monopolizar el valioso comercio de las especias y, a la larga, controlar el propio reino.

Los descendientes de los esclavos traídos a Sri Lanka por los portugueses desde Mozambique están prácticamente integrados. Su mayor contribución a la cultura ceilandesa son las *bailas*, canciones de amor que funden las melodías latinas y los ritmos africanos.

SS. VII-XV
Comerciantes árabes se instalan en Sri Lanka, se casan con lugareñas y establecen el islam en la isla. Conservan los vínculos comerciales con Oriente Medio y conviven en paz con cingaleses y tamiles.

S. XI
Cansado de los conflictos continuos con los vecinos tamiles, el rey Vijayabahu I vence a los Cholas y traslada la capital cingalesa al sureste, a Polonnaruwa; le sigue una breve época dorada.

1216
A medida que Polonnaruwa decae, se funda el reino tamil de Jaffna, primero vasallo del reino de Pandya del sur de la India y después, independiente.

1505
Tras el declive de Polonnaruwa, el poder cingalés está en los reinos de Kotte, en el suroeste, y Kandy. Llegan los portugueses y conquistan la costa oeste, pero Kandy repele sus avances.

Fuertes de la época europea

- Batticaloa
- Jaffna
- Matara
- Trincomalee
- Galle
- Mannar

Menos cordiales fueron las relaciones con los tamiles, y Jaffna consiguió repeler dos incursiones portuguesas hasta 1619, cuando los lusos destruyeron sus preciosos templos hinduistas y la biblioteca real. Portugal se apoderó primero de la costa oeste y después, del este, pero el reino de Kandy en las tierras altas resistió.

Los portugueses trajeron consigo las órdenes religiosas, con los dominicos y los jesuitas al frente. Muchas comunidades de la costa se convirtieron, pero otras que rechazaron la fe cristiana tuvieron que soportar masacres y la destrucción de sus templos. Los budistas huyeron a Kandy y la ciudad asumió su papel de protectora del budismo, una misión sagrada que consolidaron otros tres siglos de intentos fallidos de dominación por parte de las potencias europeas.

Los neerlandeses

En 1602 llegaron los neerlandeses, tan ávidos como los portugueses por controlar el lucrativo comercio de especias en el Índico. El rey de Kandy, Rajasinha II, les permitió que lo monopolizaran a cambio de la autonomía de Sri Lanka. Pese al acuerdo, los neerlandeses intentaron subyugar Kandy durante sus 140 años de gobierno. Aunque sin éxito.

Los neerlandeses fueron más diligentes que los portugueses y construyeron canales por la costa oeste para transportar canela y otras mercancías. En Negombo aún pueden verse algunos. El sistema legal de esta época aún forma parte del cuerpo legal de Sri Lanka.

Los británicos

Al principio, los británicos se fijaron en Sri Lanka en términos estratégicos, y consideraron el puerto de Trincomalee, al este, como un medidor de la influencia francesa en la India. Después de que la Francia napoleónica se hiciera con Holanda en 1794, los pragmáticos neerlandeses cedieron Sri Lanka a los británicos a cambio de "protección" en 1796. Los británicos no tardaron en trasladarse a la isla, que convirtieron en colonia suya en 1802 y conquistaron por fin Kandy en 1815. Tres años más tarde quedó establecida la primera administración unida de la isla a cargo de una potencia europea.

En *Viaje a Ceilán y Maldivas*, Joaquí Callabed narra de forma de amena la riqueza de la cultura cingalesa y su forma de vida, en contraposición a la sociedad occidental.

La conquista británica desestabilizó a muchos cingaleses, quienes creían que solo los custodios del diente sagrado tenían el derecho de gobernar el territorio. Su recelo se suavizó algo cuando un monje superior sustrajo el incisivo del templo del Diente de Buda para protegerlo y, de paso, la soberanía simbólica de la isla.

El desasosiego de los cingaleses fue en aumento cuando empezaron a desembarcar colonos británicos en la década de 1830. A partir de la década de 1870, se sustituyeron el café y el caucho por el té, y el crisol

1602
Llegan los neerlandeses. El rey les permite monopolizar el lucrativo comercio de especias a cambio de la autonomía de Sri Lanka, sin éxito.

1658
Tras un acuerdo con el reino de Kandy, los neerlandeses consiguen monopolizar el mercado de las especias y expulsan a los lusos de la costa de Sri Lanka.

1796
Los Países Bajos, bajo control francés, entregan Ceilán a los británicos. Al principio se cree que va a ser algo temporal, y los británicos supervisan la isla desde Madrás (India).

1802
Tras el declive neerlandés, Sri Lanka pasa a ser colonia británica. Primero es un bastión estratégico contra la expansión francesa, pero pronto se reconoce su potencial comercial.

demográfico de la isla quedó totalmente modificado por la irrupción de mano de obra tamil del sur de la India. Estos "tamiles de plantación" estuvieron, y aún están, separados por la geografía, la historia y la casta de los tamiles de Jaffna. Los colonos tamiles del norte se abrieron paso hacia el sur hasta Colombo, mientras los cingaleses se dirigían a Jaffna. De hecho, la colonización británica provocó el inicio de un desplazamiento demográfico en la isla.

La naturaleza afable de James Emerson Tennent se aprecia en su sincero y descriptivo relato sobre la Sri Lanka del s. XIX, hoy de dominio público gracias a la web www.gutenberg.org.

Camino hacia la independencia

Nacionalismo creciente

Los albores del s. xx fueron una época importante para el movimiento comunal nacionalista de Sri Lanka. Hacia finales del s. XIX, los budistas e hinduistas iniciaron sendas campañas con el doble propósito de rejuvenecer las fes tras la estela dejada por el colonialismo europeo y defender la cultura tradicional ceilandesa contra el impacto de los misioneros cristianos. Para estos grupos, el siguiente paso lógico era pedir más participación ceilandesa en el Gobierno, y ya en 1910 obtuvieron la concesión menor de que los ceilandeses eligieran a un miembro para el Consejo Legislativo.

En 1919 la misión nacionalista se había formalizado como Congreso Nacional de Ceilán. Se obligó al activista cingalés Anagarika Dharmapala a abandonar el país, y diferentes ligas juveniles, cingalesas y tamiles retomaron la misión por un cambio mayor. En 1927, Mahatma Gandhi visitó a los activistas jóvenes tamiles de Jaffna, lo que alentó más su causa.

Se produjeron mayores reformas en 1924, cuando un Gobierno representativo pudo revisar la Constitución, y en 1931, cuando una nueva Carta Magna por fin permitía a los líderes de la isla participar en la toma de decisiones parlamentarias y garantizaba el sufragio universal. Según esta nueva Constitución ningún grupo étnico podía controlar el proceso político, y un mecanismo de equilibrio de poderes aseguraba que todos los campos del Gobierno estuvieran supervisados por un comité escogido entre todos los grupos étnicos. Sin embargo, los líderes políticos, tanto cingaleses como tamiles, no lograron apoyar totalmente la Constitución preindependencia del país, todo un presagio de los problemas venideros.

En *Jardines de Canela*, Shyam Selvadurai relata dos historias paralelas en un acomodado barrio de Colombo en 1929, en los albores del movimiento independentista.

De Ceilán a Sri Lanka

Tras la independencia de la India en 1947, Ceilán (tal y como se llamaba Sri Lanka entonces) consiguió la suya el 4 de febrero de 1948. El gobernante Partido de Unidad Nacional (UNP), pese a estar formado por miembros de todos los grupos étnicos de la isla, en realidad solo representaba los intereses de una élite de habla inglesa. La decisión del UNP de intentar denegar la ciudadanía a los "tamiles de plantación" y repatriarlos a la India era un indicativo de una marea creciente de nacionalismo cingalés.

1815

Los británicos, decididos a gobernar toda la isla, acaban por conquistar el reino de Kandy. Es la primera (y única) vez que una potencia europea gobierna toda Sri Lanka.

1832

Los cambios radicales en las leyes de propiedad abren la puerta a los colonos británicos. El inglés se convierte en la lengua oficial, se desmantelan los monopolios estatales y el capital invierte en cafetales.

1843-1859

Al no conseguir que los cingaleses trabajen en los cafetales, los británicos llevan a casi un millón de tamiles del sur de la India. Hoy los "tamiles de plantación" constituyen el 4% de la población.

Década de 1870

La industria cafetera impulsa la construcción de carreteras, puertos y ferrocarriles, pero la roya del cafeto diezma la industria y las plantaciones se sustituyen por las de té.

En 1956 esta división aumentó cuando el Partido de la Libertad de Sri Lanka (SLFP) llegó al poder con un programa político basado en el socialismo, el nacionalismo cingalés y el apoyo oficial al budismo. Una de las primeras tareas del líder del SLFP, Salomon W. R. D. Bandaranaike, fue cumplir con la promesa de convertir el cingalés en el único idioma oficial del país. Durante el dominio británico, se consideró a los tamiles angloparlantes cualificados y se les asignó muchos cargos en universidades y en el sector público, un hecho que creó el resentimiento entre los cingaleses, sobre todo durante la recesión económica de la década de 1950. Los principales partidos políticos se aprovecharon del temor cingalés que su religión, idioma y cultura fueran engullidos por los indios, considerados los aliados naturales de los tamiles de Sri Lanka. Los tamiles, cuya identidad hinduista se había marcado más en el proceso hacia la independencia, empezaron a sentirse como una minoría amenazada.

El proyecto de ley solo de cingaleses privó del derecho de voto a la población hinduista y musulmana de habla tamil de Sri Lanka: de repente, casi el 30% del país perdió el acceso al empleo y a los servicios gubernamentales. Aunque las tensiones habían estado latentes desde el final del gobierno colonial, esta decisión señaló el inicio del conflicto étnico en Sri Lanka.

Un escenario similar se dio en 1970 cuando se aprobó una ley que favorecía el ingreso de cingaleses en las universidades en detrimento de los tamiles. Después, tras una insurrección armada contra el Gobierno por la línea dura del estudiantil y anti tamil Frente de Liberación Popular (Janatha Vimukthi Peramuna o JVP), una nueva Constitución (que cambió el nombre de Ceilán por el de Sri Lanka) concedió un "lugar destacado" al budismo en el país e hizo que el Estado tuviera la obligación de "protegerlo y fomentarlo".

¿QUÉ IMPORTANCIA TIENE UN NOMBRE?

Que en 1972 Ceilán cambiara su nombre por el de Sri Lanka causó cierta confusión entre los extranjeros. Sin embargo, entre los cingaleses el país siempre se había conocido como Lanka y entre los tamiles como Ilankai; y el *Ramayana* menciona el rapto de Sita a manos del rey de Lanka. Los romanos conocían la isla como Taprobane y los mercaderes musulmanes hablaban de Serendib ("isla de Joyas"). La palabra Serendib pasó a convertirse en la raíz de la palabra inglesa *serendipity* (serendipia, el arte de realizar descubrimientos afortunados). De alguna manera los portugueses distorsionaron Sinhala-dvipa (isla de los cingaleses) en Ceilão. A su vez, los neerlandeses la convirtieron en Ceylan y los británicos en Ceylon. En 1972 se recuperó "Lanka", a la que se añadió "Sri", un título de respeto.

Finales del s. XIX
El idioma arwi, una mezcla de tamil y árabe que caló entre los musulmanes locales, alcanza su momento culminante, con varias publicaciones religiosas.

1919
Después de que los británicos arrestaran en 1915 a líderes cingaleses, el Congreso Nacional de Ceilán une a grupos cingaleses y tamiles con objetivos nacionalistas e independentistas.

1931
Una nueva Constitución presenta un poder compartido con un Gobierno encabezado por cingaleses. Se aprueba el sufragio universal (mujeres incl.).

1948
Ceilán se convierte en miembro independiente de la Commonwealth. El Partido de Unidad Nacional (UNP) se afianza en el poder al privar a los "tamiles de plantación" de la ciudadanía.

La inquietud creció entre los tamiles del norte, y se impuso el estado de excepción en sus regiones durante varios años a partir de 1971. La policía y el Ejército, que velaban por el acatamiento de dicha circunstancia, incluían en sus filas a pocos tamiles (en parte debido a la ley de "solo cingaleses"), lo que incidía en una mayor división y, para los tamiles, en una acusada sensación de opresión.

Enemy Lines: Warfare, Childhood, and Play in Batticaloa, de Margaret Trawick, describe la cotidianeidad en el este de Sri Lanka y da fe del reclutamiento de adolescentes para la causa de los LTTE.

Nacimiento de los Tigres Tamiles

A mediados de la década de 1970, varios grupos de jóvenes tamiles, algunos de ellos combativos, empezaron a abogar por un Estado tamil independiente llamado Eelam (Tierra Querida). Incluyeron a Vellupillai Prabhakaran, fundador de los Tigres de Liberación del Eelam Tamil (LTTE), o Tigres Tamiles.

El estatus del tamil se había elevado a "lengua nacional", pero solo en las zonas de mayoría tamil. Los enfrentamientos entre los tamiles y las fuerzas de seguridad desencadenaron un ciclo de represalias, a menudo con civiles de por medio. El ambiente se caldeó por ambos bandos y alcanzó su momento crucial en 1981, cuando un grupo de amotinados cingaleses (según algunos, las propias fuerzas gubernamentales) incendiaron la biblioteca de Jaffna, que atesoraba varias joyas históricas del pueblo tamil, como antiguos manuscritos en hoja de palma.

A esto le siguieron pequeñas represalias, pero el mundo no reparó en el conflicto hasta dos años después, en 1983, cuando se desataron en Colombo verdaderas masacres contra los tamiles en respuesta a una emboscada perpetrada por los LTTE en la región de Jaffna, con 13 soldados muertos. En una revuelta hoy conocida como Julio Negro, se llegó a apalear y quemar o fusilar hasta 3000 tamiles, y sus inmuebles fueron saqueados e incendiados. Varias zonas de mayoría tamil, como el barrio de Pettah en Colombo, quedaron arrasadas y la violencia se propagó a otras partes del país.

Ni el Gobierno ni la policía ni el Ejército pudieron o quisieron detener la sangría; algunos de ellos incluso contribuyeron. Cientos de miles de tamiles abandonaron el país o huyeron a zonas de mayoría tamil del norte o el este, y muchos se unieron a la resistencia; por su parte, muchos cingaleses se trasladaron al sur desde el norte y este. El horror del Julio Negro despertó cierta simpatía internacional por la resistencia tamil; p. ej., los simpatizantes tamiles del sur de la India y el Gobierno de Indira Gandhi ayudaron económicamente a la causa.

Los ataques y los contraataques devinieron en atrocidades y masacres por ambos bandos. La opinión pública internacional condenó al Gobierno por torturas y desapariciones, pero también señaló la intimidación y violencia contra civiles (tamiles y musulmanes incl.) por parte de los

1956

El Partido de la Libertad de Sri Lanka (SLFP) derrota al UNP con un programa socialista y nacionalista. Tras aprobar la ley del "cingalés como idioma único" estallan las protestas y los disturbios étnicos.

1958

El país asiste a su primer revuelta antitamil generalizada. Dura días, deja más de 200 muertos por ataques (y venganzas) y desplaza a miles de tamiles.

1959

Pese a subir al poder en 1956 con un manifiesto nacionalista cingalés, Bandaranaike negocia una federación con líderes tamiles que desemboca en su muerte por un monje budista.

1959

Sirimavo Bandaranaike sustituye a su difunto esposo en el SLPF y se convierte en la primera mujer presidenta del mundo. Será varias veces primera ministra antes de su muerte en el 2000.

combatientes tamiles. Un acuerdo de 1987, que ofrecía una autonomía limitada a los tamiles y formalizaba el tamil como idioma nacional, nunca se cumplió, y el conflicto derivó en 25 años de guerra civil que se saldaría con más de 100 000 muertos.

Only Man Is Vile, de William McGowan, ofrece un relato incisivo e implacable sobre la violencia étnica en Sri Lanka, que ahonda en sus complejidades.

Conatos de paz

La frágil paz india

En 1987 las fuerzas gubernamentales hicieron retroceder a los LTTE a Jaffna como parte de una gran ofensiva. India presionó al Gobierno de Sri Lanka para que se retirara, y los dos jefes de Estado, J. R. Jayawardene y Rajiv Gandhi, negociaron un acuerdo: el Gobierno de Sri Lanka suspendería la ofensiva, los rebeldes tamiles depondrían las armas y una Fuerza India de Mantenimiento de la Paz (IPKF) velaría por la tregua. Las regiones tamiles también tendrían una autonomía sustancial mientras Colombo transfería el poder a las provincias.

Pronto quedó claro que el acuerdo no valía para nadie. Al principio los LTTE obedecieron, pero acabaron enfrentándose con la IPKF cuando se negaron a deponer las armas. La oposición de los cingaleses, un resucitado JVP y secciones de la *sangha* (comunidad de monjes y monjas budistas) contra los indios desembocó en manifestaciones violentas.

En 1987 el JVP inició una segunda revolución con asesinatos políticos y huelgas, y a finales de 1988 el país estaba sumido en el terror, la economía estancada y el Gobierno inmovilizado. El Ejército contraatacó con una implacable campaña anti insurrección. Las revueltas fueron sofocadas pero tras cobrarse decenas de miles de vidas.

Las fuerzas indias de pacificación se retiraron en marzo de 1990, con más de 1000 bajas en solo tres años. Al instante, la guerra entre los LTTE y el Gobierno de Sri Lanka se intensificó. A finales de 1990 los LTTE ocuparon Jaffna y buena parte del norte, aunque la mayoría de este permaneció bajo el control del Gobierno. En mayo de 1991 Rajiv Gandhi fue asesinado por un terrorista suicida; se culpó a los LTTE, presuntamente como represalia al acuerdo de la IPKF.

Durante la década de 1990, se colocaron al menos un millón de minas antipersona. Las tareas para retirarlas obligaron a trasladar y reasentar a miles de personas.

El alto el fuego del 2002

Aunque la mayoría de la población ansiaba la paz, extremistas de ambos bandos perseveraban con la guerra. El presidente Premadasa fue asesinado en el mitin del 1 de mayo de 1993. Aunque se sospechó de los LTTE, estos nunca reivindicaron el magnicidio. Al año siguiente, Alianza Popular (PA) ganó las elecciones parlamentarias, y su líder, Chandrika Bandaranaike Kumaratunga, la hija de la antigua líder Sirimavo Bandaranaike, ganó las elecciones presidenciales. El PA había prometido terminar con la guerra civil pero el conflicto se recrudeció.

Década de 1970
Jóvenes tamiles inician una lucha por un estado tamil llamado Eelam (Tierra Querida) en el norte de Sri Lanka. Despuntan los Tigres de Liberación del Eelam Tamil (LTTE).

1972
La nueva Constitución cambia el nombre de Ceilán por el de Sri Lanka y declara, otra vez, el cingalés como idioma oficial y da al budismo un "lugar más destacado" que a otras religiones de la isla.

1979
Sri Lanka aprueba la Ley de Prevención de Terrorismo. La policía puede retener hasta 18 meses a cualquier sospechoso de actividades ilegales. Esta ley aún está en vigor.

1981
Una turba de cingaleses quema la biblioteca pública de Jaffna, arcón de la memoria tamil y símbolo de su cultura y enseñanzas, lo que galvanizará en el movimiento separatista tamil.

En el 2000, una misión noruega por la paz sentó a los LTTE y al Gobierno en la mesa de negociaciones, pero el alto al fuego tuvo que esperar hasta después de las elecciones de diciembre del 2001, que transfirió el poder al UNP. Ranil Wickremasinghe se convirtió en primer ministro y hubo una bonanza económica mientras progresaban las conversaciones de paz. Sin embargo, Wickremasinghe y la presidenta Chandrika Bandaranaike Kumaratunga eran de partidos distintos, y no conseguían avanzar, pero en el 2003 Kumaratunga disolvió el Parlamento y expulsó a Wickremasinghe y a su UNP.

En el 2002, después del acuerdo de alto el fuego negociado por Noruega, se respiraba cierto optimismo. En el norte empezaron a regresar refugiados, desplazados y exiliados, lo que estimuló la economía en la devastada Jaffna. Varias ONG empezaron a resolver, entre otras cosas, el problema de los dos millones de minas antipersona.

Pero las conversaciones de paz se estancaron, y la situación se tensó más, si cabe. Todos los bandos empezaron a acusarse de prejuicios e injusticias. En octubre del 2003 EE UU declaró "organización terrorista extranjera" a los LTTE. Algunos creyeron que sería un paso positivo; otros lo vieron como un gesto que aislaría a los LTTE, causando mayores presiones y conflictos. A principios del 2004, la división en las filas de los LTTE creó una nueva dinámica, y con asesinatos, inseguridad, acusaciones y ambigüedades, los noruegos se retiraron. Mientras, el Gobierno central controlaba todo el país, también la mayor parte de la península de Jaffna. Los LTTE controlaban solo una pequeña zona al sur de la península y puntos del este, pero seguían reclamando partes de la península de Jaffna y el noroeste y noreste de la isla.

El fantasma de Amil, de Michael Ondaatje, ganador del Booker Prize, es una novela sobre los derechos humanos en pleno caos de finales del s.xx en Sri Lanka.

Tras el tsunami

Un suceso inesperado asoló el país el 26 de diciembre del 2004, y afectó no solo al proceso de paz sino también a todo el tejido social. Mientras la gente celebraba la *poya* (luna llena) mensual, una gran ola arrasó el país, con un balance de 30 000 muertos y muchos más heridos, huérfanos y personas sin hogar. El optimismo inicial derivado del convencimiento de que la nación se uniría para hacer frente a la catástrofe pronto se transformó en confrontaciones por la distribución de las ayudas, la reconstrucción y la tenencia de tierras.

Mientras, Kumaratunga, con la intención de ampliar su mandato presidencial, pretendió reformar la Constitución. Frustrado por una dominante Corte Suprema, las elecciones presidenciales se emplazaron para el 2005. Entre los contendientes, dos candidatos eran los vencedores más probables: el entonces primer ministro, Mahinda Rajapaksa, y el líder de la oposición, Ranil Wickremasinghe. Los LTTE boicotearon las elecciones,

El tsunami del 2004 en el Índico mató a más de 225 000 personas de 14 países. Las olas, que en algunos lugares alcanzaron los 30 m de altura, llegaron hasta la lejana costa oriental africana.

1983

Una emboscada del Ejército cerca de Jaffna desata una oleada de violencia étnica a gran escala. Los rebeldes cingaleses mataron hasta 3000 tamiles en lo que ahora se conoce como Julio Negro.

1987

El Ejército hace retroceder a los LTTE a Jaffna. Una Fuerza India de Mantenimiento de la Paz (IPKF) intenta imponer la paz, pero también se ve arrastrada hacia el conflicto con los LTTE.

Julio de 1987

Se firma un acuerdo, con la participación de la India, que garantiza a los tamiles una provincia autónoma en norte del país, pero no entra en vigor por desavenencias sobre su aplicación.

1987-1989

El JVP inicia una segunda insurrección marxista con una rebelión campesina al estilo de los Jemeres Rojos Camboyanos. Cuando se consigue sofocar la rebelión, ya hay 60 000 muertos.

pero Rajapaksa ganó por poco. Los motivos del boicot no estaban claros, pero sus acciones le costaron a Wickremasinghe unos 180 000 votos, la presidencia y, quizá, una mejor oportunidad para la paz.

El presidente Rajapaksa prometió reemplazar a los negociadores de paz noruegos por otros de la ONU y la India, renegociar el alto el fuego con los LTTE, rechazar la autonomía tamil y rehusar compartir la ayuda por el tsunami con los LTTE. Semejantes políticas no presagiaban ninguna paz. Mientras tanto, el líder de los LTTE, Prabhakaran, insistió en conseguir un acuerdo político en el 2006, y amenazó con "intensificar" las medidas si no se conseguía esto. La tensión flotaba en el aire y Sri Lanka se hallaba de nuevo al borde del precipicio. En ambos bandos se produjeron asesinatos, asaltos, secuestros y desapariciones, y los especialistas pronosticaron lo peor.

El final de la guerra

Un alto el fuego esquivo

El camino hacia la paz estuvo marcado por algunos de los episodios más cruentos de toda la guerra civil. A principios del 2006 se firmó otro alto el fuego, pero al medio año el acuerdo ya estaba hecho añicos. Ambas facciones continuaron con importantes operaciones militares en el norte y el este, y una ola de desapariciones y asesinatos en el 2006 y el 2007 provocó que grupos pro derechos humanos y la comunidad internacional criticaran duramente a todos los beligerantes. En agosto, los combates en el noreste eran los más intensos desde el alto el fuego del 2002, y las conversaciones de paz en Ginebra fracasaron de nuevo.

En enero del 2008, el Gobierno rompió oficialmente el acuerdo de alto el fuego al firmar su compromiso de poner fin a 25 años de guerra civil por las armas. Más tarde, ese mismo año, los LTTE ofrecieron un alto el fuego unilateral de 10 días para apoyar la cumbre de la Asociación Surasiática para la Cooperación Regional (SAARC) que se celebraba en agosto en Colombo. El Gobierno, receloso de que los LTTE quisieran ganar tiempo para afianzar sus fuerzas, respondió con un contundente "no".

Acorralamiento de los LTTE

Debido al creciente número de ataques guerrilleros, el Ejército de Sri Lanka (SLA) se vio obligado a cambiar de estrategia y a combatir fuego con fuego; en agosto ya había penetrado en el último bastión de los LTTE, la zona selvática del Vanni. El Gobierno central pronosticó la caída de la capital de los LTTE, Kilinochchi, a finales del 2008. Humillados tras varias derrotas, los LTTE respondieron con otro ataque suicida en Anuradhapura que causo 27 muertos.

1991

Una miembro de los LTTE mata al ex primer ministro indio Rajiv Gandhi, presumiblemente para protestar contra la IPKF, en el primer atentado suicida perpetrado por una mujer.

1994

La presidenta Chandrika Kumaratunga llega al poder con promesas de acabar la guerra con los LTTE. Se abren conversaciones de paz pero las hostilidades continúan. En 1999 sobrevive a un ataque.

1995-2001

Las hostilidades entre los militares de Sri Lanka y los LTTE se intensifican; tras más intentos fallidos de negociación, los LTTE bombardean el templo del Diente de Buda de Kandy en 1998.

2002

Después de dos años de negociaciones, una misión noruega de paz asegura un alto el fuego. Los ceilandeses, sobre todo del norte y del este, recuperan la normalidad y muchos emigrantes regresan.

En septiembre del 2008 el Gobierno pidió a agentes de la ONU y a las ONG que abandonaran la región del Vanni porque no podía garantizarles su seguridad. Tal vez fuera verdad, pero su partida impedía a una asediada población tamil el acceso al apoyo humanitario y al cumplimiento de los derechos humanos. La retirada de las ONG y la exclusión de los periodistas independientes de la zona de conflicto hizo (y aún hace) imposible verificar las denuncias formuladas por ambos bandos del fin de la guerra.

El Ejército y los LTTE se atrincheraron en los alrededores de Kilinochchi, la capital del extraoficial estado Tamil Eelam desde 1990, hasta que el SLA salió victorioso en enero del 2009. A ello le siguieron rápidamente las reclamaciones por el control de todo el Vanni, y en febrero, los LTTE habían perdido el 99% del territorio que aún controlaba.

Los avances del Gobierno empujaron a los LTTE y a los 300 000 civiles tamiles que llevaban consigo a una zona cada vez más reducida del noreste, cerca de Mullaittivu. Entre el malestar por el creciente número de víctimas civiles y la preocupación humanitaria por los no combatientes confinados entre dos fuegos, los gobiernos extranjeros y la ONU exigieron un alto el fuego inmediato en febrero del 2009. Las operaciones militares continuaron pero se abrieron rutas de evacuación hacia zonas donde aguardaban medios de transporte que llevaban a centros de asistencia social. Los militares, que aseguraban que los ataques se lanzaban desde las zonas seguras, las bombardearon durante días.

Con denuncias que el SLA bombardeaba a la población civil de las "zonas seguras", y contrademandas que los LTTE utilizaban a civiles como escudos humanos y les impedían salir de la zona de conflicto, Navi Pillay, alta comisaria de las Naciones Unidas para los Derechos Humanos acusó a ambos bandos de crímenes de guerra. Pero la comunidad internacional permaneció, en su mayoría, silenciosa.

UNA BANDERA POR LA COMPASIÓN

La bandera de Sri Lanka se creó en 1948 e incorporó muchos cambios a lo largo de los años. El elemento central era el león (sobre un fondo carmesí), utilizado en banderas a lo largo de la historia ceilandesa, desde el príncipe Vijaya quien, al parecer, se había traído consigo una bandera con un león desde la India. El león representaba al pueblo cingalés, y el oro, al budismo. En 1950 se aprobó la bandera, pero al conseguir el país la independencia, siguió por otros derroteros: en 1951 se añadieron las franjas verdes y naranjas que representan a los musulmanes e hinduistas de Sri Lanka, respectivamente, y en 1972 se añadieron cuatro hojas de árbol de Bodhi que aluden a la *metta* (bondad amorosa), *karuna* (compasión), *upekkha* (serenidad) y *muditha* (felicidad).

2004

Un gran tsunami arrasa Sri Lanka y causa 30 000 muertos. Se cree que el desastre traerá la unidad pero el Gobierno y los LTTE no tardan en discutir sobre la distribución de las ayudas y la reconstrucción.

2005

El nacionalista cingalés Mahinda Rajapaksa gana las elecciones presidenciales. Antes de los comicios firma un acuerdo con el partido marxista JVP, rechaza la autonomía tamil y niega la ayuda a los LTTE.

2008

El Gobierno se retira del alto el fuego del 2002 para concentrarse en una solución militar. De 1983 al 2008, el conflicto suma unos 70 000 muertos.

2008-2009

En las postrimerías de la guerra, se asesina hasta 40 000 civiles, según el último informe de un comité especial de la ONU. El Gobierno de Sri Lanka niega cualquier responsabilidad en ello.

Un amargo final

En abril, decenas de miles de civiles tamiles junto con combatientes de los LTTE quedaron acorralados en un tramo de playa, donde fueron bombardeados desde todos lados. Los LTTE ofrecieron al Gobierno un alto el fuego unilateral, pero, con el objetivo tan cerca, el secretario de Defensa de Sri Lanka ignoró el mensaje, que interpretó como "una broma". El Gobierno hizo oídos sordos a los intentos de los diplomáticos suecos, franceses y británicos por incentivar una tregua, pues tenía en su punto de mira la victoria definitiva.

Aunque se ha cuestionado tanto su autoría como su veracidad, *Tamil Tigress*, de Niromi de Soyza, narra la fascinante historia de un joven que abandona los estudios a los 17 años para unirse a los Tigres Tamiles.

Las tropas del Gobierno por fin atravesaron las líneas de los LTTE y pidieron a los refugiados de guerra atrapados que se trasladaran a zonas seguras. Al parecer, Los LTTE impidieron el paso a muchos de ellos y asesinaron a otros, y a la postre, los refugiados aseguraron que las fuerzas gubernamentales violaron y ejecutaron a muchos de los que se habían rendido.

El fin llegó definitivamente en mayo, cuando el Ejército de Sri Lanka tomó el último reducto de costa y rodeó a los centenares de rebeldes de los LTTE que quedaban. Los LTTE respondieron que habían "silenciado sus armas" y que la "batalla había llegado a su amargo final". Algunas figuras clave de los LTTE fueron asesinadas, entre ellos su líder Vellupillai Prabhakaran; la guerra que aterrorizó al país durante 26 años por fin había terminado.

Un cambio fulgurante

A la guerra le siguió una rápida entrada de divisas y turistas. La inversión china e india se manifestó enseguida en programas de desarrollo urbano, tales como ampliaciones de puertos y zonas comerciales. A su vez, en el sur, el presidente Rajapaksa se embarcó en mastodónticos planes que implicaban a parientes suyos en la zona de su ciudad natal, Hambantota, donde se construyeron un nuevo puerto, un aeropuerto y numerosas instalaciones públicas a un coste millonario, con frecuencia con cargo a préstamos de China.

Se construyó una red nacional de autopistas y se repararon las infraestructuras del este y el norte. Asimismo, el turismo aumentaba a un ritmo anual del 20%. Esto alentó las inversiones por todo el país: nuevos hoteles, pensiones, cafés, operadores y demás abrieron para satisfacer la nueva demanda. No extraña, pues, que los visitantes que han regresado al país tras el devastador tsunami del 2004 se hayan quedado asombrados ante los cambios.

Mayo del 2009

Tras casi 30 años, la guerra termina en mayo cuando los LTTE admiten la derrota tras una sangrienta batalla final en Mullaitivu, pero sus pretensiones y reclamaciones siguen en pie.

2013

Se pretendía que la cumbre de Jefes de Estado de la Commonwealth sirviera de escaparate para el Gobierno de Rajapaksa, pero en cambio desató protestas por los derechos humanos y tres países no asistieron.

2015

Para sorpresa de todo el mundo, Rajapaksa no es reelegido como candidato, y su partido le deja caer en protesta por su gobierno autocrático. Maithripala Sirisena, exministro de Rajapaksa, es elegido presidente.

2016

La ONU publica un informe que detalla la violación sistemática de los derechos humanos entre la población tamil, y habla de la existencia de turbios grupos paramilitares que aún saldan cuentas.

Cuestiones medioambientales

A primera vista Sri Lanka parece el Jardín del Edén. El campo brilla en tonos verdes y resuena de trinos, píos, zumbidos, gruñidos y barritos. Si a ello se añade una enorme diversidad de paisajes y climas, el resultado es un país de las maravillas naturales; eso sí, seriamente amenazado por la acción combinada de la deforestación, la rápida urbanización, la contaminación y el conflicto entre el hombre y la fauna.

Tesoro periforme

La isla de Sri Lanka, que recuerda a una pera limonera que aflora en el océano Índico frente al extremo meridional de la India, tiene unos 66 000 km² y una longitud de 433 km, de norte a sur, con una anchura máxima de 244 km y 22 millones de habitantes.

Apartado de las llanuras costeras que lo rodean, el centro sur de la isla –el corazón de la pera– está dominado por montañas y colinas cubiertas por plantaciones de té. El punto más elevado es el achaparrado monte Pidurutalagala (monte Pedro; 2524 m), que asoma sobre el antiguo asentamiento colonial de Nuwara Eliya. Sin embargo, el piramidal pico de Adán (Sri Pada), de 2243 m, es el más conocido y espectacular.

Cientos de vías fluviales canalizan el abundante agua desde las lluviosas tierras altas del centro sur –reducto de la pluvisilva del país– y atraviesan campos en terrazas, huertos frutales y jardines hasta los arrozales de las llanuras. El Mahaweli Ganga, el río más largo del país, nace cerca del pico de Adán y recorre 335 km hasta la bahía de Koddiyar, el profundo puerto de Trincomalee.

La zona central del norte acoge altas y ondulantes montañas, con paisajes que quitan el hipo, como la zona que rodea la cordillera Knuckles. Estas montañas dan paso a las llanuras que se extienden hacia la punta septentrional de la isla. Esta región, junto con zonas del sureste y la mayor parte del este, conforman lo que se denomina zona seca.

El litoral ceilandés consta de cientos de lagunas y pantanos ribeteados de manglares, algunos de ellos protegidos como humedales, intercalados con bonitas playas de arena blanca, las más bucólicas de las cuales están en las costas del suroeste, sur y este. En el norte, frente a la península de Jaffna, surge un conjunto de islas bajas y llanas, que, pese a haber sido de acceso restringido durante la guerra, ya reciben turistas.

Las mayores extensiones de pluvisilva que quedan

Reserva Natural del Pico Sri Pada (224 km²)

Cordillera Knuckles (175 km²)

Reserva Forestal de Sinharaja (189 km²)

What Tree Is That?, de Sriyanie Miththapala y P. A. Miththapala, es una recopilación de prácticos dibujos de árboles y arbustos comunes en Sri Lanka, con su correspondiente nombre en inglés y cingalés, además de su nombre científico.

Flora

Los humedales del suroeste acogen el reducto de pluvisilva que queda en el país, caracterizada por un tupido sotobosque y una elevada cubierta de árboles caducifolios, incluidos ébanos, tecas y árboles de la seda. La zona central de las montañas cuenta con bosques nebulosos e insólitas zonas altas con prados de hierba resistente y bosques élficos (raquíticos).

Otros árboles habituales son el baniano, el árbol de Bodhi (también llamado *bo* o *peepu*, sagrado para hinduistas y budistas), el árbol del fuego, el árbol de la lluvia, el palo de hierro de Ceilán y el árbol del Neem, todos ellos de nombres tan vistosos como lo son sus cortezas, hojas y, sobre todo, sus flores. En su mayoría suelen usarse con fines medicinales. En las tierras altas hay grandes eucaliptos que proporcionan sombra en las plantaciones de té.

Frutales autóctonos como mangos, tamarindos, *limonia acidissima* y plátanos crecen en muchos jardines privados, junto a otras especies introducidas como papayos y guayabos. El guanábamo y su hermano pequeño, el *del* (árbol del pan), realmente llaman la atención. El guanábamo da la fruta más grande del planeta: una especie de saco verde y de piel con púas, que puede llegar a pesar 30 kg y crece cerca del tronco en vez de pender de las ramas.

Fauna

En Sri Lanka no todo se reduce a elefantes, pues alberga una enorme variedad para su tamaño. Si bien África tiene sus famosos "cinco grandes" (león, leopardo, elefante, rinoceronte y búfalo cafre), Sri Lanka tiene los "cuatro grandes más uno" (leopardo, elefante, oso perezoso y el búfalo salvaje de agua, más la descomunal ballena azul, frente a la costa).

Los elefantes de Sri Lanka

Los elefantes ocupan un lugar especial en la cultura ceilandesa. Años ha eran propiedad de la Corona y matar uno suponía una gran ofensa. Cuenta la leyenda que los elefantes apisonaron los cimientos de las *dagobas (stupas)* de Anuradhapura, y su iconografía es habitual en el arte ceilandés. Incluso hoy se les tiene un enorme cariño. De los que hay en cautividad, el elefante asiático (Maligawa Raja), que porta el diente sagrado de Buda en la Kandy Esala Perahera (p. 167), es seguramente el más venerado. En estado salvaje, uno de los acontecimientos más increíbles del país es "la Concentración" en el Parque Nacional de Minneriya.

Pero la población de paquidermos de Sri Lanka ha descendido mucho, y su delicada situación ha detonado el debate sobre el conflicto entre los animales y el hombre.

En los últimos años, se ha producido un cambio de actitud respecto al uso de elefantes en rituales religiosos (p. ej., la Kandy Esala Perahera) y como guardianes de los templos. Las organizaciones en defensa de los animales han cuestionado la ética detrás de prácticas tradicionales, como la de encadenar elefantes en los templos para fines religiosos. Dichos grupos también han mostrado su firme oposición a su exportación como regalo a otras naciones. *Nandi,* un joven paquidermo nacido en Pinnewala (p. 159), fue donado al zoo de Auckland por el presidente Sirisena, pero en abril del 2017 se paralizó su traslado gracias a la movilización ciudadana.

Salvar a los elefantes

No dar de comer a los salvajes.

No ir a sitios donde los tengan encadenados.

Visitarlos en los parques nacionales para contribuir a su protección.

Menos ejemplares

Hacia finales del s. XVIII, se calcula que había entre 10 000 y 20 000 elefantes salvajes en todo el país. A mediados del s. XX, pequeñas manadas de una población diezmada (1000 ejemplares como mucho) se agrupaban en la zona de secano de las tierras bajas. La selección natural no tuvo nada

HERVIDERO BIOLÓGICO

El mundo natural acapara muchos de los superlativos de Sri Lanka. Conservation International considera al país uno de los 25 puntos clave de biodiversidad del planeta, o sea, que se caracteriza por su elevado nivel de "endemismo" (especies únicas de una zona); Sri Lanka encabeza esta lista, con un 23% de plantas con flor endémicas y un 16% de mamíferos endémicos. Por otro lado, dichos puntos clave están considerados como hábitats seriamente amenazados, como es el caso de Sri Lanka.

VIAJE RESPONSABLE EN SRI LANKA

Para visitar el país de manera responsable, habría que ser lo menos invasivo posible. Esto es más fácil de lo que parece, si se siguen los siguientes consejos.

Pedir que sea ecológico Los dueños de hoteles y pensiones son especialmente hospitalarios y, en pro del negocio, la mayoría están dispuestos a dar a los clientes lo que quieren. Hay que compartir con ellos las preocupaciones ecológicas y explicarles que estas son muy importantes para el viajero.

Controlar el consumo de agua Si se viaja por las tierras altas, se pensará que en la isla el agua sobra, pero la demanda supera las reservas. Hay que aceptar la oferta del hotel para ahorrar agua (y de paso, ahorrarse un dinero) de no cambiar las sábanas ni las toallas cada día.

No tirar la botella Esas botellas de agua son prácticas pero suman gastos y contaminan mucho. Pero no hay que rellenarla con agua del grifo; pregúntese en el hotel si se pueden rellenar en esos enormes depósitos de agua potable.

Ahorrar energía El calor es sofocante, pero poner el aire acondicionado sobrecarga un sistema ya saturado, y la demanda no para de crecer. Conviene actuar como si se tuviera que pagar la factura.

No conducir innecesariamente ¿Existe la posibilidad de tomar un autobús o, mejor, un tren en lugar de alquilar un automóvil? Hasta Colombo es abarcable a pie. Hay que estimular la reciente tendencia de los hoteles y pensiones de facilitar bicicletas a los clientes. Zonas amplias del país se visitan mejor de día y sobre dos ruedas.

Descartar las bolsas No usar bolsas de plástico (ni pajitas): el 1 de septiembre del 2017 se aprobó la prohibición que afecta a las bolsas de un solo uso.

Turismo con elefantes Hay varios campamentos de elefantes de dudosos méritos. Hay que pasar de los lugares que ofrezcan paseos en elefante con *howdah* (silla de madera). Para ver de cerca estos imponentes mamíferos, lo mejor es visitar algún parque nacional.

que ver con semejante sacrificio: bajo el dominio de los británicos, las partidas de caza mayor asestaron un duro golpe a su esperanza de vida. Hoy no se sabe si la población aumenta o disminuye, pero se cree que hay unos 4000 ejemplares en libertad (la mitad en zonas protegidas) más otros 300 domesticados.

El conflicto entre personas y elefantes

En la tierra de los elefantes los granjeros se enfrentan a diario a que los animales se coman o pisoteen sus cosechas, destruyan sus construcciones e incluso que se lleven sus vidas. Durante la época de siembra, los granjeros se pasan tres meses de guardia las 24 h para ahuyentar a estos invasores inoportunos. Para los pobres granjeros, los careos con elefantes salvajes son un lujo que no se pueden permitir.

Mientras tanto, los elefantes, que necesitan 5 km² de territorio cada uno para saciar su apetito (200 kg de alimento diario), ya no tienen suficiente con el suministro que les proporcionan las pequeñas zonas seguras en las que están confinados. El hambre (y quizá la curiosidad) les lleva a buscar forraje en otras zonas, como las tierras de cultivo contiguas a sus hábitats 'seguros'. El conflicto resultante enfrenta a elefantes y agricultores: ambos decididos a asegurar su propia supervivencia.

A este círculo vicioso contribuye el desafortunado comportamiento por ambas partes. Por un lado, para que su ganado paste ilegalmente en los parques, los granjeros cortan las alambradas electrificadas instaladas alrededor de los parques nacionales para contener a los elefantes e impedir que se adentren en los pastizales; a resultas de ello, los animales

ESPECIES AMENAZADAS

La Lista Roja de Especies Amenazadas de la Unión Internacional para la Conservación de la Naturaleza comprende más de 60 especies en Sri Lanka que están en peligro de extinción, entre ellas el elefante asiático, el langur de cara púrpura, el loris esbelto rojo y el macaco de Sri Lanka. Las cinco especies de tortugas marinas del país también están amenazadas, igual que los cocodrilos de estuario y los apacibles dugongos, que se matan todos por su carne. Lo mismo pasa con varias especies de aves, peces e insectos.

salen de los parques por esas alambradas rotas y se desmadran por las tierras de cultivo. Por otro lado, los patrones migratorios también se ven alterados. Todo esto junto, según la Born Free Foundation, provoca que los elefantes pasen hambre.

Además, como pasa en el Parque Nacional de Uda Walawe, los vendedores ambulantes han instalado puestos de fruta en los tramos de carretera que lindan con el parque para que los turistas alimenten a los paquidermos, y cada vez hay más elefantes que merodean junto a la carretera a la espera de limosnas. De hecho olvidan pronto su dieta habitual.

Posibles soluciones

Hay quienes buscan soluciones a este conflicto a largo plazo. Una podría ser cercar a los humanos, o tener a los elefantes lejos de las zonas habitadas. La **Sri Lanka Wildlife Conservation Society** (SLWCS; ☎072 999 9520; www.slwcs.org; Udahamulla, Nugegoda), una respetada organización conservacionista animal, ha demostrado que esta iniciativa podría funcionar. Otra opción sería ofrecer a los granjeros una forma alternativa de ganarse la vida; p. ej., incorporando a los elefantes en sus prácticas del uso del terreno. La recolección y comercialización del estiércol de elefante podría ser una empresa. Otra solución sería repartir los beneficios económicos generados por los visitantes que van a ver los elefantes.

En última instancia, para prevenir conflictos entre hombres y elefantes, cabría fomentar la siembra de cultivos desagradables al paladar de los paquidermos, como chiles, cítricos o *thibbatu* (pequeñas berenjenas), una fórmula que ya ha demostrado su eficacia.

Deforestación y superdesarrollo

La mayor amenaza medioambiental a la que se enfrenta Sri Lanka es la deforestación y el superdesarrollo, lo que provoca una grave pérdida de hábitat. A principios del s. xx, el bosque cubría el 70% de la isla. En el 2005 se había reducido, aproximadamente, al 20%. Peor aún, recientemente Sri Lanka ha registrado uno de los índices más altos de destrucción de bosque primario en el mundo: un 18% de reducción de cobertura de bosque y un 35% de pérdida de extensiones primigenias.

The Nature of Sri Lanka, con espectaculares fotografías de L. Nadaraja, es una recopilación de ensayos sobre el país firmados por escritores y ecologistas de lo más granado.

De buena parte de esta deforestación se culpa a la *chena* (agricultura de rotación), pero los sistemas de riego, la roza para crear campos de cultivo y construir, los conflictos armados, y la tala ilegal también son factores determinantes.

La paz posterior a la guerra ha acarreado una prosperidad económica que también ha ejercido mayor presión sobre el medio ambiente. Con el turismo en aumento, proliferan los proyectos de nuevas construcciones. El historial no es alentador: tras el tsunami del 2004, se aprobaron leyes que prohibían la construcción de hoteles y restaurantes a menos de 100 m de la franja de marea, pero en muchas regiones costeras del sur y el oeste se han levantado edificios prácticamente al borde del agua.

La sociedad ceilandesa

Cada día en Sri Lanka, las familias llevan flores a las 'dagobas' ('stupas') con sus cúpulas blancas, las mujeres vestidas con alegres saris se acercan a los coloristas templos hinduistas con ofrendas, y las mezquitas enjalbegadas llaman al rezo al amanecer. Aunque el país ha sufrido décadas de guerras y violencia y las tensiones persisten, las tradiciones perviven y los ceilandeses se las apañan para encontrar momentos de paz y, de paso, atender a los visitantes con hospitalidad, tal y como lo han hecho durante miles de años.

Tradición y grupos étnicos

La vida de los ceilandeses históricamente se ha concentrado en el *gamma* (pueblo), un organizadísimo hervidero de actividad donde cada cual cumplía con su función. La agricultura era el sostén y había pueblos que se especializaban en algunos productos; hasta hoy se puede atravesar una "*gamma* con muebles de mimbre". Cada aldea tenía una deidad protectora (o varias), normalmente asociada con los aspectos de la naturaleza.

Veddahs

Los veddahs (cazadores) o, como ellos mismo se autodenominaban, wanniyala-aetto (gente del bosque), fueron los primeros habitantes de Sri Lanka. Con cada nueva oleada migratoria, los veddahs se quedaban con menos selva de la que subsistir. Hoy quedan tan pocos que ni siquiera se hace el censo, y solo un insignificante porcentaje conserva algún atisbo de su cultura ancestral, que abarca una forma de vida cazadora-recolectora y relaciones próximas a la naturaleza y a sus antepasados. Los kele weddo (veddahs que viven en la selva) y los can weddo (veddahs que viven en aldeas) residen principalmente en la zona entre Badulla, Batticaloa y Polonnaruwa.

Para conocer la vida y costumbres históricas y contemporáneas de los veddahs, véase www.vedda.org.

Cingaleses

Los cingaleses, budistas en su mayoría, a veces se dividen ellos mismos entre los de "la tierra baja" y los de "las tierras altas" (o sea, Kandy). Los de Kandy se enorgullecen de la época en que las tierras altas eran un bastión del Gobierno cingalés, y aún consideran su ciudad como el centro espiritual de la isla. Aunque Buda enseñara el universalismo, los cingaleses tienen un riguroso sistema de castas.

En la mitología hinduista se considera a los elefantes símbolos del agua, la vida y la fortuna. Además, indican nobleza y docilidad, las cualidades que se consiguen cuando se vive como es debido. En Sri Lanka, solo desfilan los elefantes con reliquias budistas sagradas y estatuas hinduistas.

Tamiles

La mayoría de los tamiles son hinduistas y conservan vínculos culturales y religiosos con los tamiles del sur de la India, al otro lado del mar, aunque por lo general se consideran grupos independientes. *Groso modo,* hay dos grupos de tamiles en Sri Lanka: los "tamiles de Jaffna", asentados en su mayoría en el norte y el este desde hace centurias; y los "tamiles de las plantaciones", traídos por los británicos desde la India en el s. XIX para trabajar en el té.

La casta es, a su vez, un importante factor cultural. Los de Jaffna son principalmente de la casta vellala (terratenientes y de sangre azul), mientras que los de plantación proceden de castas inferiores. No obstante, los

Peregrinajes de múltiples credos

Pico de Adán

Kataragama

Nainativu

tiempos cambian y las distinciones de casta van a menos. Dicho esto, los matrimonios entre personas de distinta casta aún son un asunto controvertido, sobre todo en las zonas rurales.

Moros

Los musulmanes de la isla, o moros de Sri Lanka, son descendientes de mercaderes árabes o indios llegados hace un milenio. Para escapar de la persecución portuguesa, muchos se trasladaron a las tierras altas y a la costa oriental, y aun así, se verán localidades de mayoría musulmana como Hakgala cerca de Nuwara Eliya. La mayoría de los moros habla tamil.

Burghers

Los burghers son los descendientes interraciales de los portugueses, neerlandeses y británicos. Incluso después de la independencia, estos tuvieron una influencia desproporcionada en la vida política y comercial hasta el nacionalismo cingalés, cuando muchos burghers emigraron. Basta con fijarse en apellidos como Fernando, De Silva y Perera.

Religión

La religión ha sido la causa de buena parte de la división en Sri Lanka, pero la realidad es que muchos budistas, hinduistas, musulmanes y cristianos visitan los mismos lugares de peregrinación; un católico puede presentar sus respetos a un dios hinduista, y el budismo ceilandés tiene influencias hinduistas y viceversa.

Budismo

El budismo es el credo de los cingaleses y desempeña un papel importante en el país, espiritual, cultural y políticamente. El arte, la literatura y la arquitectura de Sri Lanka están muy influenciados por esta doctrina. En el sentido estricto de la palabra, el budismo no es una religión, sino una práctica y un código moral que se adhiere a la filosofía de Buda. Aunque ahora "budista" esté profundamente arraigado a un identificador cultural y étnico, Buda enseñó meditación a personas de varios credos y recalcó que la conversión no era necesaria (ni recomendada) para beneficiarse de sus enseñanzas *(dhamma)*.

Para un antiguo y prestigioso budista Theravada de Sri Lanka, la publicación de *Una panorámica del budismo*, de Sangharakshita basado en las conferencias sobre budismo que se realizaron en el sur de la India en 1954, fue "el acto más importante del año del Buda Jayanti".

Buda, que nació como príncipe Siddhartha Gautama en el actual Nepal hacia el 563 a.C., abandonó sus privilegios para buscar una salida al sufrimiento. Tras años de rigurosa formación, Buda descubrió las Cuatro Nobles Verdades: la existencia en sí hace sufrir; el sufrimiento está causado por el ansia por conseguir los placeres sensuales y materiales, y por la existencia; el cese del sufrimiento pasa por eliminar esa ansia; y el ansia puede eliminarse si se sigue una senda de moralidad y se cultiva la sabiduría a través de la meditación. Hay que pasar por muchos estados de evolución espiritual (y probablemente muchas vidas) para conseguir el nirvana (iluminación, o *nibbana* en pali) y así liberarse del ciclo de la vida y muerte (reencarnaciones).

Budismo histórico

Que el rey Devanampiya Tissa aceptara las enseñanzas de Buda, traídas a la isla en el s. III a.C. por el hijo del emperador indio Ashoka, fue lo que implantó firmemente el budismo en Sri Lanka y, de paso, consolidó la importante relación entre la Corona y el clero.

Hay dos importantes escuelas de budismo en todo el mundo: theravada y mahayana. Las escrituras theravada ("doctrina de los antiguos") están en pali, uno de los idiomas que se hablaba en el norte de la India en la época de Buda; y las escrituras mahayana ("gran vehículo") están en sánscrito. La theravada es más ortodoxa, mientras que la mahayana adopta fácilmente tradiciones posteriores.

En Sri Lanka se practica el budismo mahayana, pero la tradición theravada se ha adoptado más ampliamente. Varios factores han consolidado el budismo, sobre todo la corriente theravada, en Sri Lanka. Los budistas cingaleses atribuyen un significado vital a las palabras de la *Mahavamsa* (*Gran Crónica;* uno de sus textos sagrados), en el que Buda los nombra protectores de las enseñanzas budistas. Este compromiso se vio alimentado por siglos de conflicto entre cingaleses (principalmente budistas) y tamiles (principalmente hinduistas). Para algunos cingaleses, el budismo mahayana se parecía al hinduismo (de ahí que lo siguieran muchos tamiles en tiempos pretéritos) y por eso se consideró crucial la defensa de esta corriente. Se destruyeron muchos yacimientos budistas en la India en el s. x, más o menos la época en que se produjo un resurgimiento hinduista (y se popularizó un texto hinduista que describía a Buda como una descarriada encarnación de Visnú), razón para que se reforzara más el compromiso cingalés de proteger la tradición.

Nacionalismo budista

Desde finales del s. xix se ha desarrollado en Sri Lanka una influyente facción de budismo 'combativo', concentrado en la creencia de que Buda pidió al pueblo cingalés que convirtiera la isla en una ciudadela del budismo puro. Considera al cristianismo, al hinduismo y, más recientemente, al islamismo como amenazas contra la cultura budista cingalesa. El budismo ceilandés está entrelazado históricamente con la política, y fue un monje budista, descontento con la 'deriva' que estaban tomando las políticas del primer ministro Bandaranaike con respecto al enfoque budista-cingalés, quien en 1959 le asesinó. Asimismo, muchos monjes budistas se han opuesto rotundamente a hacer concesiones a los tamiles.

En el 2007, la línea dura de los monjes cingaleses nacionalistas consiguió influenciar al Gobierno ceilandés a través del Jathika Hela Urumaya (JHU; Partido de la Herencia Nacional). En el 2012, un colectivo de monjes que consideraba blando al JHU, fundó el Bodu Bala Sena (BBS; Fuerza del Poder Budista), que ha estado implicado, junto a otros grupos radicales, en varias protestas y ataques contra las comunidades musulmanas y cristianas en los últimos años. En una inauguración de una escuela de formación del BBS en el 2013, el secretario de Defensa (y hermano del presidente), Gotabhaya Rajapaksa, dijo "son los monjes quienes protegen nuestro país, religión y raza".

DÍAS DE 'POYA'

Cada luna llena es día de *poya* (o *uposatha*), considerado por monjes y profanos desde la época de Buda como momentos para fortalecer la formación personal. Los budistas devotos visitan el templo, ayunan después del mediodía y se abstienen de diversiones y lujos. En su templo pueden realizar ofrendas, asistir a las enseñanzas y meditar. Los días de *poya* son festivos en Sri Lanka y cada uno se asocia con un ritual particular.

Duruthu (ene) Señala la primera hipotética visita de Buda a la isla.

Vesak (may) Celebra el nacimiento, iluminación y *parinibbana* (muerte final) de Buda.

Poson (jun) Conmemora la llegada del budismo a Sri Lanka.

Esala (jul/ago) Coincide con el enorme festival de Kandy, y observa, entre otras cosas, el primer sermón de Buda.

Unduvap (dic) Festeja la visita de Sangamitta, quien trajo el esqueje del árbol de Bodhi a Anuradhapura.

En el 2014, el BBS fue acusado de incitar abiertamente a la islamofobia, lo que provocó enfrentamientos en Dharga que causaron cuatro muertos, la quema y el saqueo de tiendas musulmanas y el abandono forzoso de 10 000 hogares.

Hinduismo

Para más información sobre el hinduismo, visítese www.bbc.co.uk/religion/religions/hinduism.

Los reyes tamiles y sus seguidores del sur de la India trajeron el hinduismo al norte de Sri Lanka, aunque la religión probablemente ya existiera en la isla mucho antes de la llegada del budismo, debido a su proximidad con la India y a sus lazos culturales. Hoy, casi todas las comunidades hinduistas están en el norte, el este y las zonas de té.

El hinduismo es una mezcla compleja de creencias y deidades. Todos los practicantes creen en Brahma: las innumerables deidades son expresiones de este ser sin forma, a través de las cuales se pueden entender todas las facetas de la vida. Los principios clave incluyen la creencia en el *ahimsa* (no violencia), el *samsara* (el ciclo de reencarnaciones que se repiten hasta alcanzar un estado puro), el *karma* (la ley de causa y efecto) y el *dharma* (código moral de conducta o deber social).

Los hinduistas creen que vivir la vida según el *dharma* mejora la posibilidad de nacer en mejores circunstancias. También se puede renacer como animal, pero es solo como humano que uno puede ganar suficiente autoconocimiento para escapar del ciclo de la reencarnación y conseguir la *moksha* (liberación).

Para los hinduistas de a pie, satisfacer los deberes rituales y sociales es el objetivo principal en este mundo. Según el texto *Bhagavad Gita,* cumplir con el deber de cada cual es más importante que reivindicar la individualidad.

El panteón hinduista es fecundo: hay quien dice que hay 330 millones de dioses. Pero las figuras principales son Brahma, que creó el universo, y su consorte Saraswati, la diosa de la sabiduría y la música; Visnú, que sostiene el universo y es decente y piadoso, y su cónyuge Lakshmi, la diosa de la belleza y la fortuna; y Shiva, el destructor de la ignorancia y la maldad, y su esposa, Parvati, que puede ser la madre universal o la violenta y destructiva Kali. Shiva tiene 1008 nombres y adopta muchas formas: como Nataraja, señor de la *tandava* (danza), sus agraciados movimientos inician la creación del cosmos.

En los tiempos modernos, Shiva, Visnú y sus respectivas consortes representan las deidades más veneradas, mientras que Brahma, otrora una de las deidades más importantes del hinduismo, ha sido relegado a un puesto menor.

Centros religiosos

- *Nallur Kandaswamy Kovil, Jaffna*
- *Templo del Diente de Buda, Kandy*
- *Iglesia de Nuestra Señora de Madhu, Madhu*
- *Ciudad de Anuradhapura*

Islamismo

Sri Lanka cuenta con una población musulmana de casi dos millones de personas, muchas de ellas descendientes de comerciantes árabes que se asentaron en la isla a partir del s. VII, poco después de que el profeta Mahoma fundara el islamismo en lo que hoy es Arabia Saudí. Es una religión monoteísta, y manifiesta que Alá lo ha creado todo.

Tras la muerte de Mahoma, el movimiento tomó dos direcciones: suní y chií. Los suníes recalcan seguir e imitar las palabras y actos del Profeta. Se fijan en la tradición y en los puntos de vista mayoritarios de la comunidad. Los chiíes creen que solo los imanes (guías ejemplares) pueden revelar el significado del Corán. La mayoría de los musulmanes de Sri Lanka son suníes, aunque hay pequeñas comunidades de chiíes llegadas desde la India.

Todos los musulmanes creen en los cinco pilares del islam: la *shahada* (declaración de fe: "Alá es el único Dios; Mahoma es su profeta"); rezar (cinco veces al día como ideal); el *zakat* (tributo, normalmente una limosna a los pobres); ayuno durante el mes de Ramadán; y la *hajj* (peregrinación) a La Meca.

Cristianismo

El cristianismo en Sri Lanka se remonta potencialmente al apóstol Tomás en el s. I, aunque en los siglos inmediatos posteriores a la muerte de Jesucristo fueron muy pocos los cristianos que se asentaron en la isla.

Con la llegada de los portugueses en el s. XVI, el cristianismo, y más específicamente el catolicismo romano, irrumpió con fuerza, y muchas familias de pescadores se convirtieron. Hoy, el catolicismo aún es la religión predominante entre las comunidades costeras occidentales, en lugares como, p. ej., Negombo. Los neerlandeses trajeron el protestantismo y la Iglesia reformada neerlandesa, especialmente presente en Colombo; y las iglesias de piedra que resaltan en las tierras altas muestran la herencia de las diferentes confesiones cristianas británicas.

Té de Sri Lanka

Puede que los neerlandeses llegaran a la isla en busca de especias, pero al país hoy se le asocia más con el té, introducido por los británicos. En la actualidad, Sri Lanka se cuenta entre los mayores productores mundiales de esta planta, y su té es quizá su marca más reconocida internacionalmente.

Formando la nación

El té llegó a Sri Lanka en el s. XIX cuando las enfermedades diezmaron los vastos cafetales de la isla. En 1867 se plantó el primer té de la isla en la Loolecondera Estate, al sureste de Kandy. Los dueños de la plantación descubrieron que las tierras altas reunían la tríada ideal para el crecimiento del té: clima cálido, altitud y terreno en pendiente.

En la década de 1870 los cargamentos de té de Sri Lanka empezaron a llenar los almacenes de Londres; la demanda era insaciable. Los primeros agricultores hicieron grandes fortunas, entre ellos un nombre aún famoso en todo el mundo: Thomas Lipton. En la década de 1890, las plantaciones de Lipton exportaban a Londres unas 30 000 toneladas anuales de té.

La producción continuó en aumento en el s. XX. Se deforestó la selva y las plantaciones ocuparon un extenso territorio. Se tuvieron que combatir varias plagas y enfermedades, y se crearon toda suerte de productos químicos para que las plantas de té estuvieran saludables.

Hoy, Sri Lanka es el cuarto productor mundial de té, con 288 millones de kilos producidos en el 2016. El té de Sri Lanka (etiquetado como "Ceylon tea") disfruta de una posición preferencial y sus precios son muy superiores a los de la competencia. En el 2016, la exportación de este té ascendió al récord de 1200 millones de US$.

A pesar de las raíces británicas de la industria, en la actualidad el té de Sri Lanka se exporta a todo el mundo. Rusia es su mayor importador, seguida por Irán, Irak y Turquía.

Aparte de las distintas variedades del omnipresente té negro, en el 2016 Sri Lanka produjo 2,37 millones de kilos de té verde (conocido por su sabor más acre) y té blanco, uno de los más selectos que existen.

Calidad

Las plantaciones de té cubren 1900 km^2, sobre todo en las tierras altas y las regiones colindantes, especialmente en el sur.

El té y sus muchas variedades se seleccionan por el tamaño de la hoja (desde el económico "polvo" pasando por té en trocitos de hoja y las hojas rotas hasta el té en "hoja") y por la calidad, con nombres como *flowery* (floral), *pekoe* (vello blanco) o *souchong*. Obviamente, el té en polvo es el de menor calidad, y cualquiera en hoja es considerado un té respetable. En cuanto a designaciones de calidad, las hojas enteras y las *tips* (las hojas de té más jóvenes y delicadas) son las de calidad suprema.

El nombre familiar de *pekoe* responde a una graduación superior de té negro. Resulta interesante comprobar que no hay ningún documento que explique con propiedad de dónde procede el "naranja" *(orange)* del popular nombre *orange pekoe*. No tiene nada que ver con el sabor, sino con un artefacto empleado por los primeros mercaderes neerlandeses del té o como una referencia al color de las hojas cuando se secan. Sea como sea, *orange pekoe* es una graduación muy superior del té negro de Sri Lanka.

La altitud es otro indicativo primordial. El *udawatte* (té cultivado a gran altura) es el mejor; crece lentamente pero tiene un sabor delicado y sutil que lo convierte en el más buscado; Dimbula, Nuwara Eliya y Uva son tres importantes distritos para su cultivo. El *udawatte* crece por encima de los 1200 m.

El *medawatte* (té cultivado a altura media) tienen toques florales y de malta y mucho cuerpo pero es menos refinado; Kandy es su principal centro de producción. Se recoge a altitudes de entre 600 y 1200 m, y ocupa el punto medio en precio y calidad.

El *yatawatte* (té cultivado a baja altura) es más fuerte, tiene más cafeína y más cuerpo pero sin complejidades; crece a menos de 600 m. Las laderas del interior de la costa son centros de producción a baja altura: Ratnapura y Galle son dos distritos importantes.

Cultivo

Los arbustos del té suelen plantarse a 1 m de distancia unos de otros en terrazas acotadas para ayudar al riego y prevenir la erosión. Un arbusto de té mide 1 m de altura, y se poda con regularidad para que crezcan nuevos brotes, impedir la floración y la formación de frutos, y maximizar la producción de hojas. Un adecuado riego por agua de lluvia y la fertilización son esenciales.

Las hojas se cogen a mano cada 7-14 días, una labor que suelen llevar a cabo mujeres tamiles. Estas recolectoras tienen como objetivo recoger entre 20 y 30 kg/día. Tras la cosecha, las hojas se llevan a una fábrica donde se dejan oxidar (un sistema de aire a temperatura constante las deseca). Se pueden ver los enormes edificios de las fábricas por toda la zona de plantaciones de té. Muchos superan los 100 años.

Las hojas parcialmente secas se machacan para iniciar el proceso de fermentación. Con calor adicional, las hojas verdes rápidamente adquieren un tono cobrizo. La producción de té es un arte que reside en saber cuándo detener la fermentación, 'cociendo' el té a un calor incluso mayor para que la hoja adquiera ese color negro pardo que permanecerá invariable durante bastante tiempo. Para terminar, el té se separa por graduaciones en función del tamaño de la hoja.

Los trabajadores que regulan el sinnúmero de variables que determinan la cosecha del día y la elaboración del té adecuado, aquel al que los productores de Sri Lanka quieren colocar el precio de calidad suprema, ocupan el rango más alto entre las profesiones en las plantaciones. El arte del procesamiento se ha afinado durante décadas.

BEBER TÉ NEGRO

Aunque el té negro sea maleable, se ha de preparar con propiedad. Para sacar el máximo partido, conviene seguir los siguientes pasos.

- Guardar el té en un recipiente hermético, ya sea a granel o en bolsitas. El té es propenso a absorber los olores, un fastidio si es de mezclas delicadas o con sabor.
- Hervir el agua al momento (el agua previamente ya hervida le da a un sabor insulso).
- ¿Demasiado acostumbrado a las bolsitas de té? Con el té a granel, es una cucharilla por taza más una extra si se prepara una tetera.
- Hay que dejar que el té repose entre 3 y 5 min para que desprenda todo su sabor.
- En cambio, si el té ya ha reposado ese tiempo se recomienda retirar las hojas de té, a granel o en bolsita, porque amargan enseguida.
- Para un té con leche, hay que verter la leche en la taza y después añadir el té: los sabores se mezclan mejor.

Desde que se recogen las hojas, se procesan y se llenan las bolsas para su envío solo pasan 24 h.

Trabajadores del té

Todos los tés de la isla se etiquetan con el logo de un león, que determina que se ha producido en Sri Lanka.

En la industria del té de Sri Lanka trabajan más de un millón de personas: un 5% de la población del país. Los salarios de los recolectores aún son muy bajos (menos de 5 US$/día), y las aportaciones obligatorias correspondientes a la pensión y a los gastos funerarios los merman aún más.

La mayoría de las familias vive en construcciones tipo barracas (conocidas como *lines*) en los lindes de las plantaciones. Pocas tienen agua corriente o electricidad, y las estufas de leña y carbón que se utilizan para cocinar o calentar la vivienda provocan enfermedades respiratorias.

La inmensa mayoría de los trabajadores del té son tamiles. Al principio, los barones británicos del té querían contratar a cingaleses, pero a estos el trabajo les resultó poco atractivo y los dueños tuvieron que mirar hacia la India, de donde se trajeron a muchos tamiles. Hoy aún son uno de los grupos más marginados del país. La mayoría no tiene tierras, está clasificadas como "tamiles indios", y desamparadas por las diferencias lingüísticas y culturales.

De visita a las plantaciones de té

Una fabulosa introducción a los interminables y ondulantes campos verdes de las plantaciones de té de las tierras altas puede ser el recorrido en tren desde Ella a Haputale. En unas pocas horas se verán decenas de plantaciones entre las que se aprecia a las recolectoras, ataviadas con saris, bajo un sol de justicia.

Las fábricas y plantaciones de té de las tierras altas organizan circuitos para explicar el proceso, en el que se utiliza maquinaria y tecnología que no ha cambiado prácticamente nada desde el s. XIX.

Comprar té

El té es caro pero fácil de llevar, de modo que es un excelente regalo. La oferta de las fábricas y plantaciones de té de las tierras altas es desconcertante y variada. También hay muchas tiendas que venden té de calidad en Colombo, Kandy y Galle.

El té negro de Sri Lanka es el más conocido, célebre por su sabor un poco cítrico. El té verde Sri Lanka destaca por su aspereza, con sabor ligeramente a nuez. El té blanco (o Ceylon Silver Tips) se produce a partir de los primeros brotes (de color plateado), tiene un sabor delicado y alcanza precios muy elevados.

LAS MEJORES PLANTACIONES Y FÁBRICAS DE TÉ

Algunos de los lugares más recomendables para oler el té y conocer su procesado son:

Museo del Té de Sri Lanka (p. 174) Cerca de Kandy. Informativa y temprana parada en el circuito por el té.

Hundungoda Tea Estate (p. 134) Cerca de Koggala, produce más de 25 variedades de té, entre ellas muchas poco comunes.

Pedro Tea Estate (p. 184) Cerca de Nuwara Eliya, permite visitar la fábrica fundada en 1885.

Dambatenne Tea Factory (p. 191) En 1890, Thomas Lipton construyó, cerca de Haputale, esta fábrica que ofrece visitas guiadas muy recomendables.

Mackwoods Labookellie Tea Factory (p. 181) Ideal si el tiempo apremia, en una oportuna ubicación junto a la carretera a Nuwara Eliya.

Guía práctica

Datos prácticos A-Z

Acceso a internet

Por regla general, las pensiones y hoteles tienen wifi. En las ciudades y poblaciones medianas, la velocidad en dispositivos móviles es bastante rápida (mín. 3G). En las zonas rurales puede desaparecer la cobertura.

Alojamiento

Sri Lanka ofrece todo tipo de alojamientos, desde habitaciones en casas familiares hasta resorts de cinco estrellas. Con el auge del turismo, los precios se han incrementado, y, en comparación con otros países asiáticos, cabe esperar pagar más aquí por una cama que, p. ej., en la India o el sureste asiático. En cualquier caso, el regateo es algo común.

Las tarifas dependen mucho de la temporada, especialmente en la playa; en la baja deberían de encontrarse grandes descuentos. La alta va de diciembre a abril en la costa oeste y sur, y de abril a septiembre en la costa este.

Téngase en cuenta que hay quien se ha encontrado con hoteles que no han respetado reservas con prepago en sitios web como www.agoda.com. En esos casos insisten en que se pague la tarifa completa (siempre hinchada) y que luego se solicite la devolución del dinero a la página de reservas. Eso suele ser un timo. Llévese siempre la confirmación de la reserva impresa y el número de contacto del sitio web en el país. Con una llamada se suelen arreglar las cosas, ya que el hotel no querrá que el sitio web los elimine de su listado.

Algunos hoteles de precio medio y alto dan las tarifas en dólares estadounidenses o euros, pero aceptan el equivalente en rupias. Generalmente suelen añadir un 10% en concepto de servicio a la tarifa indicada. En muchos hoteles, además del IVA, se añade un 15% de impuestos locales: toda una sorpresa a la hora de pagar.

Téngase presente que muchos hoteles no tienen permiso para vender alcohol, aunque no suelen poner pegas a que el cliente lleve sus propias bebidas. En la mayoría de los establecimientos está prohibido fumar.

RESERVAS DE HOTEL EN LÍNEA

Si se busca alojamiento, en www.lonelyplanet.es, en la pestaña Reservar, y allí en Alojamiento, se encontrarán hoteles de todo el mundo, con la posibilidad de hacer reservas en línea.

PRECIOS DEL ALOJAMIENTO

Los siguientes baremos de precios corresponden a una habitación doble con baño y, a menos que se indique lo contrario, con ventilador, impuestos incluidos, en temporada alta.

$ hasta 3500 LKR

$$ de 3500 a 9000 LKR

$$$ desde 9000 LKR

Tipos de alojamiento

La mayoría de opciones son hoteles y pensiones. En las zonas rurales, casi cada casa es una pensión. La diferencia es que los hoteles suelen ser más grandes, tienen recepción y ofrecen más servicios. A menudo las pensiones son negocios familiares.

En casi todos los establecimientos se sirven comidas. No es raro que el alojamiento haya perdido calidad, como pensiones que alquilan habitaciones por horas u hoteles que se han quedado viejos. Siempre habrá otras opciones mejores en la zona, así que conviene investigar.

ECONÓMICO

Además de unos cuantos hoteles, por todo el país hay pensiones y albergues baratos, que varían en cuanto calidad y precio.

Suelen ofrecer:

- Ventilador en casi todas las habitaciones y aire acondicionado en una o dos; el ventilador basta en las tierras altas y en primera línea de playa.
- Quizá agua caliente.
- Baño propio (salvo en dormitorios colectivos donde suelen imperar las instalaciones compartidas) con ducha y retrete occidental.
- Wifi.
- Un desayuno sencillo.

PRECIO MEDIO

Las pensiones y hoteles de precio medio son la opción más habitual en todo el país. La mayoría ofrece cierta comodidad, y en algunos casos pueden ser muy agradables, con buenos servicios y vistas. Las opciones abarcan desde hotelitos coloniales bien gestionados hasta atractivas propuestas en la playa o cerca de ella.

Suelen ofrecer:

- Balcón, porche o patio.
- Televisión por satélite.
- Nevera.
- Aire acondicionado en casi todas (o todas) las habitaciones.
- Wifi.
- Quizá piscina.

PRECIO ALTO

Pueden ser estilosos hoteles-*boutique* en mansiones coloniales o espléndidos resorts de cinco estrellas.

Suelen ofrecer:

- Buen servicio.
- Vistas muy atractivas: del mar, de frondosos valles, arrozales o jardines privados.
- Generalmente piscina.
- *Spa*.
- Restaurante (con licencia para servir alcohol).

Últimamente ha aumentado la oferta de casas de alquiler en zonas de playa, especialmente en el sur. Una opción especial son las antiguas casas de las plantaciones de té de las tierras altas, reconvertidas en pensiones u hoteles con bonitos jardines y salones llenos de antigüedades.

DÓNDE DORMIR

Sri Lanka tiene algo para todos.

Quienes prefieran explorar ciudades antiguas y grandes atracciones tienen en Anuradhapura, Giritale y Habarana magníficas bases de operaciones.

Los playeros deberían ir directamente a los centros costeros del sur, como Mirissa o Tangalla, o a calas menos explotadas como Talalla o Hiriketiya. En el oeste, Bentota y Hikkaduwa tienen fama, mientras que en el este, tanto la bahía de Arugam como las playas al norte de Trincomalee son muy recomendables.

Tampoco faltan opciones en las tierras altas, aunque Nuwara Eliya en insuperable en cuanto a ambiente colonial, y la histórica Kandy es una auténtica meca cultural.

Aduana

En Sri Lanka la lista de productos prohibidos incluye lo típico: drogas, armas, frutas frescas y cualquier cosa remotamente pornográfica.

Se permite pasar:

- 0,25 l de perfume
- 1,5 l de alcohol

En el vestíbulo de llegadas del aeropuerto, antes de la recogida de equipaje, hay tiendas *duty-free* donde, además de bebidas, se venden electrodomésticos, como batidoras y neveras.

En la web de aduanas de Sri Lanka (www.customs.gov.lk) están todos los detalles.

PRECIOS DE LA COMIDA

El siguiente baremo de precios es para un plato principal.

$ hasta 250 LKR

$$ de 250 a 800 LKR

$$$ desde 800 LKR

Comida y bebida

El país cuenta con una magnífica oferta epicúrea (p. 40). Conviene reservar en los restaurantes más populares de Colombo y en los principales resorts; en el resto de casos, no suele ser necesario.

Restaurantes En la capital, en Galle y en Kandy, en las poblaciones costeras y en los hoteles de categoría de todo el país se encontrarán opciones, por lo general, caras y bastante formales, en las que se suele servir alcohol.

Hoteles Sin nada que ver con el significado habitual de la palabra, estos sencillos establecimientos sirven cocina regional sin alardes y a precios asequibles.

Cafés Concentrados en las ciudades y poblaciones costeras, sirven sándwiches y tentempiés.

Panaderías Despachan lo que aquí se conoce como *short eats*, o picoteo, a saber: panecillos, horneados, repostería y *vadai* (rosquillas saladas fritas).

Comunidad LGBTI

En Sri Lanka están prohibidas las relaciones sexuales

entre personas del mismo sexo, un tema del que apenas se habla en público. Si bien es cierto que hace 60 años que no se condena a nadie por ello, se ruega discreción. La ley actual no protege a las personas del colectivo LGBT del acoso, pero, por suerte, la situación está cambiando, y Colombo tiene un ambiente algo más abierto, sobre todo en barrios cosmopolitas como Col 1, Col 3 o Col 7.

Equal Ground (☎011-567 9766; www.equal-ground.org) es una asociación de apoyo a los derechos de gais y lesbianas con sede en Colombo. Financia la celebración del Día del Orgullo, ofrece asesoramiento y dispone de útiles recursos en línea.

Correos

Sri Lanka Post (www.slpost.gov.lk) tiene oficinas en casi todas las poblaciones del país. El servicio internacional es lento.

Cuestiones legales

El sistema legal de Sri Lanka es una compleja combinación, casi arcana, entre el derecho británico, el romano-neerlandés y la ley nacional. La justicia es muy lenta, e incluso denunciar un pequeño robo puede requerir horas rellenando impresos. En las grandes ciudades y en los centros turísticos la policía turística debería ser el primer recurso ante problemas menores como un robo.

El consumo de drogas (principalmente marihuana de cultivo local, aunque también se importa heroína y metanfetamina) suele concentrarse en centros turísticos como Hikkaduwa, Negombo y Unawatuna. Coquetear con el asunto es muy peligroso: el consumo de sustancias prohibidas puede acarrear la cárcel y, presumiblemente, el Gobierno del país de origen no podrá hacer mucho para ayudar, más allá de poner en contacto con algún abogado local.

Descuentos

El carné de estudiante internacional no tiene mucha aplicación en Sri Lanka.

Dinero

Cajeros automáticos

Habituales en todas las poblaciones, suelen expedir billetes de 5000 LKR, que conviene cambiar en cuanto se pueda (en el mismo banco del cajero), ya que en los pequeños negocios no aceptan denominaciones grandes.

Efectivo

En cualquier banco u oficina de cambio canjean efectivo (euros y dólares estadounidenses). Antes de salir del país, conviene deshacerse de las rupias que se tengan en el aeropuerto (antes del control de seguridad; luego no se puede), pues más tarde puede ser imposible cambiarlas, incluso en países vecinos.

Tarjetas de crédito y débito

MasterCard y Visa son las tarjetas más aceptadas, y en casi todos los hoteles y restaurantes de precio medio y alto se puede pagar con ellas.

Moneda

La moneda de Sri Lanka es la rupia (LKR), que se divide de 100 céntimos, aunque es raro encontrar precios con céntimos. Hay monedas de 1, 2, 5 y 10 LKR y billetes de 10, 20, 50, 100, 200, 500, 1000, 2000 y 5000 LKR.

Cambistas

En Colombo y los grandes centros turísticos se encontrarán cambistas que ofrecen tarifas competitivas, pero hay que ir con cuidado, ya que los timos son frecuentes. Es mejor acudir a bancos o agencias fiables, como las del aeropuerto. El cajero automático es la vía más segura para obtener efectivo.

Impuestos y devoluciones

En Sri Lanka el IVA es del 15%, y puede (o no) estar incluido en el precio de bienes y servicios. Hay que asegurarse de no pagar por partida doble. No existe un sistema de reembolso para los turistas extranjeros.

Electricidad

La corriente es de 230V, 50 Hz. Hay una variedad de enchufes desconcertante. Además del clásico, similar al indio, cabe encontrar en una misma habitación enchufes de estilo norteamericano, europeo y británico.

En mercados, supermercados y tiendas para turistas venden adaptadores por menos de 500 LKR.

Tipo D
220V/50Hz

Embajadas y consulados

Es importante tener claros los límites de lo que puede hacer la embajada, que es casi nada si se ha violado la ley del país. En caso de una verdadera emergencia, pueden dar cierta asistencia, pero solo si ya se han agotado todas las demás vías. También pueden recomendar hospitales, médicos y dentistas.

Si no se especifica lo contrario, las siguientes embajadas están en Colombo:

Oficina de visados de la India (plano p. 76; ☎011-255 9435; www.ivsvisalanka.com; 129 Phillip Gunawardena Mawatha, Col 4; ⊙atención 8.30-14.00 lu-vi)

Alto comisionado de la India (plano p. 76; ☎011-232 7587; www.hcicolombo.org; 36-38 Galle Rd, Col 3; ⊙9.00-17.30 lu-vi)

Alto comisionado de las Maldivas (plano p. 82; ☎011-551 6302; www.maldiveshighcom.lk; 25 Melbourne Ave, Col 4)

Embajada de EE UU (plano p. 76; ☎011-249 8500; https://lk.usembassy.gov; 210 Galle Rd, Col 3; ⊙8.30-16.30 lu-ju, hasta 12.00 vi)

Alto comisionado de España (☎011-553 3500; consul_spain@sltnet.lk; apartamento L-9-02 East Tower, World Trade Centre. Echelon Square, Col 1)

Fiestas oficiales

Al haber cuatro religiones principales, Sri Lanka disfruta de multitud de festivos, incluidos los días de *poya* (luna llena), cuando casi todo suele estar cerrado.

Año Nuevo 1 enero

Día del Thai Pongal tamil 14 de enero, festival de la cosecha hinduista

Día de la independencia 4 de febrero

Viernes Santo Marzo/abril

Sinhala y Año Nuevo tamil 14 de abril

Día del Trabajo 1 de mayo

Id ul-Fitr Señala el fin del Ramadán, que se rige por el calendario lunar; será el 14 de junio del 2018 y el 4 de junio del 2019.

Navidad 25 de diciembre

Fotografía

- A la mayoría de los ceilandeses les encanta que les hagan fotografías, pero siempre es mejor pedir permiso. Algunas personas, como los pescadores sobre pilotes de Koggala, piden dinero a cambio.
- Está prohibido fotografiar o filmar en embalses, aeropuertos, controles de carretera o cualquier cosa asociada con el Ejército.
- Nunca hay que posar delante o al lado de una estatua de Buda (dándole la espalda), se considera una falta de respeto.
- El *flash* puede dañar frescos y murales, así que hay que respetar las prohibiciones en lugares como Dambulla o Sigiriya.

Hora local

Al igual que la India, Sri Lanka va 5½ h por delante de la hora GMT. En verano no se aplica el cambio horario de ahorro de energía.

Horario comercial

Salvo en las zonas turísticas, casi todos los sitios cierran los domingos.

Bares Suelen cerrar a las 24.00; última copa a las 23.00.

Restaurantes y cafés 7.00-21.00 lu-do, más tarde en zonas turísticas.

Tiendas 10.00-19.00 lu-vi, 10.00-15.00 sa

Tiendas y servicios turísticos 9.00-20.00

Información turística

La oficina principal del **Sri Lanka Tourist Board** (SLTB; plano p. 76; ☎011-243 7059; www.srilanka.travel; 80 Galle Rd,

LO BÁSICO

Información digital Hay dos recursos dignos de mención: www.hirunews.lk, que ofrece un buen resumen de la actualidad; y www.yamu.lk, con excelentes reportajes y críticas de restaurantes.

Periódicos En Sri Lanka se publican varios diarios en inglés.

Fumar No es una práctica habitual. Está prohibido en autobuses y trenes y en lugares públicos. A los bares y restaurantes se les exige por ley habilitar una zona para fumadores separada, aunque en muchos casos se mezclan.

Televisión La mayoría de las emisoras de radio y canales de televisión están controlados por el Gobierno. Los hoteles de precio medio y alto suelen tener televisión por satélite con canales internacionales.

Pesos y medidas Se usa el sistema métrico decimal, aunque aún hay quien indica las distancias en yardas y millas. El término *lakh* suele utilizarse en lugar de 100 000, y el número 10 millones se denomina *koatiya* o *koti*.

Col 3, Colombo; ⏲7.00-21.00) en Colombo dispone de prácticos folletos y planos/mapas con imágenes.

En el resto del país apenas hay oficinas de turismo.

Lavabos públicos

➡ Todos los alojamientos de precio medio y alto tienen váteres con taza y cisterna.

➡ Solo los establecimientos económicos poco frecuentados por turistas tienen letrinas y carecen de papel higiénico.

➡ Los lavabos públicos escasean y, de encontrar uno, suele estar mugriento, aunque también los hay atendidos.

➡ Es mejor usar los de los restaurantes, hoteles y lugares como centros de visitantes de plantaciones de té.

Mapas y planos

Los mapas digitales, tanto en línea como en aplicaciones para Apple, Bing y Google, suelen estar actualizados, pero aun así hay que estar atento a posible errores, sobre todo en el norte, más ajenos al mundo digital.

Mujeres viajeras

Las mujeres que viajen en solitario pueden ser un foco de atención excesiva por parte de los hombres. Fuera de Colombo no es mala idea cubrirse las piernas y los hombros, aunque igualmente se llamará la atención. Mejor no ponerse camisetas ceñidas, y salvo en las playas turísticas del sur, el este y el oeste, es preferible bañarse en camiseta y pantalón corto.

En Colombo y en zonas turísticas se puede vestir más relajadamente. "¿Estás casada?" es una pregunta frecuente, así que tal vez no sea descartable llevar una alianza falsa y fotografías de un marido imaginario.

Se podría sufrir cierto acoso si se camina o se va sin compañía, tanto de día como de noche. El abuso físico (toqueteos) se puede dar en todas partes. Es mejor unirse a grupos grandes. Se han registrado incluso casos de mujeres en solitario acosadas por algún guía durante una visita.

No obstante, no es que todo el viaje vaya a ser un serial de abusos. Los incidentes desagradables son la excepción, no la regla. Aun así, hay que recordar que hay muchos lugares reservados casi exclusivamente a los hombres, como los bares de barrio.

Llévese una provisión suficiente de tampones, ya que pueden ser muy difíciles de encontrar.

Precauciones

Con el fin de las hostilidades, recorrer Sri Lanka ha dejado de plantear ningún problema particular.

➡ A aquellos viajeros que muestren cualquier tipo de tatuaje o prenda que incluya una imagen de Buda se les podría denegar la entrada en el país o, llegado el caso, proceder a su detención o deportación.

➡ Se debe mostrar respeto ante cualquier imagen o representación de Buda.

Seguro de viaje

A menos que el personal cubra Sri Lanka, conviene contratar un seguro de viaje específico: llévese una copia de la póliza como justificante.

En www.lonelyplanet.es se encontrarán seguros de viaje para todo el mundo. Se puede comprar, ampliar y reclamar en cualquier momento, incluso durante el viaje.

Teléfono

Operadores de telefonía móvil

En las zonas urbanas la cobertura es buena y barata. Se puede comprar una tarjeta SIM con datos de internet y crédito para llamadas por 700 LKR; el coste de las llamadas nacionales es de 2 LKR/min.

Los principales operadores de telefonía móvil tienen mostradores en la terminal de llegadas del aeropuerto internacional Bandaranaike; hay que comparar precios, ya que varían mucho. Estos son algunos operadores:

Dialog (www.dialog.lk)

Hutch (www.hutch.lk)

Mobitel (www.mobitel.lk)

Trabajo

Sri Lanka no es lugar para buscar empleo, ni siquiera en sitios turísticos. A los pocos extranjeros que trabajan en el país, se les contrata para ocupar puestos específicos en empresas dispuestas a realizar el correspondiente proceso burocrático.

INFORMARSE ES IMPORTANTE

Antes y durante el viaje recomendamos que cualquier información relacionada con seguridad, salud, trámites administrativos como la expedición de visados, etc., sea verificada con el Ministerio de Asuntos Exteriores del país del viajero. Nuestras guías están actualizadas al cierre de la edición original, pero los cambios políticos, sociales y naturales son cada vez más rápidos e inciertos.

Viajeros con discapacidades

Sri Lanka es un desafío para los viajeros con algún tipo de dificultad, si bien los solícitos ceilandeses enseguida se prestan a ayudar. Si se tienen problemas de movilidad, puede resultar difícil –si no imposible– moverse en transporte público. Los autobuses y los trenes no están preparados para las sillas de ruedas. Moverse por pueblos y ciudades también puede ser complicado en silla de ruedas, o si se tienen problemas de visión, por las constantes obras y las calzadas en mal estado. Lo caótico del tráfico es otro problema potencialmente grave. La mejor opción de transporte es un automóvil con conductor. En lo posible, conviene viajar con una persona fuerte que pueda ayudar.

Aparte de algunos hoteles de precio alto, los alojamientos no suelen estar adaptados para las sillas de ruedas. No obstante, en muchos lugares se pueden encontrar habitaciones y baños a los que acceder sin tener que subir o bajar escalones. Descárguese la guía gratis de Lonely Planet Accessible Travel en http://lptravel.to/AccessibleTravel.

Visados

Los visados de 48 h para viajeros en tránsito son gratis; los turísticos de 30 días cuestan 25-100 US$, según la nacionalidad. Ambos deben tramitarse por adelantado en www.eta.gov.lk.

Obtención del visado

Hay que seguir estos pasos para obtener un visado de 30 días:

- Bastantes días antes de viajar, visítese la web www.eta.gov.lk para obtener un visado electrónico.
- Sígase el proceso de solicitud en línea y páguese con una tarjeta de crédito o débito.
- Una vez aprobada la solicitud, imprímase la confirmación del visado.

También se pueden conseguir en las embajadas ceilandesas en el extranjero, así como en un mostrador en el aeropuerto internacional Bandaranaike pensado para quienes lleguen al país sin visado, aunque habrá que prepararse para hacer horas de cola y pagar una penalización de 40 US$.

RECOMENDACIONES DEL GOBIERNO DEL VIAJERO

Las siguientes webs ofrecen consejos útiles:

EE UU: https://travel.state.gov

España http://www.exteriores.gob.es/Portal/es/ServiciosAlCiudadano/SiViajasAlExtranjero/Paginas/Inicio.aspx

Extensiones de visado

El visado de turista de 30 días se puede renovar dos veces, de 30 días cada vez. Hay que contactar con el **Departamento de Inmigración y Emigración** (☎011-532 9000; www.immigration.gov.lk; Sri Subuthipura Dr, Battaramulla; ⏱8.30-16.15). No es difícil obtener una ampliación, pero el proceso burocrático es algo tedioso y exige descargar varios formularios. Para tramitarlo en un día, habrá que presentarse en la oficina antes de las 10.00 y calcular una espera de 4 h como mínimo.

Voluntariado

Ahora hay menos oportunidades de participar en programas de voluntariado que en los años posteriores al tsunami del 2004. Aun así, quienes tengan tiempo y, sobre todo, experiencia encontrarán distintas maneras de ayudar activamente a otras personas.

Lonely Planet no puede responder por ninguna organización con la que no trabaje directamente.

Las siguientes organizaciones son algunas de las que ofrecen oportunidades de voluntariado:

International Volunteer HQ (IVHQ; ☎+64 6758 7949; www.volunteerhq.org; Kandy) Ofrece una amplia gama de experiencias de voluntariado, en la enseñanza, asistencia médica o reconstrucción de templos. Con sede en Nueva Zelanda, organiza voluntariados en Kandy y alrededores.

Sri Lanka Wildlife Conservation Society (SLWCS; ☎072 999 9520; www.slwcs.org; Udahamulla, Nugegoda) Ofrece puestos remunerados de voluntariado para recopilar datos relativos a la fauna y flora y como docente.

Volunteer Sri Lanka (☎077 791 0747; www.volunteersrilanka.net; Galle) Precisa voluntarios para períodos cortos, sobre todo profesores pero también para puestos no cualificados.

Transporte

CÓMO LLEGAR Y SALIR

Cada año aumenta el número de rutas aéreas a Sri Lanka, aunque aún no hay servicios de ferri a la isla.

Llegada al país

Los trámites de inmigración en el aeropuerto internacional Bandaranaike son sencillos.

Es obligatorio llevar siempre el pasaporte encima. Antes de partir, se recomienda comprobar que este tenga una validez mínima de seis meses a contar a partir de la fecha prevista de salida del país.

Avión

Aeropuertos

Sobre el papel, Sri Lanka tiene dos aeropuertos internacionales, pero en la práctica casi todas las líneas aéreas utilizan el **aeropuerto internacional Bandaranaike** (CMB; ☎011-226 4444; www.airport.lk), situado en Katunayake, 30 km al norte de Colombo. En los vestíbulos de llegadas y salidas hay mostradores de cambio de moneda 24 h, cajeros automáticos, tiendas de telefonía móvil y demás.

La llegada suele ser tranquila, ya que los vendedores no pueden acercarse mucho. Los pasajeros en tránsito y los que quieran facturar pronto deben tener en cuenta que las terminales son bastante espartanas en cuestión de instalaciones.

El aeropuerto es, además, el centro de operaciones de la compañía de bandera ceilandesa, **SriLankan Airlines** (☎011-777 1979; www.srilankan.aero), que cubre numerosos destinos de Asia y Oriente Próximo, y presume de un historial de seguridad equiparable al de otras aerolíneas internacionales. De las conexiones nacionales se ocupa **Cinnamon Air** (plano p. 70; ☎011-247 5475; www.cinnamonair.com).

El **aeropuerto internacional Mattala Rajapaksa** (www.airport.lk/mria) está 15 km al norte de Hambantota, cerca de la costa sur. Notorio por tratarse de un proyecto inútil y costoso, de él sale normalmente un vuelo diario de una compañía de bajo coste a Dubái, según fuentes periodísticas, a menudo sin pasajeros. Para colmo, la enorme terminal carece de servicios, así que si se llega a ella se recomienda reservar el traslado previamente.

Aerolíneas que vuelan a/desde Sri Lanka

ASIA

Muchas de las principales aerolíneas asiáticas vuelan

EL CAMBIO CLIMÁTICO Y LOS VIAJES

Todos los viajes con motor generan una cierta cantidad de CO_2, la principal causa del cambio climático provocado por el hombre. En la actualidad, el principal medio de transporte para los viajes son los aviones, que emplean menos cantidad de combustible por kilómetro y persona que la mayoría de los automóviles, pero también recorren distancias mucho mayores. La altura a la que los aviones emiten gases (incluido el CO_2) y partículas también contribuye a su impacto en el cambio climático. Muchas páginas web ofrecen "calculadoras de carbono" que permiten al viajero hacer un cálculo estimado de las emisiones de carbono que genera en su viaje y, si lo desea, compensar el impacto de los gases invernadero emitidos participando en iniciativas de carácter ecológico por todo el mundo. Lonely Planet compensa todos los viajes de su personal y de los autores de sus guías.

a Sri Lanka, entre ellas Air Asia, de bajo coste. Las rutas desde la India se las disputan varias compañías. Muchos turistas combinan el viaje a Sri Lanka con una visita a las Maldivas. SriLankan Airlines y Emirates vuelan entre Colombo y Malé.

EUROPA

SriLankan Airlines tiene vuelos directos entre Colombo y Londres. La mayoría de los viajeros llega con vuelos de Austrian, British Airways, Emirates, Etihad Airways, Qatar Airways o Turkish Airlines.

EE UU

Desde EE UU hay que recorrer medio mundo para llegar, literalmente, a Sri Lanka; desde la costa oeste es mejor hacer escala en Asia; desde la costa este, en Oriente Próximo o la India.

Por mar

En la actualidad no es posible viajar en ferri a Sri Lanka. El servicio que unía Colombo y Tuticorin (Tamil Nadu), en la India, apenas duró unos meses en el 2011. Antes de la guerra civil había una ruta entre Mannar, en el noroeste de la isla, y Rameshwaram, en la India. Durante años se ha rumoreado acerca de la posibilidad de reanudar el servicio, pero hasta la fecha no se ha concretado en nada.

CÓMO DESPLAZARSE

Algunas consideraciones a tener en cuenta a la hora de viajar por la isla:

- Los vuelos nacionales en Sri Lanka son bastante limitados, pero las distancias no son enormes y las nuevas autopistas están reduciendo los tiempos de viaje.
- Viajar en transporte público supone tener que escoger entre autobús y tren, ambos económicos. Puede que los trenes vayan abarrotados, pero eso no es nada en comparación con el hacinamiento que sufren los autobuses convencionales. Es mejor ir de pie en un tren que en un autobús.
- En las carreteras principales Colombo-Kandy y Negombo-Galle los autobuses avanzan a un ritmo de 40-50 km/h. En las autopistas que cruzan las llanuras y el norte, pueden alcanzar los 60-70 km/h. En las tierras altas, la velocidad media puede reducirse a 20 km/h.
- Todos los medios de transporte público suelen ir abarrotados durante las fiestas de *poya* (luna llena) y los fines de semana más próximos, cuando conviene evitarlos.

Avión

Las opciones para volar en el país son muy limitadas.

Aeropuerto internacional Bandaranaike (p. 334) Atiende los servicios nacionales de **Cinnamon Air** (p. 334), que opera una oferta limitada de vuelos caros a destinos como Batticaloa, Dikwella, Sigiriya y Trincomalee, entre otros. Se suele volar en aviones pequeños (que usan bases aéreas militares) o incluso en hidroaviones. También ofrece vuelos chárter (desde 3000 US$) a distintos puntos del país.

Aeropuerto de Colombo, Ratmalanae (www.airport.lk/rma) Desde esta base militar, 15 km al sur de Colombo, llegan y salen vuelos chárter nacionales.

Bicicleta

Por lugares históricos como Anuradhapura o Sigiriya la bicicleta puede ser el mejor modo para disfrutar de la visita. También es un medio ideal para explorar el norte y el este, por las carreteras apenas transitadas tan típicas de estas regiones. Cada vez son más los hoteles y pensiones que ofrecen bicicletas de alquiler.

Alquiler

- Casi todas las bicicletas que ofrecen las pensiones y hoteles son sencillas de montaña y cuestan unas 500 LKR/día.
- Si en el hotel o pensión no las alquilan, normalmente pueden poner en contacto con alguien que lo haga. En muchos hoteles las alquilan también a no clientes.
- Las bicicletas de alquiler para un día no suelen ser aptas para largas rutas, y no hay muchas tiendas de alquiler de bicicletas de calidad. Si se piensa hacer una ruta larga en bicicleta, conviene llevarse la propia desde casa.

Circuitos en bicicleta

Algunas agencias de viajes y tiendas de bicicletas ofrecen circuitos por Sri Lanka y también pueden ser útiles para organizar rutas de forma independiente, entre ellas las siguientes:

Eco Team (plano p. 76; ☎011-583 0833; www.srilankaecotourism.com; 20/63 Fairfield Gardens, Colombo)

SpiceRoads Cycle Tours (☎en Tailandia 02 381 7490; www.spiceroads.com)

Srilanka Bicycle Trips (☎011-622 3378; www.srilankabicycletrips.com; circuitos desde 10 500 LKR)

Largo recorrido

- Los ciclistas aficionados disfrutarán de Sri Lanka, con las excepciones de las zonas más escarpadas de las tierras altas y las transitadas carreteras de acceso a Colombo. Para salir de Colombo, conviene tomar primero el tren hasta las afueras.

- Es mejor madrugar para evitar el excesivo calor, y llevar mucha agua y protección solar. El recorrido diario dependerá de las carreteras: muchas veces habrá que fijar la mirada en el suelo, para evitar obstáculos, desde hoyos a pollos. También hay que tener en cuenta que los autobuses, camiones y otros vehículos pueden invadir cualquier parte de la calzada, así que es conveniente llevar ropa de color llamativo.
- Si la bicicleta es de propiedad, conviene llevar neumáticos y cámaras de recambio, que pueden ser difíciles de conseguir. El tamaño de neumático habitual en Sri Lanka es de 71 x 3,8 cm. También se pueden encontrar neumáticos importados de 68,5 cm para bicicletas de 10 marchas, pero solo en Colombo.
- No hay que perder nunca la bicicleta de vista. Úsese un buen candado.
- Para transportar una bicicleta en el tren hay que rellenar impresos, así que conviene entregarla al menos 30 min antes de la salida. En la estación de Fort (Colombo) quizá sea mejor llegar con 2 h de antelación. Llevar una bicicleta en tren suele costar el doble que un pasaje de 2ª clase.

Barco

Salvo los que van a las islas al suroeste de Jaffna, en Sri Lanka no hay ningún servicio marítimo reseñable.

Autobús

Los autobuses cubren un 80% de los 90 000 km de carreteras del país. En Sri Lanka los hay de dos tipos.

Autobuses de la Central Transport Board (CTB) Son los más habituales y no suelen tener aire acondicionado; cubren rutas cortas y la mayoría de las de largo recorrido. También se ven autobuses con el logotipo de Sri Lanka Transport Board (SLTB).

Autobuses privados Las empresas independientes ofrecen desde autocares a la última, en rutas *intercity-express*, hasta antiguos microbuses para trayectos cortos entre pueblos o ciudades. En algunas rutas importantes hay *intercity* con aire acondicionado. Para viajes largos son más cómodos y rápidos que los demás. Tras completarse la autopista del sur (Southern Expressway), se han introducido servicios exprés con modernos autocares con aire acondicionado entre Colombo y Galle.

Consejos generales

Viajar en autobús por Sri Lanka puede ser interesante y entretenido, y la mayoría de los lugareños habla un poco de inglés. En las rutas largas suelen subir vendedores de tentempiés, libros y regalos. Téngase en cuenta que:

- Para las rutas principales, durante el día hay varias salidas cada hora.
- Encontrar el autobús que se busca en las caóticas estaciones de las grandes ciudades es todo un reto, aunque casi todos los autobuses usan ya carteles con el destino también en caracteres latinos.
- Muchos autobuses que cubren rutas fijas llevan un número a la vista, lo que facilita dar con el correcto.
- No suele haber una taquilla central; hay que localizar la zona donde para el autobús y comprar el billete en un pequeño puesto o en el mismo autobús.
- A veces es posible reservar asiento por adelantado; consúltese en la estación.
- Algunas compañías tienen autobuses semi-confortable (o *semi-luxe*), con asientos más grandes que los de la CTB y cortinillas, pero sin el aire acondicionado de los mejores *intercity*.
- En estaciones y autobuses, la mayoría de la gente se muestra dispuesta a ayudar.
- El espacio para el equipaje es limitado o inexistente; quizá se tenga que comprar un billete para la maleta.
- En los autobuses de la CTB, los primeros dos asientos están reservados para monjes budistas.
- Para asegurarse el asiento, lo mejor es subir al autobús al inicio de la línea.
- Cuando se llegue al destino, se deben confirmar los detalles de la salida para el próximo tramo del viaje.

Precios

En la mayoría de los casos, las compañías privadas ofrecen servicios similares a los de la CTB. Un trayecto en *intercity express* cuesta más o menos el doble que en autobús de la CTB, pero suelen ser más del doble de cómodos, y normalmente más rápidos. Los autobuses de la CTB y los privados normales son muy baratos.

Automóvil y motocicleta

- Se puede conducir, pero lo habitual es alquilar un automóvil con conductor. Si la visita es relativamente corta y de presupuesto medio, los costes de viajar en automóvil con conductor pueden ser bastante razonables.
- A la hora de planear el itinerario, calcúlese una velocidad media de 35/55 km/h en las tierras altas/resto del país.
- La motocicleta es una alternativa para los más intrépidos. Las distancias son relativamente cortas y algunas de las carreteras son una delicia para los moteros; el truco es mantenerse

alejado de las vías más importantes. Las de las tierras altas son tranquilas y muy paisajísticas; y las secundarias de la costa y de las llanuras son razonablemente rápidas. Pero hay que informarse, pues el alquiler de motocicletas no es tan frecuente en Sri Lanka como en el resto de Asia.

➡ Por todo el país, Mw es la abreviatura de Mawatha (avenida).

Alquiler de automóvil con conductor

Un automóvil con conductor garantiza una flexibilidad máxima de movimiento y, mientras el conductor se enfrenta al caos del tráfico, se puede mirar por la ventanilla e intentar relajarse.

En los principales centros turísticos, muchos taxistas se ofrecerán como chóferes por un día o más, o, quizá mejor, que la pensión u el hotel contacte con un conductor. Las agencias de viajes también ofrecen este servicio, aunque puede salir bastante más caro.

PRESUPUESTO

Existen varias fórmulas de cálculo, como el precio por kilómetro más el dinero para las comidas y el carburante. Lo más sencillo es acordar una tarifa final, sin suplementos. Puede ser de 8000-11 000 LKR/día (60 US$ es una buena media), aparte del carburante, o más si el vehículo es nuevo y tiene aire acondicionado. Téngase en cuenta también que

➡ La mayoría de los conductores espera una propina del 10%.

➡ Conviene conocer primero al conductor, por si no hay química.

➡ Vale la pena contratar al conductor solo por dos o tres días al principio, para ver como va.

➡ El cliente manda. Las recomendaciones están muy bien, pero no hay que dejarse llevar. Se sabe de conductores que han disuadido a viajeros de determinadas visitas porque allí no tienen nada que ganar.

➡ Si se habla inglés, a menos que el conductor no lo hable, contratar un guía es innecesario.

Los conductores consiguen parte de sus ingresos de las comisiones. La mayoría de los hoteles y pensiones les paga un fijo o un porcentaje, aunque no todos lo hacen. Eso puede provocar discusiones con el conductor sobre el alojamiento elegido, ya que él querrá llevar al viajero a su campo. Algunos hoteles tienen alojamientos miserables para los conductores; en otros hoteles y pensiones son más listos y saben que les conviene tenerlos contentos, así que les dan comida y cama mejores.

Entre otras compañías de conductores destacan (hay muchas más; visítese el foro Thorn Tree de Lonely Planet):

Ancient Lanka (☎077 727 2780; www.ancientlanka.com)

Let's Go Lanka (☎077 630 2070; www.letsgolanka.com)

Alquiler sin conductor

La compañía **Shineway Rent a Car** (☎071 278 9323; http://rentalcarsrilanka.com; 45/15 Nawala Rd, Narahenpita, Col 5), sita en Colombo, alquila automóviles sin conductor. Se encontrarán otras compañías nacionales, así como pequeñas agencias en las localidades turísticas. Generalmente se puede conseguir un automóvil por unos 30 US$/día con 100 km incluidos. Pero no es habitual

LAS NUEVAS AUTOPISTAS DE SRI LANKA

Está prevista la apertura de varias autopistas en el país. La mayoría será de peaje, con precios relativamente baratos.

Colombo-Katunayake Expressway Reduce drásticamente el tiempo de viaje entre el aeropuerto Bandaranaike y la ciudad. Desde su inicio, 4 km al noreste de Fort, en el puente de Kelani, el trayecto hasta el aeropuerto dura 30 min. Desafortunadamente, durante el día, las calles de la ciudad entre Fort y la entrada siguen tan congestionadas que siempre.

Outer Circular Expressway Finalizada en el 2017, traza un bucle que atraviesa la periferia oriental de Colombo, conectando la **Southern Expressway** con la de Katunayake. Gracias a ella, el viaje del aeropuerto a Galle ahora se cubre en menos de 3 h.

Southern Expressway Es la primera autopista completada. Tiene 161 km y va de Kottawa, un barrio al sur de Colombo, cerca de Maharagama, hasta Matara por una salida cerca de Galle. Hasta que se completen las carreteras de acceso, se puede tardar tanto en llegar de Fort a la entrada de la autopista como desde allí hasta Galle, o más lejos. Hay planes para que la carretera termine en Hambantota.

Colombo-Kandy Expressway Se aprobó en el 2012 y debería reducir el tiempo de viaje en casi 1 h, pero por ahora no se ha confirmado la fecha de inauguración.

ver a muchos turistas al volante en Sri Lanka.

Por todo el país hay lugares que alquilan motocicletas por unas 1500 LKR/día.

PERMISO DE CONDUCIR

En Sri Lanka se es válido un permiso de conducir internacional. Este permiso es caro, tiene una validez de entre tres meses y un año, y se tramita en los clubes automovilísticos y/o en la Dirección General de Tráfico del país de origen. En cualquier caso, muchos conductores no lo llevan y eso no supone un problema.

Estado de las carreteras

Conducir por Sri Lanka exige una atención extra. Las carreteras comarcales, además de estrechas, suelen tener baches, y hay que esquivar continuamente a peatones, ciclistas y vehículos. Aun así, el descomunal programa nacional de construcción de carreteras está mejorando toda la red, sobre todo en el norte y el este.

Los pinchazos son habituales, así que en cada pueblo hay un experto en reparación de neumáticos.

Por peligroso que sea, autobuses, automóviles y camiones adelantan aunque vean venir a otro vehículo menor de cara. Los *tuk-tuks*, bicicletas, automóviles o furgonetas más pequeños no tienen más remedio que apartarse para esquivarlos. Para anunciar el adelantamiento, los conductores hacen sonar la bocina. Mucho cuidado si se va a pie o en bicicleta por cualquier carretera.

Normas de circulación

- El límite de velocidad es de 50/70/100 km/h en poblaciones/zonas rurales/autopista.
- Se conduce por la izquierda, como en el Reino Unido.

Autostop

Jamás es una opción del todo segura, y con lo barato que es el transporte en Sri Lanka, es innecesario. Lonely Planet no lo recomienda; aun así, quienes decidan hacer autostop deben saber que siempre es una práctica potencialmente arriesgada.

Transporte local

Muchas ciudades ceilandesas son lo suficientemente pequeñas como para recorrerlas a pie. En las más grandes se pueden tomar autobuses, taxis o *tuk-tuks*.

Autobús

Los autobuses urbanos llegan a casi todas partes, incluidos pueblos en la periferia de las ciudades, y cuestan de 10 a 50 LKR.

Taxi

En todas las ciudades hay taxis, e incluso en algunos pueblos. Solo unos pocos llevan taxímetro (sobre todo en Colombo), pero en las carreras más largas los precios son comparables a los de los *tuk-tuks*, y ofrecen más comodidad y seguridad. La mayoría de las carreras salen por entre 60 y 100 LKR/km.

Normalmente, los hoteles y restaurantes no tienen inconveniente en ofrecer traslados a cambio de un pequeño importe. En Colombo hay servicios de taxis que operan a través de aplicaciones como Uber, entre otras.

'Tuk-tuk'

Estos vehículos de tres ruedas, conocidos en otras partes de Asia como *bajajs* o *autorickshaws*, aguardan en casi todas las esquinas. Es esencial regatear y acordar la tarifa antes montar. Hay conductores dispuestos a ofrecer circuitos a la otra punta de la isla; úsese el sentido común.

Como norma general, un *tuk-tuk* no debería superar las 200 LKR/km, aunque eso dependerá de lo que se regatee. En Colombo suelen imperar los *tuk-tuks* con taxímetro.

Los *tuk-tuks* y taxis que esperan fuera de los hoteles y las atracciones turísticas suelen pedir más. Es mejor alejarse un poco de esos puntos.

Tren

Sri Lanka Railways (☎011-243 2908; www.railway.gov.lk; estación de trenes de Colombo Fort, Col 11) gestiona la red nacional de ferrocarriles, un medio muy indicado para descubrir el país. Aunque lentos, hay contados servicios que requieran todo un día o una noche de viaje. Viajar en tren es casi siempre más relajante que en autobús, y los precios son similares: incluso en 1ª clase nunca supera las 1000 LKR. La mayoría de las estaciones dispone de prácticas ventanillas de información y personal que habla inglés.

Además, hay un par de empresas que operan vagones privados climatizados, que se enganchan a convoyes convencionales. Pese a ser más caros y menos atractivos que los vagones panorámicos de 1ª clase de Sri Lanka Railways, estos vagones privados cuentan con aire acondicionado y tentempiés, y suelen disponer de asientos libres cuando las clases normales ya están agotadas. **Rajadhani Express** (☎071 453 6840; www.rajadhani.lk) va a Kandy, Badulla, Galle y Matara, mientras que **Expo Rail** (☎011-522 5050; www.exporail.lk/ExpoRail.php) cubre destinos como Kandy y las tierras altas.

En Sri Lanka hay tres líneas principales de ferrocarril.

De Colombo al sur Recién renovada y con unas vistas espléndidas. Pasa por Aluthgama y Hikkaduwa hasta Galle y Matara.

De Colombo al este A las tierras altas vía Kandy, Nanu Oya (para ir a Nuwara Eliya) y Ella, hasta Badulla. Es un trayecto muy agradable: el tramo de Haputale a Ella es uno de los más bonitos del mundo.

De Colombo al norte Vía Anuradhapura a Mannar, y también a Jaffna. Un ramal llega a Trincomalee, en la costa este, y otro va a Polonnaruwa y Batticaloa.

Otras líneas La línea de Puttalam recorre la costa al norte de Colombo, aunque entre Chilaw y Puttalam se hace en autobuses del ferrocarril. La línea del valle del Kelani cubre los 60 km entre Colombo y Avissawella.

Los trenes suelen ir con retraso. Además, debido el aumento del tráfico y a las continuas trabas que dificultan las mejoras en la red, no es raro que se produzcan demoras de 1 h, como mínimo.

Dos webs independientes recomendables son:

www.seat61.com/SriLanka Buena información general.

http://slr.malindaprasad.com Horarios y tarifas.

Clases

Suelen haber tres clases:

1ª clase Hay tres variedades: butaca, litera y vagón panorámico (con grandes ventanales). Estos últimos se utilizan en algunos convoyes que se dirigen al este y el norte desde Colombo, y son los más solicitados. Algunos tienen grandes ventanas en la cola y una decoración clásica.

2ª clase Asientos acolchados y ventiladores. En algunos trenes (no en los de Galle) estos asientos se pueden reservar.

3ª clase Asientos duros; no se aceptan reservas. Van a tope y pueden resultar muy incómodos.

Los vagones climatizados de las empresas privadas son algo más caros que los normales de 1ª clase; los billetes rondan los 12 US$.

Reservas

- Se puede reservar plaza en muchos expresos *intercity* de 1 y 2ª clase.
- Se impone reservar tanto para los solicitados vagones panorámicos de 1ª clase como para los coches-cama.
- Las reservas pueden hacerse directamente en las estaciones con hasta con 30 días de antelación.
- Si se hacen más de 80 km, se puede interrumpir el viaje en cualquier estación intermedia durante 24 h sin penalización. Habrá que reservar asiento de nuevo para el segundo tramo.

Salud

Antes de partir

Seguro médico

Aunque se esté sano y en forma, nunca hay que viajar sin un seguro médico, pues los accidentes son imprevisibles. Aparte de la póliza estándar, quizá haya que contratar una cobertura extra para actividades potencialmente arriesgadas como, p. ej., el submarinismo. Si el seguro normal del viajero no se hace cargo de los gastos médicos en el extranjero, hay que contratar uno adicional. Si se viaja sin seguro, se corre el riesgo de tener que afrontar elevados gastos como la evacuación de urgencia, que puede llegar a superar los 100 000 US$.

Vacunas recomendadas

La única exigida por la normativa internacional es la de la fiebre amarilla. Si en los seis días previos a la entrada en Sri Lanka el viajero ha visitado un país endémico de fiebre amarilla, deberá aportar un certificado de vacunación.

La OMS recomienda las siguientes vacunas (además de estar al día contra el sarampión, paperas y rubeola):

Difteria adulta y tétanos Una dosis de recuerdo si no se ha administrado en los 10 últimos años.

Hepatitis A Protege casi totalmente durante un año.

Hepatitis B Considerada ya rutinaria por la mayoría de los viajeros.

Encefalitis japonesa Recomendada para viajes por zonas rurales, actividades al aire libre y estancias de más de 30 días.

Poliomielitis Se desconocen casos de polio en los últimos años, pero hay que suponer que no está erradicada.

Rabia Se necesitan tres dosis. Un recordatorio al año siguiente cubre 10 años más.

Tifus Recomendable, aunque solo vayan a visitarse zonas urbanas.

Varicela Si no se ha padecido, conviene consultar con el médico la conveniencia de esta vacuna.

En Sri Lanka

Asistencia sanitaria y coste

En Sri Lanka, el nivel de la asistencia médica y su coste es enormemente variable. En Colombo hay buenas clínicas orientadas a residentes extranjeros. En el reputado **Hospital Nawaloka** (plano p. 76; ☎011-557 7111; www.nawaloka.com; 23 Deshamanya HK Dharmadasa Mawatha, Col 2) de Colombo trabajan médicos que hablan inglés. Las embajadas y consulados suelen tener una relación de centros médicos recomendables. En el resto del país, los hoteles y pensiones suelen conocer a los médicos locales, que pueden dispensar, cuando menos, un tratamiento inicial.

SEGURIDAD ALIMENTARIA

Comer fuera siempre conlleva el riesgo de contraer diarrea. Algunas recomendaciones para prevenir enfermedades de origen alimentario:

- Consumir únicamente alimentos frescos recién preparados.
- Evitar los moluscos y los bufés.
- Pelar la fruta.
- Cocinar las verduras.
- Dejar las hojas verdes en remojo en agua yodada durante al menos 20 min.
- Comer en restaurantes concurridos.

En caso de incidencias leves (p. ej., diarrea), la automedicación puede ser indicada, pero si se cospecha que se padece una enfermedad grave, sobre todo malaria, no hay que perder tiempo e ir al centro médico más cercano.

Antes de adquirir medicamentos sin receta, hay que comprobar la fecha de caducidad y asegurarse de que el paquete esté precintado. Colombo y otras grandes poblaciones cuentan con buenas farmacias; casi todos los medicamentos se venden sin receta.

Enfermedades infecciosas

Dengue Esta enfermedad, transmitida por un mosquito, es cada vez más problemática en toda Asia, y aún no existe una vacuna contra ella. La única forma de prevenirla es evitar las picaduras de mosquito, de día y de noche. Los síntomas son fiebre alta, fuertes dolores de cabeza y musculares y, en ocasiones, sarpullidos y diarrea. El tratamiento se limita a descansar y tomar paracetamol (ni aspirina ni ibuprofeno, pues aumentan la probabilidad de hemorragia). Un médico debe establecer el diagnosticado y controlar la evolución.

Hepatitis A Este virus, que se transmite por la comida y el agua, infecta el hígado y provoca ictericia, náuseas y letargo. No existe un tratamiento específico, solo dejar pasar tiempo para que el hígado se recupere. Todas las personas que viajen a Sri Lanka deberían vacunarse contra ella.

Hepatitis B Enfermedad de transmisión sexual (a través de los fluidos corporales) que puede prevenirse con la vacunación. A largo plazo se puede padecer cáncer de hígado o cirrosis, entre otras enfermedades.

Hepatitis E Se transmite por la comida y el agua. Sus síntomas son similares a los de la hepatitis A, pero es mucho menos habitual. Es muy grave en mujeres embarazadas, y puede acarrear la muerte tanto de la madre como del feto. No existe vacuna, con lo cual deberá prevenirse mediante las pautas de higiene al comer y beber.

VIH Este virus se transmite a través de los fluidos corporales. Hay que evitar el sexo sin preservativo, las agujas sin esterilizar y hacerse tatuajes o *piercings*.

Gripe Está presente todo el año en los trópicos. Los síntomas son fiebre, dolor muscular, goteo nasal, tos e irritación de garganta. Puede ser grave en mayores de 65 años y en personas que padezcan enfermedades como cardiopatía o diabetes, en cuyo caso se recomienda vacunarse. No existe un tratamiento específico, solo descanso y paracetamol.

Encefalitis japonesa B Enfermedad viral, transmitida por mosquitos, muy rara en los viajeros. La mayoría de los casos se dan en zonas rurales, de ahí que se recomiende la vacunación a quienes vayan a pasar más de un mes fuera de las ciudades. No existe un tratamiento específico, y puede acarrear daño cerebral permanente e incluso la muerte. Antes de partir, consúltese al médico para saber más al respecto.

Malaria Hace años fue un grave problema, pero la malaria está erradicada del país desde el 2016 y los medicamentos contra ella ya no se recomiendan.

Rabia Esta grave enfermedad se propaga por la mordedura o el contacto con la saliva de un animal, principalmente perros y monos. Vacunarse antes del viaje simplifica el tratamiento posterior. En caso de mordedura, hay que lavar la herida con agua y jabón y aplicar un antiséptico a base de yodo. Si no se está vacunado, urge ser tratado con inmunoglobulina antirrábica (cara y difícil de encontrar en algunas zonas).

Tuberculosis Aunque rara vez se da en los viajeros, deberían tomar precauciones quienes vayan a estar en contacto continuo con la población local (p. ej., personal médico y humanitario y viajeros en estancias largas). Normalmente solo se vacuna a los menores de 5 años, pero a los adultos en riesgo se les recomienda someterse a pruebas de tuberculosis previas y posteriores al viaje. Los principales síntomas son fiebre, tos, pérdida de peso, sudor nocturno y fatiga.

Tifus Esta grave infección bacteriana se propaga a través de los alimentos y el agua. Provoca fiebre alta y dolor de cabeza en aumento progresivo, que pueden ir acompañados de tos seca y dolor estomacal. Se diagnostica mediante análisis de sangre y se trata con antibióticos. La vacunación, recomendada para quienes vayan a pasar más de una semana en Sri Lanka, no es totalmente efectiva, así que habrá que vigilar lo que se ingiere.

Diarrea

Es, de lejos, el inconveniente más frecuente entre los viajeros. Suele causarla una bacteria, de ahí que se responda rápidamente al tratamiento con antibióticos.

Se considera diarrea cuando, en menos de 24 h, se expulsan heces líquidas y se experimenta como mínimo otro síntoma, ya sea fiebre, calambres, náuseas, vómitos o malestar general.

Para tratarla, hay que mantenerse bien hidratado, a ser posible con Gastrolyte, la mejor solución rehidratante en estos casos. Los antibióticos como la ciprofloxacina

AYURVEDA

El ayurveda es una terapia medicinal ancestral que emplea hierbas, aceites, metales y productos de origen animal con el fin de curar y rejuvenecer. La versión ceilandesa, influida por la india, es muy popular para combatir toda clase de dolencias.

El ayurveda postula que los cinco elementos (tierra, aire, éter, agua y luz) está conectados con los cinco sentidos, que a su vez moldean la naturaleza de la constitución humana, es decir, su *dosha* (fuerza vital). Las enfermedades se contraen cuando existe un desequilibrio en la *dosha*. El propósito del tratamiento ayurvédico es precisamente restaurar esa descompensación.

Un tratamiento terapéutico completo exige semanas o meses. Estos suelen ser extenuantes e incluyen frecuentes enemas y una dieta mínima a base de verduras sin elaborar.

Es mucho más habitual que los turistas recurran a los centros de masajes ayurvédicos de los grandes hoteles o en centros turísticos. Esta fórmula dura un máximo 3 h e incluye los siguientes regímenes relajantes:

- La saunas herbales *(sweda karma)* se remontan a 2500 años de antigüedad. Las paredes de yeso se impregnan de ingredientes como miel o polvo de sándalo, y el suelo se cubre con hierbas. Al igual que una sauna europea, se mantiene un flujo constante de vapor medicinal a base de rociar agua sobre las ascuas.
- El baño de vapor *(vashpa swedanam)* es un híbrido de un ataúd y una cámara de torturas. Hay que tumbarse sobre una plataforma de madera, y luego, una enorme puerta con bisagras cubre el cuerpo, excepto la cabeza. Desde la base del baño de madera, el vapor rocía el cuerpo con hasta 50 tipos de hierbas y especias.
- El tratamiento denominado "tercer ojo de Shiva" *(Shiro dhara)* es el más exitoso entre muchos pacientes. Durante un máximo de 45 min, se vierte lentamente sobre la frente un delicado flujo de aceite tibio, que luego una masajista extiende suavemente sobre las sienes.

Aunque hay muchos *spas* de fama mundial, los estándares de algunos centros ayurvédicos son bajos. Puede que los aceites no sean más que de coco y que los masajistas no estén cualificados, o incluso que se trate de trabajadores sexuales. Dado que se han producido casos de intoxicación por mala praxis, siempre conviene preguntar la composición exacta de los aceites y luego consultar a un médico convencional.

En el caso de los masajes, se recomienda preguntar si disponen de masajistas de ambos sexos, pues se sabe de masajistas ayurvédicos varones que se han excedido con algunas viajeras. En general, no es aceptable que los hombres den masajes a las mujeres y viceversa.

o la azitromicina deberían eliminar la bacteria rápidamente. Si estos no surtieran efecto, hay que ir al médico a la mayor brevedad.

La loperamida solo detiene sus efectos, pero puede ser de gran ayuda en algunas circunstancias como, p. ej., un viaje largo en autobús. Su uso está contraindicado en caso de fiebre o sangre en las deposiciones.

Disentería amebiana Pese a ser muy poco común entre los viajeros, con frecuencia no se diagnostica debido a la falta de medios de los laboratorios. Los síntomas son similares a los de la diarrea: fiebre, diarrea hemorrágica y malestar general. Si aparece sangre en la diarrea hay que ir al médico. El tratamiento es el tinidazol o el metronidazol, para eliminar el parásito del intestino, y luego, un segundo antibiótico para acabar con los quistes. Si no se trata, pueden producirse complicaciones como abscesos en el hígado o en los intestinos.

Giardiasis Es un parásito bastante común. Los síntomas son náuseas, hinchazón abdominal, gases, fatiga y diarrea intermitente. Si no se trata, el parásito acaba por abandonar el organismo al cabo de unos meses. Conviene ser tratado con tinidazol o, si no, con metronidazol.

Salud de la mujer

Ante cualquier problema ginecológico, consúltese con un especialista.

Métodos anticonceptivos Hay que llevar los anticonceptivos preferidos.

Productos sanitarios Es fácil encontrar compresas pero no tampones.

Candidiasis Puede aparecer debido al calor, la humedad o los antibióticos. Se trata con pomadas antifúngicas como, p. ej., clotrimazol, o bien con una sola pastilla de fluconazol (Diflucan), una práctica alternativa.

Infecciones del tracto urinario Pueden producirse a causa de la deshidratación o de largos trayectos de autobús sin ir al lavabo; llévense los antibióticos adecuados.

Peligros ambientales

POLUCIÓN DEL AIRE

La contaminación del aire, y más concretamente los niveles de polución asociados al tráfico, es un problema creciente en casi todos los núcleos urbanos. Si se sufren problemas respiratorios graves, se aconseja consultar al médico antes de viajar. Conviene llevar una mascarilla facial para prevenir posibles molestias.

CALOR

Las llanuras de Sri Lanka pueden ser calurosas y húmedas durante todo el año. El grueso de los viajeros suele necesitar unas dos semanas para aclimatarse a estas condiciones. La hinchazón de pies y tobillos es habitual, lo mismo que los calambres musculares producto de una excesiva sudoración. Para prevenir estos efectos, hay que evitar deshidratarse y hacer ejercicio físico en las horas de más calor. No hay que tomar pastillas salinas (pueden agravar el estado de los intestinos); lo mejor es beber una solución hidratante o ingerir comida salada. Para los calambres se recomienda descansar, hidratarse con una solución salina de doble intensidad y hacer estiramientos suaves.

La deshidratación es el principal causante del agotamiento por calor. La recuperación suele ser rápida, pero es normal sentirse débil algunos días. Sus síntomas son:

- Debilidad
- Dolor de cabeza
- Irritabilidad
- Náuseas o vómitos
- Piel sudorosa
- Pulso acelerado y débil
- Temperatura corporal normal o ligeramente alta

Tratamiento para la deshidratación:

- Alejarse del calor
- Abanicar al afectado
- Aplicarle paños húmedos y fríos sobre la piel
- Tumbarlo con las piernas en alto
- Rehidratarlo con sal disuelta en agua (¼ de cucharilla por litro)

La insolación es un caso de urgencia. Algunos síntomas son:

- Debilidad
- Náuseas
- Piel seca
- Temperatura corporal superior a 41°C
- Mareo
- Confusión
- Descoordinación
- Ataques
- Colapso
- Pérdida del conocimiento

Tratamiento para la insolación:

- Alejarse del calor
- Abanicar al afectado
- Aplicarle paños húmedos y fríos o hielo sobre el cuerpo, en particular en ingles y axilas

La miliaria es una erupción cutánea de pequeñas vesículas provocada por la retención del sudor bajo la piel. Lo apropiado sería permanecer en un lugar con aire acondicionado durante varias horas y darse duchas de agua fría. Evítense cremas y pomadas, ya que obstruyen la sudoración.

PICADURAS DE INSECTOS Y MORDEDURAS

Pulgas No transmiten ninguna enfermedad pero sus picaduras son muy molestas. Aplíquese algún antihistamínico sobre la picazón.

Piojos Suelen aparecer en la cabeza y en la zona púbica. Para tratarlos hay que aplicar en repetidas ocasiones un

AGUA

Solo hay que consumir agua embotellada o filtrada. En el caso de la primera, búsquese el pequeño logo redondo "SLSI", que indica que ha sido analizada por la Sri Lanka Standards Institution.

SUBMARINISMO Y SURF

Consúltese con un especialista para asegurarse de llevar todo lo necesario para tratar los cortes de coral y las infecciones tropicales de oído. Asimismo, los submarinistas deberían cerciorarse de que su seguro cubre la descompresión; se puede contratar uno específico a través de organizaciones como, p. ej., Divers Alert Network (www.danasiapacific.org). Existen ciertas afecciones que son incompatibles con la práctica de submarinismo.

champú específico, p. ej., a base de piretrina.

Garrapatas Aparecen al pasear por zonas rurales. Su zona preferida es detrás de las orejas, el vientre y las axilas. Si tras su mordedura aparecen síntomas, como una erupción cutánea en el lugar de la herida o en otro lugar, fiebre o dolor muscular, hay que ir al médico. La doxiciclina previene las enfermedades transmitidas por este parásito.

Sanguijuelas Habitan en zonas selváticas húmedas. No transmiten ninguna enfermedad pero sus mordeduras suelen picar durante semanas e infectarse fácilmente. Para evitar posibles infecciones, aplíquese algún antiséptico a base de yodo en la picadura.

Picaduras de abejas o avispas Los alérgicos a sus picaduras deben llevar una inyección de adrenalina (p. ej., epinefrina), en caso de emergencia.

PROBLEMAS CUTÁNEOS

Erupciones fúngicas Hay dos tipos de erupciones que pueden afectar a quienes visitan la región. Una de ellas aparece en partes húmedas del cuerpo, como ingles, axilas y entre los dedos de los pies. Empieza como una mancha roja que se extiende lentamente y, por lo general, pica. El tratamiento consiste en mantener la piel seca, evitar rozaduras y utilizar una crema antifúngica como clotrimazol o Lamisil. La segunda, la pitiriasis versicolor, produce manchas de color claro, por regla general en la espalda, el pecho y los hombros. Consúltese al médico.

Cortes y rasguños En climas húmedos se infectan fácilmente las heridas. Lávense enseguida las zonas afectadas con agua limpia y aplíquese un antiséptico. Si se presentaran signos de infección (p. ej., dolor y rojez en aumento), hay que ir al médico.

QUEMADURAS DEL SOL

Incluso en días nubosos, el sol puede quemar rápidamente.

- Usar un protector solar con factor alto (mín. 30) y aplicar nuevamente tras el baño.
- Utilizar un sombrero de ala ancha y gafas de sol.
- Evitar tomar el sol en las horas más calurosas (10.00-14.00).

Si se sufrieran quemaduras, hay que apartarse del sol hasta haberse recuperado por completo, aplicar compresas frías y, si fuera necesario, tomar algún analgésico para el dolor. También ayuda aplicarse dos veces al día una crema con hidrocortisona al 1%.

Idioma

El cingalés y el tamil son los idiomas oficiales de Sri Lanka, a los que se suma el inglés como lengua franca. Es fácil manejarse en inglés por el país, en particular en los principales centros urbanos y de ocio, aunque la variedad que se habla en la isla tiene sus particularidades. En cualquier caso, memorizar unas cuantas expresiones en cingalés o en tamil ayudarán a recibir una acogida más cálida.

CINGALÉS

El cingalés se escribe oficialmente en cursiva. Cuando las consonantes son dobles, su pronunciación responde a una manera muy distintiva, casi como si fueran sonidos separados.

Lo básico

Hola.	aayu-bowan
Adiós.	aayu-bowan
Sí.	owu
No.	naha
Por favor.	karuna kara
Gracias.	istuh-tee
Permiso.	samah venna
Perdón.	kana gaatui
¿Hablas inglés?	oyaa in-ghirisih kata karenawa da?
¿Cómo te llamas?	oyaaghe nama mokka'da?
Yo me llamo...	maaghe nama ...

PARA SABER MÁS

Para más información sobre el idioma y frases útiles, se recomienda la guía de conversación *Sinhala Phrasebook*, de Lonely Planet, disponible en **www.lonelyplanet.es**. También se pueden adquirir guías de conversación de Lonely Planet para iPhone en la Apple App Store.

Alojamiento

¿Tienen habitaciones disponibles?	kaamara thiyanawada?
¿Cuánto cuesta por noche?	ek ra-yakata kiyada
¿Cuánto cuesta por persona?	ek kenek-kuta kiyada
¿Está incluido el desayuno?	udeh keh-emath ekkada?
por una noche	ek rayak pamanai
por dos noches	raya dekak pamanai
por persona	ek-kenek pamanai
por dos personas	den-nek pamanai
zona de acampada	kamping ground eka
pensión	gesthaus eka
hotel	hotel eka
albergue	yut-hostel eka

Comer y beber

¿Podemos ver la carta?	menoo eka balanna puluvandha?
¿Cuál es la especialidad del lugar?	mehe visheshayen hadhana dhe monavaadha?
Un arroz con curri, por favor.	bahth denna
Soy vegetariano/a.	mama elavalu vitharai kanne
Soy alérgico/a (los cacahuetes).	mata (ratakaju) apathyayi

NÚMEROS: CINGALÉS

0	binduwa
1	eka
2	deka
3	thuna
4	hathara
5	paha
6	haya
7	hatha
8	atta
9	navaya
10	dahaya
100	seeya
200	deh seeya
1000	daaha
2000	deh daaha
100 000	lakshaya
1 000 000	daseh lakshaya
10 000 000	kotiya

No me pongan hielo, por favor.	karunaakarala maghe beema ekata ais dhamanna epaa
¡Estaba delicioso!	eka harima rasai!
Por favor, tráigame...	karunaakarala gennah
la cuenta	bila
un tenedor	gaarappuvak
un vaso de agua	vathura veedhuruvak
un cuchillo	pihiyak
un plato	pingaanak
cuenco	vendhuwa
café	koh-pi
fruta	palathuru
vaso	co-ppuwa
leche	kiri
sal	lunu
cuchara	han-duh
azúcar	seeni
té	thay
agua	vathura

Urgencias

¡Socorro!	aaney!/aaeeyoh!/ ammoh!
¡Llamen a un médico!	dostara gen-nanna!
¡Llamen a la policía!	polisiyata kiyanna!
¡Fuera de aquí!	methanin yanna!
Me he perdido.	maa-meh nativelaa

Compras y servicios

¿A qué hora abre/cierra?	ehika kiyatada arinneh/vahanneh?
¿Cuánto cuesta?	ehekka keeyada?
grande	loku
medicina	behe-yat
pequeño	podi/punchi
banco	bankuwa
farmacia	faahmisiya
embajada de...	... embasiya
mercado	maakat eka
mi hotel	mang inna hotalaya
quiosco	pattara ejensiya
oficina de correos	tepal kantohruwa
teléfono público	podu dura katanayak
oficina de turismo	sanchaaraka toraturu karyaalayak

Horas y fechas

¿Qué hora es?	velaave keeyada?
mañana	udai
tarde	havasa
día	davasa
noche	raah
semana	sumaanayak
mes	maasayak
año	avuurudeh
ayer	ee-yeh
hoy	ada (uther)
mañana	heta
lunes	sandu-da
martes	angaharuwaa-da
miércoles	badaa-da
jueves	braha-spetin-da
viernes	sikuraa-da
sábado	senasuraa-da
domingo	iri-da

Transporte e indicaciones

¿Cuándo sale/llega el próximo...?	meelanga ... pitaht... venne/paminenne?
barco	bohtuwa
autobús (urbano)	bus eka
autobús (interurbano)	bus eka nagaraantara
tren	koh-chiya

CARTELES: CINGALÉS

ඇතුල්වීම	Entrada
පිටවීම	Salida
විවෘතව ඇත.	Abierto
වසා ඇත.	Cerrado
තොරතුරු දැන්වුම	Información
තහනම් වේ.	Prohibido
පොලිස් ස්ථානය	Comisaría
කාමර ඇත.	Habitaciones
කාමර නැත.	No hay habitaciones
වැසිකිළි	Lavabos
පුරුෂ	Hombres
ස්ත්‍රී	Mujeres

Quiero bajar.	mama methana bahinawa
Quiero un billete de ida.	mata tani gaman tikat ekak ganna ohna
Quiero un billete de ida y vuelta.	mata yaam-eem tikat ekak ganna ohna
1ª clase	palamu veni paantiya
2ª clase	deveni paantiya
3ª clase	tunveni paantiya
parada de autobús	bus nevathuma
terminal de ferris	totu pala
horarios	kaala satahana
estación de trenes	dumriya pala
Quisiera alquilar...	mata ... ekak bad-dhata ganna ohna
una bicicleta	baisikeleya
un automóvil	kar (eka)
¿Dónde está...?	... koheda?
Siga recto	kelinma issarahata yaanna
Gire a la izquierda.	wamata harenna
Gire a la derecha.	dakunata harenna
cerca	lan-ghai
lejos	durai

TAMIL

El tamil ceilandés se asemeja bastante al del sur de la India: su forma escrita es idéntica, y emplea la escritura cursiva tradicional, pero hay diferencias marcadas en cuanto a la pronunciación.

Lo básico

Hola.	vanakkam
Adiós.	poytu varukirehn
Sí.	aam
No.	il-lay
Por favor.	tayavu saydhu
Gracias.	nandri
Permiso.	mannikavum
Perdón.	mannikavum
¿Habla inglés?	nin-gal aangilam paysu-virhalaa?
¿Cómo te llamas?	ungal peyr en-na?
Yo me llamo...	en peyr ...

Alojamiento

¿Tienen habitaciones disponibles?	ingu room kideikkumaa?
¿Cuánto cuesta por noche noche/persona?	oru iravukku/aalukku evvalavur?
¿Está incluido el desayuno?	kaalei unavum sehrtha?
para una/dos noches	oru/irandu iravukku
para una/ dos personas	oruvarukku/iruvarukku
zona de acampada	mukhaamidum idahm
pensión	virun-dhinar vidhudheh
hotel	hotehl
albergue	ilainar vidhudheh

NÚMEROS: TAMIL

0	saifer
1	ondru
2	iranduh
3	muundruh
4	naan-guh
5	ainduh
6	aaruh
7	ealluh
8	ettu
9	onbaduh
10	pat-tuh
100	nooruh
1000	aayirem
2000	irandaayirem lakshaya daseh lakshaya
100 000	oru latcham
1 000 000	pattuh lat-chem
10 000 000	kohdee

CARTELES: TAMIL

வழி உள்ளே	**Entrada**
வழி வெளியே	**Salida**
திறந்துள்ளது	**Abierto**
அடைக்கப்பட்டுள்ளது	**Cerrado**
தகவல்	**Información**
அனுமதி இல்லை	**Prohibido**
காவல் நிலையம்	**Comisaría**
அறைகள் உண்டு	**Habitaciones disponibles**
காலி இல்லை	**No hay habitaciones**
மலசலகூடம்	**Lavabos**
ஆண்	**Hombres**
பெண	**Mujeres**

Comer y beber

¿Podemos ver la carta?	unavu pattiyalai paarppomaa?
¿Cuál es la especialidad del lugar?	ingu kidaikkak koodiya visheida unavu enna?
Quiero un arroz con curri, por favor.	sorum kariyum tharungal
Soy vegetariano.	naan shaiva unavu shaappidupavan
Soy alérgico/a a (los cacahuetes).	(nilak kadalai) enakku alejee
No me ponga hielo, por favor.	enadu paanaththil ais poda vendaam
¡Estaba delicioso!	adhu nalla rushi!
Por favor, tráigame...	... konda varungal
la cuenta	bill
un tenedor	mul karandi
un vaso de agua	thanni oru glass
un cuchillo	kaththi
un plato	oru plate
un cuenco	kooppai
un café	kahpee
fruta	paadham
un vaso	glass
leche	paal
sal	uppu
una cuchara	karandi
azúcar	seeree
té	te-neer/plan-tea
agua	than-neer

Urgencias

¡Socorro!	udavi!
¡Llamen a un médico!	daktarai kuppidunga!
¡Llamen a la policía!	polisai kuppidunga!
¡Fuera de aquí!	pohn-goh!/poi-vidu!
Me he perdido.	naan vali tavari-vittehn

Compras y servicios

¿A qué hora abre/cierra?	et-thana manikka tirakhum/mudhum?
¿Cuánto cuesta?	adhu evvalavu?
grande	periyeh
medicina	marunduh
pequeño	siriyeh
banco	vanghee
farmacia	marunduh kadhai
embajada de...	... tudharalayem
mercado	maarket
mi hotel	enadu hotehl
quiosco	niyuz paper vitku-midam
oficina de correos	tafaal nilayem
teléfono público	podhu tolai-pessee
oficina de turismo	toorist nilayem

Horas y fechas

¿Qué hora es?	mani eth-tanai?
mañana	kaalai
tarde	pit-pahel
día	pahel
noche	iravu
semana	vaarem
mes	maadhem
año	varudem
ayer	neh-truh
hoy	indru
mañana	naalay
lunes	tin-gal
martes	sevvaay
miércoles	budahn
jueves	viyaalin
viernes	vellee
sábado	san-nee
domingo	naayiru

INGLÉS CEILANDÉS

Saludos y conversación

Go and come. Despedida similar a "hasta luego", no literalmente

How? ¿Cómo estás?

Nothing to do. No se puede hacer nada.

What to do? ¿Qué le vamos a hacer? (retórico)

What country? ¿De qué país eres?

paining doler

to gift hacer un presente

Gente

baby/bubba para referirse a los niños hasta la adolescencia

batchmate compañero de universidad

peon auxiliar administrativo

uncle/auntie término de respeto para ancianos

Cómo desplazarse

backside parte de atrás de un edificio

bajaj *tuk-tuk*

bus halt parada de autobús

coloured lights semáforo

down south región al sur de Colombo, en especial el litoral

dropping el acto de que un coche deje a alguien en un lugar

get down bajar (de un autobús/tren/*tuk-tuk*)

normal bus autobús público

outstation región al margen del lugar de residencia

petrol shed gasolinera

pick-up todoterreno

seaside/landside para indicar ubicaciones, en general con relación a Galle Rd

two-wheeler motocicleta

up and down trayecto de ida y vuelta

up country/Hill Country Kandy y las tierras altas, región de las plantaciones de té

vehicle automóvil

Comida

bite tentempié, generalmente como acompañamiento de bebidas alcohólicas

boutique tiendecita que suele vender artículos baratos

cool spot tiendecita tradicional de bebidas y tentempiés

hotel pequeño restaurante económico que no ofrece alojamiento

lunch packet/rice packet arroz/curri envuelto en film de plástico y periódico que se lleva como almuerzo a la oficina o el colegio

short eats picoteo

Dinero

buck rupia

last price último precio, cuando se regatea

Transporte e indicaciones

¿Cuándo sale/llega el próximo...?	eththanai manikku... aduththa ... sellum/varum?
barco	padakhu
autobús (urbano)	baas naharam/ul-loor
autobús (interurbano)	baas veliyoor
tren	rayill
Quiero bajar.	naan iranga vendum
Quiero un billete de ida.	enakku oru vahly tikket veynum
Quiero un billete de ida y vuelta.	enakku iru vahlay tikket veynum
1ª clase	mudalahaam vahuppu
2ª clase	irandaam vahuppu
parada de autobús/trolebús	baas nilayem
consigna	porul vaikku-midam
horario	haala attavanay
estación de trenes	rayill nilayem
Quiero alquilar...	enakku ... vaadakhaikku vaynum
una bicicleta	sai-kul
un automóvil	car
¿Dónde está?	adhu en-ghe irukkaradhu?
¿Dónde hay...?	... en-ghe?
Siga recto.	neraha sellavum
Gire a la izquierda.	valadhur pakkam tirumbavum
Gire a la derecha.	itadhu pakkam thirumbavum
cerca	aruhil
lejos	tu-rahm ambalama

GLOSARIO

ambalama Refugio para peregrinos junto al camino.

Aurudu Año Nuevo cingalés y tamil, celebrado el 14 de abril.

Avalokitesvara El *bodhisattva* de la compasión.

Ayurveda Sistema de medicina tradicional que usa hierbas y aceites para curar y rejuvenecer.

bailas Canciones folclóricas de influencia portuguesa, africana y local.

baobab Árbol que almacena agua *(Adansonia digitata)*, presumiblemente introducido a la isla de Mannar y el Vanni, en el norte del país, por los comerciantes árabes.

Bodhi, árbol de Higuera sagrada *(Ficus religiosa);* árbol grande y muy ramificado bajo el cual estaba sentado Buda cuando alcanzó la iluminación, y los muchos árboles que crecieron a partir de retoños de ese.

bodhisattva Ser que, aunque podría alcanzar el nirvana, prefiere vivir en el plano humano para ayudar a la gente corriente a lograr la salvación.

Brahmi Temprano texto indio utilizado a partir del s. v a.C.

bund Terraplén o dique que rodea un embalse o cisterna.

burgher Ceilandés euroasiático nacido de matrimonios mixtos portugueses-cingaleses u neerlandeses-cingaleses.

cadjan Fibras de coco con las que se tejen esterillas utilizadas para la construcción.

cámara de reliquias Cámara de una *dagoba* que alberga una reliquia de Buda o de un santo y que representa el concepto budista del cosmos.

Ceylon Nombre inglés de Sri Lanka durante la colonización británica.

chetiya Santuario budista.

Chola Poderoso antiguo reino del sur de la India, que invadió Sri Lanka en varias ocasiones.

cingalés Idioma del pueblo cingalés; pueblo mayoritario en Sri Lanka, en su mayoría budista.

CTB Central Transport Board (red nacional de autobuses).

dagoba *Stupa;* monumento budista consistente en un hemisferio sólido que contiene reliquias de Buda o de un santo budista.

devale Complejo diseñado para venerar a una deidad hinduista o ceilandesa.

dharma Palabra utilizada por hinduistas y budistas para referirse a sus respectivos códigos morales de conducta.

Eelam "Tierra preciosa", en tamil.

gala Roca.

ganga Río.

gedige Templo hueco con muros gruesos y un tejado con bóveda escalonada.

gopuram Puerta-torre.

Hanuman El rey mono del *Ramayana.*

juggernaut Ornamentada carroza de templo que se procesiona por la ciudad durante los festivales hinduistas (también llamada *car*).

kachcheri Oficina administrativa.

kadé Puesto callejero, en cingalés; también llamados *boutiques*, o *unavakam*, en tamil.

karava Pescadores de descendencia india.

karma Principio hinduista-budista de retribución de la justicia por los actos del pasado.

Kataragama Véase "Murugan".

kiri bath Postre a base de arroz hervido en leche de coco.

kolam Vestido o disfraz en las representaciones con baile y máscaras; también se llaman así los diseños hechos con harina de arroz que adornan los edificios en regiones tamiles.

kovil Templo hinduista dedicado a Shiva.

kulam Embalse o cisterna en tamil.

lakh 100 000; unidad de medida en Sri Lanka y la India.

lingam Símbolo fálico; icono de Shiva.

LTTE Tigres de Liberación del Tamil Eelam, también conocidos como Tigres Tamiles; organización político-militar que luchó por lograr la independencia del Eelam tamil en el norte y el este.

Maha Temporada de monzones en el noreste

Mahaweli Ganga El río más largo de Sri Lanka; nace cerca del pico de Adán y desemboca en la zona de Trincomalee.

mahayana Forma de budismo tardío, prevalente en Corea, Japón y China; literalmente significa "gran vehículo".

Mahinda Hijo del emperador budista indio Ashoka, a quien se atribuye la introducción del budismo en Sri Lanka.

mahout Maestro de elefantes.

Maitreya Futuro Buda.

makara Bestia mitológica que combina un león, un cerdo y un elefante, con frecuencia talladas en las escalinatas de los templos.

makara torana Arco ornamental.

mandapaya Plataforma elevada con columnas decorativas.

masala Mezcla (generalmente de especias).

mudra Posición simbólica de las manos en las imágenes de Buda.

Murugan Dios hinduista de la guerra; también conocido como Skanda o Kataragama.

naga Serpiente; también para referirse a deidades y espíritus con forma de culebra.

nirvana Meta final de los budistas; liberación final del ciclo de la existencia.

nuwara Ciudad.

ola Hojas de la palma de Sri Lanka; utilizada en manuscritos y escritos clásicos.

oruva Canoa de estilo polinesio.

oya Arroyo o riachuelo.

Pali Idioma en el que se escribieron originalmente las escrituras budistas.

palmyra Palmera alta que crece en la región seca del norte.

perahera Procesión, normalmente con bailarines, percusionistas y elefantes

piedra de la luna Piedra semipreciosa; también es una piedra tallada situada a la entrada de los templos.

piedras de guardia Piedras talladas que flanquean el acceso a los templos.

pirivena Centro de aprendizaje de un monasterio.

poya Día de luna llena; siempre es festivo.

puja "Respeto", ofrendas u oraciones.

rajakariya "Empleados del rey", tradición de servicio feudal.

Ramayana Antigua historia de Rama y Sita y su conflicto con Rawana.

Rawana "Rey demonio de Lanka" que rapta a Sita, bella esposa de Rama, en la epopeya hinduista del *Ramayana.*

relatos jataka relatos acerca de las vidas anteriores de Buda.

Ruhunu Antiguo centro sureño del poder cingalés, cerca de Tissamaharama, que sobrevivió incluso cuando Anuradhapura y Polonnaruwa sucumbieron a la invasión india.

samudra Gran embalse o mar interior.

Sangamitta Hermana de Mahinda; fue quien trajo el primer retoño del árbol sagrado de Bodhi desde la India.

sangha Comunidad de monjes y monjas budistas; en Sri Lanka, un influyente grupo dividido en varias *nikayas* (órdenes).

sánscrito Antiguo idioma indio, la más antigua de las lenguas indoeuropeas conocidas.

sari Prenda tradicional de mujer.

Skanda Véase "Murugan".

stupa Véase "dagoba".

tamil Pueblo originario del sur de la India que conforma la mayor minoría de Sri Lanka; son principalmente hinduistas.

tank Embalse o cisterna; muchos de los que existen en el país son muy grandes y antiguos.

theravada Forma ortodoxa de budismo que se practica en Sri Lanka y en el sureste asiático, caracterizada por su adherencia al canon pali.

unavakam Puesto callejero, en tamil; también llamados *boutiques*, o *kadé,* en cingalés.

vahalkada Panel sólido esculpido.

vatadage Casa de reliquias circular compuesta por una pequeña dagoba central, flanqueada por budas y rodeada de columnas

veddahs Habitantes originales de Sri Lanka antes de la llegada de los cingaleses desde la India; también se les llama wanniyala-aetto.

vel Tridente; suele representarse con él al dios Murugan.

vihara, viharaya Recinto budista que comprende un santuario dotado de una inagen de Buda, un salón de congregaciones y aposentos para los monjes.

Wanniyala-aetto Véase "veddahs".

wewa Véase "tank".

Yala Temporada de monzones en el sureste.

Entre bastidores

LA OPINIÓN DEL LECTOR

Agradecemos a los lectores cualquier comentario que ayude a que la próxima edición pueda ser más exacta. Toda la correspondencia recibida se envía al equipo editorial para su verificación. Es posible que algún fragmento de esta correspondencia se use en las guías o en la web de Lonely Planet. Aquellos que no quieran ver publicados sus textos ni su nombre, deben hacerlo constar. La correspondencia debe enviarse, indicando en el sobre Lonely Planet/ Actualizaciones, a la dirección de geoPlaneta en España: Av. Diagonal 662-664. 08034 Barcelona. También puede remitirse un correo electrónico a: viajeros@lonelyplanet.es. Para información, sugerencias y actualizaciones, se puede visitar www.lonelyplanet.es.

NUESTROS LECTORES

Muchas gracias a los viajeros que usaron la última edición y escribieron para aportar pistas prácticas, consejos útiles y anécdotas interesantes**:** Adam Grubb, Adam Krigel, Adrie Pouwer, Aishling Middelburg, Alex Smith, Alex Wharton, Alexandra Forest, Aline Pabst, Andreas Rohner, Anja Biedermann, Anja Stumpf, Annalisa Cavallini, Anne Klier, Anthony Redden, Astrid Lenz, Becca Lumley, Bernhard Bouzek, Brian Jones, Caroline Schouten, Chen Xiaoqin, Chloë Eelen, Chris Bachmann, Chris Rowland, Chris Sutton, Chris Tuck, Christopher Rowland, Clare Foxon, Colin Stevenson, Darius Bazazi, Dennis Walker, Donald Ross, Elaine Cadzow, Elicia Murdoch, Elizabeth Miller, Femke Koek, Filip Tanay, Francis Lu, Frank Höppener, George Barrow, Gerrie Bakker, Greg Kiriakou, Gregory Rose, Heather O'Callaghan, Herman Fuglestvedt, Hollis Burbank-Hammarlund, Jack Clancy, Jamie Witton, Jane Havell, Jan-Willem Overbeek, Jaymini Shah, Jean-Philippe Castellani, Jeremy Dodd, Jessi Johnson, Jhone Guken, Jim Robertson, Joanne Antonetti, Joe Lim, Joyman Lee, Julia Lawrence, Julie Woods, Kaye Kent, Keith Liker, Lars Sander-Green, Louis de Moor, Luuk & Marion Sommers, Maarten van Krimpen, Malcolm Skinner, Mandy Kellagher, Mark Thamel, Marta Cardoso, Martin Abrahams, Martin Wyss, Mary Pelton, Matt Garner, Meaghan Philpott, Mehves Evin, Melanie Luangsay, Michael Gurney, Michal Rudziecki, Milena Artner, Mogens Frandsen, Mollie Jones, Neil Passmore, Nils Klahr, Noah Impekoven, Noelia Rivas, Ole Nielsen, Paul Reynolds, Peter Phillips, Peter Svensson, Petra O'Neill, Petra Sigrist, Piotr Suffczynski, Rachael Glazier, Robin Daus, Ruben Baumgarten, Rutger van den Groenendaal, Sam Fenning, Sarah Meixell, Sarah Phillips, Sheila Miller, Silvia Durrsperger, Stefan Schmidt, Stephen Drewe, Tahira Sheriff, Tamar Drori, Tatjana & Teodora Gazibara, Verena Pietsch, Willemijn Brouwer, Willem-Jan Altena, William Hall, Zubair Khawar

AGRADECIMIENTOS

Ryan Ver Berkmoes

Vaya mi agradecimiento a todas aquellas personas que no permitirán que caigan en el olvido los atroces acontecimientos del 2009. Muchas gracias, también, a quienes han sido partícipes en los últimos 20 años del increíble éxito de Lonely Planet, con viajes que cambian la vida, una extraordinaria creatividad y más de un centenar de maravillosos títulos. Pero, por encima de todo, están las amistades de por vida que se forjan con gente estupenda. Y, por supuesto, el amor: si no fuera por LP, no habría conocido a la señora Ver Berkmoes. Asimismo, deseo dar las gracias a Samuel L. Bronkowitz, por haber estado ahí desde el principio, sirviéndome siempre de inspiración.

Bradley Mayhew

Fueron muchos los ceilandeses que me ayudaron con la logística para documentarme, en especial Dimuthu Priyadarshana, de Giritale, además de A. Malik, de Kandy, y Mali y Niksan Peiris, de Alankuda. Mi agradecimiento, también, a Roy, de Sigirya, por dejarme llevar su *tuk-tuk*, y a Martin Fullerton, por su inestimable ayuda.

Iain Stewart

Fue un verdadero placer volver a visitar Sri Lanka, un país tan especial. Muchas gracias a Somey, amigo, conductor y guía en el sur y en las tierras altas; a Nisha, por prestarme su motocicleta y por su compañía en Kandy; a Juliet Coombe, por su ayuda y recomendaciones en Galle; a Herman, de Bedspace en la zona de Mirissa; al equipo de Chill, en Ella; y a Joe Bindloss y a toda la gente de Lonely Planet.

RECONOCIMIENTOS

Los datos del mapa climático han sido adaptados de "Updated World Map of the Köppen-Geiger Climate Classification", de M. C. Peel, B. L. Finlayson y T. A. McMahon, en *Hydrology and Earth System Sciences*, 11, 163344 (2007).
Fotografía de cubierta: monje budista en la playa de Weligama, Tuul & Bruno Morandi/4Corners ©

ESTE LIBRO

Este libro es la traducción de la 14ª edición de *Sri Lanka*, de Lonely Planet, coordinada por Anirban Mahapatra y documentada y escrita por Ryan Ver Berkmoes, Bradley Mayhew and Iain Stewart. Las dos ediciones anteriores son obra de Stuart Butler, Ryan Ver Berkmoes, Amy Karafin e Iain Stewart. **Gracias a** Katherine Marsh, Claire Naylor, Karyn Noble, Lauren O'Connell, Kirsten Rawlings, Maureen Wheeler, Amanda Williamson

Versión en español

GeoPlaneta, que posee los derechos de traducción y distribución de las guías Lonely Planet en los países de habla hispana, ha adaptado para sus lectores los contenidos de este libro.
Lonely Planet y GeoPlaneta quieren ofrecer al viajero independiente una selección de títulos en español; esta colaboración incluye, además, la distribución en España de los libros de Lonely Planet en inglés e italiano, así como un sitio web, www.lonelyplanet.es, donde el lector encontrará amplia información de viajes y las opiniones de los viajeros.

Índice

La **negrita** indica los mapas.
El **azul** indica las fotografías.

La **negrita** indica los mapas.
El **azul** indica las fotografías.

La **negrita** indica los mapas.
El **azul** indica las fotografías.

Leyenda de los mapas

Puntos de interés

- Playa
- Reserva de aves
- Templo budista
- Castillo/palacio
- Templo cristiano
- Templo confuciano
- Templo hindú
- Templo islámico
- Templo jainita
- Templo judío
- Monumento
- Museo/galería de arte/edificio histórico
- Ruinas
- *Sento* (baño público)/*onsen*
- Templo sintoísta
- Templo sij
- Templo taoísta
- Lagar/viñedo
- Zoo/santuario de vida silvestre
- Otros puntos de interés

Actividades, cursos y circuitos

- *Bodysurf*
- Submarinismo/buceo
- Canoa/kayak
- Curso/circuito
- Esquí
- Buceo
- Surf
- Natación/piscina
- Senderismo
- *Windsurf*
- Otras actividades

Alojamiento

- Alojamiento
- *Camping*

Dónde comer

- Lugar donde comer

Dónde beber

- Lugar donde beber
- Café

Ocio

- Ocio

De compras

- Comercio

Información

- Banco, cajero automático
- Embajada/consulado
- Hospital/médico
- Acceso a internet
- Comisaría de policía
- Oficina de correos
- Teléfono
- Aseos públicos
- Información turística
- Otra información

Otros

- Playa
- Cabaña/refugio
- Faro
- Puesto de observación
- Montaña/volcán
- Oasis
- Parque
- Puerto de montaña
- Zona de *picnic*
- Cascada

Núcleos de población

- Capital (nacional)
- Capital (provincial)
- Ciudad/gran ciudad
- Pueblo/aldea

Transporte

- Aeropuerto
- Puesto fronterizo
- Autobús
- Teleférico/funicular
- Ciclismo
- Ferri
- Metro
- Monorraíl
- Aparcamiento
- Gasolinera
- S-Bahn
- Taxi
- Tren
- Tranvía
- U-Bahn
- Otros transportes

Nota: No todos los símbolos aparecen en los mapas de este libro.

Red de carreteras

- Autopista
- Autovía
- Ctra. principal
- Ctra. secundaria
- Ctra. local
- Callejón
- Ctra. sin asfaltar
- Camino en construcción
- Zona peatonal
- Escaleras
- Túnel
- Puente peatonal
- Circuito a pie
- Desvío del circuito
- Camino de tierra

Límites

- Internacional
- 2º rango, provincial
- En litigio
- Regional/suburbano
- Parque marítimo
- Acantilado
- Muralla

Hidrografía

- Río/arroyo
- Agua estacional
- Canal
- Agua
- Lago seco/salado/estacional
- Arrecife

Áreas delimitadas

- Aeropuerto/pista
- Playa, desierto
- Cementerio cristiano
- Cementerio (otro tipo)
- Glaciar
- Marisma
- Parque/bosque
- Edificio de interés
- Zona deportiva
- Pantano/manglar

Iain Stewart

El sur, Las tierras altas, Fauna y flora y Cuestiones medioambientales, La sociedad ceilandesa, El té de Sri Lanka Iain hizo su primer gran viaje cuando aún era universitario, en autostop por Europa y, luego, alguna breve incursión en Turquía, Israel y Egipto. Luego, a principios de la década de 1990, pasó más de dos años viajando por todo el mundo –de la India a Honduras–, incluyendo una temporada en Tokio, donde dio clases de inglés. Sin dinero ni una carrera profesional a su regreso al Reino Unido, decidió entonces estudiar periodismo, para luego trabajar como reportero y crítico gastronómico en Londres. En 1997 empezó a escribir guías de viajes. Desde entonces ha colaborado con seis editoriales (entre ellas Lonely Planet, Rough Guides y DK Eyewitness) y ha firmado más de una treintena de obras, con destinos tan variados como Ibiza o Camboya. Entre otros títulos, ha trabajado en las guías de Lonely Planet *Mexico, Indonesia, Croatia, Vietnam, Bali & Lombok* y *Southeast Asia on a Shoestring.* También escribe con asiduidad para los diarios *Independent, Observer, Daily Telegraph* y *Wanderlust.* Iain está dispuesto a trabajar en cualquier lugar donde haya palmeras, playas o locales de copas. Tras 18 años instalado en el sur de Londres, en el 2003 decidió mudarse un poco más al sur, a Brighton, junto al mar, donde todavía sigue.

LOS AUTORES

Anirban Mahapatra

Coordinador Anirban Mahapatra compagina diferentes labores como periodista de viajes multimedia, fotógrafo con iPhone y director de cine independiente. Desde el 2007, su colaboración con Lonely Planet le ha llevado a documentar, escribir, editar y coordinar múltiples ediciones de *India* (una de las guías más vendidas de Lonely Planet), varios títulos dedicados a regiones específicas de ese país, y otras guías de la región como, p. ej., *Bangladesh, Sri Lanka* y *Bhutan*. Más allá de su aportación como autor, Anirban también ha diseñado varios modelos de contenido y dirigido talleres de formación enfocados a los nuevos autores que han ido participando en las distintas ediciones de *India*. Entre sus actividades audiovisuales, ha producido documentales culturales y de viajes bajo el auspicio de los ministerios de Cultura y de Información y Radiodifusión del Gobierno indio, y en la actualidad prepara un documental experimental sobre el antiguo Reino de Mustang, en el Himalaya. Cuando no está recorriendo el mundo por trabajo o placer, lee acerca del budismo, organiza barbacoas y escucha *blues* en su casa de Calcula o de Dhaka.

Ryan Ver Berkmoes

Colombo, El este, Jaffna y el norte, Puesta a punto Ryan Ver Berkmoes ha colaborado en más de 110 guías de Lonely Planet. Creció en Santa Cruz, California, antes de marcharse a los 17 años a estudiar en la región del Medio Oeste de EE UU, donde vio la nieve por primera vez. La emoción por la novedad pronto se desvaneció. Desde entonces ha viajado por todo el mundo, tanto por placer como por trabajo, dos aspectos a veces indisolubles. Y ha cubierto desde guerras hasta bares, aunque, sin duda, prefiere lo último. Ryan está afincado en Nueva York. Más información sobre Ryan en ryanverberkmoes.com y en @ryanvb.

Bradley Mayhew

El oeste, Las ciudades antiguas Bradley empezó a escribir guías de viajes hace 20 años. Sus primeros viajes los hizo mientras estudiaba chino en la Universidad de Oxford, y desde entonces ha enfocado su experiencia en China, el Tíbet, el Himalaya y Asia central. Es coautor de las guías de Lonely Planet *Tibet, Nepal, Trekking in the Nepal Himalaya, Bhutan, Central Asia* y muchas otras. Bradley también ha protagonizado dos series de televisión para Arte y SWR, una siguiendo los pasos de Marco Polo por Turquía, Irán, Afganistán, Asia central y China, y la otra recorriendo las 10 grandes rutas senderistas más pintorescas de Europa. Su andadura con Lonely Planet empezó con la guía de Pakistán y la carretera del Karakórum, a la que siguieron las primeras ediciones de *Southwest China* y *Shanghai*.

PÁGINA ANTERIOR MÁS AUTORES

geoPlaneta
Av. Diagonal 662-664, 08034 Barcelona
viajeros@lonelyplanet.es
www.geoplaneta.com – www.lonelyplanet.es

Lonely Planet Global Limited
Lonely Planet Global Limited, Digital Depot,
The Digital Hub, Dublín D08 TCV4, Irlanda
(oficinas en Reino Unido, Estados Unidos y Australia)
www.lonelyplanet.com
Contacta con Lonely Planet en: lonelyplanet.com/contact

Sri Lanka
2ª edición en español – mayo del 2018
Traducción de *Sri Lanka*, 14ª edición – enero del 2018
1ª edición en español – mayo del 2015

Editorial Planeta, S.A.
Av. Diagonal 662-664, 7º. 08034 Barcelona (España)
Con la autorización para la edición en español de Lonely Planet Global Ltd
A.B.N. 36 005 607 983, Lonely Planet Global Limited, Unit E, Digital Depot,
The Digital Hub, Dublín D08 TCV4, Irlanda

ISBN: 978-84-08-18033-3
Depósito legal: B. 23.381-2017
Impresión y encuadernación: Grafo
Printed in Spain – Impreso en España